Claudio Naranjo

Wandlung durch Einsicht
Die Enneagrammtypen im Leben,
in der Literatur und in der klinischen Praxis

vianova
Verlag Via Nova

Claudio Naranjo

Wandlung durch Einsicht

Die Enneagrammtypen im Leben,
in der Literatur und in der klinischen Praxis

vianova
Verlag Via Nova

Übersetzung aus dem Englischen: Andrea Emerich

1. Auflage 1999
Verlag Via Nova, Neißer Straße 9, 36100 Petersberg
Telefon und Fax: (0661) 62973
Satz: typo-service kliem, 97647 Neustädtles
Druck und Verarbeitung: Rindt-Druck, 36037 Fulda
Alle Rechte vorbehalten
ISBN 3-928632-57-4

Widmung

Für Oscar Ichazo,

von dem ich viel mehr gelernt habe als bloß die Protoanalyse,
und von dem ich viel mehr bekommen habe als bloß das Lernen.

Danksagung

Besonders danke ich meiner Frau Suzy, die nicht nur ihre eigene Geschichte erzählte, sondern auch mehr Zeit am Computer verbrachte als ich an meinem Schreibtisch. Sie erinnerte mich immer wieder an das, was noch abzuschließen war, und machte aus unserem Zusammenleben ein warmes und glückliches Nest, in dem dieses Buch sich entwickeln konnte und nunmehr zu Ende geführt wird.

Ich danke auch Dr. Penarrubia für seinen autobiographischen Beitrag, Draco Maturana für seine überaus passenden Karikaturen, meinen Patienten und Studenten für die Erlaubnis, den Inhalt unserer Gestalt-Sitzungen zu veröffentlichen, Victoria Sanjurjo für deren Mitschrift und meiner Verlegerin Regina Sara Ryan.

Inhaltsverzeichnis

Vorwort	Dr. Will Schutz	9
Einführung		11

1. Kapitel: Enneatyp 1   13
    Anna O.   21
    Zwei Berichte von Berg   48
    Die versteckten Zähne des Chaos   64

2. Kapitel   Enneatyp 2   81
    Akerets Geschichte von Naomi   91
    Zeit, erwachsen zu werden und ernsthaft zu sein   105

3. Kapitel   Enneatyp 3   111
    Zwei Fallstudien von Lowen   122
    Vom Glänzen-Wollen zur Weiblichkeit   134
    Sein schönes Selbstbild durchbrechen   148

4. Kapitel   Enneatyp 4   161
    Lindners „Solitär"   169
    Die Vergangenheit zu dem machen, was sie wirklich war   188

5. Kapitel   Enneatyp 5   201
    Kovels „Reiches Mädchen"   214
    Einen geheimen Pakt mit dem Teufel überdenken   236

6. Kapitel   Enneatyp 6   245
    Rycrofts „Fräulein Y."   255
    Den Mut haben, die Mutter abzuschütteln   273

7. Kapitel   Enneatyp 7   283
    Paco Penarrubia über seinen psychospirituellen Prozeß   291
    Der charmierte Charmeur   302

8. Kapitel	Enneatyp 8	313
	Lindners „Komm' rüber, roter Wanderer"	323
	Ein tantrischer Tagtraum	352
9. Kapitel	Enneatyp 9	357
	Yaloms „Auf der Suche nach dem Träumer"	364
	Die Notwendigkeit, sich zu entscheiden: eine kommentierte Traumsitzung	387
Nachwort		397
Anmerkungen		400
Glossar		404
Literatur		405
Index		408

Vorwort

Claudio Naranjo ist einzigartig. Seine praxisbezogene Erforschung einer ganzen Reihe von Wissensgebieten in einer ganzen Reihe von Ländern hat unser Verständnis für psychologische Vorgänge bereichert, weil sie uns half, unserem Provinzialismus zu entkommen. Als wir beide in den späten 60er- und frühen 70er-Jahren am Esalen-Institut in Big Sur in Kalifornien waren, konnte ich einen dieser Beiträge selbst beobachten. Claudio hatte in Arica in Chile einen Mann namens Oscar Ichazo entdeckt und überzeugte eine große und relativ prominente Gruppe von Leuten, ihm nach Arica zu folgen und Oscar selbst zu erleben. Das Arica-Training hatte einen wesentlichen Einfluß auf die Human-Potential-Bewegung, und Claudio gebührt eine hohe Anerkennung dafür, daß er es vorgestellt hat. Sein lebendiger Geist und sein großes Wissen auf vielen Gebieten machen ihn zu einer Quelle von unschätzbarem Wert.

Aber Claudio ist noch in anderer Hinsicht einzigartig. Er ist einer der wenigen Menschen, die sich für die wissenschaftliche *und* die klinische Annäherung an menschliche Phänomene und für die Integration beider Ansätze interessieren. In diesem Buch verbindet er das theoretische Konzept des Enneagramms mit dem Reichtum seiner klinischen Erfahrung auf dem Gebiet der Gestalttherapie, um die Theorie zu verdeutlichen. Persönlich möchte ich bemerken, daß ich in meiner eigenen Arbeit, wenn es darum geht, Menschen in bestimmte Kategorien einzuteilen, eine Entwicklung durchmachte. Einerseits sind solche Kategorien wertvoll, wenn es darum geht, Verhaltensmuster aufzuzeigen, die gemeinsam auftreten – und oft legen sie auch einen entwicklungsbezogenen Grund für dieses Auftreten nahe. Die Leser finden sich üblicherweise vorwiegend in einer dieser Kategorien wieder und erhalten dadurch gewisse persönliche Einsichten. Oft stellen sie jedoch auch fest, daß ihnen nicht alle beschriebenen Merkmale dieses „Typs" vertraut sind, während einige Merkmale anderer Typen sehr wohl auf sie zuzutreffen scheinen. Außerdem haben Leser zuweilen das Gefühl, daß sie, wenn sie nun einmal ein bestimmter Typ sind, sich schwertun könnten, sich die Wesenszüge eines anderen Typs anzueignen. Diese komplexen Zusammenhänge haben mich dazu geführt, Menschen zu raten, solche Typologien als Möglichkeit zur Selbstwahrnehmung zu betrachten, ihre Reaktion auf die Beschreibung ihres Typs sorgfältig zu beobachten und aus dieser Reaktion mehr über ihr Verhältnis zu sich selbst zu erfahren. Wollen sie sich darüber hinaus auch noch die Merkmale eines anderen Typs aneignen, so können sie das, wenn sie ihre Aufmerksamkeit darauf lenken. Mit anderen Worten, ich schlage vor, die Typologie als einen Weg zu betrachten, das Wissen über sich selbst zu vertiefen und sie nicht als eine endgültige Einteilung zu sehen, auf die man festgelegt ist. Ich weise auch darauf hin, daß jene Merkmale eines Typs, mit denen man sich nicht identifizieren kann, die sein könnten, die man verleugnet (oder auch nicht). Ich habe diese Art des Gebrauchs der Typologie nicht mit Claudio abgesprochen, könnte mir aber vorstellen, daß er mir zustimmt. Wenn nicht, müssen die Leser selbst entscheiden, wie sie dieses reiche Material am besten verwenden.

Ich bin sicher, daß dieses Buch dem Leser einen seltenen und erlesenen Genuß bereiten wird – einen weiteren von Claudios fruchtbaren Beiträgen.

Dr. Will Schutz
der Autor von *FIRO; Freude;*
Tiefe Einfachheit und
Das menschliche Element

Einführung

Als ich 1988 gerade *Charakter und Neurose: eine integrative Sicht* (Nevada City, CA: Gateways 1990) diktierte, nahm ich mir vor, zu einem späteren Zeitpunkt einmal eine Art klinisches Buch zu schreiben. Obwohl ich bereits ein klinisches Buch veröffentlicht habe (unter dem Titel *Enneatypen in der Psychotherapie*, Prescott, AZ: Hohm Press, 1994; ein Titel, der für den hier vorliegenden Band gar nicht unpassender sein könnte), ist dies mein erster systematischer, wenn auch unvollständiger Versuch in dieser Richtung.

Ich habe mich entschlossen, mich auf dem Gebiet meiner eigenen Praxis auf eine bestimmte Therapieform zu konzentrieren, nämlich die der Gestalttherapie. Die ersten acht Kapitel dieses Buches enthalten jeweils die Mitschrift einer Aufzeichnung meiner Arbeit mit protoanalytischer Gestalttherapie* aus der jüngsten Vergangenheit. Das letzte Kapitel beinhaltet eine Abschrift aus einem Seminar über Träume, das ich vor etwa 15 Jahren in Santiago de Chile abhielt.

Als Ergänzung zu dieser mikroskopischen Darstellung des therapeutischen Prozesses (die mir meine Erfahrung als Gestalttherapeut, der sich der Enneatypen bewußt ist, möglich macht) wollte ich durch eine Reihe vollständigerer Fallstudien auch eine makroskopische Sicht anbieten. Dafür berücksichtigte ich veröffentlichte Berichte aus der Psychotherapie.

Da ein Buch über die Enneatypen in der Psychotherapie voraussetzt, daß die Leser mit den Ego-Typen im Lichte des Enneagramms vertraut sind, stellte ich jedem der neun Kapitel einen Abschnitt über die Charakteristika jedes Typs voran. Ursprünglich sollte dies durch die Neuauflage eines Buches geschehen, das auf Vortragsfragmenten aus meinen Seminaren in Brasilien in den späten 80er Jahren basiert und von Dr. Alaor Passos veröffentlicht wurde. Die Vielzahl an Büchern zu diesem Thema bewegte mich jedoch dazu, den Text durch literarische und biographische Erläuterungen sowie durch Hinweise auf gesellschaftliche Pathologien und eine Spur von Humor auszuschmücken und einen Gutteil des ursprünglichen Materials zu vernachlässigen.

Das Buch enthält nunmehr neun Abschnitte mit einer jeweils sehr ähnlichen Dreiteilung:
1. eine Einführung in einen der Enneatypen
2. eine Fallstudie aus dem Bereich der Literatur mit Kommentar
3. eine Sitzungsmitschrift, die eine sich an den Enneatypen orientierende Gestalttherapie beleuchtet.

Dieses Buch wurde umfangreicher als beabsichtigt. Gestaltete sich schon die Beschreibung der Enneatypen ausführlicher, als ich dachte, so sprengte die Berücksichtigung einiger Überlegungen zu den Subtypen den vorgesehenen Rahmen des gesamten Bandes vollends. Obwohl ich nicht vorgehabt hatte, dieses Thema (außer bis zu einem gewissen Grad implizit) zu behandeln, schien es mir bei fortschreitender Arbeit doch angeraten, Merkmale, die sich auf Subtypen des zitierten biographischen und therapeutischen Materials bezogen, zu kommentieren. Ich entschied mich jedoch, das Buch nicht noch umfangreicher werden zu lassen, indem ich von einer systematischeren Behandlung der instinktbezogenen Abarten der Enneatypen absah. Das Buch ist ohnehin schon sehr dick, und ich hatte von Anfang an die Absicht, diesem speziellen Thema ein weiteres Buch zu widmen. Für diejenigen, die *Charakter und Neurose* nicht gelesen haben, sei hier erwähnt, daß Ichazos Protoanalyse* auf der Theorie von drei Instinkten basiert und daß sie je nach dem Überwiegen des sexuellen, des sozialen oder des selbsterhaltenden Motivs drei Varianten jedes Enneatyps unterscheidet. Es erscheint mir jedoch wesentlicher, daß ich den ursprünglichen Fallstudien aus der klassischen Literatur (die nur der Verdeutlichung neurotischer Stile dienen) eine Reihe von Fällen hinzufügte, die erfolgreiche Psychotherapie zeigen; eine Psychotherapie nämlich, die das Individuum jenseits von Symptombekämpfung und Anpassung zu einem echteren Leben und einem tieferen Sinn führt. Hatte ich also ursprünglich ein Buch über menschliche Typen geplant, so wurde aus dieser gegenwärtigen Arbeit mehr und mehr ein Buch über Psychotherapie – was mich persönlich sehr freut. Das Gebiet der wesensorientierten Therapie ist im Wachsen begriffen, sicher als ein Spiegelbild des lebendigen Fortschritts in der Kunst. Ich freue mich, mein Buch als einen Beitrag zu dieser wichtigen Entwicklung zu betrachten.

Ebenso wie es mir vor 20 Jahren bestimmt war, ein Medium für die Übermittlung einiger protoanalytischer Einsichten an eine kleine Gruppe zu sein (von der diese Information nach Kalifornien, in die Gemeinschaft der Jesuiten und schließlich in die ganze Welt durchsickerte), führte ich in letzter Zeit die Protoanalyse in die therapeutische Gemeinschaft der romanischen Welt ein. Das vorliegende Buch erscheint wie eine Fortsetzung dieser Arbeit. Ursprünglich sollte es in Spanien erscheinen, die Entwicklung der Ereignisse – und vor allem das Interesse von Hohm Press – führten jedoch dazu, daß es zuerst auf Englisch herausgegeben wurde.

Möge dieser Beitrag zu einer Therapie, die um die verschiedenen Ego-Stile weiß, das Leben derer anregen, die an sich selbst arbeiten – und die Aktivitäten derer, die andere in dieser turbulenten Welt, die so sehr der gewandelten Individuen bedarf, unterstützen.

Claudio Naranjo
Berkeley, Kalifornien

---

* Die mit einem Stern (*) versehenen Ausdrücke finden sich im Glossar.

1. Kapitel

Enneatyp 1

Soweit ich weiß, war der erste Mensch, der systematische Charakterbeschreibung betrieb, der Nachfolger des Aristoteles, Theophrastus. Er verfaßte auch das erste Buch über Charakterbeschreibungen. Einen Typus, der ihm interessant genug erschien, um der Nachwelt darüber zu berichten, nannte er den „Oligarchen".

Theophrastus definierte „Oligarchie" als den Herrschergeist, der nach Macht und Reichtum strebt. Das hat vordergründig nichts mit Zorn zu tun – der für die Protoanalyse ja die Grundmotivation des Enneatypus 1 ist. Der Zorn von E1 ist jedoch eine Leidenschaft, die sich hinter der Maske der Tugend verbirgt. Der Ausdruck „zornige Tugend", den ich im Zusammenhang mit diesem perfektionistischen und zwanghaften Persönlichkeitsstil[1] benutzte, scheint jedoch auch unpassend für die Beschreibung von E1, es sei denn, die Herrschsucht, die ihrerseits ein Interesse an Macht und Geld in sich birgt, gälte als Abkömmling des Zorns. Darauf liegt jedenfalls die Betonung bei Theophrastus' allzu patrizischem Oligarchen.

Theophrastus zitiert seinen Oligarchen wie folgt:

> Wir müssen diese Angelegenheiten unter uns diskutieren und erledigen – ohne die Anwesenheit des Volkes. Wir dürfen vom Pöbel weder Beleidigungen noch Ehrungen entgegennehmen. Wir müssen diese Dinge unter uns diskutieren und dürfen uns nicht von den Ansichten der Welt abhängig machen.[2]

Hier haben wir es mit einem autoritären und elitären Charakter zu tun, dessen Denken etwa folgendermaßen abläuft: „Wir, die Erleuchteten, müssen entscheiden, wer in den Besitz der Macht gelangt. Wir dürfen diese Entscheidung nicht dem gemeinen Volk überlassen, das von solchen Dingen nichts versteht." Das ist eine Position der Tugend, die mit einschließt: „Wir sind die Guten, wir sind die Edlen." Sie hat viel mit einem Gefühl aristokratischer Würde zu tun.

Der Oligarch verläßt das Haus selten vor Mittag. Seine Tunika ist sorgfältig angelegt, und seine Nägel sind äußerst gepflegt.

Was die äußere Erscheinung anbelangt, so geht es dem Oligarchen vor allem um Korrektheit - eine Korrektheit in bezug auf die Form. Ein Mangel an Form ist für ihn abstoßend, gerade so, als säße man „... neben dem gemeinen Volk, den Plebejern ...".

* * *

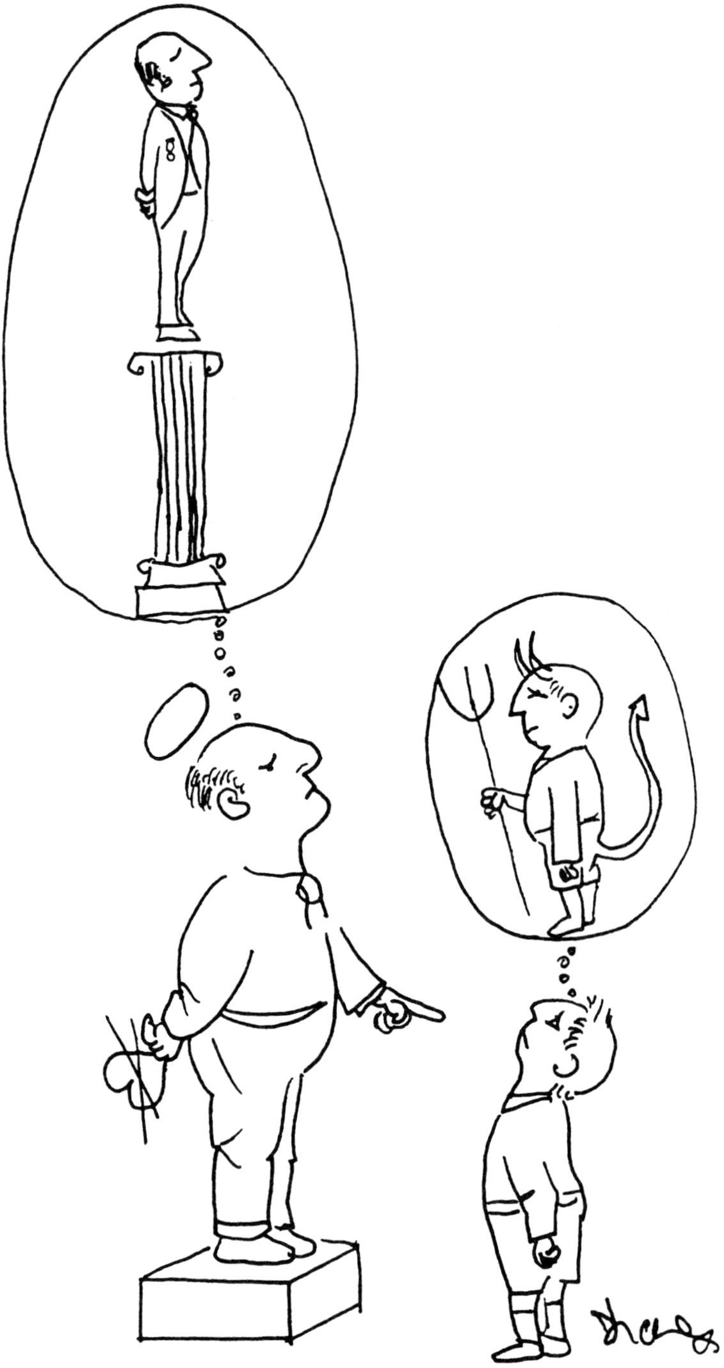

Überspringen wir nun 2000 Jahre und betrachten wir das Porträt eines weiblichen Charakters, der eine Reihe anderer und doch auch überlappender Wesenszüge betont. Unter den Pilgern in Chaucers Canterbury Tales gab es da ...

> ... eine Nonne, eine unbefangen und friedfertig lächelnde Priorin, deren gröbste Verwünschung der Ausruf: „Beim heiligen Eligius!" war. Ihr Name war Frau Eglantine. Im Gottesdienst pflegte sie liebreizend zu singen, wobei sie höchst angenehm durch die Nase psalmodierte. Sie sprach ein erlesenes Französisch, allerdings mit dem Akzent von Stratford-at-Bow, denn die pariserische Aussprache war ihr unbekannt. An der Tafel wußte sie den feinsten Anstand zu wahren. Nie geschah es, daß Brotkrumen ihr vom Munde fielen oder daß sie die Finger in der Tunke netzte, und wenn sie die Speisen an die Lippen führte, gab sie sich große Mühe, auch nicht ein Tröpfchen davon auf ihre Brust fallen zu lassen. So sorgsam pflegte sie die Oberlippe abzuwischen, daß auch nicht ein Gran Fett am Becher zu sehen war, und wenn sie nach den Speisen griff, so tat sie es mit zierlicher Gebärde. Sie war frohgelaunt, freundlich und hilfsbereit und gab sich alle Mühe, die höfischen Sitten nachzuahmen, und sie befleißigte sich eines würdevollen Auftretens, damit man sie auch ja für eine Respektsperson hielt.[3]

Hier liegt die Betonung auf Förmlichkeit und Kultiviertheit, wie wir sie schon bei Theophrastus beobachtet haben. Das Interesse an Autorität kommt jedoch nur indirekt in der Bemerkung zum Ausdruck, daß die Nonne eine Oberin sei. Die Tugend zeigt sich ebenfalls indirekt durch ihre religiöse Laufbahn. Wir erhalten den Eindruck, daß die Religiosität vielleicht nur ein Aspekt eines allgemeineren Strebens nach dem Besten ist, das von Tischmanieren über Kultur bis zu Eifer und Hingabe reicht. Wie im Fall des Oligarchen, wenn auch subtiler, spüren wir, daß diese Vortrefflichkeit von einem heimlichen Machtstreben vergiftet ist und im Grunde diesem dient. Wir spüren auch, daß die Gravur „Liebe überwindet alles" in der goldenen Brosche der Oberin einen zweideutigen Beigeschmack hat, bei dem sich der Eros hinter der Maske der frommen Nächstenliebe verbirgt. Während Theophrastus' Porträt den indirekten Ausdruck des Zorns als Streben nach Macht und Führerschaft betont, liegt im Fall der Oberin der Schwerpunkt auf der Unterdrückung des Zorns („... deren gröbste Verwünschung nur ‚Beim heiligen Eligius!' war.") und der defensiven Entwicklung von bewußter Wohltätigkeit und übertriebener Korrektheit.

In einem weiteren Versuch, die Vielfalt menschlicher Charaktere zu zeichnen, zeigt Samuel Butler im 17. Jahrhundert den E1 in seinem Porträt eines Pedanten, „... der Wörter mit dem größtmöglichen Respekt studiert und verwendet – anscheinend um der Wörter selbst willen, ganz wie ein ehrenwerter Mann, der nicht von Eigeninteressen geleitet wird"[4]. Die Besorgnis um sprachliche Korrektheit in Diktion und Wortgebrauch ist nicht nur typisch für E1, sondern ein regelrechtes Symptom. Diese Besorgnis kann auch als Symbol für etwas weniger Spezifisches gesehen werden, denn was für die Sprache gilt, gilt auch für das

Verhalten in anderen Bereichen. Jemand, der jedes einzelne Wort abwägt, wägt auch jede einzelne Handlung ab und verhält sich so allzu perfekt. Die Korrektheit selbst, sei es in den Worten des Menschen, in seinen Gesten oder seiner Kleidung, wird zur Tugend. Butlers Karikatur zielt jedoch nicht nur auf die Korrektheit der Sprache. Sein Pedant ist in seiner („selbstlosen") Hingabe an gute Diktion und korrekte Grammatik in tugendhafter Weise frei von jeglichem Eigeninteresse.

Was hat Zorn mit Pedanterie zu tun? Sowohl beim Pedanten wie auch beim Oligarchen trifft man auf Überlegenheit wie auch auf das Streben nach Überlegenheit, um kontrollieren zu können – man nennt das auch eine „verdienstvolle Persönlichkeit". E1-Menschen können bei anderen durch ihre bloße Gegenwart Unbehagen hervorrufen. Neben einem Pedanten fühlen sich Menschen oft unkorrekt, so, als ob ihnen etwas fehlte. Dennoch geht es nicht nur um Korrektheit, sondern auch um moralische Tugend. Es ist ein wohlmeinender Zorn, der sich hinter guten Absichten verbirgt und eine wohlerwogene (d. h. keine spontane) Güte zur Schau stellt – wie etwa die der Lehrer, die Dickens in seinen Romanen beschreibt. Ihre Strenge behauptet, für den Schüler immer nur das Beste zu wollen.

Obwohl E1 dem jähzornigen oder „grimmigen" Typ entspricht, ist diese Bezeichnung doch nicht ganz angebracht. Spricht man von einem zornigen oder nachtragenden Typ, so weckt das nicht das Bild eines Menschen, der rein und ehrlich ist, hart arbeitet, gesellschaftliche Regeln respektiert und zwanghaft Verantwortung übernimmt. Da sich der Perfektionismus untrennbar mit dem Mechanismus der Reaktionsbildung verbindet, ist der Zorn hier die am wirkungsvollsten verborgene Leidenschaft. Ebenso wie der Drang zur Macht sich zuweilen als heimliche Herrschaft manifestiert, verbirgt sich der Zorn hinter Wohltätigkeit und Mitleid. Sind die Wesenszüge extrem genug ausgebildet, so findet sich im Bereich der gegenwärtigen Persönlichkeitspathologien hier die „zwanghafte Persönlichkeitsstörung", die sich durch eine übertriebene Besorgnis um Ordnung, Reinheit, moralische Fragen und Kontrolle auszeichnet. Da man diese Bezeichnung jedoch üblicherweise eher mit dem pathologischen Ausdruck eines Charakterstils in Verbindung bringt, dürfte „perfektionistisch" oder „Perfektionismus" die bessere Beschreibung sein. Ironischerweise wurde ich gebeten, den Ausdruck „perfektionistisch" (der schon von Karen Horney vorgeschlagen worden war) zu ändern, als ich ihn vor Jahren in einem Artikel im *American Journal of Psychoanalysis* verwendete. Ich entschied mich daraufhin für „puritanisch"[5].

Eine zwanghafte Ernsthaftigkeit ist für diese Menschen, die während ihrer kindlichen Entwicklung unter hohen Anforderungen litten, typisch. Möglicherweise setzten sie ihre Eltern wegen hervorragender Studienerfolge, guter Noten und beispielhaften Benehmens unter Druck. Indem sie diesen Anforderungen entsprachen, entwickelten E1 eine Art von grimmiger Entschlossenheit und Verantwortung. Da nicht jeder auf dieser Welt so verantwortungsbewußt und mit solchem Respekt vor Regeln funktioniert, hat dieser Typ oft das Gefühl, mehr unter Ungerechtigkeit zu leiden, eine größere Last zu tragen bzw. sich mehr anzustrengen als andere. Die Wurzel dieses Hangs zur Kritik liegt im allgemeinen in einem Groll, wie auch in einer konkurrierenden Überlegenheit: Gleich wie sehr er sich selbst kritisieren mag, den Rest der Welt kritisiert er doch viel mehr, und das hebt ihn auf ein relatives Niveau des „Vorbildlichen", das sich mit einem aristokratischen Gefühl von „heiliger als du" verbindet. Die beschriebene Überlegenheit wirkt sehr natürlich und hinterläßt bei anderen nicht den Eindruck arroganter Überheblichkeit, sondern eher den eines Sinns für Würde oder persönliche Integrität.

„Ein Mensch mit Charakter". Diesen Ausdruck (der mittlerweile international verwendet wird) haben die Engländer erfunden. Auf den hier besprochenen Typus wird er besonders angewandt. Man findet ein deutliches Bemühen, an gesellschaftlich akzeptierten Normen festzuhalten und in bezug auf diese Normen Selbstkontrolle zu entwickeln. E1 ist eine soziale und keine asoziale Persönlichkeit. Wenn der Zorn auch vorhanden ist, so wird er doch in den Dienst dessen gestellt, was als sozial gilt (d. h. wie die Dinge geschehen sollten). Das Pflichtgefühl ist sehr stark.

Bei E6, bei dem es um Feigheit oder deren Verleugnung geht, gibt es einen Subtyp, der sich auch durch Pflichterfüllung auszeichnet, jedoch in unterschiedlicher Weise. E1 ist rechthaberischer und selbstbewußter und hat wenig Schuldgefühl. Menschen vom Typus E1 sind nicht sehr gepeinigt. Sie unterziehen sich selten einer Psychotherapie; tun sie es doch, so geschieht dies meistens eher mit dem Ziel, sich selbst zu verbessern als existentielle Probleme zu lösen.

Aber kehren wir zurück zum Zorn, den Oscar Ichazos Protoanalyse als den emotionalen Kern des vorliegenden Persönlichkeitsmusters postulierte. Da Zorn für diese Menschen tabu ist, haben sie große Schwierigkeiten, ihn auszudrücken – gleich wieviel Groll sie auch hegen mögen, es sei denn, sie können ihn als „gerechte Empörung" rechtfertigen. (Tatsächlich stammt der Ausdruck „gerechte Empörung" aus England, wo man diesen Persönlichkeitstyp sehr häufig findet.)

Ganz allgemein kann man sagen, daß es sich um einen Menschen handelt, der gerne für die gerechte Sache kämpft. Es wäre jedoch falsch anzunehmen, daß die Sache selbst ihn zum Kampf bewegt. Das Gegenteil ist vielmehr der Fall: Seine Aggression braucht einen guten Grund, um sich gerechtfertigt zu fühlen. Dies zeigt sich zum Beispiel in der Haltung des Kreuzritters, der dem Ungläubigen seinen Kopf unter dem Vorwand abschlägt, den Barbaren zu zivilisieren. In ihrer Aufdringlichkeit oder ihrem Reformeifer sind sich Menschen vom Typ E1 ihrer Aggression jedoch oft nicht bewußt; sie fühlen sich so idealistisch und so getrieben durch ihren Wunsch nach dem Besten. Keine Perfektion scheint je genug zu sein, und die hohen Anforderungen an sich selbst machen ihn zu einem hart arbeitenden, verläßlichen Menschen, der bereit ist, für den gesellschaftlichen Fortschritt große Anstrengungen zu unternehmen.

An andere stellt E1 auch sehr hohe Anforderungen. Eine unbewußte Dynamik dieser Menschen liegt darin, durch Kritik indirekt Ansprüche zu stellen. Wo liegt der Unterschied zwischen Kritik und Forderung? Eine Forderung ist eine Kritik, die auf ein Handeln hinausläuft, die darauf hinweist, was fehlt, um den Mangel zu korrigieren. Oft geht es nicht um Kritik um der Kritik willen, sondern die Person wird aufgefordert, anders zu handeln. All das hat mit einer fordernden Haltung zu tun, wenngleich sich die Forderung oft hinter moralischen oder generellen

Prinzipien verbirgt. Anstatt also etwa zu sagen „ich will", neigen sie dazu, zu sagen: „Du mußt". Sie übernehmen für ihre eigenen Wünsche keine Verantwortung, ja sie sind sich ihrer oft gar nicht bewußt.

Wie schon früher erwähnt, hat der „Perfektionist" ein etwas unpersönliches Ideal von sich selbst; er sieht sich selbst als altruistisch an, als jemanden, der nichts für sich selbst will, großzügig und ohne jedes Eigeninteresse ist, und ungeachtet dessen, daß er die anderen herumkommandiert und Situationen kontrolliert, kann er auch sie davon überzeugen. Natürlich wird ein solch tugendhaftes Fehlen von Eigeninteressen zu einer Eintrittskarte zur Macht – zu einer Strategie. Indem er von sich behauptet, in fast gottähnlicher Weise rein zu sein, manipuliert E1 andere durch seine Moral oder, besser gesagt, durch seinen Moralismus: „Du mußt so und so sein", „auf den Scheiterhaufen mit dir, wenn du nicht …". Die Unreinheit des „reinen" Menschen liegt in eben der Manipulation, die im Spiel ist, wenn er der Reinheit huldigt. Fragt man, wo es diesem so übertrieben tugendhaften Menschen an Tugend mangelt, so kommt man darauf, daß sich der Mangel genau hinter diesem Überschuß an Tugend verbirgt: das Benutzen der Tugend, um herauszuragen, um besondere Vorrechte zu genießen, um sich überlegen zu fühlen. Ganz anders, als sie von sich behauptet, ist die puritanische Tugend nicht liebende Güte, sondern ein Mittel, Liebe zu kaufen. Sie ahmt das Verhalten eines Kindes nach, das sich augenfällig gut benimmt, um dann zu sagen: „Siehst du, wie gut ich mich benehme? Jetzt gib mir, was ich verdiene!"

In *Das Enneagramm der Gesellschaft* habe ich anhand einer Karikatur von Quino[6] gezeigt, wie sich unbewußte Selbstsucht hinter der Maske der Gerechtigkeit verbirgt – „ich will" hinter „du mußt". Die Karikatur zeigt ein forderndes Kind, das die Perücke eines Richters trägt, während eine Frau – in der wir durch das Schwert in ihrer Hand und die Binde über einem ihrer Augen ein Symbol für die Gerechtigkeit erkennen (wenngleich dadurch, daß die Binde nur über einem Auge liegt und das andere freiläßt, auch der Eindruck eines Piraten vermittelt wird) – das Schwert benutzt, um dem Kind eine dicke Scheibe Schinken abzuschneiden. In einer zweiten Karikatur von Draco Maturana, die hier abgebildet ist, liegt die Betonung auf der Kontrolle durch moralische Verurteilung.

Menschen vom Typus E1 sind große Argumentierer und verteidigen sich gut. Als Kinder haben sie die Rolle des braven kleinen Kindes gespielt – d. h. des „braven kleinen Jungen" oder des „braven kleinen Mädchens". Bei Erwachsenen herrscht im äußeren Erscheinungsbild immer noch die gleiche Haltung vor, tief drinnen steckt aber eine Menge Rebellion und eine Menge Konkurrenz. Das führt zu einer Diskrepanz zwischen bewußter Unterordnung und unbewußter Rebellion, was den Groll und den Zorn noch weiter nährt. Menschen vom Typus E1 sind respektvolle Leute, gute Bürger; sie würdigen Institutionen, befolgen die Anordnungen der Polizei, folgen Verkehrszeichen und drücken sich nicht vor Steuerzahlungen (oder zumindest weniger als andere). Auf der bewußten Ebene sind sie genauso. Unbewußt rebellieren sie jedoch dagegen, und das erzeugt einen inneren Konflikt, der seinerseits wiederum den Groll nährt. Wenn diese Menschen einer Organisation oder einer Institution beitreten, beginnen sie oft in einer untergeordneten Position. Dann arbeiten sie sich Schritt für Schritt hoch, bis sie aufgrund ihrer persönlichen Verdienste eine Machtposition erreichen und von der etablierten Macht akzeptiert werden. Sobald sie aber in einer starken Position sind, meinen sie, diese Macht gar nicht mehr streng akzeptieren zu müssen. Sie werden dann Reformer und neigen dazu, „Herodes mit seinen eigenen Waffen zu schlagen".

Ein weiteres hervorstechendes Merkmal von E1 ist die übermäßige Kontrolle – die Starre und die gehemmte Spontaneität. Unter allen Typen des Enneagramms ist dies der starrste. Gerade so wie sie eine Menge äußerer Energie verschwenden, um hart zu arbeiten und sich anzustrengen, verschwenden sie Energie, um ihr inneres Kind „gefangen" zu halten. Die spielerische Seite, jener Teil der Psyche, der Vergnügen sucht, ist unterentwickelt. Vergnügen wird verachtet, weil es von seiner Natur her im Widerspruch zur Pflicht steht.

Unter den Typbeschreibungen in der Literatur, die von Chaucers Pilgern bis zu Tante Betsy in Dickens *David Copperfield* reichen, zeichnet Dostojewskis Katherina Iwanowa in den *Brüdern Karamasow* ein besonders einsichtiges und dynamisches Bild der E1-Persönlichkeit. Im Kapitel 4 erzählt Dimitri (E8), der älteste von drei Brüdern, dem jungen Aljoscha (E9) von der Zeit, in der er Leutnant in einem Regiment war. Trotz seines unverschämten Verhaltens war Dimitri allgemein beliebt, der Oberst jedoch mochte ihn nicht. Als er zum Bataillon stieß, sprachen alle von der Rückkehr der zweitältesten Tochter des Oberst – „einer großen Schönheit, die gerade von einer vornehmen Schule in der Hauptstadt abgegangen war". Dabei handelte es sich um Katerina Iwanowa. „Sie wurde zur Schönen aller Bälle und Picknicks", und einmal, als Dimitri sich ihr bei einem Abendfest näherte, sah sie ihn kaum an und setzte eine spöttische Miene auf. Dimitri schwor sich Rache, insbesondere da er – wie er sich ausdrückte – spürte, „Katenka sei durchaus kein unschuldiges Institutsgänschen, sondern eine Person mit Charakter, stolz und wirklich tugendhaft, hauptsächlich aber klug und gebildet; ich hingegen war weder das eine noch das andere."[7]

Dimitri verbrachte seine Zeit mit Suff und Ausschweifungen, bis ihn der Oberst für drei Tage ins Gefängnis steckte (zu einer Zeit, als Dimitri gerade 6000 Rubel von seinem Vater erhalten hatte). Dann wurde der Oberst gewisser Unregelmäßigkeiten bezichtigt, mußte zurücktreten, und alle seine Freunde wandten ihm den Rücken zu. Das war für Dimitri der ideale Zeitpunkt für seine Rache. Er schickte der hochmütigen Schönen eine geheime Botschaft mit dem Inhalt, er wäre bereit, ihren Vater vor dieser Schmach zu bewahren, wenn sie ihn heimlich aufsuchte.

Wie wird sich Katerina, ein E1, angesichts dieses Konflikts zwischen ihrer aristokratischen Würde und der Gelegenheit, ihren Vater vor der gesellschaftlichen Schmach zu bewahren, seine Tage als einfacher Soldat zu beenden, wohl verhalten?

Katerina entschied sich in tugendhafter Weise, ihre Würde zu opfern, und obwohl Dimitri versucht war, sie zu verspotten und ihre Notlage auszunutzen, verhielt er sich – der Eingebung des Augenblicks folgend – doch nobel:

> ... diese blickte ich damals drei oder fünf Sekunden lang mit einem furchtbaren Haß an, mit jenem Haß, der von der Liebe, der wahnsinnigen Liebe, nur um Haaresbreite entfernt ist! Ich ging zum Fenster, legte die Stirn an die vereiste Scheibe und erinnere mich noch, daß das Eis an der Stirn brannte wie Feuer. Ich hielt das Mädchen nicht lange auf – mach dir keine Sorge –, ich wandte mich um, ging zum Tisch, öffnete die Schublade und nahm ein fünfprozentiges Wertpapier über fünftausend Rubel ohne Angabe des Eigentümers heraus, es lag in meinem französischen Wörterbuch. Dann zeigte ich es ihr schweigend, faltete es zusammen und gab es ihr, öffnete ihr selbst die Tür zum Flur, trat einen Schritt zur Seite und empfahl mich ihr mit einer sehr ehrerbietigen, aufrichtigen Verbeugung, glaub es mir! Sie zitterte am ganzen Leibe, blickte mich eine Sekunde lang unverwandt an, wurde schrecklich bleich, weiß wie ein Laken, und plötzlich, ebenfalls ohne ein Wort zu sagen, sank sie – nicht jäh, sondern ganz sacht und langsam – in sich zusammen und warf sich mir zu Füßen – die Stirn am Boden. Das war nicht Institutsart, sondern echt russisch! Dann sprang sie auf und lief davon. (S. 159 f.)

Als Folge dieses Ereignisses verliebt sich Katerina in Dimitri und bietet ihm an, seine Frau zu werden: „Ich liebe Sie wahnsinnig", schreibt sie, „wenn Sie mich auch nicht lieben, einerlei, werden sie nur mein Mann. Seien Sie nicht bange – ich werde Sie in nichts behindern, werde nur Ihr Möbel sein, der Teppich, auf dem Sie gehen ... Ich will Sie ewig lieben, will Sie vor sich selbst retten ..." (S. 162).
  Nach der Deutung Dostojewskis, der Dimitri seine Stimme leiht, liebt sie jedoch ihre eigene Tugend und nicht den Mann. Und verschiedene Zeichen laden uns ein, sie im gleichen Licht zu betrachten wie den Zensor in Quinos Karikatur, der unter Vorgabe einer moralischen Absicht seinen erotischen Trieben folgt. Am Ende des Romans, als Dimitri zu Unrecht zu einer Gefängnisstrafe verurteilt wird, gewinnt Katerinas Liebe zur Tugend die Oberhand. Sie gehört nicht zu denen, die ihm Glauben schenken; vom äußeren Anschein getäuscht, schlägt sie sich auf die Seite der Ankläger.

* * *

Auf dem Gebiet der Biographie ragt Konfuzius als Lehrer und Prediger kindlichen Gehorsams, rechter Absichten und sozialer Tugenden heraus – und als der vielleicht einflußreichste E1 der östlichen Welt. Im Westen ist vermutlich Martin Luther der einflußreichste E1. Eric Erikson meint, daß Luther es kraft seines durch seinen Vater geweckten Zorns schaffte, dem mächtigsten Menschen auf Erden zu trotzen – dem Papst. Luther ist insofern von besonderem Interesse, als er sich in seiner Doktrin über den Vorrang der Gnade vor den guten Taten im Prozeß der Erlösung des einschränkenden Aspekts einer perfektionistischen Haltung bewußt wurde.
  In *Die protestantische Ethik und der Geist des Kapitalismus* unterscheidet Max Weber zwischen dem westlichen Kapitalismus, wie er sich vor allem in den

angelsächsischen Ländern entwickelte, und dem Kapitalismus romanischer Prägung in den Ländern des Südens[8]. Die Angelsachsen sind sehr arbeitsam, ehrgeizig und erfolgreich. Sie sind nicht nur fähig zu arbeiten, sondern schätzen die Arbeit auch hoch ein. Weber behauptet, daß der Typ Mensch, der sich im Anhäufen weltlicher Reichtümer und im Etablieren weltlicher Macht als effizient erweist, jener ist, der im Umfeld des zur Zeit der Reformation entstandenen puritanischen Kulturkreises aufgewachsen ist. (Der Leser ist sicher mit dem historischen Puritanismus und seiner Absicht, „reiner als rein" zu sein, vertraut, oder wie ein spanisches Sprichwort sagt, „päpstlicher zu sein als der Papst".) Der Puritanismus war jene Bewegung, die dem traditionellen Christentum vorwarf, korrupt zu sein. Weber behauptet, daß diese überaus moralistische Bewegung (die ja auch die frühe amerikanische Kultur in Neuengland geprägt hat) sich auch durch eine moralische Wertschätzung der Arbeit auszeichnete. Was Weber über die puritanische Kultur sagt, gilt jedoch in noch höherem Ausmaß für die puritanische Seele. Die gesamte industrielle Entwicklung im Westen steht in einem sehr engen Zusammenhang mit einem bestimmten Persönlichkeitstyp – einem, der nicht nur puritanisch ist, sich bemüht, alles richtig zu machen, der versucht, tugendhaft zu sein und seine Triebe zu unterdrücken (wie es das Wort *Puritanismus* nahelegt); sondern eine Persönlichkeit, die vom „faustischen" Eroberungsgeist beflügelt wird.

Anna O.

Wie weithin bekannt, stellte der Fall der Anna O. (der Freud nie begegnet ist) den Wendepunkt in Freuds Karriere dar. Als Dr. Josef Breuer die junge Patientin besuchte, untersuchte Freud gerade die Nervenzellen des Flußkrebses unter einem Mikroskop. Als der Fall der Anna O. jedoch zehn Jahre, nachdem die Therapie stattgefunden hatte, durch Freud und Breuer veröffentlicht wurde, regte sie die Formulierung vieler der ursprünglichen Ideen der Psychoanalyse, darunter auch unbewußte Verteidigungsmechanismen, die sexuellen Ursachen der Neurose, psychische Traumata, Konflikt, Wandlung, Übertragung und Ambivalenz an. Abgesehen davon, stammt auch der Ausdruck „Gesprächstherapie" (Redekur) von Anna O.

Ich nehme an, daß man seither generell angenommen hat, Anna O. sei eine hysterische Persönlichkeit gewesen. Ich bin da anderer Meinung: Wenngleich ihre symptomatische Neurose eindeutig jenem Syndrom entspricht, das man als gewandelte Hysterie kennt, und das sich durch emotional bestimmte physische Symptome äußert, schlage ich hier vor, daß sie eher den zwanghaften als den hysterischen Persönlichkeitstyp verkörpert.

Meine Begründung ist eine dreifache. Erstens werden wir feststellen, daß der Schwerpunkt des gesamten therapeutischen Prozesses auf dem Ausdruck von Zorn liegt, und der klinische Bericht legt nahe, ihre Symptome als einen Ausdruck unterdrückter Wut zu sehen. (Ihre Lähmung kann zum Beispiel als eine Hemmung des Wunsches zuzuschlagen verstanden werden; ihr Mutismus als Hemmung, inakzeptable Wut auszudrücken.)

Zweitens scheint Anna O. nicht zu Freuds allgemeinen Ausführungen über die Ursachen der Hysterie zu passen. Während er ansonsten bei seinen hysterischen Patienten immer das Auftreten von Verführung und ganz allgemein gesprochen sexuellen Problemen beobachtete, stellt Anna O. eine auffallende Ausnahme dar. Sie ist eine Jugendliche, deren Bekenntnisse keine sexuelle Erfahrung oder Gedanken enthalten. Breuer beobachtete ein „… völliges Fehlen von Sexualität" bei Anna O. und merkte an, daß sie nie von Liebe sprach.

Der Fall der Anna O. „beweist, daß ein ziemlich schwerer Fall von Hysterie sich entwickeln, ausbreiten und auflösen kann, ohne daß eine sexuelle Basis da ist", schreibt Breuer in einem Brief an den Psychiater Auguste Forel, zwölf Jahre nachdem die *Studien über Hysterie* erschienen waren. Dazu ist jedoch zu bemerken, daß, obwohl Anna O. weder vor noch nach der Therapie je eine Liebesbeziehung hatte, das Verbot des Erotischen in seinem Ausmaß der bizarren Art seines Ausdrucks ganz zum Schluß der Therapie entspricht, als die positive Übertragung auf ihren bewunderten und freundlichen Arzt in der Form einer falschen Schwangerschaft (nach einer Kutschenfahrt mit ihm und seiner Tochter im Park) erblühte.

Für die Beleuchtung ihrer Persönlichkeit ist das, was wir heute über das Leben von Anna O. wissen, überzeugender als die Ausführungen Breuers und Freuds. Natürlich ist „Anna O.", wie Freud seinem Biographen und Schüler Ernest Jones anvertraute, nicht der wirkliche Name von Breuers Klientin. Anna O. ist Bertha Pappenheim, die sich zu einer solch außergewöhnlichen Frau entwickelte, daß man ihr sogar eine Biographie widmete.[9] Aus dieser Biographie wissen wir mehr über ihren Charakter als von Breuer und Freud, deren Bericht, wie üblich, in bezug auf den Charakter nicht besonders aufschlußreich ist.

Der Beginn von Teil II in Lucy Freemans *Geschichte der Anna O.* (die einer klinischen Rekonstruktion folgt) könnte keinen aufschlußreicheren Titel haben: „Die Kämpferin". Auf der Titelseite dieses Kapitels läßt uns Lucy Freeman ein Zitat von Bertha Pappenheim lesen, das eine Frau zeigt, die ärgerlich um Gerechtigkeit besorgt ist: „Wenn es eine Gerechtigkeit im Jenseits gibt, werden drüben die Frauen die Gesetze machen und die Männer die Kinder kriegen."[10]

Bertha Pappenheim wollte nie wieder über ihre Therapieerfahrungen mit Breuer sprechen. Vielleicht war es ihr peinlich; außerdem war der Erfolg zweifelhaft. Breuers wiederholte Verschreibung von Opium komplizierte den Fall durch eine Drogenabhängigkeit nach dem Ende der Therapie. Und obwohl uns nicht bekannt ist, wie sie sich erholte, wissen wir doch von Freuds Witwe, daß Bertha schwierige Zeiten durchmachte.

Bertha Pappenheim betritt den Boden der Geschichte als ein Mensch, der Gutes tun möchte. Während der Zeit der Pogrome in Osteuropa arbeitete sie in der Suppenküche einer jüdischen Organisation, die Waisenkindern Unterschlupf bot. Ihre Biographie beschreibt sie als „wütend gegenüber den Ungerechtigkeiten der

Verfolgung" und als bereit, Verantwortung zu übernehmen, um jenen Kindern zu helfen, die ihre Eltern verloren hatten.

Vom Austeilen der Suppe ging sie dazu über, den Kindern im Waisenheim vorzulesen. Sie las aber nicht nur, sondern dachte sich auch Märchen aus, die sie den Kindern erzählen konnte. Diese faßte sie unter dem Pseudonym Berthold in einem Band mit dem Titel *In der Trödelbude* zusammen. Als ihr dann bewußt wurde, daß die Wohlfahrtsaktivitäten katholischer und protestantischer Frauen in Deutschland fortschrittlicher waren als die der Juden, entschied sie, daß ihre Arbeit im Waisenhaus wichtiger war als das Vergnügen. Sie übernahm daher administrative Aufgaben und wurde nach einiger Zeit Leiterin.

Im Gegensatz zu Menschen vom Enneatyp 3, die zwar kontrolliert und diszipliniert sind, aber auch das Vergnügen suchen und verführen, sind Menschen vom Typus E1 besonders nüchtern und bewerten die Freuden des Lebens gering. Den letzteren Eindruck erhalten wir von Bertha Pappenheims Leben. Sobald sie die Leitung des Waisenhauses übernahm, erfahren wir, daß „sie jeden Morgen von ihrer Wohnung nahe dem Zentrum der Stadt, wo sie gemeinsam mit ihrer Mutter lebte, in das etwa 30 Minuten entfernte Waisenhaus ging, wo sie den ganzen Tag arbeitete und manchmal bis spät am Abend blieb".

Wie sah ihre Arbeit aus? Wir erfahren, daß „sie von den Mädchen die gleiche Disziplin verlangte wie von sich selbst, daß sie eine strenge Wasch-, Bügel-, Flick- und Nähordnung einführte und im Unterricht und bei den Mahlzeiten kein Zuspätkommen duldete. Sie bestand auf makellosen Tischmanieren und duldete keine Unordnung in den Zimmern. Die Mahlzeiten hielt sie einfach, ja fast spartanisch, als ob das Essen an erster Stelle stünde, um Beherrschung zu lernen."

Es paßt auch zur zwanghaften Persönlichkeit, daß sie Gewalt striktest ablehnt, und wir wissen von Bertha Pappenheim, daß sie körperliche Züchtigung strengstens untersagte. „Jeder Angestellte, der dabei ertappt wurde, daß er ein Mädchen schlug, wurde sofort gefeuert." Zur Hypothese einer zwanghaften und nichthysterischen Veranlagung paßt auch, daß sie trotz der Verantwortung, die sie für die ihr anvertrauten Mädchen übernahm, „doch eine emotionale Distanz bewahrte".

In Freemans Buch trägt das Kapitel, das jenem über das Waisenhaus folgt, den Titel „Die Frauenrechtlerin". Hier treffen wir wieder auf eine wohlbekannte Neigung von E1. So wie die feministische Bewegung heutzutage reich an Frauen vom Typus E4 ist, die alle lernen, ihre Wut nach außen zu richten, wurden der frühe Feminismus und die Suffragetten-Bewegung eindeutig von E1 beherrscht. Hat die heutige Frauenbewegung mit dem Kurieren einer übertriebenen Unterwürfigkeit zu tun, so war die frühere Bewegung durch den Ausdruck der dominanten, konkurrierenden und maskulinen Tendenzen im perfektionistischen Charakter gekennzeichnet.

„Ihr Wunsch, ein Mann zu sein, wird in ihren Schriften offensichtlich", schließt Lucy Freeman aus dem Studium ihrer Texte. Vor dem gleichen Hintergrund überlegte Pappenheim, daß „der Mann der Feind" sei. Sie war erbost darüber, daß sie nicht die gleiche Erziehung genossen hatte wie ein Junge: „Nie konnte sie es verwinden, daß sie – wie all die anderen jungen Wienerinnen – ihre Ausbildung über die höhere Schule hinaus nicht hatte fortsetzen dürfen." (S. 82) „Sie bäumte sich leidenschaftlich gegen die uralte Sklaverei auf, zu der männlicher Egoismus die Frauen bestimmt hatte." (S. 83) Als sie das Buch *Eine Rechtfertigung der Rechte der Frauen* von Mary Wollstonecraft las, das ein Jahrhundert früher in England veröffentlicht worden war, beschloß Bertha Pappenheim, ihre Nächte dessen Übersetzung zu widmen.

Das nächste Kapitel ihrer Biographie trägt den Titel „Die Organisatorin". Es zeigt nicht nur die administrativen Fähigkeiten von E1, sondern auch Pappenheims Motiv zu verbessern, was sie sah. Sie verstand die Notwendigkeit, „die von reichen Freiwilligen unternommenen Wohlfahrtaktivitäten zu modernisieren". Sie war skeptisch in bezug auf die desorganisierte, sporadische und unsystematische Art, in der ihre Bekannten halfen, und prägte den Ausdruck „nachlässige Wohltätigkeit", um diese Haltung zu beschreiben. Im Laufe der Zeit gründete sie den Verband Jüdischer Frauen und wurde zu seiner Präsidentin gewählt.

„Die Retterin der verkauften Mädchen", der Titel von Freemans nächstem Kapitel, ist nicht weniger aussagekräftig für die Persönlichkeit von E1 als die vorigen. Bertha Pappenheim kümmerte sich schließlich besonders um junge Prostituierte, und man kann sich leicht vorstellen, daß in diesem Interesse Mitleid und eine intensive Besorgnis um jene, die auf den Pfad der Erniedrigung und der Unmoral geraten waren, zusammenkamen. „Sie wollte jüdische Mädchen vor ihren Zuhältern bewahren, die aus dem Verkauf der jungen Körper Profit schlugen. Sie wollte auch denen helfen, die schwanger geworden waren und uneheliche Kinder gebären würden, aber dennoch ein moralisches Leben führen wollten."

Obwohl sie manchmal desillusioniert war, weigerte sich Bertha Pappenheim, diesen Stimmungen lange nachzugeben, und sie erwartete auch von ihrem Personal, daß es über seine Launen und körperlichen Schmerzen ebenso hinauswuchs wie sie selbst. Ihren Kollegen und Freunden erzählte sie oft eine Geschichte, die ihr ganz besonders gefiel; eine Geschichte, in der sich ihre eigene Geradlinigkeit widerspiegelt. (Diese Geschichte ist wiederum sehr aussagekräftig im Hinblick auf alle Zweifel, die wir in bezug auf die Einordnung ihrer Persönlichkeit noch haben könnten.)

Die Geschichte beginnt damit, daß ein Vogel während eines heftigen Sturms über einen tosenden Fluß fliegt, um seine Jungen eines nach dem anderen aus dem gefährdeten Nest in Sicherheit zu bringen. Als er mit dem ersten Jungen dahinflog, sagte der Vogelvater in der Mitte des Flusses: „Du siehst, wie sehr ich mich anstrenge, dich in Sicherheit zu bringen. Wirst du das gleiche für mich tun, wenn ich alt und schwach bin?" Der kleine Vogel antwortete: „Natürlich, lieber Vater", worauf der Vogelvater sein Baby in die reißende Strömung unter sich fallen ließ und sagte: „Ein Lügner sollte nicht gerettet werden." Das gleiche machte er mit dem zweiten Jungen, als es die gleiche Antwort gab. Das dritte Baby aber antwortete auf die Frage seines Vaters wie folgt: „Lieber Vater, ich kann dir das nicht versprechen. Aber ich verspreche dir, meine eigenen Jungen zu retten."

Zu dieser Geschichte bemerkt Lucy Freeman: „Ihr gefiel die Aufrichtigkeit des dritten kleinen Vogels, eine Aufrichtigkeit, die ihm das Leben rettete. Auf ihre Art lebte auch sie ihr Versprechen, ihre Jungen zu retten."

Gegen Ende ihres Lebens fragte sie ein Ausschußmitglied, dem aufgefallen war, daß sie Schmerzen hatte, ob ihre Gallenblase nicht schon vor langer Zeit entfernt worden war. Als sie dies verneinte, fragte das Ausschußmitglied: „Lassen Sie sie nicht herausnehmen?" Sie antwortete: „Ich lebe jetzt schon fast 77 Jahre mit ihr, und ich habe nicht vor, mich jetzt von ihr zu trennen." Lucy Freeman meint dazu: „Das war alles, was sie zu diesem Thema sagte, sie war nie auf Mitleid aus."

Die „Kämpfernatur" wurde in Bertha Pappenheim mit den Jahren nur noch stärker:

> Sie hatte sich weder vor den kriminellen Mittelsmännern noch vor den Zuhältern gefürchtet, die mit den Körpern junger Mädchen handelten, und sie fürchtete sich auch jetzt nicht vor den Verbrechern, die in Deutschland die Macht an sich gerissen hatten. Sie mußte auch gegen sie kämpfen, weil sie Diebe und Mörder waren. An Sophie schrieb sie einmal: „Sei nicht besorgt, wenn nicht alle wissen, was recht ist; tue deine Pflicht und höre auf dein Gewissen."

Hier noch einige passende Zitate zu diesem Thema:

Sie hatte ihr ganzes Leben lang versucht, ihre Feinde zu bekämpfen. Es schien, als sei ihr ganzes Leben ein Kampf gewesen, und vielleicht ging es im Leben eben genau darum: denen zu helfen, die weniger stark waren.

Der Kampf war ihr Lebenselixier und ihre Art, ihre Stärke zu zeigen. Sie benutzte eine scharfe Klinge und verschonte den Gegner nicht, sie mißbrauchte einen Kampf aber nie zu niedrigen oder persönlichen Zwecken. Der Kampf war so heilig wie ihr soziales Engagement.

Ottilie Schönewald, die neue Präsidentin, schrieb: „Bertha Pappenheim war eine Kämpfernatur im besten Sinn des Wortes, eine Kämpferin für alles Gute und Schöne. Ihr Ziel lag nie im „Sieg", sondern im Fortschritt, in der Entwicklung in Richtung von etwas Besserem, einer Verbesserung von Menschen und Zuständen."

„Ich habe oft gedacht, daß es zuweilen ein guter Ersatz sein kann, etwas zu hassen, wenn man nichts hat, das man liebt.", schrieb Bertha Pappenheim in einem Brief aus dem Jahr 1912.

Cora Berliner schrieb in ihrer Gedenkschrift: „Sie genoß den Kampf. Sie provozierte ihn ... Sie hatte den tiefen Wunsch zu kämpfen... In dieser Frau schlummerte ein Vulkan, der ausbrach, wenn ihn jemand erzürnte."

* * *

In der Folge zitiere ich die ersten Seiten aus Breuers bedeutsamem Dokument, das am Beginn von Freuds Pionierwerk *Studien über Hysterie* steht.[11]

> Frl. Anna O ..., zur Zeit der Erkrankung (1880) 21 Jahre alt, erscheint als neuropathisch mäßig stark belastet durch einige in der großen Familie vorgekommene Psychosen; die Eltern sind nervös gesund. Sie selbst früher stets gesund, ohne irgendein Nervosum während der Entwicklungsperiode; von bedeutender Intelligenz, erstaunlich scharfsinniger Kombination und scharfsichtiger Intuition; ein kräftiger Intellekt, der auch solide geistige Nahrung verdaut hätte und sie brauchte, nach Verlassen der Schule aber nicht erhielt. Reiche poetische und phantastische Begabung, kontrolliert durch sehr scharfen und kritischen Verstand. Dieser letztere machte sie auch *völlig unsuggestibel*; nur Argumente, nie Behauptungen hatten Einfluß auf sie. Ihr Wille war energisch, zäh und ausdauernd; manchmal zum Eigensinn gesteigert, der sein Ziel nur aus Güte, um anderer willen, aufgab.
>
> Zu den wesentlichsten Zügen des Charakters gehörte mitleidige Güte; die Pflege und Besorgung einiger Armen und Kranken leistete ihr selbst in ihrer Krankheit ausgezeichnete Dienste, da sie dadurch einen starken Trieb befriedigen konnte. – Ihre Stimmungen hatten immer eine leichte Tendenz zum Übermaße, der Lustigkeit und der Trauer; daher auch einige Launenhaftigkeit. Das sexuale Element war erstaunlich unentwickelt[12]; die Kranke, deren Leben mir durchsichtig wurde wie selten das eines Menschen einem andern, hatte nie eine Liebe gehabt, und in all den massenhaften Halluzinationen ihrer Krankheit tauchte niemals dieses Element des Seelenlebens empor.
>
> Dieses Mädchen von überfließender geistiger Vitalität führte in der puritanisch gesinnten Familie ein höchst monotones Leben, das sie sich in einer für ihre Krankheit wahrscheinlich maßgebenden Weise verschönerte. Sie pflegte systematisch das Wachträumen, das sie ihr „Privattheater" nannte. Während alle sie anwesend glaubten, lebte sie im Geiste Märchen durch, war aber, angerufen, immer präsent, so daß niemand davon wußte. Neben den Beschäftigungen der Häuslichkeit, die sie tadellos versorgte, ging diese geistige Tätigkeit fast fortlaufend einher. Ich werde dann zu berichten haben, wie unmittelbar diese gewohnheitsmäßige Träumerei der Gesunden in Krankheit überging.
>
> Im Juli 1880 erkrankte der Vater der Patientin, den sie leidenschaftlich liebte, an einem peripleuritischen Abszesse, der nicht ausheilte und dem er im April 1881 erlag. Während der ersten Monate dieser Erkrankung widmete sich Anna der Krankenpflege mit der ganzen Energie ihres Wesens, und es nahm niemand sehr wunder, daß sie dabei allmählich stark herabkam. Niemand, vielleicht auch die Kranke selbst nicht, wußte, was in ihr vorging; allmählich aber wurde ihr Zustand von Schwäche, Anämie, Ekel vor Nahrung so schlimm, daß sie zu ihrem größten Schmerze von der

Pflege des Kranken entfernt wurde. Den unmittelbaren Anlaß bot ein höchst intensiver Husten, wegen dessen ich sie zum ersten Male untersuchte. Es war eine typische Tussis nervosa. Bald wurde ein auffallendes Ruhebedürfnis in den Nachmittagsstunden deutlich, an welches sich abends ein schlafähnlicher Zustand und dann starke Aufregung anschloß.

Anfangs Dezember entstand Strabismus convergens. Ein Augenarzt erklärte diesen (irrigerweise) durch Parese des einen Abduzens. Am 11. Dezember wurde die Patientin bettlägerig und blieb es bis 1. April.

In rascher Folge entwickelte sich, *anscheinend* ganz frisch, eine Reihe schwerer Störungen.

Linksseitiger Hinterkopfschmerz; Strabismus convergens (Diplopie) durch Aufregung bedeutend gesteigert; Klage über Herüberstürzen der Wand (Obliquusaffektion). Schwer analysierbare Sehstörungen; Parese der vorderen Halsmuskeln, so daß der Kopf schließlich nur dadurch bewegt wurde, daß die Patientin ihn nach rückwärts zwischen die gehobenen Schultern preßte und sich mit dem ganzen Rücken bewegte. Kontraktur und Anästhesie der rechten oberen, nach einiger Zeit der rechten unteren Extremität; auch diese völlig gestreckt, adduziert und nach innen rotiert; später tritt dieselbe Affektion an der linken unteren Extremität und zuletzt am linken Arme auf, an welchem aber die Finger einigermaßen beweglich blieben. Auch die Schultergelenke beiderseits waren nicht völlig rigide. Das Maximum der Kontraktur betrifft die Muskeln des Oberarmes wie auch später, als die Anästhesie genauer geprüft werden konnte, die Gegend des Ellbogens sich als am stärksten unempfindlich erwies. Im Beginne der Krankheit blieb die Anästhesieprüfung ungenügend, wegen des aus Angstgefühlen entspringenden Widerstandes der Patientin.

In diesem Zustande übernahm ich die Kranke in meine Behandlung und konnte mich alsbald von der schweren psychischen Alteration überzeugen, die da vorlag. Es bestanden zwei ganz getrennte Bewußtseinszustände, die sehr oft und unvermittelt abwechselten und sich im Laufe der Krankheit immer schärfer schieden. In dem einen kannte sie ihre Umgebung, war traurig und ängstlich, aber relativ normal; im andern halluzinierte sie, war „ungezogen", d. h. schimpfte, warf die Kissen nach den Leuten, soweit und wenn die Kontraktur dergleichen erlaubte, riß mit den beweglichen Fingern die Knöpfe von Decken und Wäsche u. dgl. mehr. War während dieser Phase etwas im Zimmer verändert worden, jemand gekommen oder hinausgegangen, so klagte sie dann, ihr fehle Zeit, und bemerkte die Lücke im Ablaufe ihrer bewußten Vorstellungen. Da man ihr das, wenn möglich, ableugnete, auf ihre Klage, sie werde verrückt, sie zu beruhigen suchte, folgten auf jedes Polsterschleudern u. dgl. dann noch die Klagen, was man ihr antue, in welcher Unordnung man sie lasse usw.

Diese Absenzen[13] waren schon beobachtet worden, als sie noch außer Bett war; sie blieb dann mitten im Sprechen stecken, wiederholte die letzten Worte, um nach kurzer Zeit weiter fortzufahren. Nach und nach nahm dies die geschilderten Dimensionen an, und während der Akme der Krankheit, als die Kontraktur auch die linke Seite ergriffen hatte, war sie am Tage nur für ganz kurze Zeiten halbwegs normal. Aber auch in die Momente relativ klaren Bewußtseins griffen die Störungen über; rapidester Stimmungswechsel in Extremen, ganz vorübergehende Heiterkeit, sonst schwere Angstgefühle, hartnäckige Opposition gegen alle therapeutischen Maßnahmen, ängstliche Halluzinationen von schwarzen Schlangen, als welche ihre Haare, Schnüre u. dgl. erscheinen. Dabei sprach sie sich immer zu, nicht so dumm zu sein, es seien ja ihre Haare usw. In ganz klaren Momenten beklagte sie die tiefe Finsternis ihres Kopfes, wie sie nicht denken könne, blind und taub werde, zwei Ichs habe, ihr wirkliches und ein schlechtes, das sie zu Schlimmem zwinge usw.

Nachmittags lag sie in einer Somnolenz, die bis etwa eine Stunde nach Sonnenuntergang dauerte, und dann erwacht, klagte sie, es quäle sie etwas, oder vielmehr sie wiederholte immer den Infinitiv: Quälen, quälen.

Denn zugleich mit der Ausbildung der Kontrakturen war eine tiefe, funktionelle Desorganisation der Sprache eingetreten. Zuerst beobachtete man, daß ihr Worte fehlten, allmählich nahm das zu. Dann verlor ihr Sprechen alle Grammatik, jede Syntax, die ganze Konjugation des Verbums, sie gebrauchte schließlich nur falsch, meist aus einem schwachen Particip-preateriti gebildete Infinitive, keinen Artikel. In weiterer Entwicklung fehlten ihr auch die Worte fast ganz, sie suchte dieselben mühsam aus 4 oder 5 Sprachen zusammen und war dabei kaum mehr verständlich. Bei Versuchen zu schreiben schrieb sie (anfangs, bis die Kontraktur das völlig verhinderte) denselben Jargon. Zwei Wochen lang bestand völliger Mutismus, bei fortwährenden angestrengten Versuchen zu sprechen wurde kein Laut vorgebracht. Hier wurde nun zuerst der psychische Mechanismus der Störung klar. Sie hatte sich, wie ich wußte, über etwas sehr gekränkt und beschlossen, nichts davon zu sagen. Als ich das erriet und sie zwang, davon zu reden, fiel die Hemmung weg, die vorher auch jede andere Äußerung unmöglich gemacht hatte.

Dies fiel zeitlich zusammen mit der wiederkehrenden Beweglichkeit der linksseitigen Extremitäten, März 1881; die Paraphasie wich, aber sie sprach jetzt nur *Englisch*, doch anscheinend, ohne es zu wissen; zankte mit der Wärterin, die sie natürlich nicht verstand; erst mehrere Monate später gelang mir, sie davon zu überzeugen, daß sie Englisch rede. Doch verstand sie selbst noch ihre deutsch sprechende Umgebung. Nur in Momenten großer Angst versagte die Sprache vollständig, oder sie mischte die verschiedensten Idiome durcheinander. In den allerbesten, freiesten Stunden sprach sie Französisch oder Italienisch. Zwischen diesen Zeiten und denen, in welchen sie Englisch sprach, bestand völlige Amnesie. Nun nahm auch der Strabismus ab und erschien schließlich nur mehr bei heftiger Aufregung, der Kopf wurde wieder getragen. Am 1. April verließ sie zum ersten Male das Bett.

Da starb am 5. April der von ihr vergötterte Vater, den sie während ihrer Krankheit nur sehr selten für kurze Zeit gesehen hatte. Es war das schwerste psychische Trauma, das sie treffen konnte. Gewaltiger Aufregung folgte ein tiefer Stupor etwa zwei Tage lang, aus dem sie sich in sehr verändertem Zustand erhob. Zunächst war sie viel ruhiger und das Angstgefühl wesentlich vermindert. Die Kontraktur des rechten Armes und Beines dauerte fort, ebenso die, nicht tiefe, Anästhesie dieser Glieder. Es bestand hochgradige Gesichtsfeldeinengung. Von einem Blumenstrauße, der sie sehr erfreute, sah sie immer nur eine Blume zugleich. Sie klagte, daß sie die Menschen nicht erkenne. Sonst habe sie die Gesichter erkannt, ohne willkürlich dabei arbeiten zu müssen; jetzt müsse sie bei solchem, sehr mühsamen „recognising work"[14] sich sagen, die Nase sei so, die Haare so, folglich werde das der und der sein. Alle Menschen wurden ihr wie Wachsfiguren, ohne Beziehung auf sie. Sehr peinlich war ihr die Gegenwart einiger nahen Verwandten, und dieser „negative Instinkt" wuchs fortwährend. Trat jemand ins Zimmer, den sie sonst gern gesehen hatte, so erkannte sie ihn, war kurze Zeit präsent, dann versank sie wieder in ihr Brüten, und der Mensch war ihr entschwunden. Nur mich kannte sie immer, wenn ich eintrat, blieb auch immer präsent und munter, solange ich mit ihr sprach, bis auf die immer ganz plötzlich dazwischen fahrenden halluzinatorischen Absenzen.

Sie sprach nun nur Englisch und verstand nicht, was man ihr deutsch sagte. Ihre Umgebung mußte Englisch mit ihr sprechen; selbst die Wärterin lernte sich einigermaßen so verständigen. Sie las aber Französisch und Italienisch: sollte sie es vorlesen, so las sie mit staunenerregender Geläufigkeit, fließend, eine vortreffliche englische Übersetzung des Gelesenen vom Blatte.

Sie begann wieder zu schreiben, aber in eigentümlicher Weise; sie schrieb mit der gelenken, linken Hand, aber Antiqua-Druckbuchstaben, die sie sich aus ihrem Shakespeare zum Alphabet zusammengesucht hatte.

Hatte sie früher schon minimal Nahrung genommen, so verweigerte sie jetzt das Essen vollständig, ließ sich aber von mir füttern, so daß ihre Ernährung rasch zunahm. Nur Brot zu essen verweigerte sie immer. Nach der Fütterung aber unterließ sie nie den Mund zu waschen, und tat dies auch, wenn sie aus irgendeinem Grunde nichts gegessen hatte; ein Zeichen, wie abwesend sie dabei war.

Die Somnolenz am Nachmittag und der tiefe Sopor um Sonnen-untergang dauerten an. Hatte sie sich dann ausgesprochen (ich werde später genauer hierauf eingehen müssen), so war sie klar, ruhig, heiter.

Dieser relativ erträgliche Zustand dauerte nicht lange. Etwa 10 Tage nach ihres Vaters Tode wurde ein Consiliarius beigezogen, den sie wie alle Fremden absolut ignorierte, als ich ihm alle ihre Sonderbarkeiten demonstrierte. „That's like an examination"[15], sagte sie lachend, als ich sie einen französischen Text auf englisch vorlesen ließ. Der fremde Arzt sprach drein, versuchte sich ihr bemerklich zu machen; vergebens. Es war die richtige „negative Halluzination", die seitdem so oft experimentell hergestellt worden ist. Endlich gelang es ihm, diese zu durchbrechen, indem er ihr Rauch ins Gesicht blies. Plötzlich sah sie einen Fremden, stürzte zur Türe, den Schlüssel abzuziehen, fiel bewußtlos zu Boden; dann folgte ein kurzer Zorn- und dann ein arger Angstanfall, den ich mit großer Mühe beruhigte. Unglücklicherweise mußte ich denselben Abend abreisen, und als ich nach mehreren Tagen zurückkam, fand ich die Kranke sehr verschlimmert. Sie hatte die ganze Zeit vollständig abstiniert, war voll Angstgefühlen, ihre halluzinatorischen Absenzen erfüllt von Schreckgestalten, Totenköpfen und Gerippen. Da sie, diese Dinge durchlebend, sie teilweise sprechend tragierte, kannte die Umgebung meist den Inhalt dieser Halluzinationen. Nachmittags Somnolenz, um Sonnenuntergang die tiefe Hypnose, für die sie den technischen Namen „clouds"[16] (Wolken) gefunden hatte. Konnte sie dann die Halluzinationen des Tages erzählen, so erwachte sie klar, ruhig, heiter, setzte sich zur Arbeit, zeichnete oder schrieb die Nacht durch völlig vernünftig; ging gegen 4 Uhr zu Bett, und am Morgen begann dieselbe Szene wieder, wie tags zuvor. Der Gegensatz zwischen der unzurechnungsfähigen, von Halluzinationen gehetzten Kranken am Tage und dem geistig völlig klaren Mädchen bei Nacht war höchst merkwürdig.

Trotz dieser nächtlichen Euphorie verschlechterte sich der psychische Zustand doch immer mehr; es traten intensive Selbstmordimpulse auf, die den Aufenthalt in einem 3. Stockwerke untunlich erscheinen ließen. Die Kranke wurde darum gegen ihren Willen in ein Landhaus in der Nähe von Wien gebracht (7. Juni 1881). Diese Entfernung vom Hause, die sie perhorreszierte, hatte ich nie angedroht, sie selbst aber im stillen erwartet und gefürchtet. Es wurde nun auch bei diesem Anlasse wieder klar, wie dominierend der Angstaffekt die psychische Störung beherrschte. Wie nach des Vaters Tod ein Ruhezustand eingetreten war, so beruhigte sie sich auch jetzt, als das Gefürchtete geschehen war. Allerdings nicht ohne daß die Transferierung unmittelbar von drei Tagen und Nächten gefolgt gewesen wäre, absolut ohne Schlaf und Nahrung, voll von (im Garten allerdings ungefährlichen) Selbstmordversuchen, Fensterzerschlagen u. dgl., Halluzinationen ohne Absenz, die sie von den anderen ganz wohl unterschied. Dann beruhigte sie sich, nahm Nahrung von der Wärterin und sogar abends Chloral.

Freud bestätigt, daß die Psychoanalyse ihren Ursprung in Breuers Behandlung von Anna O. hat.[17] Es ist deshalb umso bemerkenswerter, daß eine so bedeutsame Erforschung des menschlichen Geistes rückblickend so blind gegenüber dem Charakter erscheint. Es stimmt, daß wir erfahren, daß Anna O. eine hartnäckige und eigensinnige junge Frau mit einer energischen Willenskraft und einem starken Drang, den Armen und Kranken zu helfen, ist (was schon ausreicht, um darin den selbsterhaltenden E1 zu erkennen), aber dieses Verständnis ist doch weit entfernt von der psychodynamischen Erkenntnis der modernen Psychoanalyse. Daß Breuer die Einsicht seiner Patientin in ihre eigene Simulation abtat, legt nahe, daß er in ihr ein Verständnis geweckt hatte, das sein eigenes überstieg.

Einige Biographen wie Stefan Zweig haben die Gabe, historischen Figuren jene Worte in den Mund zu legen, die den eigenen Erkenntnissen (der Biographen) über den Persönlichkeitsstil der Figur entsprechen. Vielleicht ist eine solche Arbeit ähnlich der Cuviers, der aus einigen wenigen Knochen die Form eines prähistorischen Reptils rekonstruieren konnte, nicht Einbildung im eigentlichen Sinn, sondern die Fähigkeit, aus einer inneren Dynamik situative Details zu entwickeln, wie das auch Schriftsteller tun, die einen Roman in ein Drehbuch umarbeiten. Lucy Freeman ist nicht nur psychologisch sehr versiert, sondern hat auch diese Gabe. Ich zitiere jetzt einige Ausschnitte aus ihrer geschickten Rekonstruktion des Falls.

Als er an einem Abend Anfang Juli aufs Land hinauskam, traf er die Mutter sehr aufgeregt an. „Jetzt will meine Tochter kein Wasser trinken", sagte sie. „Sie stirbt vor Durst, aber sie sagt, sie könne kein Glas Wasser anrühren. Sie nimmt nur Obst, um ihren Durst zu stillen."

Nachdem er seine Patientin hypnotisiert hatte, fragte er sie:

„Sind Sie durstig?"

„Sehr", sagte sie.

„Warum trinken Sie dann nicht ein Glas Wasser?"

„Ich weiß nicht." Sie schüttelte ihre dunklen Zöpfe.

„Was hält Sie davon ab zu trinken?"

Das nervöse Husten. Dann: „Ich weiß es wirklich nicht."

Der Schweiß rann ihr über die Wangen, sie schien von Durst gequält zu sein. Er gab ihr ein Glas Wasser in die Hand. „Trinken Sie das", sagte er.

Prompt gab sie ihm das Glas zurück, und ihr Gesicht verzog sich vor Abscheu. „Ich kann nicht."

Die Hitze hielt volle sechs Wochen an, während deren sie keinen Tropfen über die Lippen zu bringen vermochte und ihren Durst nur mit Obst stillte. Eines Abends sagte sie zu Breuer: „Mein Bruder hält mich für verrückt, weil ich kein Wasser trinken kann."

Breuer bekam gelegentlich den mürrischen jungen Mann mit dem runden Gesicht und den roten Haaren zu Gesicht, der sich in entlegene Winkel des Hauses zurückzog, als wolle er einer Begegnung mit dem Arzt aus dem Wege gehen. Das mußte wohl der jüngere Bruder sein.

An dem Tag, an dem die Hitze nachließ, begrüßte sie Breuer mit einem Lächeln. „Mein Bruder ist wieder nach Wien gegangen", sagte sie. „Jetzt wird sich keiner mehr über mich lustig machen."

Nachdem Breuer sie hypnotisiert hatte, fragte er: „Haben Sie denn Wasser trinken können?"

„Nein", sagte sie, „und dabei habe ich einen quälenden Durst."

Wieder das Wort „quälend". Was quälte sie so, daß sie kein Glas Wasser trinken konnte, obwohl der Durst sie so sehr plagte?

„Was quält Sie?" fragte er.

Sie stieß mit trockenen Lippen hervor: „Diese neue Gesellschafterin, die Mutter angestellt hat, weil sie Englisch spricht und verstehen kann, was Sie und ich reden! Ich mag sie nicht."

„Sie scheint aber doch sehr nett zu sein", sagte Breuer.

„Aber ihr ekelhafter kleiner Hund!" Auf dem Gesicht des jungen Mädchens zeigte sich der gleiche Abscheu, mit dem sie das Glas Wasser zurückgewiesen hatte.

„Was ist los mit dem Hund?" Es war ein harmloser kleiner weißer Pudel, der aussah, als könne er keiner Ameise etwas zuleide tun.

„Er ist gräßlich!"

„Was hat er denn gemacht?" Breuer war verblüfft über ihre Heftigkeit.

„Am ersten Tag der Hitzewelle, am gleichen Tag, an dem die Gesellschafterin ankam, bin ich in ihr Zimmer gegangen, um sie zu begrüßen. Und –", hier machte sie eine Pause und sah dabei aus, als erinnere sie sich an etwas über die Maßen Abscheuliches, „da war dieser ekelhafte kleine Hund und trank Wasser aus einem Glas, das sie auf den Boden gestellt hatte!"

„Und was taten Sie?"

„Ich tat gar nichts." Ihre Augen funkelten vor Zorn. „Ich hätte ihr nur zu gern gesagt, was ich von dem ekelhaften kleinen Biest hielt. Aber ich schwieg, denn ich habe gelernt, zu allen Leuten höflich zu sein, ohne Rücksicht auf ihre soziale Stellung. Aber am liebsten hätte ich ihr und dem dummen Hund etwas an den Kopf geworfen."

Bei diesen Worten ergriff sie mit der linken Hand ein gesticktes Kissen und schleuderte es haßerfüllt quer durchs Zimmer, als wäre es ein Dynamitstab, den sie auf einen Feind warf. Dann wandte sie sich, noch immer in Hypnose, an Breuer; Wut und Ekel waren ruhiger Gelassenheit gewichen.

„Kann ich bitte ein Glas Wasser haben?" fragte sie. „Ich bin sehr durstig."

Überrascht stand er auf, ging in die Küche, füllte ein Glas mit kaltem Wasser, kehrte zurück und übergab ihr das Glas. Er erwartete, daß sie es – wie immer in den letzten sechs Wochen – wegschieben würde, als leide sie an Wasserscheu.

Statt dessen sagte sie „Vielen Dank, Herr Doktor", hob das Glas an die Lippen und trank das Wasser in kleinen Schlucken.

Während sie das Glas noch an den Lippen hatte, weckte er sie aus der Trance auf. Sie stellte es gleichgültig auf einen Tisch.

Als er im Wagen nach Wien zurückfuhr, dachte er verwundert über das Vorgefallene nach. Ein Symptom, das eine lange Zeit hindurch vorhanden gewesen war, war infolge einer zufälligen und spontanen Bemerkung im Zustand der Hypnose aufgeklärt worden. Aber war es denn eine „zufällige und spontane Bemerkung" gewesen? Gab es eine direkte Verbindung zwischen ihrem Unvermögen, Wasser aus einem Glas zu trinken, und dem „ekelhaften" kleinen Hund?

Es hatte damit angefangen, daß sie den kleinen Hund aus dem Glas der Gesellschafterin trinken sah, ein Anblick, der sie anekelte und ärgerte. Erst als sie unter Hypnose den Vorfall schildern und von ihrem Zorn und Ekel hatte sprechen können, vermochte sie wieder aus einem Glas zu trinken.

Den Schlüssel für die Lösung hatte sie ihm selbst gegeben, als sie davon sprach, daß etwas sie „quäle". Er hatte nicht locker gelassen mit seinen Fragen, und sie hatte es ihm schließlich gesagt, hatte ihm ein Erlebnis geschildert und außerdem von Gefühlen gesprochen, denen sie keinen Ausdruck gegeben hatte, weil sie sie als unhöflich empfand.

Von da an verschwanden oder besserten sich auch andere Symptome, die nach dem Tode ihres Vaters wieder aufgetreten waren. Sie halluzinierte seltener. Die Lähmung in ihrem rechten Bein verschwand, und sie konnte gehen, ohne zu hinken. Breuer fand ihren Geist viel klarer, ihre Urteilskraft besser.

Aber die Redekur war kein rascher Zauberweg in die Wirklichkeit. Bisweilen unterbrach die Patientin ihren Redefluß, offenbar, weil sie sich in Phantasien verlor. Als sie einmal im Garten saßen, stand sie mitten im Satz auf, lief zu einem Baum hin und wollte hinaufklettern. Breuer ging ihr nach und hielt sie fest, woraufhin sie den unterbrochenen Satz fortsetzte, als sei nichts geschehen. Als er sie hypnotisierte und fragte, warum sie davongelaufen sei, erklärte sie, sie habe einen großen weißen Vogel gesehen, der sich im Wipfel des Baums verfangen habe; zu ihm habe sie hinaufsteigen wollen, um ihn aus seiner mißlichen Lage zu befreien.

Einmal rettete sie tatsächlich ein Tier. Eine Verwandte hatte ihr einen großen Neufundländer geschenkt, den sie sehr liebgewann. Als sie sich eines Abends im Garten mit Breuer unterhielt, fing der Hund an ihrer Seite zu knurren an und sprang auf, um eine Katze zu verfolgen, die zum Haus gehörte.

Sie stand auf, ging zur Veranda, ergriff einen Gegenstand, den Breuer für eine Peitsche hielt, und verjagte den Hund. Breuer konnte sich eines Gefühls der Bewunderung nicht erwehren, als er sah, wie dieses zerbrechliche junge Wesen, das so heftig von quälenden Vorstellungen heimgesucht wurde, dem kleinen Geschöpf sofort zu Hilfe kam. Dann bemerkte er erst, daß sie ihre Reitgerte dazu benutzt hatte. Vor ihrer Krankheit war sie fast jeden Tag ausgeritten, und das hatte ihr, wie sie ihm einmal anvertraute, viel Spaß gemacht.

Der August rückte heran, und das bedeutete für Breuer Sommerurlaub mit seiner Familie. Er bat einen Arzt, der in der Nähe seiner jungen Patientin wohnte, ihn in seiner Anwesenheit zu vertreten. Bei der ersten Begegnung schien er ihr zu gefallen; sie übersah ihn nicht wie seinerzeit den anderen Vertreter.

Als Breuer zurückkam, stellte er fest, daß sie dem Arzt wohl erlaubt hatte, sie zu besuchen, nicht aber, sie zu hypnotisieren. Obwohl sie sich mit dem Vertreter abgefunden zu haben schien, war sie doch wieder stark deprimiert. Sie wollte nicht mit Breuer reden, auch nicht in Hypnose. Er führte ihre außergewöhnliche Depression darauf zurück, daß sie ihre Phantasien und Gefühle nicht in Worten ausdrücken konnte.

„Am besten wäre es wohl", sagte er zu ihrer Mutter, „wenn Sie es einrichten könnten, daß Ihre Tochter auf eine Woche nach Wien kommt, damit ich sie wieder jeden Abend besuchen kann."

Mutter und Tochter bezogen daher auf kurze Zeit wieder die Wiener Wohnung. Es war nicht mehr die alte, in der der Hausherr gestorben und die Tochter krank geworden war. In die alte Umgebung mit ihren traurigen Erinnerungen hatte die Mutter nicht zurückkehren wollen.

Breuer konnte jetzt seine Patientin eine Woche lang allabendlich besuchen und sie dazu anregen, sich ungehemmt auszusprechen. Die Depression und die Zorngefühle, die sich in den Wochen seiner Abwesenheit angesammelt hatten, nahmen ab, und der alte Hypnosenrapport stellte sich wieder ein.

Als der Sommer vorüber war, wurde der Haushalt wieder nach Wien verlegt; das bedeutete, daß Breuer seine Patientin wieder regelmäßig sehen konnte. Er hoffte, auf diese Weise die Wirkung der Redekur zu beschleunigen.

Breuer stand jetzt vor mehreren Geheimnissen. Warum konnte seine junge Patientin nicht in der Gegenwart leben? Warum hatte sich ein Symptom – ihr Unvermögen, Wasser zu trinken – aufgelöst, nachdem sie sich in der Hypnose daran erinnert hatte, wie der kleine Hund aus einem Glas trank? Wenn Breuer über die Art und Weise nachdachte, wie das Symptom verschwunden war, so fragte er sich, ob nicht vielleicht alle die Symptome seiner Patientin mit Erlebnissen zusammenhingen, die ihren Abscheu oder ihre Furcht so stark erregt hatten, daß sie sowohl die Erinnerung daran als auch das, was sie dabei empfand, verdrängt hatte.

Wenn er sie dazu bringen könnte, sich an das jeweilige Erlebnis zu erinnern, mit dem jedes der Symptome verbunden war, würden vielleicht alle Symptome – der Husten, die Sehstörungen, die Lähmung des rechten Arms und ihre Halluzinationen von Schlangen und Totenschädeln – ganz verschwinden.

Aber dieses Verfahren würde in den Abendsitzungen zuviel Zeit erfordern, Zeit, die sie nötig brauchten, um mit den – wie er es sah – zwei Gruppen von Störungen fertigzuwerden: ihren täglichen Reizzuständen und ihren Erinnerungen an das vergangene Jahr. Wie sollte sie auch noch eine dritte Gruppe von Störungen bewältigen können?

Nun verfolgte ihn der Gedanke, daß möglicherweise jedes Symptom mit einem Erlebnis zusammenhing, das zu einer Gefühlsreaktion geführt hatte, die sich nicht ausdrücken konnte. Es war eine Theorie, die noch niemand erprobt, ja an die vielleicht noch nicht einmal jemand gedacht hatte. Breuer faßte einen Entschluß.

Er wollte sie zweimal täglich besuchen, einmal morgens und einmal abends, und so die Zeit verdoppeln, die er ihr widmete.

Er erklärte ihr sein Vorhaben: „Ich will Sie jeden Morgen besuchen und hypnotisieren", sagte er. „Nachdem Sie mir geschildert haben, was Sie beunruhigt hat, oder mir eine Geschichte aus Ihrem Privattheater erzählt oder von Ihren Erlebnissen am gleichen Tag im Vorjahr berichtet haben, werde ich Sie bitten, Ihre Gedanken auf ein einziges Symptom zu konzentrieren und zu versuchen, sich der Gelegenheiten zu erinnern, bei denen dieses Symptom auftrat, als Sie Ihren Vater pflegten." Breuer glaubte nämlich, daß jene fünf Pflegemonate die „Inkubationszeit" der Krankheit darstellten.

„Ich werde mir bei dem Morgenbesuch Notizen machen", fuhr er fort, „und dann komme ich am Abend zur üblichen Stunde wieder und hypnotisiere Sie noch einmal. Dabei werde ich mich auf meine Notizen vom Morgen stützen und Sie bitten, mir alle die Gelegenheiten genau zu schildern, bei denen Ihrer Erinnerung nach ein Symptom aufgetreten ist."

Dieser Vorschlag schien der Patientin sehr zu gefallen. „Ich werde mein Möglichstes tun und mir Mühe geben, mich zu erinnern", sagte sie.

Am nächsten Morgen ging er genauso vor, wie er gesagt hatte. Er wählte als Symptom für diesen Tag ihre gestörte Sehkraft aus, die sich bisweilen fast zur völligen Blindheit steigerte.

„Können Sie sich an Gelegenheiten erinnern, bei denen Sie während der Pflege Ihres Vaters nur verschwommen sahen oder schielten?" fragte er.

Sie dachte einen Augenblick nach, bevor sie antwortete: „Im November gab es einmal eine Nacht, in der mir beim Lesen plötzlich alles so vor den Augen verschwamm, daß ich den Druck nicht mehr erkennen konnte. Ich mußte das Buch weglegen."

Sie machte eine Pause und fuhr dann fort: „Und ich erinnere mich auch, daß ich ein paar Wochen vorher einmal so müde war, daß ich kaum sehen konnte. Aber es gelang mir, wach zu bleiben, weil mein Vater vielleicht um einen Schluck Wasser bitten können oder …" Sie brach ab und errötete.

„Oder was?" fragte Breuer.

„Oder ich ihm auf die Toilette hätte helfen müssen."

„Ist es sonst noch vorgekommen, daß Sie nur verschwommen sehen konnten?" fragte er.

Wieder dachte sie nach. Sie hustete. Dann sagte sie: „Unmittelbar nachdem mein Vater krank geworden war, irgendwann im August, als wir noch auf dem Land waren, fragte er plötzlich spät abends, wieviel Uhr es sei, und mir verschwamm alles vor den Augen."

Als Breuer an jenem Abend in die Wohnung zurückkehrte, versetzte er sie zum zweitenmal an diesem Tag in einen Trancezustand und drang in sie:

„Was können Sie sich aus jener Nacht in Erinnerung rufen, in der ihr Vater wissen wollte, wie spät es sei, und Ihnen alles vor den Augen verschwamm?" Dieses Erlebnis lag tief in ihrer Erinnerung verschüttet. Sie hatte es zwar als letztes erwähnt, aber es war mit dem ersten Auftreten ihrer Sehstörung verbunden.

Sie sprach langsam und gab sich Mühe, sich zu erinnern. „Ich saß auf dem Stuhl neben dem Bett meines Vaters und fragte mich, ob er wohl an Tuberkulose sterben werde. Ein Leben ohne meinen Vater konnte ich mir nicht vorstellen. Meine Augen schwammen in Tränen.

Ich dachte, mein Vater schlafe. Plötzlich fragte er: „Wie spät ist es?" Ich versuchte, die Tränen zurückzudrängen, weil ich nicht wollte, daß er sie sah; vielleicht hätte er dann erraten, wie krank er war. Ich nahm seine Uhr vom Tisch neben dem Bett, aber ich konnte die Zeiger nicht deutlich erkennen. Das kam von den Tränen in meinen Augen."

Sie hustete und sprach dann weiter. „Ich versuchte, trotzdem die Zeit abzulesen, und hielt mir die Uhr dicht vor die Augen. Das Zifferblatt wirkte riesig. Ich war mir bewußt, daß ich schielte, als ich es ansah. Es war ein Viertel vor zwölf."

Tränen stiegen ihr in die Augen, als durchlebe sie die traurige Szene noch einmal. Mit der linken Hand, die jetzt wieder ganz beweglich war, holte sie ein Spitzentaschentuch aus der Tasche und tupfte vorsichtig die Tränen ab. Breuer stellte fest, daß sie wieder stark schielte.

Als er am nächsten Morgen wiederkam, fand er die Wohnung in Aufruhr. Seine junge Patientin, die des Nachts jetzt ständig im vergangenen Jahr lebte, war schreiend aufgewacht, hatte Mutter, Gesellschafterin und Bruder aufgeschreckt und behauptet, man habe sie aus ihrer alten Wohnung fortgebracht an einen fremden Ort.

Als Breuer in ihr Zimmer trat, bemerkte er, daß ihr Blick überraschend klar war. Das Schielen war vollständig verschwunden.

„Was ist gestern abend passiert?" Sie sah verwirrt aus.

„Ich glaube, während meines Besuchs haben Ihre Erinnerungen nicht nur Ihre Sehkraft wiederhergestellt, sondern auch Ihre Verwirrung darüber beseitigt, in welchem Jahr Sie leben", sagte er. „Als Sie mitten in der Nacht aufwachten und merkten, daß wir 1882 schreiben und nicht 1881, das Jahr, in dem Sie nachts leben, fanden Sie sich in einem Zimmer wieder, das Ihnen fremd vorkam, weil Sie nicht mehr in demselben Haus wohnen wie im vorigen Winter."

„Bitte hypnotisieren Sie mich jeden Abend, ehe Sie weggehen", bat sie, „und sagen Sie mir, daß ich bis zum Morgen die Augen nicht öffnen soll. Ich möchte das nicht noch einmal erleben. Es erschreckt mich zu sehr."

„Wie Sie wollen", antwortete er, und von da an tat er es.

Alles ging gut, bis sie eines Nachts aufwachte und herzzerreißend schluchzte, weil sie geträumt hatte, ihr geliebter Neufundländer sei gestorben. Doch als sie diesmal die Augen öffnete, erschrak sie nicht, obwohl ihr die Umgebung fremd vorkam. Als sie es Breuer erzählte, meinte er: „Das bedeutet, daß Sie jetzt mehr in der Gegenwart als in der Vergangenheit leben."

Das zweite Symptom, dessen seelische Ursache er ergründen wollte, war der nervöse Husten. Nachdem er seine Patientin morgens hypnotisiert hatte, hieß er sie sich erinnern, wann sie am Bett ihres Vaters gehustet habe. Am Abend setzte er dann, als sie sich in Trance befand, seine Fragen fort: „An welche Einzelheiten erinnern Sie sich im Zusammenhang mit dem ersten Hustenanfall am Bett Ihres Vaters?"

Sie sprach wie im Traum. „Ich hatte eben erst angefangen, nachts bei ihm zu wachen, und war noch nicht an die veränderte Zeiteinteilung gewöhnt. Vor allem nicht daran, daß ich auf den Nachtschlaf verzichten mußte, was ja bedeutete, daß ich tagsüber nichts unternehmen konnte, weil ich zu müde war. Es bedeutete aber auch noch, daß ich abends nicht mehr ausgehen konnte."

Nach einer kleinen Pause berichtete sie weiter: „Plötzlich hörte ich Musik. Im Nebenhaus spielte eine Kapelle. Unsere Nachbarn gaben eine Gesellschaft, zu der ich auch eingeladen war. Ich tanze gern – und ich dachte daran, wieviel Vergnügen mir da entging. Dann schämte ich mich, weil ich so selbstsüchtig war. Und da fing ich an zu husten."

Am folgenden Morgen stellte Breuer fest, daß der hartnäckige Husten, der sie bei fast allen seinen Besuchen heimgesucht hatte, verschwunden war.

Darauf wandte er sich ihrer Taubheit zu oder, wie er es nannte, "ihrer vorhergehenden Gewohnheit des Nichthörens". Hier unterschied er sieben Gruppen; er erklärte ihr, daß ihr „Unvermögen zu hören viele Variationen" habe.

In der ersten Gruppe – „nicht hören, daß jemand eintrat, in Zerstreutheit" – erinnerte sie sich an hundertacht Einzelfälle, wobei ihr auch die beteiligten Personen, die näheren Umstände und oft sogar das genaue Datum einfielen. Zuletzt erwähnte sie das am weitesten zurückliegende Erlebnis, nämlich, daß sie einmal nicht gehört hatte, wie ihr Vater aus dem Bad in sein Zimmer zurückkam.

Bei Breuers zweiter Gruppe – „nicht verstehen, wenn mehrere Personen sprachen" – erinnerte sie sich an siebenundzwanzig Fälle. Der älteste betraf ihren Vater und einen Bekannten.

Zur dritten Gruppe – „nicht hören, wenn allein, direkt angesprochen" – fielen ihr fünfzig Fälle ein, wobei der früheste war, daß ihr Vater sie mehrere Male um etwas Wein hatte bitten müssen.

Bei Breuers vierter Gruppe – „Taubwerden durch Schütteln" – erinnerte sie sich an fünfzehn Vorfälle. Am weitesten zurück reichte die Erinnerung an einen Abend, an dem ihr Bruder sie zornig schüttelte, als er sie vor der Tür zum Zimmer ihres Vaters horchend angetroffen hatte.

Auf Breuers fünfte Gruppe – „Taubwerden vor Schreck über ein Geräusch" – entfielen siebenunddreißig Episoden, die sie sich ins Gedächtnis rief. Die Erinnerung, die sie zuletzt erwähnte, war ihr Schreck über einen Erstickungsanfall ihres Vaters, als ihm beim Essen etwas in die falsche Kehle gekommen war.

Bei Breuers sechster Gruppe – „Taubheit in tiefer Absenz" – sprach sie von zwölf Fällen. Bei der siebenten Gruppe – „Taubwerden durch langes Horchen und Lauschen, so daß sie dann angesprochen nicht hörte" – fielen ihr vierundfünfzig Fälle ein.

Breuer fand in jedem Falle die verschiedenen Erlebnisse in ihrem Gedächtnis so deutlich getrennt, daß sie sich verbesserte, wenn sie sich in der Reihenfolge einmal irrte, und die richtige Ordnung wiederherstellte. Konnte sie das nicht, weil Breuer sie zum Weiterreden antrieb, so hörte sie auf zu sprechen.

Manche ihrer Erlebnisse waren eigentlich recht uninteressant oder unbedeutend, wurden aber von ihr so detailliert berichtet, daß sie nach Breuers Überzeugung nicht erfunden sein konnten. Bei manchen Ereignissen handelte es sich nur um ihre eigenen Reaktionen und Gefühle, so daß sich nichts nachprüfen ließ, aber wo er mit Hilfe der Mutter Kontrollen durchführen konnte, stellte sich heraus, daß seine Patientin präzis berichtete.

Er machte die Beobachtung, daß ein Symptom, das sie sich von der Seele geredet hatte, kurze Zeit wieder mit erhöhter Intensität auftrat: Als sie sich bemühte, sich die Fälle von Nichthören in Erinnerung zu rufen, wurde sie so taub, daß er sich während seiner Besuche zeitweise nur schriftlich mit ihr verständigen konnte.

Bei seinem ersten Besuch war sie stumm gewesen, und danach war sie hin und wieder für etwa einen Tag von neuem in Stummheit verfallen. Jetzt bat Breuer sie, sich an die Fälle zu erinnern, die in die Zeit fielen, wo sie ihren Vater pflegte.

„Als ich das erstemal kein Wort sprechen konnte, hatte ich einen Streit mit meiner Mutter", erzählte sie. „Meine Mutter warf mir vor, ich hätte meinen Vater eine halbe Stunde in seinem Zimmer alleingelassen, während ich unten in der Küche war, um etwas zu essen. Ich wußte ganz genau, daß ich nur zehn Minuten draußen gewesen war, und ich war außer mir vor Zorn, sagte aber nichts."

Sie erwähnte dann auch andere Ereignisse, wo sie den Ärger über jemanden zurückgehalten hatte, der sie zu Unrecht beschuldigte. Breuer zog den Schluß, daß sie jedesmal dann die Sprache verlor, wenn sie sich zu Unrecht beschuldigt fühlte, aber nichts zu ihrer Verteidigung sagen konnte.

Er stellte fest, daß der Ursprung eines Symptoms immer irgendein Schreck gewesen zu sein schien, den sie bei der Pflege ihres Vaters erlebt hatte. Oft hing er mit einem Versehen ihrerseits zusammen, dem der peinigende Gedanke folgte, ihr Vater könnte sterben.

Ihr Husten, ihre Seh-, Hör- und Sprechstörungen wurden alle „wegerzählt", als sie sich an das erste Auftreten des Symptoms erinnerte und die Gefühle jenes Augenblicks noch einmal empfand.

Breuers Frau erwartete ein Kind, ihr fünftes, und als er sich am Morgen des 11. März eine halbe Stunde verspätete, entschuldigte er sich bei seiner Patientin.

„Es tut mir leid, daß ich zu spät komme", sagte er. „Ich bin fast die ganze Nacht aufgewesen. Meine Frau hat ein kleines Mädchen bekommen."

Er konnte den Ausdruck im Gesicht seiner jungen Patientin nicht ganz ergründen, es war eine Mischung aus Bestürzung, Freude und Verwirrung. „Ich gratuliere Ihnen, Herr Doktor", brachte sie endlich hervor. „Sie sind sicher sehr glücklich."

„Das bin ich allerdings", sagte er. „Glücklich über das Neugeborene und glücklich darüber, daß Sie sich wieder wohlfühlen."

Er wußte, daß es nicht immer leicht war, sich an die Erlebnisse zu erinnern, die mit einem Symptom zusammenhingen. Es gab Zeiten, in denen sie sich verzweifelt anstrengte und doch keinen Erfolg hatte. Wie sehr er sich auch bemühte, ihr zu helfen – den Schmerz, der mit dem Ausgraben versunkener Erinnerungen verbunden war, mußte sie allein ertragen.

Aber er spürte, daß ihre Qualen schlimmer werden könnten, wenn sie diese Erinnerungen nicht wieder auffrische. Dann würde sie vielleicht immer von den Symptomen behindert sein, die der Unterdrückung der Erinnerungen und der damit verbundenen Gefühle dienten.

Eine Erinnerung sträubte sich dagegen aufzutauchen. Breuer war der Ansicht, daß sie es war, die ihrer ganzen seelischen Erkrankung zugrunde lag – die Halluzination von Schlange und Totenkopf.

Eine Halluzination mochte jedem anderen verrückt erscheinen, dachte er bei sich, aber für den, der sie erleiden mußte, war sie, um ihren Ausdruck zu verwenden, eine „Qual". Breuer war entschlossen, ausfindig zu machen, warum die Schlange und der Totenkopf seine Patientin quälten.

An einem Frühlingsmorgen hypnotisierte er sie und fragte gemäß der üblichen Routine: „Bei welcher Gelegenheit haben Sie den Totenkopf gesehen?"

Sie dachte einen Augenblick nach und sagte dann: „Als ich meinen Vater pflegte, verwandelte sich sein Gesicht eines Nachts in einen Totenkopf."

Der Totenkopf in ihrer Phantasie vertrat also das Gesicht ihres Vaters – begreiflicherweise, da er monatelang vor ihren Augen dahinsiechte und sein Gesicht schließlich, wenn er einmal im Sarg in der Erde ruhte, nichts anderes als ein Totenschädel sein würde.

„Ist Ihnen dieses Bild schon vorher begegnet?" fragte er.

Sie schwieg wieder, als forsche sie die Tiefen ihres Gedächtnisses aus. Dann sagte sie: „Ich erinnere mich tatsächlich an einen anderen Fall."

Aus ihrer Stimme klang die Freude, die das plötzliche Nachlassen des Schmerzes anzeigt; sie hatte ein Erlebnis heraufgeholt, das schon endgültig verloren schien.

„Wann war denn das?" Seine Stimme war so ruhig wie immer, obwohl er ihre frohe Erregung teilte.

„Unmittelbar nachdem mein Vater krank geworden war. Ich war sehr müde, weil ich nie genug Schlaf bekam. Tagsüber schleppte ich mich nur so dahin. Eines Nachmittags jedoch ging ich meine Tante besuchen. Ich erinnere mich daran, daß ich in ihrem Haus die Tür zu einem Zimmer aufmachte und daß ich dann ohnmächtig hinfiel."

„Warum sind Sie in Ohnmacht gefallen?"

„Ich weiß es nicht." Sie wirkte verwirrt. „Ich kann mich an gar nichts erinnern."

„Vielleicht fällt Ihnen heute abend mehr ein."

Nachdem er sie am Abend hypnotisiert hatte, schlug er ihr vor: „Erzählen Sie mir von dem Besuch bei Ihrer Tante an jenem Tag, an dem Sie eine Tür aufmachten und dann bewußtlos niederfielen."

„Ich kann mich an weiter nichts erinnern", sagte sie genau wie am Morgen.

Im Unterschied zu anderen Abenden schien sie sich dagegen zu sträuben, ihr Gedächtnis zu erforschen. Aber Breuer spürte, daß dies der entscheidende Prüfstein war für die Behandlung überhaupt, für all die Zeit, die er ihr gewidmet hatte, und für seinen Glauben, ihre Qualen erleichtern zu können. Deshalb blieb er so hartnäckig, wie es einem mitfühlenden Arzt nur möglich war.

„Bitte versuchen Sie, sich zu erinnern", drängte er. „Es ist sehr wichtig."

„Ich sehe überhaupt nichts. Eine weiße Leinwand mit nichts darauf." Sie seufzte.

„Versuchen Sie mit all Ihrer Kraft, sich zu erinnern, was Sie dachten und fühlten, als Sie in dieses Zimmer traten", beharrte er.

„Ich kann mich aber nicht erinnern." Es hörte sich an wie ein Protest.

„Haben Sie etwas gesehen? Etwas so Schreckliches, daß Sie in Ohnmacht fallen mußten?"

Sie strengte sich an, bemühte sich qualvoll, weil er fragte, bat und drängte. Weil sie spürte, daß es so viel für ihn bedeutete. Und weil auch sie mutig war.

Stockend kamen die Worte, als spräche sie ein Fremder, ein Fremder, der sich ihrer bemächtigt hatte, der sich dagegen sträubte, etwas zu enthüllen, was tief verborgen lag.

„Der ... Spiegel", sagte sie. „Ich meine ... es ... war ... der ... Spiegel. Es ... ." Sie keuchte, schnappte nach Luft und unterbrach sich. Dann schien es, als entspanne sie sich und als gebe sie es auf, sich gegen die Erinnerung zu wehren.

„Weiter." Er flüsterte nur, er wollte den dünnen Faden nicht zerreißen, der die Erinnerungen zusammenhielt.

Sie seufzte tief auf und sprach nun natürlicher, mehr in dem Tonfall, in dem man Geschichten erzählt. „Als ich ins Haus meiner Tante kam, bat mich das Mädchen, im Salon zu warten, weil meine Tante beim Ankleiden war. Ich öffnete die Tür zum Salon. Das erste, worauf mein Auge fiel, war der große ovale, goldgerahmte Spiegel an der gegenüberliegenden Wand. Gold – wie sein Haar, und auch ihr Haar, ihr Haar hat einen Goldton. Sein Haar, – nicht als er alt war und todkrank, da war es weiß wie das Laken, auf dem er lag. Sondern sein Haar, als er noch jung war, als er auf dem Land im Garten mit mir spielte und mich in den Himmel hinaufwarf – und wenn ich dann in seine Arme zurückfiel, hielt ich mich immer an den goldenen Haaren fest."

Sie brach ab. Er wartete.

Sie wiederholte: „Es war der Spiegel." Dann schwieg sie.

„Was war mit dem Spiegel?" fragte er.

„Als ich die Tür zum Salon öffnete, habe ich erwartet, den Spiegel – und darin mein Gesicht – zu sehen. Aber statt dessen habe ich das Gesicht meines Vaters gesehen. Sein Haar war weiß, sein Gesicht schmerzverzerrt, so, wie es oft in den Nächten aussah, wenn ich ... Wache ... bei ihm ... gehalten habe." Sie keuchte, als sei es ihr unmöglich weiterzusprechen.

Breuers Ton blieb fest, als er ihr sagte, sie müsse weitersprechen. „War das der Grund, warum Sie in Ohnmacht gefallen sind?"

„Nein."

Sie zog sich wieder in ihr Schweigen zurück. Wieder blieb Breuer hartnäckig. „Und was ist dann passiert?"

Da hatte er ihn endlich, den schwer faßbaren, dünnen Faden, als sie sagte: „Das Gesicht meines Vaters im Spiegel verwandelte sich in das Antlitz des Todes. In einen Totenkopf. Der mich angrinste. Ich schrie auf. Dann fiel ich ohnmächtig nieder."

Sie war jetzt still, in ihre Phantasien verloren. Aber sie hatte sich an das erste Erscheinen eines Totenkopfes erinnert, und wenn seine Theorie stimmte, würde diese Halluzination sie nun nicht mehr heimsuchen. Sie hatte den Schrecken und die Furcht jenes Augenblicks noch einmal durchlebt und sich so selbst von der Bedrohung befreit.

Es ging ihr viel besser. Mit Ausnahme der Lähmung des rechten Arms waren alle Symptome verschwunden. Zwar war auch hier eine Besserung eingetreten, aber die Lähmung hinderte sie immer noch daran, den Arm voll zu gebrauchen.

Breuer hoffte, seine Besuche bald einstellen zu können. Seit er seine Patientin zweimal täglich besuchte, spürte er deutlich, daß seine Frau unzufrieden war, weil er dadurch seiner Familie soviel gemeinsame Zeit entzog. Im Sommer zuvor hatte sie sich nicht über seine langen Fahrten aufs Land beklagt, aber während ihrer Schwangerschaft schien sie gereizt, weil er abends nicht zu Hause war. Er wollte sie nicht beunruhigen, fühlte sich aber verpflichtet, die Behandlung bis zum Ende durchzuführen. Seine Ausdauer hatte ihn bereits zu einem Pionier in der physiologischen Forschung werden lassen, und jetzt hatte er das Gefühl, möglicherweise vor einer wichtigen Entdeckung auf dem Gebiet der Hysterie zu stehen.

Er fand seine schlanke junge Patientin mit ihren ausdrucksvollen blauen Augen, ihrem makellosen weißen Teint und dem dunklen offenen Haar sehr anziehend. Er bewunderte ihre Intelligenz, ihren Witz und Charm, die sich in dem Maße weiter entfalteten, in dem sie sich von ihren Krankheitssymptomen befreite. Aber er liebte seine Frau und seine Kinder und hätte nie daran gedacht, sich mit diesem jungen Mädchen einzulassen, von dem er zu Hause gelegentlich sprach und nach der sich seine Tochter Bertha in Erinnerung an die Ausfahrt in den Prater manchmal erkundigte.

Deshalb war er froh, als seine junge Patientin eines Morgens im Mai sagte: „Am siebenten Juni vor einem Jahr bin ich aufs Land gegangen, und dieses Jahr möchte ich unbedingt bis zum siebenten Juni gesund sein, damit Sie die lange Fahrt nicht mehr zu machen brauchen."

„Sehr schön." Seine Stimme klang zufrieden.

Da sie bis zu dem Termin im Juni nur noch wenige Wochen vor sich hatten, konzentrierten sie sich auf den Versuch herauszubekommen, welches Erlebnis zu der Lähmung ihres rechten Armes geführt hatte.

„Er war zum erstenmal steif, als ich in unserem Landhaus am Bett meines Vaters wachte. Aber ich weiß nichts Genaues mehr über diese Nacht", sagte sie zu Breuer.

Wie oft er sie auch in der Hypnose bedrängte, sich Einzelheiten ins Gedächtnis zurückzurufen, sie konnte sich an keine einzige erinnern. Es war, als wären die Wurzeln der Erinnerung unter einer harten Zementschicht vermauert. Am sechsten Juni, dem Tag vor der letzten Behandlung, weigerte sich ihr Gedächtnis noch immer, etwas zu reproduzieren. Breuer glaubte schon, er müsse sich bei diesem einen Symptom geschlagen geben.

Da hatte er einen Einfall. „Wir wollen das Zimmer so einräumen, daß es aussieht wie das Zimmer Ihres Vaters im Landhaus", schlug er vor. „Vielleicht hilft diese Ähnlichkeit Ihnen, sich zu erinnern, was geschah, als Ihr Arm zum erstenmal gelähmt schien."

„Sein Bett stand da drüben." Sie deutete auf die Wandmitte, an der ein kleiner Bücherschrank stand. Breuer nahm die Bücher heraus und zog den Bücherschrank auf die Seite. Dann rückte er ihr leichtes Bett an die Wand.

„Sein Schreibtisch war dort." Sie zeigte rechts neben das Bett, und Breuer rückte ihren Schreibtisch, nachdem er die Schubladen herausgenommen hatte, an die angegebene Stelle.

„Und ich saß hier." Sie wies auf eine Stelle links neben dem Bett. Breuer stellte einen Stuhl dorthin, der denjenigen darstellen sollte, auf dem sie in ihres Vaters Zimmer gesessen hatte. Sie setzte sich auf den Stuhl neben dem leeren Bett, und er zog sich einen anderen heran und hypnotisierte sie.

„Stellen Sie sich vor, Ihr Vater läge dort im Bett", sagte er. „Sie sind mit seiner Pflege betraut und sollen dafür sorgen, daß ihm nichts zustößt, daß er die Nacht ohne Schmerzen übersteht. Sie müssen aufpassen, daß er genug Wasser zu trinken hat, daß er warm zugedeckt ist, daß er zur Toilette geht, wenn es nötig ist.

Da sitzen Sie nun Stunde um Stunde, beim Schein einer schwach brennenden Lampe. Außer Ihnen ist niemand wach – im Haus, in der ganzen Umgebung. Sie sind erschöpft. Sie bekommen nie genug Schlaf. Sie möchten die Augen zumachen. Aber Sie haben furchtbare Angst, daß Ihr Vater, den Sie von ganzem Herzen lieben, sterben könnte, wenn Sie einschlafen und es versäumen, auch nur das geringste seiner Bedürfnisse zu stillen."

In diesem Augenblick fragte sich Breuer, warum man es dem jungen Mädchen zugemutet hatte, diese wirklich quälenden Pflichten auf sich zu nehmen, warum ihre Mutter nicht sofort eine Nachtschwester angestellt und ihrer Tochter das schreckliche Erlebnis erspart hatte, den Vater vor ihren Augen hinsterben zu sehen. Die Familie hätte sich das ohne weiteres leisten können, denn sie gehörte zu den reichsten in Wien.

Sein Plan war erfolgreich. Endlich kehrte sie in ihre Erinnerung zu jener Nacht zurück. Mit leiser, beherrschter Stimme erklärte sie: „Ich war wirklich erschöpft. Ich war so müde, daß ich die Augen nicht aufbehalten konnte, obwohl mein Vater hohes Fieber hatte und sorgfältig beobachtet werden mußte. Es war ein kritischer Moment in seiner Krankheit. Der Landarzt hatte einen Chirurgen aus Wien zugezogen, der in jener Nacht mit dem Zug anreiste, um meinen Vater am nächsten Tag zu operieren. Ich war allein im Haus, nur das Dienstmädchen war noch da. Meine Mutter war auf ein paar Tage nach Wien gefahren, ich weiß nicht mehr, warum. Ich glaube, jemand aus der Verwandtschaft war krank. Sie wollte am nächsten Tag rechtzeitig zur Operation wieder da sein."

Breuer vermutete, daß es sich bei dieser Operation wohl um die erste Inzision zwischen den Rippen im Rücken ihres Vaters handelte, durch die die Flüssigkeit des Lungenabszesses abgeführt werden sollte, damit er leichter atmen konnte.

„Das Mädchen war den ganzen Tag über bei meinem Vater gewesen, während ich zu schlafen versuchte. Aber es gelang mir nicht. Ich machte mir zuviel Sorgen. Dann, in der Nacht, konnte ich mich nicht mehr beherrschen. Obwohl ich wußte, daß ich wegen des Fiebers unbedingt wachbleiben mußte, schlief ich ein. Ich weiß nicht, wie lange ich geschlafen habe. Aber ich fuhr plötzlich zusammen und erwachte mit einem starken Schuldgefühl."

Sie brach ab, als ob das alles zuviel für sie gewesen wäre – das Erlebnis damals und – jetzt noch darüber zu berichten.

Breuers sanfte Stimme drängte: „Was geschah denn, als Sie dann aufwachten? Sie saßen da auf dem Stuhl am Bett Ihres Vaters. Was sahen Sie, als Sie die Augen aufmachten?"

Sie tat einen hellen Schrei. „Eine Schlange! Eine dicke schwarze Schlange! Sie glitt über die Wand. Diese Wand!" Sie wies auf die Wand hinter dem Bett. „Sie wollte meinen Vater angreifen. Ihn beißen! Ihn vergiften! Ihn töten!" Ihr Gesicht verzerrte sich vor Furcht.

„Und was haben Sie da gemacht?" Breuer sprach ganz leise.

„Ich wollte sie vertreiben, aber als ich den rechten Arm heben wollte, den ich beim Schlafen über die Stuhllehne gelegt hatte, habe ich gemerkt, daß ich ihn nicht mehr bewegen konnte. Er war gelähmt!"

Es folgte ein leises Stöhnen. Dann sagte sie: „Ich konnte meinen rechten Arm einfach nicht bewegen. Ich drehte langsam den Kopf, um ihn mir anzuschauen, um festzustellen, was nicht in Ordnung war. jeder Finger war eine kleine schwarze Schlange. Und jeder Fingernagel ein Totenkopf."

Sie hob die Hand zum Hals, als bekomme sie keine Luft mehr. „Ich hatte nicht die Kraft, meinen Vater zu retten. Er sollte sterben, und ich allein war schuld. Ich versuchte zu beten. Aber mir wollte nicht ein einziges Gebet einfallen, nur an ein paar Zeilen eines alten englischen Kinderlieds konnte ich mich erinnern – „All the King's horses and all the King's men, Couldn't put Humpty Dumpty together again". In diesem Augenblick hörte ich den Zug pfeifen. Es gab nachts nur einen einzigen Zug, und ich wußte, daß er den Chirurgen aus Wien brachte, der meinen Vater operieren sollte.

Ich zwang mich, die Wand hinter dem Bett meines Vaters anzusehen. Die Schlange war verschwunden. Mein Vater atmete ruhig. Es ging ihm gut. Die Schlange hatte ihm nichts getan. Dann blickte ich auf meine rechte Hand und sah wieder Finger. Und die Fingernägel waren keine Totenköpfe mehr."

Breuer verbarg seine Erregung über diese Enthüllungen und fragte ruhig: „Wann haben Sie das nächste Mal eine Schlange gesehen?"

„Am nächsten Nachmittag, als ich auf dem Rasen mit Wurfringen spielte. Drinnen im Haus wurde mein Vater von dem Chirurgen operiert, der im Gasthaus übernachtet hatte. Er kam früh am Morgen in das Zimmer meines Vaters, als ich noch dort saß, und ich war durch meine nächtlichen Erlebnisse so aufgeregt, daß ich ihn nicht einmal eintreten hörte.

Meine Mutter war aus Wien zurückgekommen und bat mich eine Weile zu schlafen, dann schickte sie mich an die frische Luft. Ich ging also nach draußen. Aus Versehen warf ich einen Wurfring ins Gebüsch. Als ich mich darüberbeugte, um ihn aufzuheben, glaubte ich wieder eine Schlange zu sehen. Ich schrie. Und mein rechter Arm war wieder wie gelähmt. Dann merkte ich, daß es keine Schlange war. Es war nur ein krummer Ast."

„Gab es Schlangen auf der Wiese hinter Ihrem Haus?" fragte Breuer.

„Als kleines Mädchen habe ich ein paarmal welche gesehen, wenn ich Blumen für meine Mutter pflückte. Ich bin jedesmal vor ihnen davongelaufen, weil ich Angst hatte, sie würden mich umbringen."

„Erinnern Sie sich noch an andere Gelegenheiten, bei denen Sie während der Krankheit Ihres Vaters Schlangen gesehen haben?"

„Gelegentlich habe ich etwas Schlangenähnliches gesehen. Ein Stück Schnur auf dem Boden. Eine lange schwarze Haarlocke. Und das hat mich dann einen Augenblick lang verwirrt."

Breuer hielt es für wahrscheinlich, daß ihr in der Nacht, in der sie am Bett ihres Vaters ihrem Schlafbedürfnis nachgegeben hatte, ein Arm infolge ungünstiger Lage – wie es im Volksmund heißt – „eingeschlafen" war, und daß sie ihn deshalb für gelähmt hielt, als sie die Schlange abwehren wollte. Die Lähmung des rechten Arms, die sich später auf den linken Arm und dann auf beide Beine ausdehnte, verband sich mit der Schlangenhalluzination, einer Erscheinung, die immer häufiger auftrat, bis schließlich beide Arme und Beine so in Mitleidenschaft gezogen waren, daß sie sich nicht mehr bewegen konnte.

Er weckte sie aus der Hypnose. „Wie steht es jetzt mit ihrem rechten Arm?"

Sie hob ihn hoch über den Kopf.

„Er ist in Ordnung", sagte sie. „Es fehlt ihm überhaupt nichts."[18]

Anna O.s Beschützerinstinkt und ihre große Besorgnis erlauben uns, unsere Diagnose des selbsterhaltenden Subtyps von E1 zu bestätigen. Dort nimmt ein übertriebenes Verantwortungsgefühl die Gestalt einer Leidenschaft an, sich zu sorgen und um alles ein großes Aufheben zu machen. Von dem, was wir über diese Persönlichkeit wissen, können wir uns vorstellen, daß ihre starke Liebe zu ihrem Vater eine starke und frustrierte Sehnsucht nach seiner Zärtlichkeit und eine starke Motivation, diese zu verdienen, mit sich bringt, wie auch eine unbewußte Sorge darüber, worum es bei ihrem Bedürfnis, sich so sehr zu bemühen, eigentlich ging.

Versetzen wir uns nun in die Situation einer überverantwortlichen, ihren Vater liebenden, frustrierten Anna O., die sich gezwungen sieht, ihren sterbenden Vater über Monate hinweg von morgens bis abends zu pflegen. Scheinbar entspricht diese Aufgabe ihrem Pflichtgefühl, dennoch ist sie in ihrem Anspruch – vor allem für ein junges Mädchen, das keine Erfahrung in der Pflege hat – auch sehr frustrierend und beunruhigend.

Erst am Ende seiner Behandlung (berichtet Lucy Freeman) fragt sich Breuer, warum eine so reiche Familie mit dieser Aufgabe Anna betraute und nicht eine Krankenschwester engagierte. Wenn diese Frage Anna O. selbst nie in den Sinn kam, so konnte das nur an ihrem zwanghaften Pflichtgefühl liegen. Ich bin sicher, daß darin auch der Umstand Ausdruck fand, daß Annas Mutter ebenfalls eine spartanische Perfektionistin war. Daß Anna wütend war, ist klar. Wir können ihre Krankheit als eine negative Wandlung von Zorn in ein psychopathologisches Phänomen deuten. Anna O. erzählte Breuer, daß in ihr zwei Persönlichkeiten oder Geisteszustände einander abwechselten: eine wohlerzogene und eine ungezogene; und ihre schlechte Laune ist als Symptom nicht weniger signifikant als ihre pseudo-neurologischen Störungen.

Der bedrohliche Totenschädel ist nicht ein Ausdruck der Furcht vor dem Tod ihres Vaters, obwohl seine wahre Bedeutung durch diesen akzeptableren Sinn verdeckt sein kann: Sie hat Angst, attackiert zu werden, weil sie voll uneingestandener Wut ist. Die Halluzination von Totenköpfen an ihren Fingerspitzen zeigt in diesem Fall, daß das Todbringende in ihr selbst liegt. Es wäre in ihrer puritanischen Umgebung jedoch unmöglich gewesen, die wechselseitige Feindseligkeit zwischen ihrem Vater und ihr einzugestehen. Ihr Mutismus scheint ebenso eigenartig wie ihre Halluzinationen – eine Krankheit, die keinen Bezug zu ihrer äußeren Wirklichkeit hat.

Ich möchte darauf hinweisen, wie angemessen der andere Ausdruck, den Anna O. für ihre „Redekur" verwendet, nämliche das „Schornsteinfegen", erscheint. Dieser Begriff deutet auf etwas Schmutziges in ihr, etwas, das durch das Sprechen in Trance gereinigt wird. Wie sieht diese Reinigung aus? Nehmen wir das Beispiel ihrer Unfähigkeit, Wasser zu trinken. Diese wurde geheilt, sobald sie sie mit der Art und Weise in Zusammenhang brachte, wie der Hund der Krankenschwester aus einem Glas trank. Ihr Ekel (der durch ihre Persönlichkeitsstruktur unterstützt wurde) war ebenso unterdrückt worden wie die Wut auf den Hund und die Krankenschwester. Als sie diese Gefühle akzeptieren konnte, verschwanden die Symptome. Ich glaube, daß ihre psychische „Pein" – wie in diesem Fall – zumeist auf Zorn beruhte. Der „Zorn" wurde jedoch bereinigt, sobald sie ihn im Kontext der warmen und vertrauten therapeutische Beziehung zum Ausdruck brachte.

Offenbar war das Ausdrücken des Zorns selbst heilsam (wie etwa das Werfen eines Polsters ihren gelähmten Arm heilte); dieses Ausdrücken ist jedoch seinerseits das sichtbare Ergebnis einer weniger sichtbaren erlösenden Qualität – nämlich der Akzeptanz durch ihren verinnerlichten Vater.

Gegen Ende ihres Lebens konnte sich Bertha Pappenheim durch die Akzeptanz ihrer eigenen Wut (erfolgreich) gegen die Gestapo auflehnen.

> Als sie der uniformierten Sturmtruppe im Hauptquartier der Gestapo gegenübertrat, stand sie wie immer aufrecht, obwohl sie Schmerzen hatte.
> „Eines der Kinder, für die Sie verantwortlich sind, hat Hitler einen Verbrecher genannt." Das war die Anklage. Das konnte für sie alle den Tod bedeuten – für die Kinder, die Mädchen, das Personal, sie selbst.
> Ihre Stimme war sachlich. „Es ist schon möglich, daß Maria das gesagt hat, aber Sie dürfen sie nicht ernst nehmen. Sie ist zurückgeblieben. Man kann niemanden für das verantwortlich machen, was aus einem behinderten Geist kommt."
> Sie war so ruhig, daß sie die Gestapo überzeugte. Sie ließen sie gehen.

Natürlich übertrug sich Annas Sehnsucht nach der Zärtlichkeit des Vaters auf Breuer, ihren angesehenen und aufmerksamen Arzt (vermutlich E9). Sie ist 21 und er mittleren Alters und blond (wie ihr Vater, wie sie bemerkt). Vermutlich fühlte sich Breuer von ihr mehr angezogen, als er zugab, denn wir wissen, daß Breuers Frau sich wegen der übermäßigen Aufmerksamkeit, die er Anna schenkte, sorgte. Nach so vielen Jahrzehnten kann man nicht sagen, was Anna O. dazu veranlaßte, zu meinen, sie sei von ihm schwanger, aber ich bezweifle nicht, daß sie zu dem Zeitpunkt, als Breuer sie in Begleitung seiner Tochter zu einer Kutschenfahrt in den Wiener Prater ausführte, einer starke, wenn auch nicht explizite sexuelle Übertragung aufgebaut hatte. Jedesmal wenn Breuer sich kurzfristig entfernen mußte, verschlechterte sich Annas Zustand so sehr, daß wir annehmen müssen, daß sie indirekt nach Aufmerksamkeit schrie. (Obwohl die Krankheit als Ganzes den Anschein erweckt, als hätte sich E1 hier nach E4 verlagert, wird die Manipulation durch Leid in der Geschichte in diesen Momenten doch am sichtbarsten.)

Diese letzte Manipulation durch eine eingebildete Schwangerschaft bedeutete das Ende seiner Besuche. Freeman schreibt:

> Er wußte, daß er sie nicht mehr sehen durfte. Es mußte ihre Betreuung in Zukunft in die Hände anderer legen. Er war so weit gegangen, wie er es gewagt hatte. Er konnte weder sie noch sich selbst in Gefahr bringen, indem er versuchte, in psychische Bereiche vorzudringen, die nie zuvor jemand berührt hatte. Er hatte genug Pionierarbeit geleistet.

Das Kapitel endet wie folgt:

> Monate später erzählte der Kollege Breuer, die junge Frau sei aufgrund der Drogen, die er ihr zur Beruhigung verschrieben habe, morphiumsüchtig geworden. Ein Jahr darauf hörte Breuer, man hätte sie in ein Sanatorium eingeliefert.
>
> Er fragte sich, ob es nicht besser wäre, wenn sie stürbe und ihr so weitere Leiden erspart blieben.

Obwohl der Fall von Anna O. wohl der berühmteste in den Annalen der Therapie mit einer zwanghaften (wenngleich angeblich hysterischen) Persönlichkeit ist und auch einen nahezu psychotischen Ausdruck einer Verlagerung von E1 zum Muster von E4[19] verdeutlicht, erscheint fraglich, inwieweit man von einem Erfolg sprechen kann.

Ihre Therapie führt nicht zu einem Wandel ihrer Persönlichkeit, und es ist kaum zu erwarten, daß in Zeiten, als der Charakter noch nicht von psychoanalytischem Interesse war, ihre Beziehung zu einem Psychiater uns einen größeren Einblick in ihre Persönlichkeit gegeben hätte. Im übrigen bleiben Freuds Fallberichte in bezug auf die Beschreibung des Charakters durchwegs blaß. In dieser Hinsicht war er weniger vorbildlich als Abraham, Adler, Reich oder Horney.

Ich habe mich entschieden, diesem Buch zwei Fallstudien beizufügen, die weniger fragwürdige Erfolge therapeutischer Arbeit verdeutlichen. Dazu habe ich zwei kurze Berichte von Dr. Charles Berg, einem britischen Zeitgenossen Freuds, ausgewählt, der im Umgang mit Menschen vom Typus E1 besonders kompetent gewesen sein dürfte, da diese beiden Fälle besser dargestellt sind als andere in seinem Werk, *The Case Book of a Medical Psychologist*[20].

Zwei Berichte von Berg

Fall IX: Gott gegen den Teufel

Als ich etwa 19 war, hatte ich den folgenden Gedanken: Ich stellte mir Gott auf seinem Thron vor. Ich erhob die Faust gegen ihn und sagte in meiner Vorstellung, daß ich lieber zum Teufel ginge.

Nun, ich hatte sicherlich nicht den Wunsch, zum Teufel zu gehen, und warum dieser Gedanke mir in den Sinn kam, weiß ich nicht. Einige Wochen später erinnerte ich mich wieder daran und begann, mich sehr schuldig zu fühlen. Ich dachte tatsächlich, daß ich ein ungeheuerliches Verbrechen gegen Gott begangen hätte, und ich befürchtete, daß ich verdammt würde. Ich konnte mir das nicht aus dem Kopf schlagen, und es bereitet mir seither Tag und Nacht unsagbare Qualen.

Ich sollte vielleicht erwähnen, daß ich zu dieser Zeit (ich war 19) unsterblich in ein Mädchen verliebt war. Aber eigenartigerweise fürchtete ich mich vor ihr ... so sehr, daß ich ihr meine Gefühle überhaupt nicht zeigen konnte.

Obwohl ich jetzt schon 36 bin, glaube ich nicht, daß ich seither irgendwelche Fortschritte gemacht habe. Ich fürchte mich noch genauso vor Frauen, und das Schuldgefühl wegen der Beleidigung Gottes kommt mir immer wieder in den Sinn.

Als ich den obigen Brief erhielt, schien es mir unmöglich, einem solchen Mann brieflich zu helfen, und ich bat ihn daher, mich zu besuchen.

Während des Gesprächs sagte er:

„Mein Problem hat einen Gipfel erreicht. Ich habe mich wieder in ein Mädchen verliebt, und ich fürchte mich zu sehr, als daß ich es ihr zeigen könnte. Ich habe einen Freund, der verheiratet ist und etwa so alt wie ich, und ich habe mich in seine siebzehnjährige Tochter verliebt.

Als sie in den Ferien waren, fuhr ich den ganzen Weg nach Schottland und war entschlossen, ihr meine Liebe zu erklären. Ich verbrachte eine ganze Woche mit ihnen, aber es stellte sich heraus, daß ich nie auch nur ein Wort über die Lippen brachte. Ich kam zurück und war schrecklich enttäuscht über mich. Ich entwickelte eigenartige Gedanken, daß ich impotent bin. Ich habe keinerlei Erfahrung, daher weiß ich es nicht.

Worüber ich mir den Kopf zerbreche, ist, daß ich unfähig bin, etwas auszudrücken, das ich so heftig spüre. In Gruppen oder auf Parties habe ich keine besondere Angst, aber in einer engen Beziehung zu einer Frau erschrecke ich zu Tode. Jedesmal wenn ich mich in ein Mädchen verliebe, falle ich um und kann überhaupt nichts tun.

Mit 19 verliebte ich mich in ein Mädchen. Damals entwickelte ich diese Besessenheit, die mich seither quält. Die Liebe schwand, aber die Besessenheit blieb. Während der nächsten zehn Jahre interessierte ich mich nicht mehr für Frauen, doch dann verliebte ich mich in das jetzige Mädchen, als sie noch ein Kind von 14 war.

Da ist nicht nur die Furcht, eine intime Beziehung mit einer Frau zu haben, sondern ich bin auch besessen von der Angst über diesen blasphemischen Gedanken. Der Grund dafür scheint zu sein, daß ich mich bloß dadurch, daß ich den Gedanken hatte, schon an den Teufel verkaufte. Ich fürchte mich, vom Teufel besessen zu sein. Ich weiß, das ist ziemlich absurd und basiert auf der alten Theologie. Der Teufel scheint für alles zu stehen, was böse oder schlecht ist.

Die Angst davor, mich an den Teufel zu verkaufen, erinnert mich an einen Traum, den ich im Alter von 5 oder 6 Jahren hatte. Zu dieser Zeit schlief ich bei meiner Mutter. Ich wachte auf und zitterte heftig. Ich dachte ich sähe einen Geist, der quer durch das Zimmer flog. Er sah aus wie eine Flamme, und doch schien es, als grinste ein Kobold mich an. Er flog durch das Zimmer und zum Fenster hinaus. Ich fürchtete mich zu Tode."

Analytiker: „Welche Flamme würde Sie erfassen, wenn Sie mit Ihrer Mutter schliefen?"

Patient: „Die Liebe meiner Mutter, nehme ich an."

Analytiker: „Welche Flamme würde Sie erfassen, wenn Sie mit einer jungen Frau schliefen?"

Patient: „Leidenschaft."

Analytiker: „Würden Sie das tun?"

Patient: „Nein, ich würde mich wahrscheinlich zu Tode fürchten und genauso heftig zittern wie in meinem Traum."

(Stille.)

Analytiker: „Woran denken Sie?"

Patient: „Ich dachte daran, daß ich Sie fragen will, welche Auswirkungen Masturbation hat. Ich fing mit 10 Jahren an zu masturbieren. Mit 15 oder 16 dachte ich, es sei falsch und eine Sünde. Ist diese schuldhafte Angst der Grund für mein schlechtes Gewissen? Ich rede mir ein, der Teufel sei nur ein Symbol, aber da ist eine kindliche Angst, als ob das alles wahr wäre, und ich habe Angst, daß ich mich ihm verschrieben habe. Ich frage mich oft, warum mir dieser Gedanke überhaupt in den Sinn kam. Hat es damit zu tun, daß ich zu jener Zeit scharf auf dieses Mädchen war und zuviel Angst hatte, um irgend etwas zu unternehmen? Vielleicht hielt ich Sex überhaupt für falsch. Vielleicht sagte ich zu Gott: ‚Wenn Gott den Ausdruck von Sex verbietet, will ich Gott nicht. Dann will ich den Teufel, das heißt den Sex.'

Und dann hatte ich diese Reaktion, und seither habe ich das Gefühl, daß ich alle Gefühle dieser Art besser unterdrücke.

Meine Eltern waren in dieser Hinsicht beide ziemliche Tyrannen. Jetzt ist meine Hauptsorge, der Gedanke bzw. die zwanghafte Vorstellung, daß ich vom Teufel besessen bin."

Analytiker: „Was wäre, wenn?"

Patient: „Das würde bedeuten, daß man die Kontrolle über seinen Willen verlieren würde."

Analytiker: „Was ist natürlich?"

Patient: „Meinen Sie, daß das, wovor ich mich fürchte, mein eigener natürlicher Drang ist, ein normales, natürliches Leben zu leben, wozu auch der natürliche Ausdruck gegenüber einer Frau gehörte, und Freude an meiner Arbeit, und eine Reihe von Freunden?"

Analytiker: „Wozu?"

Patient: „Ich mag Menschen und Gesellschaft."

Analytiker: „Wozu?"

Patient: „Nun, es würde mich sehr nervös machen, wenn ich mit einem Mädchen allein wäre; ich wüßte nicht, was ich sagen oder tun sollte. Ich könnte den Drang spüren, ihr zu sagen, daß ich sie mag, aber andererseits wäre ich zu ängstlich, um wirklich etwas zu unternehmen."

Analytiker: „Teufel haben nicht soviel Angst."

Patient: „Wenn es tatsächlich der Teufel ist, vor dem ich mich fürchte, würde der mich zu normaler, natürlicher Liebe führen? Wenn ich vom Teufel besessen wäre, würde ich vermutlich mit ihr ins Bett gehen."

Analytiker: „Ist es das, was der Teufel täte?"

Patient: „Ich kann Ihrem Argument nicht folgen."

Analytiker: „Vielleicht hätten Sie ihm folgen können, als Sie 5 oder 6 waren, als Sie bei Ihrer Mutter schliefen und den kleinen Teufel durchs Zimmer fliegen sahen."

Hier war die Sitzung zu Ende, der Patient war aber entschlossen, am nächsten Tag wiederzukommen und sie fortzusetzen. Er bekam einen Nachmittagstermin. Aber einige Stunden, nachdem er gegangen war, rief er an und bat, am gleichen Abend wiederkommen zu dürfen. Da ich ihn zu diesem Zeitpunkt nicht sehen konnte, bat er um einen frühen Termin am nächsten Morgen. Auch das mußte ich ablehnen. Als er schließlich zur vereinbarten Stunde erschien, war er immer noch sehr aufgeregt und voll Ideen.

Er sagte: „Ich fühle mich besser. Ich verstehe jetzt. Die Angst vor dem Teufel, die ich hatte, seit ich 19 war, oder vielleicht auch schon seit ich 5 war, ist nicht mehr und nicht weniger als die Angst vor meiner sexuellen Natur. Die Gedanken, die ich mir machte, lösten ein ganzes Spektrum von Ideen in mir aus.

Analytiker: „Was zum Beispiel?"

Patient: „Ich habe mich gefragt, ob meine Angst auf einer Furcht beruhen könnte, daß ich zu einem Mädchen grausam sein könnte oder sie irgendwie körperlich verletzen könnte ... ein Verbrechen begehen könnte.

Vor einigen Tagen las ich in der Zeitung von einem solchen Verbrechen. Ein Mann brachte seine Frau um. Solche Verbrechen, vor allem sexuelle Verbrechen, haben mich immer mit dem größten Abscheu und Schrecken erfüllt. Kommt das daher, weil etwas Ähnliches in mir steckt? Vielleicht fürchte ich mich vor einem Mädchen, weil ich schreckliche Angst habe, daß meine sexuellen Gefühle außer Kontrolle geraten und ich nicht rational handeln könnte."

Analytiker: „Was könnten Sie tun?"
Patient: „Ich könnte sie zu sehr lieben."
Analytiker: „Wozu würde das führen?"
Patient: „Ich sehne mich danach, meine Arme um sie zu legen und ihr zu sagen, daß ich sie liebe. Aber ich fürchtete mich."
Analytiker: „Erscheint Ihnen das so schrecklich?"
Patient: „Nun, ich könnte die Kontrolle verlieren und zu weit gehen."
Analytiker: „Wie weit könnten Sie gehen?"
Patient: „Nun, ich könnte Geschlechtsverkehr mit ihr haben. Das ginge zu weit."
Analytiker: „Wirklich?"
Patient: „Nun, vielleicht nicht bis zum Geschlechtsverkehr. Wenn das der Teufel ist, vielleicht ist das ohnehin ein recht harmloser Teufel. Vielleicht umso besser, je früher ich zum Teufel gehe."
Analytiker: „Wenn sonst nichts dahintersteckt, wieso ist da diese große Angst?"
Patient: „Offensichtlich habe ich mich die ganze Zeit davor gefürchtet, von meiner eigenen Natur besessen zu sein. Was ich mir mehr als alles andere wünsche, ist, ein normales, natürliches Leben zu führen. Seit ich zu Ihnen komme, habe ich verstanden, daß diese Angst, mich an den Teufel zu verkaufen, nicht mehr und nicht weniger ist als einerseits die Angst vor meiner eigenen Natur und andererseits eine Vorliebe dafür, die ich für eine Vorliebe für den Teufel hielt.

Diese ganze erstaunliche Geschichte ist für mich sehr einfach geworden. Es ist erstaunlich, wie diese Besessenheit nach dem Gespräch mit Ihnen letzte Nacht von mir abgefallen ist.

Ich hatte gefürchtet, daß es keinen Weg zurück gäbe, nachdem ich zu Gott gesagt hatte, daß ich zum Teufel gehen würde. Aber jetzt erkenne ich, daß es nur um einen Konflikt zwischen zwei gegensätzlichen Anteilen meiner eigenen Natur ging. Ein Teil meines Geistes war ein Synonym für Gott. Da erlaubte ich mir überhaupt keinen sexuellen Ausdruck. Auf der anderen Seite war der Teufel ein Synonym für den sexuellen Ausdruck.

Als ich mich mit 19 in dieses Mädchen verliebte, wollte ich mich sexuell ausdrücken, und so wandte ich mich an Gott und sagte: ‚Der Teufel ist mir lieber.' Aber sobald ich das dachte, fürchtete ich mich. Ich hatte das Gefühl, mich an den Teufel verkauft zu haben. Ich hatte solche Angst, daß ich seither versuche, vor dem Teufel davonzulaufen. Und vor Mädchen habe ich immer noch Angst.

Ich habe Ihnen noch nicht erzählt, daß der wirkliche Grund, warum ich zu Ihnen kam, ein Gefühl war, das ich letzte Woche hatte – ein Gefühl von

Angst, daß ich mich umbringen könnte. Ich habe nicht das Verlangen, das zu tun, aber ich habe Angst, daß ich es gegen meinen Willen tun könnte.

Abgesehen von Selbstmord ist das einzige, woran ich in meiner gegenwärtigen Verfassung denken kann, daß mir ein Mädchen in die Hände fallen und ich mit ihr Geschlechtsverkehr haben könnte."

Analytiker: „Was würde dann passieren?"

Patient: „Der Geschlechtsverkehr muß aufhören, wenn das sexuelle Verlangen befriedigt ist."

Analytiker: „Was passiert, wenn es befriedigt ist?"

Patient: „Es ist tot. Es hat sich selbst umgebracht."

Analytiker: „Muß man sich davor fürchten?"

Patient: „Nein, das sehe ich jetzt.

Ich habe versucht, das alles zu verdrängen. Mit 19 war ich von diesem Mädchen so betört und doch auch so verängstigt, daß ich mich ihr nicht nähern konnte. Das Gefühl war so stark, daß es sich einzukapseln schien. Deshalb ging es bei mir immer um alles oder nichts. Bis jetzt war es nichts. Wenn meine Gefühle bei dem jetzigen Mädchen so stark sind, habe ich das Gefühl, daß ich etwas damit tun muß. Ich tue nichts. Ich fürchte mich vor dem Teufel."

Analytiker: „Es scheint schlußendlich nicht, als hätten Sie sich an den Teufel verkauft."

Patient: „Wenn es ausbräche, würde ich durchdrehen."

Analytiker: „Und wie sieht das aus?"

Patient: „Vielleicht würde ich das Mädchen irgendwie verletzen. Ich habe öfter den Gedanken, daß ich das Mädchen in dieser Raserei töten könnte.,,

Analytiker: „Wie würden Sie sie töten?"

Patient: „Ich könnte sie erwürgen, mit meinen Händen um ihren Hals."

Analytiker: „Was erwürgen Sie da?"

Patient: „Ich erwürge meine eigenen Gefühle – die Gefühle eines großen Verlangens, sexuell mit ihr zu verkehren."

Analytiker: „Das Mädchen steht also für das Verlangen, vor dem Sie sich so sehr fürchten, ebenso wie der Teufel dafür stand. In dieser Vorstellung, das Mädchen zu erwürgen, dramatisieren Sie den Kampf, der in Ihnen stattfindet. Was könnten Sie mit dem Mädchen sonst tun, außer es zu erwürgen?"

Patient: „Nichts – außer einem Geschlechtsverkehr auf normale Art und Weise. Aber sicher hätte ich mich davor nicht mein ganzes Leben lang so gefürchtet. Kann es nicht sein, daß ich solche Angst habe, weil ich sexsüchtig bin?"

Analytiker: „Oder vielleicht anti-sexsüchtig?"

Patient: „Letzte Nacht ... Sie werden verstehen, daß ich nach meinem Gespräch mit Ihnen sehr aufgewühlt war ... hatte ich einen außerordentlich starken Schnupfenanfall."

Analytiker: „Wofür steht der Schnupfen?"
Patient: „Ein Stau ... mentale Unverdaulichkeit ... Gefühle, die nicht ausgedrückt werden können ..."
Analytiker: „Was soll ausgedrückt werden?"
Patient: „Die Natur ... meine sexuelle Natur. Schnupfen bedeutet auch das Ausstoßen von Flüssigkeit. Ist das ein Ausdruck gestauter sexueller Gefühle?"
Analytiker: „Wenn das so ist, dann waren sie wohl am falschen Ende, nicht wahr? Wie das Erwürgen."
Patient: „Sind das die Dinge, die der Teufel mir antut? Ich habe oft diese verrückte Angst, daß ich eines Tages nach Hause komme und er auf einem Stuhl sitzt und auf mich wartet."
Analytiker: „Und wie sieht er aus?"
Patient: „Wie ein Bild von Mephisto – eine lange Hakennase, ein spitzes Kinn und spitze Ohren, Schlitzaugen und ein rötliches Gesicht. Ja, wirklich wie die Bühnenfigur."
Analytiker: „Wenn Sie kurz an dieses Bild denken, welcher Gedanke kommt Ihnen da in den Sinn?"
Patient: „Ich hab's! Ich habe Ihnen doch erzählt, daß ich von 10 bis 16 masturbierte. Dann habe ich, wenn auch schwer, davon abgelassen. Erst danach, als ich mich in das Mädchen verliebte, sagte ich zu Gott: ‚Der Teufel ist mir lieber.' Ich nehme an, der gleiche Teufel, den ich zuvor aufgegeben hatte. Ich hatte die Vorstellung, daß mir das körperlich geschadet hatte."

Der Antwortbrief, den ich diesem Patienten sandte, noch bevor ich ihn je gesehen hatte, lautete wie folgt:
„Die Symptome, über die Sie klagen, wie etwa ‚die Faust gegen Gott zu erheben', zeigen deutlich einen Konflikt zwischen zwei gegensätzlichen Teilen Ihrer Persönlichkeit. Während Sie versuchen, die ‚gute' Seite zu stärken, fühlt sich Ihre ‚niedrige Natur' natürlich in ungerechtfertigter Weise unterdrückt. Es ist diese Seite, die die Faust gegen ihren Unterdrücker, Ihre andere Seite, erhebt.
In welchem Ausmaß eine Ihrer Seiten unterdrückt wird, zeigt sich in Ihrer Angst vor dem Mädchen (d. h. vor der natürlichen Seite Ihres Selbst – denn dafür steht das Mädchen in Ihrer Psychologie).
Mit anderen Worten, das Ausmaß der Unterdrückung kann man aus der Tatsache ersehen, daß Sie 36 sind, noch immer unverheiratet, und noch immer diesen Konflikt in sich tragen."
Das Material, das der Patient während seiner drei Gespräche liefert, bestätigt und erläutert nur den Schluß, den ich in meinem Antwortbrief schon andeutete.
Ich habe diesen Fall wegen des einfachen und klaren Konflikts zwischen den sexuellen Trieben auf der einen und dem Ego-Ideal auf der anderen Seite ausgewählt.

Sein Leben stellt offensichtlich einen ungewöhnlich erfolgreichen Versuch dar, seine triebhafte Energie für sein Ego-Ideal und gegen seine sexuellen Instinkte zu mobilisieren. Letztere hat er mit dem Konzept des Teufels gleichgesetzt.

An den hat er sich, wie es scheint, nur einmal willentlich und bewußt angelehnt, und der Kummer ob dieser Wahl verfolgt ihn seither. Der Grund, warum die Zwangsvorstellung andauerte, liegt darin, daß auch seine sexuellen Triebe andauerten.

Er konnte sein sexuelles Verhalten im Zaum halten, weil er sich andauernd und zwanghaft damit beschäftigte, den Teufel im Zaum zu halten. So war sein zwanghaftes Tun ein Ersatz für ein normales Sexualleben.

Der krankhafte Aspekt liegt in dieser Situation im ungewöhnlichen Ausmaß an Furcht oder Angst vor diesen Triebkräften. Diese Angst hat sich auf sein natürliches Triebobjekt (das Mädchen) verlagert, und so hat er sich immer vor intimen Kontakten mit Frauen gefürchtet.

Wegen der abnorm starken Verteidigungshaltung gegen die normale Sexualität konnte der Trieb, ‚einer Frau etwas anzutun', keinen normalen und bewußten Ausdruck finden. Er war aber doch zu stark, um ständig unterdrückt zu bleiben, und tauchte daher in einer veränderten und verlagerten Form auf.

Tatsächlich handelt es sich um den bekannten Mechanismus der Verlagerung nach oben, wodurch er in seiner Vorstellung mit seinen Händen – seinem oberen Teil – ihrem Hals – ihrem oberen Teil – etwas antut.

Dieses abnorme Zerrbild des Sexualaktes dient dann als Rationalisierung für seine Angst davor, was sein Drang der Frau antun wird, und, wie deutlich wird, auch als Rechtfertigung für die andauernde Unterdrückung seiner Triebe.

Unterstützt durch eine tatsächliche Einsicht in diese Mechanismen, bricht ein Großteil der krankhaften Struktur schon nach wenigen Gesprächen zusammen. Man kann davon ausgehen, daß der Patient durch eine weitere Verminderung seiner Angst einen gesünderen und glücklicheren Weg finden wird, seine natürlichen Energien zu befreien, als durch das Aufrechterhalten seiner zwanghaften Ideen. (S. 77–83)

* * *

Fall XIII: Wer bin ich?

Eine junge Dame von 19 Jahren wurde wegen „eigenartiger Gefühle im Kopf" zu mir gebracht.

Sie war über Jahre hinweg immer wieder in ambulanter Behandlung in der psychiatrischen Abteilung eines Krankenhauses gewesen, während der letzten Monate hatte sich ihr Zustand jedoch erheblich verschlechtert, so daß sie ihrer Arbeit (Stenotypistin) nicht mehr nachgehen und darüber hinaus das Haus nicht mehr ohne Begleitung verlassen konnte. Ihre Eltern konnten mit Recht nicht akzeptieren, daß sie in ihrem jungen Alter permanent derart behindert sein sollte, und meinten, daß eine intensivere als die sporadische ambulante Betreuung erforderlich sei. Es wurde daher ausgemacht, daß sie drei Mal pro Woche zur psychotherapeutischen Behandlung kommen sollte.

Vor mir stand ein gesundes, rundliches Mädchen, sehr ordentlich gekleidet und in ihrer Erscheinung und ihrem Verhalten beinahe umsichtig.

Was mir bei der ersten Begegnung am meisten ins Auge stach, war die bedachtsame Art und Weise, in der sie ging – als würde sie jeden Schritt sorgfältig wählen. In der Folge stellte sich heraus, daß sie nicht nur ihre Bewegungen, sondern auch jeden einzelnen Gedanken sorgfältig wählte. Hinter dieser übertriebenen Sorgfalt steckte ein Grund.

In dieser, wie auch in allen folgenden Sitzungen, richtete sie sich präzise und gelassen auf der Couch ein und legte ein ruhiges, zufriedenes Verhalten an den Tag.

Es war schwer, ihre Ruhe zu durchbrechen bzw. sie dazu zu bringen, ihre übertriebene Sorgfalt in Handlung, Rede oder auch nur in Gedanken aufzugeben. Brachte man sie zum Reden, so sagte sie immer das gleiche.

„Ich habe nur das im Kopf, was ich Ihnen schon gesagt habe. Es gibt nur diese gleichen Gefühle und Gedanken."

Analytiker: „Nun, wenn Ihnen sonst nichts einfällt, dann müssen Sie eben das sagen, auch wenn Sie das schon vorher gesagt haben."

Sie sagt:

„Das Gefühl ist, daß ich nicht weiß, wer ich bin. Meine Gedanken bestehen die ganze Zeit nur aus einer Sache: Einem Zustand der Verwirrung, als wüßte ich nicht, wer oder was ich bin – als würde ich mich selbst nicht erkennen und könnte mich an nichts erinnern. Mein Geist scheint nur aus einer Sache zu bestehen, und das ist so eine Art von Gefühl, als wäre ich eben gerade nur am Leben. Das ist alles, sonst weiß ich nichts, außer daß ich eben gerade nur am Leben bin, und nicht einmal darüber bin ich mir immer sicher, aber dieses Gefühl begleitet mich die ganze Zeit. Es ist, als schöbe das allen anderen Gedanken und Gefühlen einen Riegel vor. Wenn ich etwas sage oder tue, kann ich mir einfach nicht vorstellen, daß ich es getan habe. Das scheine nicht ich gewesen zu sein. Es scheint keine Verbindung zu geben zwischen dem, was ich getan habe, und mir. Es ist, als hätte ich keine Erinnerung an das, was passiert ist, selbst wenn es sich um etwas handelt, das ich erst vor einem Augenblick getan habe. Mein Verstand scheint sich nur mit diesen eigenartigen Gefühlen zu beschäftigen, und selbst die habe ich scheinbar sorgfältig im Griff. Trotzdem neigen sie manchmal dazu, einen Gipfelpunkt zu erreichen, und dann spüre ich von einem Moment zum anderen, daß etwas Schreckliches passieren wird. Ich spüre, daß in meinem Kopf etwas zerplatzen oder explodieren wird. Ich glaube, dieses Gefühl versuche ich aufzuhalten, und deshalb habe ich dieses Gefühl, daß mich etwas aufhält, das in meinem Kopf immer vorhanden ist. Wenn ich trotz dieses Gefühls des Halts zu diesem Gipfelpunkt gelange, scheint es, daß es gar nicht mehr weiter geht, und mir wird schrecklich heiß, und ich bin ganz verwirrt. Danach kehrt alles zu den üblichen Gefühlen zurück, diesen Gefühlen, daß ich nicht weiß, wer ich bin, und daß etwas mich aufhält. Das ist alles."

Das ist die Art von Bemerkungen, die die Patientin nach den ersten Minuten der Stille in jeder einzelnen Sitzung ständig ganz oder teilweise wiederholt. Einige Wochen lang scheint es, als würden wir nie weiterkommen. Das Ziel, sie zu heilen oder auch nur den kleinsten Fortschritt zu machen, scheint hoffnungslos. Dieser Halt bzw. dieser Stillstand scheint auch jedes therapeutische Bestreben aufzuhalten.

Im Denken des Analytikers taucht da die Frage auf: Was hält dieser Halt auf?

Sie selbst liefert teilweise einen Hinweis, als sie sagt:

„Ich spüre, daß etwas in meinem Kopf zerplatzen oder explodieren wird."

Das heißt, es scheint, daß sie etwas davon abhält, eine gesteigerte Intensität oder einen Höhepunkt zu erreichen.

Im Laufe der Zeit unternehme ich mehrere Versuche, über die bloße Wiederholung all dieser geistigen Erfahrungen und Gefühle hinauszugelangen, indem ich ihr nachdrücklich die verschiedensten Fragen stelle. Die Frage, wann sie diesen Zustand zum ersten Mal erlebte und wie das geschah, beantwortet sie wie folgt:

„Dieses Gefühl, daß ich nicht weiß, wer ich bin, überkam mich plötzlich, als ich 15 war und mich im Spiegel betrachtete. Seither ist es nie wieder vergangen. „

Analytiker: „Was haben Sie kurz vor diesem Ereignis gerade getan oder gefühlt?"

„Ich kann mich nicht erinnern. Im Grunde erinnere ich mich mit diesem Gefühl im Kopf an gar nichts. Bevor das passierte, fühlte ich mich wirklich gut und glücklich. Ich wünschte, ich könnte wieder zu diesem Zustand zurückkehren. Es scheint, als könnte ich nicht erkennen, daß ich dieselbe Person bin, die ich war, bevor das passierte. Vorher war ich lebendig, und jetzt erkenne ich mich nicht."

Analytiker: „Erzählen Sie mir von Ihrer Lebendigkeit. War es schön, lebendig zu sein?"

„Ich kann mich nicht daran erinnern; ich kann mich nicht erinnern, was das für ein Gefühl war. In meinem Verstand scheint dieser Halt zu sein, der mich davon abhält, irgend etwas zu wissen ... wie ich war, was ich fühlte, oder wenigstens, wer ich bin."

Es gibt kaum einen lebhafteren Bericht darüber, wie Verdrängung funktioniert, als den, den die Patientin uns liefert. Was verdrängt sie, und werden wir sie je dazu bringen, uns von ihrem inneren Konflikt oder Kampf zu berichten, der zu so extremen Maßnahmen führte – und dazu, daß diese Symptome so beharrlich anhielten, anstatt sie den Kampf und die Erfahrungen nacherleben zu lassen, die offensichtlich so schmerzhaft waren, daß sie sie vergessen mußte? Es steht außer Frage, daß diese Erlebnisse, gegen die sie angekämpft hatte, für das Gefühlsleben ihrer Psyche sehr wichtig waren. Das zeigt sich in der Tatsache, daß durch ihre erfolgreiche Verdrängung auch das Erkennen ihrer eigenen Persönlichkeit und die Erinnerung an alles, was für ihr Gefühlsleben wichtig sein könnte, schwand. Statt dessen finden wir ein neues Gefühlsleben, das sich auf die Symptome beschränkt, über die sie klagt.

Man kann ihr nur so antworten, wie ich es während einer ihrer Sitzungen tat:

„Sie erkennen sich selbst nicht, weil Sie es nicht sind. Was geschah mit dem ‚Du', das vor 15 lebte, als Sie sich wirklich gut und glücklich fühlten? Warum können Sie nicht der Mensch sein, der Sie damals waren? Die Gefühle, die dieser Mensch damals hatte, was war mit diesen Gefühlen, daß Sie sich so anstrengen mußten, sie zu einem völligen Stillstand zu bringen – ein Stillstand, der seit damals in Ihrem Kopf steckt? Offenbar ziehen Sie Ihren gegenwärtigen Zustand dem vor, in dem Sie vor 15 waren und gegen den Sie so stark angekämpft haben. Im Augenblick halten Sie an diesen Symptomen fest, damit Sie sich nicht erinnern, und damit die geistigen Erfahrungen dieser früheren glücklichen Zeit nicht zu Ihnen zurückkehren und Sie sich daran erinnern und sie wiedererleben!"

Dennoch beginnt die Patientin jede Sitzung gerade so, als wäre es wieder ihre erste Sitzung. Sie verkündet ihre derzeitigen Gefühle, die sich um ihre Krankheit drehen, und behauptet, sonst sei nichts in ihrem Gemüt.

Sie fährt fort:

„Während ich hier liege und Ihnen darüber erzähle, scheint sich der Raum immerfort im Kreis zu drehen. Das scheint mich schwindlig zu machen, als ob etwas ständig auf mein Hirn drückt. Das scheint mich so träge zu machen."

Analytiker: „Ist das, als gäbe es etwas, über das Sie Ihren Verstand nicht nachdenken lassen wollen?"

(Stille)

Patientin: „Ich kann mich daran erinnern, daß ich in der Schule – und sogar noch bis vor kurzem – immer sehr nervös wurde, wenn über Sex gesprochen wurde. Dann wurde es in meinem Kopf schrecklich heiß, und meine Füße und Beine wurden ganz kalt. Ich habe mich gefragt, ob andere dieses Gefühl auch hatten. Ich habe gedacht, es könnte mich innen drin irgendwie verletzen. Darüber habe ich mir immer Sorgen gemacht. Mein ganzes Blut schien in meinen Kopf gedrückt zu werden, und dann konnte ich nicht mehr klar denken, und mein Verstand wurde träge."

Analytiker: „Das gleicht den Gefühlen, über die Sie jetzt klagen. Und Sie sagen, das war, als Sie in der Schule waren? Von welchem Alter sprechen Sie da?"

Patientin: „Ich kann mich nicht wirklich daran erinnern. Ich glaube, ich habe mir eine Menge sexy Sachen vorgestellt. Ich kann mich nicht sehr gut daran erinnern, aber das scheint der Anfang von all dem gewesen zu sein."

Analytiker: „Erzählen Sie mir von den sexy Sachen, die Sie sich vorgestellt haben."

Patientin: „Sagte ich ‚sexy'? Ich weiß nicht, warum ich ‚sexy' gesagt habe. Ich glaube, das war nur, weil ich nervös war. Ich glaube, das war nur die Sorge, daß mich etwas verletzen könnte. Egal wie, jedenfalls wurden meine Beine und meine Füße kalt und mein Kopf heiß. Ich schien damals sehr erregbar zu sein. Und ich hatte dieses Gefühl, als stiege etwas Heißes in meinen Kopf. Ich war vielleicht erst zehn, als das begann. Ich glaube, es gab etwas, das ich mochte, aber ich weiß nicht mehr, was es war. Ich weiß nur noch, daß es mich beunruhigt hat. Ich hatte ein eigenartiges Gefühl, daß Gefühle, die ich immer bekam, mir etwas antun bzw. mich innen drin verletzen könnten. Ich weiß, daß ich mir darüber große Sorgen gemacht habe. Ich glaubte sogar, daß es mich irgendwie in Mitleidenschaft ziehen könnte, wenn ich eines Tages heiratete.

Ich hatte ein eigenartiges Gefühl, das das Blut in meinen Kopf hinaufdrückte, und ich weiß jetzt, daß das Blut, das in meinen Kopf stieg, dort blieb. Ich glaube, daß all die Gefühle, die ich jetzt habe, daraus entstanden sind. Da oben scheint überhaupt nichts klar zu sein. Und jetzt ist alles abgestorben, und es scheint, als ob alles angehalten wäre, außer wenn die Dinge diesen Gipfelpunkt erreichen, und dann hält wieder alles an. Ich muß verhindern, daß Dinge passieren, ob ich will oder nicht. Ich weiß nicht wirklich, was passieren würde, wenn ich mich entspannen müßte. Ich habe das Gefühl, daß ich dann meine Erinnerung vollkommen verlieren würde."

Analytiker: „Was ist das, an das Sie sich so angestrengt nicht erinnern möchten?"

Patientin: „Ich weiß es nicht."

Analytiker: „Was wäre sehr unerwünscht, wenn Sie sich daran erinnerten?"

„Nichts ..."
(Stille)
„Abgesehen von ..."
(Stille)
„Die Gefühle, die ich in der Schule immer hatte. Darüber habe ich mir damals große Sorgen gemacht. Ich glaube, es passierte zunächst, wenn ich nervös war oder mich wegen etwas sorgte. Ich kann mich nicht erinnern, was immer passiert ist, damit sich diese Gefühle bei mir auslösten, aber es

hat mir gefallen, und dann habe ich mir Sorgen gemacht, falls es mich verletzen sollte. Ich habe immer gedacht, es sei nicht richtig."

Analytiker: „Was sind das für Gefühle, auf die Sie anspielen und die Sie doch nie beschreiben."

„Eine Reizung in meinem Bauch, die mein Blut in den Kopf steigen ließ – und meine Füße wurden kalt."

Analytiker: „Wo war die Reizung?"

„In meinem Bauch." Sie hält die Hände jedoch über ihre Schamgegend, um die Stelle zu zeigen.

Analytiker: „Und was haben Sie mit dieser Reizung gemacht?"

„Gar nichts."

Als sie das sagt, überkreuzt sie gleichzeitig unbewußt ihre Beine. Das ist das erste Mal, daß sie während der Sitzungen ihre Beine bewegt.

(Stille)

Analytiker: „Was hat Sie dazu veranlaßt, gerade eben ihre Beine zu überkreuzen?"

„Ich weiß es nicht."

Analytiker: „Legen Sie sie zurück, wie sie waren, und halten Sie still."

(Stille)

„Ich erinnere mich jetzt. Ich habe diese Gefühle immer herbeigeführt. Ich habe das immer gemocht, aber ich habe immer gedacht, es sei falsch und könne mich innen drin verletzen. Und während ich das tat, schien mir das Blut in den Kopf zu steigen, und seither ist es immer dort geblieben. Meistens tat ich das, wenn ich mir über irgend etwas Sorgen machte, wenn ich mit meiner Arbeit nicht weiterkam. Mein Gesicht wurde dann immer schrecklich heiß.

Ich überkreuzte meine Beine und rieb eines am anderen, um das Gefühl hervorzurufen. Ich glaubte immer, daß ich zu weit ging. Ich hörte für ein paar Minuten auf und tat es dann wieder. Das war wie ein Magnet. Es schien mich anzuziehen. Wenn es eine Entladung gab, dann nützte die nicht viel, weil ich immer dachte, daß es falsch und unnatürlich war, und dennoch, trotz all dem, würde ich es wieder tun.

Schließlich gelang es mir dann aufzuhören. Dann fühlte sich mein Kopf an, als ob er gleich explodieren würde.

Ich wünschte, irgend etwas würde passieren, aber davor fürchte ich mich ja, und das halte ich ja auf. Aber ich will nicht so weitermachen wie bisher, denn jetzt lande ich immer bei diesem Gipfelpunkt.

Ich glaube, es ist mir gelungen, damit aufzuhören, denn ich habe es schon seit einem Jahr nicht mehr gemacht. Aber in diesem letzten Jahr habe ich auch diesen Zusammenbruch erlitten. In diesem letzten Jahr war ich die ganze Zeit an diesem Gipfelpunkt, und dann auch immer dieser Stillstand, und ich konnte weder meine Arbeit noch sonst etwas tun, ich spürte nur, daß ich mich nicht erinnern kann, und war unfähig, alleine auszugehen.

Erst während der letzten sechs Monate wurde es wirklich schlimm, und ich mußte meine Arbeit aufgeben und auch sonst alles.

Ich weiß überhaupt nicht, was das mit meinem Freund zu tun haben soll. Ich kenne ihn seit etwa acht Monaten, und es wurde schlimmer, nachdem wir uns verlobt hatten. Das war vor sechs Monaten. Aber er verließ mich vor drei Wochen, um zum Militär zu gehen, und die Gefühle sind nicht verschwunden."

Analytiker: „Wo sind die Gefühle?"

„In meinem Kopf."

Analytiker: „Und welchen Nutzen hat der Freund für diese Gefühle?"

„Nun, wenn ich bei ihm bin, habe ich andere Gefühle. Sexuelle Gefühle. Ich mag es, mit ihm zusammen zu sein, aber ich kann nicht sagen, daß ich diese Gefühle in meinem Kopf mag. Die Gefühle in meinem Kopf sind die ganze Zeit da, seit ich mit dem Beine-Reiben aufhörte."

Analytiker: „Tatsächlich scheint es, als ob das Beine-Reiben in Ihrem Kopf die ganze Zeit weiterginge, wobei die Sorge aber im Vordergrund steht. Sie haben das Ganze einfach in ihren Verstand verlagert, aber wenn Sie mit Ihrem Freund zusammen sind, kehrt es gelegentlich zu seiner ursprünglichen Stelle zurück.

Trotzdem gibt es keine Erleichterung, und wenn Ihr Freund nicht mehr bei Ihnen ist, kehrt es mit doppelter Gewalt zurück. Es scheint, daß diese zusätzliche Anregung während der letzten acht Monate Ihren Zustand akuter hat werden lassen, so daß Sie unfähig sind, sich Ihrer Arbeit oder anderen geistigen Aktivitäten zu widmen.

Ihre Gefühle gelangen nie zu einer vollkommenen Erleichterung. Sie erreichen nur einen Gipfelpunkt hoher Intensität, den Sie damit beschrieben, daß Blut in Ihren Kopf hochsteigt. Der Punkt ist, daß Sie es dort festhalten, ohne sich Erleichterung zu verschaffen, und daß Sie Ihre ganze übrige Energie in den Versuch stecken, eine Erleichterung zu verhindern. Daher haben Sie dieses Gefühl, daß Sie einen Gipfelpunkt erreichen, und auch das Gefühl von Stillstand.

Der Versuch, den Orgasmus aufzuhalten, legt alle Hände an die Pumpen, und die Bemühung ist so erfolgreich, daß alles andere auch gleich aufgehalten wird. In diesem Zustand halten Sie sich, und Sie führen ihn die ganze Zeit fort. Das ist die Antithese des normalen sexuellen Kreislaufs. Kurz gesagt, es ist eine Sexualität, die immer da ist und gegen die die ganze Zeit angekämpft wird, und sie wurde in den Kopf verlagert, um eine Erleichterung ‚sicherer' zu verhindern."

Während einer späteren Sitzung verhielt sich die Patientin wie folgt:

Sie lag einige Minuten lang still, während ihre Hand unbewußt um ihr Ärmelloch und dann ihre Schultern und ihren Nacken hinaufglitt. Schließlich sagte sie: „Heute habe ich nichts, was ich Ihnen sagen könnte."

Analytiker: „Was sagt mir Ihre Hand?"

„Nichts."

Sie fuhr mit den Bewegungen fort.

Analytiker: „Legen Sie Ihre Hände an die Seite, und halten Sie sie still, aber fassen Sie Ihre Gefühle und Gedanken für mich in Worte."

„Ich weiß nicht, was ich sagen soll, außer dem Üblichen. Ich habe das Gefühl, daß ich mich selbst nicht kenne."

(Stille)

Ihre Hände fangen wieder an zu wandern, und ihre Aufmerksamkeit wird davon gefangen genommen. Wieder wird sie gebeten, sie stillzuhalten.

Dann sagt sie plötzlich:

„Gestern verspürte ich einen starken Drang, wieder meine Beine zu reiben, und diesmal tat ich es – zum ersten Mal seit zwölf Monaten. Die alten Gefühle kamen wieder, außer daß ich mir danach keine Sorgen darüber machte."

Analytiker: „Erzählen Sie mir alles, was Sie dabei fühlten und dachten, so genau wie möglich."

„Ich habe Ihnen alles erzählt, woran ich mich erinnern kann."

(Stille)

„Heute früh, bevor ich herkam, habe ich das gleiche getan."

Analytiker: „Warum haben Sie nur von gestern erzählt, warum haben Sie heute nicht erwähnt?"

„Ich dachte, es würde reichen, von gestern zu erzählen. Ich kann mich nicht daran erinnern, was ich gestern fühlte und dachte. Aber an heute kann ich mich erinnern. Heute, als der Drang aufstieg, dachte ich, das Gefühl in meinem Kopf könnte schlimmer werden. Dann dachte ich, es könnte gar nicht schlimmer werden, und so machte ich mir nicht so viele Sorgen darüber, ob es geschehen würde oder nicht. Dennoch stand ich auf und versuchte, statt dessen etwas anderes zu tun, damit es aufhörte. Aber dann erinnerte ich mich daran, daß das, was ich Ihnen erzählt hatte, darauf hinweist, daß mein Aufhalten-Wollen überhaupt erst zu dieser Krankheit führte. Und dann war ich wirklich sehr froh, daß ich eine Ausrede hatte, um es tun zu können. Denn ich wollte es wirklich sehr gerne tun. So machte ich mir keine Sorgen mehr darüber, und ich konnte mir wirklich viel besser Erleichterung verschaffen als je zuvor. Anstatt daß die Gefühle im Kopf schlimmer wurden, wie ich erwartet hatte, wurden sie besser, als sie schon seit langem waren – wenigstens für eine kurze Zeit danach. Obwohl ich nicht sagen kann, daß es sie ganz aufgelöst hat."

Analytiker: „Man kann leicht verstehen, warum Sie Ihre Beine aneinander rieben – aber sagen Sie mir, warum haben Sie damit aufgehört?"

„Nach ein paar Minuten dachte ich einfach, daß ich es nicht weiter tun sollte."

Analytiker: „Warum haben Sie nach ein paar Minuten aufgehört?"

„Ich wollte einen Brief aufgeben, und ich dachte, daß ich nachher die Aushebung um 1 Uhr 30 nicht mehr erreichen würde. Ich wollte den Brief an meinen Freund schicken."

Analytiker: „Wann hatten Sie den Brief geschrieben?"
„Direkt vor dem Beine-Reiben."
Sie lächelt:
„Ich glaube, Sie meinen, daß das Schreiben mich dazu gebracht hat, es tun zu wollen."
Analytiker: „Was meinen Sie?"
„Ich glaube, ich mochte es. Früher dachte ich, daß es wahrscheinlich nicht richtig war, auch wenn ich es tat. Irgendwie wünschte ich mir, daß ich es nicht tun müßte."
Analytiker: „Sie wünschten irgendwie, daß Ihr Freund bei Ihnen wäre und Sie liebte. In seiner Abwesenheit war das aber vielleicht doch das Beste, was Sie tun konnten. An ihn zu denken. Auch wenn das nicht absolut befriedigend war, weil Sie allein waren, verspürten Sie doch den Drang, wenigstens auf der körperlichen Ebene Befriedigung zu erlangen. Haben Sie sie bekommen?"
„Ja. Heute habe ich sie bekommen, gestern nicht; deshalb habe ich Ihnen von gestern erzählt und nicht von heute. Seither denke ich nicht mehr so viel an diese Krankheit, und die Gefühle in meinem Kopf hatte ich nicht annähernd so stark wie sonst."

Psychopathologie

Wir haben es hier mit einem Fall von Angstneurose zu tun, die auf einem frühen sexuellen Konflikt basiert.

Der auslösende Faktor, der sich als letzter Strohhalm erwies, war die zusätzliche sexuelle Stimulation, die das Werben ihres Freundes mit sich brachte. Dies hatte den Nachteil, daß sexuelle Spannung aufgebaut wurde, ohne daß es je zu einer Entladung kam. Folglich wurde der Gegensatz (der Stillstand ihres Verstandes, der im Gegensatz zu den Gefühlen stand, die einem Gipfelpunkt zustrebten und einen Orgasmus auslösten) seinerseits durch das Über-Ich als Ganzes verstärkt und dadurch stark intensiviert, daß er die ganze verbleibende geistige Energie absorbierte und jede Form der normalen Aktivität ausschloß.

Der ursprüngliche Grund für ihren Zustand war im Gegensatz zu den auslösenden und verschlimmernden Faktoren der letzten acht Monate der Konflikt, der sie in ihrer Schulzeit im Alter von zehn bis fünfzehn beschäftigte.

Der Konflikt begann mit der frühzeitigen Entwicklung des Sexualtriebes, den sie „Reizung in meinem Bauch" nannte und den sie auf sehr natürliche Weise durch das Überkreuzen und Reiben ihrer Beine entlud.

Die Tatsache, daß sie diese sehr indirekte Methode der Erleichterung anwandte, legt nahe, daß sie schon damals Hemmungen hatte, ihre Hand auf die verbotene Stelle zu legen.

Der Erfolg dieser Methode war jedoch zeitlich beschränkt, da die Kräfte, die den Gebrauch der Hand verboten, schon bald zu aktiv wurden, und nicht einmal dieser Methode der Erleichterung erlaubt, ohne ihrer Stimme Gehör zu verschaffen. Deshalb litt sie an Schuldgefühlen und auch an deren Zwillingsbruder, einer krankhaften Angst. Als Folge dessen entwickelte sie die Idee, daß sie sich Leid zufügen und sich innerlich verletzen könnte. Es ist interessant, daß sie sogar in einem unreifen Alter den Gedanken der Heirat mit einer Verletzung in Verbindung brachte.

Im Laufe der Zeit wurden die gegensätzlichen Stimmen in dem Maße stärker, wie auch ihr sexueller Drang beharrlicher wurde. Als sie das Alter von 15 erreichte, begannen der allgemeine Widerspruch und die Sorgen, die mit dieser Art der Selbsterleichterung verbunden waren, gegenüber den ausführenden Elementen im Prozeß ihrer Triebentladung zu überwiegen. Das Beine-Reiben wurde öfter unterbrochen als genossen. Der Trieb selbst wurde dadurch jedoch nicht seiner dynamischen Kraft beraubt. Bereits als Folge dieses Widerspruchs wurde der Konflikt von der Sexualregion an eine entkörperlichte bzw. nicht-sexuelle Stelle verlagert. Mit anderen Worten, die Begleiterscheinungen im Kopf wurden so aufgefaßt, als gäbe es überhaupt keine Geschlechtsorgane oder überhaupt keinen Körper.

Deshalb hatte sie Symptome im Kopf und redete sich Schritt für Schritt ein, daß diese nichts mit den Geschlechtsorganen zu tun hätten.

Etwa zu dieser Zeit betrachtete sie sich im Spiegel und fragte sich: „Wer bin ich?" Schon da konnte sie ihre sexuellen Gefühle und auch sich selbst nicht mehr so erkennen, wie sie es früher getan hatte. Es war fast so, als ob sie leugnete, daß die Person, die sexuelle Gefühle erlebt hatte, existierte bzw. je existiert hatte.

Der Vorteil dieses Schachzugs lag darin, daß sie sich dadurch von der Sorge, dem Schuldgefühl, der Angst und der allgemeinen Anspannung des Konflikts befreien konnte, die im Zusammenhang mit dem Sexualtrieb und seiner Forderung nach Entladung immer auftauchten. Das Leid, das durch diesen Konflikt ausgelöst wurde, kann man aus den Symptomen im Kopf, wohin er verlagert worden war, ablesen, an denen sie letztlich mit ihrer ganzen Energie festhielt. Trotz der offensichtlichen Nachteile hatten sie für sie gegenüber dem vorigen Zustand, vor dem sie geflohen war und zu dem sie nur widerwillig zurückkehren wollte, offenbar den großen Vorteil der Streßvermeidung.

Nur durch die Auflösung oder zumindest teilweise Auflösung ihrer Schuldgefühle gelang es, daß der Wunsch, den alten Konflikt wieder aufleben zu lassen, schließlich die Oberhand gewann und sie ihn diesmal vielleicht mit einer größeren Wertschätzung gegenüber den Bedürfnissen ihrer Natur und einer weniger krankhaften Betonung ihrer Schuldgedanken und den Vorstellungen von Strafe und Verletzung durchkämpfen konnte.

Die auto-erotische Befriedigung war für sie nicht wirklich gefährlich, da sie nie völlig befriedigend sein konnte, weil sie nicht auf das Ego abgestimmt war. Das heißt, sie stand im Gegensatz zu ihren Ego-Instinkten und ihren sozialen bzw. heterosexuellen Neigungen. Das normale Liebesspiel zog sie einer solchen Art der Erleichterung immer vor, und wenn sich die Gelegenheit dazu bot, wich diese Gewohnheit, die nur um den Preis der geistigen Symptome zu vermeiden war, automatisch einem normalen Eheleben (S. 112–121).

Obwohl der Wandel Anna Os. durch die Erfahrung einer schweren Krise und durch Breuers Eingreifen tiefgehender gewesen sein mag als der von Bergs Patienten, tragen letztere offensichtlich doch zu einem Aspekt der Freudschen Therapie bei, der Breuer unangenehm war: das Anerkennen sexueller Triebkräfte und deren relative Befreiung. Ich wende mich gemäß der vorgeschlagenen Struktur des Buches jetzt einer meiner eigenen Sitzungen zu, in der ich eine mikroskopischere und gleichzeitig doch auch weiter angelegte Attacke auf die Herrschaft des perfektionistischen Über-Ich reite.

Die versteckten Zähne des Chaos

Mrs. White hatte vor der Sitzung zwei meiner Enneagramm-Seminare besucht und sich als selbsterhaltender E1 erkannt. Bezeichnenderweise arbeitet sie als Flugleiterin. Dies war ihre erste Gestaltsitzung.

White: Ich bin besorgt, weil ich das Gefühl habe, aus zwei Teilen zu bestehen. Dem einen liegt viel an Ordnung, das ist der äußere Teil: organisiert, streng, kontrolliert. Und der andere, dem ich weniger begegnet bin, den ich aber spüre, ist Chaos. Absolutes Chaos. Er ist so stark, daß ich nicht mit ihm umgehen kann und in Ohnmacht falle.
Letzte Nacht habe ich vom Chaos geträumt, von Unordnung, Schmutz, Scheiße und all dem. Ich sah einen Film im Fernsehen, eine Szene, wo eine Frau in Ohnmacht fällt, weil sie den Tod ihrer Tochter nicht verkraftet. In diesem Traum bin ich total regrediert. Ich träume von meiner Großmutter in einem Haus, das nicht das ihre war – zum Teil war es das schon, zum Teil nicht. Dunkel, beängstigend, ein Chaos; ein totales Chaos aus Unordnung, Scheiße und allem. Und weil ich das nicht aushalte, falle ich in Ohnmacht. Dann kommt die Frage – wer bin ich? Welche von beiden bin ich? Was bin ich? Was steckt dahinter?
Claudio: Wir wissen ja schon, daß die Perfektionistin die ist, die Sie nicht sind.
W: Aber ich kann die andere nicht ausstehen. Sie ist schlimmer.
C: Die andere ist die, die Sie die Chaotische nennen, voll Scheiße, aber ...
W: Es ist schlimmer.
C: Könnte es nicht sein, daß Sie sie verurteilen, daß Sie ihr Unrecht tun, daß sich Ihr Perfektionismus da einmischt?

W: Aber ich spüre, und ich bin überzeugt, daß ich in diesem Chaos nicht existieren kann.
C: Es besteht aber kein Zweifel, daß es zumindest so abläuft.
W: Aber ich möchte zu etwas anderem kommen, zu dem, was dahinterliegt.
C: Das kann man integrieren, aber wir wissen ja schon ...
W: Sie passen nicht zusammen.
C: Aber wir wissen ja schon, daß es darum geht, den Schatten in den Alltagsmenschen zu integrieren. Schauen wir also, wie Sie damit in Berührung kommen können. Ich glaube, Sie sollten anfangen, damit in Berührung zu kommen. Und hoffentlich kommen Sie mit der Erfahrung so tief in Kontakt, daß Sie möglicherweise auch in Ohnmacht fallen. Aber ich glaube, Sie werden gar nicht mehr in Ohnmacht fallen, weil Sie sich von uns unterstützt fühlen werden; vielleicht fürchten Sie sich in unserer Gesellschaft nicht so sehr. Die Gruppe ist sehr stark.
W: Ja, aber ich hasse sie, ich will keine Gruppe; ich bin von allen völlig abgeschnitten.
C: Gruppen haben eine viel größere Wirkung, als wir uns vorstellen können. Ich glaube, daß Gruppen helfen; sie geben einem Energie, selbst wenn man sich abgeschnitten fühlt. Schauen wir einmal ... Ihre Erinnerung. Erinnern Sie sich an diese Erfahrung, nicht wegen der Erfahrung selbst, sondern an einen Augenblick, in dem Sie dieses Chaos und diesen Schmutz erfahren haben.
W: Vielleicht als ich ein kleines Mädchen war, im Haus meiner Großmutter. Es war ein finsteres Haus ohne Ordnung. Meine Großmutter war sehr unordentlich. An einen Moment erinnere ich mich sehr deutlich, als ich ein kleines Mädchen war, ich war sehr klein, im Mädchenzimmer ... naja, es schien mir unglaublich, daß ein Mensch dort schlafen konnte. Es war ein Chaos.
C: Das Mädchenzimmer?
W: Das Zimmer des Dienstmädchens.
C: Ah ... des Dienstmädchens!
W: Eines Nachts mußte ich bei ihr schlafen, weil viele Leute im Haus waren, wir mußten also jemandem Platz machen, und das war ... mich dorthin zu stecken, war, als wollte man mich in Berührung damit bringen. Es ist ein wenig verwischt. Als ob ich mich selbst dorthin gesteckt hätte, aber ich war nicht dort; jedenfalls mit nichts in Berührung; als wäre ich in der Luft.
C: Erforschen wir doch einmal diese Umgebung. Stellen Sie sich vor, Sie seien in einem Traum. Sie sind die umgebende Welt des Dienstmädchens (und ihres Zimmers).
W: Das Dienstmädchen sah sehr gut aus.
C: Aber vielleicht ihre Welt. Was hat sie gemacht, an was können Sie sich erinnern?
W: Ich erinnere mich, daß sie ein anderer Typ Frau war: sie war blond und hatte blaue Augen, was normalerweise für Dienstmädchen nicht gilt, jedenfalls habe ich das damals gedacht. Und sie war offensichtlich sauber.
C: Sie war offensichtlich sauber. Wie eigenartig, daß Sie dieser Ort dann so abgestoßen hat!

W: Das war das Zimmer und nicht sie.
C: Das Zimmer.
W: Es war das Zimmer, und als ich in jener Nacht dort war, habe ich nicht einmal gemerkt, daß sie auch dort war.
C: Dieses Zimmer drückt etwas für Sie aus. Ein Chaos, das Sie spüren ...
W: Es geht darum, daß es chaotisch war, eine Art Wäschekammer mit einem Bett ... etwas Eigenartiges ... es erschien mir bizarr ... Ich wollte dort nie hingehen.
C: Wie fühlen Sie sich dadurch?
W: Da war ein kleines Fenster, ein Fenster, das auf einen Hof hinausging; und da war eine totale Unordnung. Ich weiß nicht, ob es schmuddelig war; es war unordentlich. Für mich war es unordentlich.
C: Wie würden Sie das Gefühl nennen, das das in Ihnen hervorruft?
W: Nun ja, ich will da nicht hineingehen. Ich will nicht.
C: Ist das wie eine heftige Abwehr? Wie Ekel?
W: Ekel. Ich kann damit nicht in Berührung kommen. Ich kann das nicht angreifen oder zulassen, daß das mich berührt. Ich kann damit nicht körperlich in Berührung kommen.
C: Sie können damit nicht körperlich in Berührung kommen. Das ist, als ob Sie zu sich selbst sagten: „Ich will nicht, daß mich das berührt, daß es mich schmutzig macht, mich vergiftet." Bleiben Sie da dran und sehen Sie, ob die Erinnerung deutlicher wird.
W: Ich erinnere mich, daß ich mich selbst sah, als wäre ich ... Ich erinnere mich, daß ich im Bett war ... aber ich war nicht im Bett, es war wie ... als ob da ein Raum wäre, eine Art von Luftkissen zwischen mir und dem Zimmer, weil ich nicht vergiftet werden wollte.
C: Das hat wahrscheinlich Ihr ganzes Leben angehalten? Spüren Sie ein Luftkissen zwischen sich und der Gruppe?
W: Ja.
C: Ihre Welt ist ein wenig so; ihre Welt ist wie dieses Zimmer.
W: Ich habe eine Art Schutzschicht aus Luft, die mich vor dem Rest beschützt.
C: Das heißt, es muß mit dieser Frau etwas ziemlich Starkes gegeben haben. Könnte es etwas ganz Unpersönliches sein, etwa wie die Laken waren und alles andere? Irgend so etwas?
W: Ich erinnere mich nicht an sie. Ich erinnere mich, daß ich dort mit ihr schlafen mußte, aber an sie erinnere ich mich nicht. An mich selbst erinnere ich mich ein wenig geisterhaft, als wäre ich gleichzeitig da, aber auch nicht, weil ich nicht da sein wollte; denn wenn ich da wäre, wäre ich von all dem vergiftet worden.
C: Erinnern Sie sich jetzt daran, wie Sie in diesem Zimmer waren, in dieser vergifteten Umgebung. Und geben Sie den Dingen eine Stimme, wie das ein Künstler, ein Dichter tun würde.
W: Da ist kein Platz. Alles ist voll mit irgendwelchen Sachen. Es ist sehr klein. Sehr eng. Es gibt keine Luft; es ist schmutzig; es ist dunkel, grau. Da ist kein Platz, da ist kein Platz ... Da sind Regale mit eigenartigen, unheimlichen Sachen darauf.

C: Geben Sie diesen Dingen in Ihrer Phantasie eine Form: „Da sind Regale. Da sind Sachen ..." Welche Sachen?
W: Da hatte nichts eine Kontur. Alles war vage.
C: „Alles ist hier vage, alles hat keine Kontur, in dieser Dunkelheit."
W: Es hat keine Form.
C: Und wenn es eine Form hätte, wie könnte es dann aussehen?
W: Scheiße.
C: „Alles hier sieht nach Scheiße aus. Etwas in dieser Atmosphäre erinnert an Scheiße." Kommen Sie, machen Sie weiter. Können Sie einige Details herauspicken? Haben Sie eine Erinnerung an Scheiße, an einen Nachttopf, einen Geruch?
W: Es ist, als ob alles sehr alt wäre.
C: Vulgär.
W: Und das Bett ist so alt, es wird auseinanderbrechen, und ich werde hinunterfallen.
C: Verbinden Sie mit dem Bett noch etwas?
W: Nein, daß ich schlafe, ohne zu schlafen, und dann hatte ich immer Träume, in denen ich Träume hatte.
C: Schauen wir einmal ... stellen Sie sich vor, daß das Bett Zeuge von etwas Schmutzigem war.
W: Nein.
C: Nein, in diesem Bett ist nie etwas Schmutziges passiert?
W: Nein.
C: Wie können Sie so sicher sein?
W: Ich bin sicher.
C: Nun, es gibt wirklich hellsichtige Leute!
W: Nein, daran erinnere ich mich, oder ich habe eine totale Gedächtnislücke, aber ...
C: Nein, ich sage nicht, daß Sie Zeuge waren; das Bett hätte Zeuge von Dingen sein können, die passiert sind, als Sie nicht in dem Zimmer waren. Es war nicht Ihr Zimmer.
W: Nein.
C: Es war das Bett einer schönen Frau. Was machen schöne Frauen im Bett?
W: Ich weiß es nicht.
C: Das habe ich mir schon gedacht.
W: Die Wahrheit ist, daß diese Frau später das Haus meiner Großmutter verlassen mußte, weil sie schwanger war.
C: Ah, meine Liebe, Sie haben uns nicht die ganze Wahrheit gesagt!
W: Aber ich habe nichts gewußt. Ich weiß, daß sie irgendwann gegangen ist, und ich habe intuitiv etwas begriffen.
C: Es ist Ihnen nicht aufgefallen, weil man an diese Dinge nicht denken sollte.
W: Ich habe etwas gespürt.
C: Nur im Schatten ihres Bewußtseins.

W: Dann ist sie wieder zurückgekehrt. Sie ließ das Kind in ihrem Dorf, und sie kam wieder ins Haus zurück. Aber da war ich schon größer.
C: Und haben Sie die Frau gemocht oder nicht?
W: Ich erinnere mich vage, sehr vage.
C: Man kann niemanden dafür beschuldigen, daß er sich nur vage erinnert. Was ich sagen will, ist, daß mir diese Vagheit scheint, als ob Sie ... als ob Sie über ihre Erinnerungen auch eine Isolierschicht gelegt hätten. Nehmen wir ein anderes Bild. Ein anderes Bild, das mit dieser Erfahrung zusammenhängt. Schauen Sie, wann das war ...? Man muß nicht den Namen eines Heiligen kennen, um seine Geschichte erzählen zu können. Es ist nicht so sehr das Äußere, das zählt. Denken Sie an eine Szene, in der Sie an diesem Gefühl vielleicht näher dran waren denn je.
W: An welchem Gefühl?
C: Ekel, Abscheu, Schlampigkeit ... die sie in Ohnmacht fallen lassen. Wann haben Sie die so stark gespürt, daß Sie in Ohnmacht gefallen sind. Gehen Sie in diese Erfahrung hinein. Wie war das in dem Augenblick? Was war da innen drin?
W: Ich gehe weg von meinen Gefühlen.
C: Nein, nicht ohne Gefühl ...
W: Ich erinnere mich an keine Szenen. Gestern in dem Traum ... an die erinnere ich mich.
C: Wie war das in Ihrem Verstand, bevor Sie in Ohnmacht fielen? Als Sie dieses Gefühl der Ohnmacht hatten, weil Sie den Schmutz sahen.
W: Im Traum?
C: Egal wann, wann immer Sie die Erfahrung machten.
W: Wenn ich diese Erfahrung der Ohnmacht machte, war das immer eine sehr unwirkliche Erfahrung mit einer eigenartigen Vision in meinem Kopf, als ob mein Kopf in eine Art Reißverschluß geschnitten würde, als ob er ein Reißverschluß wäre, und auf der rechten Seite war ein sehr dunkles Ding, irgendwie etwas sehr Eigenartiges, ich würde sagen wie ein surrealistisches Bild.
C: Der dunkle Teil war also auf der rechten Seite.
W: Ja, wie eine Art dreieckiger Fleck ... Ich hatte da eine Spitze (*sie zeigt auf ihren Scheitel*), und unten war er größer, ein wenig geschwungen und auf der rechten Seite schwarz, und an diesem Punkt falle ich in Ohnmacht.
C: Könnten Sie diese Schwärze einen Augenblick lang hervorrufen, einfach still für sich.
W: Ja, es ist ein geschwungenes Dreieck, mit einer Spitze, die nicht eckig, sondern eher geschwungen ist; aber es wird größer, und am unteren Ende ist eine Art Säge.
C: Können Sie auf den unteren Teil zeigen?
W: Der untere Teil ist hier (*sie zeigt an eine Stelle über ihrem Ohr*), und er führt wie in Wellen hinein, wie eine Bergkette. Der gezackte Rand kommt aber nicht von der Spitze herunter, sondern von innen nach außen.
C: Ah, der Körper selbst verwandelt sich in gegnerische Sägen.
W: Nur in meinem Kopf, alles spielt sich im Kopf ab.

C: Aber in beiden Körperhälften?
W: Nein, sie bilden übereinander liegende parallele Sägen, wie drei oder vier Sägen; und sie kommen von innen heraus. Sie fangen an zu arbeiten, und dadurch wird dieser dunkle Teil auf der rechten Seite freigelegt ... ich bin sehr erstaunt, wie wenn es für mich sehr unerwartet ist, das zu sehen, und wie wenn ich dafür keine Erklärung finde, und dann falle ich in Ohnmacht.
C: Aber Sie haben uns ja schon erzählt, daß diese Dunkelheit nicht nur ein Chaos ist, sondern so etwas wie Scheiße, ein schmutziges Chaos.
W: Ja, aber in diesem Fall war es nicht schmutzig.
C: Es war nicht schmutzig, es war ein Chaos ...
W: Es war das Chaos selbst, wie die Essenz des Chaos selbst, aber nicht Scheiße; in diesem Fall war es die Essenz des Chaos.
C: Gut, die Essenz des Chaos. Versuchen Sie also ... diese Essenz des Chaos an Ihrer rechten Seite hervorzurufen.
W: Nun, das ist wie ein dunkler Fleck.
C: Haben Sie wirklich das Gefühl, daß Sie einen Fleck in sich drinnen haben?
W: Ja, ich spüre ihn.
C: Fangen Sie damit an. „Ich habe einen Fleck in mir drinnen ..." Was können Sie noch darüber sagen?
W: Er ist in meinem Kopf, sonst nichts.
C: „Ein Fleck, der nur in meinem Kopf ist."
W: Ja, nur in meinem Kopf.
C: „Mein Herz ist rein."
W: Ja, nur mein Kopf hat so eine Art von ... sagen wir Tumor, aber ich weiß das Wort nicht. Es ist das Chaos selbst, tief drinnen in meinem Kopf. Und es ist, als ob ich einen Wasserkopf hätte, ich meine in der Form. Und hier wird er größer (*sie zeigt auf ihre Schläfen und darüber*), und da ist Chaos.
C: Für mich ist ein großer Gegensatz zwischen dem, was man sich unter diesem Chaos vorstellt – seine Schrecklichkeit und die beängstigende Unreinheit, und der schwachen Stimme, mit der Sie sprechen. Verstehen Sie, was ich meine? Ich glaube, diese Seite könnte ein wenig von dem Chaos gebrauchen.
W: Ja, aber der Gegensatz entsteht, weil ich das Chaos nicht herauslassen kann, genau wie wenn ich aggressiv bin. Ich kann es nicht herauslassen, und was ich dann tue, ist genau diese Sanftheit überall. Aus meinen Poren quillt Sanftheit und Liebenswürdigkeit, während ich darunter mörderische Triebe habe, wirklich mörderische Triebe. Ich könnte jemanden umbringen.
C: Es scheint, als müßten Sie diesen Schatten in Ihre Alltagspersönlichkeit integrieren. Die ist sehr leblos. Wissen Sie wie?
W: Nein, noch nicht. Heute habe ich einen kleinen Hoffnungsschimmer ... oder wie ich mit dem Chaos umgehen kann und verstehen, daß ich auch dieses Chaos bin.
C: Ich glaube, daß man Chaos und Aggression nicht zu sehr voneinander trennen sollte. Im Chaos liegt Zerstörungswut, deshalb ist es so bedrohlich. „Aggression", vielleicht könnte man es so bezeichnen? Vielleicht ist es, als wüßte man

nicht, wenn man es „Chaos" nennt? Wie in der Dunkelheit des Dienstmädchenzimmers, wo sie auch nicht sehen konnten, was da war, sie konnten vielleicht die Umrisse nicht sehen, die da waren.
C: Genau.
W: Was denken Sie über den Fleck. Sehen wir mal, lassen Sie Ihrer Phantasie freien Lauf. Was ist da in Ihnen drinnen, das zurückgehalten wurde?
W: Nun, ich weiß es nicht.
C: In Ihnen drinnen ist ein Mensch, der … wie ist? Wie ist dieser Mensch?
W: Pervers.
C: Malen Sie sich das im Detail aus: „In mir ist eine perverse Frau …"
W: In mir ist eine perverse Frau mit mörderischen Trieben.
C: Jetzt wird es interessanter. Jetzt wird die Sitzung lebendig.
W: Aber ich kann es nicht ausdrücken, ich kann es nicht ausdrücken.
C: Haben Sie ein Bild von dieser perfekten, ich meine von dieser perversen Frau? Welche ist die perverse?
W: Die perverse Frau ist die, die sehr konzentriert, abwägend und (selbst)kontrolliert ist und auf den Augenblick wartet, wo sie töten kann. Das ist natürlich schrecklich. Alle würden mich zurückstoßen, wenn ich so durchs Leben ginge!
C: Nur so als Experiment … stellen wir uns einmal vor, daß sie so durchs Leben gehen. Verstärken Sie das.
W: Nun, wenn ich so durchs Leben gehe, werden sie am Ende mich umbringen.
C: Nein, sagen Sie nicht: „Wenn ich so durchs Leben gehe …"; versuchen Sie, statt dessen zu sagen: „In Wirklichkeit gehe ich so durchs Leben."
W: Ich gehe tatsächlich so durchs Leben.
C: Kontrollierend …
W: Und attackierend.
C: Und attackierend.
W: Aber die Aggression fällt auf mich zurück; ich spüre sie auch gegen mich. Ich empfinde sie direkt gegen jemand bestimmten, aber ich spüre sie auch gegen mich.
C: Und warum sagen Sie „aber"? „Ich spüre Aggression, aber …". Weil das Ihr Vorgehen rechtfertigt? Oder weil es Sie weniger mörderisch erscheinen läßt?
W: Ich spüre die Aggression, aber ich kann sie nicht ausdrücken, weil mich sonst alle ablehnen würden.
C: Wenn Sie ein Mucker wären, würden Sie dann alle ablehnen?
W: Ich greife an, und sie stoßen mich zurück.
C: Sie Arme! Sie können nicht herumlaufen und angreifen, weil Sie sonst zurückgewiesen würden … (*Er lacht.*)
W: Am Ende stoße ich sowieso auf Ablehnung …
C: Natürlich.
W: Weil ich mit meinem Perfektionismus und einem perversen Gesichtsausdruck herumrenne. Ich laufe herum und versuche, alle zu kontrollieren, besonders in der Arbeit, und natürlich stoße ich daraufhin auf Ablehnung, weil ich durchs Leben gehe …

C: Das heißt, Sie hätten gar nicht soviel zu verlieren.
W: Nein, ich weiß, daß das Resultat das gleiche ist. Ich weiß es.
C: Sicher. Da ist es doch besser, gleich als die Perverse herumzulaufen.
W: Aber ich kann nicht. Ich kann nicht.
C: Ihnen fehlt die Übung.
W: Es muß ein Mangel an Übung sein.
C: Ein Mangel an Psychotherapie.
W: Nun, daran muß es liegen.
C: Gut, experimentieren wir ein wenig mit der Perversion. Wie könnten Sie diesen zurückgehaltenen Persönlichkeitsteil jetzt, in diesem Augenblick, ein wenig befreien ... ihm ein bißchen Raum geben?
W: Im Augenblick fehlt mir das Motiv; im Gegenteil, ich fühle mich besser. Bange, aber besser. Wie wenn es nicht so pervers wäre, pervers zu sein.
C: Es ist nicht so pervers! Sieht aus, als käme gerade ein neuer Gedanke in Ihnen hoch.
W: Ja. Ich bin nicht pervers, ich fühle mich pervers. Das ist ein Unterschied. Und manchmal spüre ich eine furchtbare Energie, einen Zug in Richtung einer beeindruckenden Kraft; aber dann fühle ich mich wieder wie die beschissenste Sache der Welt, wie der teilnahmsloseste, faulste und untätigste Mensch, den es auf der Welt überhaupt gibt. Diese beiden sind immer da.
C: Ich glaube, daß der Teilnahmslose der übertrieben Kontrollierte ist, der keine Energie mehr zum Leben hat.
W: Nein, das stimmt. Und ich denke: „Warum soll ich leben? Eine große Frage? Die andere ist manchmal zu stark und läuft mir davon."
C: Mir läuft sie auch davon. Wie können wir sie in diesen Raum zurückbringen?
W: Aber sie entwischt, weil sie wie die reine Aggression selbst ist; die Aggression selbst entwischt mir. Es ist, als würde ich aggressiv, dann läuft sie weg ... sie läuft weg ...
C: Ich schlage vor, Sie verschaffen dieser Aggression durch einen Angriff auf Ihre Alltagspersönlichkeit Luft: auf die Teilnahmslose und Kontrollierende.
W: Sie ist ein absolutes Arschloch.
C: Zerstören Sie sie. Sprechen Sie zu Ihrem perfektionistischen Anteil mit dem Wissen warum und mit der Emotion des anderen.
W: Sie ist ein absolutes Arschloch, weil sie zu allem Überfluß auch noch die riesige Versuchung hat, ruhig zu Hause zu bleiben, wo alles sicher, rein und ordentlich ist, aber allein. Das ist eine Versuchung, der sie nicht widersteht.
C: Sie sagen das immer noch in einer klaren und sehr netten Art. Sagen sie das jetzt mit einer unanständigen Stimme. Wie würde eine unanständige Stimme sich anhören?
W: Ich kann nicht.
C: Versuchen Sie, nicht mehr die wohlerzogene Dame zu sein ... sprechen Sie aus dieser Emotion heraus, die Sie in Ohnmacht fallen lassen wollte.
W: Die ist aber sehr stark.
C: Gut, machen Sie das, was Sie können.

W: Ich kann diese Stimme, diese Energie aber einfach nicht herauslassen, um ihr zu sagen, daß sie Scheiße ist.

C: Aber Sie haben diese Emotion in diesem Moment ja schon, geben Sie dieser Emotion eine Stimme. Das kann auch Weinen sein.

W: Ich glaube, daß sie vollkommen ängstlich ist. Sie hat immer so eine Schicht aus … als ob sie eine Schicht Ernsthaftigkeit anhätte, als ob sie ein drückendes Land verteidigte.

C: Sprechen Sie mit Ihrer perfektionistischen Seite. Sie sind diejenige, die unterdrückt wird; Sie sind die Chaotische, die mit der Überordentlichen spricht.

W: Verdammt! Ich kann nicht! Ich fühle mich wie ein Dämon. Ich fühle mich, als wäre ich ein Dämon, ich fühle mich, als wäre ich ein Dämon!

C: Was fühlt ein Dämon?

W: Die Chaotische ist ein Dämon.

C: Und nicht die andere?

W: Nicht die andere, die ist Scheiße.

C: Die andere ist ein System von eingespielten Sägen, soweit ich verstanden habe.

W: Was haben Sie gesagt? Es tut mir leid, ich habe Sie nicht verstanden.

C: Das Bild, das Sie uns von der anderen gezeichnet haben, war das einer Reihe von Sägen. Ich glaube, daß die Perfektionistische ein Dämon ist, der aus Sägen besteht; eine schneidende, organisierte Person – *Pam, Pam, Pam* – eine Maschine, die schneidet. Sagen Sie der Perfektionistischen, daß sie eine Maschine ist, die Fleisch schneidet.

W: Wie soll ich ihr das sagen. (*Das überwältigt sie.*)

C: Versuchen Sie's und schauen Sie, wie es klingt, wenn Sie ihr das sagen.

W: Aber es ist für mich irrsinnig schwer, das herauszubringen.

C: Ja, dann machen Sie es eben sehr schlecht.

W: Außerdem habe ich das Gefühl, daß ich Theater spiele.

C: Ich glaube, Sie hätten gerne, daß es so aussieht, als spielten Sie Theater.

W: Und das tue ich auch. Klar, es ist mir scheißegal. Also gut … Du bist eine Fleischschneidemaschine, du Arschloch … (*mit einer hastigen Stimme und Kraft verlierend*). Das geht einfach nicht.

C: Was geht nicht?

W: Mit dieser Stimme, das geht einfach nicht.

C: Naja, man lernt die Dinge ja kleinweise. Schauen wir doch mal, wiederholen Sie es ein bißchen lauter.

W: Du bist eine Fleischschneidemaschine!

C: Was haben Sie gefühlt, als Sie das sagten?

W: Ein wenig besser.

C: Sie könnten mehr Zorn hineinlegen.

W: Ja, viel mehr.

C: Legen Sie etwas hinein, das Ihnen nicht allzu fremd ist.

W: Nein, ich schalte ab, weil ich das nicht tun will. Das mache ich sonst nie, also ist es für mich nicht schlecht (das jetzt zu tun), weil ich mir das auch nicht erlaube.

C: Tun Sie also so, als hätten Sie ein schreckliches Selbstbild.

W: Ich habe ein schreckliches Selbstbild, schrecklich! Weil ich mich selbst dort in meinem ordentlichen Haus sehe, sehr würdig schreie ich die Treppe herab ... Furchtbar! Zu allem Überfluß ist mein Haus auch noch eingerichtet wie das einer typischen E1. Es ist furchtbar!

C: Und was haben Sie, die Chaotische, für ein Gefühl dabei?

W: Naja, ich würde das alles gerne in Trümmer werfen. Ich würde wahnsinnig gerne einen Teller nach dem anderen zerbrechen. Das Dumme ist, daß man die Trümmer aufheben müßte. Ich habe das Bedürfnis, ein paar Teller zu zerschlagen, die ich nicht mag und die nur da sein müssen, weil sie nützlich sind. Aber ich habe keine Lust, sie aufzuheben, weil ich faul bin und sie nicht aufheben will, und es macht mich verrückt, wenn ich daran denke, daß irgendwo ein kleiner Glassplitter steckenbleiben könnte. Das ist mir zuwider!

C: Nun, ich nehme an, daß uns Menschen üblicherweise mehr in Rage bringen als sonst irgend etwas. Menschen jedenfalls mehr als Dinge.

W: Ja, aber Dinge bringen mich auch aus der Fassung.

C: Grundsätzlich, welche Dinge?

W: Nun, manchmal ärgere ich mich über Dinge. (*Sie lacht.*) Nein, über Menschen!

C: Mehr über Menschen. Gut, können Sie einen Menschen nennen, nicht mit Namen, sondern mit einem Pseudonym.

W: Mit einem Pseudonym ... Naja, ich werde kein Pseudonym verwenden. Meine liebe Mutter bringt mich zur Weißglut – sie ist eine E1 wie ich. Ich halte sie nicht aus.

C: Gut, ich schlage vor, wir machen eine therapeutische Übung: Gehen Sie doch gleich jetzt einmal so richtig auf Ihre Mutter los.

W: Ich halte sie nicht aus, und wenn ich mit ihr telefoniere, weil sie dann etwas weiter weg ist, bringt sie mich zur Raserei. Ich halte sie nicht aus, weil sie mich sogar über das *Telefon* kontrollieren will. Das reicht mir schon!

C: Ihre Mutter ist also jetzt da, und Sie haben die Nase voll von ihr. Sprechen Sie mit ihr.

W: Ich halte sie nicht aus.

C: Sagen Sie ihr, daß Sie sie nicht aushalten, und führen Sie das näher aus – im Detail, erklären Sie ihr, warum Sie sie nicht aushalten, begründen Sie es.

W: Ich halte dich nicht aus! Mein ganzes Leben lang hast du mich erstickt, und nicht genug damit, da ist noch eine deiner typischen Phrasen: Wenn ich sage, ich mache das und das, ich gehe dort- und dorthin, ist deine automatische Antwort immer: „Wozu?" Mein ganzes Leben lang hast du mich ertränkt. Ich konnte keine Freude empfinden.

C: Wie würden Sie ihre Haltung nennen?

W: Abtreiberisch. Du bist abtreiberisch.

C: „Du bist eine Abtreiberin."

W: Du bist eine Abtreiberin. Du treibst einfach alles ab, jedes Vergnügen.

C: Wiederholen Sie diese Anklage, aber diesmal mit mehr Kraft. Und erzählen Sie ihr genauer, wie sie abtreibt.

W: Du bist eine Abtreiberin, weil du nichts genießen willst und weil du auch nicht willst, daß ich irgend etwas genieße. Du läßt mich einfach nicht. Du hast nie gewollt, daß ich etwas genieße. Und dann fühle ich mich schuldig, jetzt Gott sei Dank weniger. Denn ich habe große Sehnsucht, ich spüre eine intensive Leidenschaft und sexuelles Verlangen. Jetzt kann ich ihr mehr aus dem Weg gehen. Aber wenn sie weit weg ist (diesen Sommer war sie außerhalb Spaniens, sie war vier Monate in Mexiko), fühle ich mich verdammt großartig. Ich will nicht, daß du da bist! Je weiter weg, desto besser! Ich will nicht, daß du da bist; ich will nicht, daß du in Leon bist, denn in Leon kontrollierst du mich, und von Mexiko aus kontrollierst du mich weniger.

C: Haben Sie das Gefühl, daß sie Sie jetzt im Moment kontrolliert?

W: Gestern abend habe ich mit ihr telefoniert. Es ist sehr subtil ... es ist ihre Stimme, die mich kontrolliert!

C: Gut, gehen Sie zu dem Bild zurück.

W: Etwas ist eigenartig. Ich bin jetzt gerade auf Urlaub, und ich will es ihr nicht sagen, weil sie meint, eine gute Tochter sei verpflichtet, sie während eines Teils ihres Urlaubs zu besuchen. Darum will ich es ihr nicht sagen, weil ich diese Verpflichtung nicht spüren will. Und weil ich nicht nach Leon fahren will, sage ich es ihr nicht.

C: Das wäre besser, als vollkommen ...

W: Ich komme mir dabei aber sehr schlau vor, denn bisher war ich nicht schlau, bisher war ich ein Idiot.

C: Gut, es ist besser schlau zu sein als gar nichts. Jetzt machen Sie in Ihrer Vorstellung einen weiteren Schritt, und sprechen Sie zu ihr aus Ihrer Realität. Stellen Sie sich vor, daß Ihre Mutter Sie hört, und sprechen Sie zu ihr nicht aus der Warte der Perfektionistin, des braven Mädchens oder all dem, sondern aus der Warte der Chaotin.

W: Deine Tochter ist praktisch eine Hure, und sie wäre fast eine geworden; und sie wurde keine, weil ...

C: „Weil sie sich an etwas von dir erinnert hat."

W: Das ist am ... Ich bin sicher, das ist am schlimmsten.

C: Ich möchte, daß Sie das wiederholen, aber diesmal mit mehr lüsternen Details. Gewinnen Sie Ihre Freiheit vor ihr zurück.

W: Du glaubst, ich bin allein. Aber ich bin nicht allein. Ich habe einen Liebhaber! Einen mit dem ich obendrein noch sehr zufrieden bin!

C: Genau! Beschreiben Sie ihr Ihr Glück und Ihre Vergnügungen.

W: Ich kann morbid sein. Und ich fühle mich morbid, und das gefällt mir.

C: Erzählen Sie ihr noch mehr Dinge, die Sie sich im wirklichen Leben Ihrer Mutter nicht zu erzählen trauten.

W: Und ich habe Drogen genommen, und ich bin sehr froh darüber, und dadurch habe ich eine Menge Dinge erlebt; und wenn es mir paßt, rauche ich Marihuana, natürlich nur, wenn ich's zur Hand habe. Naja, wenn ich will.

C: Ich glaube, was Sie uns erzählt haben, reicht jetzt. Jetzt stellen Sie sich vor, daß sie Sie wirklich gehört hat. Wie wäre das, wenn Ihre Mutter all das gehört hätte?

W: Sie fällt in Ohnmacht!

C: Da haben wir einen Fall, wo wir wirklich mit Recht sagen können, daß wir die „Mutter des Lammes"[21] gefunden haben.

W: Sie fällt nicht in Ohnmacht. Sie stirbt!

C: Erlauben Sie sich im stillen, sich Ihre Mutter angesichts der Monstrositäten, die ihre Tochter ihr erzählt hat, vorzustellen; angesichts all dieser Dinge zusammen. Lassen Sie diese Dinge wieder ein wenig aufleben, und hören Sie das Ganze noch einmal von vorne.

W: Sie würde blaß werden, angespannt und steif ...

C: Hört sie Sie wirklich? Ihre Tochter hat Ihnen gerade erzählt ... Was hat sie gesagt? Daß sie praktisch eine ...

W: Daß sie praktisch eine Hure war.

C: Daß sie eine Hure ist, praktisch gesehen.

W: Daß sie war, nicht jetzt ... jetzt mehr, im Grunde mehr.

C: Daß Sie jetzt im Grunde mehr denn je eine Hure sind. Sehen Sie, wie sie das aufnimmt.

W: Weil ich Vergnügen brauche, und weil ich Vergnügen mag.

C: Versuchen Sie, sich wirklich in sie hineinzuversetzen, stellen Sie sich vor, wie das wäre.

W: Nun, es wäre schrecklich für sie, weil sie Vergnügen völlig ablehnt. Sie tut Dinge, weil sie sie tun muß, und nicht zum Vergnügen. Dann hat sie hin und wieder vielleicht ein wenig Vergnügen dabei, das merke ich, aber ein Minimum.

C: Mit anderen Worten, sie meint: „Ich will das nicht hören. Ich will das nicht hören, weil man so nicht lebt."

W: Nein, sie stellt sich den Dingen, aber sie würde so blaß und steif werden, daß sie sterben würde ... wirklich.

C: Stellen wir uns aber vor, daß sie jetzt noch nicht stirbt. Das käme sehr gelegen, aber erst am Ende.

W: Mir gefiele das sehr!

C: Wir stellen uns aber vor, daß sie Sie gehört hat, sie wird steif, und sie spricht zu Ihnen aus dieser Position.

W: Und blaß. Nun, sie würde zu mir sagen: „Das ist nicht in Ordnung." Etwa so.

C: „Das ist nicht in Ordnung." Mit welcher Stimme würde sie das sagen?

W: Mit der gleichen, mit der ich es sage. „Das ist nicht in Ordnung." Ruhig.

C: Mit einer ruhigen Stimme. Weich. Wie fühlt sie sich? Was fühlt sie? Fühlt sie Zorn, Groll oder Angst? Was davon? Oder fühlt sie vielleicht gar nichts?

W: Vielleicht nichts, vielleicht zurückgehaltenen Zorn, dessen sie sich nicht bewußt ist, aber „Das ist nicht in Ordnung."

C: „Das paßt nicht in meine Welt." Aber das Vergnügen Ihrer Tochter? Ist Ihnen das Vergnügen Ihrer Tochter völlig egal?
W: Mein Vergnügen ist ihr völlig egal.
C: Sie ist eine schlechte Mutter.
W: Unterschwellig tut sie mir ein bißchen leid.
C: Sie ist ein sehr schlechter Mensch.
W: Sie? Ja, sehr hart. Und sie ist sehr fordernd und versucht, mir so vieles einzureden. Zum Beispiel zwei oder drei Dinge aus ihrem Leben, die ich tun sollte, und ich habe mich gewehrt. Natürlich, weil sie glaubte, daß das angemessen war und perfekt; und dann sagte ich Nein – naja, ich habe nicht Nein gesagt, ich bin weggezogen, denn wenn ich geblieben wäre, hätte ich unter ihrem Kommando gestanden. Aber es gibt Widersprüche.
C: Lassen wir das noch beiseite. Sie hat gerade zu Ihnen gesagt: „Das tut man nicht."
W: „Das ist nicht in Ordnung."
C: „Das ist nicht in Ordnung." Gehen Sie wirklich in diese Haltung und diese Emotion hinein.
W: „Das ist nicht in Ordnung." Es ist, als schickte sie mir eine Botschaft, daß ich eine Todsünde begangen hätte; das ist ein Sakrileg.
C: Und das sagt sie nur mit unbewußtem Zorn?
W: Vollkommen ruhig und kontrolliert.
C: Das ist wie eine Säge, die nicht mehr Gefühl hat, als eine Säge aus Metall eben hat. Sie schneidet Ihr Leben; sie ruiniert Ihre Lebensfreude für immer, ohne etwas zu sagen. Regt Sie das an, Ihr aus der Position der Chaotin noch mehr zu sagen?
W: Meine Mutter tut mir leid.
C: Die arme Kleine! Sie ist eine Säge, die nicht weiß, was sie tut.
W: Sie hat mich nach ihrem Ebenbild geschaffen. Sie hat sich in mich hinein ergossen. Sie hat mich kontrolliert, und sie hat mich schon immer erstickt. Da sie keinen anderen Weg sieht, ihre Leere zu füllen, will sie sie dadurch füllen, daß sie mich kontrolliert.
C: Sie müssen ihr helfen.
W: Nein. Nicht ihr helfen.
C: Obwohl ein Teil von Ihnen sie verstehen kann, schlage ich vor, daß wir diesen Teil etwas unter Narkose setzen, damit wir uns auf den anderen Teil konzentrieren können.
W: Der andere Teil sieht sie, als wäre sie eine weiße Schlange. Ich habe Schlangen immer gehaßt.
C: „Du bist eine weiße Schlange."
W: Ja, sie ist eine weiße Schlange, das ist sie.
C: Sprechen Sie mit ihr.
W: Nicht ich, sie.
C: Ja, aber sagen Sie ihr, daß sie eine weiße Schlange ist.
W: Du bist eine weiße Schlange.

C: Reden Sie weiter mit ihr aus dieser Stimmung heraus.
W: Du bist weiß und kalt. Du hast die Eiseskälte des Todes. Du bist tot. Meine Hände sind eiskalt. Und ihre Hände sind auch eiskalt, und wenn sie mich je am Arm nimmt und meine Haut berührt, fühlt sie sich wie eine Schlangenhaut an. Ich habe nie eine Schlange berührt, aber es schreckt mich.
C: Das heißt, es drängt sie, sich auch von ihr zu isolieren. Sie kann sie auch vergiften. Vielleicht war sie die ursprüngliche Vergiftung.
W: Das nehme ich an … das macht Sinn.
C: Es ist sehr wahrscheinlich, daß der erste Mensch in Ihrem Leben, der Ihnen das Gefühl gab „Berühre mich nicht.", auch eine weiße Schlange war wie sie. Erzählen Sie ihr aus diesem Gefühl heraus mehr, oder aus was immer Sie fühlen heraus; aus dem Gefühl, nicht berührt werden zu wollen.
W: Sie macht mich kalt; sie gibt mir das Gefühl von Tod; sie gibt mir das Gefühl von etwas unter der Erde. Als ob sie der Tod wäre. Sie ist der Tod.
C: Ich habe das Gefühl, es könnte hilfreich sein … Sehen Sie mal, was Sie davon halten … Mir scheint, daß etwas fehlt, das Sie dazu bringt, körperlich, intensiv und in einer nicht vorgegebenen Weise zu reagieren, um Sie aus dieser tödlichen Lähmung herauszureißen; und ich würde vorschlagen, daß ein paar Freiwillige sich auf Sie draufsetzen und Sie sich Ihren Weg freikämpfen und sich nicht niederdrücken lassen. Nehmen Sie das als Symbol, daß Sie Ihre Freiheit wiedergewinnen und sich nicht …
W: Ich fühle mich nicht stark genug; denn wenn ich das fühle, könnte es sein, daß ich mein Gefühl wieder überdecke.
C: Nun, es können zwei Dinge passieren. Sie können es machen, oder Sie können es nicht machen, aber es wäre ein Weg, über Ihren Kopf hinwegzukommen.
W: (*bleibt nachdenklich, gedankenverloren*)
C: Was geht in Ihnen vor?
W: Ich weiß es nicht. Mir scheint, als …
C: „Eine Dame tut das nicht."
W: Gut!
C: Wie klingt dieser Vorschlag für Sie – Sie auf dem Boden mit so vielen Leuten auf sich drauf?
W: So wie: Wenn ich es tue, könnte ich es auch fühlen; ich nehme an, eines Tages werde ich auch schreien können. Ich weiß es nicht. Ich will heraus! Aber es fühlt sich künstlich an.
C: Natürlich ist es das. Es ist eine künstliche Situation, aber manchmal kann dabei etwas Reales passieren.
W: Ich weiß, daß das stimmt, aber ich bewerte es. Es passiert nur, wenn ich motiviert bin, darauf vorbereitet, etc., etc., … Ja, ich verteidige mich.
C: Nun, für mich ist das in Ordnung.
W: Gut, ich mache es, O.K.?
C: Schauen wir mal, legen Sie sich dort drüben nieder, und jemand, der groß ist, nagelt sie fest, so daß sie sich nicht leicht bewegen kann. Wie viele Leute? Die

stärksten Freiwilligen drücken ihre Hände und Füße nieder, so daß sie ihre Kraft aus dem Nichts schöpfen kann.

(*White legt sich auf den Boden. Sie wird niedergehalten und beginnt zu schreien und zu weinen.*)

W: Ihr seid ein Haufen von Bestien!

C: Lassen Sie sich gehen, und tun Sie, was immer auch hochkommt.

W: (*Sie bedeckt ihr Gesicht mit ihren Armen und weint.*) Bestien! (*Sie weint wimmernd weiter.*)

C: Das klang gut. Als ob Sie sich mit dem Schluchzen ein wenig Freiheit zurückgewonnen hätten. (*Claudio kniet neben ihr nieder.*) Entwickeln Sie dieses Gefühl wie eine Erleichterung. (*White beruhigt sich und steht auf, sie seufzt.*) Erzählen Sie uns etwas über dieses Gefühl, über diesen Augenblick.

W: Ich bin schwindlig, ich habe mich nie bewußt schwindlig gefühlt.

C: Sie haben einen Schritt nach vorne gemacht: von unbewußter Ohnmacht zu dem Prozeß ... Wie kommen Sie aus dieser Richtung hinein?

W: Ich habe gespürt, wie ich schwindlig wurde – schwindlig von dem Niederdrücken.

C: Mir scheint, daß dieser Schwindel davon kommt, daß Sie angesichts Ihrer eigenen Versuchung nicht bei Sinnen bleiben wollen.

W: Der Versuchung herauszukommen.

C: Herauszukommen, zu kämpfen, der Versuchung Ihres eigenen Impulses, sich zu befreien. Sie sehen es lieber nicht. Es ist so unterdrückt!

W: Ja, aber ich habe mich nie aus einer bewußten Warte schwindlig gefühlt, nie. Mir wurde nie schwindlig. Nur einmal, aber weil ich gefallen bin.

C: Das sind Ihre nachträglichen Überlegungen. Aber was ist die direkte Wirkung? Was erleben Sie in diesem Augenblick? Während Sie ein bißchen freier atmen ... noch ein wenig unter Tränen, wie mir scheint.

W: Ich habe das Ersticken gespürt – das Ersticken, das ich auf versteckere Art so viele Male davor gespürt habe.

C: Jetzt haben Sie das Ersticken deutlicher gespürt.

W: Absolut deutlich.

C: Und ein wenig Erleichterung.

W: Und ein wenig Erleichterung. Der Moment, als ich schrie und ausbrach, erinnerte mich an ... Als ich ein kleines Mädchen war, schrie ich auch viel und hatte eine Menge Wutanfälle, das hat mir Erleichterung verschafft; aber irgendwann haben sie aufgehört und sind nie wieder gekommen.

C: Sie sind erwachsen geworden.

W: Viel zu früh.

C: Gut, wir können es dabei belassen. Wie beim ersten Schlag eines Bohrers.

* * *

Whites Ohnmachtsymptome (sehr ähnlich den Ohnmachten feiner Damen in früherer Zeit – als Riechsalz noch in Mode war) sind der äußere Ausdruck ihrer (und aller E1) engstirnigen Verdrängung verbotener Inhalte aus dem Bewußtsein. Es ist bezeichnend, daß ihr im Laufe des oben beschriebenen Ereignisses zum ersten Mal einfiel, was während einer früheren Ohnmacht passiert war.

Die obige Sitzung führt sie nicht an den Punkt, wo sie ihre zornigen Impulse befreien könnte, sondern nur zu dem Wunsch nach einer solchen Erleichterung. Dennoch kommt das einer relativen Befreiung gleich, vor allem in dem vorgestellten Dialog mit ihrer Mutter und in ihrer offenen Annahme der physischen Kampfsituation. Die Sitzung erscheint mir auch dahingehend bemerkenswert, wie viel Einsicht sie in bezug auf die Grausamkeit gewinnt, die in ihrem „guten" perfektionistischen Selbst liegt.

2. Kapitel

Enneatyp 2

Samuel Butler entwirft das Bild eines „stolzen Mannes", der „sein Gefieder aufplustert wie ein Uhu, um größer zu erscheinen, als er ist". Butler beschreibt ihn als jemanden, der „sich selbst ein kongeniales Liebeselexier verabreicht hat und infolge dessen zu seinem eigenen Geliebten wurde". Und auch als jemanden, der sich selbst vergöttert und sein eigenes Bild anbetet.[1]

Der Stolz ist jedoch nicht immer eine so sichtbare Leidenschaft, und Egozentrik kann sich auch erfolgreich hinter Großzügigkeit verbergen. In einem solchen Fall erlaubt es das stolze Selbstbild eines Menschen, sich gut oder besser, strahlend, überströmend und von sich selbst erfüllt zu fühlen – als ob er mehr als genug hätte. Das kann auch zu der Überzeugung führen, daß man eine Menge zu geben hat, daß schon die eigene bloße Anwesenheit für andere Menschen ein Geschenk ist.

Bei Frauen (und dies ist ein sehr femininer und unter Frauen auch verbreiteter Charakter) kann der scheinbare Überfluß von E2 sich in einer mütterlichen Persönlichkeit ausdrücken und natürlich auch in dem Gefühl, daß man Babies eine Menge zu geben hat; und zwar nicht nur ihren eigenen Kindern, sondern Kindern im allgemeinen. Natürlich erkennt man nicht, wie sehr die eigene Großzügigkeit aus dem *Bedürfnis* zu geben entspringt und auch daraus, wie sehr man davon abhängig ist, angenommen zu werden. Typischerweise *blüht man auf, wenn man gebraucht wird*, denn so erhält man seine Bestätigung als Mensch. Gebraucht zu werden heißt auch, nicht einfach nur in Ordnung zu sein, sondern eine großartige Geliebte, eine großartige Mutter oder ein großartiges Kind – was wiederum nicht nur Schönheit bedeutet, sondern auch Liebe und die Fähigkeit zu geben. Es geht dabei nicht nur um Verführung, denn Verführung heißt zu geben, um später zu bekommen, oder etwas zu versprechen, um jemanden in seine Schuld zu stellen. Wie verführerisch E2 auch sein mag, sicher ist, daß ein solcher Mensch *im Akt des Gebens selbst empfängt* (und zwar seine Selbstbestätigung).

Jane Austen beobachtet sehr scharf, wie ein großzügiges Verhalten das stolze Bild aufrechterhalten kann, denn sie zeigt uns eine solche Mischung aus Freiheit und Eigendünkel in ihrem Bild des ehrgeizigen Mr. Darcy in *Stolz und Vorurteil*.[2] In der Folge zitiere ich eine Reihe von Passagen aus diesem Roman, um einen Eindruck von seinem Charakter zu vermitteln.

> Mr. Darcy zog die Aufmerksamkeit des Raumes bald durch seine große, feingliedrige Gestalt, seine hübschen Gesichtszüge und sein nobles Verhalten auf sich; und schon fünf Minuten nach seinem Eintreffen machte

die Nachricht die Runde, daß er zehntausend pro Jahr verdiene ... denn man hatte herausgefunden, daß er stolz war und seiner Gesellschaft überlegen ... (S. 58)

... und sagte kalt: „Sie ist annehmbar; aber nicht hübsch genug, um mich zu reizen; und im Augenblick bin ich überhaupt nicht in der Stimmung, mich mit jungen Damen abzugeben, die von anderen Männern beiseite geschoben werden ..." (S. 59)

... wo er mit Freude über seine eigene Wichtigkeit nachdenken und sich ungehindert vom Geschäftsleben ausschließlich damit abgeben konnte, zu aller Welt galant zu sein. Denn war er auch durch seinen Rang erhoben, so war er doch gegenüber jedermann die Aufmerksamkeit in Person. Er war von Natur aus reizend, freundlich und entgegenkommend ... (S. 65)

„... Wäre er tatsächlich so gefällig, so hätte er mit Mrs. Long gesprochen. Aber ich kann mir schon vorstellen, wie das war; alle sagen, er sei ein schrecklich hochmütiger Mensch, und ich wage zu behaupten, daß er hörte, wie jemand sagte, Mrs. Long sei nicht in einer Kutsche, sondern in einer Mietdroschke zum Ball gekommen." (S. 66)

Man sagte, er hätte sehr schlechte Manieren, eine Mischung aus Stolz und Unverfrorenheit ... (S. 81)

„Das scheint mir von einer ganz abscheulichen Art eingebildeter Unabhängigkeit zu zeigen, von der Achtlosigkeit eines Provinzstädtlers gegenüber der Etikette." (S. 82)

„Kann ihm ein solch abscheulicher Hochmut denn je von Nutzen gewesen sein?"

„Ja, er ließ ihn oft liberal und großzügig sein – ihn sein Geld freizügig verschenken, ihn Gastfreundschaft zeigen und seine Pächter und die Armen unterstützen. Familienstolz und Sohnesstolz machten dies möglich, denn er ist sehr stolz auf seinen Vater. Seine Familie nicht zu blamieren, deren geschätzte Qualitäten nicht verkommen zu lassen oder den Einfluß über Pemberly House zu verlieren, ist ein starkes Motiv. Er hat auch einen brüderlichen Stolz, der ihn gepaart mit einer gewissen brüderlichen Zuneigung zu einem sehr liebevollen und fürsorglichen Beschützer seiner Schwester macht; man hört allenthalben, daß er der beste und aufmerksamste Bruder ist." (S. 125)

* * *

Seit ich in den frühen Siebzigerjahren feststellte, Menschen vom Typus E2 seien „jüdische Mütter", verbreitete sich weithin die Meinung, sie seien typische „Helfer". Dies ist irreführend, weil die Rolle des Helfers noch viel typischer für E9 ist. Für den überaus emotionalen und romantischen Charakter von E2 übersetzt sich „Hilfe" in „emotionale Unterstützung", und insgesamt könnte man diese Persönlichkeit eher als einen „Liebenden" denn als einen „Helfer" bezeichnen.

Die Rolle des Verführers und die Leidenschaft, andere anzuziehen, kann bei einigen zu Wesenszügen führen, die sich allzu kindlich unterordnenden und doch boshaft sind, wie etwa bei Nora in Ibsens „Puppenheim", die am Ende des Stückes ihre infantile und unverantwortliche Rolle hinter sich läßt.[3] Die meisten E2 sind jedoch sanft und aggressiv *zugleich* und sehr geschickt darin, Szenen zu machen. Das Motto „mache Liebe *und* Krieg" entspricht ihrem Wesen sehr – es ist eine Mischung aus Venus und Mars. In einigen Fällen wird die Aggression durch Außergewöhnlichkeit und Unwiderstehlichkeit kompensiert; in anderen Fällen, wie beim vertrauten Charakter der Scarlett O'Hara in *Vom Winde verweht* verstecken sich Ausbeutertum und Selbstsucht nur schlecht hinter der Maske falscher Liebe.

Der Stolz von E2 bezieht seine Befriedigung nicht in erster Linie daraus, über andere in rivalisierender Weise hinauszuragen. Er wird eher durch Liebe genährt. Die Verführungskunst hat sich entwickelt, um Liebe zu bekommen. Mit Verführung meine ich nicht nur Erotik, sondern vielmehr, daß es den Anschein hat, man hätte mehr zu bieten, als es tatsächlich der Fall ist. Dies findet seinen Ausdruck zum Beispiel in Versprechungen, die über das hinausgehen, was schließlich eingehalten wird. „Ich werde immer bei dir sein," oder „Ich werde dich für den Rest meines Lebens lieben," zählt zu den typischen Aussagen von E2. Diese dramatischen und meist sehr berührenden Schwüre werden aber nicht unbedingt gehalten.

So wie Perfektionismus unter E1 sehr verbreitet ist, findet sich bei E2 häufig die falsche Liebe – und das gilt für die narzisstische Freude an sich selbst ebenso wie für das verführerische Wohlwollen gegenüber anderen. Schmeichelei kann ein Ausdruck dessen sein. In Butlers Porträt eines Schmeichlers, von dem er meint, „er hänge Glöckchen an die Ohren der Leute, geradeso wie ein Kutscher dies bei seinem Pferd täte, während er ihm gleichzeitig eine schwere Last auf den Rücken lade", erkennen wir E2.

Bei schwierigeren Fällen von E2 stellt man heutzutage oft die Diagnose einer „hystrionischen Persönlichkeit" – die als theatralisch, impulsiv, nachdrücklich, wankelmütig, redegewandt, das Neue suchend und inkonsequent beschrieben wird. Im Gefühlsausdruck von E2 liegt immer etwas Überschießendes, sei es nun sanft oder aggressiv. Ihr Enthusiasmus ist zu ekstatisch, ihre Wutanfälle sind zu manipulativ. Der Schein wird für einen bestimmten Zweck aufgebaut, das Gefühl um einer bestimmten Wirkung willen gezeigt. Es überrascht nicht, daß die nonverbale Täuschung hier Hand in Hand mit der Lüge geht. Trotz der Direktheit, die zuweilen den Eindruck einer ganz ungewöhnlichen Wahrhaftigkeit erwecken kann, halten sich diese Menschen weniger an Normen als alle anderen, und das Lügen kann für sie schon in der Kindheit zur Gewohnheit geworden sein.

Ich habe Frauen getroffen, von denen ihre Mütter sagten, sie hätten als Kinder „nicht gelogen, sondern seien bloß sehr phantasiebegabt gewesen". Eines dieser Mädchen erzählte ihren Schulkolleginnen zum Beispiel, sie lebe in einem Haus,

… plötzlich war er nicht mehr der Mann, den ich liebte. Es war, als würde ich einen vollkommen Fremden erschießen …

wo es ein Schwimmbecken gebe, in dem sich ein Wal befinde. Alle Kinder wollten sie besuchen, um diese wunderbare Kreatur zu sehen, sie mußte sie jedoch davon abhalten. Der kürzlich erschienene Film „Mein Leben", dessen Hauptfigur sehr stolz ist, verdeutlicht das gleiche Phänomen; er zeigt, wie ein Junge sich selbst davon überzeugt, daß in seinem kleinen Garten eine Zirkusvorstellung stattfinden wird – von seinen Schulkameraden wird er dafür ausgeschimpft, als sie enttäuscht darüber sind, daß dies gar nicht stimmt.

In der vorangehenden Karikatur liegt der Humor im krassen Gegensatz zwischen der Einschätzung einer Situation durch den gesunden Menschenverstand und der ganz persönlichen Beurteilung von Tatsachen, die durch eine rein emotionale Sicht verzerrt werden.

* * *

E2 lieben das Vergnügen, sie sind fröhlich, humorvoll und vielleicht ein wenig wild. Beschränkungen nehmen sie nicht leicht hin. Sie können auch sehr invasiv sein und die Grenzen anderer nicht respektieren. Sie schätzen die Freiheit und verwechseln sie leicht mit Ausschweifung. Gegen Disziplin, Eintönigkeit und Strenge lehnen sie sich heftig auf. Nichts kollidiert mit E2 mehr als die ernste und disziplinierte Persönlichkeit von E1. E2 wendet sich gegen Korrektheit, Pünktlichkeit, Ordnung und gegen alles Vorhersehbare. E2 haßt die Routine und alles Gewöhnliche. Können Sie sich eine *femme fatale* vorstellen, die Schlange steht? In einer Bank will sie dann etwa gleich zum Geschäftsführer gehen. Als fünfte in einer Schlange zu stehen ist einfach zu kränkend für ihren Stolz. Ihrer Meinung nach gebührte ihr, immer an erster Stelle zu sein und nie warten zu müssen.

Da das Verlangen stärker ist als die Disziplin, kann dies natürlich auch zu einem mehr oder weniger anti-sozialen Verhalten führen, wie etwa im Fall von David Copperfields bewundertem Schulfreund, Steerforth, der es sich – ganz wie Faust – herausnimmt, ein Mädchen zu verführen und es dann zu verlassen, obwohl dies Ächtung und Katastrophe heraufbeschwört. Oder wie bei Scarlett O'Hara, deren Ehrgefühl nie genug Skrupel kennt, um jene Briefe nicht zu lesen, die der Mann, für den sie sich interessiert, an seine Frau schreibt, deren heimliche Rivalin sie ist.

Ein Wesenszug, der es verdient besonders hervorgehoben zu werden, weil er oft zu zwischenmenschlichen Problemen führt, ist die Wankelmütigkeit von E2. Der Mangel an Beständigkeit und Klarheit ist nicht nur das Ergebnis täuschender und verführerischer Versprechen und einer Abneigung gegen Eintönigkeit, Routine und Vorhersagbarkeit. Es geht vielmehr um den Hunger nach Aufregung – einer Aufregung, die das Selbstverständnis nährt. Während man sagen kann, daß wir alle unterschiedliche Teilpersönlichkeiten mit mehr oder weniger verschiedenen Absichten in uns tragen, so gilt dies umso mehr für E2. Außerdem gibt es bei E2 sehr wenig Kommunikation zwischen dem Selbst von heute und dem von morgen. E2 neigt dazu, in der Gegenwart zu leben, jedoch nicht in einer gesunden und im Augenblick verankerten Weise. Die meisten von uns müssen lernen, mehr in der Gegenwart und weniger in Vergangenheit und Zukunft zu leben. E2 verwenden die Gegenwart jedoch als Vorwand. Sie leben in der Gegenwart, weil sie an die zukünftigen Folgen ihrer Taten ebensowenig denken wollen wie an die Versprechungen von gestern.

Unlängst las ich eine Biographie über Elizabeth Taylor. Auf der ersten Seite zeigt der Biograph in Zitaten, wie allen fünf Ehen Taylors öffentliche Erklärungen über ewige Liebe vorangingen, alle etwa im Stil von: „Das ist wirklich die große Liebe meines Lebens."

Ich meine, daß die berühmtesten historischen Persönlichkeiten vom Typus E2 Alexander der Große, Julius Cäsar und Napoleon waren. Da man diesen Persönlichkeitstyp jedoch hauptsächlich mit Frauen in Verbindung bringt, scheint es passend, hier von einer der bemerkenswertesten Frauen aller Zeiten zu sprechen, nämlich von Cleopatra.

In seiner klassischen Cleopatra-Biographie erzählt uns Emil Ludwig, daß Cleopatra schon im Alter von zehn Jahren aus dem Mißerfolg ihres allzu unterwürfigen Vaters lernt, daß „für einen König Stolz und Hochmut noch über der Macht selbst stehen, und daß Versklavung und Unterwerfung ihrer nicht würdig sind" (S. 39).[4]

Als ihre Berater ihr empfahlen, nach Rom zu reisen, um die Wiedereinsetzung auf den Thron zu erlangen, wie es ihr Vater getan hatte, „wies sie – die ihre Gefühle zu unterdrücken wußte, wenn ihre Interessen auf dem Spiel standen, und die ihr Interesse hintanstellte, wenn es um ihre Selbstachtung ging – dieses Ansinnen sofort zurück. Eher würde sie sich umbringen!" (S.45)

Gebieterisch ließ Cleopatra ihren Staat wissen, daß sie ihre eigenen Entscheidungen treffe und daß ihren Wünschen Folge zu leisten sei.

„Ebenso kühn wie geistreich, wagemutig und hinterlistig", war sie kalt im Kampf und anmaßend im Angesicht der Gefahr; war aber die Nacht gekommen, so verwandelte sie sich vollständig in eine sinnliche und leidenschaftliche Geliebte, von der man sagte, sie stamme von Venus ab.

Im französischen Ausdruck *femme fatale*, der so gut zum sexuellen Subtyp von E2 paßt, liegt eine große Weisheit: Wenngleich er heutzutage vor allem Unwiderstehlichkeit anzeigt, so weist seine wörtliche Bedeutung doch auf *die Gefahren* dieser Unwiderstehlichkeit hin.

So wie Zolas Nana als die *femme fatale par excellence* gilt, sticht Cleopatra als historische Persönlichkeit unter den Frauen der Geschichte hervor. Am schärfsten kennzeichnet sich die Situation meiner Meinung nach in dem Augenblick, da Cleopatra ihr Hochzeitsgeschenk von Marc Anton verlangt, nachdem dieser Julius Cäsar besiegt hat. Sie verachtete Marc Anton und war entschlossen, seine Schwäche auszunutzen, um ihn zu beherrschen. Ludwig schreibt: „Vor einer Weltkarte verlangte Cleopatra ihr Hochzeitsgeschenk: die alten Provinzen, die vor mehr als fünfzehnhundert Jahren den Pharaonen gehört hatten." (S. 192) Und er beschließt die Rekonstruktion dieser Szene wie folgt: „Als sie geendet hatte, dachte er: Welch eine teure Frau!" (S. 193)

Eine hervorstechende Eigenschaft stolzer Menschen ist die Mißachtung ihrer eigenen Bedürfnisse – dieselbe Person, die meint, um etwas zu bitten, sei „unter ihrer Würde", kann dieselbe Sache jedoch sehr wohl einfordern oder erzwingen.

Sobald ein verwöhntes Kind erwachsen wird, sucht es ständig nach Privilegien. Es möchte gerne in den Genuß der verschiedensten Arten von Zuwendung kommen, und alle sollen jederzeit für sie bereit stehen. Gehen sie etwa ins Restaurant, so wollen sie den besten Tisch, und wird ihnen ein Wein angeboten, so akzeptieren sie ihn erst nach einer genauen Überprüfung. Sie sind fordernd und launenhaft, und ihre Launenhaftigkeit ist oft schwer zufriedenzustellen. Ich kannte ein sechsjähriges Mädchen, das sehr verwöhnt war, und ich fand heraus, daß dies auf eine zeitweilige Trennung ihrer Eltern zurückzuführen war, während derer sie sich vernachlässigt fühlte. Von jenem Augenblick an versuchte sie, durch ihr forderndes und nervtötendes Verhalten Beweise dafür zu bekommen, daß sie immer noch geliebt wurde. Je „schwieriger" sie war, umso mehr versuchte sie scheinbar, einen Liebesbeweis zu erhalten, als dächte sie bei sich etwas in der Art von „und sie lieben mich doch". Die gleiche Dynamik erklärt das launenhafte Wesen von E2 und ihren Eigensinn. Ein stolzer Mensch will immer genau das bekommen, was er möchte, ansonsten macht er eine Szene, weint und tut alles, um die Aufmerksamkeit ausschließlich auf sich zu lenken. (War zum Beispiel nicht genug Butter auf dem Brot des Kindes ... welch ein Aufruhr!)

Habe ich zur literarischen Verdeutlichung von E2 auf Scarlett O'Hara zurückgegriffen, so wäre diese Darstellung doch nicht vollständig, wenn ich nicht auch die unwiderstehlich attraktive Carmen erwähnte, die singt: *„Je brave tout, le feu, le fer, le ciel même."* („Ich trotze allem – dem Feuer, dem Stahl, sogar dem Himmel.")

Ich möchte auch einige ausgewählte Absätze aus Dickens *David Copperfield* über „die kleine Dora" zitieren, die den ausgesprochen egozentrischen und kindlichen Subtyp eines selbsterhaltenden E2 verkörpert:

„Willst du mir einen Namen geben, den ich gern haben möchte?" fragte Dora, ohne sich zu bewegen.

„Was für einen Namen?" fragte ich lächelnd.

„Es ist ein dummer Name", sagt sie und schüttelte einen Augenblick die Locken – „kindisches Weibchen'".

Ich fragte lachend mein ‚kindisches Weibchen', was sie sich bei diesem Wunsche denke. Sie antwortete, ohne sich zu bewegen, außer daß etwa mein Arm, mit dem ich sie umschlungen hielt, mir ihre blauen Augen näher gebracht haben mochte:

„Ich meine nicht etwa, du närrischer Mensch, daß du mich so rufen sollst statt Dora. Ich will nur, daß du unter diesem Namen an mich denken sollst. Wenn du ärgerlich über mich werden willst, dann sage dir: Es ist nur mein ‚kindisches Weibchen'! Wenn ich dich enttäusche, so sage: Ich wußte schon lange, daß sie als Frau nur ein ‚kindisches Weibchen' sein würde! Wenn du an mir vermissest, was ich gern sein möchte und vielleicht nie werden kann, sage nur: ‚Mein kleines, kindisches Weibchen' liebt mich doch, denn das tue ich wirklich ...

Kurz darauf sagte mir Dora, sie würde demnächst eine ausgezeichnete Hausfrau werden. Tatsächlich putzte sie die Schreibtafeln blank, spitzte den

Bleistift, kaufte ein riesiges Ausgabenbuch, heftete mit großer Sorgfalt alle Blätter des Kochbuchs, die Jip herausgefetzt hatte, mit einer Nadel wieder hinein und machte einen wahrhaft verzweifelten Versuch, ‚gut zu sein', wie sie es nannte. Aber die Ziffern hatten die alte hartnäckige Eigentümlichkeit – sie wollten sich nicht zusammenzählen lassen. Wenn sie einmal mit großer Mühe zwei oder drei Posten in das Ausgabenbuch geschrieben hatte, trippelte Jip gewiß mit wedelndem Schwanz über die Seite und wischte alles wieder aus. Der kleine Mittelfinger war bis zur Wurzel schwarz mit Tinte; ich glaube, das war der einzige wirkliche Erfolg, den sie erzielte. (S. 202–204)[5]

* * *

Erich Fromm, der sich von der Sozialpathologie der kapitalistischen Gesellschaft distanziert, spricht vom „Prinzip der Nicht-Frustration.[6] (S. 147) Er behauptet, daß die Notwendigkeit des Massenkonsums, der ein Teil unseres Wirtschaftssystems ist, „... viel dazu beigetragen hat, einen Zug im Sozialcharakter des Menschen zu schaffen, der einen der auffälligsten Gegensätze zum Sozialcharakter des 19. Jahrhunderts bedeutet." (S. 147) Fromm formuliert das als jenes Prinzip, nach dem jedes Verlangen sofort gestillt werden muß und kein Wunsch zurückgewiesen werden darf; wie sich das zeigt, verdeutlicht er am Beispiel des Kaufens nach einem Abzahlungsplan:

> Im 19. Jahrhundert kaufte man, was man brauchte, wenn man das Geld dafür gespart hatte; heute kauft man, was man braucht – oder nicht braucht – auf Kredit, und der Zweck der Reklame besteht hauptsächlich darin, einen zum Kaufen anzulocken und den Appetit auf die Waren zu lenken, zu denen man verlocken möchte. Man lebt im Kreise. Erst kauft man nach einem Abzahlungsplan, und kaum hat man die Zahlung beendet, dann verkauft man und kauft von neuem – das allerneueste Modell. (S. 148)

In der Folge bespricht Fromm, inwiefern das Prinzip, ein Verlangen ohne Aufschub zu befriedigen, das Sexualverhalten widerspiegelt. Den schärfsten Ausdruck findet dies seiner Meinung nach in Aldous Huxleys *Schöner neuer Welt*, wo einer der für die Konditionierung von Erwachsenen verwendeten Slogans lautet: „Verschiebe den Spaß, den du heute haben kannst, nicht auf morgen."

Obwohl E7 fast so hedonistisch ist wie E2, halte ich E2 doch für den stärkeren Konsumenten, für die Art von Mensch, bei dem es am angemessensten erscheint, mit Fromm zu sagen, daß es bei der Vorliebe für Vergnügen hauptsächlich darum geht, etwas „in sich aufzunehmen" – „Waren, Sehenswürdigkeiten, Essen, Getränke, Zigaretten, Menschen, Bücher, Vorträge, Filme – werden alle konsumiert und geschluckt."

Dieser mein Eindruck deckt sich mit der Analyse des Soziologen Colin Campbell, der 1987 auf Max Webers *Die protestantische Ethik und der Geist des Kapitalismus* mit *Die romantische Ethik und der Geist des modernen Konsumverhaltens*[7] antwortete.

Auf der Suche nach einem guten Therapiebeispiel

Gerade so wie ich das zwanghafte Muster an Anna O. zeigte, einem Fallbeispiel, das üblicherweise mit Hysterie assoziiert wird, war meine erste Wahl, um die Psychotherapie einer hystrionischen Persönlichkeit zu zeigen, eine, in der der Therapeut, Dr. M. Scott Peck, die Betonung auf ein zwanghaftes Symptom, „ein Ritual", legte. Der Fall Charlenes, der den Inhalt des Kapitels mit dem Titel „Charlene: ein Lehrbeispiel" in Scott Pecks Buch *People of the Lie (Menschen der Lüge)* bildete, ist bisher der interessanteste Fall, der mir untergekommen ist, um die Psyche von E2 mit seiner typischen Abneigung gegen Strenge, seinem Hang zur Manipulation und seiner Zudringlichkeit zu zeigen[8]. Dennoch ist die Klarheit, mit der Dr. Peck Charlenes Psychopathologie wahrnimmt, eher das Ergebnis aufeinanderprallender Persönlichkeitszüge und Wertvorstellungen als von Einfühlungsvermögen, und ich meine, daß der therapeutische Fehlschlag, der sich in diesem Bericht spiegelt, viel eher auf der Basis einer Gegenübertragung erklärt werden kann als aus der Sichtweise des Therapeuten, daß seine Patientin nicht nur emotional gestört war, sondern auch böse (und daher eher eines Exorzismus als einer Therapie bedurfte).

Da Dr. M. Scott Peck die Erlaubnis, sein Material im Zusammenhang mit einem Buch wie diesem zu verwenden, verweigerte, und ich mich auch entschieden hatte, eher Fälle erfolgreicher Therapie zu suchen, als mich mit der Darstellung eines Charakters in der klinischen Praxis zufriedenzugeben, setzte ich meine Suche fort und war erstaunt, um wie vieles schwerer es sich erwies, ein zufriedenstellendes Fallbeispiel zu finden.

In ihren Schriften über die psychoanalytische Behandlung der hysterischen Persönlichkeit sagen Easser und Lesser, daß „die wiederholte Unbeständigkeit in der Fähigkeit der Methode, den Verlauf hysterischer Symptome umzukehren, zu Unsicherheit, Entmutigung und Desinteresse geführt hat, oder wie Freud es ausdrückt, ‚uns einen guten Grund abverlangt, um ein solch unproduktives Untersuchungsgebiet ohne Verzögerung zu verlassen.'"[9]

Ich weiß nicht, ob es angemessen ist, anzunehmen, daß Freud bei dieser Beobachtung an die Art von Persönlichkeit dachte, die wir heute „hystrionisch" nennen, Easser und Lesser sprechen in ihrer bekannten Schrift jedoch sicher von diesem neurotischen Stil. Sie schreiben:

> Einerseits nimmt man an, daß der hysterische Typus das höchste libidinöse Niveau der neurotischen Fixierung, nämlich phallisch-ödipal, erreicht hat, andererseits betrachtet man die Betroffenen als frustrierende, provokante, kindische, foppende, unverantwortliche, nicht intuitive, egozentrische und unproduktive Bürger.

Ich begann meine Suche bei den Fällen Freuds und fand heraus, daß man nur den Doras als hysterische Persönlichkeit bezeichnen konnte. Ich sehe darin jedoch weniger das Dokument eines therapeutischen Erfolges, sondern ein Zeugnis dafür, wie Freuds vorrangiges Interesse für seine Theorien sein Einfühlungsvermögen beschränkte.

Ich setzte meine Suche in der Bibliothek der Universität von Kalifornien fort. Trotz wiederholter Besuche im Katalog und im Magazin konnte ich jedoch kein einziges detailliertes Fallbeispiel einer erfolgreichen Therapie mit E2 aufspüren. Mehrere Anfragen bei Experten-Kollegen machten meine Suche nicht erfolgreicher.

In den Fachzeitschriften fand ich nur kurze Zusammenfassungen und meist nur von Kurztherapien. So zeigt etwa John Andrews eine Kurztherapie, die ein bestimmtes Symptom in den Mittelpunkt stellt, nämlich den Wesenszug der Zerstreutheit und Gespaltenheit – der seinerseits mit der impressionistischen kognitiven Art zusammenhängt, die unseren E2 von E3 unterscheidet.[10]

Im Reich der Bücher interessierte mich am meisten ein Fall von Dr. Peter Kramer in seinem Buch *Moments of Engagement* (Augenblicke der Verbindlichkeit), das ein reichhaltiges und offensichtlich unbeabsichtigtes Zeugnis für den auf Rogers zurückgehenden und im weiteren Sinn humanistischen Glauben an eine Therapie durch Beziehung ablegt, deren wesentliche Bestandteile das Verständnis für den Klienten und ein bedingungslos positiver Blick sind.[11] Kramer beginnt das Kapitel mit der Schilderung seiner Behandlungserfahrungen mit einem Mann in den späten Dreißigern, der unter schrecklichen Verlusten gelitten hatte. Kramer hatte angenommen, daß der Patient über seinen Schmerz sprechen müsse, dieser drückte seine Gefühle aber nicht aus und sprach, als er um freie Assoziationen gebeten wurde, nur über Geschäftsangelegenheiten. Nachdem er sich versichert hatte, daß Kramer den Patienten mochte, drängte sein Supervisor ihn, „einfach mitzuspielen und auf seine Heilungskräfte zu vertrauen". Der Mann kam wieder in Ordnung.

Anstatt Kramers Sitzungen mit einem Schulmädchen (aus dessen Problemdarstellung und Erfahrungen der jüngsten Zeit wir einen E2 vermuten können) zu zitieren, möchte ich hier nur erwähnen, daß er ursprünglich vorhatte, sie nur einmal zu sehen, da in seinem Terminkalender kein Platz für ein weiteres „ausagiertes Borderline" war. Sie fühlte sich jedoch sofort zu ihm hingezogen, und er fing an, sich ihre Geschichte anzuhören – „nicht nur in einer Sitzung, sondern in vielen."

> Da ich weder der Raserei noch einer abhängigen Liebe ausgesetzt sein wollte, gab ich mich wenig zu erkennen, außer um ab und zu die Übertragung aufzulösen. Wenn die Dinge ab und zu aus der Hand zu geraten drohten, fragte ich die Patientin nur ruhig, ob sie schon die eine oder die andere praktische Handlungsmöglichkeit in Betracht gezogen habe. Sie beendete die Beziehung zu ihrem (sie ausnutzenden) Freund, brachte an der Tür ein neues Schloß an, änderte ihre Telefonnummer und schrieb sich in einen Studienlehrgang ein, in dem sie bald zu den Klassenbesten gehörte. Nach dem Abschluß nahm sie einen geeigneten Posten an und erhielt diverse Beförderungen und Gehaltserhöhungen.

Der Therapeut faßte weder eine dynamische Interpretation ins Auge, noch folgte er dem traditionellen Modell der unterstützenden Therapie. Dennoch übte er einen wesentlichen Einfluß auf einen Teenager mit Drogenproblemen aus, deren Vater sie als unverbesserliche Kriminelle vorgestellt hatte.

Kramer fühlte sich anfangs bei dem Gedanken, daß die beste Therapie zuweilen darin bestehen könnte, einen Freund zu mieten, nicht wohl. Als er später darüber schrieb, zeigte er sich damit jedoch versöhnt. Dennoch war es wohl eine Art von Prostitution – aber wo sollte man einen solchen Freund sonst finden? Ich würde sagen, daß es ihm letztendlich in Ordnung schien, daß Therapeuten nicht nur Freunde sind, sondern auch Professionisten, die für ihre Zeit und ihre Fähigkeit, zu verstehen, Anteil zu nehmen und in ihren Antworten geschickt auf die momentanen Bedürfnisse des Patienten einzugehen, Geld verlangen, da diese Fähigkeiten lange gepflegt und eingeübt werden mußten.

Im besonderen Fall von E2 und seiner Bedürfnisse fühle ich mich – vor allem im Hinblick auf das traditionelle, von der Medizin dominierte, patriarchische Establishment und seine zwanghafte Schmähung des erotischen Typus – von der Idee angezogen, daß ein „Miet-Freund" in eigenartiger Weise bedeutsam und besonders sein könnte. Da E2 danach lechzt, verwöhnt zu werden, und dies auch seinerseits anbietet, könnte es da nicht sein, daß möglicherweise Nachgiebigkeit und Verständnis gegenüber den Wünschen eines launischen E2 ebenso wirkungsvoll sind wie ständiger Ernst?

Akerets Geschichte von Naomi

Ich hatte die Suche nach einem aussagekräftigen Fallbericht über die erfolgreiche Therapie eines E2 noch nicht ganz aufgegeben, als ich in Codys Buchhandlung in Berkeley ein neues Buch entdeckte. Der Titel war *Tales from a Travelling Couch* (Geschichten von einer wandelnden Couch).[12]

Zu Hause war ich Stunden später froh festzustellen, daß das erste Kapitel nicht nur einen Fall erfolgreicher Therapie beschrieb (d.h. eine Therapie, die jemandes Leben wesentlich beeinflußt und es von der Zerstörung hin zum Guten, Wahrhaften und Schönen wendet), sondern die auch eine großartige menschliche und therapeutische Leistung darstellte. Ich möchte hier ohne weiteren Kommentar zitieren, wenngleich ich einiges kursiv kennzeichnen werde.

> Mitten im Lincoln Tunnel schob ich *Sketches of Spain* in den Kassettenrecorder und drehte die Lautstärke voll auf. Die Castagnetten klapperten um mich herum wie Grillen in einer Sommernacht, und dann setzten die traurigen Hörner ein, flehten, schwangen sich empor, erfüllten den Lastwagen. Seit ich das Stück in den frühen 60er Jahren zum ersten Mal hörte – Miles Davies auf dem Höhepunkt seines geschmeidigen und seelenvollen Spiels, ist es eines meiner Lieblingsstücke. Es ist sein und Gil Evans Tribut an Joaquin Rodrigos *Concierto de Aranjuez*, das seinerseits

durch spanische Volkslieder inspiriert wurde. Es gibt Puristen, die *Sketches* als synthetisch und gekünstelt abtun, als Verzerrung des authentischen Volksidioms. Ich bin da anderer Meinung. Davies drang bis zum Kern dieses Idioms vor und ließ es auferstehen. Aber man konnte mir weiß Gott nie vorwerfen, ich sei ein Purist, nicht einmal als ich vor 35 Jahren von der Uni abging und gerade mit der orthodoxesten aller Doktrinen durchdrungen war, der Freudschen Psychologie.

Direkt vor mir tauchte ein Bogen strahlenden Sonnenlichts auf, und ich beschleunigte aus dem Tunnel heraus und lächelte, als ich die Auffahrt hinauffuhr. Manhattan strahlte jenseits des Hudson zu meiner Rechten. Ich war auf dem Weg nach Miami, wo Isabella Cortez, geborene Naomi Goldberg, lebte – eine meiner ersten Patientinnen in meinem ersten Job, dem eines Therapeuten im Beraterteam der Stadtuniversität von New York.

Während der letzten dreieinhalb Jahrzehnte hatte ich hunderte Male an Naomi gedacht. Sie blieb in meinem Geist hängen wie ein erster wichtiger Lehrer, eine erste Geliebte. Von Anfang an stellte mich Naomi auf die Probe, nicht nur mein neu erworbenes psychologisches Wissen und meine Technik, sondern auch die Beweglichkeit meines Verstandes und die Unabhängigkeit meines Geistes – mein Naturtalent. Ich fürchtete immer, Naomis Prüfungen nicht zu bestehen.

Sie war das erste Ziel auf meiner Reise.

Der Weg war einfach. Große Autobahnen und Mautstraßen bis hinunter zur atlantischen Küste. Ich hatte nie auch nur daran gedacht, ein Flugzeug zu nehmen. Alles was ich brauchte, war in diesem Lastwagen: Kassettenrecorder, Diktaphon, Notizblöcke, eine Schachtel voll mit Fallberichten, meine Gitarre. Mein Reisekokon. Ich betrachtete mich selbst im Rückspiegel und sah einen grinsenden Kahlkopf. Mein Gott, ich hatte keine solche Reise mehr unternommen, seit ich ein junger Mann ohne Frau und Kinder war – geschweige denn Enkelkinder. Ich fühlte mich schwindlig und mehr als bloß ein wenig besorgt. Ich drehte die Miles Davies-Kassette noch lauter. Es war das letzte Lied, ein Flamenco mit dem Titel „Solea", dem andalusischen Wort für „Einsamkeit".

„Miss Goldberg stört und provoziert sowohl im Klassenzimmer als auch bei studentischen Unternehmungen. Ihr Benehmen und ihre Kleidung sind äußerst unangemessen. Bitte, sprechen Sie sofort mit ihr."

Naomis Zuweisung hatte mich in einem Umschlag des Dekans Yates vom Universitätsbüro für Studentisches Leben erreicht. Am unteren Rand der Seite stand ein mit Füllfeder geschriebener Vermerk von meinem Chef, Dr. Briscoe, dem Supervisor der Studentenberatung:

> Robert, nimm dir dafür eine ganze Stunde Zeit. Es könnte schwierig werden.
>
> D.B.
> P.S. Man hat Miss G. gesagt, sie komme zur Berufsberatung.

Ich würde gerne sagen, daß ich angesichts dieser absichtlichen Täuschung meiner zukünftigen Klientin, die das „P.S." eingestand, einen Anflug von Groll empfand, aber dem war nicht so. Meine erste Reaktion war Neugier. Die Beratungsstelle war zu jener Zeit so unterbesetzt, daß alle Sitzungen auf 25 Minuten beschränkt wurden, sogar in einigen Fällen von Studenten mit chronischer Depression oder schweren Alkoholproblemen. Warum um alles in der Welt verdiente Miss Naomi Goldberg eine ganze Stunde? Wie störend konnte sie sein?

Etwas darf ich nicht vergessen: das Jahr. Wir schrieben 1957. Dwight D. Eisenhower war Präsident. Gloria Steinem war im Gymnasium – vermutlich als Cheerleader. Die meisten Studentinnen trugen Anstecknadeln auf weißen Blusen mit Peter Pan-Krägen. Waren sie besonders begabt, so ermutigte man sie, Lehrerinnen oder Sozialarbeiterinnen zu werden. *Nymphomanisch* war ein Ausdruck für Frauen, die genauso begierig auf Sex waren wie Männer. Ich war dreißig, und meine Haare fingen gerade an auszugehen.

Ich versuchte, für die erste vereinbarte Stunde mit Miss Goldberg ein Privatbüro oder ein unbesetztes Klassenzimmer ausfindig zu machen, aber es stand keines zur Verfügung, und so mußte ich mit meinem Privatquartier Vorlieb nehmen, einer drei mal drei Meter großen Zelle mit dünnen Wänden inmitten eines Labyrinths ebensolcher Zellen, in denen diverse Mathematikprofessoren hausten. Durch diese Wände hörte ich oft die plötzlichen und enthusiastischen Ausbrüche über X, Y und Vielecke. Es war, als hätte man einen Bewunderer Kafkas beauftragt, einen Raum für den engstmöglichen zwischenmenschlichen Austausch zu schaffen.

Genau um 10 Uhr Vormittag läutete die Glocke meiner Zelle. Bevor ich aufstehen konnte, war Naomi Goldberg auch schon eingetreten.

Sie als eine attraktive junge Frau zu bezeichnen, käme der Wirkung, die Naomi hatte, als sie in mein winziges Büro stolzierte, nicht annähernd nahe. Sie war betörend, eine sinnliche, langbeinige Schönheit mit pechschwarzem Haar und funkelnden dunklen Augen, die mich sofort gefangen nahmen. Sie trug weder eine Anstecknadel noch eine Peter Pan-Bluse, sondern vielmehr einen karmesinroten Wollpullover unter einem hautengen, bodenlangen Einteiler. Sie hob ihre Schultern mit einer Geste, die zwischen einem Shimmy und einem Achselzucken lag, und lächelte.

„Mmm, sehr warm hier drinnen, Doktor", sagte sie mit belegter Stimme. „Haben Sie was dagegen, wenn ich das ausziehe?"

Ohne die Antwort abzuwarten, kreuzte sie die Arme vor dem Körper, ergriff die Passe ihres Pullovers und zog ihn langsam hoch, wobei sie zuerst ihre Hüften und dann ihren Brustkorb schwang, während sie sich des Kleidungsstückes entledigte. Unter dem Einteiler trug sie eindeutig keinen Büstenhalter. Mit einem Schwung ließ sie den Pullover auf den Boden fallen. Ihre Augen hatten die meinen die ganze Zeit fixiert. Sie schüttelte ihr langes Haar nach hinten und lächelte wieder. Triumphierend. Herausfordernd.

Ja, daß sie im „Klassenzimmer störte", lag im Bereich des Möglichen.

Und dennoch ... obwohl ich von Naomis Auftritt geblendet war, fühlte ich mich doch nicht im mindesten erregt. Um sicherzugehen, war ich gut vorbereitet: Ich war von meinen Lehrern wiederholt vor verführerischen Patientinnen gewarnt worden; ich hatte gelernt, sexuelle Gefühle, die ich ihnen gegenüber empfand, nicht zu zeigen. Die Wahrheit war aber, daß ich keine sexuellen Gefühle hatte, die ich vor Naomi verbergen hätte müssen.

Waren meine Triebe schon so professionell? Oder lag es an etwas anderem? Sexuelles Verhalten ohne wirkliche sexuelle Absicht bzw. ohne Gefühl bleibt oft wirkungslos. *Der Körper kennt den Unterschied.* Meiner jedenfalls kannte ihn. Was ich gesehen hatte, war nur eine Darbietung, wenn auch eine Glanzleistung. Ich fragte mich, welche wirklichen Gefühle sich dahinter verbargen.

Naomi hatte sich in dem metallenen Bürosessel direkt mir gegenüber niedergelassen. Unsere Knie berührten einander fast. Ihre Haltung war weiterhin provokant, ihr Gesichtsausdruck unverschämt. Ich beugte mich ein wenig nach vorne und fragte sie so selbstverständlich, wie ich nur konnte: „Nun, Naomi, wie fühlen Sie sich – glücklich?"

Sofort wurde ihr Gesichtsausdruck leer und dann erschrocken. Es war, als hätte ich ihr die vernichtendste Frage der Welt gestellt.

„Mein Gott, nein!", platzte Naomi heraus und fing sofort an zu weinen. Sie schluchzte lange und laut, Tränen liefen ihr über die Wangen, und plötzlich erinnerte ich mich an meine Mathematikkollegen hinter den dünnen Wänden zu beiden Seiten.

Verdammt noch mal, hört gefälligst zu, dachte ich herausfordernd. Der Laut, den ihr da hört, ist viel wahrhaftiger als eure Berechnungen!

Es war ein Laut schierer Verzweiflung.

Diesmal mußte ich einen sehr heftigen natürlichen Drang unterdrücken, nämlich den, diese niedergeschlagene junge Frau zu umarmen – sie an meiner Schulter weinen zu lassen. Aber ich folgte natürlich dem Gebot meiner Ausbildung, nickte mitfühlend und reichte ihr von Zeit zu Zeit ein frisches Taschentuch. Als Naomis Sturzbach von Tränen schließlich versiegte, fragte ich sie, was sie denn so unglücklich machte. Da kam ein zweiter Sturzbach, diesmal einer aus Gift.

„Ich hasse mein Leben!", rief Naomi mit schriller Stimme. „Ich hasse diese gottverdammte Schule und alle, die hier herumlaufen. Duckmäuser und Polizisten, die alle versuchen, mich zu kontrollieren! Ich verachte meine Mutter und meinen Vater und die ganze Umgebung, in der ich lebe..."

So ging das einige Minuten lang weiter, die Litanei ihres Grolls dehnte sich allmählich auf alles und jeden aus, das ihr Leben je berührt hatte, und obwohl ihr eigener Name auf der Liste fehlte, war es offensichtlich, daß Naomi Goldberg sich selbst am allermeisten haßte.

Gegen Ende der Stunde wurde Naomi plötzlich ruhig und senkte zum ersten Mal den Blick vor meinen Augen.

Ich wartete einige Augenblicke lang und fragte dann sanft: „Was ist los, Naomi?"

Wenngleich ich in diesem Geschäft noch ein Anfänger war, wußte ich, daß ein plötzlicher Rückzug gegen Ende der Sitzung manchmal auf eine bevorstehende machtvolle Enthüllung hindeutete – eine Bombe kurz vor der Explosion.

Naomi hob ihren Blick, blieb aber still. Ich lächelte ihr ermutigend zu, aber so leicht wie möglich. Ich wußte, daß eine zu starke Geste wie eine Aufforderung wirken konnte, wie ein Eingriff. Dann würde sie sich vollkommen einkapseln. Ich wartete wieder.

„Ich wurde in die falsche Familie geboren", sagte Naomi schließlich mit leiser Stimme.

Ich nickte und versuchte meine Enttäuschung nicht zu zeigen. Die Sache mit der „falschen Familie" klang für mich ziemlich banal, eher wie eine Abart der damals beliebten Klage „Ich leide unter einer Identitätskrise!" als wie eine bombastische Enthüllung.

„Ich meine es ernst", fuhr Naomi mit lauterer Stimme fort. Ihr Blick wurde hart. „Jemand hat einen unglaublichen Fehler gemacht."

„Welchen Fehler genau?" fragte ich wohlwollend.

„Mein Gott, hören Sie mir nicht zu?" schnauzte Naomi mich an. „Ich sagte, ich wurde in die falsche Familie geboren!"

„Meinen Sie, daß Sie adoptiert wurden?" wagte ich zu fragen.

„Mein Gott, nein. *Das alles reicht viel weiter zurück!*" sagte Naomi, augenscheinlich verärgert über die Banalität meiner Frage. „Es ist ein viel größerer Fehler als bloß das!"

Ich war vollkommen perplex – „weiter zurück als das"? Was mochte das bedeuten? Und war jetzt der richtige Moment, noch weiter zu fragen?

Die Glocke läutete und kündigte die Ankunft des nächsten Patienten an. Ich hatte eine Gnadenfrist erhalten.

Naomi stand auf, las ihren Pullover vom Boden auf und schlang ihn um die Schultern. Dann öffnete sie die Tür meiner Zelle und verschwand nach draußen. In der Tür der Zelle neben mir warf mein wollhaariger Mathematiknachbar mit offenem Mund einen Blick auf die davonschleichende Gestalt im Einteiler. Genau in dem Moment blieb Naomi stehen, schwenkte ihre Hüfte und lächelte mir verführerisch zu.

„Nächste Woche zur gleichen Zeit?" warf sie mir mit glänzenden dunklen Augen zu.

Ich nickte.

Als hätte er gerade etwas äußerst Unanständiges beobachtet, schloß der Mathematikprofessor hastig seine Tür.

In der ersten Begegnung mit einem Patienten liegt eine bestimmte Magie; von allem, was auf einen zukommt, ist schon eine Scheibe drin. In nur fünfzig Minuten hatte ich beides zu sehen bekommen – Naomis grelle Femme fatale-Persönlichkeit und das pathologisch niedrige Selbstbewußtsein, das sich nur knapp darunter verbarg, ihre Schamlosigkeit und ihre Scham, und in ihrer Bemerkung über den „unglaublichen Fehler" sogar ihre überwältigende Sehnsucht, sich selbst irgendwie zu entkommen. Es schien vernünftig anzunehmen, daß Naomi ihr grelles Äußeres als Reaktion auf eine traumatische Zurückweisung als Kind aufgebaut hatte.

Als sie das nächste Mal zu mir kam, bot Naomi mir einen weiteren dramatischen Auftritt – eine Doppelpirouette durch die Tür, bevor sie sich grazil auf dem Metallstuhl gegenüber meinem niederließ. Wieder trug sie einen schwarzen Einteiler und Strümpfe, darüber diesmal ein weißes Männerhemd, das bis zur Hüfte offen und dort in Bolero-Art verknotet war. Diesmal gab es auch keinen „Striptease" – was gut war, denn ich hatte in die Unterdrückung meiner Körperreaktionen kein unbegrenztes Vertrauen.

Sie war begierig darauf, gleich zum Punkt zu kommen, mir alles zu erzählen. Es bedurfte nur dieser und noch zwei weiterer Sitzungen, und ich konnte mir ein recht detailliertes Bild davon machen, wie Naomi zu so einer unglücklichen jungen Frau geworden war.

Tatsächlich war Naomi von ihrer Mutter, einer Näherin namens Miriam, gnadenlos zurückgewiesen worden. Miriam mißfiel und enttäuschte an ihrem einzigen Kind wirklich alles, angefangen bei ihrem Geschlecht (sie hatte um einen Sohn „gebetet", aber Gott hatte sie mit einer Tochter „gestraft") und ihrer physischen Erscheinung (Miriam konnte ihrer Tochter nie verzeihen, daß sie so „dunkel" war). Wenn es schon ein Mädchen sein mußte, konnte sie dann nicht wenigstens „blond und blauäugig" sein? Letzteres war nur ein Beispiel für die pauschale Zurückweisung ihres eigenen Erbes und daher auch des Erbes ihrer Tochter. Sowohl Miriam als auch ihr Mann waren eingewanderte Ashkenazi-Juden der ersten Generation mit typisch dunklen Augen und Haaren. Wie um alles in der Welt hatte Miriam auch nur davon träumen können, ein blondes, blauäugiges Kind zu bekommen?

Eine mögliche Antwort auf diese Frage lag – wenngleich sie absolut falsch und unvernünftig war – in dem grausamen Refrain, den Naomi ihre Mutter oft den Nachbarn entgegenschleudern gehört hatte, seit sie ein kleines Kind war: „Die da, die ist nicht mein Kind; sie lag vor unserer Tür!"

Vor allem verurteilte Miriam jedoch Naomis Verhalten; sie fand es abstoßend, daß Naomi sich nie wie eine „anständige junge Dame" benehmen konnte. Naomi wurde ständig bestraft, weil sie zu nervös und zappelig war. Sie konnte nie bloß gehen, sondern mußte immer springen und tanzen; sie konnte nie sanft und sittsam sprechen, wie es sich für ein junges Mädchen geziemte, sondern mußte schreien, plappern, singen und in Ohnmacht fallen. Wieder spielte das ethnische Erbe hier eine Rolle.

„Mutter beschwert sich immer, daß ich wie ein Einwanderer spreche", erzählte mir Naomi. „Daß ich meine Hände zu sehr gebrauche und zu laut rede. Wie ein Jude, sagt sie. Ich rede zuviel – wie ein Jude."

Als sie zehn war, war Naomi ein unverbesserlicher Wildfang. Sie trug Hosen, was für Mädchen in jenen Tagen sehr selten war, und versteckte ihr Haar oft unter einer Kappe. Sie spielte Baseball, fuhr Rad, stahl sich ins Kino und war in Raufereien mit gleichaltrigen Jungen in einer Unterschichtgegend verwickelt. Ihre Mutter war außer sich.

„Zu dieser Zeit hat sie angefangen zu sagen, ich sei verrückt", sagte Naomi. „Die ganze Zeit – ‚Du bist verrückt! Du gehörst ins Irrenhaus!'"

Von all dem verbalen Mißbrauch, den ihre Mutter mit ihr trieb, traf sie das am meisten.

Durch ihre ganze Kindheit hindurch fand Naomi Trost bei ihren Büchern und im gelegentlichen sonntäglichen Zusammensein mit ihrem Vater. Im Lesen war sie frühreif und unersättlich. Besonders gefielen ihr die *Arabischen Nächte*. Sie erinnerte sich auch noch an ein anderes Buch, das sie mit zehn immer wieder las: Es war die wahre Geschichte eines belgischen jüdischen Mädchens, das sich während des Krieges in einer Klosterschule als Katholikin ausgab.

Naomis Vater war Kellner in einem Feinkostrestaurant. Er war ein schwacher Mann und von seiner Frau vollkommen eingeschüchtert. An Sonntagen verließ er mit Naomi oft das Haus und ging fischen oder wandern. Einige Male wurde Naomi dabei von den anderen Fischern für einen Jungen gehalten; ihr Vater fand diese mißverstandene Identität sehr lustig und gab ihr einen Jungennamen, nämlich ‚Tony', um das Spiel aufrechtzuerhalten, wenn es passierte. Für Naomi war die Erinnerung an diese Sonntagsausflüge bittersüß, denn ihr Vater zog sich abrupt von ihr zurück, als sie sich mit zwölf sexuell zu entwickeln begann. Er verhielt sich, als sei sie plötzlich abstoßend geworden. Die tröstlichen Sonntage hatten ein Ende gefunden.

Wenn Naomi jetzt durch die Wohnung tanzte und ihre jungen Brüste unter dem Pullover auf und ab hüpften, hatte ihre Mutter ein neue Bezeichnung für sie: „Hure!" Zu jener Zeit wußte Naomi überhaupt nicht, was dieses Wort bedeutete, aber aus Trotz – und ziemlich absichtlich, wie sie sich erinnerte – verwandelte sie sich von einem Wildfang direkt in eine Bombe, die sich so provokant wie möglich kleidete. Die Männer begannen sie anzustarren, ihr nachzupfeifen und eindeutige Bemerkungen zu machen.

„Das gefiel mir von Anfang an", erzählte sie mir. „Mir gefiel der Aufruhr, den ich verursachte. Und die Macht, die ich dadurch hatte."

Sie gab auch zu, daß ihr die Reaktion anderer Frauen gefiel. Für diese Frauen hatte sie eine ganz besondere Geringschätzung.

„All die braven Mädchen mit ihren engsitzenden Büstenhaltern, die mich aus den Augenwinkeln ansahen, als sei ich Abschaum – die haben keine Ahnung, wie taub sie innen sind! Wie tot!"

Aber zu Hause nannte selbst ihr Vater Naomi jetzt eine Hure, und das tat ihr so weh, daß sie sich oft in den Schlaf weinte. Manchmal war der Schmerz so stark, daß sie meinte, „innerlich zu zerbrechen". Bald führte die Art, wie Männer auf ihren Sexappeal reagierten, dazu, daß ihr immer wieder vor ihr selbst ekelte. Dennoch wollte sie lieber verdammt sein, als gegenüber irgend jemandem nachzugeben und sich wie eine „kleine Dame" zu benehmen – am wenigsten gegenüber ihrer Mutter.

„Ich würde eher sterben!", erklärte sie mir.

Ihre erste sexuelle Beziehung hatte Naomi mit einem verheirateten Mann, als sie fünfzehn war. Seit damals hatte sie mehrere Affären gehabt, die sie, wie sie meinte, alle genossen hatte – bis zu einem gewissen Grad.

„Sie waren kurz und leidenschaftlich, wie Affären sein sollten", sagte sie. „Natürlich endeten sie alle auf die gleiche Weise – wenn der Kerl versuchte, mich an die Leine zu legen. Zuerst wollen die Männer dich, weil du sexy bist. Dann, wenn sie dich haben, wollen sie, daß du dich wie ein sprödes kleines Kätzchen verhältst. Sie werden eifersüchtig und gemein. Oder, was noch schlimmer ist, sie werden eifersüchtig und pathetisch."

Unaufgefordert berichtete mir Naomi, daß sie beim Geschlechtsverkehr leicht zum Höhepunkt kam, meist sogar mehrere Male.

Während dieser wenigen aufeinanderfolgenden Sitzungen hatte Naomi nicht mehr auf die Bemerkung angespielt, daß sie in die „falsche Familie hineingeboren" sei, obwohl ich mich dabei ertappte, daß ich von Zeit zu Zeit an diese Bemerkung dachte. Ich beschloß, daß sie mir damit mehr preisgegeben hatte, als ich ihr zugetraut hatte, und daß es ein Ausdruck für all die Zurückweisung war, die sie in ihrer Kindheit und Jugend erlitten hatte, eine tief empfundene Metapher, die ihr half, ihrem emotionalen Mißbrauch und ihrer emotionalen Zurückweisung einen Sinn zu geben. Ich nahm an, daß es sich um die bewußte und absolut harmlose Vorstellung von einem „Sicherheitsventil" handelte, das ihr gelegentlich half, dem Schmerz dieser Zurückweisung zu entkommen: „Ich bin nicht wirklich eine häßliche und schreckliche Tochter, ich bin bloß in der falschen Familie" – wie das häßliche Entlein in Hans Christian Andersens Märchen, von dem sich herausstellt, daß es in Wahrheit „ein wunderschöner Schwan" ist. Mehr Bedeutung maß ich dem nicht bei.

Am Beginn der fünften Sitzung schritt Naomi ohne Zeremoniell zu ihrem Stuhl, setzte sich nieder, blickte mir ernst in die Augen und sagte: „Ich muß Ihnen etwas Wichtiges sagen, Akeret: Ich bin nicht die, für die Sie mich halten."

Ich hob fragend meine Augenbrauen.

„Ich bin Isabella Cortez de Seville", sagte Naomi. „Genaugenommen die Contessa Cortez."

Ich suchte in ihren Augen nach einem Zwinkern, einem Hinweis, daß sie wieder einmal mit mir spielte. Nichts.

„Jedenfalls war ich das im 18. Jahrhundert", fuhr Naomi fort. „Sie wissen schon, vor dem Fehler."

Es war natürlich nicht schwer zu erraten, welchen „Fehler" sie meinte, nämlich, daß sie als Kind der Miriam und des Karl Goldberg in der Bronx geboren worden war.

Ich lächelte wohlwollend, und mein Puls begann schneller zu schlagen.

„In dem Augenblick, da mir diese Frau – diese Hellseherin in Greenwich Village – sagte, wer ich wirklich war, wußte ich, daß das stimmte. Es paßte einfach. Natürlich war ich eine Adelige – oder wenigstens war ich eine Adelige, bevor man mich entführte."

Ich hielt weiter an meinem Lächeln fest, als Naomi fortfuhr, mir zu erzählen, daß sie als junge Contessa von Zigeunern entführt worden war. Faszinierend, dachte ich – eine Fluchtphantasie innerhalb einer Fluchtphantasie. Vielleicht war das das Ergebnis einer versteckten Angst, daß die erste Phantasie nicht halten könnte und als Rückhalt eine Sicherheitsphantasie vonnöten war, falls die Wirklichkeit sie festzunageln drohte. Jedenfalls war ich ziemlich sicher, daß dies ein Zeichen war, daß Naomi ihre Phantasien für verwundbar hielt. Als hätte sie meine Gedanken gelesen, warf Naomi mir einen harten, kritischen Blick zu.

„Das ist es, was ich wirklich bin, Akeret! Das –" Sie deutete mit beiden Händen auf sich. „Das ist wirklich ein schrecklicher Fehler, und ich muß deswegen etwas unternehmen, bevor es zu spät ist. Ich muß zu meinem wirklichen Selbst zurückkehren."

Es gab für mich keinen Zweifel, daß Naomi auf einer bestimmten bewußten Ebene an das glaubte, was sie mir da erzählt hatte. Bis jetzt hatte ich immer noch kein Wort gesagt.

„Sie denken, ich hätte ein geistiges Problem, nicht wahr?" platzte Naomi mit weit geöffneten Augen heraus. „Sie denken, ich bin verrückt, nicht wahr?"

Ich schluckte schwer. Es gibt professionelle Standardantworten, um mit dieser Frage umzugehen. Ich könnte schweigen. Ich könnte ihr die Frage zurückspielen: „Was denkst du, Naomi? Was veranlaßt dich, zu meinen, du hättest ein geistiges Problem?" Oder: „Was genau verstehst du unter verrückt?" Ich könnte sie fragen, wie sie sich bei dieser Frage fühlte oder ob sie bestimmte Erinnerungen in ihr wachrief (natürlich tat sie das). Kurz gesagt, es gab Unmengen von legitimen Antworten, außer der, die Frage direkt zu beantworten.

„Sagen Sie's mir, Akeret. Ich muß es wissen", sagte Naomi eindringlich.

„Natürlich sind Sie nicht verrückt", antwortete ich mit einem leichten Lächeln. „Eine Menge Leute glauben an Reinkarnation."

Bei diesen Worten stieß Naomi ein wunderbares, klangvolles Lachen aus, und Tränen der Erleichterung traten in ihre Augen. Ich war mir absolut sicher, daß ich ihr die einzige Antwort gegeben hatte, die ich konnte, und daß ich dennoch eine vertrauensvolle therapeutische Beziehung zu ihr aufrecht erhalten konnte; jede andere Antwort hätte mich in die gleiche Rolle wie die ihrer Mutter gedrängt, deren absolute Kontrolle über Naomi diese an den Rand des Wahnsinns zu bringen drohte.

Doch plötzlich befiel mich eine Panik. Mein Gott, was hatte ich getan – die seltene Gelegenheit, den Realitätssinn meiner Patientin gegen die kurzzeitige Befriedigung durch ihr Vertrauen und ihre Dankbarkeit eingetauscht? Ermutigte ich nicht eine möglicherweise gefährliche Phantasievorstellung, anstatt Naomi zu helfen, diese auf ihren Wahrheitsgehalt zu überprüfen?

„Natürlich unterscheidet sich das, was Sie in einem früheren Leben waren, beträchtlich von dem, was Sie jetzt sind", sagte ich ausgleichend.

„*Was ich jetzt bin?*" Naomi schnaubte vor Wut, ihr Gesicht wurde wieder hart und düster. „Sie meinen diese Jauchengrube? Dieses Leben voll ewiger Scheiße?"

Bevor ich den Gedanken weiterverfolgen konnte, kam eine weitere Tirade an Schmerz und Bitterkeit, und ich entschied, daß es das beste sei, sie zu diesem Zeitpunkt nicht weiter herauszufordern. Jedenfalls erinnerte ich mich selbst, gibt sich jemand, der an Reinkarnation glaubt, nicht notwendigerweise einer größeren Täuschung hin als jemand, der – sagen wir – an ein Leben nach dem Tod glaubt. Und um es noch mehr auf den Punkt zu bringen – die Tatsache, daß Naomi sich immer noch über den Schmerz ihrer Kindheit in der Bronx ereiferte, bewies, wie real dieser Teil ihres Lebens für sie war.

Während der gleichen Sitzung erinnerte sich Naomi daran, daß ihre Mutter, als sie noch ein kleines Kind gewesen war, oft nackt bis zur Taille in der Wohnung herumrannte und stolz ihre großen Brüste auf- und abwiegte. Miriam tat das nur, wenn ihr Mann nicht zu Hause war und sie mit Naomi allein war. Jahre später, als Naomi begonnen hatte, sich sexuell zu entwickeln, imitierte sie eines Tages ihre Mutter absichtlich und tanzte mit ihrer jungen entblößten Brust in der Wohnung herum.

„Mutter schlug mich vier oder fünf Mal fest ins Gesicht", erzählte Naomi. „Und mit jedem Schlag wiederholte sie es: ‚Hure!' ‚Hure!' ‚Hure!' ‚Hure!'"

Dieses Kind war zuerst dafür gestraft worden, daß es ein Mädchen und nicht ein Junge war, dann dafür, daß es ein jungenhaftes Mädchen war, und schließlich dafür, daß es eine sexy junge Frau war. Sie konnte nie gewinnen. Und zu all diesen verwirrenden und mißbräuchlichen Botschaften hatte Naomi auch noch den klaren „Auftrag", die geheimen sexuellen Begehren ihrer Mutter auszuagieren, wozu offensichtlich auch der Exhibitionismus gehörte. Ich erinnere mich noch, daß ich oft dachte, welch ein Wunder es war, daß Naomi trotz all dieser Belastungen und Beziehungsschwierigkeiten sich ihrer sexuellen Identität und ihrer Sexualität im Grunde sicher zu sein schien.

Gegen Ende der Stunde warf mir Naomi einen schrägen Blick zu und begann zu kichern.

„He, ich dachte, Sie sollten mir hier eine Berufsberatung verpassen", sagte sie.

„*Was haben Sie sich vorgestellt?*"

„Nun, falls es Sie interessiert, ich habe gerade begonnen, Tanzunterricht zu nehmen."

„Klingt nach einer Menge Spaß", sagte ich. „Ballett?"

„Flamenco", antwortete Naomi. Sie stand plötzlich auf, hob ihre Arme zu einem grazilen Bogen über den Kopf, schnippte mit den Fingern, warf ihren Kopf zurück und lachte. Dann ging sie aus meiner Zelle.

Ich wußte, daß ich Naomi vor allem helfen mußte, ihr verwüstetes Ego wieder aufzurichten. Ich dachte, wenn es uns gelänge, ihre Selbstachtung zu retten, hätte sie es nicht mehr nötig, in ihre Phantasien von Contessas und Zigeunern zu flüchten. Ich müßte es nicht riskieren, Naomi mir zu entfremden, indem ich versuchte, sie von irgendeiner Phantasieidentität loszueisen, denn diese Identität würde sich ohnehin ganz einfach auflösen, sobald sie sich in ihrer eigenen Haut wohler fühlte. Sicher könnte sie dann ihre Familie immer noch hassen und ihre persönlichen Umstände bedauern, aber sie müßte sie nicht mehr als eine Art von kosmischem Fehler sehen, der nach einer magischen Lösung verlangte.

Während der nächsten drei Monate ermutigte ich Naomi also, sich weiter auf all den Mißbrauch und die Ablehnung zu konzentrieren, die sie als Kind erlitten hatte und die sie als junge Frau jetzt immer noch erduldete. Sie war furchtbar wütend, und mit Recht, und sie wußte, daß ich dem Ausdruck dieser Wut keine Schranken auferlegte. Sie konnte schreien, weinen, schmutzig reden – und ich war immer noch da. Ich war der Elternteil, der sie nie zurückweisen würde, egal wie sehr sie mich zu schockieren versuchte.

Wann immer ich konnte, wies ich darauf hin, wie Miriams Ablehnung gegenüber Naomi sich auf Naomis geringe Selbsteinschätzung und schließlich auch auf ihren Selbsthaß übertragen hatte. Vorsichtig führte ich Naomi zurück zur Wiederentdeckung jener Gefühle, die sie als kleines Kind gehabt haben mochte, als ihre Mutter ihr dunkles Haar und ihre Hautfarbe schalt. Naomi erlebte erneut, wie sie automatisch die Geringschätzung ihrer Erscheinung durch ihre Mutter in ihre eigene Selbstwahrnehmung übernahm; das krempelte buchstäblich das Bild, das sie im Spiegel betrachtete, um.

Nach und nach begann ich aufzuzeigen, daß auch Miriam von Selbsthaß durchdrungen war, daß etwa Miriams Geringschätzung für die Erscheinung ihrer Tochter das Ergebnis ihrer verzerrten *Selbstwahrnehmung* war. Wir begannen zu sehen, daß Miriams Selbsthaß seinerseits in ihrer eigenen Ablehnung als Kind seinen Ursprung genommen hatte, daß Miriam in Naomi das ablehnte, was sie an sich selbst zu hassen gelernt hatte.

„Sie hat Ihnen da ein häßliches Erbe vermacht", sagte ich eines Tages zu Naomi. „Scham ruft Scham hervor. Das ist wie ein schlechter Samen, der sich von Generation zu Generation weiter fortpflanzt."

„Wie unterbricht man, um Himmels willen, diese Kette?" fragte Naomi.

„Das tun wir jetzt gerade", antwortete ich.

Tatsächlich *veränderte* Naomi sich. Ihren eigenen Worten zufolge fühlte sie sich öfter glücklich; sie hatte in der Schule schließlich doch einige Freunde gefunden, Menschen, mit denen sie das Gefühl hatte, reden zu können; sie erlitt weniger Weinkrämpfe und weniger Anfälle von Depression und Selbstverachtung. Und obwohl die Kämpfe zu Hause täglich entflammten, sagte Naomi, daß sie sie nicht mehr so oft „verrückt machten" wie früher. Sie erzählte, wie sie unlängst nach einer Verabredung um drei Uhr früh nach Hause gekommen war und ihr Vater sie an der Tür empfing, indem er ihr ins Gesicht spuckte und sie wieder Hure nannte.

„Ich fing wieder zu weinen an, wie immer", sagte Naomi. „Und ich schrie ihn an, aber plötzlich schien es, als betrachtete ich die ganze Szene von der Decke aus, und ich sah diesen gebrochenen Mann, der spuckte und spie, weil er so schrecklich unglücklich und einsam war. Das war traurig, sehr traurig, aber es verletzte mich nicht mehr, weil es nichts mit mir zu tun hatte."

Auch in der Schule kam Naomi voran. In Spanisch war sie in die höchste Stufe vorgerückt, und das ermöglichte es ihr wiederum, einen Kurs in spanischer Literatur und Kulturkunde zu belegen. Sie besuchte jetzt an drei Nachmittagen der Woche einen Tanzkurs und arbeitete am Abend als Kellnerin in einem Café, um die Stunden zu bezahlen. Sie trug jetzt öfter ein Hemd und einen Pullover über ihrem Einteiler, und Contessas und Zigeuner erwähnte sie den ganzen Frühling über nicht mehr. (S. 19–33)

Da es für Akerets Verleger und für meinen zuviel wäre, wenn ich sein ganzes Kapitel in mein Buch übertrüge, fasse ich den Rest zusammen.

Naomi entschied sich dafür, im Sommer nach Mexiko zu gehen, aber ihre Mutter verweigerte ihr die Einwilligung, und so verließ Naomi ihr Zuhause. Natürlich bedeutete das auch das Ende ihrer Therapie, und Akeret sah sie einige Monate später nur kurz, als er einen kurzen Besuch von Isabella Cortez erhielt. Naomi hatte sich so vollständig verwandelt, daß Akeret richtigerweise dachte: „Wenn jemandes Darstellung sein gesamtes waches Leben einnimmt, an welchem Punkt wird dann die willentliche Aufgabe des Unglaubens (der für eine gute Darstellung geeignet ist) zu einem Wahn?" (S. 41)

Naomi bot ihrem früheren Therapeuten daraufhin eine eindrucksvolle Flamencovorstellung, und er überlegte: „Als ich sie tanzen sah, gab es für mich keinen Zweifel, daß sie als junge spanische Tänzerin mehr strahlte, mehr Kraft und Lebensenergie hatte, als sie als die verzweifelte und unglückliche Tochter von Miriam und Karl Goldberg aus der Bronx gehabt hatte." (S. 44)

Etwa dreißig Jahre später besuchte Akeret Naomi als Teil eines Folgeprogramms, über das sein Buch berichtet, in New Orleans. Auf dem pinkfarbenen Schild an ihrem Haus stand „Der verhätschelte Pudel". Ohne zu wissen, daß sie beobachtet wurde, „wirkte sie strahlend, erwartungsfroh, voll von Leben. Und darin schien sie vollkommen friedlich und angstfrei. So wie sie dort in ihrem Hundesalon saß, kam sie mir erstaunlich unschuldig vor." (S. 46)

Den ersten Teil über ihr Leben nach der Therapie überspringe ich hier.

„Ich tanzte zwölf Jahre beim Ballet Nacional. Das war unglaublich, Robi, das höchste der Gefühle. Ich tanzte, und alle liebten mich. Mein Bild war ständig in der Zeitung. Die Menschen auf der Straße riefen nach mir: ‚Isabella! Isabella!' Ein Flamenco-Star zu sein ist dort, wie wenn man hier ein Kinostar ist. Sogar Prinzen machten mir den Hof, Prinzen und Playboys. Wir gingen überallhin auf Tournee, nach Südafrika, Australien, Hawaii … in ganz Amerika. Ich genoß jede einzelne Minute. Nach zwei Jahren war ich eine der ersten Tänzerinnen der Truppe. Nach sechs Jahren heiratete ich den führenden Gitarristen des Orchesters, Antonio."

Als Isabella fortfuhr, mich mit Geschichten ihrer grandiosen Karriere zu ergötzen, lehnte ich mich lächelnd zurück. Von Zeit zu Zeit sprang sie auf, lief in ein anderes Zimmer und kam mit einem Programm, einem Plakat oder einem Heft mit Zeitungsausschnitten zurück. Zuletzt brachte sie ein Fotoalbum.

„Hier bin ich in unserem Herrenhaus in Sevilla. Sechzehn Zimmer. Ein wunderschöner Garten, nicht?" Sie zeigte auf ein Bild, in dem sie auf einem schmiedeeisernen Stuhl vor einer Flut von Bougainvillaea saß. „Dieses Haus hätte Ihnen sehr gefallen, Robi. Das war das Haus einer Contessa. Glauben Sie mir das?"

Ich grinste vor Erstaunen – die „Contessa Isabella Cortez" vor ihrem herrschaftlichen Haus in Sevilla. Isabella blätterte um und zeigte mir ein Bild von der Terrasse des Hauses. Da saß ein Mann mit scharfen Gesichtszügen und pechschwarzem Haar und hielt eine Gitarre. Hinter ihm stand eine ältere Frau und legte die Hand auf seine Schulter. Die Frau trug ihren hübschen Kopf hoch, als wäre sie eine Königin. Sie sah Isabella erstaunlich ähnlich.

„Wer ist das?" fragte ich.

Isabella zögerte, ihr Gesicht wurde rot.

„Das ist Mutter," sagte sie schließlich. „Sie besuchte uns einmal."

Ich nickte.

„Sie las in den Zeitungen über mich und schickte mir ein Telegramm, in dem sie mir mitteilte, wie stolz sie auf mich sei und daß alles vergeben sei, und solches Zeug. Irgendwie war das, wie wenn mein Traum sich erfüllte. Sie sagte, sie wolle mich besuchen, und ich konnte dem nicht widerstehen. Ich mußte ihr einfach mein Haus, meinen Ehemann und dieses herrliche Leben, das ich führte, zeigen."

„Und ihr Vater?"

„Der war tot. Er war ein paar Jahre, nachdem ich weggegangen war, gestorben. Ich erfuhr davon aber erst viel später", sagte sie.

„Wie lang blieb Ihre Mutter?"

Isabella hob die Schultern. „Ein paar Wochen, glaube ich."

Dann blätterte sie plötzlich um. Auf der nächsten Seite war ein vergrößertes Bild mit einer Gruppe barfüßiger Frauen, die auf einer Dorfstraße tanzten.

„Hier bin ich in Andalusien und tanze mit den anderen Zigeunern den richtigen Flamenco", sagte sie fröhlich. „Sie konnten nicht glauben, daß ich eigentlich Amerikanerin war."

Mir lief ein Schauer über den Rücken. Ich schaute Isabella direkt in die Augen, sagte aber kein Wort.

„Ich habe mich dort nie ganz zu Hause gefühlt, Robi." Dann fuhr sie schnell mit leiserer Stimme fort: „Die Spanier sind so streng, vor allem die Männer. Sie nennen das Macho. Ich nenne es überspannt. Mein Herz blutete für all die kleinen spanischen Mädchen, die Töchter meiner Freunde. Sie sperren sie ein wie das Silbergeschirr. Niemand geht je mit ihnen fischen. Diesen armen Mädchen stehen zwei Dinge zur Wahl: erwachsen zu werden, um eine Dame oder eine Hure zu sein. Dazwischen gibt es nichts. Dort drüben benehmen sich alle so kultiviert, aber das ist nur der Schein. Sie wollen nie wissen, wie man wirklich ist – was tief in deiner Seele drinnensteckt."

Ich hielt im wahrsten Sinn des Wortes den Atem an. Es gab Hunderte von Fragen, die ich Isabella stellen wollte, aber ich blieb still.

„Haben Sie den Ausspruch gehört ‚Hüte dich vor dem, was du ersehnst, denn du wirst es sicherlich bekommen'?" fragte sie.

„Ja."

„Nun, genau das ist mir passiert. Alle haben mich dort drüben geliebt. Sie haben mich ganz als Spanierin akzeptiert. Und während der ersten Jahre – war ich eine Spanierin. Durch und durch spanisch. Ich meine, wie hätte ich sonst so tanzen können? Ich mußte nie daran arbeiten. Mir flog das alles einfach zu – wie ein déjà vu. Aber mit der Zeit rebellierte meine amerikanische Seite. Ich wollte aus all dem wieder heraus."

Isabella zuckte mit den Schultern und lächelte mir zu. Ihre dunklen Augen leuchteten.

„Ihre amerikanische Seite?" wiederholte ich. Mein Puls raste.

„Ja, Sie wissen schon – meine wilde Seite. Der Teil von mir, der nicht stillhalten kann, der sich nicht in einen Käfig sperren läßt. Das ist meine amerikanische Seite. Die ließ sich einfach nicht unterdrücken, verstehen Sie, was ich meine?"

„Das heißt – Sie kehrten zu Ihrem alten Selbst zurück?" sagte ich und versuchte verzweifelt, genauso beiläufig zu klingen wie sie. „Zurück zu Ihrem amerikanischen Selbst, Naomi Goldberg."

Als ich diesen Namen aussprach, beobachtete ich gespannt ihr Gesicht. Sie zuckte nicht mit der Wimper.

„Nein, nein, so leicht war das nicht", antwortete sie lebhaft. „Das war ein wirklicher Kampf. Im Grunde ein Königskampf. Ich meine, ich weiß nicht, wie das bei anderen Leuten ist, Robi, aber ich habe viele Selbst in mir drin, und alle möchten gerne der Star sein. Und ich muß zwischen ihnen immer den Schiedsrichter spielen und die Teile heraussuchen, die mir gerade richtig erscheinen. Meine spanische und meine amerikanische Seite kriegen sich von Zeit zu Zeit immer noch in die Wolle."

Isabella warf ihren Kopf zur Seite.

„Aber ist das nicht wunderbar, Robi? Ich meine, wie man in einem einzigen Leben so viele Leute sein kann?"

Diese Zeile warf sie mir mit der lächelnden Nonchalance Shirley MacLaines in einer nächtlichen Talkshow hin.

Ein wildes Gelächter platzte aus mir heraus. Selbst wenn ich gewollt hätte, ich hätte es nicht zurückhalten können. Das war also die Lösung, die Antwort auf die Frage, die mich all diese Jahre lang verfolgt hatte – all diese Jahrzehnte. Im Alter von 53, bei bester Gesundheit und im Besitz ihres eigenen Geschäfts, eines schönen Hauses und einer ganzen Palette von Emotionen findet Isabella Cortez, geborene Naomi Goldberg, es einfach großartig, daß man eine ganze Menge Leben in ein einziges hineinpacken kann. Das war offensichtlich das Endergebnis ihres „Wahns".

Guter Gott, worüber hatte ich mir eigentlich Sorgen gemacht?

„Was ist daran so lustig, Robi?" fragte Isabella.

„Ich", antwortete ich. „Ich glaube, manchmal sehe ich die Dinge viel zu kompliziert. Das kommt wohl von meinem Beruf." (S. 48–51)

Zeit, erwachsen zu werden und ernsthaft zu sein

Bei meiner Suche nach einer therapeutischen Sitzung, die E2 in einer protoanalytischen Gestalt-Situation zeigt, wählte ich zuerst eine aus, nach der die Patientin sich über bestimmte Einsichten, die sie durch meine Konfrontation mit ihrer manipulativen Seite gewonnen hatte, freudig erregt fühlte. Am Ende entschloß ich mich jedoch, meiner Intuition zu vertrauen, die mir sagte, daß es sich dabei hauptsächlich um falsche oder gemachte Einsichten handelte, die aus einem ehrgeizigen Streben nach Anerkennung entstanden waren, wenngleich sich das aus der Mitschrift allein schwer hätte zeigen lassen.

Ich wende mich statt dessen der Mitschrift von zwei scheinbar weniger dramatischen, aber vielleicht doch nicht weniger aussagekräftigen Mini-Sitzungen zu, die im Laufe des gleichen Gruppentreffens stattfanden. Der Betroffene – der Enkel eines sehr berühmten Mannes – wuchs unter der Obhut seiner aristokratischen und wohlhabenden Familie auf. Jetzt, in seinen Zwanzigern, muß er anfangen, sein eigenes Geld zu verdienen, und kommt darauf, daß er sich nicht weiter in geborgtem Ruhm sonnen kann. Das Hauptmerkmal unserer ersten „Runde" ist das Anerkennen der Thematik des „verwöhnten Kindes" und eine gewisse Desidentifikation davon. Die zweite Runde kreist um den Bruch zwischen der verführerischen Persönlichkeit an der Oberfläche und dem verdeckten konkurrierenden Widerspruch darunter. Wenngleich die therapeutische Erfahrung kurz war, zeigte sie doch in praktischer Weise, daß der Klient durch einen freieren Ausdruck seiner kindlichen Bosheit auch von seinem zwanghaften Hochmut Abstand nehmen und mit sich selbst und anderen besser in Kontakt treten kann.

Sonny: Ich würde gerne arbeiten. Ich fühle mich sehr eigensinnig. Sobald ich ausgehe und jemanden treffe, werde ich sehr eigensinnig. Wenn ich alleine bin und träume, läuft alles gut, und wenn ich etwas zu tun habe, schaffe ich es nicht. Aber jetzt muß ich endlich etwas tun; ich muß es schaffen, Dinge zustande zu bringen. Ich kann nicht weiter von meiner Familie leben und in der Märchenwelt meiner Familie. Ich muß es schaffen, meine eigenen Dinge zu tun.
C: Etwas mit Ihrem Leben zu machen.
S: Ja. Ich meine, die Dinge gut zu machen; aber wenn es darum geht, sie tatsächlich zu tun, ist das zu schwer.
C: Höre ich da ein starkes, verwöhntes Kind in Ihnen heraus?
S: Ja, sehr stark, fast perfekt (*lachend*).
C: Um an diesem Thema zu arbeiten, könnten Sie, glaube ich, anfangen, dieses verwöhnte Kind ein wenig zu dramatisieren.
S: (*lacht, nickt zustimmend, lächelt dann weiter, ohne zu sprechen*).
C: Scheint ein sehr glücklicher Junge zu sein, sehr charmant.
S: Ja. Ich kann ihn sehr charmant darstellen. Ich werde richtig stolz auf ihn.
C: Was sind die Merkmale dieses charmanten Jungen in Ihnen? Ich habe den Eindruck, daß er ziemlich fabelhaft ist.
S: Ja (*lacht strahlend*).
C: Er scheint sich für sehr wichtig zu halten.
S: Ja, ja, wichtig.
C: (*deutet weiter die Sprache seiner Gestik*) Er scheint zu sagen: „Du kannst mir helfen. Es macht mir Freude, wenn du mir hilfst."
S: Ja, er ist ein sehr forderndes Kind.
C: Und wo liegt das Problem?
S: Problem?
C: Es scheint, daß es auch ein Problem in sich birgt, ein verwöhntes Kind in sich zu haben.
S: Ja, es ist ein Problem, weil ...
C: Jetzt, wo Sie erwachsen sind, wird es ein Problem.
S: Ja, jetzt, wo ich 21 bin ...
C: Ja, manche Menschen bleiben stecken ...
S: Ich fürchte, das stimmt. Am Anfang, wenn ich etwas beginne, ist es immer O.K., aber dann, wenn ich weitermache, kann ich einfach nicht ...
C: Ich habe den Eindruck, daß, wenn Sie jetzt mit diesem verwöhnten Kind sprechen ...
S: Mit ihm sprechen? Mit dem verwöhnten Kind? (*zögernd*)
C: Ihr seid zusammengeschweißt, Ihr könnt Euch nicht trennen, aber ich nehme an, Sie haben ihm viele Dinge zu sagen.
S: „Verwöhntes Kind, glaubst du eigentlich, du kannst jeden an der Nase herumführen, he? Aber das wird dir nicht gelingen, du wirst die Rechnung präsentiert bekommen für das, was du da tust, und zwar eine saftige!"
C: Das klang wie eine göttliche Verkündung, aber doch sehr charmant dargebracht.

S: (*lacht, nach einer Pause ernster*) „Du machst ihnen etwas vor, und sie glauben dir; du bist charmant, aber Tatsache ist, daß du nicht arbeitest …"

C: Können Sie ihm einen Rat geben?

S: Ja. „Arbeite mehr, sei professioneller, ernsthafter, habe mehr Verantwortungsgefühl."

C: Ja, manche Leute haben einen „Topdog", einen Überlegenen (s. Glossar), von dem sie sich befreien müssen, aber hier habe ich den Eindruck, daß der kleine Junge im Vorteil ist. Sie werden von Ihrem „Underdog", Ihrem Unterlegenen, beherrscht, den Sie dazu benutzen, Ihr Leben zu führen, aber Sie fangen an zu erkennen, daß das nicht mehr gut ist, egal wie vergnüglich es auch sein mag.

S: Ja, ja … (*seine Gesten deuten an, daß er mit dem Unternehmen zufrieden ist, und er kehrt auf seinen Platz zurück.*)

Als ich am Ende des Gruppentreffens sage, daß noch Zeit für eine kurze Sitzung sei, sagt er:

S: Ich fühle mich nicht wohl. Es ist nicht schrecklich. Ich spüre in meinem Körper, daß ich mich nicht wohl fühle, ich bin verhalten, verschlossen.

C: Ja. Es ist etwas hängengeblieben, als Sie in das Gefühl hineingingen, ein verwöhntes Kind zu sein. Wir haben mit Ihrem verwöhnten Kind ein wenig gearbeitet, uns ein wenig weiterbewegt …

S: Einen Schritt zu setzen, auf es zu reagieren und es loszuwerden war sehr ergiebig, aber ich habe nicht das Gefühl, daß es reicht. Es ist zäh (*er beugt seinen Körper*).

C: Es ist zäh?

S: Ja, etwas muß sich bewegen.

C: Was für ein Gefühl ist das? Brauchen Sie mehr Freiheit?

S: Ich möchte mehr erzählen. Weil ich sehr glücklich und sehr freundlich wirke, aber ich fühle mich nicht sehr freundlich. Ich habe auch eine gewisse Aggression in mir.

C: Man muß schon sehr scharfsinnig sein, um diese Aggression zu bemerken, weil sie so lächelnd und charmant erscheinen.

S: Ja, so ist die Lage. Ich bin immer sehr charmant und nett.

C: Und Sie haben sogar das Gefühl, daß es zu feindselig ist, zu sagen: „Ich habe das Gefühl, ich stecke, ich bin nicht völlig befriedigt."

S: Ich fühle mich wohler, wenn ich sage, daß ich nicht völlig befriedigt bin, und auch, daß ich eine gewisse Aggression spüre – nicht gegen Sie. Mir ist wohler, wenn ich die Wahrheit sage.

C: Ja, ja, aber möchten Sie ein wenig weiter gehen?

S: Ja (*rückt seinen Stuhl, um ihn vor Claudio hinzustellen, lächelt*).

C: Was für ein Gefühl haben Sie jetzt?

S: Ich spüre meinen Körper, er fühlt sich zäh an. Ich möchte diese Energie loslassen. Ich möchte mich durchlässiger, leichter, weicher fühlen. Aber ich spüre auch, daß nichts passieren wird.

C: Sehen wir mal, was Ihre Vorstellung sagt.

S: Meine Vorstellung ist zunächst einmal, daß ich nicht dieses lächelnde Gesicht aufsetze und so tue, als sei alles in Ordnung. Ich möchte nicht sagen, daß alles wunderbar ist; es ist problematisch, und ich bin irgendwie aggressiv und nicht zufrieden mit der Situation.
C: Das heißt, hier und jetzt sind Sie nicht zufrieden?
S: Ja, ich bin nicht zufrieden, selbst wenn Ihnen das nicht gefällt, ich bin nicht zufrieden.
C: Und sind Sie jetzt zufrieden, wo Sie mir das sagen?
S: Nein, ich bin nicht zufrieden, und ich möchte auch nicht lachen und einen Witz daraus machen. Ich spüre eine gewisse Aggression in meinem Körper, und ich weiß nicht gegen wen oder was (*lächelt*).
(*Pause*)
C: Könnte ich es sein?
S: (*bricht in Gelächter aus und ist dann still*)
C: Jetzt scheinen Sie zu zensieren. Was ist los?
S: Das ist dumm, als erstes kommt, daß Sie es sind, aber – Sie sind der Therapeut.
C: Das ist in Ordnung. Fahren Sie in der gleichen Haltung fort, und was auch immer auftaucht, was auch immer Sie sich tun sehen, erzählen Sie es uns und drücken Sie Ihre Unzufriedenheit darüber aus.
S: Ich glaube, das ist dumm. Sie sind ein netter Mann, aber dann kommt der kleine Junge, der versucht, einen Streich zu spielen.
C: Na, dann zeigen Sie uns diesen boshaften kleinen Jungen, der einen Streich spielen will. Vielleicht überlebe ich es ja.
S: Er sagt: „Er ist nicht so klug, ich kann ihn austricksen, den Punkt finden, wo er nicht so gut ist." Ich kenne das an ihm sehr gut (am kleinen Jungen). Er sucht bei anderen nach solchen Punkten wie „der schaut aber nicht so gut aus" etc. Und ich möchte nicht so sein; immer gegen Autorität anzugehen und selbst die Autorität sein zu wollen. Eigensinnig. Ich habe zum Beispiel immer das Gefühl, daß ich ein guter Künstler bin, besser als andere berühmte Künstler, und so weiter. Das funktioniert nicht gut. Ich möchte mehr Zugang zu mir selbst haben und nicht zu diesen Etiketten, die ich festmache; diese Werte, die ich für mich erdenke.
C: Könnten Sie mit dieser Haltung hier und jetzt etwas experimentieren?
S: Ja, ja. (*Pause*) Wenn ich bei Ihnen sitze, kann ich das akzeptieren … ich habe mehr Zugang.
C: Ich glaube, Sie müssen es sich gestatten zu kritisieren, bevor Sie „ja" sagen.
S: Wenn ich es sage, gehe ich auch zurück. (*Pause*) Ich fühle mich jetzt besser, mehr Zugang. Es ist sehr schwer, Zugang zum Respekt zu haben.
C: Sie sind zu stolz, sich zu erlauben, anderen gegenüber Enthusiasmus auszudrücken.
S: Ja!
C: Ihr Kind ist daran gewöhnt, im Mittelpunkt zu stehen. (*Pause*) Sie scheinen etwas erreicht zu haben.
S: O.K., sehr gut, danke.

* * *

Die obige Mitschrift erläutert einige Merkmale des selbsterhaltenden E2 sehr gut – d. h. eine „infantile" Variante der Selbstüberhebung, bei der Abhängigkeit, Unverantwortlichkeit und Charme im Vordergrund stehen.

So kurz und einfach, wie die Sitzungen waren, ist zu erwarten, daß sie den Klienten darin bestärken werden, daß er Verantwortungsgefühl entwickeln muß und auf seine Impulse vertrauen kann, wenn es darum geht, seine Gefühle aufrichtig zu zeigen.

Kapitel 3

Enneatyp 3

Ichazo nannte den Charakter auf Punkt 3 des Enneagramms wegen seines Leistungsdrangs und seiner aktiven Veranlagung „Ego-Go" (von englisch „gehen"). In einer Zeichnung, die einen dicken Mann über den ganzen Tag hinweg bei einer Reihe von Aktivitäten zeigt, karikierte Feiffer diesen Typus sehr gut. Als Überschrift steht über jedem Bild jeweils ein Wort, das sich mehrmals wiederholt und so auf seine Getriebenheit anspielt. Zuerst „schwimmen, schwimmen, schwimmen", dann „bräunen, bräunen, bräunen", später „spielen, spielen, spielen", als nächstes „essen, essen, essen", dann mit einem Glas in der Hand und in einem eleganten Sakko „feiern, feiern, feiern", während er nach Hause fährt „heim, heim, heim" und schließlich „schlafen, schlafen, schlafen" – was natürlich nahelegt, daß diesem Typus sogar die Erholung als Mittel zum Zweck dient und zu einem gesteckten Ziel gerät.

Nicht immer ist E3 aber in erster Linie ein Leistungsmensch. Zumindest in einigen Fällen wird der Erfolg nicht durch Leistung angepeilt, sondern durch sexuelle Anziehungskraft. Der Sieg, der den sexuellen Subtyp interessiert, wird viel eher durch Sexappeal und Schönheit errungen als durch Geld und Prestige. Was nicht heißt, daß dieser Typ in seinem Streben weniger wettbewerbsorientiert ist als ein Geschäftsmann in seinem Job. In der Folge bringe ich zwei Bilder solcher E3 aus den Schriften La Bruyeres, eines Meisters der Charakterbeschreibung, der am Hof von Versailles in einer Atmosphäre lebte, die von Glanz und Gloria bestimmt war:[1]

> „Menippe" ist ein Vogel, der sich mit den verschiedensten Federn schmückt, die gar nicht seine eigenen sind. Er spricht nicht und fühlt nicht; er wiederholt Empfindungen und Reden und bedient sich sogar des Witzes anderer Leute so selbstverständlich, daß er sich selbst zu allererst davon täuschen läßt und meint, er drücke seinen eigenen Geschmack aus und erkläre seine eigenen Gedanken, während er tatsächlich doch bloß das Echo desjenigen ist, von dem er sich gerade verabschiedet hat.

Eine weitere Figur nennt La Bruyere bezeichnenderweise „Narziß:

> ... für seine Toilette braucht er ebensoviel Zeit wie eine Frau. Jeden Tag geht er in Feuillants oder in Minimes zur Messe. Er pflegt das aufrichtige Gespräch ... Sorgfältig liest er die *Gazette de Hollande* und den *Mercure Galant* ... Er geht mit den Frauen in der Plaine und auf dem Cours spazieren und erscheint zu Besuchen mit einer beinahe religiösen Pünktlichkeit. Morgen wird er genau das gleiche tun, was er heute tut, und was er gestern tat. Und so stirbt er, nachdem er gelebt hat.

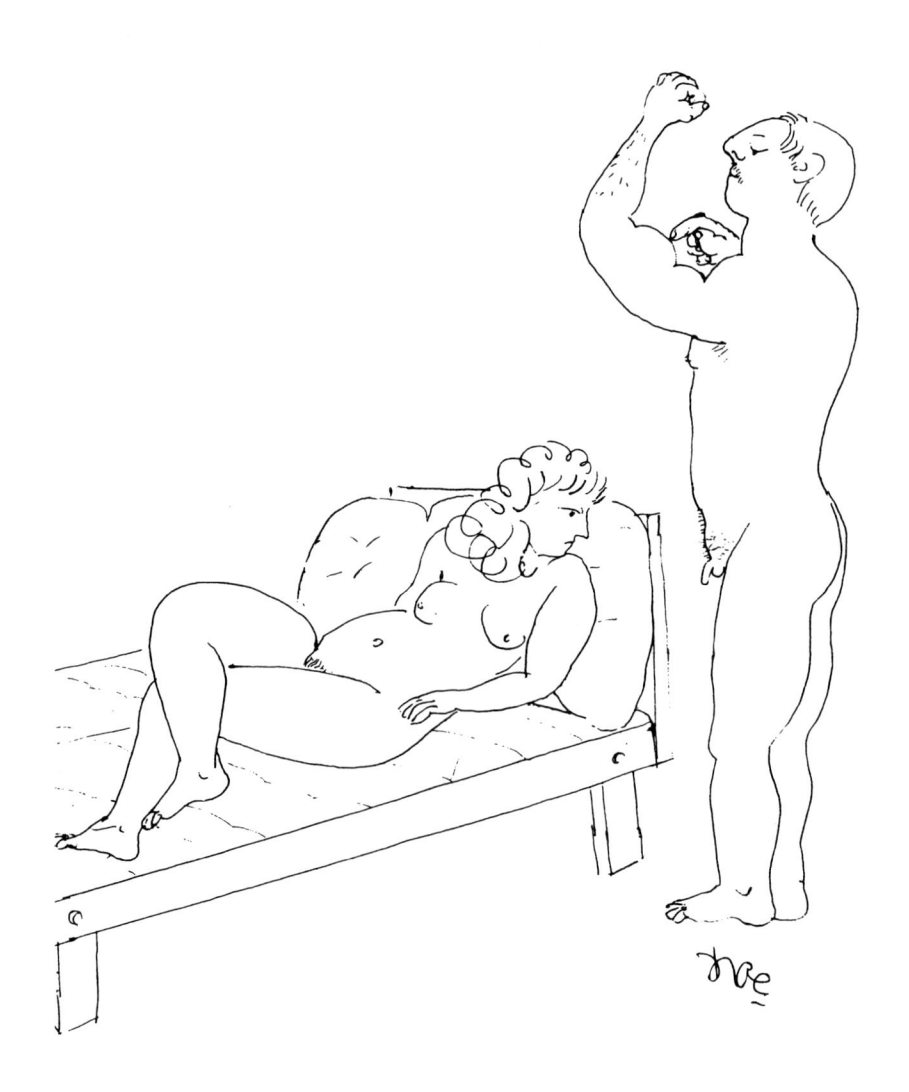

* * *

Wenngleich Thackereys Becky Sharp in *Vanity Fair (Jahrmarkt der Eitelkeit)* und Flauberts *Madame Bovary* die am sorgfältigsten ausgearbeiteten Porträts des eitlen Charakters liefern, werde ich mich zu seiner literarischen Illustration nicht auf diese beiden Werke beziehen, sondern auf eine meisterhafte Miniatur – eine etwas verdichtete Version von Katherine Mansfields Geschichte „Eine Tasse Tee".[2] Sie zeigt eine Frau, deren vorherrschendste Eigenschaft es – geradeso wie für Snow Whites Mutter – ist, von anderen als die Schönste betrachtet zu werden. Die Geschichte beginnt wie folgt:

> Nein, schön konnte man Rosemary Fell eigentlich nicht nennen. Hübsch? Nun ja, wenn man sie zergliederte ... Aber wer wird so grausam sein, jemand zu zergliedern? Sie war strahlend jung, sehr modern, hervorragend gut angezogen, erstaunlich belesen in den letzten Neuerscheinungen, und ihre Gesellschaften waren die ergötzlichste Mischung aus wirklich bedeutenden Leuten ... und Künstlern – wunderlichen Geschöpfen, die sie entdeckt hatte, manche einfach zu schauderhaft für Worte, aber andere ganz präsentabel und unterhaltsam.
>
> Rosemary war seit zwei Jahren verheiratet und hatte einen entzückenden Jungen. Nein, Peter hieß er nicht, sondern Michael. Und ihr Mann vergötterte sie. Sie waren reich, wirklich reich; nicht bloß wohlhabend – das ist so was Odioses und Muffiges und klingt nach Großeltern. Nein, wenn Rosemary *shopping* gehen wollte, fuhr sie nach Paris, wie unsereins in die Bond Street geht.
>
> Heute war es eine kleine Dose. Er hatte sie beiseite gelegt für sie; hatte sie noch niemand sonst gezeigt. Eine entzückende kleine Emaildose, mit einer so hauchzarten Glasur, daß sie aussah, als wäre sie in Sahne gebrannt worden. Auf dem Deckel stand ein winziges Geschöpf unter einem Blütenbaum, und ein noch winzigeres hatte die Arme um seinen Hals geschlungen.
>
> Sie zog immer die Handschuhe ab, um solche Dinge genau zu besehen. Ja, sie gefiel ihr sehr gut, die kleine Dose, sie verliebte sich in sie; sie war einfach zu süß. Sie mußte sie haben. Und die sahnefarbene Dose in den Händen drehend, sie öffnend und schließend konnte es ihr einfach nicht entgehen, wie bezaubernd ihre Hände sich von dem Blau des Samts abhoben.
>
> Aber der Ladeninhaber hatte sich schon verneigt, als könnte niemand auf der Welt etwas Besseres verlangen, als diese Dose für sie beiseite zu tun. Er wäre natürlich bereit, sie in alle Ewigkeit für sie beiseite-getan zu lassen.
>
> Die diskrete Tür war leise hinter ihr eingeschnappt. Sie stand draußen auf der Schwelle und sah in den winterlichen Spätnachmittag. Es regnete, und mit dem Regen schien auch die Dunkelheit zu kommen, wie Asche herabzuwirbeln.

Schnell nach Hause und zu einer Tasse ganz besonders feinen Tees! Eben als sie das dachte, tauchte dicht neben ihr ein mageres junges Mädchen auf, dunkel und schattenhaft, und eine Stimme wie ein Seufzer, wie ein Schluchzen beinahe, hauchte:

„Madam, darf ich einen Augenblick mit Ihnen sprechen?"

„Mit mir sprechen?" Rosemary wandte sich um. Sie erblickte ein armseliges kleines Geschöpf mit riesigen Augen, ein ganz junges Ding, nicht älter als sie selbst, das sich mit geröteten Fingern an den Mantelkragen griff und zitterte, als wäre es soeben aus dem Wasser gezogen worden.

„M-madam", stammelte die Stimme, „möchten Sie mir bitte Geld auf eine Tasse Tee geben?"

„Eine Tasse Tee?" Es lag etwas Schlichtes, Aufrichtiges in dieser Stimme; es war nicht im geringsten die Stimme einer Bettlerin. „Ja haben Sie wirklich gar kein Geld?" fragte Rosemary.

„Nein, Madam", kam als Antwort.

„Wie merkwürdig!" Rosemary sah forschend durch die Dämmerung das Mädchen an, und das Mädchen sah sie an. Wie außerordentlich merkwürdig! Und plötzlich erschien es Rosemary als ein richtiges Abenteuer. Wie etwas aus einem Roman von Dostojewski war diese Begegnung in der Dämmerung! Wenn sie das Mädchen mit nach Hause nähme? Wenn sie etwas täte, was man sonst immer nur in Büchern las oder auf der Bühne sah? Was würde geschehen? Es wäre furchtbar interessant. Und sie hörte sich nachher zum Erstaunen ihrer Freundinnen sagen: „Ich hab' sie einfach nach Hause mitgenommen", während sie nun vortrat und zu der schattenhaften Gestalt da sagte: „Kommen Sie mit mir heim zum Tee!"

Das Mädchen wich erschrocken zurück. Sie hörte sogar für einen Augenblick auf zu zittern. Rosemary streckte die Hand aus und berührte sie am Arm. „Ich meine es wirklich", sagte sie lächelnd. Und sie fühlte, wie schlicht und gütig ihr Lächeln war. „Warum wollen Sie nicht? Tun Sie's doch. Kommen Sie jetzt mit mir in meinem Wagen heim, und trinken wir Tee miteinander!"

„Das – das ist doch nicht Ihr Ernst, Madam?" Ein schmerzlicher Klang war in der Stimme.

„Aber gewiß", rief Rosemary, „kommen Sie nur! Sie machen mir eine Freude damit. Kommen Sie!"

Das Mädchen fuhr sich mit der Hand an den Mund, und ihre Augen verschlangen Rosemary. „Sie – Sie wollen mich doch nicht auf die Polizei bringen?" stammelte sie.

„Auf die Polizei?" Rosemary lachte. „Ja warum sollte ich so grausam sein? Nein, ich will bloß, daß Sie sich ein wenig aufwärmen, und möchte hören – oh, alles, was Sie mir nur sagen wollen."

Hungrige Menschen sind leicht zu lenken. Der Chauffeur hielt den Schlag offen – und einen Augenblick später glitten sie nebeneinander durch die Dämmerung.

„So!" sagte Rosemary mit einem Gefühl des Triumphs, die Hand durch die Samtschlaufe steckend und sich zurücklehnend. Sie hätte fast gesagt: „Jetzt hab' ich dich!", als sie ihren Fang musterte. Aber natürlich meinte sie das freundlich, mehr als freundlich sogar. Sie wollte diesem Mädchen beweisen, daß – daß einem wirklich wunderbare Dinge im Leben begegneten, daß – es wirklich gütige Feen gab, daß – reiche Leute auch ein Herz hatten und alle Frauen wahrhaftig Schwestern waren. Impulsiv wandte sie sich dem Mädchen zu. „Fürchten Sie sich doch nicht! Warum sollten Sie denn nicht mit mir nach Hause kommen? Schließlich sind wir doch beide Frauen, nicht? Wenn ich die vom Glück Begünstigtere bin, so sollten Sie ..."

„Und lassen Sie mich Ihnen aus dem Mantel helfen", sagte Rosemary.

Das Mädchen stand auf. Aber mit einer Hand hielt sie sich an der Stuhllehne fest und ließ Rosemary am Ärmel ziehen. Es war fast eine Anstrengung. Die andere half ihr kaum. Sie schien zu taumeln wie ein Kind, und Rosemary kam der Gedanke, daß Leute, die Hilfe brauchten, doch auch selber ein wenig mithelfen müßten, gerade nur ein wenig, sonst würde es wahrhaftig sehr schwierig. Und was sollte sie nun mit dem Mantel tun? Sie ließ ihn schließlich einfach zu Boden gleiten und den Hut auch. Sie wollte sich gerade eine Zigarette vom Kaminsims nehmen, da sagte das Mädchen hastig und mit sonderbar verhauchender Stimme: „Verzeihn Sie, Madam, aber ich werd' ohnmächtig. Ich fall' um, Madam, wenn ich nicht bald was in'n Magen kriege."

„Mein Gott, wie gedankenlos von mir!" Rosemary stürzte zur Klingel.

„Tee! Sofort den Tee! Und schnell einen Kognak!"

Die Zofe war gegangen. Aber das Mädchen schrie beinahe: „Nein, keinen Kognak! Ich trink' nie welchen. Ich möcht' nur eine Tasse Tee, Madam." Und sie brach in Tränen aus. Es war ein schrecklicher, ein aufregender Augenblick. Rosemary kniete neben den Lehnstuhl hin.

„Nicht weinen, meine arme Kleine", sagte sie. „Nicht weinen!" Und sie reichte der andern ihr Spitzentaschentuch. Wirklich, sie war gerührt, mehr, als Worte es ausdrücken konnten. Sie legte ihren Arm um die mageren vogelhaften Schultern.

Jetzt endlich vergaß die andere ihre Scheu, vergaß alles, außer daß sie beide Frauen waren, und schluchzte auf: „Ich kann nicht mehr. Ich halt's nicht mehr aus. Ich bring' mich um. So kann ich nicht weiter."

„Aber das werden Sie ja nicht müssen. Ich werde schon für Sie sorgen. Weinen Sie bloß nicht mehr! Seh'n Sie nicht, wie gut es war, daß Sie mich getroffen haben? Wir werden jetzt Tee trinken, und dann werden Sie mir alles erzählen. Ich werde schon etwas für Sie finden. Ich verspreche es Ihnen. Aber hören Sie bloß auf zu weinen! Das erschöpft einen so. Bitte!"

Rosemary entzündete eine frische Zigarette; es war Zeit, einen Anfang zu machen.

„Sie hatten wohl schon lange nichts gegessen?" fragte sie leise.

Aber in diesem Augenblick wurde der Türknauf gedreht.

„Rosemary, darf ich hinein?" Es war Philip.

„Natürlich."

Er trat ein. „Oh, entschuldige, ich wußte nicht ..." sagte er und blieb stehen und schaute.

„Schon recht. Komm nur!" sagte Rosemary lächelnd. „Das ist meine Freundin, Miss ..."

„Smith, Madam", ergänzte die lässig hingestreckte Gestalt, die merkwürdig ruhig und gar nicht ängstlich zu sein schien.

„Smith", wiederholte Rosemary. „Wir wollten grade ein wenig plaudern."

„Ach ja", sagte Philip, „natürlich." Und sein Blick blieb an dem Hut und dem Mantel am Boden hängen. Er trat vor das Kaminfeuer und wandte ihm den Rücken zu. „Ein greuliches Wetter draußen", sagte er und betrachtete verwundert die reglose Gestalt, ihre Hände und Schuhe, und sah dann wieder Rosemary an.

„Ja, nicht wahr?" erwiderte Rosemary begeistert. „Ganz abscheulich."

„Ich wollte dich nämlich bitten", sagte Philip mit seinem bezaubernden Lächeln, „für einen Augenblick in die Bibliothek hinüberzukommen. Miss Smith wird wohl entschuldigen?"

Die großen Augen blickten zu ihm auf, aber statt des Mädchens antwortete Rosemary: „Oh, gewiß wird sie das", und verließ mit Philip das Zimmer.

„Hör mal", sagte Philip, als sie allein waren, „erkläre! Wer ist sie? Was bedeutet das alles?"

Rosemary lehnte sich lachend mit dem Rücken an die Tür und sagte: „Ich hab' sie in der Curzon Street aufgelesen. Wirklich. Ein richtiger Fund. Sie bat mich um Geld für eine Tasse Tee, und da hab' ich sie einfach mit nach Hause genommen."

„Aber um Himmels willen, was willst du jetzt mit ihr anfangen?" rief Philip.

„Nett zu ihr sein", sagte Rosemary rasch. „Furchtbar nett zu ihr sein. Mich ihrer annehmen. Ich weiß noch nicht wie. Wir haben noch nicht viel miteinander gesprochen. Aber ihr zeigen, daß ... sie so behandeln ... ihr das Gefühl geben ..."

„Mein liebes Kind", erwiderte Philip, „du bist, scheint's, ganz verrückt. So was kann man einfach nicht tun!"

„Ich wußte, du würdest das sagen", gab Rosemary zurück. „Aber warum nicht? Ich will es. Ist das nicht Grund genug? Und übrigens liest man alle Augenblicke von derlei. Ich habe beschlossen ..."

„Übrigens", sagte Philip langsam, während er das Ende einer Zigarre abschnitt, „sie ist erstaunlich hübsch."

„Hübsch?" Rosemary war so überrascht, daß sie errötete. „Meinst du wirklich? Ich – das hab' ich gar nicht bemerkt."

„Du lieber Gott!" Philip strich ein Zündholz an. „Sie ist ja einfach entzückend. Sieh sie dir bloß nochmals an, Kind! Ich war ganz weg, als ich vorhin in dein Zimmer kam. Aber dennoch ... ich glaube, du machst da einen schrecklichen Unsinn. Tut mir leid, Liebling, wenn ich roh erscheine und so weiter. Aber laß mich jedenfalls wissen, ob Miss Smith mit uns zu Abend ißt, damit ich Zeit habe, vorher in der ‚Modistinnen-Zeitung' zu blättern."

„Du komischer Kauz!" sagte Rosemary und ging – aber nicht zurück in ihr Schlafzimmer, sondern in ihr Boudoir – und setzte sich vor ihren Schreibtisch. Hübsch! Einfach entzückend! Ganz weg! Ihr Herz schlug wie eine schwere Glocke. Hübsch! Entzückend! Sie griff nach ihrem Scheckbuch. Aber nein, ein Scheck war in diesem Fall natürlich Unsinn. Sie zog eine Lade auf, entnahm ihr fünf Pfundnoten, besah sie, legte zwei von ihnen wieder zurück und ging, die drei andern zusammengeknüllt in der Hand, in ihr Schlafzimmer.

Als sie eine halbe Stunde später die Bibliothek betrat, saß Philip noch immer hier.

„Ich wollte dir nur sagen", begann sie und lehnte sich wie zuvor an die Tür und sah ihn mit ihrem wirren, exotischen Blick an, „daß Miss Smith heute Abend nicht mit uns essen wird."

Philip legte die Zeitung weg. „Ach, was ist denn geschehen? Eine frühere Verabredung?"

Rosemary trat zu ihm und setzte sich auf seine Knie. „Sie wollte unbedingt gehen. Also gab ich dem armen Ding ein Geldgeschenk. Ich konnte sie doch nicht gegen ihren Willen hier behalten, nicht wahr?" fügte sie leise hinzu.

Rosemary hatte sich soeben frisch frisiert, die Augen ein wenig nachgedunkelt und ihre Perlenschnur umgenommen. Sie hob die Hände und berührte Philips Wangen.

„Hast du mich gern?" fragte sie, und der schmeichelnde, ein wenig heisere Klang ihrer Stimme verwirrte ihn.

„Ganz schrecklich gern." Er umfaßte sie fester. „Gib mir einen Kuß!"
Es entstand eine Pause.

Dann sagte Rosemary verträumt: „Ich hab' heute eine so wunderschöne kleine Emaildose gesehen. Sie kostet achtundzwanzig Guineen. Darf ich sie haben?"

Philip wiegte sie auf seinen Knien. „Du darfst, kleine Verschwenderin", sagte er.

Aber das war es gar nicht, was sie hatte fragen wollen.

„Philip", flüsterte sie und drückte seinen Kopf an ihre Brust, „bin ich hübsch?" (S. 249–256)

***

Mir scheint, daß die treffendste Aussage über E3 von Erich Fromm stammt, der im Zusammenhang mit dieser Persönlichkeit das Konzept der „Marketing-Orientierung" betont. Damit meint er nicht nur eine Persönlichkeit mit einem Verkaufstalent, sondern den Typ Mensch, der auf dem Markt der Persönlichkeiten zusammen mit seinen Diensten oder seiner Ware auch gleich seine Persönlichkeit mitverkauft. Ein Arzt hat zum Beispiel wesentlich größere Chancen, erfolgreich zu sein, wenn er die Art von Persönlichkeit darstellt, in die die Leute Vertrauen fassen können. Sein Erfolg kann sich noch weiter steigern, wenn auch seine *Selbstdarstellung* der eines korrekten und effizienten Menschen entspricht, von dem die Leute das Gefühl haben, sich auf ihn verlassen zu können.

Im amerikanischen Charakter steckt viel davon. Ebenso wie der Warenmarkt durch die Werbung unterstützt wird, wird der persönliche Erfolg durch die mehr oder weniger subtile Eigenwerbung einer gepflegten Erscheinung und einer programmiert angenehmen Haltung gefördert. Das verlangt eine charakterliche Ausrichtung, in der die Selbstwahrnehmung die ist, daß man sich selbst als Ware empfindet. Das Wertsystem des Menschen entspricht in diesem Fall zu sehr dem des Marktes. Innere Werte werden durch geborgte Werte überlagert – durch das, was Mode ist, was jeder gutheißt oder was sich verkauft.

Die Leidenschaft für die Pflege eines guten Image wird häufig als „Narzißmus" bezeichnet, noch häufiger und umgangssprachlicher jedoch als Eitelkeit. Darin steckt der Drang, zu strahlen und die Aufmerksamkeit auf sich zu ziehen, sei es, indem man Sexappeal entwickelt oder Erfolge erzielt. Trifft letzteres zu, so konzentriert sich E3 typischerweise auf den Erfolg nach etablierten und allgemein akzeptierten Kriterien. Müssen Menschen vom Typus E2 die Welt nicht von ihren Ansichten überzeugen, da sie ja ohnehin ein so gutes Bild von sich selbst haben, geben sich E3 durchaus die Mühe. Sie sind aktive, wachsame und strebsame Menschen – zum Teil bis hin zu Streß-Symptomen und hohem Blutdruck. Das Gebiet kann der Sport, die Gesellschaft oder jedes andere Umfeld sein. In der Schule haben sie die besten Noten. Sie sind leistungsfähige Menschen. Sie machen die Dinge gut. Geradeso wie sie in ihrer Kindheit die Aufmerksamkeit ihrer Eltern auf sich zogen, streben sie später danach, in der Welt hervorzutreten. Die praktische Leistungskraft von E3 unterscheidet sich vom guten Benehmen von E1. Richtet sich das „gute Benehmen" von E1 nach moralischen Idealen, so handelt es sich im Fall von E3 um ein nützliches Verhalten und geschickte Inszenierungen. Menschen, die sich so bemühen, ausgezeichnete Leistungen zu vollbringen, investieren eine Menge Energie in ihr Kommen und Gehen und in die Vielzahl von Dingen, die sie tun – wenngleich sie es schwerfinden, mit sich selbst allein zu sein. Sie können sich sehr schwer nach innen richten und die innere Stille genießen. Sie müssen immer etwas tun, um die Zeit zu füllen, und sie nehmen sich keine Zeit für sich selbst.

Ein weiterer Aspekt von E3 ist ihre gesellschaftliche Strahlkraft, mit deren Hilfe sie die gesellschaftliche Leiter erklimmen. Thackerey analysiert das in seinem „Roman ohne Helden" über Becky Sharp und ihre Statussuche sehr gut.[3] In dieser sozialen Variante des Enneatyps ist der Wesenszug, genau zu wissen, wie man an

Leute herantritt, besonders gut entwickelt. Schon der Name „Becky Sharp" deutet auf ihre Persönlichkeit hin: kalt und berechnend, präzise und direkt in ihren Formulierungen, mit einem schnellen, wendigen und umsichtigen Verstand.

Leitende Angestellte und Geschäftsleute scheinen manchmal so sein zu müssen. Sie sind fleißige Leute, achten genau auf Details, sind aufmerksam, lächelnd, verläßlich und leistungsfähig; und sie haben ein präzises Zeitgefühl.

Allgemein gesehen, sind die Typen 2, 3 und 4 die emotionalsten Charaktere des Enneagramms; doch so wie die falschen Gefühle von E2 positiv und die von E4 negativ sind, sind die von E3 neutral. Je pathologischer E3 also ist, umso weniger emotional erscheint er unter diesen dreien, da vernunftbetonte und praktische Erwägungen sein Gefühlsleben überlagern. Erst wenn sie entwickelter und gesünder sind, erlauben sie ihrer emotionalen Seite, sich zu zeigen. Dann müssen sie nicht mehr die ganze Zeit alles im Griff haben und können über ihre emotionale Lüge (immer ihre lächelnde, selbstbewußte *Persona* sein zu müssen) hinausgehen.

Von einem allgemeineren Gesichtspunkt aus gesehen, können wir sagen, daß E3 in einer Polarität zwischen Selbstvertrauen und Unsicherheit steckt. Man kann diese Menschen nicht als unsicher bezeichnen. (Unsicherheit ist viel typischer für E5 und für einen Subtyp von E6.) E3 erkennen ihre Unsicherheit, aber sie wissen auch genau, wie sie sie verbergen und den Eindruck von Selbstvertrauen vermitteln. Sie wissen, wie man weitermacht. Sie haben schon früh gelernt, wie man auf sich selbst schaut, und haben Autonomie entwickelt. Sie wissen, wie sie ihre eigenen Interessen wahren. Das schließt mit ein, daß sie Dingen, die aus sich selbst heraus arbeiten oder sich natürlich entwickeln, nicht vertrauen.

Sind sie optimistisch, so bezieht sich dieser Optimismus auf ihre Fähigkeit, Dinge zu tun. Es ist nicht die Art von Optimismus, die sich auf das Glück oder auf die Fürsorge anderer verläßt.

Menschen vom Typus E3 sind nicht nur aktiv und setzen Dinge um, sie organisieren auch sehr gut. Viele höhere Angestellte – vor allem in der Geschäftswelt, aber auch im Verwaltungsapparat – gehören diesem Persönlichkeitstyp an. Das Leben des früheren amerikanischen Präsidenten Reagan – zuerst war er Geschäftsmann, dann Schauspieler und später Gouverneur und Präsident – verdeutlicht nicht nur die typischen Fähigkeiten von E3, sondern auch die Bedeutung des Erscheinungsbildes in der Politik.

Abgesehen von der Politik ragen E3 auch auf dem Gebiet der Unterhaltungskunst und im Showbusiness heraus. Schließlich sind sie gute Schauspieler, stellen sich gern zur Schau und mögen Applaus. Der Fall von Marilyn Monroe ist hier von besonderem Interesse – nicht nur, weil sie für eine ganze Kategorie von „Sexgöttinnen" vom Typus E3 in Hollywood steht und sich die Leidenschaft des sexuellen E3, Menschen des anderen Geschlechts anzuziehen, hervorragend zunutze machte, sondern auch wegen des reichhaltigen Informationsmaterials (etwa 40 Biographien und intelligente Kommentare), das man aufgrund ihrer herausragenden Position und ihres Ruhmes über sie schrieb.

Norman Mailer bezeichnet sie als einen „Sexengel", weil sie – wie er anmerkt – „nahelegt, daß Sex mit anderen vielleicht schwierig und gefährlich ist, mit ihr jedoch die reinste Eiscreme."[4] Und Diana Trilling schrieb: „Sie läßt das sexuelle Vergnügen so rein erscheinen. Die Keckheit, mit der sie sich zur Schau stellen konnte und doch nie derb erschien, ihr sexueller Glimmer und ihre herausfordernde Art, um die doch ein Hauch von Geheimnis, ja von Zurückhaltung schwebte, ihre Stimme, in der soviel eindeutig erotisches Begehren mitschwang und die doch die Stimme eines scheuen Kindes war – diese Widersprüche waren ein Teil ihres Talents. Und sie beschrieben eine junge Frau im Niemandsland des Unbewußten." (zitiert in Mailer, S. 17)

Was Marilyn selbst anbelangt, so behauptet sie:

> „... in Wahrheit habe ich nie jemanden getäuscht. Ich habe Männern zuweilen gestattet, sich selbst zu täuschen. Oft war es ihnen egal, wer und was ich war. Statt dessen erfanden sie eine Figur. Ich machte mir nicht die Mühe, mit ihnen zu streiten. Es war offensichtlich, daß sie hinter jemandem her waren, der ich gar nicht war, und wenn ihnen das klar wurde, gaben sie mir die Schuld, daß ich sie enttäuscht und hinters Licht geführt hatte."[5]

Vielleicht liegt auch in diesem absoluten Dementieren jeder Täuschung eine Art von Täuschung, dennoch ist klar, daß Marilyn Monroe unter den Zwängen litt, die das von Hollywood auferlegte Bild auf sie und ihr Leben jenseits der Filmwelt ausübte. Sie war sich vollkommen dessen bewußt, daß in Hollywood die Tugend einer Frau weniger zählte als ihre Frisur, und man kann es ihrem gesunden Verstand anrechnen, daß sie enttäuscht darüber war, eher nach ihrer Erscheinung als nach ihrem Wesen beurteilt zu werden. Wie sehr es auch ihr Selbstwertgefühl stärken mochte, daß sie eine gute Schauspielerin war, es kam der Punkt, an dem sie sagen konnte, daß „das Wichtigste ist, was für ein Gefühl man für sich selbst hat, wenn man einfach die Dinge durchlebt, die Tag für Tag auf einen zukommen." (S. 19)

Ihr Leben war jedoch – wie Graham MacCann es formuliert – „zu einem komplizierten Gewirr öffentlicher und privater Auftritte geworden, zu einer Ausbeutung ihrer Persönlichkeit, die ihr das entpersönlichte Marilyn-Image abforderte, nach dem das Publikum zu diesem Zeitpunkt verlangte." Und das in einem Ausmaß, daß Lawrence Olivier meinte: „Sie wurde weit mehr ausgebeutet, als irgend jemand ausgehalten hätte." (S. 20) Sie wurde zum meistverkauften Star der Welt – aber sie lehnte sich auch gegen die exzessive Manipulation auf und versuchte einmal sogar, ihr öffentliches Image zu zerstören.

Während der Dreißiger- und Fünfzigerjahre wurde die Distanz zwischen den Stars und dem Publikum geringer. Da kreierte man die Fiktion „alltäglicher" Charaktere und brachte Figuren aus der Vergangenheit mit grundlegenden Werten der bürgerlichen Gesellschaft in Verbindung. So wurden männliche Stars in ihrer Freizeit auf dem Land fotografiert, und weibliche Stars wurden so präsentiert, als hätten sie genug Zeit für ein aufopferndes Mutterdasein. Das Erfolgsmanagement, das sich nicht vom Profit trennen ließ, steckte die Hollywoodstars damals in die Zwangsjacke eines fiktiven Lebens, in dem wenig Platz für Spontaneität blieb. In diesem Kontext mag das Ausmaß von Marilyn Monroes Leiden als Zeichen ihres gesunden Verlangens nach Authentizität gelten.

Es erstaunt kaum, daß E3 gute Geschäfts- und Werbeleute sind. Sie wissen nicht nur, wie man sein eigenes Image manipuliert, sie wissen auch, wie man das Image anderer beeinflußt – und zwar sowohl im aufwertenden wie auch im abwertenden Sinn. Wenn es darum geht, jemanden zu verletzen oder zu diffamieren, ohne daß es in ihrer Absicht zu liegen scheint, sind sie sehr geschickt. (Wie zum Beispiel bei „vernichtenden Komplimenten" – einer typischen Aggressionsform der Oberschicht. So sagt etwa eine Dame zur anderen: „Sie sehen bezaubernd aus, meine Liebe. Was für eine großartige Figur Sie doch haben! Man würde kaum meinen, daß so viele Jahre vergangen sind!") Sie wissen, wie man jemanden zutiefst kränkt, wie man jemanden mitten ins Herz trifft, ohne die elegante Haltung zu verlieren.

Von außen betrachtet, läßt sich die Oberflächlichkeit von E3 leicht erkennen. Man spürt die Heuchelei und eine Art von „Plastik-Qualität", eine Fassade ohne Tiefgang. Das äußere Erscheinungsbild nimmt sie gefangen, und da sie so mit formeller Perfektion und dem, was anderen gefällt oder nicht gefällt, beschäftigt sind, verlieren sie die Verbindung zu ihrer eigenen Tiefe.

War dieser Charaktertypus zu Zeiten La Bruyeres im Umfeld von Versailles sehr häufig, so gilt das nicht weniger für die heutigen Vereinigten Staaten, wo in den „Roaring Twenties" eine Persönlichkeitsverlagerung vom früher üblichen puritanischen E1 zum schnellen und stark leistungs- und außenorientierten E3 stattfand. „Außenorientiert" ist ein vom Soziologen David Riesman aus Harvard eingeführter Begriff, der sich natürlich hervorragend für die Beschreibung eines Menschentypus eignet, der dazu neigt, in seiner Geschmacksausrichtung der öffentlichen Meinung und dem, was modern ist, zu folgen. E3 ist ein extravertierter Mensch, der sich weniger nach Idealen und Tradition, sondern vielmehr nach der Aussicht auf Zustimmung richtet. Er interessiert sich nicht so sehr für seine eigene Erfüllung oder auch nur die seines eigenen Geschmacks, weil es ihm wichtiger ist, anerkannt und bewundert zu werden. Seine Religion und seine Ansichten trägt er gewissermaßen „am Revers", um sich damit einzukleiden. Das Scheinen ersetzt für ihn das Sein. Im puppenhaften Stereotyp von Barbarella oder Barbie klingt das Wesen von E3 nach.

Der E3-Charakter der Vereinigten Staaten zeigt sich heute in einer breiten Ausdruckspalette, die von den Fast-Food-Restaurants und Supermärkten über die Werbeindustrie Hollywoods bis zur Technokratie (d. h. der Vorherrschaft technologischer Werte über menschliche und ökologische Erwägungen) reicht. Die schwerwiegendste Folge einer derart marketingorientierten Persönlichkeit ist jedoch vermutlich eine Welt, die sich Marktwerten und monetären Erwägungen unterwirft.

Zwei Fallstudien von Lowen

Obwohl Alexander Lowens Buch *Narzißmus* die Antwort auf ein generelles, seit den 80er-Jahren vorherrschendes Interesse darstellt, unterscheidet sich das Bild, das er von der narzißtischen Persönlichkeit zeichnet, doch ziemlich von dem Kohuts, Kernbergs oder des DSM-IV.[6] Ohne mich auf eine Diskussion über die verschiedenen Bedeutungen von Narzißmus in der Literatur einzulassen, möchte ich doch sagen, daß Lowens Narzißten meist unserem E3 entsprechen, nämlich dem eitlen Charakter, der auf seine Erscheinung bedacht ist (von Bioenergetikern wird dieser Typus oft als „rigide" diagnostiziert). Lowens eigenes Gefühl der Fülle und seine ausdrucksstarke Persönlichkeit scheinen das ihre dazu getan zu haben, ihn zu einem guten Therapeuten des „kalten und berechnenden", rigiden und perfektionistischen E3 zu machen; vor allem da er Fragen des Image zu verstehen scheint, wie dies für „herzbetonte" Menschen typisch ist.

Ich zitiere zwei Fälle aus seinem Buch, bei denen er seinen guten Blick für den Körper, aber auch für den Ausdruck der Emotionen unter Beweis stellt.

Der Fall Mary

Ich wurde einmal von Mary konsultiert, einer Frau, die einen Zusammenbruch erlitten hatte, nachdem ein Bruch mit ihrem Liebhaber gedroht hatte. Sie sah sehr attraktiv aus – ihr Gesicht war wohlgeformt, hatte einen starken Kiefer, einen vollen Mund und weit auseinander liegende Augen; ihre Gestalt war ziemlich klein, sehr hübsch, mit wohlgeformten Beinen. Ihr Lächeln war warm und verlockend. Zumindest hatte ich diesen Eindruck, als sie ihre Aufmerksamkeit auf mich richtete. Als sie wegsah und still war, legte sich jedoch ein kläglicher Ausdruck über ihr Gesicht. Dieselbe Armseligkeit war an ihrem Körper zu sehen. Ihr Brustkorb wirkte eng und starr, ihre Taille war so eingeschnürt, daß sie sie fast in zwei Hälften teilte. Irgendwie hatte sie keinen Bauch, und ihr Becken war erstaunlich klein, angesichts der Tatsache, daß sie (in einer früheren Ehe) zwei Kinder geboren hatte. Ihr Körper sah so winzig und so wenig energiegeladen aus, daß ich dachte: „Kein Körper. Sie ist ein Niemand." (*No body. She is a nobody.*)

Der Vorstellung, Mary könne als ein Niemand angesehen werden, widersprach die scheinbare Beherrschung ihrer Bewegungen, ihrer Gedanken und ihrer Worte. Ihr Wille war stark, und sie wußte sich einzusetzen. Vom Alter von fünf Jahren an hatte sie trainiert, um Ballettänzerin zu werden, und obwohl sie nie auf der Bühne gestanden hatte, sah sie sich als Tänzerin an. Da ich dies wußte, wurde mir klar, daß es eine schauspielerische Leistung war, wenn sie mich ansah und ihren Charme „einschaltete". Sie wurde zu einer lebhaften Tanzpuppe; tatsächlich hatten ihr Körper und ihr

Gesicht etwas Puppenhaftes. Dies war die Vorstellung, mit der sie identifiziert war und die sie zu projizieren versuchte. Wenn sie ihre Rolle fallen ließ und wegsah, wurde sie ein bemitleidenswertes, verlorenes Geschöpf, ein Niemand. Die Rolle des Image war es, ein vermindertes Selbstgefühl auszugleichen, aber die Wirkung war umgekehrt. Indem Mary all ihre Kraft darauf verwendete, ein Image aufrechtzuerhalten, ließ sie ihr wirkliches Selbst verarmen und sich verkleinern.

Obwohl Mary die Schwäche ihres Selbstgefühls erkannte (sie wurde leicht depressiv, von jedem starken Gefühl wurde sie überwältigt), war sie nicht bereit, ihr Image aufzugeben. Sie spürte die Macht, die in ihm steckte, eine Macht über Männer. Mary war zwar über fünfunddreißig, aber sie stellte sich selbst mehr als Mädchen denn als Frau dar. Was Männer anzog und in was sie sich sogar heftig verliebten, war ein putziges Tanzpuppenmädchen, das offen verführerisch war. Wenn sich eine Beziehung entwickelte, wurde Mary von dem betreffenden Mann völlig abhängig. Sie schwankte hin und her zwischen dem bemitleidenswerten kleinen Mädchen, das versorgt und beschützt werden mußte, und der verführerischen Tanzpuppe, die die Männer besitzen wollten.

Wenn wir fragen, was denn nun wirklich Marys Persönlichkeit ist, dann müssen wir antworten, daß das Image der Tanzpuppe ebenso real ist wie das Bild des bemitleidenswerten kleinen Mädchens. Tatsächlich hat Mary in dem Sinn eine Doppelpersönlichkeit, daß sie der Welt zwei verschiedene Gesichter zeigt. Ein Gesicht ist eine Maske, wie ein Puppengesicht, gefühlsleer. Das andere Gesicht drückt ihre wahren Gefühle aus und ist daher ein wahres Bild des Selbst. Das Puppengesicht spiegelt ein Ich-Image wider, das Gesicht des bemitleidenswerten kleinen Mädchens das Selbstbild. Das eine Gesicht wird durch eine Willensanstrengung aufgesetzt, während das andere eine spontane Manifestation des inneren Seins ist. Diese Spaltung von Marys Persönlichkeit würde die Diagnose eines Borderline-Zustands rechtfertigen.

Wenn auch Mary diagnostisch als Borderline-Persönlichkeit anzusehen ist, kommt es nach meiner Ansicht weniger auf die Diagnose an als darauf, Mary zu verstehen – wer sie ist, wofür sie sich ausgibt und warum sie eine Persönlichkeitsspaltung entwickelt hat. Das Image ist in Wirklichkeit ein Teil des Selbst. Es ist der Teil des Selbst, der der Welt zugewandt ist, und es zeigt seine Form durch die Oberflächenaspekte des Körpers (Haltung, Bewegung, Gesichtsausdruck usw.). Weil dieser Teil des Körpers der bewußten Steuerung durch den Willen oder das Ich unterliegt, kann er so abgewandelt werden, daß er einem bestimmten Vorstellungsbild entspricht. Wir können von einem falschen Selbst sprechen, das dem wahren Selbst entgegengesetzt wird, aber ich ziehe es vor, die Spaltung als einen Widerspruch zwischen Image und Selbst zu bezeichnen und die Grundstörung als einen Konflikt zwischen dem Image und dem körperlichen Selbst anzusehen.

Warum hat Mary ihr körperliches Selbst zugunsten eines Images aufgegeben? Zwar war ihr die Aufopferung nicht bewußt, aber sie hatte beschlossen, ihr fühlendes Selbst sei nicht akzeptabel. Ich stellte fest, daß sie nicht weinen und nicht schreien konnte. Sie hatte keine Stimme, mit der sie hätte Gefühle ausdrücken können. Ihre Sprechstimme klang flach, leidenschaftslos und mechanisch. Es war klar, warum Mary Tänzerin geworden war. Da sie ihre Stimme nicht gebrauchen konnte, um sich auszudrücken, wandte sie sich der Bewegung zu. Aber auch dieser Zugang war begrenzt. Mit fünf Jahren begann sie mit Ballettstunden, unterstützt und ermutigt von ihrer Mutter, die wünschte, Mary solle etwas Hervorragendes leisten und ihr Ehre machen. Mary wurde von ihrer Mutter vollkommen beherrscht und fürchtete sich vor ihr. Dennoch bestand sie mir gegenüber darauf, daß sie auf ihre Mutter, die so viel für sie getan habe, nicht wütend sei. Der in dieser Aussage enthaltene Grad von Verleugnung ist typisch für narzißtische Menschen. Da Mary das Image der Tanzpuppe angenommen und sich mit ihm identifiziert hatte, da sie es als etwas Besonderes und Vorzügliches ansah, konnte sie nicht zugeben, daß sie „böse" oder wütende Gefühle hatte, die diesem Image widersprochen hätten.

Der Vater hatte seine kleine Tanzpuppe sehr gern, aber seine Bewunderung war gekoppelt mit einem sexuellen Interesse an ihr. Schon früh hatte Mary bemerkt, daß sie ihren Vater erregen konnte, aber jedes sexuelle Gefühl auf ihrer Seite mußte verleugnet werden, um der Eifersucht ihrer Mutter und der negativen Reaktion ihres Vaters (aus Schuldgefühl) zu entgehen. Mary erwähnte, daß ihr Vater sehr aufgebracht war, wenn er sie als junges Mädchen einen Jungen küssen sah. Ohne Unterstützung für ihre Gefühle von seiten ihres Vaters lieferte sich Mary ihrer Mutter aus und identifizierte sich mit deren Verachtung für ihren schwachen Vater. Nachdem sie die Unterwerfung vollzogen hatte, konnte sie den Verlust ausgleichen, indem sie ein Image entwickelte, das ihr sexuelle Macht über Männer verschaffte, ohne die Verletzlichkeit mit sich zu bringen, die sexuelle Gefühle erzeugen. Aus einem Image kann man nur die Luft herauslassen; man kann ihm nicht wehtun.

Bei einer Borderline-Persönlichkeit wie Mary ist die Kluft zwischen dem Image und dem körperlichen oder fühlenden Selbst groß genug, daß die Gefahr eines emotionalen Zusammenbruchs besteht. Mary war in der Klinik gewesen, bevor sie mich konsultierte. Glücklicherweise konnte ich Mary helfen, mit ihrer Traurigkeit in Kontakt zu kommen und einen Teil davon durch Weinen herauszulassen. Dies befähigte sie, die Verleugnung zu durchbrechen, die Realität ihres Seins zu erkennen und eine Verbindung zu ihrem körperlichen Selbst herzustellen, was ihr eine Kraft gab, die sie vorher nicht besessen hatte.

Bei meinem therapeutischen Ansatz, der bioenergetischen Analyse, wird die Verbindung des Individuums zu seinem körperlichen Selbst durch direkte Arbeit mit dem Körper zustande gebracht. Ich benütze spezielle

Übungen, um dem Betreffenden zu helfen, jene Bereiche des Körpers zu spüren, in denen chronische Muskelverspannungen das Gewahrsein und den Ausdruck von Gefühlen blockieren. In Marys Fall bestand daher eine der verwendeten Übungen darin, daß sie auf einem Bett liegen, mit den Beinen strampeln und laut „nein" schreien mußte. Sie hatte nie gegen die Auslieferung ihres körperlichen Selbst protestieren können, und sie konnte dieses Selbst nicht wiedergewinnen, bevor sie diesen Protest mit lauter Stimme geäußert hatte. Obwohl sie Tänzerin war, waren ihre Strampelbewegungen unkoordiniert und ohne Kraft, während ihre Stimme klein und schwach war. Sie spürte die Beengtheit ihrer Kehle, die sie hinderte, einen lauten, vollen Ton hervorzubringen. Sie schränkte auch ihre Atmung ein; dadurch wurde ihr Stoffwechsel vermindert und ihre Energie herabgesetzt. Ich konnte die Einengung als eine Verkrampftheit der Scalenus-Muskeln an der Seite des Halses tasten. Die Technik, die ich zur Verminderung dieses Krampfes benütze, besteht darin, daß ich mit den Fingerspitzen einen leichten Druck auf diese Muskeln ausübe, während der Betreffende einen so hohen Ton ausstößt, wie er ihm nur möglich ist. Als ich dies mit Mary machte, stieß sie einen lauten Schrei aus, der eine Zeitlang anhielt. Nachdem sie mehrmals geschrien hatte, brach sie in tiefes Schluchzen aus, während die Spannung in ihren Halsmuskeln sich löste und das Gefühl der Traurigkeit durchbrach. Nach dieser Befreiung waren ihre Proteste durch Strampeln und Schreien stärker und kraftvoller.

Menschen, die leiden, müssen weinen. Bei Mary war es relativ einfach, sie zum Weinen zu bringen, weil ihr Körper nicht stark gepanzert war, aber bei narzißtischen Männern, die stolz darauf sind, alles ertragen zu können oder nicht zu weinen, steht man vor erheblichen Schwierigkeiten. Die Überentwicklung der Muskulatur führt zu einem angespannten, harten Körper, der das Gewahrsein und den Ausdruck weicher oder zarter Gefühle wirksam verhindert. In solchen Fällen ist oft erhebliche Arbeit mit der Atmung nötig, um den Körper so weich zu machen, daß das Weinen möglich wird. Sobald der Betreffende sich weinen läßt, ist es nicht mehr allzu schwierig, die unterdrückte Wut hervorzulocken. Manchmal kann eine Freisetzung der Wut, indem man jemanden mit einem Tennisschläger oder mit den Fäusten auf das Bett einschlagen läßt, die Traurigkeit aufschließen und das Weinen hervorbringen. Einige Übungen und Körpertechniken dazu habe ich in meinen früheren Büchern beschrieben. Ich muß betonen, daß diese Übungen nicht mechanisch sind. Sie bewirken nur dann Persönlichkeitsveränderungen, wenn sie mit einer gründlichen Analyse, einschließlich Traumdeutung, gekoppelt sind, und wenn sie sich aus einem Verstehen der Persönlichkeit ergeben, wie der Körper sie zum Ausdruck bringt.

Bei anderen Patienten, wie z. B. solchen mit narzißtischem Charakter, kann das Ich die Herrschaft behalten und einen Zusammenbruch verhindern, weil es nicht so vollständig vom Selbst abgespalten ist. Jedoch werden möglicherweise Hilfsmittel wie Alkohol verwendet, um eine gewisse Realitätsverleugnung aufrechtzuerhalten, wie man an Arthurs Fall sehen kann. (S. 52–57)

Der Fall Linda

Linda, eine Frau von fast vierzig Jahren, suchte mich auf, weil sie vor einigen Jahren eine schwere Depression gehabt hatte und fürchtete, dies könnte sich wiederholen. Als sie mein Sprechzimmer betrat, war ich von ihrer Erscheinung beeindruckt. Sie war eine attraktive Frau, auffallend, aber geschmackvoll angezogen, mit einer guten Figur. Sie lächelte leicht und wirkte frei in ihrem Benehmen. Zugegeben, ihre Stimme war ein wenig heiser, ohne großen Tonumfang. Dennoch war es auf den ersten Blick schwer zu glauben, daß Linda irgendwelche ernsthaften Probleme hatte. Ihre Hauptklage war die, daß sie im Leben nichts zu erreichen schien. Sie hatte dieselbe Arbeit schon seit einer Reihe von Jahren. Obwohl es eine schöpferische Arbeit war und obwohl sie gut verdiente, fühlte sie sich unausgefüllt. Sie dachte, sie sollte sich verändern, eine Stellung mit mehr Verantwortung und besserer Bezahlung suchen. Aber sie wußte nicht, was sie anderes tun wollte. Sie war auch mit ihrem Privatleben unzufrieden. Sie hatte nie geheiratet und war verzweifelt bei der Aussicht, nie eine eigene Familie haben zu können. Aber sie war sich nicht sicher, ob das ihr wichtigstes Ziel war. Sie war sich im unklaren über die Richtung ihres Lebens, eingeklemmt zwischen ihrem Wunsch, Karriere zu machen, und ihrem Wunsch nach Heim und Familie. Manche Frauen, sagte sie, erreichten beides, aber sie habe beides nicht geschafft. Oberflächlich betrachtet, schien Linda das Potential für beides zu haben – Köpfchen und Schönheit. Was stimmte nicht?

Lindas gegenwärtige depressive Reaktion hatte gleich nach dem Abbruch einer Beziehung zu einem Mann begonnen. Sie hatte ihn nicht geliebt; sie hatte selber die Beziehung beendet, weil nichts dabei herauskam. Trotzdem erlebte sie den Bruch als Mißerfolg und wurde depressiv.

Den ersten Hinweis auf Lindas Problem bekam ich durch ihre Stimme. Ich hatte ihren Mangel an Klangfülle bemerkt. Ich konnte in ihrer Stimme keine Erregung spüren; sie klang unlebendig. Als ich in unserer ersten Sitzung Linda gegenüber etwas dazu sagte, antwortete sie: „Ich habe mich meiner Stimme immer geschämt. Sie klingt nicht richtig." Die Stimme ist, wie ich erklärt habe, ein Hauptweg des Selbstausdrucks. Der Mangel an Klangfülle in ihrer Stimme ließ auf einen Mangel an Gefühl in ihrem Körper schließen.

Da Linda gesagt hatte, sie sei über ihre Lebenssituation unglücklich und frustriert, schlug ich vor, sie solle versuchen, ihre Gefühle darüber zum

Ausdruck zu bringen. Ob sie wohl Protest über ihr Schicksal äußern könne? Ich forderte sie auf, sich auf das Bett[7] zu legen und mit den Beinen protestierend dagegen zu stoßen. Gegen etwas mit den Füßen zu stoßen bedeutet zu protestieren. Dies ist eine der regulären Übungen in der bioenergetischen Therapie. Alle Patienten haben etwas, um mit den Füßen dagegen zu stoßen. Neurotiker unterdrücken ihre Gefühle, und „Mit-den-Füßen-Stoßen" ist eine Möglichkeit, die ihnen zum Ausdruck dieser Gefühle verhelfen kann. Auch die Stimme wird bei dieser Übung mit einbezogen. Beim Stoßen soll der Übende „nein" sagen oder „warum?" Beide Worte weisen auf einen Protest hin. Ich wies Linda besonders an, ihre Stimme so laut wie möglich zu erheben und sie als Schrei herauskommen zu lassen.

Linda probierte die Übung, aber ihr Stoßen mit den Füßen war mechanisch, und ihre Stimme klang schwach. Ihr fehlte jedes Merkmal der Überzeugung. Sie beklagte sich, sie habe kein Protestgefühl in sich, also könne sie auch die Übung nicht richtig machen. Ob sie irgendein Gefühl der Traurigkeit habe, das sie durch Weinen ausdrücken könne? Sie fühlte sich nicht traurig, und sie konnte nicht weinen. Sie konnte auch keine Wut empfinden. Tatsächlich fühlte sie keine Emotion stark genug, um sie ausdrücken zu können. Das war ihr Problem.

Nun wurde mir klar, daß Lindas Erscheinung nur eine Fassade war. Sie projizierte das Image einer erfolgreichen Frau von Welt, aber das Image entsprach nicht ihrem inneren Sein. Ich konnte erraten, daß sie sich in ihrem Inneren als Versager fühlte. Die Angst vor dem Mißerfolg hatte zu ihrer ersten depressiven Reaktion geführt. Aus irgendeinem Grund war ihr das Image so wichtig, daß es den größten Teil ihrer Energie absorbierte und sie ohne die Kraft zurückließ, sich als realer Mensch in der Welt mit Gefühl auszudrücken.

Um Linda helfen zu können, mußte ich sowohl die genaue Bedeutung des Image als auch dessen Beziehung zu ihrem Selbstgefühl verstehen. Was wurde durch das Erfolgsimage so wirksam versteckt? Warum und wie hatte es eine so übermächtige Bedeutung in Lindas Leben angenommen? Es genügt nicht, diese Fragen allgemein zu beantworten. Das narzißtische Image entwickelt sich zum Teil als Kompensation für ein unannehmbares Selbstbild, zum Teil als Abwehr gegen unerträgliche Gefühle. Diese beiden Funktionen des Image verschmelzen, denn das unannehmbare Selbstbild ist mit den unerträglichen Gefühlen verbunden. Erst als Lindas Therapie fortschritt, begriffen wir allmählich die genaue Bedeutung und Rolle ihres Erfolgsimage.

Therapie ist ein Prozeß der Fühlungnahme mit dem Selbst. Herkömmlicherweise hat man sich dem Selbst durch die Analyse angenähert. Jede Therapie muß eine gründliche Analyse der Geschichte des Patienten einschließen, damit man die Erlebnisse entdecken kann, die die Persönlichkeit des Patienten geformt und sein Verhalten bestimmt haben. Leider ist diese Geschichte nicht einfach verfügbar. Unterdrückung und Verleugnung von

Gefühlen führen zur Verdrängung wichtiger Erinnerungen. Die Fassaden, die wir errichten, verstecken unser wahres Selbst sowohl vor uns als auch vor der Welt. Aber die Analyse hat zusätzlich zur erinnerten Lebensgeschichte noch anderes Material, mit dem sie arbeiten kann.

Die Analyse von Träumen ist eine Möglichkeit, zusätzliche Informationen zu erlangen. Dann gibt es die Analyse des aktuellen Verhaltens, besonders dessen, das in der therapeutischen Beziehung zutage tritt. Diese Beziehung ist oft höchst emotional, weil Gefühle gegenüber wichtigen Figuren der Vergangenheit, wie z. B. den Eltern, auf den Analytiker übertragen werden. Durch die Analyse erkennen die Patienten allmählich die Zusammenhänge zwischen ihren Einstellungen und Handlungen im Erwachsenenleben und ihren Kindheitserlebnissen. Diese traditionelle Art des Vorgehens hat jedoch ihre Grenzen, weil sie zu sehr von Worten abhängig ist, die selber nur Symbole oder Bilder sind.

Die Fühlungnahme mit dem Selbst erfordert mehr als Analyse. Das Selbst ist kein geistiges Konstrukt, sondern ein körperliches Phänomen. Mit sich selbst in Fühlung zu sein bedeutet, die eigenen Gefühle zu spüren und mit ihnen in Kontakt zu sein. Um seine eigenen Gefühle zu kennen, muß man sie in ihrer vollen Intensität erleben, und das kann man nur, indem man sie ausdrückt. Wenn die Äußerung eines Gefühls blockiert oder gehemmt ist, wird das Gefühl entweder unterdrückt oder bagatellisiert. Es ist eine Sache, über Furcht zu reden, und eine andere, den Schrecken zu fühlen und zu schreien. Zu sagen „Ich bin wütend" ist nicht dasselbe wie zu fühlen, wie die Emotion durch den Körper brandet. Um die eigene Traurigkeit wirklich zu fühlen, muß man weinen. Das konnte Linda nicht. Sie hatte ihr Schluchzen und ihre Schreie erstickt. Sie hatte ihre Tränen heruntergeschluckt. Die chronische Verspannung in ihrer Kehle beeinflußte ihre Sprechstimme und ließ sie unlebendig klingen. Außer der verbalen Analyse umfaßte Lindas Therapie also auch Arbeit mit ihrem Körper, um dessen Rigidität zu vermindern, ihre Atmung zu vertiefen und ihre Kehle zu öffnen.

Ich habe in diesem Kapitel schon einige der Übungen erwähnt, die ich benütze – mit den Füßen gegen das Bett stoßen, während zugleich als Ausdruck des Protests „nein" gesagt wird, und Einschlagen auf das Bett, um Wut auszudrücken. Dies sind Ausdrucksübungen. Dazu gehört auch das Ausstrecken der Arme und Hände, um zu berühren, nach der Mutter zu rufen oder um Hilfe zu bitten und ein Spitzen der Lippen, um zu küssen oder zu saugen. Die meisten Menschen haben große Schwierigkeiten mit dem Ausstrecken von Armen und Händen und dem Spitzen des Mundes; sie sind durch eine Angst vor Ablehnung gehemmt, die in Verspannungen im Schulterbereich und um den Mund herum eingeschlossen ist. Ich benütze auch eine Reihe von Körperstellungen, um den Patienten zu helfen, ihren Körper vom Kopf bis zu den Zehen zu spüren. Die einfachste davon ist eine Stellung des Stehens, die Füße parallel und etwa 15 cm voneinander entfernt, die Knie leicht gebeugt, das Gewicht des Körpers auf die Zehenballen gelegt, den Bauch herausgestreckt und das Becken leicht zurückgenommen. Wenn der Übende leicht und tief und mit entspannten Schultern atmet, fühlt er sich selbst bis hinunter zu den Füßen. Es ist eine Stellung, in der man ein starres Sich-Aufrechthalten aufgibt. Viele Menschen, die diese Übung machen, haben eine gewisse Angst, nach unten loszulassen. Man kann dann spüren, wie angespannt man festhält, um die Herrschaft zu behalten. Eine andere Stellung, Erdung (grounding) genannt, befähigt den Menschen, seinen Kontakt mit dem Fußboden oder der Erde zu fühlen. Der Übende beugt sich vornüber und berührt mit den Fingerspitzen den Boden. Die Füße stehen parallel, etwa 30 cm auseinander, die Knie sind leicht gebeugt. Wieder ist das tiefe und freie Atmen wichtig. Wenn man bei dieser Übung seine Beine auf lebendige Weise spürt, vibrieren sie, während der Erregungsstrom sie durchfließt. Die Vibration vermindert die Verspannung in den Beinen und gibt dem Übenden ein Gefühl von Lebendigkeit in der unteren Körperhälfte. Alle Übungen müssen auf die Bedürfnisse des Menschen, wie sie sich im Ausdruck seines Körpers manifestieren, abgestimmt sein. Eine solche Arbeit mit dem Körper hat ein Freisetzen von Gefühlen zum Ziel und erleichtert es. Diese Freisetzung bringt außerdem oft eine wichtige Erinnerung aus der Vergangenheit ins Bewußtsein. Die Freisetzung von Gefühl beseitigt die Blockierung der Wahrnehmungsfunktion.

Nach einer Reihe von Sitzungen und beträchtlicher Arbeit durchbrach Linda die Blockierung ihrer Kehle. Sie bemerkte: „Ich konnte weinen, mit tiefem Schluchzen, und ich spürte eine Menge Traurigkeit. Ich erinnerte mich, daß ich als Kind solche Angst hatte, weil Mami und Papi soviel stritten. Ich hatte schreckliche Angst, entweder er würde ihr was tun oder sie ihm. Ich zog mich immer im Bett zusammen, wenn sie stritten, versteinert oder voller Schrecken, daß einer von ihnen verletzt, womöglich getötet werden könnte. Aber ich konnte meine Gefühle, meine Angst, meinen Schmerz nicht äußern. Hab' ich unbewußt gewollt, daß Papi die Mutter tötet, so daß ich ihn für mich allein haben könnte?"

In der folgenden Sitzung sahen wir uns dieses Problem näher an. Linda sprach über die beiden Bereiche, wo sie das Gefühl hatte, nicht weiterzukommen – ihr Liebesleben und ihre Karriere. Zu dieser Zeit lebte sie mit einem Mann zusammen, der immer noch an seiner Ex-Frau hing, der trank und keine eigene Wohnung hatte – nicht einmal eine Postanschrift. Sie bemerkte: „Ich fühle mich erstickt, weil er immer noch die ganze Zeit bei mir ist. Ich glaube, ich liebe ihn, oder ich brauche ihn zumindest." In bezug auf ihre Arbeit sagte sie: „Ich hab' ein Problem mit meiner Karriere – ich brauche eine Veränderung. Ich möchte nicht nächstes Jahr oder in fünf Jahren immer noch dasselbe machen, das erschreckt mich. Ich bin wirklich verzweifelt. Ich will mich nicht umbringen, aber ich habe Anfälle von Mutlosigkeit." Als ich sie fragte, ob sie sich wie ein Versager fühle, erwiderte sie: „Natürlich tu ich das." Ich fragte sie, ob sie darüber weinen könne, und sie begann leise zu schluchzen. Sie sagte, es mache sie traurig zu erkennen, daß sie ihre Gefühle abgestellt habe.

Als wir uns der Beziehung zu ihrem Vater zuwandten, kam die Frage der Sexualität zur Sprache. Linda erinnerte sich: „Als Kind hatte ich das Gefühl, Masturbation sei etwas Böses. Ich kam mir hinterhältig vor, wenn ich bei jemand – möglicherweise einem Onkel – auf den Knien saß und mich gut fühlte. Aber ich habe keine Erinnerung an körperliche Zärtlichkeit meines Vaters – er hat mich nie in den Arm genommen."

Sie fuhr fort: „Meine Eltern pflegten sich gegenseitig zu beschuldigen, der andere sei im Unrecht, und als Kind mußte ich mir beide Seiten einzeln anhören. Jeder pflegte sich über den anderen bei mir zu beklagen, einem kleinen zehnjährigen Kind, und mir zu sagen, wie sie sich fühlten. Natürlich unterdrückte ich jede Äußerung darüber, wie ich mich fühlte. Ich hatte nie den Mut, ihnen zu sagen, sie sollten den Mund halten, wenn sie sich stritten. Es war eine unerträgliche Situation. Ich habe das Gefühl, er war der Anstifter, da es sein Glücksspiel war, das die Streiterei hervorrief – und zugleich konnte ich sie nicht ertragen, wenn sie mit ihm stritt. Ich pflegte abends mit einem Kissen über dem Kopf ins Bett zu gehen, um ihr Geschrei abzustellen. Ich erinnere mich sogar, daß ich, als ich etwa sechs oder acht Jahre alt war, Selbstmord begehen wollte, weil ich die Streitereien nicht mehr aushalten konnte. Ich hatte Angst, er würde sie schlagen. Aber sie haben sich nie wirklich geschlagen."

Lindas Geschichte schien jedoch nicht vollständig zu sein. Sie reagierte auf den Konflikt zwischen ihren Eltern, als hätte er die Qualität eines Alptraums. Sie schilderte ihn als „unerträglich" und sagte, sie sei versteinert gewesen und habe „sterben" wollen. Aber elterliche Streitereien sind an und für sich zu alltäglich, als daß sie eine Schauergeschichte wären. Warum berichten dann so viele Patienten von ihrem Erleben des elterlichen Streites als von einem Greuel? Das Kind fürchtet, ein solcher Streit werde dazu führen, daß einer der Eltern getötet wird. Linda wies auf diese Furcht hin, die ich mit der ödipalen Situation in Verbindung bringen würde. In der ödipalen Phase, im Alter von drei bis sechs Jahren, haben Kinder Todeswünsche gegen den gleichgeschlechtlichen Elternteil. Zugleich hat das Kind wegen dieser Wünsche schreckliche Schuldgefühle und versucht, sie nicht anzuerkennen. Ich nahm also an, Linda habe gefürchtet, ihr Vater würde ihre Mutter töten, weil sie auf irgendeiner Ebene wünschte, er würde es tun, damit sie ihn ganz für sich allein haben könnte. Auf der bewußten Ebene wandte sich Linda jedoch gegen ihren Vater und wünschte, er würde sterben. Sie sagte sogar, sie wünschte es sich immer noch, denn dadurch würde ihrer Mutter das Leben sehr erleichtert. Aber indem Linda sich gegen ihren Vater wandte, wandte sie sich auch gegen sich selbst, gegen ihre Liebe zu ihm und gegen ihre Sexualität, die ein Ausdruck dieser Liebe war. Zumindest war dies meine Hypothese. Um sie zu überprüfen, kontrollierte ich Lindas Gefühle für mich, denn als ihr Therapeut war ich ein Vater-Ersatz.

Während Linda auf dem Bett lag, beugte ich mich über sie, so daß mein Gesicht etwa 15 cm von ihrem entfernt war. Als unsere Augen miteinander in Kontakt traten, konnte ich spüren, daß sie mich mit einem positiven Blick ansah. Ich fragte sie, ob sie mich küssen würde. (Ich küsse meine Patientinnen nicht, aber ich erlaube ihnen, ihre Gefühle verbal auszudrücken.) Linda sagte, sie habe Angst, mich zu küssen, es sei unpassend und „schmutzig". Aber während sie dies sagte, fing sie an zu weinen und zu schluchzen. Sie war in bezug auf ihre Gefühle in einem Konflikt. Wenn sie sie nicht akzeptieren konnte, konnte sie doch wenigstens protestieren. Ich schlug ihr also vor, mit den Füßen gegen das Bett zu stoßen und „warum?" zu schreien. Nach dieser Übung, die sie mit etwas Gefühl machte, fühlte Linda ein wenig Erleichterung.

In der nächsten Sitzung forderte ich Linda auf, ihre Hände zu erheben und mein Gesicht zu berühren. Hier sind ihre Worte über das Erlebnis, wie sie es nach der Sitzung aufgezeichnet hatte: „Der große Durchbruch kam, als ich sein Gesicht umfassen und ihm sagen mußte, daß ich ihn gern habe. Ich konnte es nicht. Die Worte blieben mir im Hals stecken – sie wollten nicht herauskommen –, und als ich sie schließlich herausbrachte, weinte ich. Ich weinte wirklich sehr, bevor ich irgendwas sagen konnte. Ich konnte nicht sagen, ‚ich liebe Sie'. Ich konnte die Worte nicht durch die Kehle herausbringen. Aber während ich schluchzte, sagte ich, ‚Wovor fürchte ich mich? Warum kann ich nicht sagen, ich liebe Sie?' Ich kann meine Traurigkeit wirklich fühlen." Ich sagte Linda, nach meinem Gefühl meine sie, sie habe kein Recht, irgend jemanden mit ihrer Traurigkeit zu belasten. Ihre Einstellung angesichts von Kummer sei, ein „fröhliches Gesicht" zu machen, immer ein Lächeln zu zeigen. Darauf sagte sie: „Meine Eltern haben mir all ihre Probleme erzählt, und wie durcheinander sie seien. Ich hatte natürlich das Gefühl, ich dürfte ihnen meine Kümmernisse nicht mitteilen. Also drückte ich all meine traurigen Gefühle weg. Warum konnte ich meinen Eltern nicht sagen, daß ich unglücklich und traurig war, weil sie die ganze Zeit stritten und sich elend fühlten? Ich kann jetzt verstehen, warum ich, was meine Stimme und Kehle angeht, so neurotisch bin – dazu eine große Angst habe, ich könnte Kehlkopfkrebs bekommen. Ich hab' mich nie als deutlich ausgeprägte Persönlichkeit gefühlt."

Nach dieser Sitzung schrieb Linda in ihren Aufzeichnungen: „Endlich konnte ich in Tränen ausbrechen. Es war traurig und schmerzlich, aber ich fühlte mich erhoben und großartig, als ich wegging – und blieb so für den Rest des Tages."

Wir können jetzt erkennen, daß Lindas Image und ihre innere Realität einander entgegengesetzt waren. Das Image, das sie der Welt präsentierte, war das einer angesehenen, kompetenten und erfolgreichen Person. Sie war jemand. Leider fühlte sich Linda nicht wie jemand, der der Mühe wert ist;

sie hatte nicht das Gefühl, das Recht zu haben, sich als Person zu äußern, in ihren eigenen Angelegenheiten eine Stimme zu haben. Hätte sie es gehabt, hätte es kein Problem gegeben. Aber am Anfang ihrer Therapie konnte ich nicht erkennen, was sie fühlte. Sie hatte alles Fühlen unterdrückt. Erst nach den Erlebnissen, die ich beschrieben habe, konnte sie sich öffnen und ihr inneres Selbst offenbaren.

Das wahre Selbstgefühl wird durch die Gefühle des Körpers bestimmt. Und es spiegelt sich im Körperausdruck. Ich habe schon erwähnt, daß Linda eine attraktive Frau war. In einer Hinsicht war ihr Körper jedoch mißgestaltet. Ihr Becken und ihr Gesäß waren zu schwer und zu breit. Dieser Bereich hatte etwas Passives an sich, und tatsächlich fiel es ihr schwer, ihr Becken leicht und frei zu bewegen. Linda war sich dieser Schwierigkeit bewußt, da sie die Passivität der unteren Hälfte ihres Körpers bei sexueller Betätigung erlebt hatte. (Sie hatte beim Geschlechtsverkehr mit einem Mann niemals einen Höhepunkt erlebt.) Die Passivität hing mit dem Gefühl zusammen, daß sie sexuell für den Mann „da" war, aber nicht für sich selbst. Als wir die Bedeutung der Unbeweglichkeit ihres Beckens besprachen, sagte Linda, ihre Mutter habe dasselbe Problem. War sie also mit ihrer Mutter identifiziert? „Ich nehme an, wir sind uns irgendwie ähnlich", antwortete Linda, „aber ich habe immer versucht, anders zu sein als sie." Der Unterschied drückte sich in der Rolle aus, die Linda annahm, in dem Image, das sie projizierte. Die Ähnlichkeiten kamen jedoch auf der körperlichen Ebene und in Verhaltensmustern heraus, die unbewußt determiniert waren. Beide Frauen waren sexuell passiv, was auf tiefe sexuelle Schuldgefühle schließen ließ, die wiederum Gefühle der Minderwertigkeit und Unzulänglichkeit fördern. Da Linda zur modernen Generation gehörte, rebellierte sie gegen ihr „Schicksal", im Gegensatz zu ihrer Mutter, die das ihre akzeptierte, heiratete und Kinder aufzog. Aber Linda mußte einen hohen Preis für ihre Rebellion zahlen – nämlich, keine Ehe und keine Kinder zu haben.

Ich habe schon früher eine Frage in bezug auf Lindas Image gestellt: Was war seine genaue Bedeutung? Eine erfolgreiche Frau zu sein bedeutete, anders als ihre Mutter zu sein. Mißerfolg bedeutete, daß sie nicht besser war als ihre Mutter. Aber wie entsteht die Vorstellung des Wettbewerbs zwischen Mutter und Tochter (oder Vater und Sohn)? Ich glaube nicht, daß sie naturgegeben ist.[8] In der natürlichen Ordnung neigen Kinder dazu, ihren Eltern nachzueifern, nicht dazu, sich mit ihnen zu vergleichen. Sich mit einem Elternteil zu vergleichen oder mit ihm zu wetteifern setzt eine Gleichheit der Stufe voraus. Kinder können sich nur als ihren Eltern gleich empfinden, wenn sie von einem oder beiden Eltern als ihresgleichen behandelt werden. Beide Eltern taten dies bei Linda, indem sie ihr ihre Probleme und Ängste mitteilten. Wenn ein Elternteil bei einem Kind Verständnis und Mitleid sucht, behandelt er oder sie das Kind als seinesgleichen und versetzt es in die Lage eines Erwachsenen. Eine ähnliche

Situation tritt ein, wenn ein Elternteil zeigt, daß er oder sie von einem Kind sexuell erregt wird. In beiden Fällen wird das Kind verführt und mißbraucht. Die Wirkung ist jedoch, daß sich das Kind als etwas Besonderes fühlt. Das geschah auch mit Linda. Lindas Therapie machte weiterhin befriedigende Fortschritte. Sie konnte mehr Gefühl spüren und ausdrücken. Sie weinte leichter und tiefer über ihr früheres und gegenwärtiges Leben. Durch die Körperarbeit mit ihrem Becken entwickelte sie mehr sexuelles Gefühl. Dann lernte sie einen erfolgreichen Mann kennen, der anders war als ihre früheren Liebhaber und sie gern heiraten wollte. Ihre Eheschließung erforderte den Umzug in eine andere Stadt, und ihre Therapie bei mir nahm ein Ende.

Lindas Fall veranschaulicht eine Reihe von Fragen in bezug auf den Narzißmus. Das großspurige Selbstbild, das den narzißtischen Menschen kennzeichnet, ist ein Ausgleich für ein unzureichendes und unwirksames Selbstgefühl. Es stellt eine bewußte Anstrengung dar, anders (besser) zu sein, aber es gelingt ihm nicht, die Grundpersönlichkeit oder das Selbst zu verändern. Das Selbst ist eine Funktion der Lebendigkeit des Körpers; es unterliegt nicht der bewußten Steuerung. Bewußt kann man nur die Erscheinung ändern – tatsächlich das eigene Image -, und das hat nur einen oberflächlichen Einfluß auf die Persönlichkeit, genauso wie das Wechseln der Kleider den Körper darunter nicht verändert. Eine tiefergehende Veränderung erfordert den Ausdruck der unterdrückten und verleugneten Gefühle. Zu diesem Zweck muß man die chronischen Muskelverspannungen lösen, die das Fühlen blockieren, und die verdrängten Erinnerungen ins Bewußtsein heraufholen.

Dieses Verfahren ist der therapeutische Grundsatz gegenüber allen neurotischen Problemen einschließlich des Narzißmus. Aber kein therapeutisches Verfahren ist wirksam, wenn der Therapeut den Patienten als Person nicht versteht. Jedes Charakterproblem entwickelt sich durch das Zusammenwirken oder die Interaktion vieler Kräfte, von denen jede aus irgendeinem wichtigen Erlebnis der frühen Kindheit stammt. Jeder einzelne Faden im Gewebe der Persönlichkeit muß unterschieden, sein Ursprung bestimmt und seine Funktion geklärt werden. In Lindas Fall wurde die Rolle des Image als Kompensation für ein Unzulänglichkeitsgefühl klar herausgestellt. Als Linda die Ursachen ihrer Ängste und Schuldgefühle (hauptsächlich sexueller Art) durcharbeitete, konnte sie mit mehr Gefühl und mit weniger Sorge um ihr Image leben. Ihr Narzißmus nahm ab. Sie hatte es weniger nötig, ihre Gefühle zu verleugnen.

Das Image selbst ist eine Verleugnung der eigenen Gefühle. Indem man sich mit einem großspurigen Image identifiziert, kann man die Schmerzlichkeit der eigenen inneren Realität übersehen. Aber das Image dient auch einem äußeren Zweck in bezug auf die Welt. Es ist eine Möglichkeit, von anderen akzeptiert zu werden, eine Möglichkeit, sie zu verführen und Macht über sie zu gewinnen. (S. 79–90)

Vom Glänzen-Wollen zur Weiblichkeit

Als ich den ersten Entwurf dieses Buches verfaßte, erschienen mir die Fälle Lowens für die Veranschaulichung von E3 zu kurz, um sie in eine Reihe mit Anna O. und Scott Pecks Charlene zu stellen. Da ich in der Fachliteratur, die ich von Freuds *Studien über Hysterie* bis zu einer computerunterstützten Suche nach Fällen erfolgreicher Therapie an hysterischen Persönlichkeiten durchkämmte, nichts finden konnte, das sowohl sorgfältig ausgearbeitet als auch reich an charakterlichen Details war, entschloß ich mich, anstatt des Berichts eines Therapeuten den eines Patienten auszusuchen – nämlich einen Auszug aus Cherry Boones Buch *Starving for Attention (Hungern für und nach Aufmerksamkeit)*.[9] Es schien passend, daß E3 durch eine Persönlichkeit aus den Medien veranschaulicht werden sollte, und es schien auch passend, daß der Untertitel dieses Werks über den leistungsorientierten Persönlichkeitsstil dem Leser bereits den Sieg der Autorin über die Krankheit zu erkennen gab. Im englischen Titel verdichtet sich in sehr gelungener Weise eine doppelte Bedeutung. „Starving for Attention" legt einerseits nahe, daß jemand *nach* Aufmerksamkeit hungert (d. h., von der Leidenschaft, gesehen zu werden, getrieben wird), andererseits verbirgt sich dahinter bei genauerem Hinsehen auch ein Fall von *anorexia nervosa* – einer Krankheit, die die Bereitschaft in sich birgt, *für* ein Körperbild, das seinerseits Aufmerksamkeit erregt, zu hungern.

Da das Ersuchen meines Verlegers, zur Veranschaulichung von E3 ganze Passagen aus Cherry Boones Material zitieren zu dürfen, bedauerlicherweise abgelehnt wurde, muß ich die so entstandene Lücke mit einem unveröffentlichten Bericht füllen – und zwar mit der therapeutischen und spirituellen Autobiographie meiner Frau Suzy, die sie vor einigen Jahren für ein anderes Buchprojekt verfaßte, das ich damals im Sinn hatte.

Ich lasse den Text für sich selbst sprechen und merke nur an, daß es sich dabei um die Geschichte einer Wandlung handelt, deren entscheidender Einfluß darin lag, daß meine Frau sich (in der Zeit vor unserer Beziehung) mit meiner Arbeit konfrontierte; der entscheidende Faktor war dabei das Erkennen ihrer destruktiven Eigenschaften, ihrer Selbsttäuschung und ihrer Fehler.

> Geben wir ihr einen Namen, einen Namen, der ihr gefällt, der ihr einen Wert gibt und den man nie vergißt; einen Namen, den man auf der ganzen Welt kennt – und sogar darüber hinaus … denn das ist sie tatsächlich – ein Stern aus einer anderen Welt.
> Dieser Stern-aus-einer-anderen-Welt erschuf sich selbst, getrieben von einem Bedürfnis … ihrem Bedürfnis zu glänzen, um zu überleben. Der Grund für ihr Strahlen war jedoch absolut geheim. Nichts und niemand durfte je dahinterkommen, daß dieses Strahlen nur mit größter Anstrengung, List und Ausdauer zustande gebracht werden konnte. Denn wirken mußte dieses Strahlen authentisch, einzigartig und unerreicht.

Die Welt, in der sie lebte, verdiente ihr Vertrauen nicht – sollte ihr aber dennoch zu Füßen liegen. Um das zu erreichen, waren alle Mittel erlaubt. Es gab keine Regeln …

Ihre Lehrzeit war schwierig und bestand aus vielen Lektionen, die sie sich selbst systematisch beibrachte. Sie mußte aus sich selbst heraus lernen, denn hätte sie erkennen lassen, daß sie mit oder von jemand anderem lernen mußte, so hätte sie ihr Geheimnis preisgegeben, ihre perfekte Aura zerstört; sie hätte zugeben müssen, daß es tatsächlich jemanden gab, der ihr etwas beibringen konnte. Und das kam überhaupt nicht in Frage. Wußte sie etwas nicht, so beobachtete sie geduldig und mit wissendem Blick, und hatte sie genug Informationen zusammengetragen, so hielt sie schlaue Vorträge voll scheinbarer Weisheit.

Die Welt war ihre Schule – ständig beobachtete sie alles und jedes, vor allem die Schwachpunkte der Menschen, ihre „Achilles-Ferse". Jeder hatte eine, und es war nur eine Frage der Zeit, wann er sie entblößen würde. War es endlich soweit, so machte sie sich das zunutze, um sich selbst in ein hervorragendes Licht zu rücken.

Die Grundlektionen lernte sie schnell – und zwar wie man sich nützlich, interessant und überhaupt unersetzlich macht. Über die nötigen Mittel verfügte sie: Schönheit, einen scharfen Verstand und eine schnelle und genaue Wahrnehmung dessen, was sich um sie herum abspielte. Der Rest entwickelte sich Schritt für Schritt.

Die Frage, die während ihrer Lehrzeit hinter allem stand, war immer die gleiche: Was mag der andere, was will und was braucht er? Sie fand es schnell heraus; eine einfach zu lösende Gleichung. (Für Stern-aus-einer-anderen-Welt war schließlich nichts unmöglich.) Sie wußte, daß der Fisch die Beute unweigerlich schnappen würde, sobald der Haken einmal ausgeworfen war. Ihre Ziele waren immer kraftvoll und präzise durchdacht, ihr Zeitplan immer pünktlich.

Stern-aus-einer-anderen-Welt wurde ebenso rein und unschuldig geboren wie alle anderen Babies – aber dieses unschuldige Kind blieb sie nicht lange. Denn schon bald mußte sie einem dringenden Bedürfnis ins Auge sehen – nämlich dem, ihre schreckliche Angst vor den fallenden Bomben zu verbergen und hinunterzuschlucken, die ihre Welt zerstörten und sie von ihrer Mutter trennten. In diesem Schrecken lebte sie allein und hilflos und ohne jedes Empfinden, daß sie je willkommen, geborgen und geschützt sein könnte.

Sie wurde direkt in den Krieg hineingeboren (1944). In ihm herrschte die Dunkelheit, und ihre Mutter konnte ihr nicht die geringste Sicherheit bieten. So war ihr erstes Gefühl, daß die Welt ein kalter und grausamer Ort war. Sie mußte sich verteidigen, so gut sie konnte.

Alles in ihrer Umgebung hätte Stern-aus-einer-anderen-Welt glauben machen können, daß ihr Los das eines Verlierers war. Ein schreckliches Ereignis folgte auf das andere, so daß sie unausweichlich in Situationen äußersten Leids und äußerster Einsamkeit geriet. Ihr Vater konnte während ihrer ersten Lebensmonate nicht bei ihr sein, da die kritischen Umstände zwischen Verfolgung und Grausamkeit dies verhinderten.[10] Sie konnte sich kaum an die eine Gelegenheit erinnern, als sie den heiß ersehnten Vater umarmte – das einzige Mal, als er sie mit traurigen, müden und resignierten Augen anschaute und so liebevoll mit ihr sprach, daß es sich wie ein Liebesbalsam in ihr Gedächtnis prägte. Sie war kaum ein halbes Jahr alt, als ein weiterer Bombenanschlag ihrer Chance ein Ende setzte, je einen Vater zu haben. Er starb, und sie mußte mit einem „nie mehr" weiterleben, das ihr ganzes Leben bestimmte und das in Ungläubigkeit und eine Verachtung von Gefühlen verwandelte, was hätte Liebe sein können. Dieser Verlust, den sie als solch ein frühzeitiges Verlassen-Werden empfand, ließ sie nach so manchem Ersatz suchen.

Für ihre Mutter war es schwer, sich selbst zu erhalten, sie litt ständig und bewies immer wieder, daß sie als Mutter unfähig und unerreichbar war. So wandte sich Stern-aus-einer-anderen-Welt einer anderen möglichen Hilfsquelle zu, nämlich ihrem älteren Bruder. Der vereitelte jedoch ihre Annäherungsversuche, weil er zu sehr mit seinen eigenen Schwierigkeiten und seinem eigenen Schmerz beschäftigt war.

Sie war noch nicht einmal zwei Jahre alt, da befiel ein weiteres Unglück diesen unschuldigen kleinen Körper. Sie bekam Kinderlähmung und hatte infolge dessen ein verkürztes Bein. Weitere Tote, eine ausgerottete Familie, Konzentrationslager, die kommunistische Herrschaft, die Flucht aus ihrer Heimat, alle Besitztümer zurücklassen, Erinnerungen. Ihre Mutter brachte sie an einen fernen Ort, wo sie die Sprache nicht verstehen konnte. Im Alter von fünf fand sie sich schließlich in einem eigenartigen Haus wieder, in dem sie kalten Händen überlassen war. Sie weinte bitterlich, schrie nach ihrer Mutter, aber die Antwort blieb aus, und niemand tröstete sie. Da hörte sie auf zu weinen und faßte einen Entschluß: *„Ich werde nie wieder weinen! Niemand kommt und hilft mir! Es gibt niemand, dem ich vertrauen kann!"*

Diese Entscheidung prägte ihren weiteren Lebensweg. Sie beschloß, daß sie kein Verlierer sein würde, sondern trotz allem triumphieren würde. Sie würde der Welt zeigen, daß sie gewinnen könnte, daß nur die Schwachen untergingen; die Starken überwänden das Unglück und machten weiter.

Mit einer Kraft, die sie aus ihrem tiefen Leid und Schmerz bezog, wurde ein Stern geboren – ein Stern, der ganz ohne fremde Hilfe würde strahlen müssen. Dies war nur möglich, wenn sie ihren Schmerz, ihre Bedürfnisse, ihre Angst und ihre tiefe Traurigkeit und Einsamkeit begrub. Rasch ersetzte sie alles, was an ihr selbst echt und unverfälscht war, durch ihre Wahrnehmung dessen, was anderen gefiel. Ihr Lächeln und ihre Freundlichkeit wurden immer wieder gelobt, ihre Verfügbarkeit und ihre Arbeitsleistung gepriesen, ihre Intelligenz und ihr unverrückbarer Optimismus stets gut aufgenommen. Die Welt gehörte den Starken, denen, die nie Probleme hatten, und sie würde die Beste, die Talentierteste und die Beliebteste von allen sein – was auch immer der Preis dafür sein mochte.

Doch dann trat ein neuer Mensch in ihr Leben – ein Mensch, der es Stern-aus-einer-anderen-Welt erlaubte, ein klein wenig Vertrauen in die Liebe zu fassen – und in ihre Mitmenschen. Im zweiten Mann ihrer Mutter fand sie einen neuen Vater. Was für ein liebenswerter Mann! Er war ihr Schutzengel, der sie willkommen hieß und sie behütete. Sie liebte ihn vom ersten Augenblick an. Er schenkte ihr ihr erstes Spielzeug.[11] Ihr erstes Gedicht widmete sie (im Alter von neun Jahren) ihm. Es hieß „Mein Vater". Als er es las, entdeckte sie Tränen in seinen Augen. Von diesem Moment an wurde er der Vater, nach dem sie sich so sehr gesehnt hatte.

Während ihrer Jugend traf Stern-aus-einer-anderen-Welt auf viele Schwierigkeiten – sie erkannte, daß zur körperlichen Schönheit auch schöne Beine gehörten, und die hatte sie nicht. Für dieses Problem gab es keine Lösung, außer …

Sie konnte alle Männer haben, die sie wollte, wenn sie sie so bezauberte, daß sie vergaßen, daß eines ihrer beiden Beine nicht zu dem perfekten Ganzen paßte, das sie darbot. Sie lernte, komplizierte Tricks anzuwenden, um ihr Ziel zu erreichen – und auch, daß „der Zweck die Mittel heiligt". Die Verführung wurde zu ihrer am meisten gebrauchten und am wenigsten sichtbaren Waffe. Ihr sexuelles Leben begann sehr früh, und sie gab den Männern alles, was sie wollten, und mehr, als sie sich je erträumen hätten lassen. Sie spielte ihr Spiel jedoch immer indirekt, ohne Worte, vorsichtig und mit Geduld. Da sie nicht offen kämpfen und sich als Gleiche unter Gleichen messen konnte, verbarg sich ihre Strategie stets hinter Eigenschaften, die mit Sexualität nichts zu tun hatten. Sie hielt ihre Strategie so versteckt, daß sie selbst meinte, Sexualität sei nicht so wichtig, und andere daher umso leichter überzeugte. Das war die einzige Chance, einer direkten Konfrontation, in der sie zweifelsohne unterlegen wäre, zu entgehen, denn tief drinnen fürchtete sie, daß ihr eines Tages jemand sagen würde, sie tauge nichts als Frau, weil sie ein verkrüppeltes Bein hatte. Sie prahlte mit ihren Talenten und spielte sie intensiv aus, doch ihr stärkstes Motiv (und ihre Waffe) hielt sie unter Verschluß – und zwar so sehr, daß nicht einmal sie selbst sich dessen bewußt war.

Inzwischen war jene Kraft, die sie als junges Mädchen und während der folgenden Jahre ihres Lebens am stärksten antrieb, ohne den geringsten Zweifel die Suche nach der Liebe eines Mannes, d. h. die Bestätigung, daß sie begehrt und beliebt war und der Hauptangelpunkt im Leben jenes Mannes, den sie zu ihrem Partner erkoren hatte. Jede ihrer Qualitäten (und sie hatte viele davon) diente letztlich ein und derselben Motivation: der Anerkennung durch einen Mann. Ihr gesellschaftlicher und beruflicher Glanz war eine Leistung, die im Dienste der Verführung auf einem silbernen Tablett gereicht wurde.

Ihr beruflicher Erfolg, die Tatsache, daß sie unabhängig, selbstbewußt, fähig und aktiv war, wurde unterschwellig ständig von einer Frage begleitet: Wann kommt der Tag, an dem du mir beweist, daß ich die Königin deines Herzens bin?

Es gab in ihrem Leben Männer, die ihrer Verführung erlagen und sie leidenschaftlich liebten. Dennoch war sie nie zufrieden, sie wollte immer mehr und mehr, oder sie wollte etwas anderes, als sie gerade haben konnte. Tatsächlich strebte sie nach dem Unmöglichen. Irgendwie war der Teufelskreis schon im Laufen, denn ihr Innerstes konnte an die Liebe, die sie empfing, nicht glauben, war doch das Objekt ihrer Liebe ohnehin nur ein künstliches Bild. Ihr wahres Selbst blieb verborgen, es war unterwegs irgendwo verlorengegangen. Und die Suche ging weiter – unermüdlich, schwierig und besessen, durch die Windungen eines Labyrinths, das erst noch als solches erkannt werden mußte. So vergingen 33 Jahre ihres Lebens. Stern-aus-einer-anderen-Welt fühlte sich vollkommen. Alles, was sie tat, paßte hervorragend zu ihren Plänen von Erfolg und gesellschaftlicher Anerkennung. Sie war eine perfekte Hausfrau, eine perfekte Mutter, eine perfekte Ehefrau, eine perfekte Freundin, eine perfekte Berufstätige und eine perfekte Geliebte. Perfektion bedeutete die absolute Fähigkeit, das zu sein, was der andere von ihr wollte, erträumte und sich vorstellte. Und das war das Leben. Sie hatte alles unter Kontrolle. Eine bewundernswerte und bewunderte Frau.

Dann trat jedoch eine unerwartete Störung auf. Ihr Mann begann, sich aus ihrem subtilen, aber festen Griff zu befreien, und begab sich auf einen neuen, unbekannten Pfad.

Sie hatte in heiliger Ignoranz gelebt. Welch ein Schock!

Sie versuchte mit allen Mitteln und allen ihr bekannten Mechanismen, den Status quo aufrechtzuerhalten. Aber es funktionierte nicht. Bald wurde sie in eine völlig neue Welt hineingezogen. Ihr Alltag, alle ihre Werte wurden erschüttert. Und Stern-aus-einer-anderen-Welt wußte nicht, wie sie sich auf den Beinen halten sollte. Vor allem wußte sie nicht, wie sie inmitten all der Verwirrung weiter strahlen sollte.

Sie paßte sich den neuen Werten, die ihren Mann anzogen, jedoch schnell an. Da sie sich selbst erschaffen hatte, besaß sie die beneidenswerte Gabe, sich an neue Umstände anzupassen und sich sogar an ihre Spitze zu stellen. „Ah, so ist das …", dachte sie. „Gut, dann also los. Ich schaffe das. Nichts ist mir unmöglich."

Sie fragte sich nie, was sie wollte. Über ihre eigenen Gefühle ging sie hinweg und begrub sie so tiefer und tiefer in ihrem Innersten – schließlich wußte sie ja, daß es gefährlich war, Gefühle und Sehnsüchte zu haben. Hätte sie Gefühle, so würde sie das verwundbar machen, und sie wäre der Gnade und den Regeln von jemand anderem unterworfen, d.h., sie könnte auf jeden Fall verletzt werden. Und so verbarg sie ihre Gefühle tief drinnen in sich, wo niemand, aber auch wirklich gar niemand Zutritt hatte.

Die Inbrunst, mit der sie verdeckte, verheimlichte und ihre eigenen Wünsche durch die anderer ersetzte, wurde zu einer Falle, derer sie sich nicht bewußt war. Sie war so sehr damit beschäftigt, die Beste, die Anpassungsfähigste und die Begehrteste zu sein, daß sie sich selbst vergaß.

Ihre eigenen Gefühle, ihre eigenen Werte und ihr wahres Selbst hatte sie irgendwo begraben, aber sie hatte nicht darauf geachtet, den Weg dahin zu kennzeichnen. Ja sie konnte sich nicht einmal daran erinnern, daß sie diese Teile ihrer selbst versteckt hatte. Schließlich war sie vollauf damit beschäftigt, für sich selbst zu werben, jemand Besonderer zu sein und die Welt zu ihren Füßen zu halten.

Diese Arbeit war so aufwendig, daß sie ihr ganzes Sein einnahm. Sie verschmolz mit dieser Rolle und wurde so zum Sklaven jener Macht der Bewunderung, die sie über andere ausübte.

Und dann wurde alles anders – sie fing an, in Therapie zu gehen. Sie durchlief eine verrückte Phase, während der ihre Ehe offen war (ihr Körper und ihr Bett hatten keinen Gebieter mehr). Doch sie versuchte immer noch, mit den neuen Interessen ihres Mannes mitzuhalten, und hoffte, so das bevorstehende Scheitern ihrer Ehe aufhalten zu können. Schließlich trennte sie sich von ihrem Mann. Sie heiratete wieder, zog in eine andere Stadt und wechselte den Beruf.[12] Stern-aus-einer-anderen-Welt ließ sich auf eine neue Karriere ein und wurde Therapeutin. Darüber hinaus wurde sie jedoch vor allem zu einer Suchenden. Da mußte noch mehr sein, nach dem es zu suchen galt, doch sie wußte nicht genau, was es war.

Ja, alles wurde anders, jedoch vor allem an der Oberfläche und dank ihrer Fähigkeit, sich an Umstände anzupassen und sie zu überwinden. Ihr Leitspruch blieb der gleiche: aufzufallen, geliebt zu werden, begehrt und gebraucht zu sein.

Obwohl sie sich auf etwas Neues einließ, dessen Dimensionen viel weiter waren als zuvor, und obwohl sie in einer Umgebung lebte, in der es um Entwicklung, Veränderung, Wandel und Spiritualität ging, gestattete sich Stern-aus-einer-anderen-Welt nicht, wirklich berührt zu werden. Ihre Rüstung blieb völlig intakt. Vielleicht hier und da ein paar Schrammen, aber nichts, das sie wirklich von ihrem Thron hätte stürzen können.

Auf einem Gebiet erlaubte sie sich ein wenig Entspannung und Zärtlichkeit – bei ihren Kindern. Von ihrem ersten Mann hatte sie vier Kinder, und von ihrem zweiten Mann adoptierte sie zwei weitere. Diese Kinder waren ein Bollwerk der Liebe. Sie stellten keine Bedrohung für sie dar. Sie waren unschuldige Geschöpfe, wie sie selbst einst eines gewesen war. Sie konnte sie in ihren Armen spüren, ihnen ihre Liebe und Zuneigung zeigen – als ein menschliches Wesen mit offenem Herz. Ihr Herz schlug mit diesen kleinen Herzen, die ein Teil ihrer selbst waren. Das hielt sie inmitten dieses Krieges aus Lichtern und Feuerwerken, den sie für das Leben hielt, irgendwie mit etwas Menschlichem in Verbindung.

In ihrer Liebe zu ihrem Mann gab es viele, viele Enttäuschungen! Sie konnte nicht verstehen, wie ein Mann, der die Ehre hatte, an ihrer Seite zu leben, nicht zum Mann ihrer Träume werden konnte – zum perfektesten aller Männer, zu dem, der sie schließlich retten und sie zu ihrem heimlichen Versteck zurückführen würde. Sie konnte nicht verstehen, daß auch er sich von ihrem Glanz täuschen ließ, von ihrer perfekt erdachten Leuchtkraft, mit der sie sich und ihre Beziehungen nährte. Sie wartete und wartete, plante und plante, damit er ihr endlich trotz ihrer selbst die Maske herunter riß.

Sie verliebte sich zutiefst in den Mann, der ihr zweiter Ehemann werden sollte, so sehr, daß sie alles andere fallenließ und ihm in eine fremde Stadt folgte, wobei sie ihr Heim, ihre Familie, ihre Arbeit, ihre Freunde und alles, was sie besaß, zurückließ. Sie ging auch ohne jede Garantie, denn er liebte sie nicht; er freute sich nicht einmal besonders an ihrer Gesellschaft, aber dank ihrer Fähigkeiten fühlte er sich sicher. Die Herausforderung reizte sie jedoch, und sie fand es aufregend, beweisen zu müssen, daß sie ihn erobern konnte. Sie gab nie auf. Ihr Motiv war jetzt stärker denn je, letztendlich doch geliebt zu werden (auch wenn das nicht offensichtlich war).

Stern-aus-einer-anderen-Welt suchte die Liebe, auch wenn sie nicht zugab, daß sie sie brauchte. Doch mehr als das, ihre Spiele waren so zwanghaft, und sie war so in sie verstrickt, daß sie letztlich immer davon gefangen war. Ihr Leiden, ihre Enttäuschungen und ihre ständige Unzufriedenheit standen in krassem Gegensatz zu dem Bild ständigen Wohlbefindens, das sie nach außen hin bot. Hatte sie die Liebe ihres Partners endlich errungen, so zerstörte sie die Beziehung. Sie beschuldigte ihn, zu spät zu kommen, und kritisierte all das an ihm, was sie früher am meisten angezogen hatte. Sie zerstörte seine Selbstachtung und übergab ihn dann mit großer Überlegenheit an eine andere Frau. So verzerrte sie abermals einen Fehlschlag und verwandelte ihn in einen scheinbaren Sieg.

Nach und nach begann ein neues, im Grunde unbekanntes Wesen ans Tageslicht zu treten; eines, das fast die ganze Lebenszeit über geschlafen hatte. Dieser „Jemand" begann, sie am Ärmel zu zupfen, zu ihr aufzuschauen und sie in Konflikte und Zweifel zu stürzen. Stern-aus-einer-anderen-Welt bemerkte, daß sie nicht allein war; ja, sie hatte diesen Körper und dieses Leben kaum im Griff.

Da begann Licht-am-Horizont aufzugehen.

Stern-aus-einer-anderen-Welt war es gewohnt, zu konkurrieren, zu manipulieren, jede mögliche Taktik anzuwenden, aber dieses andere Wesen ähnelte nichts, das sie kannte. Und so begann der Krieg zwischen diesen beiden; ein erbitterter Krieg, in dem Stern-aus-einer-anderen-Welt vor keiner Waffe zurückschreckte, um die Herrschaft über ihr Gebiet zu erhalten.

Nach und nach wurde Stern-aus-einer-anderen-Welt jedoch durch Licht-am-Horizont bloßgestellt … ihre Spiele, ihre Tricks, ihre Lebensart, die bis dahin nie hinterfragt worden waren.

Stern-aus-einer-anderen-Welt erlitt einen Schock nach dem anderen und wurde immer wieder zu Fall gebracht. Sie sah, daß so viele Menschen auf der Welt genau wie sie waren ... daß sie nicht einmalig war ... daß all ihre Leuchtkraft, ihr Scharfsinn, ihre Einzigartigkeit nur Gemeinplätze waren, Teile eines dummen kleinen Musters, mittelmäßig und sehr leicht bloßzustellen. Das machte sie sprachlos, perplex und gelähmt.

So leicht gab sie jedoch nicht nach. Sie sammelte ihre Kraft und zog in den Kampf. Es sah ihr nicht ähnlich nachzugeben und noch viel weniger aufzugeben. Fehlschläge paßten nicht in ihr Konzept.

Es stellte sich heraus, daß Licht-am-Horizont aus einem ganz anderen Stoff war. Ihr Dasein ließ sich nicht vergleichen ... konnte in der bekannten Umgebung nicht definiert werden. Sie kämpfte nicht mit den gleichen Waffen wie Stern-aus-einer-anderen-Welt. Ja sie benützte nicht einmal Waffen, sie benützte ihre Präsenz; und Stern-aus-einer-anderen-Welt vertraute ihr nicht. Das einzige, was Stern-aus-einer-anderen-Welt wußte, war, daß sie allein überleben mußte. Sie konnte auf niemanden zählen. Sie wußte nicht, was es hieß, sich hinzugeben.

Wieder einmal ging Stern-aus-einer-anderen-Welt schnell, gewitzt und effizient über die Situation hinweg und benützte ihre eigene Demaskierung zu ihren eigenen Gunsten. Je mehr sie zeigte, was sie über sich selbst wußte, umso eher würde man sie in Ruhe lassen – und in ihrer führenden Position. So vermied sie Konfrontationen und Erniedrigungen und konnte gleichzeitig wieder einmal *die Beste* sein, die Vorzugsschülerin. Sie wußte, wie sie sich verstellen konnte. Jetzt stand der Ruf, den sie ein ganzes Leben lang aufgebaut hatte, auf dem Spiel. Sie würde nie all das aufgeben, was sie erreicht hatte. Dafür war ihr jeder Preis recht. Sie würde alles riskieren, solange sie der einzige echte Stern am Himmel blieb. So hielt sie sich noch ein weiteres Jahr auf ihrem Thron.

Licht-am-Horizont beobachtete das Ganze geduldig und bemerkte die außergewöhnlichen Leistungen von Stern-aus-einer-anderen-Welt. Welch eine Anstrengung! Wieviel Energie Stern-aus-einer-anderen-Welt verschwendete, um zu verzerren, zu leugnen, Wahrheiten zu Lügen zu verdrehen und das Offensichtliche in Argumente zu wandeln, die berechnend dazu dienten, jede Stimme zum Schweigen zu bringen, die es wagte, sich ihr entgegenzustellen!

Stern-aus-einer-anderen-Welt war jetzt nicht mehr so selbstbewußt, sie hatte sich nicht mehr so gut im Griff, aber das würde sie auf gar keinen Fall zugeben. Ihre Müdigkeit und ihre Zweifel waren immer perfekt zu rechtfertigen, sie fand immer Ausreden oder andere, denen sie die Schuld geben konnte. So blieb sie auf ihrem Podest.

Nach und nach zog Licht-am-Horizont die Schleier zurück, einen nach dem anderen. Nachdem jeder einzelne gelüftet worden war, begann ein neuer Kampf. Leiden, Konflikte, Schmerz – Stern-aus-einer-anderen-Welt wollte ihren Glanz nicht verlieren und versuchte mit aller Macht, die

Schleier weiter ein noch viel größeres Licht verdecken zu lassen; ein Licht, das sie schon erspäht hatte und das sie endgültig in den Schatten stellen würde.

Sie focht diesen Kampf mehr als ein Jahr lang aus, und die Dunkelheit gewann die Oberhand. Es gab kein Licht, weder innen noch außen. Das Licht von Licht-am-Horizont war noch nicht sichtbar, und das Licht von Stern-aus-einer-anderen-Welt hatte sich als unecht, sinnlos und im Grunde peinlich erwiesen – als zu vordergründig und leer, um ihm auch nur irgendein Vertrauen zu schenken.

Ein Jahr lang ging es bergab. Alles wurde umgedreht, und kein Stein blieb auf dem anderen. Auf so falschen, täuschenden und abwertenden Prämissen konnte man nicht weiter bauen.

Dann brach die Würde von Licht-am-Horizont durch wie ein fliegender Pfeil, der alle Hindernisse durchbohrt und schließlich ruhig sein Ziel erreicht. Es war dringend notwendig neu anzufangen. Dennoch wußte sie nicht, wo sie beginnen sollte, geschweige denn wie. Das einzig Sichere war das, *was nicht da war*. Dennoch gab es sogar jetzt noch einen weiteren, unbekannteren Aspekt von Stern-aus-einer-anderen-Welt, der sich noch nicht wirklich als solcher gezeigt hatte. Jetzt hatte er seinen Auftritt und stieg aus den Ruinen der Niederlage empor. Stern-aus-einer-anderen-Welt machte sich all die Verdienste, die Licht-am-Horizont dank ihres Mutes errungen hatte, zu eigen, indem sie all die gespielten Rollen beendete. Sie anerkannte diese Verdienste und verwandelte sich in einen bedingungslosen Verbündeten und sonnte sich beharrlich im Ruhm ihrer Eitelkeit; sie war die einzige, die groß und siegreich genug war, um eine solche Meisterleistung davonzutragen.

Und um Licht-am-Horizont aus dem Weg zu schaffen, versuchte sie, ihr einen Todesstoß zu versetzen, indem sie vorgab, eine todesmutige und einzigartige Suchende mit absoluter und unverrückbarer Hingabe zu sein, und begab sich in die Hände eines Pseudomeisters mit einem so klugen und verführerischen Ego, daß sie erstaunt und perplex war und sich gleichzeitig erhoben und mit Stolz erfüllt fühlte. All das war vollkommen absurd, dumm und selbstmörderisch. Dieser Mann setzte Stern-aus-einer-anderen-Welt zurück auf den Thron, der ihr fast entglitten wäre. Er versprach ihr den Mond und die Sterne, wandte machtvolle hypnotische Energien an und machte sich im Namen eines „letzten Gefechts", das ihre ganze Suche und ihre Mühen beenden sollte, all ihre Wesenszüge zunutze. Er richtete es so ein, daß sie während einer verrückten Zeit, in der Egos losgelassen wurden und außer Kontrolle gerieten, zu seinen Diensten stand. Das Pferd zog die Kutsche ohne Ziel, und der Kutscher hatte keine Chance, ihm seinen Willen aufzuzwingen.

Es war eine Phase der Euphorie, „großer Erkenntnisse", die von einer verblendenden Energie herrührten, die jeden Eingriff durch Licht-am-Horizont unmöglich machten. Für Urteilsvermögen oder den gesunden

Hausverstand war da kein Platz. Es war wie ein Lawine, die immer näher und näher kam. Dann eine tiefe Stille und eine gewaltige Leere – in der Dunkelheit des Unwissens, der Sinnlosigkeit des Selbst, des Desinteresses am Leben, voll Verzweiflung und Einsamkeit. Da waren Chaos, Desillusionierung und Erschöpfung. Nichts stand wirklich dafür. Und als letzter Rückzug kam ein tiefer Haß gegenüber der Menschheit und vor allem gegenüber Gott, der sie in diesen Morast geführt hatte, in dem sie sich gefangen, wehrlos und ohnmächtig fühlte. Natürlich war dieser Haß immer in ihr verborgen gewesen, unter Verschluß gehalten und nie erlaubt; er paßte nicht zur ihrer Absicht, im Leben zu triumphieren, sich anbeten, lieben, begehren und bewundern zu lassen.

Für Licht-am-Horizont, die taumelte und versuchte, sich auf den Beinen zu halten, ohne in diesem schrecklichen Orkan unterzugehen, war Stern-aus-einer-anderen-Welt ein unbezwingbares Monster – ein Monster, das alles und jeden täuschen konnte, dem jedes Mittel recht war, um sein Ziel zu erreichen, und das die Folgen nicht bedachte. Ein Monster, das besiegt, unterworfen, beherrscht und gezähmt werden mußte.

Licht-am-Horizont wußte genau, daß dies ein Kampf um Leben und Tod war, daß *ihr* Leben auf dem Spiel stand und nicht das von Stern-aus-einer-anderen-Welt. Sie wußte, daß sie Stern-aus-einer-anderen-Welt nicht umbringen konnte, weil sie sonst selbst sterben würde. Licht-am-Horizont mußte überleben, siegen und die Herrschaft über das Schlachtfeld gewinnen. Sie mußte Stern-aus-einer-anderen-Welt in *ihre* Welt lotsen und ihr die einzige Nahrung geben, die sie brauchte und nie bekommen hatte, die Speisen, die sie so unermüdlich gesucht hatte, die sie befriedigen und beruhigen, ihr Frieden und Harmonie bringen würden. Ja, es ging um *Liebe*.

Licht-am-Horizont trug die Liebe in sich. Sie bestand aus Liebe. Sie war aus Liebe gemacht. Und sie mußte durch die Liebe siegen.

Da erschien durch Licht-am-Horizont hindurch plötzlich Gott und erhellte die Finsternis! Endlich beugte sich Stern-aus-einer-anderen-Welt dem Offensichtlichen. In tiefer Demut bat sie Gott um Verzeihung für alle ihre Fehler, für ihre Arroganz, für soviel Zerstörung. Sie dankte ab und riß das verwunschene Schloß nieder. Der künstlich geschaffene Stern fiel vom eingebildeten Himmel.

Ah, jetzt kam der unvergleichliche Glanz eines ewigen Lichts, das keines Aufwands bedurfte, um zu sein! Dieses Licht muß weder genährt noch aufgeladen werden. Es ist, und es spendet seinen Glanz und seine Energie, weil das seine Natur und seine Aufgabe ist.

Nun ... das bin ich, und das ist mein Leben. Liebe bezwingt jedes Hindernis – früher oder später. Liebe versetzt jeden Berg – was auch immer der Widerstand, wie mühevoll auch immer das Ziel sein mag.

Mein Ego ist ein Teil von mir. Es war auf ein selbstmörderisches Ziel hin ausgerichtet worden. Seit es jedoch bezwungen wurde, seit ich es kennengelernt habe und es sich beruhigt hat, ist es zu etwas geworden, mit dem man im Grunde leben kann, ja sogar zu einem wichtigen Verbündeten auf meinem Lebensweg. All die Wesenszüge, die früher im Dienst eines Teufelskreises standen und nach absurden und unmöglichen Zielen strebten, fügen sich heute in den göttlichen Plan und kooperieren mit ihm. Jetzt stellt mein Ego seine Kraft in den Dienst der Liebe, die dem Licht aus der Vereinigung aller Wesen entspringt – einem Licht, das die Gegenwart des Schöpfers im Herzen aller Lebewesen zeigt.

Stern-aus-einer-anderen-Welt und Licht-am-Horizont tragen beide einen einzigen Namen: Suzy.

(Mojacar, 22/09/90)

* * *

Etwas mehr als vier Jahre später schließe ich diesen Bericht ab und bringe ihn auf den neuesten Stand. Als ich meine Geschichte niederschrieb, kam ich gerade aus einem zehntägigen spirituellen Einzel-Retreat, der für mich eine äußerst wichtige Erfahrung war. Es war wie eine Passage, eine Teilung des Wassers, die ich nach zwei Jahren der Hölle und des Fegefeuers unternahm, während derer ich mir vor allem die zerstörerischen Akte bewußt machte, die ich meinem Leben und meinen wichtigsten Beziehungen angetan hatte. Ich hatte mir das Ziel gesetzt, mich ein ganzes Jahr lang von allen meinen Aktivitäten (beruflich, ehelich, gesellschaftlich, Sufi-Gruppe usw.) völlig zurückzuziehen. Zu dieser Entscheidung gehörte auch das Weglassen jeder Art von sexueller Beziehung, da ich mich nicht in gelegentlichen Beziehungen als Mittel zum Spannungsabbau verlieren wollte. Die Einsamkeit fiel mir sehr schwer, und das Nichtstun machte mich zusehends deprimierter. Die größte Entdeckung war jedoch, wie sehr ich Sex brauchte; ich konnte das erst jetzt feststellen, weil ich (seit ich sechzehn war) nie ohne Sex gelebt hatte. Die Zeit war sehr schwierig, aber ich hielt durch; am Ende stellte sich heraus, daß ich ein wertvoller Mensch war. Der Retreat war wie ein Gipfel nach der Dunkelheit, die Gnade, am Ende des Tunnels endlich ein vages Licht zu erspähen. Ich erinnere mich, daß ich mich in der Geschichte von Gilgamesch wiederfand, als er „viele, viele Meilen wanderte und vor und hinter ihm nichts als Dunkelheit" war.

Auf meinem Weg durchlief ich mehrere therapeutische Prozesse. Der erste war meine Erfahrung mit dem Fischer-Hoffman Prozeß (1977), der mich zum ersten Mal mit der Bedeutung des Einflusses meiner Eltern auf mein Leben in Verbindung brachte. Dann kam die Entdeckung, daß es in mir eine Essenz gab – einen spirituellen Teil, dessen ich mir überhaupt nicht bewußt gewesen war, weil ich dazu neigte, mich auf das Praktische und Konkrete, d.h. auf das, was im Außen passierte, zu konzentrieren, und überhaupt kein Interesse für alles Abstrakte und Ungreifbare hatte bzw. für das, was mir keinen unmittelbaren Nutzen brachte. Bis dahin hatte ich all das als „Zeitverschwendung" betrachtet.

Ich glaube, daß die zehn Jahre, die ich als Schülerin von Omar Ali Shah im Sufismus verbrachte, es mir erlaubten, meine Fähigkeit zur Disziplin einzusetzen, um mich einer spirituellen Praxis zuzuwenden. Ich lernte, Geduld zu entwickeln und daß Veränderungen nicht dann stattfanden, wenn ich es wollte. Ich lernte, täglich zu meditieren und die vorgeschlagenen Übungen auszuführen, und bereitete mich so auf das, was später kommen sollte, vor. Mein Ego plusterte sich während dieser Zeit jedoch gewaltig auf, und ich schrieb jede Errungenschaft und jeden Fortschritt meinen egogesteuerten Wesenszügen zu, wie etwa „Ich bin die Beste, ich bin eines der weitest entwickelten Gruppenmitglieder, ich bin eine der Spitzen-*Murshids**; man hat mir Verantwortung und Autorität über andere übertragen; ich kann mit dem Meister direkt kommunizieren etc.". Dies trug erheblich zur Herausbildung des Sterns, die ich gepflegt hatte, bei.

Mit dem Auftreten des Enneagramms in meinem Leben (1987) und unter dem Einfluß der Arbeit mit Claudio Naranjo schleifte ich meine Festung allmählich, bis ich an dem Punkt ankam, den ich oben beschrieb, nämlich einem Absturz in völlige Finsternis und dem Gefühl, daraus nicht mehr herauszukommen.

Im September 1989 erfuhr ich zum ersten Mal einen wirklichen Kontakt mit der Liebe, mit einer göttlichen Energie, die durch die Liebe in mein Herz eintrat, nachdem ich Gott für all die Verrücktheiten und Irrungen, denen ich bis dahin aufgesessen war, zutiefst um Verzeihung gebeten hatte. Es war ein Augenblick großer Demut, in dem ich alle Verteidigungsmasken ablegte. Ich fühlte, wie sich mein Herz – das bis dahin in einer schimmernden Glasdose (durchsichtig, hübsch, leuchtend, aber unzugänglich) eingesperrt gewesen war – sich von diesem Gefängnis meines Ego befreite und zu seinem menschlichen Zustand zurückkehrte. Das war der Augenblick, in dem die Rechenmaschine hinter der Maske von Stern-aus-einer-anderen-Welt von Licht-am-Horizont besiegt wurde, so daß endlich meine Essenz zutage treten konnte – ruhig, friedlich und vor allem liebend.

Das war eine Zeit in meinem Leben, in der ich jede romantische Verbindung mit einem Mann aufgegeben hatte. Ich hatte mich von meinem zweiten Mann getrennt, und ich spürte, daß ich allein bleiben mußte. Doch gerade da traf die Liebe, die ich aus mir herausströmen spürte, auf den Blick eines Mannes – eines Mannes, den ich bis dahin als Meister betrachtet hatte, den ich respektierte und bewunderte, aber den ich nie anders gesehen hatte. Und als wollte ich den Wiederholungen in meinem Leben ein letztes I-Tüpfelchen aufsetzen, verliebte ich mich zutiefst in jemanden, der mich nicht liebte. Ich beschloß, meinen Gefühlen treu zu bleiben, und vor allem entschied ich mich, aus all dem zu lernen, was ich davor erlebt hatte, und nicht wieder die gleichen Fehler zu machen, obwohl ich nochmals sehr vertraute Phasen durchlief, die mich ständig mit den gleichen teuflischen „Lösungen" versuchten. Der Ablauf war ähnlich wie zuvor. Ich stützte mich auf die Fähigkeiten, die mir zur Verfügung standen; ich benutzte meinen

Mut, mein Selbstbewußtsein und den Glauben, daß ich es schaffen würde, einen Platz an der Seite dieses Mannes zu erobern, der für mich aufgetaucht war, ohne daß ich ihn gesucht hatte. Ich erlaubte es mir jedoch nicht, mich in diese schädliche und destruktive Leidenschaft zu verstricken. Die Eitelkeit, Eroberungen und Anerkennung zu sammeln, mußte ich vollkommen im Griff haben. Ich setzte mir als oberstes Ziel, diesem Mann Liebe zu schenken, ihn glücklich zu machen, doch vor allem innerlich rein zu bleiben, nie wieder unzulässige Spiele zu benutzen, in bezug auf meine Gefühle vollkommen transparent zu sein, welche Gefühle das auch immer sein mochten.

Jetzt ist mein Herz jedes Mal voll Freude, wenn er mich ansieht und mir bestätigt, daß er glücklich ist. Ich bin von Dankbarkeit erfüllt, und sie gibt mir die Zuversicht weiterzumachen. Ich lebe fast ausschließlich für ihn, und ich fühle mich geehrt, ihm dienlich zu sein und seinen Alltag begleiten zu können.

Ich spüre, daß Gott mir noch eine Gelegenheit gibt. Und während dieser letzten Jahre, seit ich den ersten Teil dieser Geschichte schrieb, hielt ich mein Ego Schritt für Schritt im Zaum und arbeitete ständig an mir, um mein Leben nicht wieder durch Falschheit, Lügen und Selbsttäuschung regieren zu lassen. Es gab viele Male, wo ich leicht hätte stolpern können. Ich hatte die verschiedensten Prüfungen zu durchlaufen, aber ich habe das Gefühl, daß ich sie bestanden habe. Und heute kann ich sagen, daß ich eine Siegerin bin. Nicht die Siegerin, die ich immer hatte sein wollen, sondern eine Siegerin der Liebe – eine stille, unbemerkte und demütige Siegerin ohne Zepter und Krone. Eine Siegerin, die für die Gelegenheit, die sie bekam, zutiefst dankbar ist.

Mein Ego ist noch immer da. Ich lebe täglich mit ihm. Es versucht, mir ein Bein zu stellen, wann immer sich die Gelegenheit dazu bietet. Aber die Liebe war bisher immer stärker, und das gibt mir eine emotionale Stabilität und die Fähigkeit, ruhig zu leben und die mir eigenen Wesenszüge im richtigen Augenblick ohne anderen Zweck und ohne Ausrede zu verwenden. Meine Nahrung auf diesem Weg bestand einfach darin, eine Frau zu sein – weiblich, fähig, ihrem Mann zu folgen, und empfänglich, aufrichtig und liebend zu sein.

In der letzten Phase ihres Lebens traf ich meine Mutter wieder; das war wie ein Geschenk des Himmels. Meine Mutter und ich trafen einander an genau derselben Stelle, wo wir auseinander gegangen waren. Wir erkannten einander; wir gestanden einander unsere tiefe und gegenseitige Liebe, ohne Schleier und Illusionen … mit Realitätssinn, mit Klarheit, mit Verständnis, mit Dankbarkeit und vor allem mit Liebe und Respekt. Es war nicht mehr nötig zu verzeihen, denn das war schon vor langer Zeit geschehen. Dieser Augenblick der Wiedervereinigung fand auf einer Ebene statt, auf der alles in Ordnung ist. Wir verabschiedeten uns und wußten, daß sie immer meine Mutter sein würde und ich immer ihre Tochter. Seit ihrem Tod spüre ich ihre

Gegenwart mehr denn je, und indem ich mich selbst als Tochter erlebte, entdeckte ich auch in einer anderen Dimension, was es bedeutet, eine Mutter zu sein.

Meine Beziehung zu meinen Kindern veränderte sich drastisch. Zwischen uns entwickelte sich eine Art von Komplizenschaft, ein Erfahrungsaustausch und ein wechselseitiges Lernen, das stets von Liebe begleitet war. Ich spüre, daß ich ihre Entscheidungen und ihr Recht, ihr eigenes Leben zu gestalten, respektiere. Ich erlaube mir nicht, dem Drang „zu lehren, zu erziehen, zu korrigieren und zu dirigieren", nachzugeben. Gemeinsam haben wir Augenblicke großer Freude, Tiefe und Liebe erlebt. Körperlich hat mich das Leben weit von ihnen weggeführt; dennoch spüre ich, daß sie in meinem Wesen und meinem Alltag so stark enthalten sind, daß die Trennung manchmal weh tut. Ich versuche, mit dem Schmerz zu leben und Bedingungen zu schaffen, wo wir miteinander reden und uns austauschen können, um das Fehlen des täglichen Kontakts wettzumachen.

In meiner Beziehung zu den wenigen mir nahestehenden Menschen habe ich das gleiche Ziel verfolgt – bei meinem Bruder, meinem Schwager und meiner Schwägerin, meinen Neffen und Nichten, meinen Ex-Männern, meinen Ex-Schwiegermüttern und den wenigen Freunden, die erkennen konnten, daß ich nicht nur aus einer leeren, oberflächlichen Schale bestehe. Heute sind diese Beziehungen für mich Lebensschätze, die ich wie kostbare Juwelen hüte und für deren Existenz ich dankbar bin.

In meiner Beziehung zu Menschen bin ich sehr wählerisch geworden – ich ziehe es vor, mit Menschen zusammen zu sein, mit denen ich reden und wachsen kann, anstatt eine einzigartige beliebte und oberflächliche Figur in jedem beliebigen Umfeld zu sein. Meine Karriere, in der ich eine beachtliche Stellung erreicht hatte, habe ich fast ganz aufgegeben. Ich habe Erfahrungen gesammelt, die ich jetzt bei Gelegenheiten benutze, die sich in natürlicher Weise ergeben, ohne mir damit in der Berufswelt Geltung verschaffen zu müssen. Mit den Menschen, die ich meinem Gefühl nach am meisten verletzt habe, bin ich im Frieden; ich habe erfahren, daß man das retten kann, was am schönsten und liebevollsten war. In meiner Einfachheit und Anonymität empfinde ich mich als glücklicher Mensch.

Ich suche nicht weiter nach dem Wunderbaren. Das Wunder liegt für mich in jedem einzelnen Tag, an dem ich erwache – ich öffne die Augen und erkenne, daß Gott in meinem Herzen wohnt. Ich gehe durch meinen Tag, erledige, was es zu tun gibt, und wenn der Tag zu Ende ist, schließe ich meine Augen mit der gleichen Erkenntnis und dem folgenden Gebet auf den Lippen: „Gott, ich danke dir für alles, was ich erhalten habe, und für die Gelegenheit, in Frieden zu leben und mein Bestes zu geben."

(Madrid, 5/11/94)

Sein schönes Selbstbild durchbrechen

Linda: Ich könnte damit beginnen, Ihnen einen Traum zu erzählen, den ich schon letzte Woche erzählen wollte, und dann könnten wir sehen, was passiert.
Claudio: Erzählen Sie mir den Traum.
L: Der Traum ist, daß ich eines Nachts ausging und sehr spät nach Hause kam, so gegen 3 oder 4. Alles war sehr dunkel; in der Nachbarschaft gab es keine Lichter, und so fürchtete ich mich sehr, weil ich das Gefühl hatte, daß jemand da war. Ich saß in meinem Auto und stieg aus und sah zwei Personen – Rambo-Typen, sehr stark –, die auf mich zukamen. So rannte ich zum Eingang, öffnete schnell die Tür und schlug sie von innen zu. Da waren sie auch schon bei der Tür und drückten dagegen, und so fuhr ich erschrocken hinauf zu meiner Wohnung. Ich fuhr mit dem Aufzug hinauf, und sie rannten zu Fuß. Die ganze Zeit dachte ich daran, daß sie mich erwischen würden. Dann ging ich in meine Wohnung. Wie bei der Eingangstür schlug ich die Tür fast gegen ihre Gesichter. Nur meine Mutter und mein ältester Sohn waren zu Hause. Ich wußte, daß diese zwei Typen die Tür einschlagen würden und daß sie nicht kamen, um mich auszurauben, sondern um mich zu töten. Sie wollten mich töten.
  Sie begannen, gegen die Tür zu schlagen, und ich wollte mich durch meine Mutter schützen, aber ich wußte, daß sie mich nicht beschützen konnte, daß sie mir nicht nützte. Meine Mutter sagte etwas zu mir, und ich sagte: „Aber, Mama, was sagst du denn da?" Ich schenkte ihr nicht viel Beachtung. Ich überlegte, wie ich meinen Sohn verstecken könnte, damit ihm nichts passierte, aber ich wußte, daß sie meinem Sohn und meiner Mutter nichts tun würden. Sie waren meinetwegen gekommen.
  Als es ihnen schließlich gelungen war, die Tür einzubrechen, wachte ich auf, und ich wachte mit einem Gefühl der Angst auf; mein Körper zitterte, meine Beine zitterten, und ich war sehr schockiert, weil ich diese Art von Alpträumen schon gehabt hatte – sehr eigenartig, schlimmer – die jagten mir große Angst ein, aber dieses körperliche Gefühl hatte ich lange nicht mehr gehabt. (Das erstaunte mich wirklich.)
  C: Offenbar sind sie aufgewacht, um dem Ende des Traumes zu entkommen, es zu vermeiden.
  L: Ja, einmal hatte ich einen Traum …
  C: Bleiben wir bei diesem. Ich möchte Sie ersuchen, sich vorzustellen, daß sie nicht aufwachen; stellen Sie sich vor, daß Sie weiterschlafen und weiterträumen, und sehen Sie, was passiert … wenn es keine Zensur gibt, kein Entkommen aus dem Traum und aus dieser ganzen Katastrophe. Durchleben Sie das. Visualisieren Sie es.
  L: Nun, ich hätte eine Waffe ergriffen, um mich zu verteidigen.
  C: Beschreiben Sie das, während Sie reden, als ob es Ihnen gerade jetzt passierte. „Ich suche nach einer Waffe, um mich zu verteidigen …" Und beschreiben Sie, wo Sie sind, alles, was Sie sehen.

L: Ich spüre, daß sie die Tür einbrechen, und so gehe ich schnell in die Küche, um das Fleischmesser zu holen – das, das am besten schneidet. Ich nehme es, aber ich laufe hinaus; ich werde mich auf jeden Fall verstecken, weil ich glaube, daß sie stärker sind als ich und daß das Messer mir nicht viel nützen wird. Na ja, es wird mir helfen, mich etwas sicherer zu fühlen, oder auch unsicherer, keine Ahnung.

Ich verstecke mich hinter der Tür, und wenn sie ins Schlafzimmer kommen … aber natürlich kommt einer ins Schlafzimmer. Weil sie gemeinsam nach mir suchen und weil sie sehr klug sind, geht der eine in das eine Schlafzimmer und der andere in ein anderes. Einer kommt in das Schlafzimmer, und ich bin hinter der Tür, und in dem Augenblick laufe ich hinaus, aber ich treffe den anderen im Vorzimmer. Und so bedrohe ich ihn mit dem Messer, aber er wehrt mich mit bloßer Muskelkraft ab (*Geste des Abschüttelns*) und schlägt gegen die Wand, und in diesem Moment bin ich völlig kraftlos … Aber ich will nicht, daß sie mich fangen.

C: Stehen Sie?

L: Ja, ich stehe, aber der andere kommt von hinten auch auf mich zu, und ich kann nicht mehr kämpfen.

C: Fahren Sie fort …

L: Ich versuche den, der von vorne kommt, wegzustoßen, aber er ist sehr schwer für mich. Gut, ich trete ihn in die Eier. Ich steige über ihn drüber und laufe davon … Mein Sohn und meine Mutter sind im Wohnzimmer, und wir laufen alle drei aus dem Haus. Aber niemand ist auf der Straße!

C: Schauen wir mal, machen Sie weiter. Sie sind auf der Straße. Was passiert dort?

L: Das könnte lange dauern.

C: Noch ein wenig weiter.

L: Wir laufen weiter, und sie sind hinter uns her, aber sie können wirklich laufen, und meine Mutter wird müde. Ich werde sehr unruhig, weil ich weiß, daß meine Mutter mit all dem nichts zu tun hat, daß sie hinter mir her sind. Ich müßte meine Mutter zurücklassen.

C: Ich glaube, sie wäre nicht in großer Gefahr, wenn sie hinter Ihnen her sind.

L: Gut, ich lasse sie zurück. Ich laufe weiter … (*lange Pause*) … Ich habe einfach schreckliche Angst, weil ich weiß, daß sie mich einholen werden!

C: Haben Sie den Mut, das zu durchleben, mit all der Angst, die das erzeugt ... ein bewußter Alptraum statt eines vermiedenen Alptraums.

L: Aber ich will mich einfach nicht umbringen lassen.

C: Sie könnten kämpfen ...

L: Ich weiß, daß ich gegen sie keine Chance habe.

C: Sie werden Sie wahrscheinlich töten. Worum ich Sie bitte, ist, daß Sie diese Todesphantasie bewußt durchleben.

L: Aber ich will nicht sterben. Ich kann das nicht.

C: Sie entziehen sich schon wieder, genauso, wie Sie Ihre Verfolger aus dem Traum gezogen haben. Sie verschieben es in die Zukunft.

L: Einmal hatte ich auch einen Traum. Ich fuhr wieder mit meiner Mutter auf einer Autobahn entlang der Küste; es war ein schöner Tag. Wir fuhren mit einem

Bus, und der Bus fiel ins Meer, und ich wußte, daß wir im Meer waren und daß wir ertrinken würden; aber dann sagte ich im Traum: „Nein, das kann nicht sein. Wir müssen hier heraus." Da erschien plötzlich eine Rampe unter dem Meer, und der Bus fuhr heraus und setzte seine Fahrt fort. Und da habe ich das Gefühl ...

C: Daß Sie es nicht schaffen werden; es wird keinen *Deus ex machina* und kein Zaubermittel geben, das plötzlich auftaucht. Träume sind Träume, sie sind nicht sehr logisch, und wenn Sie die Träumende sind ...

L: Wenn ich heil herauskommen will, töte ich sie und damit fertig. Aber ich kann sie nicht töten, weil sie sehr stark sind!

C: Dann versuchen wir zu verstehen, was passiert. Warum sich ein Teil von Ihnen so tödlich gegen Sie richtet. Gehen Sie in die Verfolger hinein, und sehen Sie, was dahintersteckt. Wonach suchen sie, was wollen sie? Warum sind sie hinter Ihnen her?

L: Ich weiß es nicht.

C: Beschreiben Sie sich selbst, als ob Sie einer der Verfolger wären. Was für ein Mensch sind Sie als Verfolger? Fangen Sie mit dem konkretesten Aspekt des Traumes an.

L: Als ob ich die Verfolger wäre?

C: Beide oder einer von ihnen.

L: Ich bin sehr böse, ich bin schrecklich, ich bin gewalttätig, und ich möchte Linda einfach so den Kragen umdrehen, nur so zum Spaß, sie einfach umbringen. Ich möchte sie umbringen, das ist alles; weil ich glaube, daß es besser ist, sie zu töten; es ist besser, wenn sie tot ist.

C: Sie wissen ja eine Menge über die Sichtweise der Gestalttherapie ... daß die Mörder im Traum die mörderischen Anteile unseres Selbst sind. Die Arbeit, die vor Ihnen liegt, ist also, zu sehen, wie weit Sie das ins Bewußtsein holen können. Ich möchte Ihnen etwas vorschlagen, und zwar daß Sie ein wenig mit dem Irrationalen spielen: „Ich möchte Linda gerne umbringen." Wiederholen Sie diesen Satz, und schauen Sie, was herauskommt, wenn Sie in dieses Gefühl hineingehen. Stellen Sie sich weiter vor, daß Sie der Verfolger sind, und beobachten Sie, welche Inhalte hochkommen. Was immer Ihnen sonst noch passiert, kehren Sie immer zum Satz zurück: „Ich möchte sie umbringen", und je mehr Sie sich überraschen lassen und sich nicht zensieren, desto besser.

L: Es scheint, als ob Sie jetzt zu meinem Verfolger geworden wären. Ich weiß nicht, ob er herauskommt.

C: Wenn er herauskommt, entspricht das einem Exorzismus des Verfolgers, er wird sie verlassen.

L: Ich möchte Linda umbringen, weil sie es nicht verdient zu leben.

C: Wiederholen Sie das, und übertreiben Sie es.

L: Ich möchte Linda umbringen, weil sie dumm ist, sie ist eine Idiotin; ein eitler, stolzer, wertloser Mensch.

C: Bringe das in Zusammenhang mit Dingen aus Lindas Leben, gib uns Beispiele.

L: Ich möchte Linda umbringen, weil sie nichts tut, sie macht eine Menge Sachen, aber sie tut nichts; sie ist eine Idiotin, und sie verschwendet ihre Zeit.
C: Wie wirst du sie umbringen? Mit einer Kugel? Wirst Du ihr den Hals umdrehen? Was wirst Du mit ihr machen, wenn du sie fängst?
L: Nun, ich werde ihr ihr Gesicht zerschlagen, das Gesicht, das sie so oft im Spiegel betrachtet, so daß sie es nicht mehr anschauen kann. Ich beginne mit dem Gesicht.
C: Geh weiter in deinen Haß auf Linda hinein und in die Dinge, die er dich mit ihr tun läßt.
L: Ich werde sie ins Herz stechen, damit sie versteht. Sie wird alles spüren. Sie wird es verstehen!
C: Aha! Du möchtest die Linda umbringen, die nichts versteht; die, die nichts fühlt.
L: Ich werde ihr einen Tritt in den Arsch versetzen, damit es ihr klar wird. Ich werde sie vernichten! Ich werde sie in Stücke zerreißen, und dann werden wir sehen, ob sie sich endlich zusammenreißt und etwas tut! Wo sie doch überhaupt nichts tut. Nun, ich werde sie töten. Ich werde es ihr besorgen!
C: Mach' weiter ... auch wenn du dich wiederholst – steigere die Intensität. Leg' mehr in deine Stimme, in deine Gesten hinein, mache aus deinem Haß eine Katharsis. Zerschmettere ihr Gesicht ... „Ich töte sie, weil ... Ich töte dich, weil ..."
L: Es ist mir einfach peinlich.
C: Wenn man die Peinlichkeit hinter sich läßt, passieren so gute Dinge, so daß man es nachher nicht bereut ... und denken Sie daran, daß Sie die Kontrolle verlieren müssen.
L: Das ist sehr schwer.
C: Lassen Sie dieses unvernünftige kleine Mädchen heraus, blindlings.
L: Aber dieses verdammte kleine Mädchen will ich ja gerade töten.
C: Lassen wir jetzt sie die Mörderin sein (*er bezieht sich auf die Unvernünftige*). Sie wird diejenige umbringen, die die Kontrolle nicht verlieren will.
L: Wer, das kleine Mädchen?
C: Ja, das kleine Mädchen ist eine potentielle Mörderin. Sie mag die Eitle nicht; sie mag diejenige nicht, die nichts kapiert.
L: (*hebt den Ton ihrer Stimme*) Ich werde dich umbringen, du Arschloch, ich werde dich in tausend Stücke zerreißen, ich werde deine Brüste zerschmettern, dein Gesicht, deinen Körper, alles, damit du nichts mehr hast, womit du dich brüsten kannst, du Arschloch! Wer glaubst du eigentlich, daß du bist? Du Idiotin? Welches Stück führst du da auf in deinem Leben? Dumme kleine Göre! Ich werde dich auseinanderreißen, ich lasse dir nichts übrig. Dann werden wir sehen, ob du endlich auf etwas anderes achtest, als in den Spiegel zu sehen und dir Cremes ins Gesicht zu schmieren! Mach endlich was aus deinem Leben, du Arschloch, du schläfst! Was bringt dir das? Was bringen dir all diese Sachen? Sind sie irgend etwas wert? Bist du stolz auf dich? Nein, nicht wahr? Gut, dafür werde ich dich umbringen, denn du bist absolut nichts wert, nicht einen Pfennig. Du bist nicht einen Pfennig wert, du dreckiges Arschloch!

C: Tun Sie jetzt, was immer nötig ist, um sie in Ihrer Vorstellung umzubringen. Ich weiß nicht, ob mit einer Kugel oder ... So, daß Sie das Gefühl haben „Ich habe sie umgebracht."

L: Ich weiß nicht, ob ich mich selbst umbringen kann.

C: Ich glaube, daß man potentiell schon frei ist – wenigstens stufenweise, wie die Schichten einer Zwiebel – frei ist, Schritte zu unternehmen ...

L: Das ist einfach sehr schwer für mich. Ich bin und ich fühle mich sehr in Trance, aber irgend etwas funktioniert nicht.

C: Stellen Sie sich vor, daß Sie sie umgebracht haben, oder stellen Sie sich vielleicht vor, daß Sie sie erschossen haben. Geht das?

L: Ja, aber müßte ich das nicht in einer Szene sehen?

C: Wie Rambo, wie einer dieser Verfolger, mähen Sie sie mit dem Maschinengewehr nieder, und spüren Sie, daß Sie es sind, die diese innere Figur umbringt.

L: Ich stelle mir vor, daß ich es bin.

C: Ja, spielen Sie mit den Bildern, wie Sie wollen, damit Sie es spüren.

L: Die Sache ist, daß sie nicht stirbt.

(Linda sitzt mit geschlossenen Augen und stellt sich etwas vor. Lange Pause.)

C: Was ist passiert?

L: Es gab einen Augenblick, wo sie tot war, aber das habe ich nicht ausgehalten.

C: Ah! Erzählen Sie mir darüber. Wie ist das?

L: Ich habe es nicht ausgehalten, sie umzubringen.

C: Sie umzubringen oder ohne sie zu leben?

L: Ohne sie zu leben.

C: Reden Sie weiter. Erzählen Sie ihr, daß Sie sie umbringen wollen, aber daß Sie ohne sie nicht leben können. Erklären Sie ihr die Situation, in der Sie sich befinden.

L: Ich möchte dich umbringen, aber ich will dich nur teilweise umbringen.

C: Erklären Sie ihr das näher.

L: Es gibt einen Teil an dir, den ich sehr mag, aber es gibt auch einen anderen, den ich überhaupt nicht mag: den Teil, der immer noch wie ein abhängiges kleines Mädchen ist, den Teil, der keine Entscheidungen trifft.

C: Das ist der Teil, den Sie nicht mögen, aber das ist auch der Teil, der Sie sind, wenn Sie sie nicht umbringen; das ist Ihr abhängiges kleines Mädchen. Sie können nicht ohne sie leben, weil Sie dann am Ende allein sein könnten. Sie ist die, die am Ende überlebt.

L: Sie überlebt immer.

C: Nun gut. Stellen Sie sich vor, daß zehn Jahre vergangen sind, und Sie hassen Ihre Eitelkeit auf den Tod und können doch nicht ohne sie leben. Was fühlen Sie? Oder vielleicht in zwanzig Jahren.

L: Oh nein! (*verzweifelt*). Nein, nein! Ich kann mir noch zehn oder zwanzig Jahre einfach nicht vorstellen, denn ich spüre, daß sie einen Teil hat, mit dem sie mich beherrschen will, aber es gibt einen anderen Teil, auch einen sehr wichtigen, der von da weg will.

C: Und es gibt gute Vorsätze.
L: Sie kämpfen weiter, aber sie haben gute Vorsätze!
C: Gute Vorsätze. Ein sinnloser Kampf.
L: Und Sie meinen, daß die andere gewinnen kann, daß der eitle Teil gewinnen kann?
C: Was meinen Sie?
L: Ja.
C: Ich glaube ja.
L: Ja, ja, sie kann das, sie hat eher mehr Macht als die andere.
C: Stellen Sie sich vor, daß sie siebzig sind.
L: Ich kann mir mich selbst nicht so alt vorstellen.
C: Und Sie haben Ihr ganzes Leben lang nichts getan, ich weiß nicht, wie Sie sich da fühlen.
L: Nun ja, sehr schlecht.
C: Sie haben für das Bild des Augenblicks gelebt, vor den Augen, die vorbeiziehen, den Augen, die kommen und gehen.
L: Ja, aber was soll ich tun? Wie komme ich da heraus?
C: Was könnte es sein? Als ich zum Beispiel vorschlug, die katastrophalen Szenen, die Sie im Traum vermieden haben, zu durchleben, haben Sie das nicht getan, um Ihre Fassung nicht zu verlieren.
L: Nein, ich hatte nicht das Gefühl, daß es das war.
C: Was haben Sie gefühlt?
L: Nein. Für einen Augenblick habe ich es schon gefühlt, aber letztendlich, als Sie mir sagten, ich solle sie erschießen, spürte ich, daß ich das nicht konnte.
C: Das war zu einem anderen Zeitpunkt, da konnten Sie nicht mehr.
L: Ich habe mir das nicht überlegt. Es ist wahr, daß ich nicht konnte. Ich war blockiert.
C: Blockiert, wenn der Moment kommt, Ihre Aggressionen gegen sich selbst herauszulassen. Ich glaube, das gehört zu dem System der Eitelkeit, das auf dieser ach so angenehmen Insel von emotionaler Neutralität lebt – recht glücklich, angenehm oder scheinbar angenehm auf Kosten dessen, daß ein Teil des Lebens amputiert wird.
L: Ich weiß nicht, manchmal ist das so, aber manchmal auch nicht.
C: Nein.
L: Manchmal ist es angenehm, weil es einfach angenehm ist, und ich spüre, daß es so ist.
C: Machen wir also weiter. Gibt es eine Hoffnung? Gibt es keine Hoffnung?
L: Ich will, daß es eine Hoffnung gibt.
C: Und was machen wir jetzt? Von wo aus könnten wir mit diesem Traum weiterkommen? O.K., Sie haben die Szene schon als Angreifer durchlebt … Zuerst hatten Sie sie in diesem Raum vor sich, ohnmächtig … das hat dazu geführt, daß Sie Ihren Haß erklärt haben … ich schlage vor, daß Sie jetzt die sind, die diese ganze Verfolgung erlitten hat und die nach Luft schnappt und sich fürchtet und die dem Maschinengewehrfeuer dieses Hasses ausgesetzt war.

L: Ich soll mich in die Rolle derer versetzen, die ...

C: Sie, die Verfolgte, treten dieser Person gegenüber, die sie auf den Tod haßt und die all die Dinge haßt, die erwähnt wurden ...

L: Nun, ich verstehe nicht, wie sie mich so hassen kann, wenn ich doch bloß anderen gefallen möchte, damit sie mich gern haben; ich will sie glücklich machen, und ich will selbst auch glücklich sein. Ich verstehe diese Mörder nicht, die hinter mir her sind.

C: Sagen Sie ihnen, daß Sie sie nicht verstehen; daß Ihnen das völlig irrational erscheint.

L: Ich verstehe nicht, warum ihr hinter mir her seid; warum ihr mich umbringen wollt. Ich habe doch niemandem etwas getan.

C: Jetzt seien Sie wieder die Mörderin, und versuchen Sie, es ihr zu erklären. Jetzt bringen Sie die Mörderin, das brave Mädchen, die, die meint, sie sei so brav, dazu, Sie zu verstehen ... Erläutern Sie ihr Ihren Standpunkt. Sie, die Sie sie auf den Tod hassen, erklären Sie ihr Ihren mörderischen Haß.

L: Schau, ich hab' von braven kleinen Mädchen die Schnauze voll. Und die Füße von braven kleinen Mädchen esse ich zu allererst; und du bist kein braves kleines Mädchen. Du spielst die Brave, aber das ist etwas ganz anderes, du bist gar nicht die Brave. Und ich werde dich dafür töten, weil du gar nicht das brave Mädchen bist, sondern es nur spielst!

C: Nehmen Sie ihr die Maske herunter. Bringen Sie sie aus ihrer Täuschung heraus.

L: Jedem gefallen, sehr angenehm sein, nie jemanden hintergehen, immer Haltung bewahren ... aber was ist damit? Was fühlst du wirklich? Fühlst du dich wirklich so? Du bist verrückt! Du bist dreckig! Nein, nicht wahr? Nun, ich werde dich dazu bringen, daß du das alles schluckst, du wirst das alles schlucken! Verstehst du mich?

C: Sie, die Sie sie umbringen wollen. Erzählen Sie ihr nicht nur, daß sie nicht so ein braves kleines Mädchen ist. Sie ist ein schlimmes kleines Mädchen! Sie hat nicht nur eine unechte Liebe. Sprechen Sie mit ihr über etwas, das es wirklich wert ist, sie umzubringen; etwas, weswegen Sie glauben, daß sie kein guter Mensch ist. Demaskieren Sie sie, ich glaube, das wär's; sagen Sie ihr nicht nur, daß sie nicht so gut ist, sondern daß sie böse ist.

L: Du bist nicht so gut, Linda, du bist nicht so gut, weil du deine Mutter nicht liebst; du liebst sie nicht, Linda, deshalb bist du gar nicht so gut. du liebst deine Mutter nicht, und du kannst sie gar nicht ausstehen; du haßt sie, und du hast ihr nicht vergeben, sogar nachdem du den Fischer-Hoffman-Prozeß gemacht hast, hast du deiner Mutter nicht vergeben; und damit kann man nicht leben. So kannst du nicht durch's Leben gehen.

C: Wenn Sie Ihre Mutter hassen, müssen Sie dann auch alle anderen Menschen hassen? Wenn Sie Ihrer Mutter nicht vergeben, können Sie dann niemandem vergeben? Meinen Sie das?

L: Nein, ich kann anderen vergeben.

C: Machen Sie weiter ... Wenn Sie sagen: „Schau, du bist nicht so gut, weil du deine Mutter nicht liebst", sind Sie sehr verständnisvoll. Ich möchte Sie anregen, über die wörtliche Bedeutung solcher Phrasen hinauszugehen und einen extremeren Standpunkt einzunehmen. „Linda, du haßt alle Menschen, du kannst überhaupt nicht lieben; du bist kalt ..." Verwenden Sie das wie eine Saugpumpe und sehen Sie, was dabei herauskommt ... Verwenden Sie diese Form, auch wenn es vielleicht nicht stimmt. Schauen Sie, was dadurch hochkommt, welche Inhalte, welche Anschuldigungen ...

L: Ich möchte, daß es aus mir kommt, und nicht weil ich Angst habe, die Fassung zu verlieren, sondern weil ich es wirklich spüren möchte.

C: Steigen Sie in diese Figur aus Ihrem Traum und spüren Sie, was sie fühlt. Warum möchte sie Ihre Füße zuerst essen? Welche Art von bravem kleinem Mädchen ist das, die sie so wütend macht?

L: Welche Art von bravem kleinem Mädchen Linda ist? So brav, daß sie ihrer Mutter nicht verzeihen kann, daß sie alle Menschen haßt. Welche Art von bravem kleinem Mädchen Linda ist?

C: Kommen Sie, gehen Sie näher an diesen Punkt heran.

L: Welche Art von bravem kleinen Mädchen Linda ist? Sie ist ja so eine brave Kleine, immer das brave kleine Mädchen, das artige kleine Mädchen. Und was ist in Wirklichkeit? Du bist eine dreckige Schwindlerin! Du biederst dich an! Du liebst überhaupt niemanden! Du liebst nur dich selbst, du kümmerst dich nur um dich selbst, um deinen eigenen Dreck. Du bist eine Idiotin, ein eingebildeter Mensch, du glaubst, du bist besser als alle anderen. du bist unfähig, den Augenblick zu genießen; immer spielst du, du Arschloch! Hör' endlich auf zu spielen, Arschloch! *(sie versetzt dem Stuhl einen Tritt.)* Hör' endlich auf zu spielen! Immer in Pose! *(Sie beginnt, sich in sexy Posen zu werfen.)*

C: Machen Sie so weiter, antworten Sie auf ihre ...

L: *(Sie wirft sich weiter in sexy Posen.)* Schauen wir einmal, wie das geht ... lächeln ... *(Sie wird wütend.)* Arschloch! Die Pose muß natürlich sein, sie muß von hier kommen *(sie zeigt auf ihr Herz)*, aus dem Bauch, aus der Fotze, aus den Titten, von überall. Arschloch! Idiot! Ich werde dir das Gesicht zerschlagen, du Arschloch, ich habe ohnehin schon die Nase voll! Idiotin! (Sie steht auf und stampft auf den Boden, ohne den Sessel loszulassen.) Ich will dein Gesicht nicht mehr sehen, nicht im Spiegel und auch sonst nirgends. Idiotin! Verdammte, eingebildete Hure! Hurensohn! Du glaubst, Du bist besser als alle anderen. Warum? Weil du deine Augen so gut schminkst? Idiotin! *(Sie steht auf, stampft auf den Boden und spuckt.)* Ich spucke auf dich, dann wirst du sterben. Unter dem Dreck werden die Würmer dich fressen, und niemand wird dein schönes Bild sehen. Welches Bild soll man unter dem Dreck sehen! Du wirst anbetungswürdig sein mit all den kleinen Würmern in dir drin. Du wirst schon sehen, wenn die Würmer dich auffressen! Du wirst schon sehen, wie attraktiv du dann bist!

C: Sieht aus, als würde die andere gewinnen.

(Linda lacht, sie ist auf den Knien und bedeckt ihr Gesicht.)

C: Versetzen Sie sich in die Rolle der Unterlegenen und erzählen Sie der anderen, wie sie sich im Augenblick fühlen ... Sie sind der eitle Teil. Auf dem eitlen Teil ist herumgetrampelt worden; auf diesem inneren Anteil von Linda. Welche Gefühle haben Sie gegenüber Ihrem Mörder?

L: (*bedeckt ihr Gesicht und weint*) Ich mache das, damit ich geliebt werde. Ich mache all das, damit ich geliebt werde, damit ich nicht verlassen werde; damit die Menschen mich wahrnehmen; damit ich nicht unbemerkt bleibe und sie mich nicht vergessen.

C: Würden Sie mit dieser Methode gute Ergebnisse erzielen? Wäre es sinnvoll für die Menschen, sie so zu lieben? Wäre das das beste Leben?

L: Was?

C: Das eitle kleine Mädchen will natürlich, daß die Menschen es lieben. Sie hat keine bösen Absichten. Aber ich frage Sie aus der jetzigen Perspektive Ihres Lebens: Funktioniert das für Sie? Ist es eine Möglichkeit?

L: Nein, weil ich das nicht mehr glaube.

C: Natürlich nicht. Daher müssen Sie das dem kleinen Mädchen, das beinahe so einfältig ist wie der von seinen Instinkten getriebene Mörder, begreiflich machen; Sie müssen diesem braven kleinen Mädchen einen anderen Blickwinkel zeigen; Sie müssen zu ihm durchdringen. Können Sie vielleicht telepathisch mit ihm kommunizieren? Übermitteln Sie ihm Ihre Sichtweise, und sehen Sie, ob sie anders sein kann.

L: Nun, ja. Sie sollte etwas Wirkliches tun, weil sie es fühlt oder weil sie es tun will, nicht weil sie die Liebe anderer Menschen sucht.

C: Geben Sie ihr einen guten Rat.

L: Daß sie auf sich selbst achtet, daß sie sich selbst liebt. Daß sie sich nicht um des Bildes willen, das andere von ihr haben, schätzen soll; daß andere sie so lieben, wie sie ist; wenn nicht, verdient sie ihre Liebe nicht.

C: Lieben Sie sie? Diejenige, die jetzt gerade spricht?

L: Ja.

C: Vielleicht können Sie ihr das übermitteln, damit sie lernt, sich selbst zu lieben.

L: Ich glaube, daß man sich zu allererst selbst lieben muß.

C: „Ich werde versuchen, daß meine Zuneigung dir hilft, dich selbst zu lieben."

L: Ich werde versuchen, dir mit meiner Liebe zu helfen, so daß du dich selbst ein wenig mehr lieben kannst.

C: Erklären Sie ihr Ihre Freundschaft und Zusammenarbeit, daß Sie ihr helfen werden, zu wachsen und ihr Verhalten zu ändern.

L: Ich werde Dir zeigen, wie man wächst, Linda; ich werde dir helfen, das verspreche ich dir.

C: Wobei werden Sie ihr helfen? Wenn Sie ihr ihre Eitelkeit wegnehmen, was werden Sie ihr statt dessen geben?

L: Nun, ich werde ihr Liebe geben.

C: Die Fähigkeit, sich selbst zu lieben. Sprechen Sie weiter mit ihr aus der Haltung des Ratens und der Verbindung heraus.

L: Das einzige, was zählt, Linda, ist Liebe, und Liebe bekommt man nicht einfach so; Liebe erhält man, wenn man authentisch ist, man selbst ist, sich selbst liebt; das, was man in jedem Augenblick macht, wirklich liebt, in jedem Augenblick wirklich da ist und nicht ein Bild oder eine Pose entwirft. Liebe dich selbst!
C: Machen Sie mit diesem Augenblick weiter, fahren Sie damit fort, wie Sie sich jetzt fühlen und wie Sie sich in diesem Augenblick lieben. Und geben Sie Linda, die in diesem Augenblick gerade dasitzt, Ihre Freundschaft. Machen Sie weiter mit dem, was Sie fühlen, mit dem, was Sie tun und was in Ihnen vor sich geht.
L: Nun ja, ich weiß nicht so recht, ich fühle mich sehr ruhig.
C: Sie sagen das, als ob es eine unpassende Antwort wäre. „Ich weiß nicht, ich fühle mich sehr ruhig." Als ob Sie etwas tun müßten. Sollten Sie aufgewühlt sein?
L: Nein.
C: Können Sie sich selbst in diesem friedlichen Augenblick lieben?
L: Ich denke schon.
C: Verstehen Sie, worum ich Sie ersuche? Daß Sie mit dem Augenblick in Berührung bleiben, daß Sie in Worte fassen, was auch immer hier und jetzt passiert – was macht Ihr Körper, was macht Ihr Geist; und geben Sie sich selbst in diesem Augenblick Liebe, schätzen Sie sich selbst in jedem Augenblick wert.
L: Nun, Linda, ich werde dich lieben, denn wenn ich dich nicht liebe, wer soll dich dann lieben? Ich muß dich selbst lieben und dir helfen.
C: Was machen Sie in diesem Augenblick noch – außer mit der inneren Linda zu sprechen?
L: Ich streichle sie, ich spüre sie. (*Sie streichelt ihre Oberschenkel und ihre Knie.*)
C: Erzählen Sie weiter, was Sie fühlen und tun.
L: Ich werde dir helfen, deine Blockaden und Ängste zu überwinden.
C: Und was machen Sie jetzt gerade?
L: Ich lasse mich selbst sein.
C: Nein. Sie sprechen mit Ihrem neurotischen Aspekt, Sie sprechen mit Ihrer personifizierten Kindheitsneurose. Ich habe Sie ersucht zu beschreiben, was Sie fühlen und was Sie tun; etwas, das Sie tun, ist mit diesem Teil zu sprechen.
L: Aber was meinen Sie mit neurotischem Aspekt?
C: Ich weiß nicht. Sie haben mit der, sagen wir, unreifen Linda gesprochen. Ist es das, was Sie tun?
L: Ja.
C: Und jetzt sage ich Ihnen: Sagen Sie nicht zu sich selbst, daß Sie dieses oder jenes tun sollen, sondern beschreiben Sie statt dessen, was Sie tun, und finden Sie heraus, was Sie tun möchten, das ist eine Möglichkeit. Was passiert, wenn Sie …?
L: Nun, Linda, die Linda … Ich weiß einfach nicht welche Linda! Die Linda, die wachsen will, die erwachsen und nicht abhängig sein will, die nicht in dieser Abhängigkeit von anderen sein will; sie möchte sie selbst sein, sie will nicht von ihrem Mann abhängig sein oder von ihrer Mutter oder von sonst irgend jemandem. Sie möchte sie selbst sein. Sie will sie selbst sein und mit anderen teilen, aber zu allererst sie selbst sein.

C: Ich habe das Gefühl, daß in dieser Sitzung ein klarer Schritt passiert ist, von einem Zustand in einen anderen; in einen Zustand, in dem Ihr Gesicht zu strahlen begann (wie das von Tamia in der letzten Sitzung). Sie haben etwas Fleisch um Ihre Knochen bekommen und wurden mit Leben erfüllt. Nachdem Sie so weit gekommen sind, fällt mir etwas am meisten auf: Wenn ich sage: „Machen Sie weiter mit dem, was Sie fühlen und was Sie tun", so lassen Sie sich in keinem Augenblick nichts tun; es ist, als setzten Sie sich selbst ein therapeutisches Ziel, Sie machen mit diesem inneren Dialog weiter. Als ob Sie, wenn Sie etwas tun, immer noch mehr auf das Tun konzentriert sind als auf Ihr Bewußtsein darüber, was Sie tun. Daran könnte man noch arbeiten, aber in einer anderen Sitzung. Ich glaube, wir haben ein gutes Ergebnis erzielt. Damit können Sie weitermachen. Schreiben Sie sich das von der Seele.

L: Ich werde es versuchen. Danke, Claudio.

* * *

Die erste Phase der obigen Mitschrift war Lindas Beschreibung eines Traumes; der zweite Teil ein Versuch, diesen Traum in einem Tagtraum fortzusetzen. Das ermöglichte es ihr, zu erkennen, daß sie es vermied, sich im Traum dabei zuzusehen, wie sie sich selbst umbrachte.

In der Sitzung sieht es dann so aus, als würde lange Zeit nichts passieren: Sie läuft genauso davon, wie sie es in ihren Träumen tat. Sobald sie sich mit ihrem Verfolger identifiziert, geht sie tiefer in das Traumerleben hinein, und dann findet sie nicht nur reine Grausamkeit: durch den Spiegel des Traumes kann sie mit ihrem Selbsthaß in Kontakt treten; vor allem mit dem Haß, den sie gegen ihr eitles Selbst richtet, das offensichtlich das eines sexuellen E3 ist – zu besorgt um ihre Erscheinung und jenseits dessen, daß sie von anderen gemocht werden will, ohne Lebenssinn.

Das erste Therapieelement, das hier stattfindet, besteht darin, die Zurückweisung ihrer Neurose mehr in den Vordergrund zu rücken. Was im Traum so monströs gewirkt hatte, erweist sich zunächst einmal als die Wandlung von etwas Gesundem: den Tod ihres Ego herbeizuwünschen und nicht den ihres wahren Selbst.

Am Ende agiert sie das Töten ihres Ego in gewisser Weise aus und setzt so eine heftigere Aggression gegen ihre eitle Persönlichkeit frei. Doch dann scheint es, als sei sogar ihre Erkenntnis des Selbsthasses von ihrem eitlen Anteil abgetrennt, und der nächste Teil der Arbeit besteht in einer inneren Kommunikation: im Versuch, den Angreifer und das Opfer zu integrieren.

Linda bewegt sich in dem Ausmaß vorwärts, wie sie die Dinge begreift. Wir können sagen, daß ihr all das auf einer intellektuellen Ebene klar ist (sie legt das alles dem Angreifer in den Mund), es gibt aber dennoch einen abgetrennten Teil ihrer Seele, der gegen das Ende hin ein wenig besser versteht. Ebenfalls gegen das Ende hin kommt sie zu einer substantielleren Aussage: Es ist nicht nur so, daß sie ihre Mutter nicht liebt (was wegen der Bedeutung, die es für sie hat, ein wichtiges

Eingeständnis ist), sondern sie ist, allgemeiner gesehen, gefühllos und kalt. Das weckt eine Sehnsucht, für sich selbst und für andere wirklich Liebe zu entwickeln. Wenngleich diese Fähigkeit zu diesem Zeitpunkt noch nicht voll ausgereift ist, hat sie doch einen Anhaltspunkt für das Wachsen der Liebe und für ein Bündnis mit sich selbst in diesem Bereich. Dieses Bündnis, diese ausagierte Freundschaft mit sich selbst, ist natürlich ein Anfang für die Liebe zu sich selbst.

Im letzten Teil der Sitzung schlage ich schließlich vor, daß sie in der Gegenwart bleiben soll. Obwohl sie ein wenig mit sich selbst spricht, verweilt sie doch hauptsächlich in einem ruhigen und warmen Zustand – was zeigt, daß sich in ihrem Bewußtsein etwas verändert hat. Sie hat während der Sitzung nicht nur ihr Bild vom „netten Mädchen" durchbrochen, sondern wir haben dadurch, daß sie in einer harmonischen Stimmung ist, auch das Gefühl, daß sie an einen anderen Punkt gelangt ist.

Kapitel 4

Enneatyp 4

In Farid-Ud-Din Attars Werk *Die Konferenz der Vögel* (das Chaucer zu seinem *Parlament der Vögel* inspirierte) werden verschiedene Charaktertypen allegorisch dargestellt.[1] Der Autor (ein großer Sufi, der Rumi stark beeinflußte) zeigt, wie jeder Charakter mit der Suche nach seinem letztendlichen Lebensziel umgeht. Als der Wiedehopf am Anfang des Buches den versammelten Vögeln erklärt, daß sie sich auf eine lange Reise machen müßten, um ihren König zu finden (frei nach Mohammeds Spruch „Suche das Wissen, und sei es in China"), ist es die Nachtigall, die als erste Einspruch erhebt:

> Die liebeshungrige Nachtigall trat leidenschaftlich vor – fast bis auf seine Höhe. In jede der tausend Noten ihres Liedes legte sie ihr Gefühl; und in jeder lag auch eine ganze Welt von Geheimnissen. Als sie davon sang, wurden die Vögel still. „Ich kenne die Geheimnisse der Liebe", sagte sie. „Ich wiederhole meine Liebeslieder jede Nacht. Gibt es denn keinen unglücklichen David, dem ich meine sehnsuchtsvollen Liebespsalmen vorsingen kann? Das süße Wehklagen der Flöte und das Weinen der Laute sind nur wegen mir. Ich stifte Unruhe unter den Rosen – und auch in den Herzen der Liebenden. Jedesmal, wenn ich ein neues trauriges Lied singe, gebe ich neue Rätsel auf. Wenn die Liebe meine Seele überwältigt, klingt mein Gesang wie das Seufzen des Meeres. Wer mich hört, den verläßt der Verstand, sei er auch noch so weise. Wenn man mich von meiner geliebten Rose trennt, so fühle ich mich elend. Ich höre auf zu singen und teile meine Geheimnisse mit niemandem mehr. Nicht jeder kennt meine Geheimnisse, nur die Rose kennt sie gewiß. Die Rose liebe ich so sehr, daß ich nicht einmal mehr an mein eigenes Leben denke, sondern nur an die Rose und ihre korallenfarbenen Blätter. Die Reise zum Simurgh geht über meine Kraft. Die Liebe der Rose ist der Nachtigall genug. Ihre hundert Blütenblätter blühen nur für mich. Was sollte ich mehr ersehnen? Die Rose, die heute blüht, verzehrt sich nach mir und lächelt freudig nur für mich. Wie könnte die Nachtigall auch nur für eine Nacht die Liebe dieser Zauberin entbehren?" (S. 14–15)

Der Neid sticht unter den Eigenschaften von E4 auf der Ebene des Motivs am meisten hervor. Er bedingt einen schmerzhaften Vergleich zwischen sich und anderen und wird oft als Unwürdigkeit, kompetitiver Zorn oder als übertriebenes Streben nach Anerkennung empfunden. Der Neid kann sich auf bestimmte Personen beziehen – wie etwa auf einen Bruder oder eine Schwester oder allge-

JULES FEIFFER

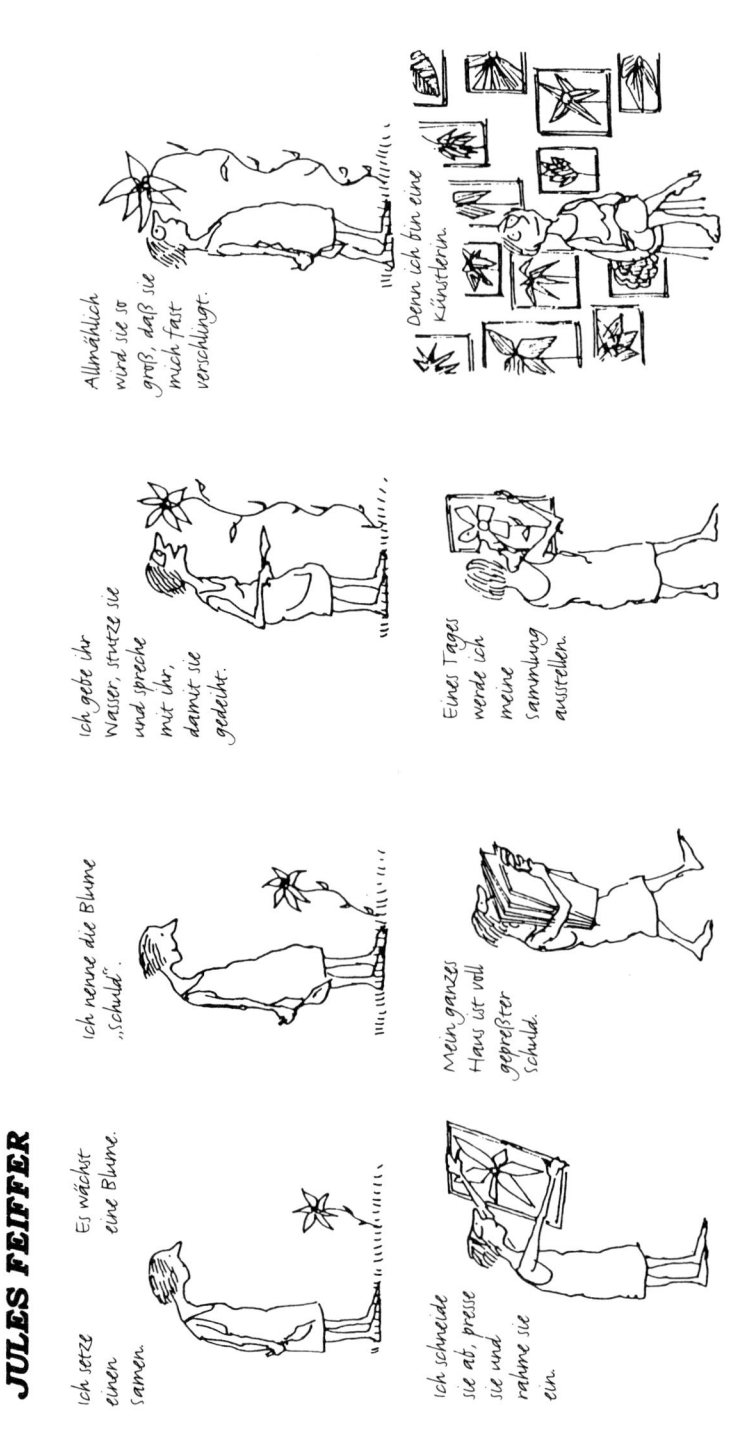

Ich setze einen Samen.

Es wächst eine Blume.

Ich nenne die Blume „Schuld".

Ich gebe ihr Wasser, stütze sie und spreche mit ihr, damit sie gedeiht.

Allmählich wird sie so groß, daß sie mich fast verschlingt.

Ich schneide sie ab, presse sie und rahme sie ein.

Mein ganzes Haus ist voll gepreßter Schuld.

Eines Tages werde ich meine Sammlung ausstellen.

Denn ich bin eine Künstlerin.

meiner etwa auf das andere Geschlecht oder auf reichere und privilegiertere Menschen.

Am typischsten für E4 ist jedoch das übertriebene Leid. Ist E2 – die hystrionische Persönlichkeit – dramatisch, so neigt sich das Drama von E4 zur tragischen Seite hin. Fritz Perls bezeichnete manche neidische Frauen als „Königinnen der Tragödie" und wollte so darauf hinweisen, wie das Leid und die enttäuschten Bedürfnisse dazu benutzt werden, die eigene Bedeutung hervorzuheben und Aufmerksamkeit zu bekommen.

In unseren ersten Lebensjahren haben wir alle um Aufmerksamkeit geweint. Doch wenn auch alle Babies weinen, um die Fürsorge ihrer Mütter zu bekommen, so übertreiben E4-Persönlichkeiten diese Eigenschaft in einer manipulativen Weise. Das Leid wird übertrieben, um eine Aufmerksamkeit zu bekommen, die man sonst nicht erhalten würde. Wir können auch von einer „Verführung durch das Leid" sprechen, die nicht weniger effizient ist als die „Verführung durch das Gefallen". In Flauberts Beschreibung der Eroberung Mme. Bovarys durch Rodolphe wird dies sehr deutlich:

> Dann sprachen sie von der provinziellen Mittelmäßigkeit, von den Existenzen, die sie erstickte, von den Illusionen, die darin verlorengingen.
> „Deshalb", sagte Rodolphe, „versinke ich in Traurigkeit …"
> „Sie!" entgegnete sie mit Staunen. „Aber ich hielt Sie für sehr fröhlich."
> „Ach ja, zum Schein, weil ich in Gesellschaft eine spöttische Maske über mein Gesicht zu legen weiß; und wie oft habe ich mich dagegen beim Anblick eines Friedhofes im Mondschein gefragt, ob ich nicht besser täte, mich mit denen zu vereinigen, die da schlafen …"
> „Oh! Und Ihre Freunde?" sagte sie. „Daran denken Sie nicht."
> „Meine Freunde? Welche denn? Hab ich welche? Wer kümmert sich um mich?"
> Und er begleitete diese letzten Worte mit einem pfeifenden Ton, den er zwischen den Lippen hervorstieß.
> Madame Bovary nahm wieder Rodolphes Arm; er fuhr fort, als spräche er mit sich selbst: „Ja, so vieles hat mir gefehlt! Immer allein! Ach, wenn ich ein Ziel im Leben gehabt hätte, wenn ich der Liebe begegnet wäre, wenn ich jemanden gefunden hätte … Oh, wie ich alle Energie, deren ich fähig bin, darangesetzt hätte, alles bewältigt hätte, mit allem fertig geworden wäre!"
> „Mir scheint dennoch", sagte Emma, „daß Sie kaum zu beklagen sind."
> „Ach! Finden Sie?" entgegnete Rodolphe.
> „Denn schließlich …", meinte sie, „sind Sie frei."
> Sie zögerte.
> „Und reich."
> „Machen Sie sich nicht lustig über mich", antwortete er. (S.154–155)
> „Was denn", sagte er, „wissen Sie nicht, daß es Seelen gibt, die unaufhörlich gequält werden? Sie brauchen abwechselnd Traum und Tat, die rein-

sten Leidenschaften, den heftigsten Sinnenrausch, und so stürzt man sich in alle Arten von Launen, von Torheiten."

Nun sah sie ihn an, wie man einen Reisenden betrachtet, der durch außergewöhnliche Länder gekommen ist, und sie erwiderte: „Wir haben nicht einmal diese Zerstreuung, wir armen Frauen!"

„Traurige Zerstreuung, denn man findet darin nicht das Glück."

„Aber findet man es jemals?" fragte sie.

„Ja, eines Tages begegnet man ihm", antwortete er.

„Und das ist es, was Sie begriffen haben", sagte der Rat. „Sie, die Landwirte und die Landarbeiter; sie, die friedlichen Pioniere eines ganz der Zivilisation geweihten Werkes! Sie, die Männer des Fortschritts und der Sittlichkeit! Sie haben begriffen, sage ich, daß die politischen Stürme wahrlich weit furchtbarer sind als die Störungen der Atmosphäre …"

„Eines Tages begegnet man ihm", wiederholte Rodolphe, „eines Tages, ganz plötzlich, wenn man die Hoffnung schon verloren hat. Dann tun sich die Horizonte auf, es ist wie eine Stimme, die ruft: ‚Da ist es!' Sie haben das Bedürfnis, diesem Menschen Ihr Leben anzuvertrauen, ihm alles zu geben, ihm alles zu opfern! Man erklärt sich nicht, man versteht sich so. Man hat sich flüchtig in seinen Träumen gesehen." (Und er schaute sie an.) „Endlich ist er da, dieser Schatz, nach dem man so sehr gesucht hat, da, vor Ihnen; er glänzt, er funkelt. Indessen zweifelt man noch, man wagt nicht, es zu glauben; man ist davon geblendet, so als käme man aus der Dunkelheit ans Licht."

Und als Rodolphe diese Worte zu Ende sprach, fügte er seinem Satz eine Gebärde hinzu. Er fuhr sich mit der Hand über das Gesicht, wie ein Mensch, der von einem Schwindel ergriffen wird; dann ließ er sie auf Emmas Hand sinken. Sie zog die ihre zurück. (S.159–160)[2]

Aufgrund seiner charakterlichen Disposition findet sich E4 häufig tatsächlich in schmerzlichen Situationen wieder. Irgendwie scheint eine negative Vorwegnahme eine äußere Realität zu schaffen, die schließlich die Erwartungen bestätigt. So gesehen geht es nicht um „eingebildetes Leid". Tatsächlich werden Menschen aufgrund ihrer subjektiven Tendenzen fünf, sechs oder gar sieben Mal operiert, und das ist bekanntlich nie sehr angenehm. Manche Leute scheinen das Unglück nur so anzuziehen, und sie erleiden wirklich Unfälle und echte Tragödien. „Sich selbst zu Fall bringen", dürfte hier das Konzept sein, auch wenn dies oft unbewußt oder auf geheimnisvolle Weise geschieht.

Es wäre jedoch unvollständig zu sagen, die unbewußte Leidensdynamik von E4 sei ausschließlich verführerisch. Das Leid und der Ausdruck der Enttäuschung können auch an die Stelle des Forderns treten, sie können dazu dienen, jemandem Schuldgefühle einzuflößen oder ihn zu bestrafen, etwa nach dem Motto: „Sieh nur, wie ich deinetwegen leide!" Die Strategie liegt im Erzeugen von Schuldgefühlen. Denken Sie an die Mutter, die zu ihrem Sohn sagt: „Wenn ich sterbe, wirst du mich verstehen", oder „Deine Gefühllosigkeit wird mich noch umbringen" oder „Eines Tages werde ich deinetwegen noch einen Herzinfarkt bekommen" usw. Das Leid kann auch „masochistisch" sein, nämlich dann, wenn jemand bereit ist, aus dem Bedürfnis, geliebt zu werden oder sich Liebe zu verdienen, bereit ist, übergroßes Leid und Enttäuschung auf sich zu nehmen.

Üblicherweise stehen am Beginn dieser Charakterentwicklung schmerzliche Umstände während der Kindheit. Das gilt natürlich für uns alle, denn man kann wohl sagen, daß alle unsere Probleme auf die Kindheit zurückgehen. E4 hält sich jedoch länger bei der Vergangenheit auf, ist nostalgisch und empfindet sehr stark, was damals gefehlt hat. Es ist für diese Menschen typisch, daß sie oft wirklich schon sehr früh die Trauer kennengelernt haben. Und anders als andere Menschen, die vergessen und sich abfinden, tragen E4-Persönlichkeiten ein starkes Empfinden für das „verlorene Paradies" in sich.

Manche Menschen reduzieren angesichts schmerzlicher Situationen einfach ihre Bedürfnisse. Andere entwickeln eine kämpferische Stärke. Wieder andere ziehen sich aus der Welt zurück. Bei E4 bleibt jedoch die Sehnsucht bestehen, eine Sehnsucht nach Liebe, die sich in eine übertriebene Abhängigkeit verwandelt, eine Art von „Liebessucht". Die Liebe wird zu etwas, das sie zu sehr brauchen, und ohne daß das Leben zur Tragödie wird. Der Grund dafür liegt nicht nur in vergangenen Enttäuschungen, sondern auch in einer sich fortsetzenden Psychodynamik: E4 sucht die Liebe als Kompensation für einen Mangel an Selbstliebe, für einen Zustand der chronischen Zurückweisung des Selbst und der Enttäuschung. Auch deshalb ist für diese Menschen die affektive Einsamkeit so schwer auszuhalten. Das Alleinsein bringt für sie die schmerzliche Bestätigung ihres armseligen Selbstbildes mit sich. Asiaten (und da vor allem die Japaner) meinen, daß wir uns im Westen zu sehr an die Werte der romantischen Liebe klammern. Es wird behauptet, daß wir der romantischen Liebe in unserem Leben einen übertrieben ausschließlichen Platz einräumen, der in keinem Verhältnis zu ihrem tatsächlichen Wert steht. Worin die Bedeutung der romantischen Liebe in unserer Kultur auch immer liegen mag, für E4 gilt jedenfalls, daß er die Liebe zu sehr als Lösung für alle Probleme sieht.

Der Neid geht Hand in Hand mit Minderwertigkeits- und Schuldgefühlen und mit Scham. Menschen vom Typus E4 bezeichnen sich selbst meist als dumm, ungeschickt, häßlich und zuweilen sogar als körperlich oder moralisch abstoßend. Sie laufen mit dem Gefühl durchs Leben, eine Art von Märchen-Monster zu sein. Und da permanente Enttäuschungen auf unbewußter oder bewußter Ebene immer auch Zorn mit sich bringen, hat E4 einen guten Grund, sich gehässig, böse, giftig usw. vorzukommen. Die monsterhafte Personifizierung der Schattenseiten des Selbst zeigt jedoch auch das Ausmaß der Verunglimpfung des Selbst. So wie Menschen vom Typus E2 ihr Selbstbild erhöhen, machen E4 sich selbst herunter.

Die Subtypen von E4 weichen ebenso stark voneinander ab wie die von E6. Es besteht ein großer Unterschied zwischen dem zornigen (sexuellen) und dem traurigen (sozialen) Typ. Während ersterer sich beschwert und ausdrücklich fordert, ist letzterer zu schüchtern, um seine Wünsche auszudrücken, es sei denn durch eine

Verstärkung des Leids – als wollte er sagen: „Sieh doch, wie sehr ich Hilfe brauche."

Dickens karikierte den zornigen (sexuellen) Typus in Mrs. Grumble, einer Figur in *David Copperfield*. Auch Freud stieß im Rahmen seiner psychoanalytischen Arbeit in der Beschreibung „derer, die sich außergewöhnlich vorkommen", auf dieses Muster. Er meinte damit Menschen, die das Gefühl haben, daß das Leben ihnen etwas schuldig ist, und die daraus das Recht auf Privilegien ableiten. Als Beispiel nennt er Shakespeares Richard III. Den schüchternen und melodramatischen Persönlichkeitstyp stellt Proust dar, und zwar sowohl in seiner Biographie als auch in seinem beinahe autobiographischen Marcel, dem Erzähler in *Erinnerung an Vergangenes (The Remembrance of Things Past)*.

Geht Prousts Arbeit auch weit über das rein charakterbezogene Interesse hinaus, so liefert sie doch ein sehr reichhaltiges Material für die Psychologie von E4. Das vorherrschende Gefühl ist die Nostalgie. Proust beginnt seinen verdeckt autobiographischen Roman, indem er beschreibt, wie er sich jeden Abend nach dem Kuß seiner Mutter sehnte, um einschlafen zu können. Kam seine Mutter nicht, um ihm seinen Gute-Nacht-Kuß zu geben, so veranstaltete er einen Aufruhr. Er weinte und weinte, und manchmal mußte sogar sein Vater eingreifen. Obwohl sein Vater ein netter, nachsichtiger Mann war, erschien ihm dieses Verhalten doch völlig unannehmbar; die Forderung des Jungen nach mütterlicher Fürsorge war ihm zu übertrieben. Er meinte, das Kind sei zu verwöhnt, zu verweichlicht und hänge zu sehr an seiner Mutter. Und Proust blieb sein ganzes Leben lang so. Als er schon erwachsen war, war der Tod seiner Mutter für ihn eine vernichtende Tragödie, denn er war sein ganzes Leben lang an ihr gehangen, und sie hatte sich bis zu ihrem Tod um ihn gekümmert. Er entwickelte sogar ein psychosomatisches Leiden, nämlich Asthma, das seine Hilfsbedürftigkeit noch verstärkte. Wegen dieses Zustandes konnte er nie allein sein. Er konnte auch nicht in die Welt hinausgehen, denn die Welt war für ihn voller Gefahren, ein unwirtlicher Ort, der in nichts dem Busen seiner Mutter glich. So lebte Proust für den Rest seines Lebens hinter verschlossenen Türen und verbrachte die meiste Zeit in seinem versperrten Zimmer.

Ich zitiere nun aus Millers psychoanalytischer Studie über Marcel Proust:

> Seine Freunde bewunderten seinen Intellekt, aber sie sorgten sich wegen seines übertriebenen Bedürfnisses nach Zuneigung, wegen seiner allzu großen Bereitschaft, gekränkt zu sein, seiner unangemessenen Demut mit einem unterdrückten Hang zu bitterem Sarkasmus, seiner archaischen Züge, seiner Affektiertheit und seines Verlangens, in die aristokratische Gesellschaft aufgenommen zu werden. Später verwendeten seine Freunde den Ausdruck „proustifizieren", womit sie das übertriebene Augenmerk auf gesellschaftliche Annehmlichkeiten bezeichneten.[3]

Seien sie nun schüchtern oder direkt, geniert oder haßerfüllt, E4 sind immer hypersensible Persönlichkeiten, die vollkommenen Schutz suchen und unter mangelnder Beachtung und Anerkennung unverhältnismäßig stark leiden. Wie E2 ist auch E4 ein emotionaler Typ mit einem starken Hang zur Ästhetik. Sowohl für E2 als auch für E4 ist der romantische, sentimentale, intensive und auch heftige Ausdruck der Gefühle typisch – und zwar nicht nur im Leid, sondern auch in der Freude. Sexuelle E4 sind üblicherweise arrogant, auch wenn sie sich, allgemein gesehen minderwertig und schuldig fühlen. Betrachten wir etwa die Vision des Ödipus in Pasolinis Film. Die Art, wie er an der Straße steht, auf der sich der Wagen seines Vaters nähert, mag zwar der Haltung eines E8 entsprechen, die Arroganz von E4 (wie auch ihr Protestverhalten und ihre invasive Art) ist jedoch sichtlich eine Überkompensation. E4 fühlt sich schmerzlich mißverstanden und nimmt seine arrogante Haltung an, um anerkannt zu werden. Talentierte Leute haben oft diese Haltung des „verkannten Genies". Und sogar aufstrebende Genies können so empfinden, wenn sie schon arrogant Anbetung fordern, noch bevor sie ihr Werk preisgegeben haben – wie dies etwa bei Rimbaud der Fall war.

Während seines ganzen Lebens schien Rimbaud zu meinen, ihm sei alles erlaubt. Meist fühlte er sich verlassen und mißverstanden und neigte dazu, von Menschen, die ihn *bis zu einem gewissen Grad* akzeptierten, *volle* Akzeptanz zu fordern. Das komplizierte sein gesellschaftliches Leben in seiner Heimatstadt so sehr, daß er schließlich von fast allen abgelehnt wurde. Seinen rätselhaften Entschluß, der Posie schon in jungen Jahren den Rücken zu kehren, kommentiert einer seiner Biographen wie folgt:

> Rimbaud war durch und durch modern: er wollte Erfolg, Ruhm, Geld und die unmittelbare Bewunderung seiner Leser. Angesichts der Unmöglichkeit, dieses Ziel in der allernächsten Zukunft zu erreichen, entscheidet er, daß Reichtum wohl die beste Rache sei.[4]

Menschen vom Typus E4 teilen nicht nur eine künstlerische Ader, sondern auch ein allgemeines Interesse an Kultur und ein Streben nach gesellschaftlicher Kultiviertheit, die beinahe an Affektiertheit und Snobismus grenzt. Diese Neigungen drücken nicht nur Neid aus (in dem Sinn, daß man sich etwas Gutes einverleiben will), sondern auch den Wunsch, einen schamhaften Drang nach Gewalt (der als häßlich oder derb empfunden wird) zu unterdrücken oder zu verbergen. E4 können voll von Zwängen und Regeln darüber sein, wie die Dinge sein sollten. Und weil sie so bedürftig sind, sind sie natürlich leicht Frustrationen und Enttäuschungen ausgesetzt – gleich, ob die Bedürftigkeit sich gebieterisch (wie bei Prousts Baron de Charlus) oder von hinten herum (wie bei Marcels „Krank-Spielen") äußert.

Durch ihr Bedürfnis, auf ganz besondere Art behandelt zu werden, werden E4 ebenso leicht verletzt wie durch die ganz normalen Reibungsflächen, die durch die Verschiedenartigkeit der Menschen entstehen. Dies wird noch durch ihre vielen stillschweigenden Ideen darüber, wie menschliches Zusammenleben aussehen sollte, kompliziert.

Geradeso wie es einen starken Kontrast zwischen der anmaßenden und der schüchternen bzw. der zornigen und der traurigen Variante von E4 gibt, unterscheiden sich diese beiden Formen übertriebener Anhänglichkeit von einem dritten Persönlichkeitsstil – dem selbsterhaltenden Subtyp, der weder melodramatisch noch übertrieben konkurrierend ist. In Analogie zur „kontra-phobischen" Abart von E6 (dem seine Angst kaum bewußt ist) habe ich ihn als „kontra-abhängig" bezeichnet. Der Neid ist in diesem Fall weniger offensichtlich, und wie die aggressive Form von E4 in ihrer Arroganz E2 ähnelt, ähnelt diese kontra-abhängige Form in ihrer größeren Autonomie E1. Hier werden orale Ansprüche auf das Selbst zurückgespiegelt, und diese Menschen sind eher masochistisch als melodramatisch: sie können große Schmerzen ohne die geringste Wehklage ertragen und sehr leiden, um sich Liebe zu *verdienen*.

So wie Proust den übersensiblen und kränklichen sozialen Subtyp von E4 darstellt und der arrogante Rimbaud den sexuellen, finden wir das kontra-abhängige Muster des selbsterhaltenden Subtyps bei Tolstoi. Er schwankte zwischen Sinnlichkeit und Stoizismus, quälte sich als Jüngling physisch und als alter Mann psychisch, durchleuchtete sich selbst gnadenlos, um perfekter zu werden, und gab nach dem Tod seines Bruders die Kunst auf, weil er sie als enttäuschend empfand. Man kann sagen, daß Tolstois humanitäre Ader – die zu Gandhis wichtigster Inspiration wurde und dem Marxismus in Rußland vorausging – die einfühlsame und nährende Haltung widerspiegelt, die für den leidgeprüften kontra-abhängigen E4 typisch ist. Als einer, der um anderer willen die Stimme erhebt, hat E4 typischerweise ein Gespür für die Bedürftigen, die Armen und die Entrechteten.

Auch der große Van Gogh hatte diese Persönlichkeit. Er begann sein Arbeitsleben als Missionar, verschrieb sich dann der Armut, um seiner Berufung und seinem persönlichen Ausdruck folgen zu können, schnitt sich nach einem Kampf mit Gaugin ein Ohr ab und nahm sich schließlich selbst das Leben. Der selbsterhaltende E4 entsprach auch der Persönlichkeit von Lawrence von Arabien. So wie Van Gogh einmal seine Hand ins Feuer hielt, um etwas zu beweisen, löschte der junge Lawrence Streichhölzer immer zwischen seinen Fingerspitzen, um seine stoische Ungerührtheit zu trainieren.

Horneys Ausdruck „die bescheidene Lösung" scheint für Lawrence (T. E. Shaw) sehr passend, änderte dieser aus Enttäuschung darüber, daß die Briten sich nicht wirklich für die arabische Sache interessierten, doch seinen Namen und wollte ein anonymer, einfacher Soldat werden. Was seine masochistische Strenge anbelangt, so „prüfte er sich selbst, indem er sich von regelmäßigem Essen und Schlaf unabhängig machte, in eisigen Winternächten schwimmen ging und so lange ohne Unterbrechung Rad fuhr, bis er vor Erschöpfung zusammenbrach". Zu dieser Zeit wurde seine Abneigung gegen alles Physische sehr stark, und in einem seiner Briefe schrieb er, „daß die Welt ohne Menschen ein besserer Ort wäre: weißt du, wir sind alle gleich schuldig ... oder stimmt es etwa nicht, daß der Fehler der Geburt irgendwie beim Kind liegt?" Er schrieb auch, daß die einzig vernünftige Lösung für den menschlichen Zwist der Pessimismus war, daß er nicht einmal Sport treiben wollte, weil auch das eine körperliche Aktivität war, daß sein Verstand gleichzeitig zwanzig entgegengesetzte Straßen hinuntergaloppiere, daß seine einzige Erleichterung darin bestand, auf seinem Brough-Motorrad stundenlang mit Höchstgeschwindigkeit die Straßen entlangzubrausen.[5] Es ist wahrscheinlich, daß T.E. in diesem Zustand extremer geistiger Anspannung die Geschichte von einem Onkel erfand, der schreckliche Anforderungen an ihn stellte, und die Hilfe eines weiteren Panzerkorps-Rekruten namens John Bruce erwähnte, der sicherstellte, daß diese Anforderungen (unter denen sich auch körperliche Ausdauerleistungen und sogar Stockschläge befanden) erfüllt wurden. Die mittelalterlichen Heiligen, deren Lebensgeschichten T.E. gelesen hatte, hatten ihre Körper ausgepeitscht, um sie gefügig zu machen. Es ist dem zähen Charakter des selbsterhaltenden E4 zu verdanken, daß Lawrence sein Monumentalwerk *Die sieben Säulen der Weisheit* noch einmal schrieb, nachdem er das Manuskript in einem Taxi verloren hatte. Auf seinem Motorrad dahinzurasen war für ihn wie eine Sucht, und er starb, als er versuchte, einem Kind auszuweichen, das vor ihm auf einem Rad fuhr, während ihnen auf der anderen Seite ein Lastwagen entgegenkam. Er kam zum Sturz, und sein Gehirn wurde tödlich verletzt.

Heutzutage diagnostizieren Psychotherapeuten E4 üblicherweise als „masochistisch-depressive", als sich selbst ablehnende oder als Borderline-Persönlichkeit, und unter den Menschen, die für psychologische Symptome oder für Lebensprobleme professionelle Hilfe in Anspruch nehmen, ist dieser Typus sehr häufig.

Daß dieses Persönlichkeitsmuster allgemein bekannt ist, wird aus den Witzen und Karikaturen deutlich, die es beschreiben. So stellt William Steigs „… Liebende" im wesentlichen eine Serie von Spielarten des übertrieben abhängigen, klagenden und einsamen E4 dar, und Feiffer zeigt in seiner Ballerina viele Versionen dieses Charakters. Von Feiffer habe ich – in einem selbstkritischen und leicht verzweifelten, wenn auch vielleicht nicht sehr erfolgreichen Versuch, diesem Abschnitt doch noch ein glückliches Ende zu bescheren – eine Karikatur entlehnt.

Lindners „Solitär"

Die folgende Fallgeschichte ist außergewöhnlich, denn sie stammt von einem Psychoanalytiker, der auch noch ein Talent fürs Schreiben hat – und zwar von Robert Lindner, dem bekannten Autor von *Rebell ohne Grund (Rebel Without a Cause)*. Ich zitiere aus seinem Buch *Die Fünfzig-Minuten-Stunde (The Fifty Minute Hour)*, in dem sie unter dem (für eine Frau vom Typus E4 sehr passenden) Titel „Solitär" zu finden ist. So wie im Kapitel über E3 ein Fall von Anorexie zur Sprache kam, handelt es sich hier um einen Fall von Bulimie. Das Kapitel beginnt mit einer Beschreibung Lauras nach einem ihrer Freßanfälle.

„Schauen Sie mich an, Sie Hurensohn!" schrie sie. „Schauen Sie mich an und kotzen Sie! Ja – ich bin's – Laura. Erkennen Sie mich nicht? Jetzt sehen Sie's, nicht wahr? Jetzt sehen Sie, wovon ich diese ganzen Wochen geredet habe – während Sie sich zurückgelehnt haben und nichts getan. Nicht einmal geholfen haben Sie mir, als ich um Hilfe bettelte und wieder bettelte. Schauen Sie mich an!"[6]

Ginge es nur um die Diagnose, so genügte dieser Ausschnitt, um uns mit der Psychologie des Enneatyps vertraut zu machen. Würde man sie in der heutigen klinischen Praxis auch als „Borderline" diagnostizieren, so haben wir es hier doch mit der sexuellen, haßerfüllten und fordernden Variante von E4 zu tun. Wie wir in den folgenden Passagen noch sehen werden, beleidigt sie ihren Therapeuten wegen seines Fehlschlags, gleichzeitig pocht ihr kritisches Bedürfnis auf seine Aufmerksamkeit, verdammt ihn rachsüchtig und lehnt sich gegen ihn auf, indem sie sich zum Monster wandelt und so seinen Wunsch nach einem therapeutischen Erfolg enttäuscht. Sie vollführt ein Kamikaze-Manöver, bei dem sie sich fast selbst zerstört, um jemand anderen zu zerstören.

Der Zustand, dessentwegen Laura Hilfe suchte, war Bulimie. Man kann sie als den körperlichen Ausdruck jenes schmerzlichen Mangelgefühls verstehen, von dem viele neid-orientierte Menschen sagen, daß es in der Magengrube sitzt. Man kann Bulimie auch als eine nach innen gerichtete orale Aggression sehen – da sie nicht nur das Ausagieren eines einverleibten Impulses darstellt, sondern auch ein Akt der Autoaggression ist. Die Verbindung von Selbstverachtung und enttäuschter Forderung in einer intensiven Übertragungssituation vervollständigt das Bild.

Hier einige Ausschnitte darüber, wie Laura ihr Symptom beschreibt:

> Es überkommt mich plötzlich ... es scheint völlig egal, was ich zu diesem Zeitpunkt tue – malen, in der Galerie arbeiten, die Wohnung aufräumen, lesen oder mit jemandem sprechen. (S. 81)

> Ich glaube, es beginnt mit einem Gefühl der Leere in mir drin. Irgend etwas, ich weiß nicht, wie ich es nennen soll, fängt an weh zu tun, irgend etwas direkt in meiner Mitte scheint sich zu öffnen und vielleicht auszudehnen. Als bekämen meine lebenswichtigen Organe ein Loch. Dann fängt die Leere an zu pochen – zuerst wie ein flatternder Puls. (S. 81–82)

> Ich werde vor Angst fast verrückt. Ich habe das Gefühl, daß ich selbst zu diesem Nichts werde, zu dieser Leere – daß sie mich verschluckt. Also muß ich essen. (S. 82)

> Meistens esse ich mich bewußtlos. Ich komme da in einen Rauschzustand oder in etwas sehr Ähnliches. Na ja, jedenfalls kippe ich um. Das ist das, was normalerweise passiert. Ein- oder zweimal hörte ich vor Erschöpfung auf. Ich konnte meinen Mund nicht mehr öffnen und meine Arme nicht mehr heben. Und manchmal hat mein Körper sich auch gewehrt und sich geweigert, noch Essen aufzunehmen. (S. 83)

Am Beginn seines Therapieberichts erzählt uns Lindner von:

> ... stürmischen Monaten für uns beide. Jede Analysesitzung war tränenreich und dramatisch, als Laura ihre Lebensgeschichte vortrug. Sie fand im Wiedererzählen keine Erleichterung, wie das bei vielen anderen Patienten der Fall ist, da es eine Geschichte fast endloser Kümmernisse war, in der sich ein bedrückendes Ereignis an das nächste reihte. (S. 83)

Lindner berichtet weiter, daß er gewöhnt ist, die schrecklichen Geschichten von Mißbrauch, Vernachlässigung und Unglück zu hören, die die Leute üblicherweise zu einem Psychoanalytiker tragen. Dennoch war er „durch Lauras Erzählung bewegt" und konnte es sich „fast nicht verkneifen, sein Mitgefühl auszudrücken". Nicht daß er die Gefühle, die sie in ihm erweckte, in Worte gefaßt hätte,

> … denn die Disziplin, die ich mir in den langen Jahren der Praxis zugelegt habe, und die Erfahrung, die ich aus den vielen Fehlern gewann, schützen mich vor einem so groben taktischen Schnitzer. In vielen kleinen Gesten, derer ich mir im großen und ganzen jedoch bewußt war, vermittelte ich aber doch mein Mitgefühl. Bei Laura erwies sich das jedoch als schwerer Fehler. Typischerweise verkannte sie meine Haltung als eine des Mitleids, und kaum hatte die Analyse begonnen, so machte sie sich auch schon daran, diese Eigenschaft auszunützen und immer mehr davon zu verlangen. (S. 83)

Wie für die Liebesbeziehungen von E4 (und von „Borderline") – und daher auch für die Übertragungssituation – typisch, warf Lindners Patientin ihm ständig seine „Kälte", seine „stockstarre Untätigkeit" und seine „herzlose Gleichgültigkeit" gegenüber ihrem Leid vor. Sie …

> … begann normalerweise mit einer ihrer berührenden Geschichten, bei deren Erzählung sie ein bemerkenswertes hystrionisches Talent bewies. Dann wartete sie auf meine Antwort. Fiel diese nicht so aus, wie sie es wünschte, so griff sie mich bösartig an. (S. 84)

Ich bezweifle nicht, daß Lindners Beobachtungen in bezug auf Lauras manipulatives Heischen nach Aufmerksamkeit richtig sind, denn ich weiß, daß das von ihm beschriebene Muster für alle Menschen dieses Typs gilt. Wie sehr seine Beschreibung aber auch das Bild des reinen Chirurgen erweckt, der mit großer Unfehlbarkeit aseptisch bleibt, und wie sehr er auch um der zu erwartenden psychoanalytischen Ergebnisse willen auf die Doktrin von der Neutralität pocht, hege ich doch den Verdacht, daß hier auf subtile Art auch ein Konflikt zwischen zwei Wesensarten im Spiel ist. Aufgrund seines Erfolgs als Gefängnispsychiater und wegen seines mutigen, bezugsorientierten sozialen Engagements und Erfolgs mit „harten Burschen" nehme ich an, daß er selbst E8 war. Wenn dem so war, so war es nicht nur die psychoanalytische Regel, die seinen Selbstvorwurf wegen des übertriebenen Mitgefühls erklärt. Denn arrogant-rachsüchtige Menschen (um Horneys Ausdruck zu verwenden) unterdrücken nicht nur ihre eigene Abhängigkeit, sondern schauen auch auf abhängige Wesenszüge und ein abhängiges Verhalten bei anderen herab.

Wie auch immer Lindners Persönlichkeit sein therapeutisches Verhalten beeinflußt haben mag, ich gewinne den Eindruck, daß seine Frustration über Lauras Erwartungen in der Übertragungssituation sowohl zu einem Instrument der Therapie als auch zum Auslöser ihrer Krise wurde – und so letztlich therapeutisch war.

Natürlich wäre eine solche Frustration nicht therapeutisch, würde ihr Stimulus nicht von einem einsichtsvollen Therapeuten im Dienste der Einsicht angemessen benutzt. Und Lindners Bericht ist in diesem Fall im wesentlichen das Zeugnis eines Prozesses wachsender Einsicht.

Ein beträchtlicher Aspekt von Lauras therapeutischem Prozeß besteht im Rückblick auf und die Einsicht in schmerzliche Erinnerungen. Der Tag, als ihr Vater, nachdem er von seiner Mutter beleidigt worden war, das Haus ihrer Kindheit verließ und nie wieder zurückkehrte, nahm unter diesen Erinnerungen einen zentralen Stellenwert ein. Aus ihrer Beschreibung der Szene wird klar, daß auch die Persönlichkeit ihrer Mutter – ebenso wie ihre eigene – von haßerfülltem Neid und einer Leidenschaft für gewaltsamen Protest beherrscht wurde. Ich zitiere:

> „Ich denke gerade an die Nacht, in der mein Vater uns verließ", begann sie. „Habe ich Ihnen je davon erzählt?"
>
> … Draußen regnete es. Das Geschirr des Abendessens war gerade vom Tisch geräumt worden. Laura und ihr Bruder saßen am Eßtisch und machten Hausaufgaben. In der Küche wusch Freda, die älteste Tochter, ab. Ihre Mutter hatte ihren Rollstuhl in das vordere Schlafzimmer gerollt und hörte Radio. Die Wohnung, eine Eisenbahnerwohnung am Rand der Fabriksstraße, war feucht und kalt. Ein kühler Wind drang vom Fluß her durch die Fenster und pfiff durch die Zeitungen, die in die Ritzen entlang der Rahmen gestopft worden waren. Lauras Hände waren steif vor Kälte. Von Zeit zu Zeit legte sie den Bleistift weg und blies auf ihre Finger oder verschränkte die Arme, indem sie ihre Hände unter den beiden Pullovern in ihre Achselhöhlen steckte. Manchmal stieß sie ihren Atem zum Spaß oder auch aus Langeweile über die Geographielektion der sechsten Klasse in Richtung der Lampe in der Mitte des Tisches und stellte sich vor, die aufsteigenden Wölkchen seien der Rauch einer unsichtbaren Zigarette. Der kleine Mike, der ihr gegenüber versuchte, die fetten Buchstaben aus dem Lesebuch vor ihm abzumalen, schien in seinem Eifer die Kälte nicht zu bemerken. Laura konnte aus der Bewegung seiner Lippen und seiner Zunge, die vertraute Muster nachbildeten, erraten, welchen Buchstaben er gerade übte.
>
> Als die Tür sich öffnete, warf der kleine Mike ihr einen Blick zu. Ihre Augen trafen einander in einem heimlichen Dialog des Erkennens und der Angst, als schwere Schritte ins Vorzimmer herunterkamen. Sie beugten sich wieder über ihre Aufgaben, und diesmal taten sie nur so, als würden sie arbeiten. In der Küche drehte Freda den Wasserhahn zu, damit auch sie zuhören konnte.
>
> Nach einem Augenblick hörten sie ein brummiges Hallo und die gemurmelte Antwort ihrer Mutter. Dann quietschten die Federn, als er sich schwer auf das Bett setzte – gefolgt von dem scharfen Lärm seiner Schuhe, die zu Boden fielen, als er sie abstreifte. Als er aufstand, krächzten die Bettfedern wieder.

„Du Bauer", hörten sie ihre Mutter über die Musik des Radios hinweg sagen. „Wenn du nicht zu Bett gehst, laß deine Schuhe an. Es ist kalt hier drinnen."

„Laß mich in Ruhe", antwortete er. „Mir ist nicht kalt."

„Mir ist nicht kalt", machte ihre Mutter ihn nach. „Natürlich ist dir nicht kalt. Wie sollte dir auch kalt sein? Wenn ich den Bauch voll Whisky hätte, wäre mir auch nicht kalt."

„Fang nicht wieder damit an, Anna", sagte er. „Ich bin müde."

„Müde", hänselte sie ihn. „Und wovon bist du müde? Nicht von der Arbeit, soviel steht fest."

„Ach, halt doch den Mund, Anna", warf er ärgerlich über die Schulter, als er durch die Tür ging.

Als ihr Vater sich an eine von Lauras Schwestern wandte, um Abendessen zu bekommen, mischte ihre Mutter sich ein: „Warte! Hör nicht auf ihn!"

Sie starrte ihren Mann böse an, ihr dünnes Gesicht barst vor Haß. Als sie sprach, traten die Adern an ihrem langen Hals hervor, und ihr ganzer verkrüppelter Körper zitterte.

„Du wagst es, nach Hause zu kommen, nachdem du dein ganzes Geld für diese Trampel ausgegeben hast? Meinst du, ich weiß nichts? Wo warst du seit gestern? Ist dir nicht klar, daß du eine Familie hast?" (S. 85–87)

Als Lauras verkrüppelte Mutter nach einigen weiteren Anschuldigungen merkte, daß sie zu weit gegangen war, versuchte sie verzweifelt, ihn zu besänftigen, aber es war zu spät: Er machte seine Drohung, sie zu verlassen, wenn er kein Essen aus der Küche bekäme, wahr, und die Kinder sahen ihn nie wieder.

Lindners Bericht über das Gespräch nach diesem gemeinsamen Rückblick verdeutlicht den typischen Teufelskreis zwischen forderndem Verhalten und Enttäuschung:

„Nun?" sagte sie.

„Nun was?" fragte ich.

„Warum sagen Sie nichts?"

„Was soll ich sagen?"

„Sie könnten wenigstens etwas Mitgefühl zeigen."

„Für wen?"

„Für mich natürlich!"

„Warum nur für Sie?" fragte ich. „Warum nicht auch für Freda oder den kleinen Mike oder Ihre Mutter? Oder sogar für Ihren Vater?"

„Aber ich wurde dadurch am meisten verletzt", erwiderte sie gereizt. „Sie wissen das, und Sie sollten mich bedauern."

„Haben Sie mir die Geschichte deshalb erzählt ... Damit ich Sie bedaure?"

Sie drehte sich auf der Couch um und sah mich an, das Gesicht verzog sie zu einer absolut gehässigen Grimasse.

„Es ist Ihnen vollkommen egal, nicht wahr?" sagte sie.
„Sie wollen nicht etwas Mitgefühl, Laura", antwortete ich ruhig. „Sie wollen alles ... von mir und von allen anderen." (S. 88–89)

Dieser Austausch mit Lindner verschlimmerte Lauras Anklage jedoch nur:
„Sie geben überhaupt nichts. Sie sitzen bloß da wie ein gott-verdammter Holzblock, während ich mir das Herz aus dem Leib reiße!" Ihre haßerfüllte Stimme erhob sich zu einem zitternden Kreischen. „Sehen Sie sich doch an!" schrie sie. „Ich wünschte, Sie könnten sich so sehen, wie ich Sie sehe. Sie und Ihre lausige Objektivität!" (S. 88–89)

Und weiter:
„Sehen Sie?" schrie sie. „Sie sagen gar nichts. Muß ich denn sterben, ehe Sie mir ein Wort schenken? Was wollen Sie von mir?"

Der nächste Abschnitt des Berichts zeigt, daß Lindner nicht nur viel Erfahrung, sondern auch ein außergewöhnliches Talent besaß. Laura kam wieder. Hier ist die Zusammenfassung des ersten Jahres ihrer Psychoanalyse:

Während des ersten Jahres machte sie, was ihre Symptome anbelangte, nur wenige – und sehr geringe – Fortschritte. Die Symptome waren vor allem Depressionen und sporadisches Überessen gewesen, und die blieben: tatsächlich vergrößerte sich ihre Pein in den Monaten nach der „Flitterwochen"-Phase der Psychoanalyse, als wie üblich alle Symptome vollkommen verschwanden und Laura – wie so viele Patienten in dieser angenehmen Zeit – dachte, sie sei „geheilt". Danach wurden die abnormen Appetitanfälle häufiger, und die akuten Depressionen folgten einander nicht nur in kürzeren Abständen, sondern wurden auch intensiver. Oberflächlich betrachtet, schien es also, als sei die Behandlung für meine Patientin keine sehr große Hilfe, sondern verschlechtere ihren Zustand womöglich sogar. Ich wußte jedoch – und auch Laura wußte es, daß durch die Therapie subtile Prozesse in Gang gesetzt worden waren und daß diese sich langsam, aber unterschwellig doch, gegen ihre Neurose vorkämpften. Das ist ein Gemeinplatz jeder Behandlung, den nur die kennen, die selbst die Erfahrung einer Psychoanalyse gemacht haben, oder die, die sie beruflich praktizieren. Nach außen scheint sich gegenüber der Zeit vor der Therapie nichts verändert zu haben, oft verschlimmern sich die Dinge sogar; in tieferen geistigen Schichten wirkt die Therapie jedoch auf die Feinstrukturen der Persönlichkeit, ohne daß sich dies beobachten oder durch die genaueste Untersuchung feststellen ließe. Die Grundfesten der Neurose werden unmerklich, aber doch absichtlich geschwächt, während gleichzeitig neue und dauerhaftere Pfeiler errichtet werden, auf die sich die neue Persönlichkeit allmählich stützen kann. (S. 89–90)

Obwohl der therapeutische Prozeß im ersten Jahr nur sehr vorsichtig voranschritt, hatte Laura zu dem Zeitpunkt, als sie den folgenden Traum erzählte, doch schon eine vielversprechende Beziehung zu einem geeigneten jungen Mann gefunden:

„Nun gut", sagte sie, „mein Traum war so ... Ich war in einer Art Ballsaal oder Tanzraum, ich wußte aber, daß es in Wirklichkeit ein Krankenhaus war. Ein Mann kam auf mich zu und forderte mich auf, mich auszuziehen, d.h. alle meine Kleider abzulegen. Er wollte mich gynäkologisch untersuchen. Ich tat, was er mir gesagt hatte, aber ich fürchtete mich sehr. Während ich mich auszog, bemerkte ich, daß er etwas mit einer Frau am anderen Ende des Zimmers machte. Sie saß oder lag auf einem eigenartigen Apparat, an dem verschiedene Hebel, Zahnräder und Flaschenzüge befestigt waren. Ich wußte, daß ich die nächste sein sollte und daß ich in diesem Ding sitzen würde, während er mich untersuchte. Plötzlich rief er meinen Namen, und ich sah mir zu, wie ich auf ihn zulief. Der Stuhl oder Tisch – oder was es auch immer war – war jetzt leer, und er befahl mir, mich darauf zu setzen. Ich weigerte mich und fing an zu weinen. Da fing es zu regnen an – große, dicke Regentropfen. Er stieß mich zu Boden und spreizte meine Beine für die Untersuchung. Ich drehte mich auf den Bauch und fing an zu schreien. Durch dieses Schreien wurde ich wach."

Nach dieser Schilderung lag Laura ruhig auf der Couch. Ihre Augen waren geschlossen und ihre Hände über der Brust verschränkt.

„Nun", sagte sie nach einer kurzen, erwartungsvollen Stille, „was bedeutet das?"

„Laura", ermahnte ich sie, „Sie wissen genau, daß es so nicht läuft. Machen Sie Assoziationen dazu, und wir werden es herausfinden."

„Das erste, woran ich denke, ist Ben", begann sie. „Wissen Sie, er ist Assistenzarzt an der Universität. Ich glaube, er ist der Arzt in dem Traum – oder vielleicht waren auch Sie das. Egal wer es war, er durfte mich nicht untersuchen."

„Warum nicht?"

„Ich habe mich immer vor Ärzten gefürchtet ... ich hatte Angst, sie würden mich verletzen."

„Wie würden sie Sie verletzen?"

„Ich weiß nicht, wahrscheinlich indem Sie mich mit einer Nadel stechen. Das ist komisch. Ich habe noch nie daran gedacht. Wenn ich zum Zahnarzt gehe, macht es mir nichts aus, eine Spritze zu bekommen; aber bei einem anderen Arzt ist das anders ..." An diesem Punkt bemerkte ich, wie die Finger beider Hände sich bei den Ellbogen in die Arme gruben, während die Daumen nervös über die Armbeuge strichen. „Mich schaudert, wenn ich daran denke, daß jemand in meine Venen sticht. Ich habe immer Angst, daß ein Arzt das mit mir machen wird."

„Hat das je einer gemacht?"

Sie nickte. „Einmal, auf der Uni für einen Bluttest. Ich bin in Ohnmacht gefallen."

„Wie steht es mit gynäkologischen Untersuchungen?"

„Ich hatte noch nie eine. Ich kann den Gedanken nicht ausstehen, daß jemand in mir herumstößt." Sie war wieder still, dann sagte sie: „Ah, jetzt verstehe ich ... Ich fürchte mich vor Sex. Der Arzt in dem Traum ist tatsächlich Ben. Er will Verkehr mit mir haben, aber ich fürchte mich und drehe mich weg. Das stimmt ... Vor einigen Tagen kam er am Abend nach dem Konzert in meine Wohnung. Ich machte Kaffee, und wir saßen da und redeten. Das war wunderbar – so friedlich und nur wir zwei allein. Dann fing er an, zärtlich zu mir zu sein. Das gefiel mir sehr – bis an den Punkt, wo er Verkehr mit mir haben wollte. Da hielt ich ihn zurück. Ich mußte, weil ich in Panik geriet. Er denkt wahrscheinlich, ich bin eine Jungfrau ... oder daß er mir nicht genug bedeutet. Aber das ist es nicht. Er bedeutet mir viel – und ich will auch, daß er mich liebt. Oh, Dr. Lindner, deshalb brauche ich ihre Hilfe jetzt so sehr ..."

„Aber andere Männer haben Sie doch auch schon geliebt", erinnerte ich sie.

„Ja", sagte sie und schluchzte jetzt, „aber ich lasse sie nur als letzten Ausweg an mich heran, um sie noch etwas länger zu halten. Und Sie erinnern sich doch sicher, daß ich die wirkliche Sache nur ein paar Mal tat. Meistens habe *ich* den Mann geliebt – ihn irgendwie befriedigt. Ich würde alles tun, um sie davon abzuhalten, daß sie in mich eindringen – in mich hineinstoßen ... wie die Nadel vermutlich."

„Aber warum, Laura?"

„Ich weiß es nicht." Sie weinte. „Ich weiß es nicht. Sagen Sie es mir."

„Ich glaube, daß der Traum Ihnen die Antwort gibt", sagte ich.

„Der Traum, den ich Ihnen gerade erzählt habe?"

„Ja ... es gibt da einen Teil, den Sie nicht bedacht haben. Was fällt Ihnen ein, wenn Sie an die andere Frau in dem Traum denken, die Frau, die der Arzt vor Ihnen untersuchte?"

„Der Apparat, in dem sie saß", rief Laura. „Er war wie ein – wie ein Rollstuhl – der Rollstuhl meiner Mutter! Stimmt das?"

„Gut möglich", sagte ich.

„Aber warum untersuchte er sie? Was bedeutet das?"

„Nun, denken Sie daran, was so eine Untersuchung für Sie bedeutet."

„Sex", sagte sie. „Verkehr – das bedeutet es. Das ist es also – das ist damit gemeint! Der Verkehr hat meine Mutter in den Rollstuhl gebracht. Er hat sie gelähmt. Und ich fürchte mich, daß mir das gleiche passiert. Deshalb vermeide ich den Verkehr – weil ich fürchte, daß mir das gleiche passiert ... wie bin ich je auf eine so verrückte Idee gekommen?"
(S. 93–95)

In den nächsten Absätzen zeigt Lindner uns, zu welchen Einsichten er und Laura im Hinblick auf den Ursprung dieser verrückten Idee in der vorsprachlichen Phase ihrer Entwicklung gelangen.

Sie entstand aus den Gefühlen des Schrecks, die sie überfielen, wenn sie in der Nacht durch den geheimnisvollen Lärm, den ihre Eltern in ihrer Leidenschaft machten, aus dem Schlaf gerissen wurde und die Geräusche noch nicht mit ihrem zärtlichen Gebrauch im Liebesspiel in Verbindung bringen konnte. Das drückende, haßerfüllte Klima zu Hause, der lebende Antagonismus zwischen ihren Eltern machten ihr das unmöglich. So hinterließen die Geräusche der Nacht – das „Mike, du tust mir weh", das Jammern und Weinen, der Protest und sogar das Gelächter – in ihr den Eindruck der dunkleren Seite ihrer Sexualität, ihres animalischen und schmerzlichen Teils. Und als ihre Mutter krank wurde, baute sich zwischen dem geheimen Drama, das sich abspielte, während Laura schlief – oder manchmal aus dem Schlaf hochschrekte, und dem Horror eines im Rollstuhl gefangenen Körpers eine natürliche Kette von Assoziationen auf.

Ich erklärte Laura das und stützte meine Erklärungen auf das Material, das ihre Analyse schon zutage gebracht hatte. In ihr löste diese Interpretation ein Wunder an Einsichten aus. Wie offensichtlich es uns auch erscheinen mag, für Laura, die all das durch zahllose Widerstände und Verteidigungsmechanismen zurückgehalten hatte, kam es vollkommen überraschend. Fast augenblicklich – noch bevor sie sich am Ende der Stunde von der Couch erhob, spürte sie eine unglaubliche Erleichterung vom Druck vieler Gefühle, die sie bis dahin gequält hatten. Der Gedanke, daß sexuelle Liebe für sie unmöglich war, der Gedanke, daß sie körperlich so gebaut war, daß ihr die Freuden der Liebe für immer versagt bleiben würden, die Gefühle der Unzufriedenheit und zahlreiche andere Gefühle und Gedanken, die sich um das zentrale Thema der Sexualität rankten – sie alle verschwanden, als hätten sie sich plötzlich in Luft aufgelöst.

„Ich fühle mich frei", sagte Laura, als die Stunde zu Ende war und sie sich von der Couch erhob. „Ich glaube, das war die wichtigste Stunde meiner Analyse." An der Tür drehte sie sich um und sah mich mit feuchten, strahlenden Augen an. „Ich wußte, daß ich mich auf Sie verlassen können würde", sagte sie. „Und ich bin sehr dankbar – glauben Sie mir." (S. 95–96)

Darauf richtet sich auf den folgenden Seiten des Berichts das Hauptaugenmerk.

„Laura", sagte ich. „Heute scheinen Sie es sehr darauf anzulegen, daß ich Sie zurückweise. Warum?"
„Das sagte ich Ihnen schon – weil ich Sie hasse."
„Das verstehe ich, aber warum versuchen Sie, mich dazu zu bringen, daß ich Sie zurückweise?"

„Müssen wir das alles noch einmal durchkauen?" fragte sie. „Weil das – wie Sie sagen – mein Muster ist. Ich versuche Menschen an den Punkt zu treiben, an dem sie mich zurückweisen. Dann fühle ich mich wertlos, tue mir leid und habe eine gute Ausrede, mich schlecht zu behandeln. Das ist es doch, oder etwa nicht?"

„So ungefähr, ja. Aber warum machen Sie es heute?"

„Sie müssen auch ganz schön lüstern auf Bestrafen sein", sagte sie. „Wie oft soll ich es noch sagen? – Ich hasse Sie, ich verachte Sie, Sie widern mich an. Ist das nicht genug?"

„Aber warum?"

„Wegen dem, was Sie mich über das Wochenende tun ließen."

„Mit Ben?"

„Ben!" sagte sie verächtlich. „Natürlich nicht. Was hat das damit zu tun? Das einzige, was passierte, ist, daß ich mit ihm ins Bett ging. Wir schliefen miteinander. Es war gut ... wunderbar. Zum ersten Mal in meinem Leben fühlte ich mich wie eine Frau.

„Was ist es dann ...", fing ich an.

„Seien Sie still!" unterbrach sie mich. „Sie wollten wissen, warum ich Sie hasse, und ich bin gerade dabei, es Ihnen zu sagen. Es hat nichts mit dem zu tun, was mit Ben oder Samstag abend passierte. Es geht um meine Mutter. Worüber wir letztes Mal gesprochen haben ... deshalb hasse ich Sie. Sie hat mich das ganze Wochenende verfolgt. Seit Samstag kriege ich sie nicht mehr aus dem Kopf. Ich muß die ganze Zeit an sie denken – was für ein schreckliches Leben sie hatte. Und wie ich sie behandelt habe. Weil Sie mich dazu gezwungen haben, erinnerte ich mich an Dinge, schreckliche Dinge, die ich ihr angetan habe... Deswegen hasse ich Sie – weil Sie mich dazu gebracht haben, mich zu erinnern." Sie drehte sich auf die Seite und sah mich über die Schulter hinweg an. „Und Sie, Sie Schwein ...", fuhr sie fort, „Sie haben das absichtlich gemacht. Sie haben es so gedreht, daß ich mich daran erinnern mußte, wie beschissen ich zu ihr war. Mein halbes Leben habe ich damit verbracht, sie und ihren verdammten Rollstuhl zu vergessen. Aber nein. Sie lassen das nicht zu. Sie haben Sie aus dem Grab zurückgeholt, damit sie mich verfolgt. Deshalb hasse ich Sie so!"

Dieser Ausbruch erschöpfte Laura. Sie wendete ihren Kopf wieder ab und blieb für eine Weile ruhig liegen. Dann langte sie mit einem Arm hinter sich.

„Geben Sie mir ein Taschentuch", kommandierte sie.

Ich gab ihr die Schachtel vom Tisch neben meinem Stuhl. Sie nahm eines und tupfte ihre Augen ab.

„Geben Sie mir eine Zigarette", sagte sie und griff wieder hinter sich.

Ich legte meine Zigaretten und eine Streichholzschachtel in ihre Hand. Sie zündete sich eine an und rauchte.

„Es ist eigenartig", sagte sie, „eigenartig, wie ich mich an alles mögliche klammerte, um sie weiter hassen zu können. Wissen Sie, ich habe für das, was passierte, immer ihr die Schuld gegeben. Ich dachte immer, es sei ihre Schuld, daß mein Vater uns verließ. Ich dachte, sie hätte meinen Vater mit ihrem ständigen Nörgeln und Jammern aus dem Haus getrieben. Die Tatsache, daß er einfach nichts taugte, habe ich vor mir versteckt. Er war ein fauler, egoistischer Hurenbock, der hinter jedem Rock her war. All die Jahre habe ich darüber hinweggesehen, daß er trank und uns vollkommen vernachlässigte. Ich dachte: ‚Warum nicht? Warum sollte er sich nicht herumtreiben, über Nacht wegbleiben, andere Frauen haben? Wozu taugte sie schließlich noch mit ihren nutzlosen Beinen und ihrem ausgetrockneten Körper?" Ich habe völlig verdrängt, wie er vorher war ... bevor sie krank wurde. In Wahrheit war er nie anders, er war immer ein Faulsack. Schon als ich klein war, taugte er nichts, weder für meine Mutter noch für uns. Aber ich liebte ihn – mein Gott, wie ich diesen Mann liebte. Ich erwartete es kaum, bis er nach Hause kam. Betrunken oder nüchtern – das war mir egal. Er machte viel Aufhebens um mich, und deshalb liebte ich ihn. Sie sagte, ich wäre sein Liebling – und wahrscheinlich war ich das. Jedenfalls machte er um mich mehr Aufhebens als um die anderen.

Wenn ich sie streiten hörte, gab ich immer ihr die Schuld. ‚Warum nörgelt sie an ihm herum?' dachte ich. ‚Warum läßt sie ihn nicht in Ruhe?' Und als er wegging, dachte ich, es sei ihre Schuld. Seit damals und bis letzten Samstag dachte ich, es sei ihre Schuld. Und dafür ließ ich sie leiden. Ich habe ihr schlimme, gemeine Sachen angetan – Sachen, von denen ich Ihnen nie erzählt habe, die ich zu vergessen versuchte, die ich vergessen hatte – bis zum letzten Wochenende. Ich tat sie, um sie dafür zu bestrafen, daß sie ihn vertrieben hatte, daß sie mir seine Liebe genommen hat. Seine Liebe!

Möchten Sie eine von diesen Sachen hören, die ich ihr angetan habe? Ich denke jetzt seit zwei Tagen daran ... vielleicht kann ich es vergessen, wenn ich es Ihnen erzähle."

... Jeden Tag spielte sie auf dem Heimweg von der Schule das gleiche Spiel mit sich. Deshalb ging sie lieber allein nach Hause. Denn was wäre, wenn es passierte, wenn die anderen Kinder dabei waren? Wie sollte sie ihnen das erklären? Was die betraf, so hatte sie keinen Vater. Sogar auf dem Anmeldeformular fürs Gymnasium, auf dem stand: „Vater – lebt oder gestorben – bitte ankreuzen", malte sie ein großes X über „gestorben". Was sollte sie also sagen, wenn er plötzlich aus einer Tür trat, um eine Ecke bog oder von der anderen Straßenseite auf sie zulief – um sie zu packen und zu küssen, wie er es immer getan hatte? Könnte sie dann sagen: „Mädels, das ist mein Vater"? Natürlich nicht! Es war besser, allein nach Hause zu gehen und so zu tun, als wäre er in der Allee am Fuß des Hügels oder stünde hinter einem Kohlenwagen oder versteckte sich hinter dem Zeitungsstand am Eingang zur U-Bahn ... oder die Schritte hinter ihr, die sie die ganze Zeit hörte, auch wenn niemand da war, wenn sie sich umdrehte, wären in Wirklichkeit seine.

Das Spiel war vorbei. Es endete am Eingang der Mietskaserne, desselben Hauses, in dem sie ihr ganzes Leben lang gelebt hatte. Wenn er nicht da war – im stinkenden Vorhof, auf den durchhängenden Stufen, oder wenn er nicht erwartungsvoll im ersten Stock stand, war das Spiel zu Ende. Und er war nicht da – er war nie da ...

Sie hörte das Radio, als sie die Treppe hinaufging, und ihr Inneres zog sich vor Widerwillen zusammen. „Wieder das gleiche", dachte sie. „Wieder das verdammt gleiche. Warum kann es nicht einmal anders sein, nur einmal?" Sie stieß die Tür mit der Schulter auf. Mit einem Knall fiel sie hinter ihr ins Schloß. Aber Anna, die wie immer in ihrem Rollstuhl schlief, bewegte sich kaum.

Laura legte ihre Bücher auf die Ablage und drehte den Schalter des Radios mit einer harten, mutwilligen Bewegung auf „AUS". Sie durchquerte das Zimmer, öffnete den Schrank, hängte ihren Mantel auf und knallte die Schranktür wieder zu. „Und wenn es sie aufweckt ...", dachte sie. „Ich hoffe, das tut es!" Aber sie wachte nicht auf.

Auf dem Weg in den hinteren Teil der Wohnung schaute sie ihre Mutter kurz an. Anna saß zusammengesackt im Rollstuhl wie eine verlassene Stoffpuppe. Ihr gefärbtes braunes Haar, durch das am Haaransatz, dort, wo es auseinandergedrückt war, das Grau schimmerte, fiel über ihre Stirn. Ihr Kinn lag auf der Brust, und aus einem Mundwinkel lief eine dünne Speichelspur zum Kragen des schäbigen braunen Kleides. Die grüne Weste, die sie trug, war offen. Sie hing in vielen Falten von ihren dünnen Schultern, und aus den Ärmeln ragten ihre dünnen Handgelenke und die Fingerspitzen mit den hellroten Nägeln wie Hühnerklauen und umklammerten die abgewetzten Lehnen des Rollstuhls. Als sie vorbeiging, unterdrückte Laura einen Schrei der Verachtung.

In der Küche goß sich Laura ein Glas Milch ein und trank es bei der Spüle. Als sie ausgetrunken hatte, wusch sie das Glas unter dem Hahn. Es fiel ihr aus der Hand und zerschellte am Boden.

„Bist du das, Laura?" rief Anna.

„Ja."

„Komm her. Ich will, daß du etwas für mich tust."

Laura seufzte. „Gut. Sobald ich die Unordnung hier weggeräumt habe."

Sie trocknete ihre Hände und ging ins vordere Zimmer. „Was gibt's", fragte sie.

Anna bewegte ihren Kopf. „Dort drüben auf der Ablage ...", sagte sie. „Der Scheck vom Sozialamt ist gekommen. Ich habe dir eine Einkaufsliste geschrieben. Auf dem Rückweg kannst du dem Hauswart die Miete zahlen."

„Gut", sagte Laura verdrießlich. Sie nahm ihren Mantel aus dem Schrank. An der Tür zum Vorzimmer blieb sie stehen und drehte sich zu Anna, die schon wieder am Radio herumdrehte, um. „Noch was?" fragte sie und spielte ihr Spiel, das sich alle zwei Monate wiederholte.

Anna lächelte. „Ja", sagte sie. „Ich habe das nicht auf die Liste geschrieben, aber wenn sie diese Karamelbonbons mit Schokoladenüberzug haben, die ich so mag …"

Laura nickte und schloß die Tür. Die Musik aus dem Radio verfolgte sie die Treppen hinunter.

Als sie mit Tüten beladen zurückkam, hielt sie sich nur einen Moment im Schlafzimmer auf, um das Radio leiser zu drehen. „Du könntest es wenigstens leise spielen lassen", murmelte sie. „Ich konnte das schon einen Häuserblock weit weg hören."

In der Küche stellte sie – noch im Mantel – die Einkäufe ab.

„Hast du alles bekommen, Laura?"

„Ja."

„Die Miete bezahlt."

„Mhm."

„Hatten sie die Karamelbonbons?"

Diesmal antwortete Laura nicht. Irgendwo, tief in ihr drinnen, flackerte die heruntergedrehte Flamme des Hasses zu einer neuen Höhe auf.

„Laura!" rief Anna.

„Was willst du?" rief das Mädchen zornig.

„Ich habe gefragt, ob du meine Bonbons hast?"

Laura wollte gerade antworten, da fiel ihr Blick auf das verbleibende Päckchen auf dem Küchentisch. Es schien sie zu hypnotisieren, hielt ihren Blick fest und zog ihre Hand zu seinem eingerollten oberen Ende. Langsam öffneten ihre Finger die Tüte und tauchten hinein. Als sie wieder herauskamen, führten sie zwei Bonbons zu ihrem Mund. Ohne etwas zu schmecken, kaute und schluckte sie sie rasch.

Hinter sich hörte Laura das Geräusch der Räder. Sie drehte sich um und sah Anna über die Schwelle des Schlafzimmers kommen. Das Mädchen packte die Tüte, lief ins Speisezimmer und sah ihre Mutter über den ovalen Tisch hinweg an.

„Hast du die Bonbons?" fragte Anna.

Laura nickte und hielt die Tüte hoch.

„Gib sie mir", sagte Anna und streckte ihre Hand aus.

Laura schüttelte den Kopf und versteckte die Papiertüte hinter ihrem Rücken. Verblüfft rollte Anna ihren Stuhl um den Tisch herum auf das Mädchen zu. Die wartete, bis ihre Mutter nahe herangekommen war, und lief dann schnell auf die andere Seite, so daß der Tisch wieder zwischen ihnen stand.

„Was ist das für ein Unsinn?" fragte Anna. Laura steckte als Antwort ein weiteres Bonbon in den Mund.

„Laura!" forderte Anna. „Gib mir meine Bonbons!" Sie griff nach den Rädern ihres Rollstuhls und bewegte sie vorwärts. Der raste hinter dem Mädchen her – es entkam ihm jedoch leichtfüßig. Dreimal umrundete Anna den Tisch und verfolgte die flüchtige Gestalt, die sie aus verengten Augen

181

anschaute. Schließlich blieb sie erschöpft stehen. Auf der anderen Seite stopfte sich Laura noch mehr Bonbons in den Mund und kaute sie heftig.

„Laura", keuchte Anna. „Was ist in dich gefahren? Warum tust du das?"

Laura nahm die Tüte hinter ihrem Rücken hervor und hielt sie provozierend über den Tisch. „Wenn du sie dir so sehr wünschst, dann komm doch her und hol sie dir", sagte sie und atmete schwer. Sie schwenkte die Tüte triumphierend in ihrer Hand. „Sieh doch, sie sind schon fast alle weg. Du beeilst dich besser."

Drinnen in ihrem tiefsten Wesenskern loderte die Flamme. Ein warmes, frohlockendes Glühen durchströmte sie, erfüllte sie mit einem Gefühl der Macht und erhitzte ihr Gemüt. Am liebsten hätte sie wie verrückt gelacht, geschrien und getanzt. Der Schokoladegeschmack in ihrem Mund berauschte sie.

Ihre Mutter wimmerte. „Bitte, Laura ... Gib mir die Bonbons."

Laura hielt die Tüte in die Höhe. „Komm und hol sie dir!" schrie sie und ging langsam rückwärts in Richtung des vorderen Zimmers.

Anna verfolgte sie mit dem Rollstuhl. Als sie beim Schlafzimmer angelangt war, war Laura schon bei der Tür. Sie wartete, bis der Rollstuhl nahe bei ihr war, dann wirbelte sie herum und lief davon, wobei sie die Tür mit einem lauten Knall hinter sich zuzog.

Gegen das Treppengeländer gelehnt, lauschte Laura auf das Trommeln von Annas Fäusten gegen das Holz und auf ihr zorniges, enttäuschtes Schluchzen. Ihre wilde Heiterkeit stieg. Sie wußte kaum, was sie tat, als sie die übrigen Bonbons in ihren Mund stopfte. Dann rollte aus der Tiefe ihres Körpers eine Welle von Gelächter nach oben. Sie versuchte, sie zurückzuhalten, aber sie barst in einer verrückten Flut der Heiterkeit nach draußen. Der Klang dieser freudlosen Fröhlichkeit hallte vom Keller und von der Decke des engen Stiegenhauses zurück – so wie er später zusammen mit dem Klang der Schritte und des fallenden Regens in ihren Träumen hallte. (S. 97–102)

Ich habe die Beschreibung dieser Szene nicht nur deshalb in voller Länge zitiert, weil die Erzählweise und die große schriftstellerische Begabung für einen Psychoanalytiker selten sind, sondern auch, weil Lauras Wunsch, sich mit ihrer Mutter zu messen (indem sie ihr die Bonbons – das Wunschobjekt der Mutter – wegnimmt), den Ursprung ihrer Bulimie erklärt und für die Leidenschaft des sexuellen E4 paradigmatisch ist. Indem sie sich das Recht ihrer Mutter, die Befriedigung der Bonbons zu genießen, anmaßt und einverleibt, rächt sich Laura nicht nur an ihr, sondern stiehlt ihr auch ihr Vergnügen, was schließlich auf eine Orgie des Hasses gegenüber Vergnügungen hinausläuft.

Die Wochen nach den eben beschriebenen entscheidenden Stunden waren für Laura sehr schwer. Als sie sich durch die schuldbeladenen Erinnerungen, die jetzt aus der Versenkung aufgetaucht waren, durcharbeitete, sank ihre Selbstachtung, die ja nie sehr hoch gewesen war, mehr und mehr. Verbittert betete sie den häßlichen Rosenkranz ihrer pathetischen Vergangenheit herunter und ersparte weder sich noch mir auch nur das geringste Detail. In Beichtstimmung zählte sie all die Sünden ihres schlechten Benehmens über all die Jahre hinweg auf. Unter dem Einfluß ihrer neu erworbenen, aber noch unverdauten Einsichten änderte sich das Muster ihrer Sitzungen bei mir. Sie hielt es nicht mehr für nötig, die Säure ihres Hasses und ihrer Verachtung auszugießen, mich und die Welt für den Mangel an Liebe für sie zu schmähen und zu verdammen. Jetzt schwang das Pendel auf die andere Seite: Alle waren ihr gegenüber viel zu nett und viel zu tolerant gewesen. Sie verdiente niemandes Wertschätzung, vor allem nicht die meine.

Laura blieb bei ihrer neuen Stimmung und änderte damit auch ihren Lebensstil. Ihre Kleidung wurde ausgesprochen asketisch, sie hielt eine strenge Diät ein und gab das Rauchen, das Trinken, Kosmetika, das Tanzen und alle anderen völlig normalen Vergnügungen auf. Die Entscheidung, die neuen Freuden der Sexualität mit ihrem Geliebten, Ben, aufzugeben, fiel ihr schwer, aber mit zusammengepreßten Lippen und grimmiger Entschlossenheit erklärte sie ihm ihre Absicht und blieb dabei. (S. 102–103)

Ihre Bekannten fanden, daß es Laura soviel besser ging, daß Lindners Ruf in Baltimore „sich zu neuen Höhen aufschwang".

Weil sie die gemeinsamen Treffen nicht länger mit immer neuen Demonstrationen ihrer wohlbekannten Gehässigkeit störte, weil sie ihre Probleme nicht mehr über ihnen ausgoß und sie in schwirigen Zeiten nicht mehr um Hilfe bat, erleichterte sich ihr Gewissen ihr gegenüber. Kurz gesagt und ohne zu sehr darauf herumzureiten – solange Laura niemanden störte und ihr Unglück für sich behielt und solange sie ihrem Freundeskreis gegenüber die passive Unterwerfung unter das allgemeine Ideal darstellte, dem sie alle so verzweifelt und so vergeblich nachstrebten, nur solange waren sie von Lauras neuem „Look" beeindruckt. (S. 104)

Für den Therapeuten hatte sich jedoch nur die Art von Lauras Neurose verändert. Unter dem Blickwinkel der Protoanalyse könnte man sagen, daß sie von der sexuellen Position (Haß) zur sozialen (Selbstbeschuldigung) und zur selbsterhaltenden (Selbstdisziplin und Sühne) übergewechselt hatte. Seinem Bericht zufolge beeinflußte Lindner Laura ziemlich absichtlich, „ihre Verteidigungsmaske der Selbstverleugnung abzulegen". Der Zeitpunkt war gekommen, da er „Lauras täglichem mea culpa Einhalt gebieten und ihren Beichtmarathon, zu dem sie sich im zweiten Jahr mit mir aufgemacht hatte, beenden wollte."

Wie sehr sie es auch versuchte, ich wußte, daß sie ihr Gewissen durch die Bußakte und Verzichthandlungen, die sie erfand, nie beschwichtigen können würde. Und ich fürchtete die Folgen eines andauernden Wettstreits zwischen Reue und Sühne: Der konnte nur zu einer weiteren Schwächung des Egos und zu einer beständigen Abnahme ihrer Selbstachtung führen, die ein Ausmaß annehmen konnten, an das ich gar nicht zu denken wagte. (S. 104)

In Lindners Augen brachten ihr die Selbstvorwürfe „genau die gleiche neurotische Befriedigung, die sie die ganze Zeit über mit Hilfe ihrer alten Strategien sichergestellt hatte. Das Märtyrertum, das sie jetzt von eigener Hand erlitt, entsprach dem Selbstmitleid, das sie früher aus der Ablehnung bezog, die sie sich von anderen zufügen ließ." Und aus einem persönlicheren Blickwinkel fügte er hinzu: „Ehrlich gesagt war ich der ‚neuen' Laura leid, ich hatte ihren frommen Schein satt, und mir war ganz übel von der ‚Heiliger-als-du'-Pose, die sie einnahm." (S. 104) Wegen eben dieser persönlichen Reaktion fühlt sich Lindner auch hauptverantwortlich „für den beinahe fatalen Fehler, den ich in meinem Timing beging, als ich auf der Basis einer andernfalls wohlerwogenen Entscheidung handelte und meine Patientin aus der analytischen Bahn warf, in der sie sich buchstäblich wälzte." (S.105)

Er fährt nun fort, indem er über eine Sitzung berichtet, die einen Tag vor seiner Abreise zu einem Treffen in New York stattfand. Laura war an jenem Tag seine letzte Patientin. Sie beklagte sich darüber, daß er wegen seines Projekts eine bevorstehende Sitzung versäumen würde: „Ich habe einfach das Gefühl, daß es der falsche Moment ist, daß Sie weggehen." (S.106) Dann rügte sie ihn wegen seines Rauchens und erzählte, wie sie selbst aufgehört hatte (wie sie ja auch mit dem Sex aufgehört hatte), um ihr früheres Verhalten wieder gutzumachen. Da erwiderte er scharf: „Und Sie glauben, daß Sie das zu einem besseren Menschen macht, wenn Sie das Rauchen aufgeben?" Das war nur zehn Minuten vor dem Ende der Sitzung, die er auch nicht verlängern konnte, weil er einen Zug erreichen mußte. Lauras Körper versteifte sich, und sie begann zu erkennen, daß all ihre Versuche zwecklos waren. „Ich habe versucht, das Richtige zu tun – aber es gelingt mir nie. Ich glaube, ich löse etwas – dabei ist es gar nicht so. Ich gerate immer nur tiefer und tiefer hinein. Mir ist das alles zuviel, zuviel …" (S. 107)

Laura schnitt sich die Pulsadern auf, und es gelang ihr, ihn für ihre Stunde am Samstag – diesmal im Krankenhaus – aus New York zurückzuholen. Zwei Seiten weiter lesen wir, daß „diese Episode ihr wirkliche und nützliche Einsichten brachte, unter deren nicht geringsten auch die war, daß sie ihre falsche Askese aufgab und aufhörte, vor ihren Freunden das Musterbeispiel eines gut analysierten, angepaßten Menschen zu spielen". (S. 109)

Lauras suizidale Geste brachte – vor allem in der Übertragungssituation – ein tieferes Verständnis ihrer Haltungen, und „die Last des Mißtrauens, die sie so lange getragen hatte, wurde leichter und leichter". (S. 112) Eines Tages kam sie dennoch nicht zu ihrem Treffen, und als er später am Abend zum Hörer griff, hörte er eine Stimme wie die eines Tieres, die sinnlose Dinge vor sich hinbrabbelte – „im Ton dringlich, aber völlig unverständlich. Es war Laura mitten in einem Freßanfall." Und wieder durchbrach Lindner die analytische Neutralität im vollen Bewußtsein, daß seine Kollegen „von einer derartigen Regelverletzung abgestoßen sein würden". (S.114)

Ich zitiere nun das Ende seines Berichts:

Beim Eingang fand ich den Schalter und drückte ihn. Als das Licht anging, bedeckte Laura ihr Gesicht und drückte sich gegen die Wand. Ich ging zu ihr hinüber und streckte meine Hände aus.

„Kommen Sie", sagte ich. „Stehen Sie auf."

Sie schüttelte heftig den Kopf. Ich bückte mich und zog sie hinauf. Als sie aufstand, verbarg sie ihr Gesicht immer noch hinter ihren Händen. So sanft, wie ich konnte, zog ich sie weg. Dann trat ich zurück und sah sie an. Ich werde nie vergessen, was ich da sah.

Das Schlimmste war ihr Gesicht. Es war wie eine Zeremonienmaske, auf der irgendein inspirierter Verrückter jede erdenkliche Korruption des Fleisches dargestellt hatte. Das Laster lag darin und Völlerei – auch Lust und Gier. Verderbtheit und Greuel schienen aus den großen Poren ihrer aufgeblasenen und gespannten Haut zu quellen.

Ich schloß meine Augen für einen Moment vor dem Bild dieser Fleisch gewordenen Entartung. Als ich sie wieder öffnete, sah ich aus den Löchern, die ihre Augen sein sollten, Tränen fließen. Hypnotisiert verfolgte ich ihren Lauf, der in einem dünnen Strom über ihre aufgeblasenen Wangen hinunter zu ihrem Nachthemd führte. Und dann sah ich es zum ersten Mal!

Laura trug ein Nachthemd aus einem hauchdünnen Stoff, der lose von Trägern an ihren Schultern herabfiel. Ursprünglich weiß, war es jetzt übersät mit den Spuren ihrer Orgie. Aber mein Hirn registrierte das schmutzige Gewebe kaum, nur dort, wo es sich in ihrer Mitte in einem schwingenden Bogen aus ihrem Körper herauswölbte, als sei sie schwanger.

Ich schnappte ungläubig nach Luft – und meine Hand streckte sich automatisch aus, um die Stelle zu berühren, wo ihr Nachthemd sich wölbte. Meine Finger trafen auf etwas Weiches, das unter ihrem Druck nachgab. Fragend hob ich meinen Blick zu der Karikatur eines Gesichts. Er fiel auf etwas, das wie ein Lächeln wirkte. Der Mund ging auf und zu und versuchte angestrengt, ein Wort zu bilden.

„Ba-by", sagte Laura.

„Baby?" wiederholte ich. „Wessen Baby?"

„Lau-ras Ba-by ... Se-hen Sie doch."

Sie beugte sich vor und griff nach dem Saum ihres Nachthemds. Langsam hob sie den Stoff so hoch, daß ihre Hände weit über ihrem Kopf waren. Ich starrte auf ihren entblößten Körper. Dort, wo meine Finger sie berührt hatten, war mit langen Klebestreifen ein Polster an ihrer Haut befestigt.

Laura ließ das Nachthemd fallen. Sich wiegend glättete sie es dort, wo es sich wölbte.

„Sehen Sie?" sagte sie. „So – sieht es – echt aus."

Ihre Hände fuhren wieder nach oben, um ihr Gesicht zu bedecken. Jetzt wurde sie von einem heftigen Schluchzen geschüttelt, und zwischen ihren Fingern quollen Tränen hervor, als sie weinte. Ich führte sie zum Bett und setzte mich mit ihr an den Rand. Während sie weinte, versuchte ich

Ordnung in meine aufgewühlten Gedanken zu bringen. Bald hörte sie auf zu weinen und entblößte ihr Gesicht. Wieder versuchte der abhanden gekommene Mund Worte zu bilden.

„Ich – will – ein – Baby", sagte sie. Dann fiel sie auf ihr Bett und schlief ein.

Ich deckte Laura zu und ging ins andere Zimmer, wo ich ein Telefon gesehen hatte. Von dort rief ich eine Krankenschwester an, die früher mit mir gearbeitet hatte und von der ich wußte, daß sie verfügbar war. Innerhalb einer halben Stunde war sie da. Ich instruierte sie schnell: die Wohnung mußte gereinigt und gelüftet werden; wenn Laura erwachte, mußte der Arzt, der im Haus wohnte, angerufen werden, um sie zu untersuchen und eine Behandlung und eine Diät vorzuschlagen; sie sollte mir regelmäßig Bericht erstatten und Laura nach zwei Tagen in meine Praxis bringen. Dann ging ich.

Obwohl es eine kalte Nacht war, ließ ich das Verdeck meines Wagens herunter. Ich fuhr langsam und sog die reine Luft tief ein.

Zwei Tage später setzten Laura und ich die letzten Puzzlesteine ihrer Neurose zusammen, während die Krankenschwester im vorderen Zimmer saß. Wie immer konnte sie sich an die Vorfälle während des Anfalls nur vage und verwirrt erinnern. Sie mußte sie aus dem verschwommenen Nebel ihrer vollkommenen Berauschung hervorholen. Bevor ich ihr die Episode schilderte, konnte sie sich an meinen Besuch nicht klar erinnern und dachte, sie hätte von meiner Anwesenheit in ihren Räumen nur geträumt. Von dem Teil, der ihre mitleiderregende Imitation einer Schwangerschaft betraf, wußte sie überhaupt nichts mehr.

Es war klar, daß Laura das unwiderstehliche Verlangen hatte, ein Kind zu bekommen, daß ihr Gefühl der Leere von diesem Verlangen herrührte und daß sie ihre Freßanfälle unbewußt herbeiführte, um dieses Verlangen scheinbar zu befriedigen. Was jedoch nicht sofort auf der Hand lag, war, warum in Lauras Fall ein natürlicher weiblicher Wunsch eine so extravagante und gestörte Form annahm, warum er so intensiv geworden war und warum er sich auf eine Art und Weise ausdrücken mußte, die gleichzeitig monströs, versteckt und selbstzerstörerisch war.

Meine Patientin lieferte den Hinweis zur Lösung des Rätsels selbst, als sie sich bei der Rekonstruktion des Vorfalls, den ich miterlebt hatte, angesichts der Tatsachen so offensichtlich versprach, daß kaum mehr eine Interpretation notwendig war.

Das geschah etwa eine Woche nach dem Ereignis, das ich aufgezeichnet habe. Laura und ich gingen es noch einmal durch, um nach weiteren Hinweisen zu suchen. Ich war verblüfft über die Vorrichtung, die sie trug, um sich den Anschein einer schwangeren Frau zu geben, und fragte im Detail, wie sie sie hergestellt hatte. Laura wußte es nicht. Laura meinte, sie müsse sie offensichtlich in einem fortgeschrittenen Stadium ihres Freßrausches angelegt haben.

„War das das erste Mal, daß Sie so etwas getan haben?" fragte ich.

„Ich weiß es nicht", sagte sie zögernd. „Ich kann es nicht mit Sicherheit sagen. Vielleicht habe ich es getan und das Ding zerstört, bevor ich wieder aus dem Nebel auftauchte. Ich glaube, ich habe vor etwa zwei Jahren nach einem Anfall einmal etwas in der Art gefunden, wie Sie es beschreiben, aber ich wußte nicht – oder ich wollte nicht wissen, was es war, und so nahm ich es einfach wieder auseinander und vergaß die ganze Sache."

„Vielleicht sollten Sie noch einmal genau in Ihrer Wohnung nachsehen", sagte ich halb im Scherz. „Vielleicht ist noch irgendwo eine Reserve versteckt."

„Das bezweifle ich", sagte sie in der gleichen Laune. „Ich glaube, ich werde jedesmal ein neues Baby miken müssen ..." Sie schlug die Hand vor den Mund. „Mein Gott!" rief sie. „Haben Sie gehört, was ich gerade gesagt habe?"

Mike war der Name ihres Vaters, und natürlich wollte sie ein Kind von ihm. Nach dieser unmöglichen Erfüllung hatte Laura gehungert – und ihretwegen mußte sie jetzt nicht mehr hungern ... (S. 116–118)

Obwohl dies eine Therapie war, in der wir Lindner glauben können, wenn er uns von einer allmählichen Verbesserung und einem durch eine Menge Einsichten herbeigeführten charakterlichen Wandel berichtet, erzählt er uns leider wenig über Laura in ihrem gesunden Zustand. Nachdem er den Übergang vom haßerfüllten Muster des sexuellen E4 zum allzu gut erfundenen und kontrollierten Stil des selbsterhaltenden E4 recht gut dokumentiert, erzählt er uns in der Folge, daß ihr Zustand sich wirklich verbessert. Wir würden aber gerne mehr über Laura erfahren, nachdem sie die Einsicht in ihren neiderfüllten Inzestwunsch hat. Der Satz „und ihretwegen mußte sie jetzt nicht mehr hungern" weist sicher auf das Ende ihrer Bulimie hin – aber was geschah mit ihrem Liebesleben? In einem früheren Stadium der Therapie hatte sie sich der sexuellen Liebe geöffnet, dann war dies durch die Aktivierung eines sadistischen Vaterbildes (der Gegenpol zu ihrer Opferhaltung, die aus einer Identifikation mit der Mutter resultierte) unterbrochen worden. Jetzt, da ihr das sexuelle Verlangen nach ihrem Vater bewußt ist, können wir annehmen, daß sie ihre Vorstellung von seinem Sadismus aufgeben können wird. Sie kam mit etwas in sich in Berührung, das verboten war, und die Macht dieser Einsicht half ihr, den Mut aufzubringen, ihre verborgenen Triebe zuzugeben. Wenn ich mir auch vorstellen kann, daß dies den Übergang zu einer größeren psychologischen Freiheit bedeutete, erstaunt es mich doch, daß Lindner seinen Bericht auf eben diese Art beendet und uns im unklaren läßt, ob das sein letztes Treffen mit Laura war und ob Lauras Bemerkung „nicht mehr hungern" (was nach dem Ende des übertriebenen Neides klingt) in ihrem Leben nur die Erfahrung des Augenblicks widerspiegelt oder eine andauernde Errungenschaft war.

Bevor ich dieses Kapitel beende, möchte ich noch einen letzten Gedanken in Betracht ziehen. Obwohl ich Dr. Lindner nie getroffen habe und nichts über sein Leben weiß, würde es mich überraschen, wenn er einen anderen Enneatyp hätte als E8. Eine gewisse Härte scheint für einen Gefängnistherapeuten, der er ja war, ideal, und zwei weitere Abschnitte in seinem Buch Die *Fünfzig-Minuten-Stunde* verdeutlichen, wie sein Selbstbewußtsein, sein Mut und seine gesunde Aggression ihn besonders befähigen, aggressiven und harten Patienten zu helfen.

Der Verdacht, er könne ein E8 sein, wird noch durch den Umstand erhärtet und möglicherweise sogar bestätigt, daß er auf Lauras Spiel vom „armen Ich" mit einer Gegenübertragung reagiert. Es ist offensichtlich, daß er Abhängigkeit nicht mag und sie durchschaut und daß die beiden Male, wo er Laura mit ihrem Märtyrertum konfrontiert (und insgesamt gegenüber ihrer Aggression klar und gelassen bleibt), insofern wirkungsvoll sind, als sie zu einem bemerkenswerten Persönlichkeitswandel führen.

Hierbei läßt sich jedoch vermuten, daß Lindners Abneigung gegen Masochismus durch eine Erwägung abgeschwächt wurde, die aus zahlreichen Berichten in diesem Buch spricht und – wie ich glaube – allgemeiner gesprochen für die Psychotherapie im Lichte der Protoanalyse gilt: Daß es nämlich zum Heilungsprozeß gehört, daß die Extreme mancher Züge (hier Außenbestrafung/Innenbestrafung, fordernd/selbstfordernd) zwischen den instinktbezogenen Subtypen ausgeglichener werden und daß die „rezessive" Sub-Persönlichkeit zuerst herauskommen muß, bevor eine Integration der widerstreitenden Tendenzen stattfinden kann.

Ich würde die Paarung E8/E4 in einer Therapie als explosiv bezeichnen. Der sadistische Stil des E8-Therapeuten kann den Masochismus „anfeuern", solange er nicht aufgrund der Unbewußtheit der Therapeuten oder seiner ungenügenden persönlichen Entwicklung destruktiv wird.

Die Vergangenheit zu dem machen, was sie wirklich war

Nun zur Sitzungsmitschrift von jemandem, dem Therapie unbekannt war und der praktisch von der Straße in eines meiner Seminare gekommen war. „Modestos" Problem war die Scham. Diese hatte sich auf eine sehr bizarre Weise gezeigt – nicht nur, was ihre Intensität anbelangte, sondern auch im Hinblick auf Modestos völlige Perspektivlosigkeit in bezug auf sein Symptom.

In dieser Sitzung wurden gute Fortschritte erzielt. Modesto gelang es zu verstehen, daß der Ursprung für seine Situation in seiner frühen Beziehung zu seinem Vater lag. Indem er seinen frühen Zorn gegenüber seinem Vater erneut durchleben und ausdrücken konnte, war es ihm darüber hinaus möglich, die wirkliche frühere Lage seines Vaters zu verstehen und ihm gegenüber zum ersten Mal Einfühlungsvermögen zu zeigen. Nach der Sitzung machte sich Modesto auch keine Sorgen mehr über seinen leichten fremdländischen Akzent, er fing jedoch an, sich für weitere psychologische und spirituelle Erfahrungen zu interessieren. Heute gibt er Bewegungsunterricht nach seiner eigenen Methode, wobei die Betonung auf Spontaneität liegt.

Modesto: Es geht um eine Sache, die ich seit kurzem wieder spüre, aber sie ist schon sehr alt. Ich habe sie mitgeschleppt. Heute habe ich ihr einen Namen gegeben, nämlich „Mangel an Selbstachtung". Als ich jemanden beobachtete, wie er über seine Probleme sprach, konnte ich mich mit ihm identifizieren. Es ist ein wenig unklar. Ich weiß, daß es etwas gibt, das mich davon abhält, im Fluß zu sein, mich sicher zu fühlen und all solche Dinge. Jetzt hat sich das etwas gemildert, aber während der letzten Jahre fühlte ich mich sehr zurückgewiesen. Ich lebte in einer anderen Stadt, und die Tatsache, daß ich Ausländer bin, brachte mich an einen Punkt, wo ich überhaupt nicht mehr sprach.

Claudio: Ein Ausländer von wo?

M: Ich bin kein Spanier, und ich lebte in Barcelona, und sie ließen mich deutlich spüren, daß ich nicht von dort war, und so fing ich an, mich wirklich unbehaglich zu fühlen.

C: (*ironisch*) Das wäre ja wohl ein *vernünftiger* Grund, sich unbehaglich zu fühlen.

M: Noch dazu bin ich Argentinier.

C: Oh! Noch dazu. Nun, das ist wirklich zuviel!

M: Ich habe mich sehr bemüht und bin sogar an den Punkt gelangt, wo ich Argentinier haßte. Ich habe Barcelona verlassen, weil ich genug davon hatte; und als ich hierher kam, hatte ich wieder das gleiche Problem, aber es verging mit der Zeit. Doch nein, da geht es doch um etwas, nicht? Ich weiß, daß ich noch mit anderen Themen gekommen bin, denn es gibt ja noch andere Leute, die Argentinier sind, d.h. Ausländer – und die damit zurecht kommen.

C: Sie fühlen sich nicht so unterlegen, weil sie Argentinier sind, im Gegenteil, sie sind sogar bekannt dafür.

M: Es war ein riesiger Komplex, aber ich habe bemerkt ...

C: Nicht einmal das Beispiel anderer Argentinier hat Ihnen geholfen. Ich glaube, das ist ein gutes Thema, um daran zu arbeiten – das schlechte Bild, das sie von sich selbst haben.

M: Aber das hängt mit anderen Punkten zusammen.

C: Nun, sehen wir mal ...

M: Aber das wird dann für mich etwas schwieriger.

C: Wir sind hier in einer der intimsten Gruppen von ganz Madrid. (Es ist ein wenig wie in einem türkischen Bad, wo sich jeder auszieht.)

M: Ich müßte zu dem Augenblick zurückgehen, als ich Argentinien verließ. Ich war sehr schüchtern. Ich war schon immer schüchtern. Ich hatte Probleme mit meiner Unsicherheit. Ich lebte drei Jahre lang in Paris, und die Schüchternheit verging; ich konnte ich selbst sein. Aber dann in Barcelona war alles wieder beim alten.

C: Ich schlage vor, daß Sie an dieser Frage arbeiten, daß Sie sich sehr klein, sehr unbehaglich und zurückgewiesen fühlen. Zu all dem gehört ein Gefühl von Schüchternheit – und vielleicht Scham. Geht es darum? Fühlen Sie sich jetzt so?

M: Nein, was ich spüre, ist eher eine Angst davor, das zu zeigen, was dahinter steckt.

C: Das ist es.

M: Bis hierher habe ich es ganz gut geschafft, ich habe es sehr gut erklärt ... aber irgendwann muß ich mich dem stellen, und ich muß ...

C: Ich habe das Gefühl, daß Sie einige Geständnisse machen müssen, daran könnten wir arbeiten – daran, daß Sie sich gut damit fühlen, wer Sie sind, ohne daß Sie sich verstecken müssen oder ihr Bild manipulieren müssen, um zu beweisen, daß Sie ein ordentlicher und annehmbarer Mensch sind.

M: Geständnisse.

C: Geben Sie uns einige Beweise im Telegrammstil, was all das anbelangt.

M: Ich akzeptiere mich nicht so, wie ich bin, und ich wäre gern anders. Als würde ich mich schämen zu sagen: „Ich bin nicht schön, und ich habe immer Komplexe gehabt."

C: Machen Sie so weiter. „Ich wäre gern anders, ich bin nicht so, ich sollte so sein ..."

M: Ich wäre gern anders; ich wäre gern kein Fremder; ich würde gern nach Hause gehen und gar nichts beweisen müssen ...

C: „Ich wäre gern nicht so, wie ich bin." Bleiben Sie noch ein wenig länger dabei. Sehen Sie, was noch auftaucht.

M: Ich wäre gern nicht so, wie ich bin. Ich weiß nicht, wie ich gern wäre.

C: Sie haben damit begonnen, daß Sie sich schämen, wie Sie sind. Bleiben Sie mehr dabei. „Ich schäme mich, so zu sein, wie ich bin." Das ist das Thema unserer Arbeit: daß Sie sich Ihrer selbst schämen, verbunden mit Ängstlichkeit damit, nicht zurückgewiesen werden zu wollen etc. ...

M: (*mit gesenktem Kopf*) Ich schäme mich dafür, so zu sein, wie ich bin.

C: Sehen Sie, daß Sie mit all dem in Berührung kommen, was das für Sie bedeutet. Spüren Sie das hier und jetzt. Fühlen Sie all die Dinge, über die Sie sich schämen. Voll Scham.

M: Ich schäme mich, daß ich Dinge nicht gut mache. Ich fühle mich schlecht, weil Dinge nicht harmonisch ablaufen. Ich erreiche nicht das, was ich mir vornehme.

C: Können Sie konkreter werden?

M: Ich schäme mich, nicht ich selbst zu sein; ich schäme mich, mich zu schämen.

C: Gut, machen Sie weiter. „Ich schäme mich, nicht ich selbst zu sein." „Ich schäme mich, mich dafür zu schämen, daß ich ich selbst bin." Vielleicht so?

M: Ich schäme mich, mich dafür zu schämen, daß ich ich selbst bin ... Ich schäme mich, mich dafür zu schämen, daß ich ich selbst bin ...

C: Die Scham, Ihr eigenes Selbst zu verraten, im Hinblick auf die große Scham, sich selbst so zu zeigen, wie Sie sind.

M: Ich schäme mich zu zeigen, wie ich bin.

C: Könnten Sie es wagen, ein wenig von dem abstoßenden Wesen zu zeigen, für das Sie sich scheinbar halten?

M: Ja, ich fühle mich als Manipulator. Um etwas zu bekommen wie etwa Zuneigung, manipuliere ich die Dinge. Ich weiß nicht, wie ich das konkreter sagen könnte.

C: Das könnte ja Folgen haben. Sie schämen sich, die Dinge zu konkretisieren. Könnte es sein, daß die irrationale Scham eine totale Einbildung ist und Sie sich für alles beschuldigen, was Sie so tun?
M: Jetzt habe ich den Faden verloren.
C: In Ordnung. Wir bleiben bei der Scham, ein Fremder zu sein. Die ist groß genug.
M: Gut.
C: Vielleicht haben Sie keine größere Scham. Sie verleihen fremden Werten, die sich von Ihren unterscheiden, eine so hohe Glaubwürdigkeit.
M: Das kenne ich gut. Das erlebe ich ganz sicher, und ich habe es während der letzten Jahre erlebt.
C: Was halten Sie davon? Jemand, der sich dafür schämt, nicht aus Barcelona zu sein? Oder wenn er nicht aus Madrid ist, dafür, nicht aus Madrid zu sein. Was halten Sie von einem Menschen, der darunter leidet, der so denkt, der sich selbst dafür geißelt, daß er nicht von dort ist?
M: Ich weiß nicht, was ich davon halte, aber ich würde gerne unbemerkt durchrutschen. Ich rage nicht gerne heraus. Ich habe einen anderen Akzent, an den die Leute mich erinnern: Sie sagen zum Beispiel, daß Argentinier wie … Scheiße sind. Als müßte ich erst beweisen, daß ich nicht so bin, und dabei verrate ich mich selbst.
C: Können Sie sich Ihr inneres Selbst als die Person vorstellen, an die Sie sich da so schmerzlich erinnern? Können Sie die „Stimme aus Barcelona", das Gefühl von Barcelona personifizieren … Daß Sie ein beschissener Argentinier sind, ein Manipulator. Was sonst noch? Geben Sie diesem Ankläger eine Stimme.
M: Wir wollen dich nicht. Warum bist du da? Warum gehst du nicht in dein eigenes Land zurück? Weil ihr alle gleich seid. Wir trauen euch nicht, weil wir euch vertraut haben, und ihr habt unser Vertrauen verloren. Ihr habt gelogen. Ich kenne jede Menge Leute aus Argentinien, und ihr seid alle gleich. Es ist besser, wenn ihr geht. Wir wollen euch nicht.
C: Erkennen Sie darin Ihre eigene Stimme? Haben Sie das Gefühl, daß Sie das zu Ihrem eigenen Selbst sagen?
M: Nein, ich habe das Gefühl, es ist etwa so … (*Er zeigt mit seinen Händen etwas, das von außen kommt, ihn umgibt und sich auf ihn wirft.*)
C: Wie etwas, das von Ihnen getrennt ist. „*Barcelona*" hat sich so gefühlt. Es ist nicht so, daß Sie sich selbst dafür ablehnen, daß Sie sind, wie Sie sind, und nicht wie die Leute von Barcelona.
M: Ich habe das Gefühl, daß ich diese Probleme haben kann, aber ich kann auch andere Dinge fühlen oder wie sie sein; und das einzige, das mich anders macht, ist meine Art zu sprechen, die mich verrät.
C: Erscheint es Ihnen ungerecht, dieses Gefühl, wie sie Sie erleben und wie sie Ihnen gegenüber sind?
M: Es stört mich. Ich wäre gerne einer unter vielen, so wie alle anderen. Ich würde gerne in meine Umgebung zurückkehren, wo ich jeden kannte und es diese

Kritik nicht gab. Da wußte ich nicht einmal, wie ich sprach und daß ich ein Fremder war.

C: Es stört sie. Ich habe während meiner Gestaltsitzungen oft einen Witz erzählt, den nie jemand zu schätzen wußte. In Chile nennt man ihn die Geschichte von Machuca. Zwei Elektriker reparieren eine Installation auf einem Mast. Sie arbeiten zusammen – einer oben an der Spitze hantiert mit einem Lötkolben. Und das geschmolzene Blei tropft auf den Hintern des anderen, der sich gerade vornüber beugt. Sie wurden dem Richter vorgeführt, weil der, der vornüber gebeugt war, einen Ausdruck benutzt hat, der in der Öffentlichkeit nicht zu tolerieren war. Er sagt zum Richter: Aber, Euer Ehren, ich schwöre, daß ich, als das geschmolzene Blei auf meinen Hintern tropfte, nur gesagt habe: 'Machuca, sei vorsichtiger; sei vorsichtiger, Machuca, das geschmolzene Blei tropft auf meinen Hintern.' Ich schwöre, Euer Ehren, daß ich sonst nichts gesagt habe."

Es „stört mich" nur? Sie behandeln Sie wie einen beschissenen Argentinier, weil Sie nicht mit dem gleichen Akzent wie sie reden, und es „stört" Sie? Was sollte es sonst tun? Gut, welche Alternative könnte es geben?

M: Meine war es, aus Barcelona wegzugehen.

C: Suchen Sie eine andere. Eine Antwort, die in Ihnen nicht so entwickelt ist und die Sie erst noch entwickeln müssen.

M: Etwas, das ich nie gemacht habe, war, Ihnen meine Meinung zu sagen: daß ich auch das Gefühl hatte, daß sie *geizig* waren; daß sie immer nur an Geld dachten.

C: Sie haben das gedacht, und Sie wollen es ihnen sagen. Nützen Sie diese Erinnerung, um sie so darzustellen, als täten Sie es jetzt in diesem Augenblick.

M: Ihr macht alle Argentinier herunter ... Da-da-da ... (*Er stottert.*)

C: Fällt Ihnen auf, wie sehr Sie stottern? Sie können es kaum sagen.

M: Ich habe das Gefühl, daß man ihnen keine Schuld geben kann.

C: Was für ein Gefühl haben Sie, wenn Sie sagen, daß man ihnen keine Schuld geben kann? Daß es unfair von Ihnen ist, ihnen die Schuld zuzuschieben, wo die Sie doch nur heruntermachen?

M: Ja, ich setze sie ins Recht. Sie haben eine Meinung über die Argentinier, die Sinn macht.

C: Sie sind mit Recht verächtlich. Oder nicht? Gerade vorher haben Sie das noch geleugnet. Wofür entscheiden Sie sich? Stimmen Sie zu oder nicht?

M: Daß ich verächtlich bin ...

C: Ich glaube, Sie können ihnen nicht vorwerfen, daß sie Sie schlecht behandeln, weil Sie verächtlich sind. Das ist Ihr wahres Problem.

Was habe ich gesagt? Was wollte ich Ihnen vermitteln? Ich glaube, Sie brauchen jemanden, der Ihnen sagt, daß Sie sich wertlos fühlen, daß Sie das selbst verursachen. Sie fühlen sich nicht nur von jemand Außenstehendem abgelehnt, sondern Sie sind so absolut verletzlich, daß Sie sich selbst ablehnen. Sie können niemanden zur Rede stellen, der Sie abstoßend findet, weil Sie das von sich selbst sagen.

Um das auszutreiben, glaube ich daher, daß Sie es sich erlauben müßten, dieses Gefühl des Ekels vor sich selbst zu zeigen, sich selbst abstoßend zu finden. Erklären Sie sich hier abstoßend. Gehen Sie in das Problem hinein. Vielleicht gelingt es uns, das emotional ad absurdum zu führen, wenn Sie in dieses Gefühl hineingehen.

M: (*mit gesenktem Kopf*) Ich fühle mich wie ein Stück Scheiße. Ich fühle mich, als ob ich Scheiße wäre. Ich fühle mich minderwertig.

C: Erlauben Sie sich, da hineinzugehen, kümmern Sie sich nicht darum, wie Sie wirken.

M: Ich spüre, daß etwas mit mir schief läuft, weil … ich weiß nicht … aus mir kommt soviel Haß und Verwirrung. Tief drinnen fühle ich mich wie eine verdammte Scheiße, wie ein Idiot.

C: Sie haben es abgeschwächt. Wie ist das, eine „verdammte Scheiße" zu sein? Was ist das?

M: Ich bin eine verdammte Scheiße.

C: Wie ist das, so etwas zu sein? Ist das reine Dummheit, oder könnte es etwas mit dem Haß zu tun haben, den Sie gerade vorhin erwähnten?

M: Jetzt schäme ich mich, daß ich mich selbst so behandle.

C: Sicher, aber gehen Sie noch ein wenig weiter.

M: Ich bin … (*Er stottert.*)

C: Es ist leichter für Sie, sich ablehnungswürdig zu fühlen; kriegen Sie ein Gespür für diesen Gedanken; oder noch besser – schauen Sie ihm ins Angesicht. Stellen Sie sich vor, daß Sie zu sich selbst sprechen – von Angesicht zu Angesicht.

M: Du bist ein Desaster. (Er ist ein Mensch, der sich nicht geradlinig bewegt.) Du bist nicht ehrlich. Du bist ein Manipulator, der voller Ängste steckt.

C: Und welches Gefühl haben Sie, wenn Sie ihn ansehen? Im Angesicht seiner Ängste, seiner Manipulationen? Drücken Sie mit Gesten aus, wie Sie sich in seiner Gegenwart fühlen. Entwickeln Sie das. Vertiefen Sie es. Fassen Sie das in Worte, oder drücken Sie es in Gibberisch aus.

M: Wie?

C: Das sind Worte ohne Bedeutung.

M: (*Er spricht in Gibberisch.*) „Note, totetote … pi, chu …" (*Er macht Gesten, als ob er ihn wegstoßen wolle.*)

C: Gut, fassen Sie das jetzt im gleichen Tonfall in Worte.

M: Geh weg! Geh raus! Geh raus!

C: Jetzt antworten Sie darauf.

M: Als der andere?

C: Sie haben ja gerade seine Anschuldigung vernommen … Sie haben sich selbst befohlen zu verschwinden.

M: O.K., mal sehen … Warum soll ich gehen? Du wirst mich noch brauchen.

C: Was tun Sie, wenn Sie sich so verhalten? Sie argumentieren mit ihm, nicht wahr? Er sagt zu Ihnen: „Geh weg, geh weg, geh weg!"

M: Ich sage zu ihm: „Hör mal, denk darüber nach, du wirst mich noch brauchen, wenn du Probleme hast, wirst du diesen Teil deines Lebens brauchen."

C: Was bietet er Ihnen an, damit er nicht abgelehnt wird?

M: Naja, daß er mich gut gebrauchen kann. Du würdest mit mir kein schlechtes Geschäft machen, wenn du mich in einer Ecke zur Verfügung hättest.

C: Gut. Wenn Sie jetzt auf das zurückblicken, was wir gemacht haben, und die verschiedenen Wege betrachten, auf denen wir uns an die Aggression und die Ablehnung angenähert haben – was fehlt da? Oder wenn Sie sich selbst auf diesem Weg sehen, fällt Ihnen dazu etwas ein?

M: Ich weiß nicht, eine Versöhnung ...

C: Ja, Sie müßten sich mit sich selbst aussöhnen. Erzählen Sie mir ...

M: Für mich schaut das ohnehin nicht so übel aus. Er ist nicht so destruktiv, wie er denkt (*in herunterspielendem Tonfall*).

C: „Er ist nicht so destruktiv, wie er denkt." Das scheint mir unverhältnismäßig zum Ausmaß Ihres Leides und dazu, wie unglücklich Sie sich fühlen oder daß andere Sie wegen Absurditäten ablehnen; ich würde nicht sagen, daß er „nicht destruktiv" ist. Was Sie sagen, ist ziemlich destruktiv; als ob Sie sich aus der Wichtigkeit dessen herausschwindeln wollten.

M: Als ob ich seine Wichtigkeit verberge.

C: Als ob Sie sagten: „Nichts ist schlecht. Nichts passiert." „Alles ist in Ordnung."

M: Ja.

C: Weil es ein wenig peinlich ist, Ihre schmutzige Wäsche zu zeigen.

M: Ich weiß nicht, ob es das ist.

C: Ist es schmerzlich, diese Art von Arbeit zu machen?

M: Nein, bis jetzt hat es mir, glaube ich, nicht das Herz gebrochen.

C: Mir fehlt etwas ... entweder Sie verkaufen sich an den Angreifer und sagen zu ihm nur „denk' darüber nach"; oder Sie haben den Drang zurückzugehen, weit weg von hier nach Argentinien zu gehen; oder Sie fühlen sich furchtbar schlecht, dieses Gefühl, daß die anderen vollkommen recht haben: „Ich bin abstoßend." Können Sie sich vorstellen, welches Gefühl andere Leute an Ihrer Stelle hätten?

M: Andere Leute ...?

C: Leute, die an einem solchen Ort abgelehnt würden. Gibt es keine andere Alternative? Mir scheint, daß die Selbstbestätigung fehlt. Es wäre doch normal, wütend zu werden, wenn man Sie schikaniert. Könnte es sein, daß Ihr wahres Problem hinter all dem ist, daß Sie sich schikanieren lassen?

M: Nein, normalerweise gehe ich weg, ich verstelle mich, ich versuche, wie sie zu sein.

C: Wenn man Tiere tritt, treten sie zurück. Ich glaube, daß gesunde Menschen auch eine Aggression haben, was daher kommt, daß sie Tieren zumindest ähnlich sind. Ein Mensch kann auch über das Tier hinauswachsen ... aber bei Ihnen ist es, als ob etwas fehlt. Finden Sie nicht? Haben Sie bei sich selbst nicht auch den Eindruck, daß da ein Organ fehlt?

M: Ja. Soweit ich mich selbst kenne, zum Beispiel in diesen Dingen, habe ich die gleiche Aggression auch in anderen Dingen. Ich habe sie bei meiner Lebensgefährtin oder bei Leuten, die dieses Problem nicht haben ... und dort drücke ich meinen Unmut aus.

C: Hat irgend jemand eine Idee, wie ...

Teilnehmer: Warum sprechen Sie nicht wie ein Argentinier, mit unserem „s". Sprechen Sie nicht wie ein Spanier. Sprechen Sie einfach so, wie Sie sprechen.
M: Ich habe das Gefühl, daß ich wie ein Argentinier rede. (*Alle lachen.*)
C: Das erscheint lächerlich.
Teilnehmer: Sie setzen sich unter Druck; es scheint, als ob Sie die ganze Zeit etwas zurückhielten.
M: Ich habe zehn Jahre lang versucht, Argentinisch zu sprechen.
C: Aber nicht genug. Sie versuchen seit zehn Jahren, Argentinisch zu sprechen.
M: Nein, Spanisch.
C: Sie können wirklich von sich sagen, daß Sie sich sehr angestrengen, sich zu tarnen.
M: Andererseits versetzt es mir einen Tritt, wenn jemand zu mir sagt: „Aus welchem Teil Argentiniens kommen Sie?" Dann haben Sie mich entdeckt!
C: Sie haben dann herausgefunden, daß Sie ein Dieb sind, wie ein Argentinier.
M: Nein, darum geht es nicht. Das ist dumm, oder?
C: Ich würde schon sagen.
M: Aber ich habe sehr darunter gelitten.
C: Das können Sie nicht wissen.
M: Das können Sie nicht wissen?
C: Sie nehmen das alles mit großem Stoizismus hin. Sie lecken Ihre Wunden und zeigen der Welt ein freundliches Gesicht.
M: Ich weiß nicht. Ich nehme an, da fehlt ...
C: Was ich vermisse, ist die Tragödie. Ich spüre, daß Sie ein tragisches Leben führen, aber daß Sie sich nicht erlauben, die Tragödie in dem Augenblick zu fühlen, in dem Sie sprechen, in dem Sie sich mitteilen.
M: Ich weiß nicht. Ich werde es versuchen, weil ...
C: Gut, fangen Sie irgendwo an.
M: Sehen wir mal ... Warum verdammt nochmal tun die mir das an? Weil ich Argentinier bin. Wäre ich nicht Argentinier, hätte ich nicht all diese Schwierigkeiten, sie hätten mich nicht angegriffen und all dieser Dinge beschuldigt. Ihr seid alle ein verdammtes Stück Scheiße, weil ihr das ausnutzt, daß ich Argentinier bin. Das erste, wonach sie mich gefragt haben, waren meine offiziellen Dokumente, welche Dokumente ich überhaupt habe. Als sie dann sahen, daß ich Argentinier war, schoben sie mir alles Mögliche in die Schuhe. Ihr seid ein Haufen Hurensöhne. Ihr seid ein verdammtes Stück Scheiße.
C: Halten Sie den Schmerz nicht zurück.
M: Nein. Hurensohn, Hurensohn! Ihr seid alle ein Haufen Hurensöhne! Mit spanischen Papieren hätten sie mir das nicht angetan. Bloß wegen eines beschissenen Stücks Papier! Sie schauen auf gar nichts, auf nichts, was in einem Menschen drinnen ist. Nur das Papier zählt. Fahrt zur Hölle! Ihr seid nichts als Dreck! Denn das könnt ihr einfach nicht tun.
C: Mit dieser Einladung zur Tragödie sind Sie menschlich geworden. Sprechen Sie weiter von dort, mit diesem erlebten Sinn für Tragödie.

M: Und noch was, ihr seid Feiglinge, und ihr habt mich geschlagen. Aber warum? Denn hätte ich diese Papiere nicht gehabt, hätte ich eine Scheißangst gehabt, aber die kommen ja mit allem davon, mit allem. Jetzt habe ich Angst davor, Argentinier zu sein; es macht mir Angst, ein Fremder zu sein. Ich habe keine Freunde, darum könnt ihr mir all das antun. Ich spüre, daß ich in Gefahr bin, denn sie können mir ja jederzeit das gleiche nochmal antun. Das kann sehr unfair werden. Und es tut mir nicht gut, mich zu wehren. Ich bin ein Mensch. Warum sollte irgend jemand bloß deshalb geschlagen werden, weil er Argentinier ist? (*Er weint.*)

C: Jetzt sagen Sie das gleiche noch einmal, aber mit Wut.

M: Warum, ihr Hurensöhne? Warum? Fahrt doch zur Hölle. Verdammt nochmal! Ihr seid ein Haufen verdammter ... ihr seid ungerecht, ihr nutzt eure Autorität aus, ihr nutzt alles aus. Ihr seid überhaupt nicht menschlich. Verschwindet, verschwindet, verschwindet! Verdammt! Geht doch zu euren Leuten.

C: Mit welcher früheren Szene aus Ihrem Leben hat all das zu tun? Wann haben Sie sich ähnlich abgelehnt gefühlt?

M: Bei meinem Vater.

C: Sagen Sie das gleiche zu Ihrem Vater.

M: Warum schlägst du mich? Warum schlägst du mich? (*Er weint.*) Schlag mich nicht, ich liebe dich, Papa, schlag' mich nicht ... schlag' mich nicht.

C: Lassen Sie Ihren Tränen freien Lauf, stärker.

M: Schlag' mich nicht mehr, Papa.

C: Erlauben Sie sich zu schreien, lassen Sie sich gehen.

M: Schlag' mich nicht, Papa. Hurensohn! Du bist ein Hurensohn, du bist ein Hurensohn. Fick' dich ins Knie!

C: Mit mehr Aggression.

M: Fick' dich ins Knie! Hurensohn! Warum schlägst du nicht jemanden, der so groß ist wie du? Ich war klein und noch dazu dein Sohn. Schlecht! Du bist schlecht, Papa. Fick' dich ins Knie! Ich liebe dich. (*Er weint bitterlich.*)

C: (*Er steht auf und reicht M. ein Kissen.*) Machen Sie aus sich keinen braven kleinen Jungen, der seine Liebe kauft. Finden Sie heraus, was gefehlt hat; was damals gefehlt hat.

M: Hurensohn! Ich würde dich umbringen! Ich würde dich umbringen! Ich würde dich schlagen, und ich würde dich umbringen, wenn ich so groß wäre wie du. Hurensohn! Ich würde dich umbringen!

C: Jetzt bringen Sie ihn um, er ist direkt da vor Ihnen.

M: (*schlägt das Kissen*) Fick' dich ins Knie! Hurensohn! Warum schlägst du mich? Warum?

C: Lassen Sie Ihrer kindlichen Wut freien Lauf, ohne daß Sie sich rechtfertigen müssen.

M: (*Er schlägt das Kissen.*) Da! Und da! Und da! Erbärmlich! Bestie!

C: Fehlt nicht irgend etwas Bestimmtes? Irgendeine Situation?

M: Ich verstehe nicht.

C: Werfen Sie ihm etwas Bestimmtes vor.

M: Warum hast du Mama geschlagen? Warum hast du mich geschlagen? Warum bist du nicht glücklich? Warum? Warum ruinierst du das Leben aller anderen? Idiot! Du bist so dumm!

C: Klagen Sie ihn weiter an, aber nehmen Sie sich alle Punkte vor.

M: (*Er weint, bedeckt sein Gesicht mit den Händen und zittert.*) Warum? Warum hast du uns so behandelt? Warum hast du nicht gespielt? Warum verdammt nochmal bist du verbittert? Warum, Papa?

C: Gehen Sie einen Schritt weiter, und fragen Sie ihn nicht nur warum. Klagen Sie ihn an mit dieser Wut ... dafür ... und dafür ... Beleidigen Sie ihn wegen bestimmter Dinge.

M: Hurensohn! Du warst zu uns allen brutal.

C: Wandeln Sie das in Aggression, in Beleidigungen. Du warst ...

M: Ein Schwein. Ein widerliches Schwein.

C: Er war der Widerliche.

M: Ja, er hat uns wie Idioten behandelt.

C: Ich habe den Eindruck, daß Sie das Gift schon wieder hinunterschlucken. Sie sind ein wenig aus sich herausgegangen, aber dann haben Sie zu schnell aufgehört, ihn zu beschuldigen ... Was ist los?

M: (*Er weint.*) Ich schäme mich. Er hat mich sehr geliebt, und dann hat er sich plötzlich verändert. Ich war sein Lieblingssohn, und wir hatten eine Menge Spaß miteinander; und dann hat er sich verändert. Ich habe meinen Vater sehr geliebt, aber er hat sich verändert.

C: Und Sie haben die Hoffnung nicht aufgegeben.

M: Ich weiß nicht. Er hat sich sehr verändert.

C: Sagen Sie ihm, wie er sich verändert hat und wie er für Sie anders ist.

M: Du hast dich verändert, Papa. Früher hast du mich sehr geliebt, und du hast viel mit mir gespielt. Du hast mich in meinem Kinderwagen spazieren geführt, und du hast eine Menge Dinge mit mir unternommen. Dann hast du begonnen, mich zu schlagen und alle zu hassen. Ich weiß, daß man dir eine Menge angetan hat. Du hast versucht, mich zu zerstören. Warum wolltest du mich zerstören? Ich wollte, daß du so wie früher warst.

C: Mir scheint, daß es Leute gibt, die am Schoß der Mutter hängenbleiben. Es ist leichter, da herauszukommen, sobald man die Freiheit hat, wütend zu werden. Sie müssen einen großen Frust gespürt haben; auf einer triebhaften Ebene müssen Sie den Wunsch verspürt haben, ihn zu töten, so wie Sie es gerade eben getan haben. Es war, als hätten Sie das sehr gut gemacht, aber Sie haben sich abgeschnitten. Ich schlage vor, daß Sie noch etwas weiter gehen ... oder haben Sie für heute genug?

M: Das verstehe ich nicht. Töten!

C: (*Stellt sich dumm.*) Jetzt habe ich vergessen, worum es ging. Sprachen wir über Ihre Eltern?

M: Wollen Sie, daß ich das tue?

C: Was tun?

M: Ich habe verstanden, daß Sie wollten, daß ich meine Wut ihm gegenüber ausdrücke.

C: Das war eine Empfehlung. Ich hatte den Eindruck, daß Sie das sehr gut gemacht haben, Sie waren lebendiger. Das ist so sehr verboten, daß Sie all das Gift hinunterschlucken und sich selbst als widerwärtig bezeichnen, wenn Sie nicht ihn als widerwärtig bezeichnen. „Lösen Sie also die Retroflexion* auf", wie man in diesen Kreisen sagt. Nennen Sie ihn „dumm, widerwärtig", was immer Sie können; und lassen Sie sich durch all die unzählbaren Szenen anregen, die Sie mit ihm durchlebten, seit er sich veränderte.

M: Idiot! Du bist dumm! Idiot, der du bist! Du bist ein Idiot! Arschloch! Hurensohn!

C: Erinnern Sie ihn an einige Vorfälle, einige Beispiele.

M: Erinnerst du dich, wie du mich immer mit Viktor verglichen hast und mich dann bei der kleinsten Gelegenheit schlugst? Schwachsinnig! Wie kann ein erwachsener Mensch ein Kind so schlagen? Du hast mich mißbraucht, du bist krank; du bist wahnsinnig. Verrückt!

C: Sagen Sie das mit mehr Verachtung.

M: (*mit Verachtung*) Verrückt! Wahnsinnig! Scheißkerl! Du bist ein verdammtes Stück Scheiße! Du bist widerwärtig! Dummer Idiot!

C: Sprechen Sie weiter, während Sie Ihre Abscheu für ihn spüren.

M: Du widerst mich an! Es ist ekelhaft! Kerle wie du sollten in den Krieg ziehen müssen, um euch das Leben so zu vermiesen ... Oh! Sieh mal, ich verachte dich. Verschwinde, verschwinde, verschwinde. Fahr' zur Hölle! Du bist Scheiße und Dreck. Verschwinde! Scher' dich fort!

C: Gut, stellen wir uns vor, daß er Sie gehört hat. Stellen Sie sich vor, wie er jetzt ist ... Sie sind jetzt in seiner inneren Welt, in dieser imaginären Situation, in der Sie mit ihm gerade in einer Art und Weise sprachen, wie Sie es in Ihrer Kindheit nicht taten. Wie sähe diese alternative Vergangenheit aus, in der Sie es wagten, ihm die Wahrheit zu sagen, was Sie fühlten, was Sie sahen ...? Was fühlt er in seinem tiefsten Inneren?

M: Er?

C: Ja, nachdem er das gehört hat.

M: Was fühlt er, nach dem, was ich ihm gesagt habe?

C: Ja. Was fühlt er danach?

M: (*Er denkt nach ... Er spricht für seinen Vater.*) Ich weiß es nicht. Ich wollte ihn nicht schlagen. Ich wurde auch geschlagen.

C: Sie wurden geschlagen?

M: (*für seinen Vater*) Ich wurde geprügelt ...

C: Von wem?

M: (*als Vater*) Von den Leuten, von der Arbeit. Ich wurde gedemütigt. Ich stand sehr früh auf und arbeitete viele Stunden lang.

C: Stellen Sie sich vor, wie Ihr Vater Ihnen erklärt, wie er geschlagen nach Hause kam. Wie das Leben ihn niederschlug.

M: Mir vorstellen ...

C: Ich schlage vor, daß Sie Ihr Vater sind und sich selbst antworten. Sie sagten gerade ...

M: Ja, was mein Vater sagen würde.
C: Wenn er gesagt hätte, was er wirklich fühlte ... Stellen wir uns vor, daß es eine Kommunikation gegeben hätte.
M: (*Vater*) Es hätte mich gefreut, wenn du, mein Sohn, einen Beruf erlernt hättest; wenn du ein Arzt wärst, wenn du jemand Wichtiger wärst.
C: Aber überzeugt Sie das, daß er Sie zu keinem Zeitpunkt verletzen wollte? Daß alles mit guter Absicht geschah? Es ist, als würden Sie die Tatsache, daß er Sie ablehnte, mit einem Schlag auslöschen.
M: Ich empfinde es so.
C: Ja, Sie empfinden es so. Wenn Sie sich vorstellen, wie Ihr Vater sich fühlte, spüren Sie jetzt schon, daß Ihr Vater Ihnen nichts Böses wollte! Er wußte es nicht, er konnte nichts dagegen tun. Wie war das? Sie sind jetzt er und erklären sich selbst. Er, der sich bei seinem eigenen Sohn Gehör verschafft.
M: (*Der Vater weint.*) Ich hatte die Nase voll und wußte nicht, was ich tat. Ich wollte mein Leben nicht so haben, wie es war. In der Arbeit haben sie mich gedemütigt, und ich kam nach Hause, war sehr müde und trank, dann bekam ich schlechte Laune, und ich wußte von nichts; aber ich wollte dich nie verletzen. Ich habe nur für dich gearbeitet. Ich tat es für dich.
C: Nun, jetzt erleben Sie Ihren Vater auf ganz andere Weise. Sie verstehen ihn in einer Weise, wie Sie es damals nicht konnten. Stellen Sie sich vor, daß Sie Ihren Vater umarmen. Gehen Sie zurück in die Vergangenheit, und erleben Sie diesen Augenblick des Verstehens.
M: (*Er umarmt sich selbst, weint und spricht leise mit seinem Vater.*)
C: Wollen Sie noch etwas sagen? Es scheint, als hätten Sie all das in die Welt hinausprojiziert – auf Barcelona und den Rest der Welt. Eine Aggression, die ein Gespenst der Kindheit war, das Sie geschaffen haben, weil Sie nicht sehen konnten, weil Sie nicht verstehen konnten, was mit Ihrem Vater geschah. In der Panik der Situation hatten Sie keine ... oder mit Ihrem kindlichen Verstand konnten Sie sich das nicht vorstellen. Ist das nicht so? Sie fühlten sich zu sehr herumgestoßen, als daß Sie sich besser hätten einfühlen können. Eine Menge Einfühlungsvermögen, ein wenig davon, wie fühlen Sie sich jetzt?
M: Gut.
C: Nur gut?
M: Gut.
C: Es sieht aus, als ob Sie tiefer atmeten.
M: Ja, ich fühle mich anders.
C: Als ob Ihr Körper mehr Substanz hätte.
M: Ich spüre, wie ich atme.
C: Was spüren Sie noch? Nehmen wir unter die Lupe, was passiert.
M: Ich weiß nicht, ich glaube, es hat mir gut getan zu weinen. Irgend etwas ist geschehen. Mein Körper fühlt sich an, als wäre er weit gelaufen.
C: Ich möchte gerne, daß Sie um sich blicken, weil Sie immer noch mit einer sehr privaten Welt verbunden sind. Erlauben Sie sich zu spüren, was immer Sie spüren, aber unter den Blicken der anderen. Gut.

Teilnehmer: Ich habe mich mit Ihnen identifiziert. Ich kam im Alter von zehn aus Kuba, und auch ich mußte meinen Akzent, meine Sprache verändern. Als Sie die Verbindung zu Ihrem Vater herstellten, erinnerte ich mich, daß mein Vater mich schlug, als ich zehn war und ich diesen Haß gegen die Welt schleuderte, etwas, das auch mit meinem Vater zu tun hatte, und ich spürte, daß ich wirklich in Resonanz mit Ihnen war.
M: Das war mir bis jetzt nicht aufgefallen. So weit bin ich nie gekommen.
C: Dann haben Sie viel herausgefunden.
M: Ja, vor allem etwas sehr Wichtiges. (*Er lächelt.*)

Nach der verblüffend begrenzten Sichtweise, die im ersten Teil der Sitzung deutlich geworden war, stellte das eine bemerkenswerte Leistung dar. Zuvor war das Leugnen so raumgreifend, daß er nicht einmal spürte, wie peinlich ihm das Zeigen seiner „Schmutzwäsche" war.

Was meinte er, als er sagte, daß er etwas besonders Wichtiges herausgefunden habe? Ich glaube, daß die Antwort in der Liebe seines Vaters liegt. Er hat die vergrabene Vergangenheit seiner ursprünglichen Beziehung zu seinem Vater, bevor sie zerstört wurde, gefunden. Als Reaktion auf schmerzliche Ereignisse wurde daraus eine trügerische Beziehung mit einem unbewußten und verzerrten Vaterbild.

Bis zu dem Punkt, an dem ich sagte: „Was mir fehlt, ist die Tragödie", hatte ich das Gefühl, als Therapeut ganz gut gearbeitet zu haben, wenn auch nicht gut genug für die Bedürfnisse des betroffenen Klienten. Trotz meiner geschickten Interventionen funktionierte nichts wirklich, bis ich sagte: „Mir fehlt die Tragödie." Als ich Modesto einlud, eine tragische Haltung anzunehmen, war das der Wendepunkt der Sitzung.

Jene, die mit dem Hoffman Quadrinity Process vertraut sind, werden zu schätzen wissen, wie die Essenz dieses therapeutischen Ansatzes hier in einer einzigen Sitzung verdichtet wird. Sobald er mit seinen Gefühlen in Kontakt war, war es leicht, diese bis zu ihrem Ursprung in der Kindheit zurückzuverfolgen. Am Ende konnte Modesto nicht nur die Schmerzen seiner Kindheit heilen und den Zorn ausdrücken, den er als Kind nicht ausdrücken konnte, sondern es gelang ihm schließlich auch, seine Vergangenheit neu zu interpretieren und sein Vaterbild von einem strafenden Phantom zur Wirklichkeit eines Menschen mit guten Absichten zu wandeln, der seinerseits ebenfalls ein Opfer seiner Begrenzungen und seiner Umgebung war. Wenngleich das Wort *Vergebung* nicht fiel, sehe ich darin doch den Kern der Erleichterung, die er nach der Sitzung verspürte.

Ursprünglich wollte ich diesen Abschnitt „Die Vergangenheit verändern" nennen, weil ich die hier erzielte Heilung mit jener in Verbindung brachte, die Milton Erikson durch das Einpflanzen alternativer Erinnerungen im Laufe der hypnotischen Regression gelang. Nach einem zweiten Blick wurde mir jedoch klar, daß die Situation hier verschieden war – hier wurden nicht „Erinnerungen eingepflanzt", sondern es kam zu einer Verschiebung von einem eingebildeten bösen Objekt zu einem ursprünglichen Liebesband, das traumatisch durchtrennt und vergessen worden war.

Kapitel 5

Enneatyp 5

Als der Führer in Attars Allegorie zu einer großen Pilgerreise aufrief, trat die Eule bestürzt vor und sprach:

> Ich habe als Behausung eine eingestürzte Ruine gewählt. Ich wurde in den Ruinen geboren, und dort fühle ich mich wohl – und nicht beim Wein. Ich kenne Hunderte von bewohnten Orten, aber in einigen herrscht Verwirrung und in anderen der Haß. Wer in Frieden leben will, muß in die Ruinen ziehen, wie es die Verrückten tun. Wenn ich mich mit ihnen abgebe, so nur wegen der Schätze, die dort verborgen liegen. Die Liebe zu diesen Schätzen zieht mich dorthin, denn die findet man nur in den Ruinen.[1]

Daß „Ruinen" auch metaphorisch gesehen werden können und daß die Schätze, die der Geizhals sucht, nicht unbedingt materieller Natur sind, wird aus Chaucers Beschreibung des Scholaren unter den Pilgern von Canterbury deutlich:

> Aus Oxford war ein Scholar gekommen, der sich eifrig mit Logik beschäftigte. Sein Pferd war eine wahre Schindmähre, und er selber konnte mit dem Klepper an Magerkeit wetteifern, denn er schaute hohlwangig und melancholisch drein. Da er noch keine Pfründe ergattert hatte und auch wenig Verlangen nach einem weltlichen Amt verspürte, war sein Rock entsprechend fadenscheinig. Wichtiger war ihm das wohlgefüllte Bücherbrett zu Häupten seines Bettes, und sein Aristoteles galt ihm mehr als schöne Kleider. Bei all seiner Gelehrsamkeit war er arm geblieben wie eine Kirchenmaus.[2] (S. 16–17)

Wie auch im Symbol der Eule paart sich hier die Liebe zum Wissen mit der Liebe zum Geld. Beide (d. h. die Liebe zum Materiellen und zum Intellektuellen) sind das einzige, das einem Menschen bleibt, die man vor allem daran erkennt, daß sie gegenüber Beziehungen, dem Leben und sogar gegenüber der augenblicklichen Erfahrung unbeteiligt bleiben. Zum Geiz gehört also weit mehr als bloß die „Liebe zum Gold". Tatsächlich zeigt sich das Streben nach Reichtum viel eher bei E8, E1 und anderen Typen als bei E5. Er ist vielmehr ausgesprochen intellektuell, und es drängt ihn stark aus der Welt hinaus. Der wesentliche Punkt ist hier eher der des Nicht-Gebens, der fehlenden Großzügigkeit und des Festhaltens.

Wenn wir gemäß der Protoanalyse Ichazos nach dem kognitiven Fehler suchen, der der Motivation des Ego zugrunde liegt, müssen wir uns fragen: „Welche Sicht der Welt unterstützt diese Zurückhaltung?" „Warum ‚spezialisieren' sich manche Leute darauf, etwas zurückzuhalten?" Die Antwort könnte lauten: Weil sie den

JULES FEIFFER

Politik ist eine Lüge.

Also habe ich die Politik aufgegeben.

Bücher bestehen aus Worten.

Politik benützt die Geschichte.

Also habe ich mein Geschichtsstudium aufgegeben.

Die Geschichte steht in den Büchern geschrieben.

Also habe ich das Bücher-lesen aufgegeben.

Also habe ich es aufgegeben, die Worte zu kennen.

Eine Spende für die Reinen.

Siehe das englische Wortspiel zwischen „the poor" (die Armen) und „the pure" (die Reinen). Anmerkung des Übersetzers.

Kontakt mit anderen Menschen nicht als Bereicherung sehen und damit schon im voraus vermuten, daß diese sie ausnehmen werden. Das Gespenst der Armut oder der Verarmung schwebt ständig über ihnen, und wenn sie das wenige hergeben, das sie als das ihre betrachten, haben sie das Gefühl, daß ihnen gar nichts mehr bleibt.

Da jemand, der so ungern gibt, in einer Welt des Gebens und Nehmens von anderen wenig erwarten kann, versucht E5, alle seine Bedürfnisse zu reduzieren. Er lernt, mit sehr wenig auszukommen. Natürlich ist das nicht nur ein pathologisches Verhalten, denn schließlich wird die Genügsamkeit zuweilen als Ideal angestrebt (wie etwa von Hermann Hesses *Siddhartha*, der sagt: „Ich kann denken, ich kann warten, ich kann fasten."). Wie bei jedem Typus hängt es mehr von den Umständen ab als von der frühen Geschichte, ob ein Wesenszug sich gesund oder ungesund auswirkt.

E5 gehört zu der Art Mensch, die genau weiß, wie man es vermeidet, andere mit seinen Bedürfnissen zu belangen. Er weiß schon vorher, daß eine Situation nicht besser wird, wenn man sich beschwert oder lästig ist. Schon früh im Leben hat er gelernt, daß alles, was er tut, auf jeden Fall schiefläuft, daß er weder durch Kraftanstrengung noch durch Verführung irgend etwas erreicht. Vielleicht liegt das daran, daß es in seinem frühen Umfeld keine Verantwortlichkeit gab, daß ihm nichts übrigblieb, als mit der Entbehrung zu leben und sich an die mageren Ressourcen zu klammern. Da er nicht in die Welt hinausgehen kann, um das einzufordern, was er braucht, oder es anderen mit Charme abzugewinnen, kann er nur horten. Deshalb sucht er auch die Lösung darin, sich zu distanzieren und sich mit einer festen Mauer zu umgeben, die seine Intimsphäre schützt. Der Ausdruck „Elfenbeinturm" legt nahe, daß diese Isolation auch das Ansammeln von Werten mit einschließt.

Während Shakespeares Shylock *kein* E5 ist und Molières *Geiziger* zwar eine geheime Leidenschaft für Reichtümer karikiert, aber kaum einen Charakter beschreibt, wird in Molières *Menschenfeind* das Wesen von E5 meisterhaft beobachtet. Er möchte mit der korrupten Menschheit nichts zu tun haben, hält jede Geste der Zuneigung für scheinheilig, betet und behandelt die Menschen doch schlecht.

Die Verwundbarkeit und Ohnmacht, die eine so ausgesprochen passive und ausdruckslose bzw. gefühlsarme Veranlagung mit sich bringt, spiegelt sich in vielen Werken Kafkas. Obwohl dieser eher Situationen als Charaktere beschreibt, ist es für seine Figuren doch typisch, daß sie sich verfolgt fühlen – und zwar in einer Welt, in der kein Einspruch möglich ist, ja, in der sich die zuständigen Obrigkeiten nicht einmal finden lassen.

Eine literarische Figur vom Typus E5 hat bereits das Interesse der psychologischen Literatur auf sich gezogen, und zwar Mersault, der Hauptdarsteller in Camus' *Der Fremde*. Ein Beitrag von Nathan Leites mit dem Titel „Tendenzen der Affektlosigkeit" (in einem Buch von Murray und Kluckhohn, die anmerken, Leites betrachte Camus' Roman als ein „Protokoll des Ethos unserer Zeit") arbeitet die Losgelöstheit und die Gleichgültigkeit dieser Figur hervorragend heraus.[3]
In der Folge zitiere ich eine Auswahl von Passagen aus Leites' Arbeit:

Der Roman („Der Fremde" von Albert Camus) enthält nur einige wenige ausdrückliche Hinweise auf die Vergangenheit des Helden – und die werden sogar von den erfahrensten Kritikern meist übersehen. Diese wenigen Hinweise sind jedoch sehr bezeichnend. Über seinen Vater: „Ich habe ihn nie beachtet." Über seine Mutter: „Über Jahre hinweg hatte sie mir nichts zu sagen, und ich konnte sehen, wie sie sich langweilte, wenn sie niemanden zum Reden hatte." „... weder meine Mutter, noch ich erwarteten viel voneinander." „Als Student hatte ich viele Ambitionen ... aber als ich mein Studium aufgeben mußte, fiel mir bald auf, wie flüchtig alles war." Das Kind und der Jugendliche werden also so dargestellt, daß er in intrapersonalen Beziehungen (das sind die Beziehungen zwischen den verschiedenen Anteilen des Selbst) und in interpersonalen Beziehungen mit einer Rücknahme des bewußten Affekts reagiert. Das ist seine Antwort auf den schuldbeladenen Zorn, den der schwere Verlust, den der abwesende Vater, eine gleichgültige Mutter und eine sehr zurückgenommene weitere Umgebung verursacht haben, bei ihm auslöst.

In seinem Leben als Erwachsener setzt der Held diese für ihn typische Verteidigungshaltung weiter fort und verfeinert sie sogar noch. Sie verleiht seiner Persönlichkeit – die uns auf eine Art nahegebracht wird, die zu diesem vorherrschenden Charakterzug paßt – ein eigenes Flair. In der Folge möchte ich die verschiedenen wesentlichen Anzeichen der Affektlosigkeit des Helden besprechen.

Zunächst einmal ist sich der Held *des Fehlens oder der Schwäche seiner durch intrapersonale oder interpersonale Stimuli hervorgerufenen Affekte* offensichtlich zumeist ziemlich deutlich bewußt. Dies steht in krassem Gegensatz zu der Intensität seiner Reaktion auf äußerliche und nicht-persönliche Stimuli – wie etwa auf Farben, Gerüche, taktile Empfindungen und Klänge in der Stadt und auf dem Land. Die kennt und schätzt er nämlich als seine „sichersten und bescheidensten Freuden". Der Held wird auch so dargestellt, daß er gegenüber seiner Freundin eine andauernd starke und ungebrochen euphorische sexuelle Anziehung empfindet. Dies ist beinahe der einzige Punkt, in dem ich seine Glaubwürdigkeit in Frage stelle. Vielleicht präsentiert uns der Autor, der ansonsten so frei von vielen Illusionen ist, hier noch einen Ableger des westlichen Mythos vom transzendenten Stellenwert der „Liebe" in der menschlichen Natur. „Ich könnte wahrheitsgemäß sagen, daß ich an meiner Mutter einen rechten Gefallen fand – aber tatsächlich hatte das keine große Bedeutung." Seine Affekte erscheinen ihm eher *fragwürdig* als unvermeidlich und gültig: „Ich kam zu dem Schluß, daß diese Abneigung (über bestimmte Dinge zu sprechen – N.L.) keine wirkliche Substanz hatte." Er ist sich der *beinahe vollkommenen Abhängigkeit von seinen affektiven und somatischen Zuständen*, die (wenngleich in extremer Weise) mit dem konform gehen, was man die Strömung der Zeit nennen könnte, *sehr wohl bewußt*.

Während der Held also um seine atypischen Züge als „Fremder" in der Welt unmittelbar weiß, *ordnet er seine wenigen affektgeladenen Erfahrungen in zwischenmenschlichen Beziehungen in allgemeine Kategorien ein.* Als sein Anwalt ihn fragt, ob er seine Mutter geliebt habe, antwortet er: „Ja, wie alle anderen." Und als seine Freundin ihn fragt: „Stell dir vor, eine anderes Mädchen hätte dich gebeten, sie zu heiraten – ich meine ein Mädchen, das du genauso gemocht hättest wie mich, hättest du zu ihr auch ‚Ja' gesagt?", findet der Held eine solche Annahme nicht unvorstellbar und seine Gefühle für Marie nicht einzigartig. Seine Antwort lautet: „Natürlich." – und das offensichtlich ohne die geringste Mühe. Das spiegelt vermutlich einen weit verbreiteter Trend, wie die westliche „Liebe" in unserem Jahrhundert erlebt wird.

Man darf vermuten, daß solche „verallgemeinernden" Vorgänge zumindest teilweise eine Verteidigungshaltung gegen die unbewußte Bedrohung durch den überwältigenden Affekt darstellen. Als der Held erfährt, daß seine Mutter gestorben ist, trifft er Vorbereitungen, die *„übliche* Totenwache" neben der Leiche zu halten. Der Besitzer seines Stammlokals beteuert, daß es „*eine* Mutter nicht gibt", und leiht ihm eine schwarze Krawatte und eine Trauerschleife, die er anläßlich des Todes eines Onkels erworben hat ...

Gegenüber den entscheidenden Einflüssen seiner Umgebung auf ihn zeigt sich der Held *äußerst unbeeindruckt.* Während seines Prozesses hat er die meiste Zeit das Gefühl, daß da gerade jemand anderer zum Tode verurteilt wird. „... Er (einer der Polizisten – N.L.) fragte mich, ob ich nervös sei. Ich sagte „Nein" – und daß mir die Aussicht, einen Prozeß mitzuverfolgen, eher interessant erscheine." Als die Gefahr größer wird, „schien mich die *Flüchtigkeit* der Ereignisse bei der Kehle zu packen."

Alle Werturteile sind längst nicht mehr selbstverständlich – wie das auch für einige Strömungen der heutigen empirischen Erkenntnistheorie gilt. Und wo einst traditionelle ethische Postulate herrschten, ist jetzt nichts als eine *tabula rasa.*

Auf andere reagiert der Held *ebensowenig aus einer moralischen Haltung heraus* wie auf sich selbst. Wieder liegt in dieser Unfähigkeit zur moralischen Entrüstung ein Bezug zu gewissen zeitgenössischen Strömungen.

Wie drückt sich diese wertfreie Haltung im Verhalten des Helden aus? Etwa in seiner Neigung, *offene Handlungen zu minimieren* – und zwar sowohl symbolisch als auch als Motor. Auf die Gespräche anderer reagiert er üblicherweise mit Schweigen und setzt so die Wortlosigkeit mit seiner Mutter fort. In den verschiedensten Einzelsituationen, aber auch als generelle Lebenshaltung zieht er es vor, *seinen persönlichen Status quo* aufrechtzuerhalten. Zieht sich ein abendliches Gespräch, das man ihm aufnötigt, auch noch in die Länge, hat er das Gefühl, daß er „ins Bett gehen wollte, es aber solch ein Aufwand war, sich zu bewegen". Als ihm sein

Arbeitgeber eine Beschäftigung in Paris anbietet, sieht er „keinen Grund, ‚mein Leben zu verändern'." Schon aus dem Bett zu kommen, bedeutet eine enorme Anstrengung.

Wann immer er *alternative Handlungsmöglichkeiten* ins Auge faßt, ist er schließlich überzeugt, daß sie doch nur *zu den gleichen Ergebnissen* führen. So ist nichts „wirklich wichtig". Als sein Vorgesetzter ihm die erwähnte Beschäftigung in Paris anbietet, „war mir im Grunde beides gleich recht oder unrecht". Als er in einen Unterweltskonflikt gerät, der sich möglicherweise sogar in eine Schießerei auswächst, „kam mir in den Sinn, daß man schießen oder nicht schießen könnte – und im Grunde doch genau das gleiche herauskäme." (S. 619–621)

* * *

Auf dem Gebiet der Kurzgeschichte liefert Melvilles *Bartleby* eine ausgezeichnete und durchaus realistische Beschreibung eines E5. In ihm vereinigt sich die Weigerung, das zu geben, worum man ihn bittet, mit der Leidenschaft, ein abgesondertes Nischendasein zu führen.[4] Auf den etwa vierzig Seiten der Erzählung gibt sich Bartleby, der Schreiber, äußerst lakonisch und sagt kaum etwas anderes als „Ich würde es vorziehen, das nicht zu tun." Dennoch lernen wir ihn auf indirekte Weise kennen. Der fiktive Erzähler berichtet uns, wie er Bartleby anstellte, weil er dachte, dessen ruhiger und ernster Charakter würde sich günstig auf das flüchtige Wesen eines seiner Angestellten und auf das hitzige Temperament eines anderen auswirken. Dann erzählt er weiter: Anfangs erledigte Bartleby eine ungeheure Menge von Schreibarbeit. Als ob er seit langem danach hungerte, etwas zu kopieren, schien er sich mit meinen Dokumenten vollzupfropfen. Eine Verdauungspause gab es nicht. Er machte Tag- und Nachtschicht, kopierte bei Sonnenschein und bei Kerzenlicht. Sein Fleiß hätte mir gefallen können, wäre er mit mehr Freude eifrig gewesen. Aber still, bleich und mechanisch schrieb er vor sich hin." (S. 698) Zur Tätigkeit des Schreibers gehörte jedoch nicht nur das Schreiben, sondern auch die Überprüfung der Dokumente, und als er erstmals zu seinem Dienstgeber gerufen wurde, um mit ihm gemeinsam ein Dokument durchzusehen, antwortete Bartleby zum ersten Mal mit dem Satz: „Ich würde es vorziehen, das nicht zu tun." Die so geäußerte Weigerung erschien seinem Dienstgeber so eigenartig, daß er nach einigem dringenden Ersuchen einfach aufgab.

> Ich blickte ihn scharf an. Sein Gesicht war schmal und gefaßt, seine grauen Augen matt und gelassen. Keine Spur von Bewegung regte sich in ihm. Hätte sein Benehmen auch nur die geringste Unsicherheit, Empörung, Ungeduld oder Unverschämtheit gezeigt, mit anderen Worten, wäre etwas gewöhnlich Menschliches darin gewesen, zweifellos hätte ich ihn kurzerhand vor die Tür gesetzt. Aber so wie die Dinge lagen, hätte ich ebenso meine Cicero-Stuckbüste hinauswerfen können. (S. 699)

Später schreibt Melville:

> Ich bemerkte, daß er nie zu Tisch ging, ja daß er überhaupt nirgendwo hinging. Bis jetzt hatte ich aus eigener Kenntnis niemals festgestellt, daß er mein Büro verließ. Er war in seiner Ecke eine dauernde Schildwache. Indes sah ich, daß gegen elf Uhr vormittags sich die Pfeffernuß der Öffnung von Bartlebys Wandschirm näherte, als sei er durch eine von meinem Platz aus unsichtbare Handbewegung herbeigewinkt worden. Dann verließ der Junge mit eine paar Pence klimpernd das Büro und erschien wieder mit einer Handvoll Pfeffernüssen, die er in der Klause ablieferte, wo er zwei davon für seine Mühe erhielt.
> Er lebt also von Pfeffernüssen, sagte ich mir, ißt niemals zu Mittag, er muß also Vegetarier sein. Aber nein, er ißt auch kein Gemüse, er ißt nichts als Pfeffernüsse. Dann verliefen meine Gedanken sich in Träume über die mutmaßlichen Wirkungen der ausschließlichen Ernährung mit Pfeffernüssen auf die menschliche Konstitution. (S. 702)

* * *

Während bei Bartleby seine Selbstbeschränkung durch die äußerst reduzierte Lebensweise für die Außenwelt sichtbar wird, so zeichnet dies doch ein sehr einseitiges Bild von E5, das vor allem dem selbsterhaltenden Subtyp entspricht. Um den Eindruck zu vervollständigen, bringe ich nun einige Absätze aus dem Skript von Ingmar Bergmans „Wilde Erdbeeren", das einen sozialen E5 zeigt.[5] Darin ist Isak Bork eine zurückgezogene, aber auch herausragende Figur. Ziemlich am Anfang des Skripts erklärt er, daß er lieber schweigt, als sich eines Fehlers, der Übertreibung oder sogar ungeheuerlicher Lügen schuldig zu machen. So findet er sich im hohen Alter alleine wieder.

> Dies ist nicht ein Ausdruck des Bedauerns, sondern eine bloße Feststellung. Das einzige, das ich vom Leben erwarte, ist, daß man mich in Ruhe läßt und daß ich die Möglichkeit habe, mich mit den wenigen Dingen zu beschäftigen, die mich immer noch interessieren – egal wie oberflächlich sie auch sein mögen. So bereitet es mir etwa Vergnügen, mich über die ständigen Fortschritte auf dem laufenden zu halten (ursprünglich lehrte ich Bakteriologie), die man in meinem Berufsfeld erzielt, eine Runde Golf bietet mir Entspannung, und ab und zu lese ich irgendwelche Memoiren oder einen guten Detektivroman. (S. 169–170)

In einer frühen Szene des Films fährt er mit seiner Schwiegertochter im Auto. Im Dialog, der sich dabei entspinnt, spricht er von seinem Sohn:

> Isak: Evald und ich sind einander sehr ähnlich. Wir haben unsere Prinzipien.

Marianne: Mir brauchst du das nicht zu erzählen.

Isak: Diese Darlehen zum Beispiel. Evald bekam von mir ein Darlehen, um sein Studium beenden zu können. Er sollte es zurückgezahlt haben, als er anfing, an der Universität zu unterrichten. Für ihn war es eine Ehrensache, es in Raten von fünftausend pro Jahr zurückzuzahlen. Obwohl mir klar ist, daß ihm das schwerfällt, bleibt ein Geschäft doch ein Geschäft.

Marianne: Für uns bedeutet das, daß wir nie zusammen in die Ferien gehen können und daß sich dein Sohn zu Tode arbeitet.

Isak: Man hat sein eigenes Einkommen.

Marianne: ... Vor allem wenn man stinkreich und auf das Geld nicht angewiesen ist.

Isak: Meine liebe Marianne, Geschäft bleibt Geschäft. Und ich weiß, daß Evald mich versteht und das respektiert.

Marianne: Vielleicht, aber er haßt dich auch.

***

Isak: Evald und ich haben einander nie Honig ums Maul geschmiert.
Marianne: Das glaube ich dir.

***

Marianne: Du bist ein alter Egoist, Vater. Du bist absolut rücksichtslos, und du hast noch nie auf jemand anderen gehört als auf dich selbst. Und das versteckt sich sehr gut hinter deiner Maske aus altmodischem Charme und deiner Freundlichkeit. Aber du bist hart wie Stahl, auch wenn dich alle als den großen Wohltäter sehen. Wir, die wir dich aus der Nähe kennen, wir wissen, wie du wirklich bist. Uns kannst du nicht zum Narren halten. Erinnerst du dich zum Beispiel, als ich vor einem Monat zu dir kam? Ich hatte die verrückte Idee, daß du Evald und mir helfen würdest. Und so bat ich dich, ein paar Wochen mit dir verbringen zu dürfen. Erinnerst du dich noch, was du gesagt hast?

Isak: Ich sagte dir, daß du herzlich willkommen seist.

Marianne: Dann werde ich dir sagen, was du wirklich gesagt hast, aber ich bin sicher, du hast es bereits vergessen: Versucht nicht, mich in euere materiellen Probleme hineinzuziehen, denn die scheren mich einen Dreck, und jeder hat seine eigenen Sorgen.

Isak: Das habe ich gesagt?

Marianne: Du hast noch mehr als das gesagt.

Isak: Ich hoffe aber doch, daß das das Schlimmste war.

Marianne: Ich werde dir wortwörtlich sagen, was du gesagt hast: Ich habe keine Achtung vor dem Leid der Seele, komm also nicht zu mir und

beklage dich. Wenn du aber irgendeine geistige Masturbation brauchst, kann ich einen Termin bei irgendeinem guten Seelenklempner oder einem Pfarrer für dich ausmachen – das ist ja heutzutage so in Mode.
Isak: Das habe ich gesagt?
Marianne: Deine Ansichten sind ziemlich starr, Vater. Es wäre schrecklich, wenn man in irgendeiner Weise von dir abhängig wäre.
Isak: Wirklich? Ehrlich gesagt, mir hat es gefallen, dich im Haus zu haben.
Marianne: Wie eine Katze.
Isak: Wie eine Katze oder wie einen Menschen – das ist das gleiche. Du bist eine prächtige junge Frau, und es tut mir leid, daß du mich nicht magst.
Marianne: Es stimmt nicht, daß ich dich nicht mag.
Isak: Oh.
Marianne: Du tust mir leid. (S. 178–180)

* * *

Der Charakter von E5 scheint eine extrem fixierte Form dessen zu sein, was William Sheldon in den Vierzigerjahren als „cerebrotonisches" Temperament bezeichnete, d.h. jemand, der zurückgezogen ist und dazu neigt, eher wahrzunehmen als zu handeln und seine Gefühle auszudrücken.[6]

Menschen vom Typus E5 sind für gewöhnlich still, und wenn sie sprechen, so geschieht das auf allgemeine und abstrakte Weise. Es gibt Menschen, die uns, wenn sie die Grundzüge einer Geschichte erzählen, mit ihren eigenen Ohren sehen lassen, und durch deren Schilderung wir tatsächlich hören. Wir wissen genau, was gesagt wird und wer es sagt – wie wenn ein guter Schriftsteller eine Szene beschreibt. Doch dann gibt es auch Menschen, die einen obskuren Bericht abliefern. Dieser Bericht ist wie eine Zusammenfassung, eine gefilterte Erfahrung, die schon eine Interpretation enthält und mit wesentlichen Details hinter dem Berg hält. Und auch allgemeiner gesprochen umgibt Menschen vom Typus E5 eine Atmosphäre der Geheimhaltung. Sie zeigen sich nicht gern direkt und sind von allen Menschen die verstecktesten.

E6 fürchten sich, aber sie verstecken sich nicht so sehr. Und weil sie sich nicht so verstecken, sind sie stärker in Kontakt mit ihrer Angst. E5 sind mit ihrer Angst nicht in Verbindung, *weil* sie sich verstecken. E5 spüren ihre Angst nicht, weil sie Situationen, die ihre Angst wecken würden, *vermeiden*.

Natürlich können sie sagen: „Ich traue mich nicht, mit meinem Vater zu sprechen." Oder „Ich traue mich nicht, mit meinem Chef zu sprechen." Oder „Ich traue mich nicht, um eine Gehaltserhöhung zu bitten." Oder „Oh, das traue ich mich nicht!". Aber dabei *spüren* sie ihre Angst nicht, sondern sie stellen sich vor, wovor sie Angst hätten. Menschen dieses Typus nehmen die Angst oft vorweg. Wenn jemand anderer sie schubst, merken sie, daß sie sich *gar nicht* fürchten. Deshalb würden sie, wenn sie Dinge nicht vermieden, bald draufkommen, daß sie sich nicht so sehr fürchten, wie sie es sich vorgestellt haben. Es kann sich dabei um eine ungefühlte Angst gehandelt haben.

Nicht zu fühlen und nicht zu handeln, sondern das Leben nur zu beobachten, führt natürlich zu dem Gefühl, daß man gar nicht lebt, und das kann wiederum den Wunsch wecken, etwas zu erleben. Aus dem Konflikt zwischen der Angst vor und dem Verlangen nach Erfahrung resultiert der Wissensdurst – der Wunsch, am Leben teilzunehmen, ohne wirklich im Leben drinnen zu sein. Darüber berichtet Elias Canetti in seinem Buch *Der Ohrenzeuge: Fünfzig Charaktere* in seiner Beschreibung der „Geruchschmalen", einer Figur, die immerfort mit den Menschen tanzt und doch von ihnen getrennt ist.[7] Angesichts des außergewöhnlichen psychologischen Reichtums zitiere ich hier die komplette Karikatur.

> Die Geruchschmale scheut Gerüche und weicht ihnen aus. Sie öffnet Türen vorsichtig und zögert, bevor sie eine Schwelle übertritt. Halb abgewendet steht sie eine Weile da, um mit einem Nasenflügel zu riechen, den anderen schont sie. Sie streckt einen Finger in den unbekannten Raum und führt ihn an die Nase. Dann hält sie mit ihm einen Nasenflügel zu und schnuppert mit dem anderen. Wenn sie nicht gleich ohnmächtig wird, wartet sie noch ein wenig. Dann tritt sie seitwärts mit einem Fuß über die Schwelle, beläßt aber den anderen draußen. Es fehlt nun nicht viel, und sie könnte es wagen, aber rechtzeitig verfällt sie auf eine letzte Probe. Sie stellt sich auf die Zehenspitzen und schnuppert wieder. Wenn der Geruch sich jetzt nicht ändert, fürchtet sie keine Überraschungen mehr und riskiert auch das andere Bein. Drin ist sie. Die Türe, durch die sie sich retten könnte, bleibt weit offen.
>
> Die Geruchschmale wirkt isoliert, wo immer sie sich befindet, sie hat eine Schicht von Vorsicht um sich; andere achten beim Niedersitzen auf ihre Kleider, sie auf ihre Isolierschicht. Heftige Sätze, die diese durchstoßen könnten, fürchtet sie, sie wendet sich leise an Leute und erwartet Antworten ebenso leise. Sie kommt niemand entgegen, in der Distanz, die sie hält, folgt sie den Bewegungen der anderen: es ist, als würde sie, von ihnen getrennt, immerwährend mit ihnen tanzen. Die Entfernung bleibt dieselbe, jede Annäherung und jede Berührung gar versteht sie von sich fernzuhalten.
>
> Solange es Winter ist, fühlt sich die Geruchschmale im Freien am wohlsten. Dem Frühjahr sieht sie mit Sorge entgegen. Da geht das Blühen und Duften los, und sie leidet unerträgliche Qualen. Gewissen Büschen weicht sie mit Umsicht aus, sie geht ihre eigenen und verzwickten Wege. Wenn sie aus der Ferne sieht, wie ein Unempfindlicher seine Nase in Flieder hineinsteckt, wird ihr übel. Zu ihrem Unglück ist sie anziehend und wird mit Rosen verfolgt, sie vermag sich nur durch rasche Ohnmachten vor ihnen zu retten. Das hält man für übertrieben, und während sie von destilliertem Wasser träumt, stecken ihre Bewunderer die übelriechenden Köpfe zusammen und beratschlagen, zu welchen Blütendüften sie wohl zu bekehren wäre.

Die Geruchschmale gilt als vornehm, weil sie jede Berührung meidet. Sie weiß sich vor Heiratsanträgen nicht mehr zu helfen. Sie hat schon damit gedroht, sich zu erhängen. Aber sie tut es nicht, sie erträgt den Gedanken nicht, vielleicht noch den Retter riechen zu müssen, der sie abschneidet.

Wenn man das verarmte Gefühlsleben der Menschen vom Typus E5 beschreibt, kann man durchaus von „Depression" sprechen. Dabei handelt es sich jedoch nicht um eine feuchte, sondern um eine trockene Depression. E5 weinen nicht so leicht, sie fühlen sich apathisch. Sollten sie doch leicht weinen, so ist das eher die Ausnahme. Die Depression ist aber immer gegenwärtig – und mit ihr ein Energieverlust und eine innere Atmosphäre wie in einer Wüste.

Jeder Typ hat seine eigene Hölle. Die Hölle von E5 ist aber eher eine Art von Vorhölle, in der nie etwas passiert. Menschen vom Typus 4 sind dramatisch, die vom Typus 5 apathisch. Ihre Gefühlsbeziehungen können trotzdem sehr intensiv sein, weil E5 allem gegenüber distanziert sind außer sich selbst.

Während manche Menschen mit jedem auf du und du sind, ist der Bekanntenkreis von E5 sehr begrenzt. Von den meisten Menschen halten sie sich fern, da sie als menschliche Wesen aber doch Beziehungen brauchen, müssen sie alles in ein oder zwei Freunde stopfen. Daraus entsteht ein großes Bedürfnis nach Vertrauen, ein Bedürfnis, sich diesen auserwählten Menschen mit großer Intensität anzuvertrauen.

Dies läßt sich leicht durch historische Beispiele belegen. Bei den meisten Vertretern des Typus 5 findet sich das folgende Phänomen: Je mehr sie leiden, desto betäubter und kälter werden sie. Entwickeltere E5 sind mit ihren Gefühlsseiten jedoch mehr in Kontakt. Ein typischer Fall dafür ist Chopin. In der Musikgeschichte war er vielleicht der romantischste aller Romantiker. Es war jedoch die Romantik eines scheuen Mannes – ein irgendwie aristokratischer Mensch mit einem abgehobenen Gefühl für seine persönliche Würde und seinen Humor, aber einem „wenig überströmenden Herz" (wie er selbst sagte). Seine Musik drückt jedoch eine exquisite Zartheit aus, aber auch die Wut des Revolutionärs.

Jeder Aspekt einer charakterlichen Pathologie birgt die karikaturhafte Verzerrung einer gesunden Qualität in sich; und so wie bei E1 aus der Wertschätzung für Perfektion der Perfektionismus wird und bei E2 aus dem Sinn für Freiheit Eigensinn und Ausschweifung, so tritt bei E5 eine neurotische Abtrennung an die Stelle eines wahrhaften, spirituellen Nicht-Anhaftens.

Im Hinduismus gibt es, wie überhaupt in den östlichen Traditionen, dieses Ideal des Nicht-Anhaftens. In der *Bhagavad Gita* wird das so ausgedrückt, daß man „in der Freude und im Leid derselbe" ist. Das bedeutet nicht, daß man keine Freude empfindet, aber es gibt ein Zentrum, das von den Polaritäten, die durch die Erfahrungen des Lebens entstehen, nicht berührt wird. Es gibt etwas Unbestechliches, eine geistige Stabilität, die die Erfahrung einfach das sein läßt, was sie ist. Im Gegensatz dazu bedeutet das neurotische Nicht-Anhaften, das bei E5 so stark ist, einen Kontaktverlust. Es handelt sich dabei nicht wirklich um Nicht-Anhaften, sondern um das Vermeiden von Kontakt und um ein sehr starkes

Anhaften an inneren Zuständen – und so letztlich auch um eine Intoleranz gegenüber den Erfahrungen, die sich aus dem Kontakt ergäben.

Es ist leicht zu verstehen, daß es für wissenschaftliche Projekte, in denen Parteinahme nicht gefragt ist, gut paßt, sich persönlich herauszuhalten. Und da E5 das Wissen sehr schätzt, kann man sein Wesen mit wissenschaftlichen Betätigungen in ähnlicher Weise assoziieren, wie man E4 mit ästhetischen Tätigkeiten assoziiert.

Läßt man jene Menschen vom Typus E5 Revue passieren, über die Biographien geschrieben wurden, finden sich darunter jedoch nicht nur ausgezeichnete Wissenschaftler (unter ihnen Newton und Darwin), sondern auch viele bedeutende Philosophen; und ich meine, daß einige von Lyttons Beobachtungen über Hume zeigen werden, warum:

> Worin liegt die hervorstechendste Tugend der Menschheit? In guter Arbeit? Möglich. Im Erschaffen schöner Dinge? Vielleicht. Einige schauen aber möglicherweise in eine andere Richtung und erblicken sie in der Losgelöstheit. Für alle jene muß David Hume ein großer Heiliger im Jahreskalender sein. Denn kein Sterblicher hat sich je klarer der Fesseln des Persönlichen und des Besonderen entledigt als er, und keiner hat sich je mit vollkommenerem Geschick in der göttlichen Kunst der Unparteilichkeit geübt. Und keine Axt zum Schlagen zu haben ist zweifelsohne sehr nobel und sehr selten. [8]

Ein anderer Denker, der die Kulturgeschichte wesentlich beeinflußte und dessen Stärke in einer vorurteilslosen Unparteilichkeit lag, war Erasmus. Der Zeitgenosse Luthers wird als Vater des Humanismus bezeichnet. Er war die unumstrittene geistige Autorität seiner Zeit. In der Folge zitiere ich einige Abschnitte aus der Luther-Biographie eines spanischen Jesuiten:

> Wer war Erasmus, dieser Mann, der Europa ohne Lärm und ohne Waffen wie ein Despot beherrschte? ... zu schreiben bedeutet, den Stein zu werfen und seine Hand zu verstecken ... in Erasmus' Augen ist nichts schlimmer als die religiösen „Formalismen", die Unaufrichtigkeit, die vielen gesetzlichen Vorschriften, die Unnachgiebigkeit und die vielen anderen Mißbräuche, die die Kirche zu dieser Zeit bestimmen.
>
> ... der unabhängige Holländer ist weit davon entfernt, sich in den Dunstkreis der *Wittenbergtheologie* schwemmen zu lassen ... von der hält er sich in sicherem Abstand.
>
> ... eine zerbrechliche Gestalt, blaß ... eingeschlossen zwischen Büchern und Pergament ... immer zittrig ... einer, der Luther schätzte und sich doch weigerte, sich gegen den Papst zu stellen. So fiel es Erasmus zu, zwischen den beiden eine versöhnliche Haltung einzunehmen, und er wurde von beiden kritisiert: Luther wollte, daß er an seiner Seite kämpfe, und die katholische Seite bekämpfte ihn als Verbreiter der „Lutherischen Seuche".[9]

In seiner Erasmus-Biographie überlegt Stefan Zweig:

Diese Haltung des Erasmus, diese seine Unentschiedenheit oder besser sein Sich-nicht-entscheiden-Wollen haben die Zeitgenossen und Nachfahren höchst simpel Feigheit genannt und den klarsinnig Zögernden als lau und wetterwendisch verhöhnt ... Er hat sich vorsichtig zur Seite gebogen und verbindlich geschwankt wie ein Rohr nach rechts und nach links, aber nur, um sich nicht brechen zu lassen und sich immer wieder aufzurichten. Er hat sein Bekenntnis zur Unabhängigkeit, sein *nulli concedo*, nicht stolz vor sich hergetragen wie eine Monstranz, sondern wie eine Diebslaterne unter dem Mantel versteckt; in Schlupfwinkeln und auf Schleichwegen hat er sich zeitweilig geduckt und gedeckt während der wildesten Zusammenstöße des Massenwahns; aber – dies das Wichtigste – er hat sein geistiges Kleinod, seinen Menschheitsglauben, unversehrt heimgebracht aus dem furchtbaren Haßorkan seiner Zeit, und an diesem kleinen glimmenden Docht konnten Spinoza, Lessing und Voltaire und können alle künftigen Europäer ihre Leuchte entzünden. (S. 22)[10]

Wir versuchen ja alle, auf die eine oder die andere Weise zu sein – und E5 blickt nach innen. Seine Suche ist aber aus dem Gleichgewicht geraten, gerade so wie die von E8, der sich durch intensive Begegnungen lebendig fühlen will, und Menschen vom Typus E3, die versuchen, mit sich selbst durch die Augen anderer Kontakt aufzunehmen. Im Fall von E5 liegt die Täuschung darin, daß sich in der Außenwelt nichts Gutes findet ... aufgrund dieser Annahme haben sie Angst davor, „aufgegessen zu werden". Laing, der Autor von *Das geteilte Selbst*, führte den Begriff des „Verschlungen-Werdens" ein. Die „Angst, verschlungen zu werden". Das hängt auch damit zusammen, daß man nicht nein sagen kann. E5 sind „brave" Kinder, die nicht wissen, wie man Grenzen setzt. Sie haben so ein Verlangen nach dem Leben, daß sie dazu neigen, sich völlig hinzugeben, sobald man ihnen etwas gibt. Deshalb ist die Angst vor dem Verschlungen-Werden in gewisser Weise realistisch. E5 sind Geizhälse, die auf geradezu verblüffende Weise nicht wissen, wie man geizig ist; das heißt, ihr Festhalten ist angesichts der Tatsache, daß sie gegenüber allen Ansprüchen äußerst verfügbar, äußerst gehorsam und entgegenkommend sind, nur eine schwache Kompensation. Die Losgelöstheit und die Neigung, sich verschlingen zu lassen, bestehen nebeneinander als eine Polarität gegenläufiger Tendenzen. Die Integration der beiden Seiten fehlt jedoch. So sind sie etwa Geizhälse, die nicht wissen, wie man Geld verlangt, weil der Geiz ein zu großes Tabu ist. Sie brauchen ihre Privatsphäre sehr, aber sie trauen sich nicht, die Türen zu schließen, weil sie zu schüchtern sind und zu einem anderem nicht sagen können: „Ich will nicht, daß du hereinkommst."

Die Typen im unteren Teil des Enneagramms, E4 und E5, sind die, die am meisten leiden. Die Menschen im oberen Teil leiden im allgemeinen weniger. Psychologisch gesprochen, haben E9 eine dicke Haut. Sie haben eine elefantenartige Psychologie. Sie haben gelernt, ihre Last zu tragen, und sie tragen sie, ohne sich zu beschweren. Typus 5 empfindet da anders. Er verzichtet zwar, aber auch wenn er keine Ansprüche stellt, empfindet er doch eine tiefe Unzufriedenheit. Die

Typen 4 und 5 leiden beide unter einer Depression, wenn auch auf verschiedene Weise.

Jede Neurose bringt eine Entfremdung vom tiefsten Selbst mit sich; beim Typus 5 tritt dies jedoch noch stärker zutage, hier läßt sich das Wort „Entfremdung" in einem engeren Sinn anwenden. Es geht hier jedoch eher um eine soziale Entfremdung, eine soziale Distanz, als um die Entfremdung vom Selbst. Im Gegenteil, von ihrer eigenen Tiefe sind diese Menschen nicht entfremdet. Sie gehören zu dem Typus, den die Schulpsychologie als „schizoid" bezeichnet. Sie haben einen sehr starken Kontakt zu ihrer Innerlichkeit, wenn auch um den Preis, daß sie den Kontakt zu anderen verlieren. Den extremsten Ausdruck findet das Muster von E5 in dem, was man in der Psychiatrie als „Katatonie" bezeichnet; das ist eine Form der Schizophrenie, bei der nicht nur ein vollkommener Handlungs-, sondern auch ein völliger Bewegungsverlust auftreten kann. Die Betroffenen werden gelähmt und haben das Gefühl, nicht in der Welt sein zu wollen.

Kovels „Reiches Mädchen"

Ich bin sicher, Kernberg wäre mit Kovels Diagnose über Sarah als einem Menschen mit einer „narzißtischen Persönlichkeit" einverstanden. In der Sprache der Protoanalyse ist Kovels Geschichte die einer sozialen E5, deren „totemisches" Selbstideal sich als Reaktion auf das Wertsystem ihrer Mutter (eines E3) herausgebildet hat. Nachdem sie ihre Mutter entidealisiert und ihre Liebe zu ihr aufgegeben hatte, wurde ihr Totem überflüssig, und sie landete in der Vorhölle der Sinnlosigkeit.

Kovel wurde die Aufgabe zuteil, Sarah bei ihrem Übergang vom Niemandsland in ein Leben, das wirklich ihr eigenes war, zu begleiten. In der Folge zitiere ich den Anfang des Kapitels mit dem Titel „Das reiche Mädchen" aus seinem Buch *Das Zeitalter des Verlangens (The Age of Desire)*.

> Sarah konnte lange Zeit nicht arbeiten. Sie lag stumpfsinnig herum und starrte abwechselnd auf die grün gemusterte Tapete und auf den Fernsehapparat. Dabei aß sie Sonnenblumenkerne, deren Schale sie sorgfältig mit den Backenzähnen aufbrach. Dann schob sie die Stückchen geschickt zum vorderen Teil ihres Mundes, wo ihre Zunge und ihre Schneidezähne die Nuß herauslösten und die Schale aus dem Mund warfen. Manchmal blieb sie so lange im Bett, bis der Schalenhaufen so groß geworden war, daß er sich nicht länger in einem ordentlichen Häufchen hielt, sondern unter die Laken rutschte. Sie kratzte sich, stand auf, stolperte in der Wohnung herum, bis sie alles aufgelesen hatte, um die Schalen wegzuräumen. Dann sank sie wieder nieder – entweder auf das Bett oder auf die Toilette, wo sie manchmal eine ganze Stunde damit zubrachte, über dem New Yorker zu brüten und zu warten, daß etwas geschah.

An besseren Tagen konnte sie sich aufraffen, um in die Tanzstunde zu gehen. Dort vergaß sie ihre Sorgen. Es tat Sarah leid, daß sie nicht beim Ballett geblieben war, wozu ihre Eltern und die Lehrer sie in ihrer Kindheit so oft gedrängt hatten. Sogar jetzt, wo sie so wenig trainierte und außer Form war, hatte ihr großer, schlanker Körper sich seine Grazie und Geschmeidigkeit bewahrt. Wie selten Sarah auch hinging, sie war immer die Klassenbeste. Sie weidete sich am Neid der anderen und freute sich über das Lob der Trainer. Durch deren Ermunterungen zog sie sogar in Erwägung, professionell zu tanzen. Schließlich war immer noch Zeit genug, und was sollte sie auf dem Weg, auf dem sie jetzt entlangtorkelte, schon verlieren? Sarah sann über diesen Weg nach und war richtig aufgeregt dabei, bis sie sich an den Abgrund erinnerte, gegen den sie vor langer Zeit angekämpft hatte. Sie war dreizehn, und in ihrem neuen lavendelfarbenen Trikot sah sie strahlend aus. Mme. Deschamps war am Klavier und sah sie eifrig an. Und hinter ihr waren Reihe um Reihe Augenpaare, deren bewundernde Blicke mit den Scheinwerfern der Schule verschmolzen. Die Musik schwoll an, und sie schwoll mit ihr, schwoll vor Freude, die sich in Ekstase verwandelte, und dann in Panik, Lähmung, eine Stille in der Bewegung und Tränen der Demütigung. Ihre Mutter war äußerst verständnisvoll, und sogar ihr Vater ließ kein Zeichen des Mißfallens erkennen, dennoch dauerte es zehn Jahre, bevor Sarah wieder in einen Tanzsaal ging.

Als sie darüber nachdachte, kam Sarah zu dem Schluß, daß sie gerade jetzt eine Menge zu verlieren hatte. Sie hatte immer viel zu verlieren gehabt, und jetzt, da sie auf die Dreißiger zuging, schien es immer mehr zu werden. Sicherlich, ihre Gliedmaßen waren geschmeidig wie eh und je, aber die langen Stunden, die Sarah damit verbrachte, in den Spiegel zu starren, bestätigten ihr mit all der Gewalt ihres Auges, daß die unsichtbaren elastischen Bänder, die ihren Körper so viele Jahre lang auf wundersame Weise zusammengehalten hatten, eines nach dem anderen rissen. Der Verfall ergriff von Sarah Besitz. Sie konnte beobachten, wie alles durchzuhängen begann – ein winziges Fältchen nach dem anderen ... schlaffes Gewebe, wo sich einst ein straffer Bogen gespannt hatte. Der Zug zu ihrem tänzerischen Ruhm war schon vor Jahren abgefahren. Jetzt mußte sie sich damit auseinandersetzen, wie jüngere, selbstbewußte Frauen aufs Trittbrett sprangen, während sie der unvermeidlichen Kränkung ihres Körpers entgegensah. Sie fühlte sich wie einer jener sprichwörtlichen Athleten, die jung starben, und noch dazu wie einer, dessen tatsächlicher Triumph sich ausschließlich in der Phantasie abspielte. Sie hatte soviel zu bieten. Das war nur ihrer Mutter wirklich klar. Und als ihre Phantasie sich auf die letzte triumphale Bewunderung vorbereitete, war ihre Mutter der einzige Mensch auf der ganzen Welt, von dem sie sich abwandte.

Sarahs Mutter war einst eine Meisterschwimmerin gewesen. Und sogar jetzt ging die Zeit mit der Endfünfzigerin – unterstützt durch die Kunst der Schönheitschirurgie und sorgfältig gefilterter Sonnenstrahlen des Südens –

sehr freundlich um. Sarah verachtete die derbe Art, in der ihre Mutter ihre jugendliche Schönheit kultivierte. Und vor ihrer eigenen Art, die Werte der älteren Frau hilflos zu imitieren, graute ihr ebenso. Trotzdem war der Ekel, den sie für ihre Mutter empfand, wenn diese von Zeit zu Zeit wie eine Armada durch die Tür segelte, nie ganz ohne einen Beigeschmack von Neid. Dieser Berg von einer Frau, an deren Rücken sich infolge des jahrzehntelangen Tennisspiels und Rückenschwimmens dicke Muskelpakete türmten, diese alberne, törichte, leere, kraftvolle Frau mit ihren engen Tartarenaugen schaffte es immer, in ihrer Tochter das Grauen zu erwecken. Und trotz der amüsierten Geringschätzung, mit der sie ihre Mutter behandelte, war das tiefste Gefühl ihr gegenüber doch ein Horror, weshalb auch Monate ohne jeden Besuch vergingen.

„Sally! Schau dir diese Schweinerei an! Was hast du mit dem Geld gemacht, das wir dir geschickt haben? Ich hab' dir gesagt, du sollst dir damit eine Putzfrau nehmen. Wenn du im Augenblick vielleicht auch zu deprimiert bist, um zu arbeiten, so kannst du doch wenigstens den Schein wahren. Das ist immer noch die beste Therapie. Das hat auch Dr. Rhapsode unlängst gesagt. Warum gibst du mir keine Antwort, Liebes?"

„Ich würde es vorziehen, das nicht zu tun."

„Es vorziehen, das nicht zu tun? Was ist denn das für ein Gerede?"

„Das verstehst du nicht. Das ist aus einem Roman – *Bartleby* – über einen Mann, der nicht gearbeitet hat. Manchmal fühle ich mich so ... in allem."

„Sarah, mein Liebling, du liest zuviel. Dein Vater hat das unlängst auch gesagt. 'Sie ist zu sensibel, das ist alles.' Genau das hat er gesagt. Er glaubt auch, daß du es schaffen wirst. Wir glauben an dich, Sarah, vergiß das nicht. Was die Welt dir auch antut, für Papa und mich bist du immer die Nummer eins. Natürlich mögen wir Martha auch. Aber du warst die erste, und irgendwie ... ich weiß, du haßt es, wenn ich so rede, aber laß deiner alten Mutter doch einmal die Genugtuung ... du weißt, wir sehen einander kaum, obwohl das weiß Gott nicht *meine* Schuld ist. Was wollte ich sagen? Ach ja, irgendwie warst du schon von Anfang an etwas Besonderes, Sarah, wie du uns aus der Wiege heraus angesehen hast. Verzeih mir, Liebes, ich werde schon wieder sentimental. Übrigens, du weißt, wie ich es hasse, dich solche Dinge zu fragen, Liebes, du bist da immer so angerührt, aber wie kommt dieser neue Doktor voran? Du weißt, der mit dem komischen Namen?"

Sarah war in ihrer Generation die Erstgeborene. Beide Großelternpaare waren aus Osteuropa emigriert, um Pogromen und den Arbeitslagern des Zaren zu entkommen und ihr Glück im Westen zu versuchen. Viele, die diesen Exodus unternommen hatten, gingen unter oder kehrten in die alte Welt zurück, aber ihre Großeltern standen die Sache durch und hielten auch zusammen. Auf seiten ihrer Mutter fing Sarahs Großvater mit einem Handwagen an und sparte so allmählich genug Geld, um ein kleines Kleidergeschäft zu kaufen. Er wurde nie reich, aber es ging ihm gut genug, um sein Leben in Florida beschließen und sein einziges Kind in der Welt vorwärtskommen sehen zu können – zuerst durch ihr athletisches Können und dann durch eine Heirat, deren materielle Basis er zu seiner großen Freude durch ein kleines Kapital hatte unterstützen können. Sarahs Großvater väterlicherseits nähte die Kleider, aus deren Verkauf die bescheidene Mitgift erwuchs, und blieb bis ins hohe Alter ein glühender anarchistischer Gewerkschafter. Auch er beschloß seine Tage in einer Rentnersiedlung in Florida, wo er am Pool leidenschaftlich mit seinen alten kommunistischen Widersachern diskutierte. Sarahs Vater war das jüngste von drei Geschwistern und der einzige, der es je zu etwas brachte. Sein Erfolg als Geschäftsmann entfremdete ihn etwas von seinen Brüdern, und nach seiner Heirat und seinem ersten Autohandel schaffte er es, sie immer weniger zu sehen. Etwa zur Zeit von Sarahs Geburt lebte der alte Mann eine Zeit lang bei seinem erfolgreichen Sohn. Aber als Sarahs Vater einen Mercedes-Handel aufmachte, brachen die seit langem schwelenden Spannungen zwischen den beiden auf. Der Großvater pochte darauf, daß er nicht von Nazikapital leben würde, er nahm seine ewig fügsame Frau und zog mit ihr in den Süden, wo der gewerkschaftliche Pensionsfond ihm einen würdigen Lebensabend bescherte. All das geschah, bevor Sarah drei war. An ihre väterlichen Großeltern blieb nichts als eine dunkle Erinnerung an ein Geschrei. Sarah hatte trotz ihrer siebzehn Jahre Ausbildung, die sorgfältiger war als die einer Prinzessin, auch keine Ahnung, was das anarchistische Gewerkschaftlertum war.

Sarah konnte ihren Kopf schon im Alter von zwei Wochen hochhalten. Mit drei Monaten konnte sie sitzen, mit neun stehen, mit elf sprach sie ihre ersten Worte. Mit sechs Monaten bekam sie ihren ersten Schwimmunterricht, und mit eineinhalb Jahren besuchte sie ihre erste Gymnastikstunde. Mit drei suchte sie sich Worte aus dem Wörterbuch und begann, Geigenstunden für Kleinkinder zu nehmen. Schon bevor sie in den Kindergarten kommen sollte, wurde sie getestet. Sie übertraf in allen Kategorien die vorgesehene Punktezahl und wurde daher sofort in ein erweitertes Schulprogramm gesteckt. Der Direktor sagte ihrer Mutter, die Tests seien so angelegt, daß die Siegertypen schon von Anfang an ausgesucht würden. Es war die Zeit unmittelbar nach Sputnik. Amerika verwandelte sich ohne das geringste Schamgefühl in eine Meritokratie, und Sarah wurde mit all jenen Hilfsmitteln überhäuft, die die wirtschaftlich mächtigsten Organisationen der Weltgeschichte zur Kultivierung eines einzelnen Menschen aufbieten konnten.

Als sie fünf war, begann Sarah unter jenen stechenden Kopfschmerzen zu leiden, die sie die nächsten zehn Jahre immer wieder befallen sollten, und dann ebenso geheimnisvoll verschwanden, wie sie gekommen waren. Alle Untersuchungen waren normal oder ließen keine Schlüsse zu. Ihr Fall beschäftigte eine Zeit lang eine ganze Reihe von Vorstadtärzten, und seine Ausläufer erstreckten sich noch über viele Meilen bis in die Krankenhäuser der großen Städte. Sarahs Vater sagte immer halb prahlerisch, er müsse jede Woche einen Mercedes 300 verkaufen, bloß um die Arztrechnungen zu bezahlen.

Nach einigen Jahren entschied man, daß der Fall psycho-somatisch sei, und Sarah wurde zu einer Kinderpsychiaterin namens Dr. Freestone geschickt. Zu diesem Zeitpunkt war bereits klar, daß irgend etwas das Kind beunruhigte und daß die Kopfschmerzen, wie ein Schulpsychologe es ausdrückte, ein „Hilfeschrei" waren. Bei Sarahs erstem Besuch fand Dr. Freestone ein trotziges, weinerliches Mädchen vor, das sich an seine Mutter klammerte, die ihrerseits ängstlich alle Anzeichen von geistiger Störung beobachtete. Während die Ärztin versuchte, mit Sarah zu spielen, erging sich ihre Mutter in einem ständigen Geplapper vermeintlich hilfreicher Kommentare, wobei sie abwechselnd die Aufmerksamkeit auf die Großartigkeit des Kindes lenkte und sie davor warnte, das Spielzeug zu zerbrechen. Als Sarah einmal ihr Puppenspiel unterbrach, warf die Mutter ängstlich dazwischen: „Sally, ich kenne diesen Blick. Du wirst gleich wieder Kopfschmerzen bekommen. Da, nimm eine von diesen Pillen."

Nach einigen Sitzungen nahm Dr. Freestone die Eltern beiseite und teilte ihnen ihre Ansicht mit. „Sarahs Kopfschmerzen sind nicht nur ein Hilfeschrei", sagte sie. „Sie sind auch ein Protest gegen alles das, womit ihr Kopf vollgestopft wird. Wenn Sie mit mir zusammenarbeiten, kann ich ihr, glaube ich, helfen. Aber wenn wir nicht alle zusammenarbeiten, wird sie keine Fortschritte machen. Und zusammenarbeiten heißt, daß Sie lernen müssen, sie nicht mehr unter Druck zu setzen. Natürlich ist sie begabt. Aber sie fängt an zu glauben, daß sie nichts von dem, was sie tut, für sich selbst tut. Sie steht unter einem unglaublichen Druck, der für eine Siebenjährige bzw. auch für jeden anderen, einfach nicht gesund ist. Nun, meiner Erfahrung nach ist es oft so, daß Eltern, die soviel Druck auf ein Kind ausüben, auf diese Weise versuchen, mit ihren eigenen Problemen zurechtzukommen. Ich möchte Ihnen also einige Fragen über sich selbst stellen, und wenn es notwendig ist, kann ich Sie an einen Kollegen verweisen, zu dem Sie gemeinsam gehen können."

Es erwies sich als notwendig, und für ihren Kollegen, Dr. Menschlik, einen Familientherapeuten, faßte Dr. Freeman den Fall wie folgt zusammen:

Diese Leute können nicht zwischen sich und dem anderen unterscheiden, und sie versuchen, das Kind in einer symbiotischen Verbindung zu halten, um ihre eigenen Abhängigkeitsbedürfnisse zu befriedigen. Ohne die Tochter würden sie einander entweder in Stücke reißen, oder die Ehe würde sich auflösen. Sarah zahlt den Preis, indem sie zu einem Teil beider gemacht wird. Die Mutter ist eine ausgesprochen hysterische Person mit starken phallischen Bedürfnissen und einer ungeheuren unterdrückten Feindseligkeit. Sie ist eine typische Mischung aus kolossaler Egozentrik und Eitelkeit auf der einen Seite und einer sich kasteienden Selbstverleugnung auf der anderen. Darin liegt eine der Ursachen für ihre Feindseligkeit: der

Frust darüber, daß sie sich so großartig vorkommt und in ihrem Leben dennoch alles, was sie tut, für ihren Mann und ihre Tochter macht. Aber natürlich geht die Feindseligkeit tiefer. Ich fühlte mich schon unwohl, als ich neben ihr saß – ob ich wollte oder nicht. Stellen Sie sich vor, wie Sarah sich fühlt! Ihr Mund erinnert mich an einen Piranha. Sie können sich vorstellen, daß ihr Mann sie schrecklich erniedrigt. Er hat eine enorme Kastrationsangst, die er auf typisch männliche Weise in den Griff zu bekommen versucht: kontraphobisch ... machohaft ... der Supergeschäftsmann. Gleichzeitig hält er seine Frau klein und geht ihr aus dem Weg – aus Angst, sie könnte ihm den Penis abbeißen (nicht ganz unbegründet, wenn er in ihrem Unbewußten liest). Und dem Mädchen gegenüber ist er unglaublich nachgiebig, um zu zeigen, welch ein starker Mann er ist, und um seine Frau eifersüchtig zu machen. Gleichzeitig behütet sie Sarah in übertriebener Weise und will sie so zu dem Penis machen, den sie selbst nicht haben kann. Aus dem gleichen Grund muß sie sie aber auf der anderen Seite gegen ihre eigene eifersüchtige Feindseligkeit schützen. Am schlimmsten ist aber, daß die Eltern nicht wirklich miteinander sprechen, sondern durch den jeweils anderen, umeinander herum und aneinander vorbei. Und unbeständig! Der Vater ist in einem Augenblick nachgiebig und im nächsten Moment schon wieder hart und strafend. Außerdem ist er viel fort. Ich glaube, er weiß gar nicht, wer er wirklich ist. Er erzählte mir, sein Vater sei ein Mann streng nach der alten Schule gewesen, mit strengen Werten und all dem, aber er wollte immer anders sein. Deshalb sei er ein Geschäftsmann geworden, wo die puritanische Ethik sozusagen keinen Platz hätte. Und weil er im Geschäftsleben erfolgreich war, entfernte er sich immer weiter von seinem Vater, fühlte sich dadurch aber leer und ausgelaugt. Dann gab es zwischen den beiden eine Art von Bruch. Es erübrigt sich anzumerken, daß in seinem Über-Ich eine Menge von diesem strafenden alten Mann steckt, aber natürlich ist das nicht in sein Ego integriert, und deshalb ist er so unbeständig. Und seine Frau ist noch viel unbeständiger. In einem Augenblick ist sie flatterhaft und wie ein kleines Mädchen, und im nächsten ist sie unnachgiebig und fordernd und im übernächsten verwandelt sie sich in ein lamentierendes Klageweib. Es dauerte eine ganze Weile, aus ihr herauszubringen, daß sie überhaupt verschiedene Stimmungen hat, so besorgt ist sie darum, den Schein zu wahren. Offensichtlich ist das ein Zeitvertreib, der das kleine Mädchen wirklich terrorisiert, zumal die Ausbrüche normalerweise ohne jede Vorwarnung kommen. Es scheint, als würde sie Sarah nie schlagen, aber ich bezweifle, daß das die Sache noch verschlimmern könnte. Es ist der geistige Mißbrauch, auf den es ankommt. Und zu all dem ist die Mutter ständig hinter dem Kind her. Sie beobachtet jeden Atemzug und jede Bewegung. Ich habe aber das Gefühl, daß sie nie wirklich da ist und Sarah nie als Sarah sieht, sondern daß sie in Wirklichkeit nur sich selbst sieht.

Die Sitzungen bei Dr. Menschlik dauerten sechs Wochen. Es war der Vater, der sich zuerst zurückzog und schließlich ganz wegblieb. Das ist das übliche Muster in der Familientherapie, wenngleich Dr. Menschlik sich nicht verleiten ließ, die Sache einseitig zu sehen. Er beobachtete von Anfang an, wie die Mutter auf subtile Weise versuchte, ihren Mann als den Bösen hinzustellen; wie sie sich als die frustrierte, erniedrigte, allzeit treue und allzeit leidende Ehefrau hinstellte bzw. zuließ, daß er sie tatsächlich dazu machte; und wie ihm das Schuldgefühle einflößte, Gefühle, die er nie zeigte, es sei denn durch ein immer ausweichenderes Verhalten. Das war das Ergebnis, als Dr. Menschlik sie dazu bringen wollte, offen miteinander zu reden. Offensichtlich brauchten sie ihre Distanz und hielten Authentizität für eine unzumutbare Bedrohung für eine intakte Ehe. Sarahs Eltern gehörten trotz all ihrer Mittel zu jener weitverbreiteten Art von Eheleuten, die weder mit- noch ohne einander leben können. Die Einsamkeit war ihnen unerträglich, und es war unmöglich festzustellen, ob sie ihre Welt wegen der günstigen materiellen Bedingungen, die sie mit sich brachte, aufgebaut hatten oder als einen Puffer gegen das Alleinsein.

Sarahs Sitzungen dauerten fast ein Jahr. Dr. Freestone brachte sie dazu, sich etwas sicherer zu fühlen, und nach einer anfänglichen Phase, in der sie kaum hingehen wollte, war es schwer, sie fernzuhalten. Dann fuhr sie in ein Sommerlager, und die Kopfschmerzen verschwanden. Im September fanden die Eltern Dr. Freestone plötzlich sehr teuer und beschlossen, die Sitzungen nicht wieder aufzunehmen. Sarah grämte sich ein wenig und schien dann die ganze Sache völlig zu vergessen. In der Schule glänzte sie durch hervorragende Leistungen, und sie hatte einige neue Freunde gefunden. Die Kopfschmerzen kehrten in regelmäßigen Abständen wieder, bis sie in der Pubertät völlig verschwanden. Inzwischen schienen bessere Tage angebrochen zu sein. Sarahs Talente wurden in der Schule anerkannt, und die Befriedigung, die das den Eltern brachte, schien ihr kompliziertes persönliches System im Gleichgewicht zu halten. Sogar der Zwischenfall bei der Ballettvorführung schien kaum etwas auszumachen, war Sarah doch vielseitig und in der Lage, ihr Talent durch ihre vielen anderen Leistungen zu beweisen. Mr. Dichter, der fähige und anspruchsvolle Literaturprofessor der Lorelei-Schule, war von ihren Gedichten zutiefst ergriffen und nannte sie offen „die nächste Sylvia Plath". Die Koordinatorin der Abteilung für Kommunikation ihrerseits war von Sarahs Fähigkeiten in den darstellenden Künsten noch mehr beeindruckt, und ihr Einfluß war schließlich maßgebend. Die Lorelei-Schule war eine jener Schulen, die durch das Vermögen wohlhabender Schüler unterstützt wurde, und besaß – neben anderen Schätzen – auch ein eigenes Fernsehstudio. In der letzten Klasse schrieb Sarah außergewöhnlich vielversprechende Shows, sie führte Regie und produzierte sie. Und um einen Studienplatz anzusuchen, war für sie, als ginge sie mit Papas Kreditkarte zu Saks auf der Fifth Avenue einkaufen. Sie hatte sogar das zusätzliche Vergnügen, einige der ihr angebotenen Stipendien ablehnen zu müssen.

Sicherlich, sie war abgehoben und bewies schon damals ein Geschick, sich unglücklich in kurze und wilde Romanzen zu stürzen; andererseits konnte man schwerlich eine andere junge Frau um die achtzehn finden, die so gelassen einer glänzenden Zukunft entgegensehen konnte wie Sarah. Deshalb waren ihre vernarrten Eltern so verblüfft, als sie sich eines Sonntagmorgens weigerte aufzustehen und mit einer trockenen, erstickten Stimme, die ihre Mutter kaum wiedererkannte, sagte, daß sie trotz all ihrer Leistungen – angefangen vom Begabtenstipendium über den Tennispokal und bis zur eingemeißelten Laudatio auf der Bibliothekstafel – keine Ahnung hatte, wer sie war und was sie wollte, und daß sie der unglücklichste Mensch auf Erden sei. Und ob ihre Eltern ihr nicht helfen könnten.

Herr und Frau M. hatten seit der Ballettvorführung keinen solchen Schock mehr erlitten. Aber sie waren vorsichtige Leute; und nachdem sie sich selbst die Befriedigung verschafft hatten, daß sie Sarah nicht vom Trugschluß ihrer Ansichten überzeugen konnten, versuchten sie, Hilfe zu herbeizuholen. Ein Anruf beim örtlichen Rabbi brachte den Namen von Dr. Brisket, einem Psychologen, der hinlänglich bekannt war, um die M.s davon zu überzeugen, daß er fähig war, mit ihrer Tochter umzugehen. „Liebes, denk bloß daran, daß du nichts zu verbergen brauchst", sagte Herr M. vor dem ersten Besuch zu Sarah. „Im Grunde sollte er dafür zahlen, daß er das Privileg genießt, dem zuzuhören, was du sagst." Und mit diesem Segen ging Sarah in die Therapie.

Zuerst war Sarah erstaunt und dann irritiert, daß Dr. Brisket ihr so lange zuhörte, ohne je die Klugheit und Tiefe ihrer Selbsterkenntnis zu würdigen. Dennoch fing sie an, den Mann zu mögen, als der mitten in der sechsten Sitzung ihren Gedankenstrom durch die Bemerkung unterbrach, daß er ihr allein nicht mehr weiterhelfen könne. Statt dessen müsse sie gemeinsam mit ihren Eltern kommen. „Wissen Sie", erklärte er später allen dreien, „das ist ein Knoten, der auf der Ebene der Familie gelöst werden muß." Die Situation hatte sich seit der Zeit der Therapie mit Dr. Freestone nicht wesentlich verändert. Für Sarah war es psychologisch unmöglich, zwischen sich und ihren Eltern zu unterscheiden; und auch sie sträubten sich dagegen, sie gehen zu lassen – zweifelsohne weil sie fürchteten, daß alles mögliche aufgewühlt würde, wenn sie sich direkt miteinander beschäftigen mußten, anstatt von Sarahs Leistungen zu zehren. Was diese anbelangte, so war es nicht verwunderlich, daß Sarah sich so wenig daran freute. „Man spürt bei nichts von dem, was Sarah tut, daß es ihr Eigenes wäre", wies Dr. Brisket sie hin. „Da sie alles um des Lobes willen tut und das die Familie in ihrer Krankhaftigkeit zusammenschweißt, fühlt sie sich umso unfreier, je bessere Leistungen sie erbringt."

Wenn er wollte, konnte Dr. Brisket sehr überzeugend sein. Und da die M.s nichts auf der Welt so sehr ersehnten wie das Glück ihrer Tochter, hatte er die drei bald soweit, gemeinsam in die hübsche Praxis über seiner Garage zu kommen. Zuerst versuchten sie es mit Reden – der Doktor war jetzt viel aktiver als vorher, als Sarah allein zu ihm gekommen war. Er unterbrach sie oft mit Beobachtungen der verschiedenen Tricks, mit denen sie einander ausspielten, und wie sie nie direkt miteinander sprachen oder einander nie wirkliche Forderungen stellten. Das schien sehr gut zu laufen, doch nach einem Monat fing Dr. Brisket, der für die Widerstände der Leute immer ein Gespür hatte, an, zu erkennen, daß es zu gut lief: die M.s – begabt und mit den besten Absichten, wie sie waren – hatten die Regeln des Spiels erkannt und spielten jetzt die guten, pflichtbewußten und einfallsreichen Klienten, ohne ihre Beziehungen, die schon immer mit einer Schicht perfekter Korrektheit übertüncht waren, auch nur im mindesten zu verändern. Sie hatten Dr. Freestone und Dr. Menschlik überlebt, und sie würden auch lernen, Dr. Brisket zu überleben. „Viel zuviel intellektuelle Scheiße", schnaubte der Doktor und machte sich daran, seine Taktik zu variieren. Zuerst untersagte er ihnen, weiter Schlüsse aus dem Zustand der jeweils anderen zu ziehen und diese zu kommentieren. Statt dessen stellte er ihnen Aufgaben, die ihre alten Umgangsformen auf den Kopf stellten. Sarah sollte zum Beispiel aufhören, Gedichte zu schreiben und das Geschirr zu spülen, während Frau M. anfangen sollte zu malen, und ihr Mann, der sich kaum an die Augenfarbe seiner Frau erinnern konnte, sollte dieser jeden Tag eine Stunde lang jeden Wunsch von den Augen ablesen. Es gab einiges Gemurre über die neuen Regeln, das Dr. Brisket eine Zeit lang hoffen ließ; doch auch das Gemurre war für seinen Geschmack allzu gutmütig, und die Aufgaben wurden allzu pflichtbewußt erfüllt. Wieder einmal schien die Familie auf eine gut geölte und intelligente Nicht-Lösung ihrer Probleme zuzusteuern.

„Hört doch auf mit dieser Musik!" rief Dr. Brisket eines Tages während des fünften Monats der Behandlung. „Ihr Leute fürchtet euch so sehr vor jeder Veränderung, daß ich euch alle auf verschiedene Planeten schicken könnte, und eure Beziehungen würden sich immer noch nicht verändern. Ich finde, wir müssen noch viel tiefer gehen." Er strich seinen Spitzbart und erklärte, daß er sich im Unterschied zu seinen Kollegen mit dem Status quo nicht zufriedengab. Auf seiner rastlosen Suche nach einer neuen Therapie, die die emotionalen Barrieren der Menschen durchbrechen würde, war er auf die Lehren einer neuen, ethnologischen Schule gestoßen. Nach dieser Lehre war das menschliche Verhalten in einem tiefen, triebhaften und tierischen Rhythmus verwurzelt. Jede Therapie, die diesen tiefen biologischen Kern nicht berührte, war wie ein Rezept, das gegen Kehlkopfkrebs das Gurgeln verschrieb. Brisket hielt es nicht mit Freuds Doktrin über die Triebe, nach der Sex und Aggression als tierische Kräfte im Menschen galten, die sein Wachstum behinderten. Nein, diese Triebe waren *sozial* und *lebensspendend*: im Zusammenleben mit anderen Menschen mußte man mit ihnen in Berührung kommen. Deshalb mußte man immer noch eine Familientherapie machen, aber es mußte eine tiefe, biologische Familientherapie sein. Nur wenn sie mit der Verwurzelung mit ihren Eltern in Kontakt kam, konnte Sarah die Kraft gewinnen, die sie brauchte, um sich in den wundervollen Menschen zu verwandeln, der sie war. Sie mußten tiefer vordringen als bloß zu Worten oder zum Rollenspiel. Sie mußten den ganzen Weg zurückgehen.

Als die M.s daher am folgenden Dienstag auftauchten, zogen sie vor der Sitzung einfache Trainingsanzüge an („um nur wenige Hinweise zu geben, aber doch nicht für zuviel Aufregung zu sorgen", wie der Doktor ihnen erklärte). Das Licht im Behandlungszimmer wurde gedämpft, und anstelle der ziemlich schweren dänischen Stühle, auf denen sie sonst immer gesessen waren, fanden sie Matratzen und Kissen vor. Jetzt saßen sie auf dem Boden und bildeten mit den Händen auf den Schultern des jeweils anderen einen Kreis, während der Doktor über ihnen stand. Und anstatt miteinander zu reden, mußten sie einander anstarren. Es ging um den Blick. Nach Dr. Brisket waren es der Augen- und der Körperkontakt, die das früheste menschliche Band knüpften – und dieses Band konnte hier und jetzt unterbrochen werden. Die neuen Anweisungen lauteten wie folgt: Zwei von ihnen starrten einander zwanzig Minuten lang ohne Unterbrechung an, während der oder die dritte es aushalten mußten, ausgeschlossen zu sein. Dann tauschten sie die Rollen, so daß jedes Familienmitglied in jeder Stunde sowohl seine Verbundenheit als auch seine Getrenntheit erleben konnte. Die ganze Zeit über mußten sie langsam und tief atmen, wobei sie besonders auf das Ausatmen achten sollten. Der Doktor mußte zusehen, daß die Sache in Schwung blieb – das war keine leichte Aufgabe, wenn man bedenkt, welche Ängste die neue Vorgangsweise aufrührte. Sobald das Kichern aber aufhörte und die Verbitterung sich löste, machten die M.s sich an die Arbeit, und Dinge begannen zu passieren.

Sarah beschrieb das später wie folgt:

Irgendwann in der dritten Sitzung hatte ich plötzlich so ein benebeltes Gefühl. Meine Fingerspitzen kribbelten, und das Gesicht meiner Mutter wurde zu Brei, wissen Sie, so als ob ihre Züge nicht mehr voneinander unterschieden wären. Zuerst war ich aufgeregt, und dann fühlte ich mich selbst wie Brei. Ich schaute in ihre Augen und wußte nicht, ob ich weinen sollte oder selig sein. Dann hielt meine Mutter das, was passierte, anscheinend nicht mehr aus, und sie sagte etwas – in dieser krächzenden, weinerlichen Art, die sie hat – etwas wie: „Warum siehst du mich so an, Liebes?". Und es war nicht so sehr die Frage selbst als die Art, wie sie am Ende „Liebes" sagte, die mir einen Schlag versetzte. Ich spürte plötzlich, daß ich nie auch nur irgend etwas von ihr bekommen konnte, daß ich es nicht aushalten würde, auch nur noch einen einzigen Augenblick bei ihr zu sein, und daß etwas Schreckliches passieren würde. Ich wollte aufstehen, und der Doktor versuchte, mich zurückzuhalten, und mein Vater sagte in seiner falschen Art – als wollte er mir etwas verkaufen: „Warte, Sally, mein Liebes, wir versuchen nur, dir zu helfen." Da war es schon wieder, dieses „Liebes" ... und auch daß ich es war, die Hilfe brauchte, und sie waren alle genauso wie vorher, genauso selbstgefällig, ungreifbar und voll Scheiße wie immer.

Das nächste, was ich weiß, ist, daß ich von meiner Mutter weggezogen wurde. Ihre Gläser waren gebrochen, und die Tasche auf ihrer Bluse war eingerissen, aber sonst war sie nicht verletzt. Meine Mutter ist ziemlich kräftig, aber ich weiß nicht, was ihr geschehen wäre, wenn man mich nicht aufgehalten hätte. Sie haben mich aber nur abgehalten, sie physisch umzubringen; ich war noch immer außer mir, und die nächste halbe Stunde fuhr ich fort, ihnen ihre beschissenen Werte an den Kopf zu werfen, so gut ich nur konnte ... die Loge in der Oper, wo sie so tun konnten, als seien sie gebildet; mit dem Mercedes in die Synagoge fahren, wo sie so tun konnten, als seien sie religiös; und die Fünftausend-Dollar-Alarmanlage am Haus, mit der sie so taten, als seien sie sicher und frei. Ich gab es ihnen wirklich. Ich fühlte mich großartig, und nachdem ich alles herausgelassen hatte, fühlte ich sogar zum ersten Mal ein warmes Glühen in mir ... den Wunsch, wir könnten einander umarmen und in Tränen und Make up baden. Auch der Dokter war sehr froh und sagte, wir würden endlich Nägel mit Köpfen machen. Aber ich konnte sehen, wie verletzt sie waren, sogar als wir uns am Ende der Sitzung umarmten. In der nächsten Woche hatte mein Vater zum Zeitpunkt der Sitzung plötzlich einen dringenden Geschäftstermin, und meine Mutter und ich brachten kaum etwas zustande. Zwei Wochen später stiegen meine Eltern aus. Ehrlich gesagt, tat es mir nicht einmal sehr leid. Eigenartig, ich tat mir von da an mit ihnen etwas leichter, bis ich aufs College ging. Aber über die Jahre schlich sich langsam eine gewisse Kälte ein; und jetzt sehe ich sie kaum – außer bei den gelegentlichen Besuchen meiner Mutter. Ich weiß nicht warum ... außer Schmerz scheint da nichts zu sein. Sie hätten mich gerne in ihrer Nähe, aber ich halte das nicht aus.

Nach einer ausgezeichneten Karriere als Kunststudentin am College entschied sich Sarah, ihr Glück in der großen Welt der kreativen Medien zu versuchen. Sie arbeitete eine Zeit lang beim Fernsehen und dann für ein Familienmagazin, das im ganzen Land als Beilage zu den Sonntagszeitungen mittlerer Städte vertrieben wurde. Als der Gedanke, daß ihre Arbeit anonym in dem einen oder dem anderen Springfield erschien, sie allmählich entmutigte, verließ sie das Magazin, um etwas zu finden, wo sie ihre Eigenart besser ausdrücken konnte. Außer einen Job in einer Werbeagentur konnte sie aber nichts finden. Sarah mußte der unangenehmen Tatsache ins Auge sehen, daß die Welt voll von talentierten jungen Frauen wie sie selbst war und daß der Weg zum Erfolg im großen und ganzen denen offenstand, die einerseits ihre Kollegen ausstachen und andererseits auch den männlichen Vorgesetzten gegenüber sexuell gefällig waren. Diese Erkenntnis war für Sarah ein großer Schock. Bisher hatte sie erwartet, daß ihre Talente wie ein Komet für sie leuchten und Anerkennung und Belohnung anziehen würden. Herauszufinden, daß sie selbst nicht genügte, war für sie im wahrsten Sinn des Wortes umwerfend. Ein gewisses Maß an Integrität hielt sie davon ab, sich an die Methoden des weltlichen Erfolgs anzupassen; gleichzeitig befiel sie jedoch eine Art stiller Verzweiflung. Sie erlebte, wie das, was ihr immer wie ein unendlicher Strom an Kreativität vorgekommen war, versiegte.

Sarah fühlte sich umzingelt. Ihr innerer Horizont wurde immer enger, während ihre äußeren Aussichten auf ein enges Büro in einer Werbeagentur geschrumpft waren. Sah sie aus dem Fenster, so konnte Sarah nur andere junge Frauen sehen, die in gläsernen Schachteln auf der anderen Straßenseite eine ähnliche Arbeit verrichteten. Und sah sie hinunter auf ihren Schreibtisch, so erblickte sie nur das Phantasiebild erfüllter, sprühender, junger Weiblichkeit, das sie gerade für eine Zigarettenwerbung entwarf. Im Foyer der Agentur gab es einen wunderschönen und exotischen tropischen Baum. Eines Tages war er verschwunden, und Sarah bemerkte, daß der Raum architektonisch umgestaltet worden war. Dort befand sich jetzt ein Behälter für einen ebensolchen Baum – und zwar einen, der dessen wilde und üppige Natur bestmöglich unterstreichen würde. Am nächsten Tag war ein entzückender neuer Baum an die Stelle des alten gesetzt worden.

Sarah kündigte und versuchte es mit der Liebe. Von ihrem Vater hatte sie Treuhandgelder, und unter dem Tisch steckte er ihr immer noch genug zu, so daß sie diese nicht angreifen mußte. Nach einer Reihe von ziellosen und/oder schauderhaft schmerzlichen Beziehungen traf Sarah einen Professor aus einer etablierten Familie. Dieser Mann war viel älter als sie und eine weltweit anerkannte Autorität auf dem Gebiet der romanischen Sprachen. Obwohl – oder vielleicht auch weil – er sie an Mr. Casaubon, den vertrockneten Pedanten aus *Middlemarch* erinnerte, beschloß Sarah, ihren ganzen Charme einzusetzen, um ihn zu heiraten. Zu dieser Zeit wünschte sie sich nichts so sehr wie die Sicherheit eines schönen Lebens, das es ihr erlauben würde, sich freundlich und liebenswürdig in den intellektuellen Kreisen einer großen Universität zu bewegen; und ihre Erfahrungen mit der Sexualität ließen die Aussicht auf eine zölibatäre Ehe ebenso beruhigend erscheinen, wie ihr die körperliche Verzückung früher reizvoll erschienen war. Als jedoch auch diese Illusion verblaßte und ihre Ehe sich in Luft auflöste, zuerst in leere Förmlichkeiten und schließlich in eine kalte Trennung, begann Sarah wieder, im Bett zu bleiben, wie sie es schon seit ihrem achtzehnten Lebensjahr nicht mehr getan hatte. Und diese Wendung der Ereignisse brachte sie zu mir.[11]

* * *

Kovel hat Sarahs Leben und ihre Psychopathologie bis zu dem Zeitpunkt, da sie zu ihm kam, sehr gut erzählt. Ebenso gut beschreibt er, wie Sarah sich als Klientin auf ihn bezog, das heißt ihre *Übertragung*:

Eine Sitzung mit Sarah wirkt wie ein Woche in der Arktis. In ihrer Seele herrscht Winter, und ein kalter, trockener Wind bläst von der Couch zu meinem Stuhl. Wenn ich mich als Analytiker leer machen muß, um zu einem

Gefäß zu werden, das Sarahs Verlangen in sich aufnehmen kann, so fühle ich mich in der Arbeit mit ihr tatsächlich leer – sieht man einmal von diesem Wind ab.

Ich schreibe hier über Übertragung, weil ich es für einen notwendigen Rückgriff halte, diese Metapher zu beschreiben. Die Übertragung ist ja als zwischenmenschliches Phänomen bekannt, wobei der Analytiker gegenüber dem Patienten in der Rolle des Anderen zum Selbst steht. Es ist das, was auftaucht, wenn man lange genug zuhört, so daß das Verlangen das Schild der Alltagssprache in kleinere Partikel zerteilen kann. Diese Partikel dienen dann ihrerseits dazu, das Verlangen in einer Form zu bündeln, die für das Individuum typisch sind. Sarahs Übertragung liegt nicht im Detail bestimmter Äußerungen oder in Stücken ihrer Erinnerung. Sie findet sich eher in der *wiederholten* Vergangenheit, und zwar nicht ganz und genau, sondern wie sie durch die Bedingungen der Gegenwart, d. h. der analytischen Beziehung hervorgerufen wird. Wenn Sarah am Anfang und am Ende der Sitzung geradewegs durch mich durch blickt; wenn ihre Stimme teilnahmslos und monoton wird und nicht so klangvoll ist wie sonst; wenn meine scheinbar hilfreichen Interventionen auf Spott und Hohn stoßen; wenn es mir oft vorkommt, als sei ich allein im Raum oder als redete ich mit einer verkleideten Schaufensterpuppe; wenn Sarah einschläft oder zwanzig Minuten lang gar nichts sagt; oder auch ganz allgemein – wenn *sie* zu mir spricht, als wäre ich für sie ein Ding oder bestenfalls ein Spiegel, und nicht *mit* mir, wie man das mit einem anderen Menschen tut, dann findet Übertragung statt.

Übertragung verläuft in Schichten, und was wir hier beobachten, ist nur die Oberfläche von Sarahs Anderem, das, was unmittelbar hinter ihrem nach außen gezeigten Selbst liegt. Es ist die vorderste Reihe des Subjektiven und der Umriß von Sarahs Verteidigungsfront, die sie vor dem bösartigeren, mörderischeren und tieferen Anderen schützt, den wir als Mischung aus dem invasiven Phallus der Mutter und Sarahs eigenem verschlingenden Zustand der Leere wieder zusammengebaut haben. Und in ihren Augen ist die kalte Hohlheit auch eine Verteidigung gegen mich, eine Möglichkeit, mich von ihrem bösartigen Inneren fernzuhalten – es sei denn, ich, der Mensch, von dem sie bald abhängen wird – ergebe mich ihm auch.
(S. 105–106)

Kovels weitere Ausführungen im „Reichen Mädchen" erläutern im wesentlichen seine Diagnose einer „narzißtischen Persönlichkeit". Außerdem vertritt er den Standpunkt, daß es praktisch gleichbedeutend ist, unter einer narzißtischen Persönlichkeit und unter dem Leben in einer spätkapitalistischen Gesellschaft zu leiden. Ursprünglich schrieb ich am Beginn meines eigenen Kommentars zum „Reichen Mädchen": „Obwohl ich mit seiner Diagnose übereinstimme (sie entspricht der des ‚sozialen E5') und seine Anmerkungen dahingehend schätze, daß ‚der pathologische Narzißmus unter den archetypischen emotionalen Störungen des Spätkapitalismus der Spitzenreiter ist', ist mir doch nicht klar, warum sein marxistischer Freudianismus seinen Patienten eher helfen sollte als die klassische Psychoanalyse (abgesehen von denen, in deren Händen aufgrund ihrer Reife und ihrer Weisheit unabhängig vom Medium alles zum Segen gereicht)."

Im Falle Sarahs fehlte mir Kovels therapeutische Absicht, seine schizoide Patientin wieder mit der Welt der zwischenmenschlichen Gefühle in Verbindung zu bringen. Obwohl es Dr. Brisket schon vor Jahren gelungen war, Sarah ihre Wut gegenüber ihrer invasiven und besitzergreifenden („phallischen") Mutter erleben und ausdrücken zu lassen, war das doch nur eine kurze Explosion gewesen. Ich hatte hingegen den Eindruck, daß Kovel Sarah dadurch, daß er sie in die emotionale Trennung zurückfallen ließ und sie nicht dabei unterstützte, den Zorn ihrer Kindheit in ihre erwachsene Psyche zu integrieren, wenig Hilfe bot.

Da ich Kovels Fall für einen therapeutischen Fehlschlag hielt und einen Bericht über einen therapeutischen Erfolg aufzeichnen wollte, erwog ich, einen Fall aus Mira Rothenburgs *Kinder mit Smaragdaugen (Children with Emerald Eyes)* beizufügen. Ihre bemerkenswerten Erfolge bei der Heilung eines autistischen Kindes sollten den Beziehungsaspekt in der Psychotherapie unterstreichen – ohne den jede Theorie und Technik nur von geringem Nutzen ist. Außerdem würde dadurch die Sterilität solch intellektueller Einsichten bloßgestellt, die in der Psychotherapie nur allzu oft zum Ersatz für die Weisheit eines tatsächlichen Wandels wird. Zu meiner großen Befriedigung entdeckte ich jedoch, daß ich mich mit Kovels Fehlschlag geirrt hatte. Ich nahm sein Buch noch einmal zur Hand (wobei ich meine Aufmerksamkeit vor allem auf die Einleitung zu dem Fall richtete) und entdeckte beim Durchblättern gegen das Ende hin ein Kapitel, das ich vorher noch nie gelesen hatte, ja das mir nicht einmal aufgefallen war: „Sarahs Reparatur".

Dort setzt Kovel seine bis dahin unvollständige Erzählung fort und läßt uns einen Blick auf den Durchbruch werfen, der ihn dazu veranlaßte, ein Buch darüber zu schreiben, warum es notwendig sei, die Psycholanalyse mit der „marxistischen Praxis" zu verbinden. Was er jedoch von einem theoretischen Standpunkt aus als marxistische Praxis darstellt, würde ich einfach als ehrliches und mitfühlendes menschliches Engagement bezeichnen. Ich zitiere nun abermals aus seinem Buch:

> „Ich hatte noch einen Traum. Sie kamen auch darin vor, und Sie hatten eine Brust in der Mitte des Magens. An den Rest des Traumes kann ich mich nicht erinnern, aber danach fühlte ich mich niedergeschlagen."
> „Niedergeschlagen?"
> „Ich weiß nicht, warum. Sie waren so deformiert … richtig pathetisch. Sie tun mir fast nie leid, aber in diesem Traum war es doch ein wenig so. Ich weiß nicht. Ich wollte nur wissen, wie Sie diesen Traum interpretieren."
> „Wollen Sie mir die Mühe ersparen?"
> „Nein, es ist einfach zu langweilig. Warum sollte ich Ihnen sagen, was der Traum bedeutet? Sie würden ohnehin nur ein intellektuelles Spiel daraus machen, dann würden wir weiter darüber reden – bzw. ich würde in ein Vakuum hineinreden – und dann wäre die Sitzung vorbei. Ich denke an die

Zeit, die ich hier verbrachte ... wie sie dahintrieb und -floß, ohne jeden Sinn für eine bestimmte Richtung ... und dann Ihre schrecklichen Worte: ‚Wir müssen aufhören.' Warum müssen wir aufhören? Ich möchte genau hier sein, auch wenn ich Sie hasse. Also warum sollten wir aufhören? Wenn ich Ihnen wirklich wichtig wäre, würden Sie die Sitzung verlängern. Was passiert also, wenn ich die Zeit nicht nutze? Schließlich zahle ich dafür, nicht wahr? Ich könnte Ihnen also auch etwas mehr zahlen und länger bleiben, oder etwa nicht? Nein. Warum geht das nicht? Der Versicherung meines Mannes ist das egal. Er bekommt sehr gute Bedingungen, damit wir schön alt und runzlig werden. Ich nehme an, sie denken, daß uns das ruhig hält und uns zu besseren Bürgern macht. Ich wette, das widert Sie an ... Sie mit ihren sozialistischen Ideen. Nun, aber es stimmt. Wir sind alle Parasiten. Sie ernähren sich von mir, ich ernähre mich von ihm, er ernährt sich von seiner Familie – genau wie ich von meiner, und unsere Familien ernähren sich von den Leuten, von denen sie ihre Knete bekommen. Damit fängt es schon an. Aber kommen wir doch zurück zu Ihnen, Doktor. Wenn wir schon alle Parasiten sind, warum sollten wir uns nicht daran freuen?"

„An meiner einen Brust direkt über meinem Magen saugen ..."

„Die liegt ein bißchen tiefer. Ich sehe schon, diese Woche werden wir dem Penis widmen, so wie wir die letzte Woche der Brust gewidmet haben."

„Ihr Traum versucht, ein Gleichgewicht zwischen den beiden herzustellen. Er besagt, daß ich beides habe ... und keines von beiden. Und das gleiche gilt für Ihr Bild von sich selbst."

„Was soll ich damit anfangen? Wozu soll das gut sein?"

„Wissen Sie, ich habe mir vorhin gerade vorgestellt, daß ich eine Brust hatte und versuchte, Sie mit ihr zu füttern, und Sie bissen hinein, und zwar wirklich fest. Für Sie ist nichts gut genug, weil Sie sich selbst so sehr hassen."

„Ich habe meiner Mutter nie geglaubt, wie sehr sie es auch versucht hat. Und mit Alan war es genauso. Er war immer vernarrt in mich, vor und nach unserer Heirat. Er betete mich an und gab mir alles, aber nichts war mir je gut genug. So wurden wir allmählich verbittert. Bei ihm war es, glaube ich, meine Schuld. Aber meine Mutter war böse."

„Trotzdem erinnern Sie sich nur an ihre exzessive Zuwendung. Lag das Böse vielleicht in eben diesem Exzeß ... daß Sie beide nie ausweichen konnten?"

„Jemandem einfach nur nahe zu sein ist mir schon unerträglich. Trotzdem halte ich es nicht aus, allein zu sein. Aber die Nähe ist schlimmer. Eher ließe ich Küchenschaben über meinen Bauch kriechen oder meinen Körper in Stücke reißen. Das sähe sicher gut aus ... ganz verdorben innen drin. Niemand soll mich berühren ..."

„Sie sagen so lange gar nichts."

„Mir ist noch etwas zu meiner Mutter eingefallen. Das „Berühren" hat mich darauf gebracht. Sie machte mir Einläufe. Nicht allzu viele, aber ich erinnere mich jetzt sehr gut an sie. Sie haßte mein Inneres. Und sie mißhandelte mich auch ... wie mit einem dicken Stachel. Ich saß in ihrer Falle ... und jetzt sitze ich in Ihrer."

„Sie müssen sich mir gegenüber abscheulich darstellen, um mich auf Distanz zu halten. Dennoch bleiben Sie verschlossen, Sie halten etwas zurück, wie Sie es bei ihr wahrscheinlich auch getan haben ... so versuchen Sie, mich dazu zu bringen, daß ich mich einmische. Und wenn ich das dann tue, dann gehen Sie damit um wie mit einem Einlauf, den Sie sich herausreißen wollen."

„So habe ich mich bei dem gefühlt, was Sie gerade gesagt haben. Nur daß es so ist, als wollten Sie die Scheiße in mir hochpressen. Na gut, aber ich gebe nicht auf. Ich werde bis in alle Ewigkeit hier bleiben, oder bis Sie mich hinauswerfen. Das Problem an dieser Analyse ist, daß sie einfach zu real ist. Was hier vor sich geht, ist genauso, wie es mit meiner Mutter war. Es verstärkt nur mein Mißtrauen und meine Selbstverachtung. Für mich gibt es keine Metaphern."

„Ich glaube, daß Sie mir schon gerne nahe wären. Aber Sie glauben, daß das ein Zugeständnis an mich wäre und daß ich Sie penetrieren und vergewaltigen würde, wenn Sie das täten. Und das würde bedeuten, daß Sie sich auflösen."

„Warum müssen Sie mich immer kritisieren? Nie sagen Sie mir etwas Gutes."

„Ich habe bisher nicht gemerkt, daß Sie irgend etwas von dem, was ich an Gutem gesagt habe, annehmen konnten. Sie haben mir nicht ein einziges Mal gesagt, daß hier auch nur irgend etwas Gutes passiert."

„Nun ja, warum sollte ich? Sie wollen ja, daß ich ehrlich bin ... und so fühle ich mich, ehrlich gesagt. Und überhaupt, Sie kritisieren mich schon wieder."

„Jetzt werde ich Ihnen sagen, wie ich mich ganz ehrlich fühle. Ich versuche sehr wohl, einen emotionalen Kontakt mit Ihnen herzustellen, Sie irgendwie zu berühren, aber manchmal verzweifle ich fast, daß ich nie zu Ihnen durchdringen werde."

Zum ersten Mal während der vielen Jahre, die ich mit ihr gearbeitet hatte, schlich sich ein sanfterer Ton in Sarahs Stimme.

„Fühlen Sie sich, bitte, nicht zu schlecht. Ich will nicht, daß Sie mich aufgeben. Sie sind der einzige, den ich im Augenblick habe."

Die Aneignung

Es wäre albern zu behaupten, dieser Augenblick hätte für Sarah einen „Durchbruch" bedeutet. Ich glaube nicht an das Konzept vom Durchbruch, weil es mir die Komplexität des menschlichen Diskurses in einem ungeahnten Ausmaß zu vereinfachen scheint. Aber nach dieser Sitzung veränderte sich Sarah doch – oder besser gesagt, wir veränderten uns, und zwar so, daß Sarahs Lage nicht mehr gar so hoffnungslos erschien. Wir wußten beide, daß Sarah „es schaffen" würde, ohne genau zu wissen, was dieses „es schaffen" tatsächlich bedeutete. Eines von den Dingen, die es zu bedeuten schien, war, daß Sarah mir wie ein anderer Mensch vorkam. Es war mir unmöglich, auf sie danach noch die diagnostische Bezeichnung „narzißtische Persönlichkeit" anzuwenden, obwohl dies zuvor nach allen Regeln der psychoanalytischen Kunst mehr als deutlich gewesen war. Und dennoch war all das absolut logisch, definiert man die narzistische Persönlichkeit doch nach der Art der Beziehung, die in der Analyse hergestellt wird; und diese Beziehung hatte sich von jenem Augenblick an tatsächlich entscheidend verändert.

Wenn wir Menschen jedoch nach der Art der Beziehungen, die sie eingehen, diagnostizieren – und das scheint mir ein viel gesünderer Weg zum Verständnis zu sein, als irgendeine hervorgezauberte mentale Essenz zu zergliedern, dann kann man aus diesem Beispiel den Schluß ziehen, daß jede Diagnose immer nur vorläufig ist und es auch so lange bleiben wird, bis alle nur erdenklichen Möglichkeiten ausgeschöpft sind. Hatte je irgendwer störrisch und unnachgiebig gewirkt, so war das Sarah gewesen; Monat für Monat hatte sie sich selbst bewiesen, daß sie eine starre, kalte und „narzißtische" Persönlichkeit war, und dann kam rasch und mühelos etwas anderes – und wohlgemerkt ohne daß Sarah jemand anderer wurde. Eine Diagnose kann also wie ein schlimmes Stück Geschichte sein. Sie ist kein Gebilde, das starr in Raum und Zeit verankert ist, sondern einfach ein Stück Geschichte, das darauf wartet zu passieren. Und damit wir jetzt nicht auf einer Welle therapeutischen Optimismus davongetragen werden, sollten wir uns ins Gedächtnis rufen, daß die meiste Geschichte überhaupt nie passiert und daß das, was passiert, sich im nachhinein oft als falsch herausstellt.

Was jedoch Sarah und mir passierte, machte tatsächlich Geschichte. Nach einem langen und verstockten Kampf, bei dem wir uns wie zwei verfeindete Staaten gebärdeten, die einander über weite Landstriche von umstrittenem Territorium hinweg unheilvoll beobachteten, kamen wir allmählich miteinander aus. Und das wurde nur durch einen zweifachen Akt möglich, den man als den Endpunkt jener langwierigen und lähmenden Vorgehensweise betrachten kann, die davor da war: Ich öffnete mich ihr, indem ich meinen Frust eingestand; und Sarah verzieh mir das. Und beides mußte gesagt werden, um klar zu sein.

Man kann die Bedeutung dieses Vorkommnisses nicht schmälern und es auch nicht weganalysieren. Es ist in sich eine Gesamtheit, und es passiert. Und danach kommt eine neue historische Gesamtheit. Und es wäre nicht passiert, hätte ich meine Frustration nicht eingestanden; und das wäre wiederum nicht passiert, wäre ich nicht monatelang mit meinem Kopf gegen ihren narzißtischen Panzer gerannt. Zuvor waren Sarah und ich das typische narzißtische Paar: wir waren einander fremd. Während des fraglichen Vorkommnisses kommt eine Art von Kontakt zustande; wir sind beide anders und bleiben es auch danach, weil das Vorkommnis weiterhin in allem in und zwischen uns nachklingt. Ich glaube nicht, daß sich dieses Gesamtgeschehen unter dem Begriff „Einsicht" einreihen läßt, obwohl jene Art subjektiver Erleuchtung, die wir Einsicht nennen, durchaus eine ihrer Nebenwirkungen ist. Ich glaube auch nicht, daß wir die Erklärung dafür in der Vergangenheit suchen können, indem wir zum Beispiel behaupten, ich hätte sie „gut bemuttert". Sehr wohl dürfte es aber so gewesen sein, daß ihre Mutter, die von Selbstzufriedenheit und Selbstgerechtigkeit nur so barst, nie eine menschliche Schwäche zugeben konnte, und daß diese Eigenschaft zu Sarahs eigener Unerreichbarkeit wesentlich beitrug. Nein, all diese Punkte sind wohl greifbar, aber keiner erklärt die Entschlossenheit, mit der ich mich ihr gegenüber öffnete, als ich es tat, und mit der sie mir auch vergab. Sarah läßt sich nicht durch eine Reihe analytisch korrekter Einsichten reparieren: zwischen uns muß etwas Definitives und Reales passieren (wenn auch auf psychoanalytische Weise). Wenn die Crux der psychoanalytischen Arbeit die „Einsicht" ist, dann muß es sich dabei um ein greifbares Ereignis handeln und nicht nur um ein Gedankenspiel. Bei der Psychoanalyse geht es nicht darum, etwas „analytisch" in seine Bestandteile zu zerlegen, wie dies etwa ein Chemiker bei einer problematischen Substanz tut. Vielmehr geht es darum, innerhalb einer Gesamtheit Unterscheidungen zu finden, ohne dabei den Sinn für das Ganze zu verlieren. Dazu gehört auch die Verbindung des einzelnen mit seiner Geschichte. Was sich unterscheidet, geht nicht verloren, sondern findet in seiner Individuation eine neue Verbindung zum Gesamten und bleibt ein Teil von ihm. Mit anderen Worten basiert die Individuation also auf einem Punkt des realen Kontakts, der in der analytischen Situation hergestellt wird. Es muß einen solchen Punkt geben (für Sarah war es das Verzeihen), wenn ein Wandel stattfinden soll. Erst dann konnte ihr stolzes Herz gewähren.

Die große Gefahr liegt für den Narzißmus in der Schwäche. Will der narzißtische Mensch wachsen, so muß er die Schwäche verzeihen und nicht die Sünde. Seinem Ursprung nach bedeutet Verzeihen, den Haß gegenüber einem bestimmten Objekt aufzugeben; und da aufgestauter Haß ein kennzeichnendes Merkmal der Neurose ist, könnte ein Augenblick des Verzeihens auch über Sarahs Fall hinaus ein entschieden heilsames Ereignis sein. Jeder muß dort vergeben, wo er gebeugt wurde, und es gibt keine zwei Augenblicke, die einander gleichen. Sarahs Augenblick des Verzeihens – der, glaube ich, auch ein „Augenblick der Wahrheit" war – gehörte ihr allein; oder besser gesagt, gehörte er im Grunde ihr und mir zusammen, denn sie mußte zuerst mir vergeben, um auch sich selbst vergeben zu können, um ihren Kontakt mit der Welt wieder aufzunehmen und um sich mit ihrer eigenen Geschichte zu versöhnen. Die Einzigartigkeit dieses Augenblicks bestürzt mich. Schließlich basiert sie auf Jahren einer sehr schmerzlichen Arbeit zwischen zwei sehr ausgeprägten Individuen. Auch der Gegensatz zwischen dieser Einzigartigkeit und Marcuses Gedanken von der „Eindimensionalität" bestürzt mich; jener Eindimensionalität, die den Seinszustand beschreibt, der über die umfassend ausgedrückte Individualität hinausgeht und zu dem atomisierten, vereinheitlichten und schalen Menschentypus führt, auf den sich der Begriff „moderne narzißtische Persönlichkeit" anwenden läßt. Marcuse und seine Gesinnungsgenossen hatten nicht unrecht. Sarah entsprach tatsächlich diesem Typ Mensch, und dennoch wurde sie anders. Ohne konkreten Bezugspunkt zu anderen und in einem konkreten Bezugsrahmen historischer Gegebenheiten erscheint ein Mensch völlig zu Recht als Teil einer gesichtslosen Masse. Dabei geht es nicht um einen ihm innewohnenden Wesenskern oder einen von außen aufgezwungenen Zustand, sondern um einen durch bewußte Praxis herbeigeführten realen Verlust. Von diesem Standpunkt aus betrachtet, war Sarah ein absolutes Sandkorn, und zwar nicht wegen irgendeines „Ego-Defekts", sondern wegen der Art und Weise, wie sie in die totale Beziehung zwischen sich und der Welt eingesperrt war. Ehrlich gesagt, ihr Mangel an menschlicher Bezugnahme, an Beteiligung und Bestätigung schockierte mich. Doch wenn ihre narzißtische Abgeschiedenheit auch eine Tatsache war, so war ihre Zukunft doch offen für eine andere Praxis. Und ihre Analyse wurde zu einem solchen Übungsfeld, das durch ihr Verzeihen wieder ein wirkliches menschliches Band schuf und sie an die Geschichte anschloß. Man könnte sagen, daß ihre Kraft in ihr geschlummert hatte und nur auf einen solchen Moment der Praxis gewartet hatte. Und das, was die Praxis, die wir Psycholanalyse nennen, eben kennzeichnet, ist ihr strenger und schmerzhafter Respekt vor der Wiederherstellung des Verlangens. Sie erlegt dem neurotisch gefangenen Verlangen das Maß an Bewußtsein auf, das es ertragen kann, und schafft so ein Umfeld, in dem der Haß gegenüber dem Verlangen verziehen werden kann. Schon allein deshalb gebührt ihr die Anerkennung, daß sie nämlich der Barbarei unseres Zeitalters entgegensteht.

Ich hege jetzt mehr Hoffnung für Sarah und für die Psychoanalyse. Wir sollten uns aber nichts vormachen. Sie muß immer noch zur ganzen Wirklichkeit dessen zurückkehren, für das Kälte und ein falsches Selbst gut abgestimmte Mechanismen sind und in dem das Alleinsein zum sozialen Imperativ geworden ist. Und gegenüber dieser Wirklichkeit mögen die Errungenschaften der Analyse tatsächlich sehr bescheiden wirken.

Im Grunde tut die Psychoanalyse nichts anderes, als eine Art von „wahrhaftiger Rede" zu ermöglichen. Das meine ich nicht im rein intellektuellen Sinn. Denn damit das Reden wahrhaftig wird, muß es sich mit der materiellen Realität des Lebens verbinden – der Realität des Körpers, des Verlangens und der eigentlichen Beziehung zum Analytiker. All das traf auf Sarahs Augenblick des Verzeihens zu. Es war eine Vorbedingung für die weitere Entwicklung der wahrhaftigen Rede. Diese Rede besteht allerdings nur aus Worten; sie ist materiell und bezieht sich auf Objekte, aber sie setzt nicht die Beherrschung des Objekts voraus und beinhaltet diese auch nicht. Betrachten wir die Entfremdung von der Subjektivität in der kapitalistischen Gesellschaft, so können wir von so einer Therapie nur träumen – und dann sollten wir sie wohl tatsächlich auch eher als eine Art von Revolution bezeichnen.

Aber eine gute Therapie oder Analyse ist auch nicht nur subjektiv. Da sie materiell ist, ist die wahrhaftige Rede als historische Möglichkeit tatsächlich lebendig, auch wenn sie die Geschichte nicht erobert. Sie ist keine passive Kontemplation, noch geht es darum, den Menschen so „zurechtzubiegen", daß er in eine Situation hineinpaßt. Das hätten vielleicht so manche Arbeitgeber gerne, wenn sie die Versicherung bezahlen, aber bloß deshalb müssen sie es noch lange nicht bekommen. Die Versicherungspolice, die einen Teil der Behandlung abdeckt, ist selbst ein Teil der Behandlungsrealität und wird ihrerseits auch zum Gegenstand der wahrhaftigen Rede. Zusammen mit ihren anderen Lebensumständen haben auch Sarah und ich begonnen, darüber ganz praktisch zu sprechen. Und in dem Ausmaß, in dem sie darüber wahrhaftig sprechen kann, ist sie auch weniger davon entfremdet. Um den Rest muß sie sich aber selbst kümmern, denn die Analyse findet nicht in ihrer Welt statt, sondern sie ist aus ihr durch die austauschende Macht des Geldes, das heißt ihres Gehalts und meines Honorars, herausgenommen. Das bringt uns etwas näher an die tatsächliche historische Entfremdung heran, kann uns aber doch nicht ganz dorthin führen, weil das „dorthin" immer mit Hilfe der Sinne definiert werden muß und die einzigen sinnlichen Aspekte, mit denen wir arbeiten, die der analytischen Situation selbst sind.

Beeinflusse ich Sarah an diesem Punkt, indem ich die Prinzipien der analytischen Gegenseitigkeit verletze? Das ist eine komplizierte Frage, die man nicht so ohne weiteres beiseite schieben kann. Natürlich halte ich ihr keine Vorträge über meine Gesellschaftstheorie, und ich nehme auch keine bestimmte Haltung dazu ein, was sie mit ihrem Leben tun sollte. Es wäre jedoch äußerst scheinheilig abzustreiten, daß ich Sarah beeinflusse, auch wenn dies gewissermaßen im stillen geschieht. Der „Schock", den ich angesichts ihrer mangelnden sozialen Anteilnahme empfand, war sehr real. Und sogar wenn ich ihn für mich behalten hätte, so mußte er doch meinen Umgang mit ihr beeinflussen. Und meine Sorge über die Frage, ob Therapie den Menschen hilft, sich an eine verrückte Welt anzupassen, läßt mich zwangsläufig in die eine oder die andere Richtung „steuern" – und wiederum vermutlich nur im stillen und viel eher dadurch, daß ich aus ihren eigenen Antworten bestimmte auswähle, als dadurch, daß ich ihr meine eigenen Lösungen aufzwinge. Hinter all dem stecken Wertsysteme, die ohne Worte vermittelt werden, sei es durch unbewußte und gewohnheitsmäßige Reaktionen oder durch die Wahl der Zeitschriften im Warteraum. Wo immer also die Frage der „Realität" hereinkommt, sei es die Realität der analytischen

Situation selbst oder die Realität, auf die sich ihre Schilderungen beziehen, ich kann gar nicht anders, als Sarah zu beeinflussen. Wenn sie zum Beispiel über ihre Arbeitshaltung spricht oder sich in einer Art und Weise auf ihre Mutter bezieht, die ein bestimmtes Element ihrer Gesellschaftsschicht verrät, antworte ich zwangsläufig aus den Kategorien meiner eigenen Erfahrung heraus.

Sobald wir die Diskussion allerdings auf diese Ebene bringen, wird deutlich, daß die Frage des Einflusses in der Analyse einen anderen Stellenwert einnimmt, denn die Frage ist nicht, ob man seine Patienten beeinflußt, sondern wie man das tut. Da es unmöglich – um nicht zu sagen gar nicht wünschenswert – ist, die Einflußnahme aus irgendwelchen menschlichen Situationen herauszunehmen, liegt das Problem nunmehr darin, den Einfluß zu spezifizieren und ihn bewußt zu kontrollieren. Erinnern wir uns daran, daß Therapie ein Ritual ist, ein Übergangsritus von der Familie zu etwas anderem. Den Einfluß zu spezifizieren bedeutet, festzulegen, welche Art von Familie zurückgelassen und welche Art von „etwas anderem" vorangestellt werden soll. Geht es darum, die Familie abzuschaffen und das Individuum in die Hände des Staates zu legen, wie Plato dies schon vor langer Zeit vorschlug und wie manche Therapien es heutzutage noch tun, wenn auch auf versteckte Weise? Oder geht es darum, dem Individuum die Möglichkeit zu geben, über das hinwegzukommen, was in seinem Familienleben archaisch, mörderisch und destruktiv war – das nämlich, was durch die groteske Familiensituation der kapitalistischen Gesellschaft eingeimpft wurde, und gleichzeitig doch jenes Moment der Vertrautheit zu erhalten, das durch die tröstende Funktion der gleichen Familie gewährt wird? Und ähnlich gesagt, halten wir eine Vision der Wirklichkeit bereit, die für den Menschen in unserer Obhut wenigstens hell und licht, um nicht zu sagen transzendent ist? Müssen wir das Wertsystem akzeptieren, das die große Gemeinschaft der Psychotherapeuten so stumpfsinnig propagiert, daß nämlich die Welt, in die der Patient zurückkehrt, sowohl transparent als auch neutral und daher auch gut sei – und deshalb keiner Entmystifizierung bedarf? Oder noch deutlicher gesprochen, müssen wir einfach schlapp weitermachen und die vorherrschende „Gesundheitsethik" unterstützen, mit Hilfe derer die moralische Komplexität des Lebens einfach abgeschafft wird – und das in einer Welt, in der die unfreie Arbeit vieler das Denken (und die Therapie) weniger ermöglicht und sich auf den eindeutigen und mild faschistischen Narzißmus des sogenannten New Age einstimmt, diesen Narzißmus des „gesunden Sexuallebens" und der technischen Handbücher des „Wie lebe ich richtig"? Mir scheint nur eines klar, auch wenn es schon fast zum Klischee geworden ist: Man bezieht immer Stellung, auch wenn man keine Stellung bezieht.

Die Analyse hat immer ihre Wahl getroffen. Und hier ist nun noch eine Wahl, die sich vielleicht nicht so sehr von dem unterscheidet, was viele stillschweigend ohnehin schon die ganze Zeit machen, aber vielleicht doch erfrischt von den Wässern des emanzipatorischen Sozialismus, die schon mehr als hundert Jahre vorbeifließen. Schließlich sollten Theorie und Praxis übereinstimmen. Und deshalb eine Praxis, in der die widersprüchliche Komplexität des Familienlebens lebendig ist, die die Wirklichkeit als unfrei betrachtet und deshalb darauf pocht, daß sie der Entmystifizierung bedarf, und die mit moralischen Spitzfindigkeiten zu leben weiß, das heißt, der es um die menschliche Freiheit in einer unfreien Wirklichkeit geht. Ist eine solche Praxis nicht sowohl psychoanalytisch als auch dialektisch? Und wenn sie dialektisch ist, muß sie dann nicht nach dem Allumfassenden streben? Muß die Psychoanalyse, wenn sie tatsächlich sie selbst sein will, etwa auf Marx zurückgreifen?

Die Theorie der Psychoanalyse ist der Metadiskurs des Verlangens. Nun könnte man sagen, daß die psychoanalytische Praxis die Praxis des Verlangens ist, gewissermaßen ihr eigener Diskurs. Das Verlangen ist das, was aus dem historisch materiellen Hintergrund, der analytischen Situation hervortritt. Indem wir die Zeit festlegen und uns dem Patienten öffnen, schaffen wir eine sinnliche Realität, in der die Zeit von ihren Fesseln befreit wird und das Verlangen fließt wie die Säfte der Bäume im Frühling. Das Verlangen ist das, womit wir „arbeiten". Durch unsere Beziehung finden wir gemeinsam Worte für die ungehobelten Dinge des menschlichen Lebens und gelangen so asymptotisch zur wahrhaftigen Rede oder doch wenigstens zu einer wahrhaftigeren Rede. Und indem wir das tun – und vor allem, wenn wir es gut machen, lösen wir auch etwas, und zwar die alten Wunden von damals, als das Kapital die Produktion vom Heim trennte und damit ersteres kalt und das Zweite eitrig werden ließ.

Ich glaube, ich lag früher falsch: es gibt doch Liebe in unserer Arbeit, und etwas, das es in finsteren Zeiten zu bewahren gilt. Es ist nicht trivial, einen Menschen etwas mehr für die Geschichte zu öffnen. Ich gebe mich heute leichter mit Siegen zufrieden, die wachsen und noch nicht absolut sind. Dialektisch gesprochen, haben wir es mit festgesetzten Negationen zu tun. Jeder kleine Schritt trägt etwas dazu bei und führt irgendwo hin. Das wirklich Gute auf der Welt kann ganz still passieren und zahllose kleine Fortschritte in sich tragen. Oder wie Blake schon sagte, jeder einzelne ist ein kleines Teilchen der Unendlichkeit und der Ewigkeit. (S. 219–227)

* * *

Ich habe es immer geschätzt, wie kunstvoll der Erzähler der *Arabischen Nächte* und anderer orientalischer Geschichten in das Band seiner Erzählung literarische Juwelen einflicht – eine Kunst, in der der erzählerische Zusammenhang nicht zum Zwang ausartet, daß alles ausdrücklich für das Thema relevant sein muß. Wie hätte ich da dem Vergnügen widerstehen können, Kovel diese Gelegenheit zu geben, uns seine Vision eines marxistischen Psychoanalytikers zu präsentieren? Seine Eingebung ist zweifelsohne das Resultat seiner therapeutischen Erfahrung, aus der heraus er den Unterschied zwischen bloßem Reden und einer aktiven Begegnung versteht. Wir können aus dem vorliegenden Kapitel auch schließen, daß der Fall Sarahs für ihn am entscheidensten war, zumal dieser Text auch den Titel seines Buches erklärt: *Das Zeitalter des Verlangens*. Schließlich ist Sarah jemand, der von seinem Verlangen abgeschnitten ist, und ihr Entkommen aus dem neurotischen Gefängnis kann man, grob gesprochen, auch als die Rückkehr des Verlangens sehen. Deshalb sagt Kovel als Psychoanalytiker zu Recht: „Das, womit wir arbeiten, ist das Verlangen."

Von diesem Standpunkt aus sagt Kovel weiter, daß „die Psychoanalyse der Metadiskurs des Verlangens ist" und daß „die psychoanalytische Praxis die Praxis des Verlangens ist". Dennoch unterscheidet sich die Liebe zum Leben, des Selbst und anderer, die so untrennbar ein Bestandteil der mentalen Gesundheit ist, so radikal von den aus dem Mangel heraus motivierten neurotischen Bedürfnissen, daß ich in *Charakter und Neurose (Character and Neurosis)* die Unterscheidung zwischen Eros und Libido – Liebe und Verlangen – vorgeschlagen habe.[12] Aus diesem Grund spräche ich persönlich auch lieber von einer „Praxis der Liebe" und einer „Theorie des Verlangens".

Einen geheimen Pakt mit dem Teufel überdenken

Pepita ist ein selbsterhaltender E5. Sie besuchte eines meiner Seminare und berichtete nach einer therapeutischen Übung mit einem anderen Gruppenmitglied, sie habe das vage, aber doch beängstigende Gefühl, sie trage eine Bestie in sich. Sie hatte während der Gruppensitzungen kaum etwas gesagt, und ich hatte das Gefühl, ich hätte ihr ohnehin noch zuwenig persönliche Aufmerksamkeit geschenkt. Außerdem bot eine geschickt geführte Gestaltsitzung möglicherweise die beste Gelegenheit, die „Bestie im Inneren" weiterzuverfolgen und zu erforschen. So ging ich auf die Dreiergruppe zu, in der ihre Kollegen gerade dabei waren, sie zu unterstützen, und übernahm die Leitung eines Großteils der folgenden Sitzung.

Pepita: Ich habe Angst. Letzte Nacht lag ich in einer Hängematte, und ich dachte, ich würde die ganze Nacht dort verbringen. Mir war sehr kalt, aber das machte mir nichts aus. Da kamen plötzlich die Hunde vorbei, und ich begann, mich zu fürchten, das heißt, ich geriet beinahe in Panik und fing an zu zittern; und dann lief einer der Hunde um mich herum und fing an zu bellen; und ich hatte zuviel Angst, um davonzulaufen, weil ich nicht wußte, wie groß der Hund war. So blieb ich etwa drei Stunden dort, ohne mich zu bewegen. Ich weiß nicht, wie lange es tatsächlich gedauert hat.

Claudio: Und was fühlen Sie jetzt, während Sie das erzählen?

P: Das ist etwas, das mir oft passiert: ich verkrampfe mich, und innen drinnen spüre ich überhaupt nichts, ich klinke mich aus.

C: O.K., fühlen Sie sich jetzt auch so?

P: Jetzt nicht. Ich spüre jetzt, was gerade mit mir passiert: Ich kann keine Verbindung zu der Bestie herstellen – und auch zu sonst nichts.
C: Gut, ich hätte gerne, daß Sie diese Haltung des Schauderns, wie Sie sie von gestern beschrieben haben, übertreiben. Geht das?
P: Ja.
C: Gut, also seien Sie gelähmt.
P: Uh huh.
C: Sie fühlen also gar nichts?
P: Nein.
C: Es wirkt, als würden Sie sich in einen Stein verwandeln.
P: Uh huh. Ich will nicht einmal atmen.
C: Sprechen Sie jetzt so, als ob Sie ein Stein wären. Versteinert. Beschreiben Sie sich selbst als dieses steinerne Wesen. Wie ist das, daß Sie so sein möchten?
P: Ich will mich nicht bewegen, ich habe auch eine Menge Schmerzen. Wenn ich mich bewege, tut es mir weh.
C: Sie glauben wirklich, daß es Ihnen weh tut, wenn Sie sich bewegen? Wie steht es jetzt?
P: Nein, ich weiß nicht. Ich weiß nicht, was in mir vorgeht.
C: Es passiert also nichts. Gut, wir haben also den Stein, und wir haben die Bestie. Wenn Sie zwischen diesen beiden Extremen stehen könnten, wären Sie perfekt. Sie wären menschlich. Wenn es zwischen diesen beiden etwas gäbe oder wenn Sie beide Alternativen hätten. Sehen wir also, ob wir diese beiden Extreme irgendwie zusammenbringen. Wie könnte das gehen? Wie könnten die Bestie und der Stein in Verbindung treten?
P: Ich glaube, daß ich keines von beiden bin. Wenn ich das Ganze mit Abstand betrachte, bin ich weder die ganze Zeit die Bestie, noch bin ich die versteinerte Person.
C: Vielleicht nicht versteinert, aber ist es nicht so, daß Sie in der jeweiligen Situation dann doch nicht die Freiheit haben, das zu tun, was Sie wollen?
P: Ja, ich fühle mich nicht frei.
C: Sie fühlen sich nicht frei.
P: Gestern abend sagte ich nach der Übung, daß ich das Gefühl hätte, die Bestie hielte mich gefangen, und ich erzählte meinem Partner von einer Phantasie: Als ich sieben Jahre alt war, liebte ich den Teufel, und ich schloß einen Pakt mit ihm, daß ich nur ihm treu sein würde und mich nur ihm hingeben würde.
C: Und was ist der Bezug zu diesem Pakt? Erkennen Sie im Teufel die Bestie?
P: Ja.
C: Wie denken Sie über diesen Pakt, mit dem Sie scheinbar gelebt haben? Gilt er immer noch für Sie? Wollen Sie sich weiter an diesen Pakt halten?
P: Nein.
C: Dann wäre es, glaube ich, gut, die Sache noch einmal zu überdenken.
P: Ich glaube, daß ich ohnehin überhaupt nicht lebe. Das heißt, ich bin jemand, der gar nicht wirklich existiert. Und ich möchte anfangen zu sagen, was ich will.
(*In diesem Augenblick beginnen draußen Vögel wunderschön zu singen.*)

C: Sie wollen also ein Mensch sein. Sie wollen sich vom Teufel befreien, von ihm frei sein, damit Sie Sie selbst sein können?

P: Ja, ja.

C: Nun, ich glaube, Sie müssen mit dem Teufel sprechen. Stellen Sie sich vor, daß er da ist. Er ist immer da.

P: „Ich möchte dir nicht weiter dienen. Ich will, daß du mir etwas beibringst ..."

C: Vorsicht! Es ist nicht nötig, ihn um irgend etwas zu bitten. Wollen Sie diese Beziehung aufrechterhalten? Wollen Sie jetzt eine Schülerin des Teufels werden? Sie müssen zwischen zwei Alternativen wählen, und ich halte es für wahrscheinlicher, daß Sie unabhängig sein wollen – und tatsächlich haben Sie ja auch ausgedrückt, daß Sie Ihre Unabhängigkeit wollen.

P: Nun ja, ich weiß nicht, ob ich ihn loslassen will. Ich weiß nicht, ob ich will, daß er geht.

C: Ah, das ist interessant. Dann müssen Sie sich erst darüber klar werden, ob Sie loslassen wollen oder nicht oder ob es eine Alternative gibt, und der Teufel Ihnen vielleicht auf eine andere Art und Weise nützlich sein kann. Gibt es eine andere Alternative?

P: Ihm zu sagen, daß ich ihn nicht mag. „Laß' mich frei, damit ich das sein und tun kann, was ich will."

C: (*spielt den Teufel*) „Ja, ich gebe dir ja nur deine eigene Kreativität und deinen eigenen Verstand ... was du ohnehin schon hast ... was dir gehört." Jetzt bitten Sie den Teufel, Ihnen etwas beizubringen.

P: „Ja, laß mich um meiner selbst willen sein, laß mich existieren, ich ..."

Ein Teilnehmer greift ein und sagt: Können Sie sich alleine verteidigen?

C: Brauchen Sie nicht einen starken Beschützer?

P: Ja, ja. Darüber habe ich letzte Nacht nachgedacht – daß der Teufel mir Sicherheit gab. Ich dachte sogar: Der Teufel ist hier, nahe bei mir, so werden die Hunde mich nicht beißen.

C: Ja, Sie sind daran gewöhnt, daß er Sie beschützt. Ich glaube, es empfiehlt sich sehr, daß Sie einen Schritt in Richtung Unabhängigkeit machen und einen anderen Beschützer finden. Oder sich an einen anderen Beschützer gewöhnen. Manche Menschen können sich mit Hilfe ihrer Vorstellungskraft auf Gott beziehen – so wie Sie es mit dem Teufel getan haben. Und es ist dann nicht nur eine Phantasie, denn mit Hilfe der Vorstellungskraft können wir tatsächlich Kontakt mit allem Jenseitigen aufnehmen. Das funktioniert. Ich weiß aber nicht, was für Sie das beste Bild ist. Vielleicht irgend jemand, der einmal existiert hat, irgend jemand, von dem Sie meinen, daß Sie eine Verbindung mit seinem Geist herstellen können.

P: Das einzige Mal, als ich eine Art von Führung empfunden habe, war die Vorstellung eines Mannes in der Wüste. Er ging in einer Rüstung über den Sand.

C: Das war für Sie das Bild eines inneren Führers?

P: Ja, das ist es immer, wenn ich mich sehr schlecht fühle. Ich drehe Ravels „Bolero" auf und sehe dann das Bild dieses Mannes, der durch die Wüste wandert.

C: Mir scheint, daß sich Ihre innere Führung vielleicht in dieser Weise zeigt. Sie könnten mit Hilfe dieses Bildes vielleicht eine tiefere Verbindung aufnehmen. Wir haben alle das Potential, mit einem transzendenten Prinzip, das wir etwa einen Engel nennen könnten, in Kontakt zu treten. Könnte es nicht vielleicht sein, daß das, was Sie den Teufel nennen, im Grunde ein Engel ist, und daß Sie das verdreht haben?

P: Ich denke jetzt gerade, daß ich vielleicht den Teufel gewählt habe, weil ich mich so besser beschützt fühlte.

C: Manche Menschen rufen nach einem Schutzengel, wenn Sie sich ungeschützt fühlen. Wenn Sie nun den Teufel vorziehen, worin liegt dann für Sie der Vorteil?

P: Mehr Macht.

C: Ah, er ist mächtiger. Natürlich ...

P: Ja, und er gewährt mir viele Vergnügungen.

C: Ah, ich verstehe: er erlaubte Ihnen also gerechtfertigte Aggression.

P: Ja, er war mein Komplize.

C: Und können Sie sich vorstellen, daß Gott mit Ihrer Aggression auch einverstanden wäre? Daß Gott auch wollen könnte, daß Sie das Tier in sich befreien? Sogar Bienen, die so niedere Geschöpfe sind und sozial viel vollkommener sind als wir, haben einen Stachel. Die Natur hat sie mit dieser Vollkommenheit ausgestattet.

P: Ich weiß nicht.

C: Sie glauben also, der Himmel könnte Ihnen nicht erlauben, sich aufzuregen?

P: Ich habe das Gefühl, daß es etwas gibt, das es mir nicht erlaubt. Jetzt, wo Sie mit mir über Gott reden ...

C: Mir scheint, Sie haben da eine Abneigung? Können Sie vielleicht nicht an die Macht Gottes glauben?

P: Ich habe das Gefühl, daß Gott mich aufgegeben hat.

C: Sie aufgegeben, Sie verlassen?

P: Ja.

C: Ah! Sie haben den Teufel angerufen, weil Gott nicht geantwortet hat. Und jetzt glauben Sie, daß das gestimmt hat, oder könnte es auch nur Ihre kindliche Phantasie gewesen sein?

P: Nein, ich glaube, es war so.

C: Sie spüren, daß es so war?

P: Ja, ich spüre es. Und ich erinnere mich an eine Szene, an eine bestimmte Szene. Als Kind ging ich immer auf den Friedhof. Ich besuchte die Toten, und als ich dann plötzlich in ein anderes Land zog, fühlte ich mich sehr ungeschützt. Ich fühlte mich immer bedroht, aber als Kind hatte ich das Gefühl, daß Gott mich beschützte, aber plötzlich ...

C: Sehen wir mal, ich möchte das besser verstehen. Wann war dieser Augenblick, als Sie sich verlassen fühlten? Und was werfen Sie Gott konkret vor? Wie war er nicht für Sie da? Wie genau versagte er?

P: Nun, in meiner Jugend, und zwar von neun Jahren an, fühlte ich mich sehr allein, aber wirklich sehr, sehr allein. Ich hatte mich immer allein gefühlt, aber ab dem Alter von neun hatte ich niemanden; ganz abgesehen von der Einsamkeit hatte ich tatsächlich niemanden.

C: Sie haben diese Erfahrung schlecht verdaut, und wir müssen ein wenig daran arbeiten. Dazu gehört auch, daß wir diese Einsamkeit wieder aufleben lassen, damit Sie sie Gott noch einmal ausdrücklich vorwerfen können und wütend auf ihn sein können ...

P: Einfach so?

C: Anstatt ihn aufzugeben, klagen Sie ihn doch an.

P: Konkrete Vorwürfe?

C: Ja, als wären Sie ein neunjähriges Mädchen, das ihm über ihr Leben erzählt.

P: (*zu Gott*) Ich finde, du hast mir meine Mutter weggenommen – und auch meinen Vater. Du hast mir auch noch das wenige genommen, das ich mit ihnen gehabt hatte. Und du nahmst mir auch das Paradies, meinen Platz auf den Bahamas, wo ich geheime Plätze hatte, meine verborgenen Plätze, wo ich mich verstecken konnte, wo ich hinging, um mich wohl zu fühlen. Und plötzlich bin ich ganz woanders ...

C: Er hat Ihnen Ihr Nest genommen ...

P: Ja. Alle waren anders – die Sprache und alles ...

C: Stellen Sie sich vor, daß Gott zu Ihnen sagt: „Du verwöhntes Mädchen, ich möchte dich ein bißchen in Bewegung versetzen, damit du dich nicht so sehr an die Dinge hängst und sie immer gleich sein müssen. Ich möchte eine Frau aus dir machen und dich in die Welt hinaus werfen ..."

P: Nein, er sagt zu mir: „Schau, wie du zurecht kommst." Und es scheint, als sei Gott auf den Bahamas geblieben.

C: Und Gott sagt zu Ihnen: „Du willst mich nicht verstehen. Ich wollte, daß du nicht so passiv bist und so sehr das kleine Mädchen. Es war Zeit, daß du das Leben besser verstehen lerntest und nicht mehr so übersensibel und verwöhnt warst."

P: Verwöhnt?

C: Ja. Immer muß alles wie auf den Bahamas sein – mit seinen Nestern und privaten Plätzen, die dir dieses Gefühl von übertriebenem Schutz gaben.

P: Ja, ich hatte meinen Bereich, meine sehr geschützten Plätze, die ich als meine sah.

C: Und kommt es Ihnen nicht so vor, als hätten Sie an diesen Plätzen zu sehr gehangen?

P: Ja, ja. Ich hing sehr an ihnen.

C: Sie wissen ja, wie der selbsterhaltende E5 zu sehr an seinem Nest, an seinem Heiligtum, an seiner Höhle hängt.

P: Na ja, als Kind war ich schon sehr so, aber später als Erwachsene, nun ja, nicht mein Zimmer, aber die Wohnung, niemand durfte in meine Wohnung ...

C: Nicht einmal Gott.

P: Nein.

C: Er ganz besonders nicht.

P: Ja, er ganz besonders nicht.

C: Waren Sie dort allein mit Ihrem Beschützer?

P: Ja, und ich suchte ... und darüber habe ich mit S. gesprochen: Ich suchte den Meuchelmörder. Denn ich träumte immer von einem Mörder, mein ganzes

Leben lang. Und immer wenn ich in mein Haus kam, sah ich in allen Schränken und auch sonst überall nach, ob der Mörder sich nicht irgendwo versteckt hatte. Es gibt aber ein Gefühl, das ich dabei habe ... daß da irgend etwas ist, das mich erregt.

C: Nun sehen wir mal. Sie hatten damit begonnen, Gott dafür anzuklagen, daß er Sie verlassen hatte. Ich möchte gerne, daß Sie dorthin zurückkommen, wobei es mehr um das Gefühl als um den Inhalt geht. Kommen Sie in Kontakt mit Ihrem Vorwurf – mit dem, was Sie vielleicht zu ihm gesagt hätten, bevor Sie sich von ihm abwandten, wie etwa „Gott, ich werde dich verlassen; ich werde nicht dich wählen".

P: Das ist ja eben mein Problem. Ich habe das Gefühl, daß ich nicht das Recht habe, ihm etwas vorzuwerfen.

C: Statt dessen gehen Sie weg.

P: Ja, weil er mir nichts geben mußte, er war einfach nur.

C: Natürlich hat Gott keine Verpflichtung.

P: (*lacht*) Deshalb finde ich es auch schwierig, wenn Sie mir sagen, daß ich ihm Vorwürfe machen soll.

C: Ja, wie könnten Sie Gott Vorwürfe machen. Das kleine Mädchen, das Sie damals waren, war aber nicht dieser Meinung. Zu gehen ist das gleiche, wie Vorwürfe zu machen. Zu gehen ist auch eine Art des Vorwurfs, aber das war für Sie bequemer. Ich glaube also, daß Sie sich in dieser Beziehung ein wenig mehr Freiheit schaffen sollten. Wenn Sie sich freier fühlen, Gott Vorwürfe zu machen, so werden Sie allen Menschen gegenüber freier sein. Sie werden eine andere Alternative haben, als sich in einen Stein oder in eine Bestie zu verwandeln.

P: (*spricht mit Gott*) „Du warst der einzige, der für mich da war, wann immer ich wollte, und ich ging mit dir auf den Friedhof, und du warst immer da. Und plötzlich bist du gegangen, plötzlich warst du nicht mehr da."

C: Ich glaube, Sie haben einen guten Anfang gemacht. Jetzt müssen Sie das Gefühl herauslassen, und ich überlasse Sie Mario, der das sehr gut kann. Sehen wir mal, ob Sie Ihren Groll gegenüber Gott herauslassen können.

Mario: Fangen Sie jetzt noch einmal an zu sprechen, und bringen Sie Bewegung hinein. Bewegen Sie Ihren Körper.

P: „Du warst der einzige, der da war, als ich dich brauchte. Als ich jemanden bei mir haben mußte, beschütztest du mich. Und plötzlich bist du gegangen, du bist verschwunden und hast nicht gesagt, warum oder wann – oder wo ich dich finden könnte. Nichts. Du hast mir kein Zeichen hinterlassen. Ich glaube aber, daß ich selbst auch gegangen bin.

M: Das war Ihre Art, Ihre Aggression zu zeigen. Setzen Sie sich gerade hin, und anstatt sich weg zu bewegen, bewegen Sie sich auf ihn zu, kommen Sie auf ihn zu, als ob Sie in seine Richtung fallen würden, lehnen Sie sich an ihn, stellen Sie ihn dorthin. Jetzt öffnen Sie Ihre Augen, und seien Sie sich bewußt, daß er dort ist. Stellen Sie Gott dorthin, anstatt sich zurückzuziehen, wie Sie es sonst immer tun. Sagen Sie ihm mit Ihrem Blick, mit Ihrem Körper, mit Ihren Zähnen, mit Ihrem Mund, daß Sie da sind. Nicht weit weg in Ihrem Heiligtum ... Atmen Sie. Sie wissen, wie man atmet. Atmen Sie ein. Saugen Sie die Kraft ein. Fühlen Sie, daß Sie das Recht haben, so von Angesicht zu Angesicht mit ihm zu stehen.

P: (*bewegt sich*)

M: Atmen Sie mehr – mehr Präsenz, mehr Luft, mehr Kraft; spüren Sie das in Ihrer Brust, in Ihren Armen, in Ihrem Gesicht, in Ihrem Kiefer.

P: „Du hast mir alles genommen, was ich hatte. Du hast mir das einzige genommen, was ich hatte."

M: Was hatten Sie – so ganz ohne Angst?

P: „Ich möchte dich töten!"

M: Lassen Sie es heraus.

P: „Ich möchte dich töten!"

M: Sagen Sie es direkt zu ihm ... in sein Gesicht.

P: „Warum bist du fortgegangen? Warum hast du mich verlassen?"

M: Atmen Sie ...

(*Sie atmet heftig und stöhnt dann.*)

M: Und jetzt fühlen Sie das – mit all Ihrer Kraft.

P: „Du hast mir meinen Platz genommen, du hast mir meine Kraft genommen." Meine Hände stehen wie unter Strom.

M: Von der früheren Gewalt. Lähmen Sie sich nicht, und lassen Sie es nicht zu, daß die Angst sie lähmt. Bewegen Sie sich.

P: „Du hast mir meine ganze Energie genommen, meine ganze Kraft, alles ... meine ganze Person! Ich weiß überhaupt nicht, wo ich bin."

M: Sie sind hier. Sie sind hier in Ihrem Körper.

P: Nein, nein. Ich weiß nicht, wo ich bin ... Sie verwirren mich. Ich weiß nicht, wo Sie sind.

(*Sie macht Geräusche und spuckt.*)

M: Sie sind hier und spucken.

P: „Hurensohn. Du ... warum hast du mir alles weggenommen? Warum hast du mir das genommen, wo ich bin, und meinen Körper, meinen Platz, meine Energie. Ich weiß nicht, wo ich bin, du Hurensohn."

M: Gehen Sie zurück in die Kindheit. Sie stehen dort vor ihm – und atmen. In Ihrem Körper. Bringen Sie Ihren Körper und Ihr Bewußtsein dorthin. Einen zornigen und gewalttätigen Körper.

(*Sie schreit rasend und verrückt.*)

M: Auch mit Ihrem Becken – und mit Ihren Zähnen. Gut.

(*Sie schreit weiter.*)

M: So ist es gut. Mit Ihrem ganzen Körper, Ihrem Becken, Ihrer Brust.

P: „Du Hurensohn! Komm doch her. Da bin ich, du Hurensohn. Ich hab die Nase voll von dir."

M: (*leitet sie an*) „Und da bin ich ... ganz ..."

P: (*sie stöhnt*) ... „Du versteckst dich. Immer versteckst du dich. Du gehst fort. Wo versteckst du dich? Ich finde dich schon – überall – in meinem Körper. Und ich werde dich auf jede nur erdenkliche Art mißbrauchen, damit du zurückkommst. Irgendwo in meinem Körper kommst du schon zurück."

(*Sie schreit, spuckt und stampft.*)
P: „Ich möchte dich vergewaltigen, dich töten!" (*sehr laut*). Aber ich spüre immer, wie er mich verläßt. Plötzlich ist er weg, und ich bleibe ohne Energie zurück.
M: Sie sind es, die fortgeht. Sehen Sie, was Sie sonst noch brauchen.
(*Sie macht eine Geste, als würde sie ihn erstechen und ihn in Stücke reißen – und ihn dorthin verfolgen, wo er sich versteckt.*)
M: Lassen Sie Ihre Bestie heraus, und schauen Sie Ihr ins Gesicht. Töten Sie sie. Suchen Sie sie. Töten Sie sie.
P: „Ich werde dich finden."
M: Sie haben sie schon gefunden. Sie ist da.
P: „Ich werde dich finden, und dann werde ich dich töten! Ich liebe dich nicht! Ich hasse dich! Ich werde dich töten!"
M: Nehmen Sie sich etwas Zeit, um zu Atem zu kommen, und erzählen Sie uns, was Sie da vor sich sehen.
P: Es ist alles zerrissen, aber ohne Blut. Es ist grün.
M: Gibt es noch etwas, das Sie tun wollen? Noch etwas, um es aus sich herauszubringen? Ist noch irgendeine Wut in Ihnen drinnen? Oder Rachegelüste?
P: Ja, ich möchte sagen, daß ich leben will.
M: Sagen Sie es. Haben Sie das Gefühl, daß Sie genug von Ihrem Zorn herausgebracht haben? Ist dieser Teil von Ihnen zufrieden?
P: Nein, aber ich fühle mich leer, als ob er weg wäre.
M: Gut, bleiben Sie bei dieser Leere … in Kontakt mit dieser Leere … diesem Raum, der übrig bleibt.
P: „Ich brauchte dich, ohne zu wissen, daß du es warst, den ich brauchte. Ich weiß nicht, ob ich dir folgen kann, aber ich bin bereit, es zu versuchen. Ich will, daß du dich um mich kümmerst, daß du da bist, wenn ich mich fürchte."
Ein anderer Kollege spielt Gott: „Ich bin immer da. Du mußt nur suchen, dann findest du mich."
P: „Aber ich brauche deine Hilfe, um stärker zu werden, denn ich fühle mich überhaupt nicht stark."
Kollege: „Du mußt nicht stark sein, du bist stark genug. Du hast nur geglaubt, du seiest nicht stark."
Wie Sie gesehen haben, ging ich zu einem Zeitpunkt, da es schien, als ginge es hauptsächlich noch um eine zusätzliche Katharsis. Ich vertraute darauf, daß Pepitas Kollegen das begleiten könnten.
 Pepita wurde in die große Welt gestoßen, und dann fühlte sie sich verloren. Wie soll man sich in einer Welt ohne sicheren Ort nicht verloren fühlen? Und wie soll sie sich in einer Welt, in der sie ständig am Sprung sein muß, nicht selbst verlieren? Sie zeigt eine Zerbrechlichkeit, die für den selbsterhaltenden E5 – einen Nachbarn des vermeidenden E6 – typisch ist. Beiden fällt es außerordentlich schwer, ihren Zorn auszudrücken.
Das Thema am Anfang der Sitzung, als sie sich vor den bellenden Hunden fürchtet, legt meiner Ansicht nach nahe, daß ihre halb gelähmte Art zu existieren

in erster Linie eine Reaktion auf Aggressionen ist, wie sie in einer erwachsenen Umgebung üblicherweise vorkommen.

Das Ungewöhnliche an dieser Lebensgeschichte ist zweifelsohne, daß sie beim Teufel Zuflucht sucht. In ihrer Vorstellung ist der Teufel ein starker Beschützer, der ihre eigene Zerbrechlichkeit und Machtlosigkeit im Angesicht der Welt wettmacht. Die Geschichte vom Pakt mit dem Teufel – einem Pakt, den sie tatsächlich geschlossen hatte, der in ihrem Geist aber als rein fiktives Ereignis fast völlig in Vergessenheit geraten war, kann man als Ausdruck dafür sehen, daß sie aus schierer Verzweiflung das zerstörerische Element wählte. Mit ihrem Körper kann sie Aggression nicht ausdrücken, ihr Geist hat seine Absicht aber akzeptiert.

Angesichts dessen stand natürlich an erster Stelle, daß sie ihre Fähigkeit, wütend zu werden, wieder zurückeroberte. Und da das größte Tabu für sie zu sein schien, ihren Zorn gegen Gott zu richten, schien es wichtig, ihre Abkehr vom Himmel in der Kindheit auszutreiben. Dies war umso wichtiger, als ihr größter Schmerz – nämlich, daß Gott sich von ihr abgewandt hatte – noch durch ihre eigene Abkehr vom Göttlichen genährt wurde. Diese war jedoch ihrerseits eine Folge ihrer Unfähigkeit, den durch eine frühe Enttäuschung hervorgerufenen Zorn bewußt zu erfahren.

Bemerkenswert ist, wie E5 sich rächt, indem er den Kontakt abbricht; als würde er jemanden auf völlig unblutige Weise töten. Es ist sehr bezeichnend, daß Pepita, selbst als sie Gott auf offensichtlich „blutige" Weise umbringt, kein Blut vorfindet; nicht einmal die Farbe rot ist zu erkennen, sondern nur grün.

Kapitel 6

Enneatyp 6

Bei E6 fällt es schwerer als bei den anderen Enneatypen, von einem einzigen Typus zu sprechen. Da ist zum Beispiel schon die „kontraphobische" Variante, deren nach außen erkennbaren Charakter man wohl kaum als „ängstlich" bezeichnen kann. Die Person hat hier gelernt, sich gegen ihre paranoiden Wahnvorstellungen durch Einschüchterung zu wehren, und zwar so, daß Aggression und Angst einen Teufelskreis bilden. Die gestörteren Fälle dieser kontraphobischen und kampflustigen Variante von E6 werden heutzutage nach dem DSM-IV als Fälle „paranoider Persönlichkeitsstörung" diagnostiziert. (Siehe auch die Karikatur von Gahan Wilson.)

Im Gegensatz zu diesem außerordentlich „starken" und offen aggressiven Typus steht jedoch die Variante der mißtrauischen Veranlagung, bei der sich die Angst unmittelbar in Schwäche ausdrückt (im DSM-IV entspricht das der abhängigen und der vermeidenden Persönlichkeit). Diesen Zug zur Feigheit zeichnet Feiffer in seiner Karikatur über eine Frau am Rande eines finsteren Abgrunds. Im ersten Bild sagt sie: „Ich kann nicht"; im zweiten dreht sie sich um und sagt: „Das tue ich nicht"; im dritten sieht sie noch einmal in den Abgrund und sagt zu sich selbst: „Ich muß"; im nächsten Abschnitt ist zu lesen: „Ich sterbe, wenn ich es versuche"; wieder im nächsten schauen Körper und Gesicht in die entgegengesetzte Richtung, und sie sagt zu sich selbst: „Ich sterbe, wenn ich es nicht versuche"; dann sieht man, wie sie sich bereit macht zu springen und dabei sagt: „Ich tu's!"; als sie dann auf der anderen Seite des Abgrunds ankommt, meint sie triumphierend: „Ich hab's geschafft." Im letzten Bild ist jedoch nicht der Abgrund dunkel gemalt, sondern das angrenzende Gebiet, auf dem die Frau jetzt steht und sich mit dem Gedanken quält: „Was habe ich bloß getan?"

Zusätzlich zum kontraphobischen sexuellen Subtyp und zum unsicheren selbsterhaltenden Subtyp von E6 kennt die von Ichazo vorgestellte Theorie auch noch einen sozialen Subtyp. In diesem Fall wird nicht die Angst ins Gegenteil verkehrt (wie bei der Kontraphobie des sexuellen Subtyps), sondern der Zweifel. Diese Menschen sind sich ihrer Sache entweder zu sicher, halten Zweideutigkeiten schwer aus und glauben zu sehr an dieses oder jenes, d. h. sie sind Fanatiker; oder sie machen sich zu viele Sorgen und schaffen sich eine Rückversicherung, indem sie sich zwanghaft auf Verstand und Präzision stützen. Eine Karikatur dieses zwanghaften Subtyps ist Dr. Strangelove, dessen einseitige Hingabe an die Wissenschaft letztlich in unbewußte Brutalität mündet.

Ob Angst und Zweifel nun bewußt und für einen Beobachter von außen zu erkennen sind, im Innenleben von E6 sind sie jedenfalls gegenwärtig. Es ist der

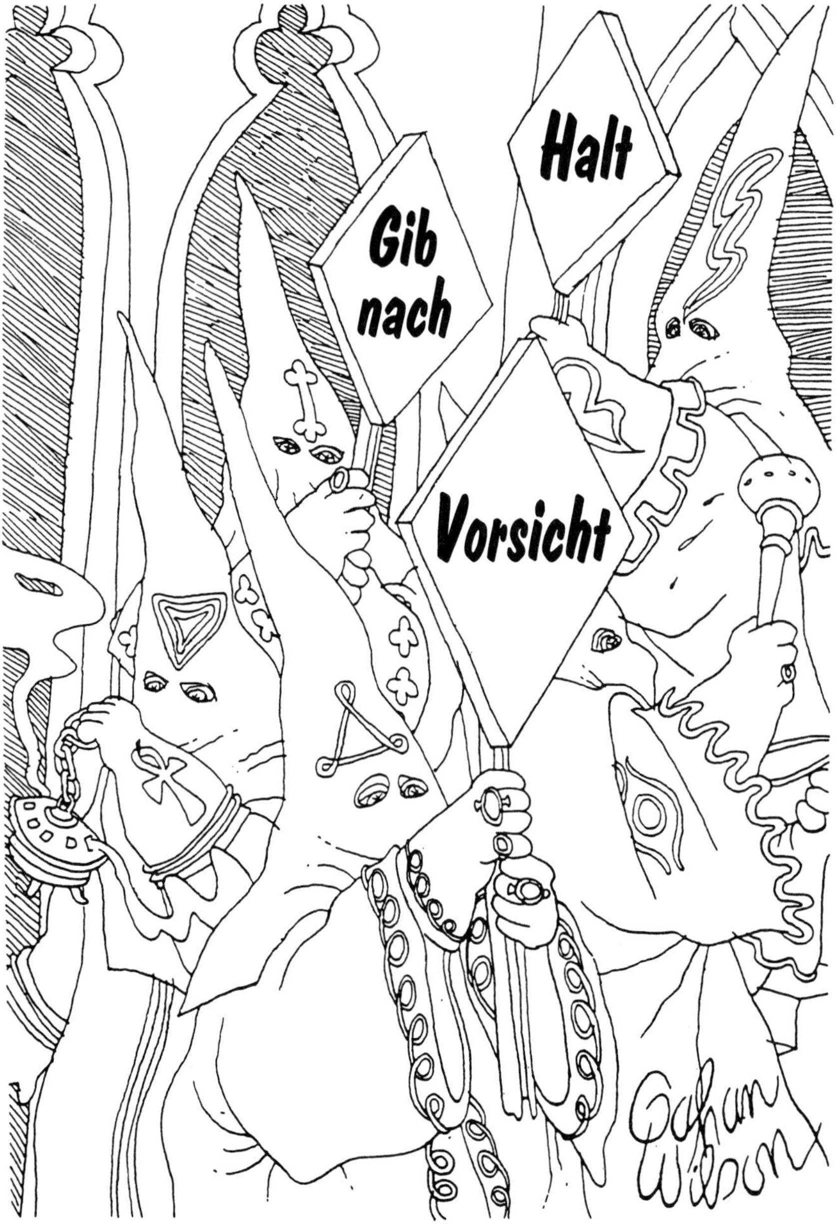
Halt
Gib nach
Vorsicht
Gahan Wilson

Schrecken, der Macbeth zu seinem mörderischen Tun antreibt (nachdem er seinen Vorgänger getötet hat). Genauso treibt die Angst davor, nicht zu wissen, was man tun oder wie man leben soll, Menschen dazu, zu „wahren Gläubigen" dieser oder jener Ideologie zu werden. Egal ob die Vorgehensweise kämpferisch, rigide oder unsicher ist, die Grundmotivation von E6 ist immer die Angst – beziehungsweise der Wunsch, der Angst zu entkommen.

Einige entkommen dieser Angst, indem sie die Sicherheit im Schutz durch andere suchen und von ihnen abhängig werden; da sie sich selbst nicht genug vertrauen, fühlen sie sich alleine und ohne Unterstützung von außen unfähig. In einer gefährlichen Welt suchen sie nach Verbündeten, deshalb sind sie auch bemüht, nicht feindselig, sondern freundlich, vertrauenswürdig und hilfsbereit zu sein – wie Verbündete es eben sein sollten. Das Tabu der Aggression, das sich aus dem Abhängigkeitsbedürfnis ergibt, läßt sie angesichts von Aggression schwach werden und fördert so wiederum ihre Unsicherheit und ihr Verlangen nach Hilfe von außen.

Dieser Teufelskreis und die wechselseitige Auslösung von Angst und Aggression gilt für den unsicheren, aber auch für den gewaltsamen paranoiden Typus. Dies ist eine psychologische Situation, die eine Karikatur von Quino sehr gut beschreibt, in der ein „Rattenmann" während seiner Analyse einen Traum schildert, in dem er eine Katze ist. (Siehe eine Version von Draco auf der nächsten Seite.)

Beschwichtigt der kontraphobische Typus seine Angst durch Geschicklichkeit und Kampfbereitschaft, so versucht ein anderer Subtyp von E6, und zwar der selbsterhaltende, die Angst durch Schutzmaßnahmen zu lindern; der dritte (soziale) Subtyp von E6 (der weder sich selbst noch anderen vertraut) verläßt sich dagegen auf die abstrakte Vernunft oder auf eine Ideologie als unpersönlichen Bezugsrahmen. Während die einen also die Gefahr scheuen und die anderen die größere Sicherheit in der Kraft sehen und eher nach vorne als zurück flüchten (als ob sie meinten, daß „Angriff die beste Verteidigung sei"), sind die Menschen aus der dritten Kategorie weder zu scheu noch zu wagemutig, sondern rigide, zwanghaft und kalt.

Da die am weitesten verbreitete Theorie der Psychoanalyse die ist, daß neurotisches Verhalten aus der Angst entsteht, könnte man sagen, daß es insgesamt gesehen keinen Typus gibt, auf den psychoanalytische Interpretationen besser passen als auf E6. Ich halte das Freudsche „id" – eine Art von Bestie, die im Keller haust und sich nicht mit der Zivilisation verträgt – für das Konstrukt einer Sechs. Wie auch niemand sein anklagendes Über-Ich so stark erfährt wie E6; niemand kann sich also besser mit dem ödipalen Kind identifizieren, das seinen Vater haßt und seine Mutter ganz für sich haben will, als E6; und niemand fürchtet die Kastration so sehr oder hat sich ihr so sehr unterworfen. Freuds Formulierungen basierten natürlich auf seiner eigenen Innenschau und Selbstanalyse, und Freud war nicht nur ein Genie, sondern auch ein kontraphobischer Typ, dem es therapeutisch sehr half, die Konkurrenz zu seinem Vater und seine Kastrationsangst zu erkennen.

In *Charakter und Neurose: eine Gesamtsicht (Character and Neurosis: An Integrative View)* behaupte ich, daß der Kernpunkt von E6 – mit anderen Worten

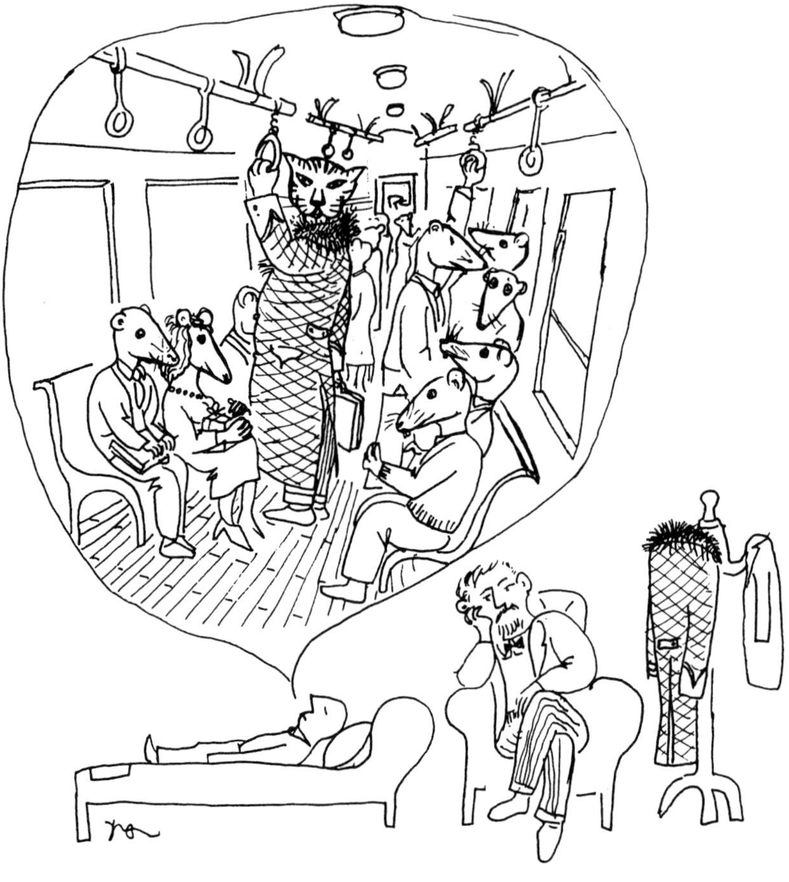

seine Fixierung – in der Selbstanklage liegt.[1] Selbstanklage und Schuld sind natürlich zwei Seiten derselben Münze. Je nach dem Subtyp steht die Selbstanklage oder die Anklage anderer im Vordergrund, wobei die beiden durch die Mechanismen von Projektion und Identifikation dynamisch mit dem Aggressor verbunden sind. Grundlegende Ausläufer davon sind das Mißtrauen gegenüber anderen und die Unsicherheit. Welcher Aspekt jedoch auch immer an der Oberfläche liegt (das Mißtrauen gegenüber anderen und die Selbstanklage oder Schuld und Unsicherheit), vorhanden sind doch beide: Es ist für E6 schwierig, der Welt zu vertrauen, Autoritäten zu vertrauen, seinen Sinnen zu vertrauen, seinem Urteilsvermögen und seiner Fähigkeit zu vertrauen, von Moment zu Moment zu erkennen, was zu tun ist.

Je größer das Mißtrauen, desto mehr muß man es durch verläßliche Autoritäten aufwiegen – desto größer ist das Bedürfnis nach einer Autorität, die man genug bewundern kann, um ihr zu vertrauen. Dieses Bedürfnis kann dazu führen, daß man Idole schafft, Helden anbetet und sich persönliche Träume ausdenkt (wie etwa Don Quijote, der nicht einem Menschen oder einer Partei anhängt, sondern dem fahrenden Ritter seiner Phantasien) beziehungsweise andere Hilfen, Bezugspunkte oder Leitfiguren.

Da das Thema der Autorität in der Psyche von E6 einen wichtigen Stellenwert einnimmt, können wir hier durchaus von einem autoritären Charakter sprechen. Obwohl es dabei nur um eine Komponente dessen geht, was die psychologische Literatur als die autoritäre Persönlichkeit bezeichnet (und einige Menschen vom Typus E6 erreichen in den für deren Messung vorgesehenen Fragebögen nur eine sehr niedrige Punktezahl), würde ich doch sagen, daß es vor allem Menschen vom Typus E6 waren, die zu den mit diesem Test (der F-Skala) erzielten statistischen Ergebnissen beitrugen. Ebenso waren es Menschen vom Typus E6, die das bekannte Forscherteam vor Augen hatte, als es das klassische autoritäre Persönlichkeitssyndrom formulierte, nämlich autoritäre Aggression, autoritäre Unterwerfung, Aberglaube und Stereotypen, ein rigides Über-Ich und ein entfremdetes id.

Egal ob das Verhalten gegenüber Autoritäten an der Oberfläche übertriebenen Gehorsam, eine übertriebene Anpassung an Regeln oder eine Leidenschaft dafür zeigt, selbst zu befehlen, die Haltung gegenüber Autoritäten ist typischerweise ambivalent – die Impulse, sich zu unterwerfen und sich aufzulehnen, stehen Seite an Seite. Und das ist wiederum nur ein spezifischer Ausdruck eines viel breiteren Feldes der Ambivalenz, das sich nicht vom Erleben des Zweifels und der damit verbundenen Angst trennen läßt. Eine Ausnahme von dieser offenen Ambivalenz kann – wie schon erwähnt – der soziale Subtyp bilden, bei dem sie durch eine Intoleranz gegenüber allem Ambivalenten, einem zwanghaften Streben nach Präzision und einem Festhalten an Regeln verdeckt sein kann.

So wie sich die Extreme des Verhaltensmusters von E5 in der katatonischen Psychose zeigen, drückt sich das Extrem von E6 in einem paranoiden psychotischen Zustand aus. Dessen beide Bestandteile sind die Trugbilder der Verfolgung und des Größenwahns, die man auch als einander ergänzende Zustände betrachten kann: die feindselige Selbsterhöhung trägt den Keim der Unsicherheit in sich, die ihrerseits wieder einen kompensatorischen Größenwahn fördert. Im paranoiden Charakter findet man auch einen Sinn für Gefahr und Verletzlichkeit, und zwar gleichzeitig mit einem manifesten oder unbewußten Größenwahn. Hier wird aus dem Bedürfnis, sich groß und mächtig zu fühlen, eine Kompensation für das Gefühl der Ohnmacht und der Verletzlichkeit; und um dieses Bedürfnis zu befriedigen, wird ein mächtiger anderer – eine mächtige Vaterfigur – von Bedeutung.

In *Die Struktur der Enneatypen (Enneatype Structures)* karikierte ich die Psyche von E6 als die eines verfolgten Verfolgers. Denn egal, ob die Verfolgung anderer oder das Gefühl des Verfolgt-Werdens im Vordergrund steht, die beiden bedingen einander ja doch.[2] Beim unsicheren (selbsterhaltenden) Typus zeigt sich die Verfolgung des Selbst am deutlichsten, und da die Aggression gegenüber anderen tabu ist, bleibt die allzu verletzliche Stellung bestehen; dies hält wiederum das Schutzbedürfnis aufrecht. Das Konzept des „verfolgten Verfolgers" läßt sich jedoch auch auf den kontraphobischen Typus anwenden, wie bereits aus dem Beispiel von Macbeth oder der Karikatur der Bulldogge deutlich wird.

Es war kein Zufall, daß das Konzept der autoritären Persönlichkeit aus einem Versuch entstand, den deutschen Antisemitismus zu verstehen, zumal E6 in Deutschland besonders stark vertreten ist. Vor allem die Situation in den Dreißiger- und Vierzigerjahren schürte in einer großen Masse von Menschen die Bereitschaft, einem Führer zu folgen, und das große Verlangen, an etwas zu glauben. Menschen vom Typus E6 neigen dazu, denen zu glauben, die starke Worte verwenden, denen, die sich einer Sache „sicher" sind, und denen, die im Namen hoher Ideale sprechen. Das Problem von E6 liegt aber eben genau darin, daß sie die falschen Autoritäten wählen. Anstatt denen zu glauben, die recht haben, glauben sie denen, die so reden, als ob sie recht hätten, und die eine besondere Gabe haben, andere an sich glauben zu machen. E6 sind durch Mystifizierung und Größenwahn leicht zu verführen; sie fühlen sich von Idolen angezogen, sind allzu idealistisch und bewegen sich gerne im Dunstkreis des Erhabenen. Sowohl der feige als auch der kontraphobische Typus werfen sich selbst vor, schwächliche Menschen zu sein. Sie hassen ihre eigene Schwäche. Sie bewundern Stärke, fühlen sich durch die Stärke anderer angezogen und unterwerfen sich ihr gerne. Der Fall Don Quijotes, der in einer Phantasiewelt lebt, in der er Riesen sieht, wo es nur Windmühlen gibt, bringt eine wichtige Erkenntnis, indem er zeigt, wie die Paranoia (er sieht Bösewichte, wo es gar keine gibt) den Größenwahn nährt: In seinen Abenteuern glaubt Don Quijote oft, daß er gute Taten vollbringe, während er tatsächlich doch nur seinem eigenen Bedürfnis folgt, ein Held zu sein.

* * *

Das reichhaltigste Beobachtungsmaterial über E6 aus dem Bereich der Literatur stammt vermutlich von Dostojewski, der seinen Stoff wie Freud aus seiner eigenen Erfahrung bezog. In seinen Romanen findet man vor allem Varianten des schwächlichen und abhängigen Ehemanns und des idealistischen und rücksichtslosen Fanatikers. In seiner Behandlung der Figur des Iwan Karamasoff beschäftigt er sich dagegen nicht nur mit Selbstanklage, Zwiespältigkeit und anderen Wesenszügen, sondern auch mit dem ödipalen Aspekt und dem Vatermord.

Um diese Ausführungen mit einem literarischen Beispiel abzuschließen, wähle ich Raschkolnikoff, die Hauptfigur aus *Verbrechen und Strafe* (so der Titel der Neuübersetzung von *„Schuld und Sühne"*), der weder ein Schwächling noch ein fanatisch zwanghafter Typus ist, sondern ein kontraphobischer. Sein Beispiel zeigt, wie sehr der kontraphobische Typus sich vom „paranoiden", wie er im DSM-IV beschrieben wird, unterscheiden kann.[3] Raschkolnikoff kennt weder die Eifersucht noch die Angst davor, betrogen zu werden – und dennoch beweist er eine paranoid anklagende Sicht der Welt. Die Schlußfolgerung des Buches liegt in der gewaltsamen Antwort auf diese Sicht. Ganz am Anfang des Buches stellt Raschkolnikoff seine mittelbar paranoide und anklagende Haltung gegenüber der Welt einen Augenblick lang in Frage:

> „Und was ist, wenn ich mich irre?" rief er plötzlich, nachdem er kurz überlegt hatte. „Was ist, wenn der Mensch nicht wirklich ein Schurke ist? Ich meine der Mensch im allgemeinen, die Menschheit als Ganzes – dann bleibt ja nur das Vorurteil, ein künstlich geschaffener Schrecken ..." (S. 24)

Liest man diesen Roman, so kann man Raschkolnikoffs Angst nachempfinden und taucht in sie ein – ihre Symptome sind so intensiv, daß sie ihn fiebern lassen und seinen Freunden den Eindruck vermitteln, er stehe am Rande des Wahnsinns. Wir finden ihn vor, als er langsam geht – „als ob er zögere", nachdem er „im Stiegenhaus erfolgreich seiner Vermieterin ausgewichen ist". Wir erfahren, daß er jedesmal, wenn er auf dem Weg nach draußen an ihrer Küche vorbeiging, „ein krankes Gefühl der Angst hatte, das ihn finster dreinblicken und sich schämen ließ" – weil er Schulden hatte. Dostojewski beeilt sich zu sagen, daß das „nicht daher kam, daß er feige und gemein war, ganz im Gegenteil, aber er befand sich schon eine ganze Weile in einem angespannten und verwirrten Zustand." Er hatte sich isoliert und kümmerte sich nicht mehr um die praktischen Dinge des Lebens. Sobald er auf die Straße kam, „wurde er sich seiner Angst unmittelbar bewußt".

Der Grund für Raschkolnikoffs Angst liegt in einem Vorhaben, das sich in seinem Kopf zusammenbraut. Er verachtet sich dafür, daß er sich über etwas so Triviales fürchtet, als er es in Erwägung zieht. Nach und nach erfahren wir, was mit „so etwas" gemeint ist. In letzter Zeit mußte er immer an Jack, den großen Mörder, denken. Aber würde er zu so etwas fähig sein? Und wir folgen ihm an den Ort des Verbrechens, der in seiner Vorstellung Gestalt annimmt. Zu diesem Zeitpunkt sieht er es nicht so sehr als ein Verbrechen, vielmehr als eine Probe für seinen Mut und seine Größe an: die alte Geldverleiherin zu töten, die seine Armut ausnutzt, erscheint ihm wirklich gerechtfertigt und trivial. Und wäre er ein großer Mann, so würde er sich nicht so sehr um die Meinung der Welt scheren.

In der Zeit vor der russischen Revolution hatte Dostojewski eine Art von Fanatiker beschrieben, der dann sehr häufig werden sollte. Bei Raschkolnikoff findet sich jedoch keine geborgte Ideologie; es ist nur so, daß seine persönliche

Überzeugung von Recht und Unrecht mit der öffentlichen Meinung ebenso kollidiert wie mit dem öffentlichen Empfinden. Er ist nicht gefühllos wie ein Dr. Strangelove. Im Gegenteil, er ist der Liebe sehr wohl fähig, und der Beschützerinstinkt treibt ihn mehr als das Eigeninteresse. Später wird er noch sein ganzes Geld an eine arme Familie verschenken, er wird sich noch in eine Prostituierte verlieben, die für ihn durch das Opfer, das sie bringt, um ihre Mutter zu unterstützen, zum Sinnbild christlicher Tugend wird. Er ist unerbittlich, wenn es darum geht, das Opfer seiner Schwester nicht zu akzeptieren – seine Mutter möchte, daß sie einen wohlhabenden Mann heiratet, damit Raschkolnikoff sein Studium fortsetzen kann. Paradoxerweise könnte man den Verbrecher, den Dostojewski hier zeigt, ebensogut als einen überaus guten und sehr idealistischen jungen Mann beschreiben. So wie der schüchterne und vermeidende E6 zu sehr den Schutz sucht, ist der kontraphobische Typus zu väterlich beziehungsweise neigt zu sehr dazu, seinen Schutz anzubieten.

Raschkolnikoff tötet eine alte Frau nicht nur deshalb, weil er meint, er sollte nicht arm sein, und es sei daher in Ordnung, sie zu bestehlen (außerdem sei ihr Leben ohnehin wertlos); er tötet sie auch, weil er beweisen will, daß er sich über die gewöhnlichen Menschen und ihre Vorurteile erheben kann.

Zuerst hat Raschkolnikoff über seine wagemutige Rücksichtslosigkeit nur verborgene Phantasievorstellungen. Schon auf Seite drei erklärt Dostojewski: „Trotz der inneren Monologe, in denen er seine Schwäche und seine Unentschlossenheit verhöhnte, war er unfreiwillig bereits an dem Punkt, seine „versteckten" Träume realisieren zu wollen, auch wenn ihm das noch nicht bewußt war."

Dann folgen wir Raschkolnikoff zu einer „Probe" für sein Vorhaben. Sofort nach seinem Besuch bei der alten Dame beobachten wir, wie er von dem inneren psychologischen Konflikt aufgerieben wird – was ein Teil von ihm als völlig gerechtfertigt betrachtet hat, erscheint jetzt abscheulich. Er denkt: „Wie konnte so ein gräßlicher Gedanke bloß in meinen Kopf gelangen, und welch schrecklicher Dinge ist mein Herz fähig?" An der Unsicherheit seiner Abscheu vor sich selbst und in seinen wechselnden Standpunkten läßt sich der Unterschied zwischen einem gewalttätigen E6 und dem psychopathischen E8 erkennen.

Im dritten Kapitel erhält Raschkolnikoff einen Brief von seiner Mutter, in dem es um die vorgesehene Heirat seiner Schwester geht. Als er ihn liest, rinnen Tränen über seine Wangen, doch als er fertig ist, „war sein Gesicht blaß und verzerrt, und ein bitteres, zorniges und bösartiges Lächeln trat auf seine Lippen". Als er dann auf die Straße tritt, glauben einige Passanten, er sei betrunken. Er will auf keinen Fall zulassen, daß seine Schwester seinetwegen eine Vernunftehe schließt, und er fragt sich, wie er das verhindern kann. Er ist sich vollkommen bewußt, daß er von seiner Mutter und seiner Schwester lebt und die seinetwegen Geld ausborgen. Er hat das Gefühl, es sei jetzt nicht die Zeit, „still zu leiden und über ungelöste Fragen zu grübeln". Er muß etwas *tun*. Und dann bekommt etwas, das ursprünglich bloß ein Traum war, eine neue Bedeutung ...

Als er weitergeht, sieht er auf einer Bank eine betrunkene junge Frau. Dann folgt eine Szene, in der Raschkolnikoff eingreift, um das Mädchen vor den Annäherungsversuchen eines Dandies zu bewahren. Die moralische Entrüstung versetzt ihn ebenso in Wut, wie es zuvor der Plan seiner Mutter tat, seine Schwester zu verheiraten; und sein Beschützerinstinkt gegenüber dem unbekannten Mädchen paßt zu dem, den er gegenüber seiner Schwester und auch gegenüber Sonja verspürte, die ihre Not in die Prostitution getrieben hat. Ist die Stimmung hier auch eher dramatisch als komisch, erkennen wir doch das gleiche Syndrom, das uns schon von Don Quijote vertraut her ist: Er verwandelt in seiner Phantasie das Bauernmädchen Dulcinea in eine Prinzessin und macht sich auf, um das unschuldige Geschlecht vor den Schurken dieser Welt zu bewahren.

Im fünften Kapitel berichtet Raschkolnikoff von einem Traum, in dem ein Mann in seiner Rage sein Pferd zu Tode prügelt. Gleich danach fragt Raschkolnikoff sich: „Kann das wirklich sein, daß ich eine Axt in die Hand nehme und sie damit auf den Kopf schlage, ihr den Schädel spalte …" Er zittert wie Espenlaub. Sein Verstand sagt ihm das eine, sein Gefühl etwas ganz anderes – und er quält sich gleichzeitig, weil er zögert und weil er an seiner Idee festhält.

Kapitel sechs liefert uns die Vorgeschichte seiner Bekanntschaft mit der alten Frau und ihrer Halbschwester Lisaweta. Wir werden Zeugen eines Gesprächs zwischen Raschkolnikoff und einem Offizier in einer Bar, das bereits Wochen zuvor stattgefunden hat. Raschkolnikoff sagt zu dem Offizier: „Ich schwöre Ihnen, ich könnte diese verdammte alte Frau ohne den leisesten Gewissensbiß töten und mich mit ihrem Geld aus dem Staub machen." Er tut dann so, als hätte er nur einen Scherz gemacht, aber er mutmaßt auch, daß man „mit dem Geld der alten Frau hunderttausend gute Taten vollbringen und einer Menge Menschen helfen könne." Und er fragt: „Was meinen Sie, würde ein kleines Verbrechen nicht durch Tausende von guten Taten vom Tisch gewischt?" Auf die Bemerkung des Offiziers, daß „die Natur eben so sei", auch wenn sie es nicht verdiene zu leben, antwortet Raschkolnikoff: „Wir müssen die Natur aber korrigieren und lenken. Wäre das nicht so, würden wir in einem Meer von Vorurteilen versinken, und es hätte nie auch nur einen einzigen großen Mann gegeben. Alle reden immer von Gewissen und Pflicht – und ich will auch gar nichts sagen gegen das Gewissen und die Pflicht; die Frage ist nur, was wir darunter verstehen."

Dann kommt eine lange Beschreibung des Verbrechens. Der Verlauf wird noch dadurch kompliziert, daß durch die Ankunft der Halbschwester daraus ein Doppelmord wird. Raschkolnikoff hatte sich in Gegenwart der alten Frau immer gefürchtet, aber nach der Tat – und vor allem nach dem zweiten unerwarteten Mord „ergreift die Angst mehr und mehr von ihm Besitz. Und auch eine Abscheu, die von Minute zu Minute stärker wurde."

Von da an läuft in dem Roman seine Verfolgungsangst parallel zu der Versuchung, sich zu stellen, was er schließlich auch tut; und Dostojewski sinniert darüber, wie der Zwang, ein Geständnis abzulegen, dem Wunsch des Schuldigen nach Sühne entspricht. Und mit der Sühne endet das Buch auch. Raschkolnikoff wird ins Gefängnis gesteckt, und wir erkennen, daß er dadurch, daß er Verantwortung und Strafe auf sich nimmt, zu einem anderen Menschen wird.

In seinem letzten Meisterwerk *Die Brüder Karamasoff* kehrt Dostojewski zum Thema der Wandlung durch Sühne zurück – und man weiß ja, daß sich darin seine eigene Erfahrung als Gefangener in Sibirien widerspiegelt. Der kampflustige Raschkolnikoff ist jedoch eher eine Projektion eines Teilaspekts von Dostojewskis Wesen als das Spiegelbild seiner äußeren Persönlichkeit. Wenngleich er ein E6 war, und noch dazu einer mit radikalen Ideen, so war Dostojewski äußerlich doch nicht aggressiv, sondern sanftmütig, geduldig und warmherzig. Er war auch nicht offen, sondern eher verhalten. Es wurde öfter darauf hingewiesen, daß Dostojewskis Romane im Gegensatz zu den ausgedehnten Landschaften Tolstois eine geradezu unerträgliche Atmosphäre der Begrenztheit vermitteln. Sein Biograph E.H. Carr merkt an, daß die Aussage einer seiner Figuren ebensogut als Motto für einige seiner Werke gelten kann: „In einem begrenzten Raum werden sogar die Gedanken begrenzt."[4]

Dostojewski mangelte es in seiner Kindheit an Spielkameraden, und obwohl er mit sechs Geschwistern in einer Dreizimmerwohnung aufwuchs, war seine Familie doch sehr isoliert. Außer den engen Beziehungen innerhalb der Familie entwickelte er nie einen normalen sozialen Umgang. „Wurden ihm solche Beziehungen aufgezwungen, so war Dostojewski durchwegs eifersüchtig, fordernd und übersensibel. Er gab und erwartete zuviel."

„Ein Freund muß wie ein Bruder sein – und mehr als das", schrieb Dostojewski, und Carr bemerkt: „Ein geringeres Band kam für ihn nicht in Frage." Und Carr erzählt uns auch, daß Dostojewski als junger Mann und vor seinem Aufenthalt in Sibirien in all seinem Tun „von dem ängstlichen und nervösen Wesen verfolgt wurde, das sich unter der Oberfläche seines unbeholfenen und unvoreingenommenen Äußeren verbarg. Noch dazu war er ein Hypochonder und gehörte 'zu dem unglücklichen Menschenschlag, dem das volle Ausmaß ihrer Verrücktheit schon in dem Augenblick bewußt wird, in dem sie sie begehen, und die eine Handlung daher beinahe zum gleichen Zeitpunkt bereuen, in dem sie sie setzen'."

In Dostojewski erkennen wir die phobische und die am ausdrücklichsten von Schuldgefühlen geplagte Variante des selbsterhaltenden E6. In seiner Auffassung von der Liebe zeigt sich eine Bereitschaft zum Leid, die beinahe masochistisch ist, aber auch eine Menge Mut verrät, geradeso wie seine Gewalthemmung das Ergebnis einer enormen Selbstkontrolle war.

* * *

Dostojewskis gewaltfreier Mut erinnert an den Gandhis, der ein weiteres Beispiel für einen liebenswerten und feinen E6 ist, bei dem die Nichtaggression eher eine Errungenschaft als eine einfache Hemmung darstellte. „Einen Soldaten der Gewaltfreiheit" hat ein Biograph Gandhi einmal genannt, der für sich den Mut in Anspruch nahm zu sterben, ohne jemanden zu töten, und der darauf hinwies, daß die Gewalt besser sei als die Flucht. „Ich würde lieber sehen, daß Indien zu den Waffen greift und sich verteidigt, anstatt weiter der feige Zeuge seiner eigenen Entehrung zu bleiben."[5] Stechen bei Dostojewski vor allem die Wärme seiner brüderlichen Liebe, seine Aufopferungsbereitschaft im Kreis der Familie und seine Loyalität ins Auge, so ist es bei Gandhi sein Pflichtgefühl.

Gandhi war als Kind sehr schüchtern und zurückgezogen, und in seiner Autobiographie erzählt er, daß seine Bücher und Schulstunden seine einzigen Gefährten waren.[6] Nach der Schule lief er sofort nach Hause, weil er es nicht ertrug, mit irgend jemand zu sprechen. Als er im Alter von dreizehn mit einem ausgesprochen unabhängigen Mädchen verheiratet wurde, erfüllte es ihn mit Wut und Scham, daß sie sich nicht vor der Dunkelheit fürchtete, während er es nicht aushielt, in einem unbeleuchteten Zimmer zu schlafen.

Dann kam es zu einem bemerkenswerten Wandel: Die Scheu verging, als Gandhi den Mut faßte, für seine Mitmenschen zu kämpfen.

Nachdem er die Existenz Gottes angezweifelt hatte, entschloß sich Gandhi in seinen frühen Jugendjahren, die metaphysischen Fragen auf später zu verschieben und sich dem zuzuwenden, was er als sicher erachtete – daß nämlich „die Moral die Basis aller Dinge ist und ... die Wahrheit die Substanz aller Moral."

Es war vor allem ein Ereignis, das dazu beitrug, Gandhi von einem hingebungsvollen und gehorsamen Sohn zu einem bemerkenswert strengen Mann zu machen. Es geschah zu der Zeit, als sein Vater krank war und der junge Gandhi normalerweise am Bett seines Vaters saß, um ihm die Beine zu massieren und ihm vorzulesen. Eines Abends war ihm das Opfer, das man von ihm erwartete, jedoch lästig, und er erlaubte seinem Bruder, an seine Stelle zu treten, und kehrte früher als gewöhnlich in sein Zimmer und zu seiner schwangeren Frau zurück. Er schlief mit ihr, und es klopfte an der Tür: Sein Vater war tot.

Als schuldbewußter E6 machte sich Gandhi Vorwürfe, daß er sich „durch tierische Leidenschaft hatte blenden lassen". In seiner Autobiographie schreibt er, daß das ein Makel war, den er nie ausradieren oder vergessen konnte.

Wir wissen alle, wie sehr er es versuchte; auch wenn wir uns vielleicht nicht daran erinnern, daß er zweifelsohne zur berühmtesten Persönlichkeit seiner Zeit wurde.

Rycrofts „Fräulein Y."

Dr. Charles Berg, ein Zeitgenosse Freuds, war der Analytiker des Analytikers meines Analytikers. Bei der Suche nach einem Fallbericht über die Entwicklung eines E6 in der Psychotherapie wäre meine Wahl daher sicherlich auf ein Protokoll einer erfolgreichen Behandlung aus seinem Buch *Tiefenanalyse (Deep Analysis)* gefallen. Ich hatte Bergs *Tiefenanalyse* jedoch bereits in den fünfziger Jahren gelesen, und meine Erinnerung daran war so verschwommen, daß ich den Eindruck hatte, der Patient darin sei ein schozoider E5.[7]

So fiel meine erste Wahl für eine Fallgeschichte, die in der Behandlung eines vermeidenden E6 einen gewissen Erfolg zeigte, eigentlich auf einen der 49 Berichte aus der psychoanalytischen und unterstützenden/expressiven Psychotherapie, die Wallersteins Buch *42 Leben in Behandlung / Prozesse der Psychoanalyse und der expressiven Psychotherapie (Forty-Two Lives in Treatment/Processes of Psychoanalysis and Expressive Psychotherapy)* behandelt. Dort findet sich der fragliche Typus unter dem Titel „Der englische Professor".[8]

Er wird als Beispiel eines nachgiebigen obsessiv-zwanghaften Menschen dargestellt, der unter phobischen Attacken und Angstattacken leidet, und wird in jenem Abschnitt des Buches beschrieben, der den Titel „Varianten der Übertragungsneurose" trägt. Unsere Aufmerksamkeit wird dabei auf die Gefahren einer sogenannten *unlösbaren Übertragungsneurose* gelenkt, „die bei einer bestimmten Kategorie passiv abhängiger oder masochistischer Menschen bei der Behandlung in eine Sackgasse führt". Der Autor weist darauf hin, daß dieses Phänomen in der psychoanalytischen Literatur, seit Alexander und seine Mitarbeiter sich damit befaßten und es benannten, sehr wohl bekannt war. Eben deshalb schlugen die beiden auch Neuerungen in der Psychoanalyse vor. Es wird erklärt, wie einige der Patienten, die in diesem Buch vorkommen, auf eine ganz besondere Art und Weise behandelt wurden, um dem neurotischen Bedürfnis des Patienten nach Abhängigkeit eben nicht nachzugeben und das Risiko einer solchen Sackgasse zu vermeiden. Es ist beachtlich, wie sehr der vorliegende Bericht über den „Englischen Professor" auf diesen Punkt eingeht.

Daß der „Englische Professor" kein E1 ist, zeigt sich in seiner „enormen Affekt- und Impulshemmung", die für E6 typisch ist – und für seine schüchterne phobische Variante am allertypischsten. Auch sein „bereitwilliges Leiden", das Wallerstein und andere als masochistisch bezeichnen, kann eindeutig als Phänomen bei E6 und nicht bei E1 gewertet werden. (Anders als beim „Masochismus" von E4, der leidet, um durch seinen Schmerz Liebe zu gewinnen, ist der „Masochismus" beim selbsterhaltenden E6 allerdings eine Folge seiner Selbsbestrafung.) Die Leidenschaft für Wärme ist wiederum eine andere Sache. Die Betonung liegt hier auf der Harmlosigkeit. Ein Mensch, der sich nicht verteidigen kann, wird von einer nicht-bedrohlichen Umgebung und einem schützenden Umfeld „abhängig".

Wallerstein war mit den Ergebnissen von fünf Jahren Psychoanalyse und einigen weiteren Jahren psychoanalytischer Therapie zufrieden, erreichte der Patient doch eine „volle sexuelle Entwicklung" und „orgasmische Potenz" und heiratete sogar. Sie sind weniger beeindruckend, wenn man den Worten des Patienten Glauben schenkt, der meint, er habe die Fähigkeit erlangt, zu sich selbst etwa folgendes zu sagen: „Ich bin ein gesetzestreuer Bürger, und wenn ich eine volle Blase habe, habe ich das Recht, mich zu entschuldigen und zu gehen." Rückblickend findet er auch, er habe von der Psychoanalyse zuviel erwartet.

Da Dr. Wallersteins Verleger mir nicht die Erlaubnis gab, den Fall, den ich ursprünglich für die Darstellung von E6 ausgesucht hatte, zu zitieren, wähle ich statt dessen Rycrofts „Fräulein Y." – ein Beispiel für die kontraphobische Variante von E6 in der Psychotherapie.

Das Handbuch der Charakterstudien (Handbook of Character Studies), das 1991 von de Vries und Perzow herausgegeben wurde, beginnt mit den bedeutenderen Schriften Freuds und Auszügen aus psychoanalytischen Schriften von Abraham und Reich über Fenichel und bis zu Kernberg.⁹ Das Buch endet mit einem Fallbericht von Charles Rycroft: „Die Analyse einer paranoiden Persönlichkeit", die sich über sechsundzwanzig Seiten erstreckt.¹⁰ Ich zitiere hier die erste Hälfte von Rycrofts Bericht, der eine interessante Beschreibung eines beinahe psychotischen sexuellen (kontraphobischen) E6 zum Inhalt hat, in voller Länge.

I

Als ich kürzlich wieder einmal meinen Text über „Die Bedeutung der Wörter in der psychoanalytischen Behandlung" (1958) durchlas, fiel mir zum ersten Mal auf, daß sich fast alle meine klinischen Beispiele auf eine einzige Patientin bezogen – eine Frau, die zwischen 1948 und 1952 zu mir zur Analyse gekommen war. In der hier vorliegenden Schrift werde ich über diese Patientin berichten und bestimmte Aspekte ihrer Analyse beschreiben.

Natürlich birgt es einige Nachteile in sich, wenn man sechs Jahre nach dem Abschluß der Behandlung über einen Fall berichtet. Ich hoffe, daß diese jedoch durch die ausreichende Distanz wettgemacht werden, die ich inzwischen gewonnen habe, um ihren und meinen Beitrag zur analytischen Beziehung mit einem vernünftigen Abstand darstellen zu können. Da Fräulein Y. ein Mensch war, der üblicherweise in jedem, der mit ihr zu tun hatte, starke Reaktionen hervorrief, ist der durch die verstrichene Zeit gegebene Abstand in diesem Fall möglicherweise besonders relevant. Es war jedoch nicht meine Absicht, meine eigenen emotionalen Reaktionen zu verschleiern, denn ich kann, wenn ich sie mit einschließe, sicherlich ein viel wahrhaftigeres Bild der analytischen Prozeßdynamik geben, als wenn ich mich selbst als den durchwegs losgelösten Beobachter hinstelle.

II

Die Analysegeschichte des Fräulein Y. beginnt bereits zwei Jahre, bevor sie zu mir zur Behandlung kam. Zu jener Zeit war sie Mitte dreißig, eine wenig erfolgreiche Schauspielerin und führte das unsichere Leben einer Künstlerin. Da überkam sie ziemlich plötzlich eine Depression, und sie zog sich völlig aus ihrem vorher sehr regen Gesellschaftsleben zurück. Während ihres „Zusammenbruchs", wie sie das nannte, erlebte sie die verschiedensten eigenartigen Veränderungen in ihren Stimmungen und in ihrer Wahrnehmung der Realität. Diese beobachtete sie und zeichnete sie auf, um sie als Stoff für eine Selbstanalyse zu verwenden, die sie während des nächsten Jahres durchführte. Als einzige Richtlinien vertraute sie auf die beiden einzigen Bücher, die sie je über die Psychoanalyse gelesen hatte, nämlich Theodore Reiks *Ritual* (1946) und Wilhelm Reichs *Charakteranalyse (Character Analysis)* (1949). Gelegentlich telefonierte sie auch mit zwei Ärzten, die sie schon als Medizinstudenten gekannt hatte und die sich beide vorübergehend für die Psychoanalyse interessiert hatten. Auf der Basis dessen, was sie bei dieser Innenschau herausfand, und gerüstet mit dem, was man als eine einigermaßen untaugliche theoretische Grundlage bezeichnen könnte, machte sie sich nicht nur an die Analyse ihrer selbst, sondern etablierte auch ein neues System der Psychopathologie. Leider machte sie darüber keine klaren schriftlichen Aufzeichnungen, aber während der ersten Monate ihrer Analyse bei mir lernte ich dieses System sehr gut kennen. Soweit ich sehen konnte, war es absolut logisch und in sich selbst stimmig, und abgesehen davon, daß es nicht stimmte, konnte ich darin nur drei Fehler entdecken. Erstens stützte es sich nur auf einen Fall. Zweitens maß es den Erfahrungen, die nach dem Alter von drei Monaten gemacht worden waren, keine Bedeutung zu. Drittens nahm es die Frage der Schuld nicht zur Kenntnis. Ansonsten entsprach es in jeder Hinsicht den üblichen Mustern der anerkannten psychopathologischen Theorie – es berücksichtigte sowohl die innere als auch die äußere Wirklichkeit, die Phasen der libidinösen Entwicklung, libidinöse Fixierungen und den Wandel kindlichen libidinösen Strebens in nicht-sexuelles soziales und künstlerisches Tun. Ihre drei Phasen der libidinösen Entwicklung waren (1) die Schwangerschaft, während der die Beziehung zwischen Mutter und Kind über auditive, taktile und posturale Kanäle verlief; (2) die Geburt, die eine traumatische Phase war und „paranoide" Ängste auslöste, die sich vor allem auf visuelle und thermische Eindrücke bezogen; und (3) die orale Phase, während der die Beziehung zur Mutter über den Mund und alle anderen Körperteile außer über die Genitalien verlief. Das Phänomen der Liebe wurde der dritten Phase zugeordnet und spielte unter idealen Entwicklungsbedingungen nach dieser Phase in menschlichen Beziehungen keine weitere Rolle. Das war ihrer Meinung nach ihr einziger wirklich eigener Beitrag zur Psychoanalyse, nämlich die Entdeckung, daß jede Liebe, wie sie sich ausdrückte, „infantilistisch" war. Ihrer Meinung nach fand sich in wirklich reifen sexuellen Beziehungen keine Spur von Liebe mehr, und in ihren eigenen sexuellen Beziehungen konnte die Vorfreude nur als eine bedauerliche Konzession an die zwangsläufige Unreife ihrer nicht analysierten Partner durchgehen. Sexuelle Beziehungen waren aber nicht rein sinnliche Akte – tatsächlich war die Sinnlichkeit ihrer Ansicht nach eine Art von Masturbation, sondern sie waren das Erleben einer „transzendenten Harmonie", die durch den Austausch elektrischer Energien hervorgerufen wurde. Ich glaube, es wäre ein Fehler, diese ihre Gedanken als Unsinn abzutun. Sobald man sich durch die semantische Verwirrung durchgekämpft hat, die ihr Gebrauch des Wortes *Liebe* auslöst, erkennt man, daß sie darum rang, eine Einsicht über den Unterschied zwischen geschlechtlicher und vorgeschlechtlicher Liebe in Worte zu fassen. Ihre Theorie umfaßte weitläufige Verzweigungen, im Augenblick möchte ich aber nur zwei weitere Details erwähnen. Erstens war sie der Ansicht, daß alle Sublimierungen ihren Ursprung in einem bestimmten Aspekt einer der drei Phasen haben, so leitete sich etwa die Musik von einer ursprünglichen Freude am Pulsieren der Nabelschnur her. Zweitens hatte sie entdeckt, daß im Inneren des Menschen reale physische Wesen existierten, die sie aus Gründen, die sich später zeigen werden, „Effigien" nannte. Fräulein Y. war von der grundsätzlichen Richtigkeit ihres Systems absolut überzeugt, und diese Überzeugung war nicht mehr und nicht weniger befangen als unsere in *unserem* analytischen System; sie beruhte auf ihren Erfahrungen während ihrer ganz persönlichen Analyse.

Nach etwa einem Jahr kam Fräulein Y. aus der Depression heraus und entschloß sich, zu einem Psychoanalytiker in Behandlung zu gehen. Sie wußte, daß Analytiker, wie alle anderen bürgerlichen Leute, für ihre Dienste eine Menge Geld verlangten. So machte sie sich daran, Geld zu sparen und einen gut bezahlten Job als Schauspielerin anzunehmen. Sie wollte ihren Analytiker um die Mittagszeit herum besuchen, wo dieser es, wie sie annahm, schwer haben würde, seinen Terminkalender zu füllen. Nach einem Jahr hatte sie etwa 150 Pfund gespart und eine Rolle übernommen, die ihr 25 Pfund die Woche brachte – und zwar in einer Revue, die eine lange Laufzeit versprach. Dann setzte sie sich mit einem der beiden vorher erwähnten Ärzte in Verbindung, der sie mit der Diagnose einer Phobie an mich verwies.

Der bewußte Grund, der sie eine analytische Behandlung in Anspruch nehmen ließ, war für sie nicht etwa, daß sie erkannt hatte, daß sie ernstlich krank war. Im Gegenteil, sie meinte, sie hätte der Psychoanalyse wesentlich mehr zu geben als die Psychoanalyse ihr. Die Gründe, die sie während der ersten Wochen der Analyse anführte, waren die folgenden:

Erstens wollte sie Kinderanalytikerin werden, weil sie meinte, daß die Erkenntnisse, die sie während ihrer Selbstanalyse gewonnen hatte, sie in die Lage versetzten, einige wesentlichen Beiträge zur Theorie und Praxis der Kinderanalyse zu leisten.

Zweitens hatte sie die Absicht, physisch unsterblich zu werden. Sie hatte herausgefunden, daß körperliche Krankheiten und der Alterungsprozeß ihre Ursache in der „Paranoia" hatten, die durch eine traumatisierende und feindliche Umgebung in der Kindheit ausgelöst worden war. Daraus schloß sie, daß sie durch die Analyse ihres reaktiven Sadismus und ihrer Konflikte den ansonsten unvermeidlichen Verfalls- und Todesprozeß auflösen konnte. Eher widerstrebend gab sie zu, daß sie nicht in der Lage war, die für die Sicherung ihrer Unsterblichkeit nötige vollständige Analyse ohne fremde Hilfe durchzuführen. Sie hatte sich daher entschieden, sich der Unterstützung eines klassisch ausgebildeten Analytikers zu versichern, wobei ihr natürlich völlig klar war, daß *seine* Begrenztheit durch das wettgemacht werden mußte, was *sie ihm* beibrachte. Da das Ziel ja die physische Unsterblichkeit war, konnte sie es sich leisten, eine zeitlich beinahe unbegrenzte Analyse ins Auge zu fassen. Wie lange sie auch dauern mochte, im Vergleich zum letztendlichen Lohn des ewigen Lebens wäre sie doch kurz – und zwar sowohl für den Analytiker als auch für sie selbst. Sie war noch nie auf jemanden gestoßen, der diese ihre Ideen ernstgenommen hatte, sie selbst hielt sie allerdings gar nicht für besonders frevelhaft oder originell. Sie dachte, sie zöge nur jenen naheliegenden logischen Schluß, den zu ziehen konventionelle Analytiker mit ihrer typischen bürgerlichen Feigheit zuviel Angst hatten. Soweit ich erkennen konnte, war ihr der Begriff des Todesinstinktes unbekannt. Der pathogene Faktor, den sie durch eine vollständige Analyse zu beseitigen hoffte, war die Paranoia, die ihr durch den Sadismus ihres kindlichen Umfeldes eingeimpft worden war.

Drittens wollte sie von dem Schmerz befreit werden, den sie beim Geschlechtsverkehr empfand. Dieser Schmerz saß auf einer Seite und tauchte nur bei einer tiefen Penetration auf. Ein Chirurg hatte sie schon aufgeklärt, daß er zweifelsohne organischen Ursprungs war und durch eine Operation am Unterbauch beseitigt werden könne. Das wollte sie jedoch nicht akzeptieren, da ihr der Gedanke an einen chirurgischen Eingriff verhaßt war.

Ihre Gedanken über physische Unsterblichkeit erwähnte Fräulein Y. während der ersten Sitzung nicht. Sie hielt sie bewußt zurück, bis sie sicher war, daß ich mich verpflichtet fühlte, ihre Behandlung fortzusetzen. Zu der Zeit akzeptierte ich die Meinung des überweisenden praktischen Arztes, daß sie ohne jede Frage für eine psychoanalytische Behandlung geeignet war. Mein erster Eindruck bezog sich vor allem auf ihre Entschlossenheit, sich in Analyse zu begeben, ihre ungeheure Anspannung und ihre verwirrend komplexe Sprechweise, die ich später noch genauer beschreiben werde.

III

Wie sich später zeigte, waren es vor allem zwei Details während der ersten Konsultation, die wesentlich zur Dynamik der analytischen Beziehung beitrugen, auch wenn sie zum fraglichen Zeitpunkt unbemerkt an mir vorübergingen.

Als wir über mein Honorar sprachen, erzählte sie mir von dem Geld, das sie gespart hatte, und daß sie derzeit 25 Pfund in der Woche verdiene. Ich fragte sie dann, wie lange sie meinte, daß die Revue dauern würde, und wieviel Zeit des Jahres sie für ihre „Ruhe" anberaumt hatte, wobei ich den unter Theaterleuten üblichen euphemistischen Ausdruck für „arbeitslos" verwendete. Sie sagte, vielleicht sechs Monate im Jahr, und so schlug ich vor, beim Besprechen meines Honorars davon auszugehen, daß sie 12 und nicht 25 Pfund die Woche verdiene. Ich hatte richtig geraten, daß 25 Pfund die Woche wesentlich mehr war, als sie üblicherweise verdiente, aber ich hatte völlig außer acht gelassen, daß ich sie mit einer Haltung gegenüber dem Geld konfrontierte, die allen ihren Vorurteilen über professionelle Leute zuwiderlief. Sie hatte fraglos angenommen, daß Analytiker im Verfolgen ihrer Honorare rücksichtslos waren und daß ich ihres ohne jede Rücksicht auf ihre Lebensumstände festsetzen würde. Die Tatsache, daß ich mich ausführlich danach erkundigte und sie bei der Festlegung des Honorars berücksichtigte, hatte zur Folge, daß ich eine ihrer am besten gehüteten Sorgen untergrub.

Eines anderen wesentlichen Zuges der Anfangssitzung wurde ich mir bewußt, als es sich als nötig erwies, meine Gegenübertragung zu überprüfen. Erst da wurde mir bewußt, daß Fräulein Y. mich sehr effizient in ihre Analyse hineingetrieben hatte. Indem sie sich als schwierigen Fall darstellte und auf die Anstrengungen verwies, die sie unternommen hatte, um eine Behandlung ihrerseits zu ermöglichen, hatte sie sowohl an meinen Sportsgeist appelliert – übrigens ein Ausdruck, den sie als sehr beleidigend empfunden hätte – als auch an eine kontraphobische Seite, die einen eine Sache gerade deshalb angehen läßt, weil sie als schwierig dargestellt wird. Erst später erfuhr ich, daß in ihrer Kindheit Mutproben ein haarsträubendes Ausmaß annahmen und daß sie als erwachsener Mensch immer noch eine außergewöhnliche Fähigkeit hatte, körperliche Risiken auf sich zu nehmen. Einmal hatte sie ihr Geld in einem Zirkus damit verdient, daß sie ein Motorrad vom Beifahrersitz aus in der Todeswand kreisen ließ. Indem sie mich auf diese Weise herausforderte, weckte sie in mir eine Entschlossenheit, ihre Verteidigungsmechanismen zu durchbrechen. Zusammen mit ihrer eigenen Entschlossenheit, sich analysieren zu lassen, koste es, was es wolle, half ihr das, ihre ebenso große Entschlossenheit, *keinen* dieser Verteidigungsmechanismen aufzugeben, zu überwinden. Die Bedeutung all dessen liegt in dem Umstand, daß ihre Analyse sich als eine aus jener durchaus nicht unüblichen Sparte erwies, die die Frage aufwerfen, warum ein Analytiker sich der Behandlung eines Patienten verschreibt, von der er nicht den üblichen ökonomische Ertrag erwarten kann.

IV

Fräulein Y. war klein und schlank, aber ihre auffallende Präsenz ließ sie größer erscheinen, als sie war. Sie war außerordentlich gut aussehend, wenngleich dieser Eindruck durch ihre angespannte Mimik und Haltung getrübt wurde. Sie sprach mit einer leisen, rauhen oder auch schroffen Stimme. Ihre Kleidung war entweder so unordentlich, daß sie schon verkommen aussah – meine Ordinationshilfe nannte sie zum Spaß die

Zigeunerin –, oder so exotisch, daß es schon beinahe bizarr wirkte. Sie interessierte sich außerordentlich für ihre Wirkung auf andere Leute, aber sie unternahm nicht den leisesten Versuch, einen gepflegten oder modischen Eindruck zu erwecken.

Anfangs hatte ich erhebliche Schwierigkeiten, ihre höchst eigenwillige Sprechweise zu verstehen. Ich mußte sie deshalb genau analysieren. Sie beinhaltete die folgenden fünf Eigenarten: (1) Sie wählte ihre eigenen Vorsilben und Nachsilben und sagte etwa „komatisch" statt „komatös". (2) Sie gab Worten ihre eigene persönliche Bedeutung, die von der allgemein gebräuchlichen Bedeutung abwich, aber doch in irgendeiner Verbindung dazu stand. „Komatisch" bedeutete etwa lethargisch, intellektuell faul, nicht wach. (3) Sie hatte eine Reihe von Lieblingsworten, die sie in einem ungewöhnlichen oder altmodischen Sinn verwendete. Eines dieser Worte war „reaktionär", was soviel wie feinfühlig oder empfänglich bedeutete. (4) Sie hatte neue Worte erfunden und eine Reihe schon bestehender Worte so adaptiert, daß sie die verschiedensten innerseelischen Phänomene beschreiben konnte, auf die sie während ihrer Selbstanalyse gestoßen war und für die sie in ihrem Vokabular aus der Zeit vor ihrem Zusammenbruch keine Worte fand. Das auffallendste dieser Worte war *Effigie*, mit dem sie ein internes Objekt beschrieb. (5) Sie zog die abstrakte Ausdrucksweise der konkreten vor und vermied Metaphern, wobei sie ihr Vokabular auf Worte beschränkte, die jede offensichtliche Verbindung zu konkreten Gegenständen oder Handlungen verloren hatten. Das war die Hauptstörung, und ihre Ursache wurde aus ihren Reaktionen auf meine Verwendung von Metaphern ersichtlich. Dabei wurde klar, daß es ihr schwerfiel, zwischen der wörtlichen und der metaphorischen Bedeutung von Worten zu unterscheiden, wie auch zwischen den Worten und den konkreten Objekten, die sie bezeichneten. Wenn ich zum Beispiel den Ausdruck verwendete „sich jemand vom Hals schaffen", rief das bei ihr das Gefühl hervor, daß etwas ihren Hals zuschnürte und nicht die Idee einer Erleichterung. Sie deutete meine Verwendung dieser Phrase als einen sadistischen Angriff, einen absichtlichen Versuch, sie einen Druck auf ihrem Hals spüren zu lassen. Ich bin nicht sicher, in welchem Ausmaß sich diese Schwierigkeit in ihrem täglichen Leben äußerte oder wie sehr sie durch die Regression während der analytischen Sitzung hervorgerufen wurde.

Sie selbst wollte immer behaupten, daß die Schwierigkeiten, die sich zuweilen in unserer verbalen Kommunikation ergaben, auf ihre amerikanische Erziehung zurückzuführen seien, und daß ihr die idiomatischen Wendungen des britischen Englisch nicht vertraut seien. Ich blieb von Anfang an getrost dabei, daß dem überhaupt nicht so sei, und später stellte sich heraus, daß alle die Menschen, die in ihrer Kindheit für sie wichtig gewesen waren, in England aufgewachsen waren und trotz ihres langen Aufenthalts in der Fremde geradezu militant an ihrem britischen Mittelklasseakzent festgehalten hatten. Der wahre Grund für ihre Überzeugung, sie könne das britische Englisch nicht verstehen, und ich könne ihre ausgebürgerte Sprechweise nicht verstehen, lag in dem unbewußten Glauben, die affektiven Kommunikationskanäle zwischen ihr und ihren Mutterfiguren seien irreparabel gebrochen und keine Worte, nicht einmal die ihrer Muttersprache, könnten das überbrücken.

Wenngleich mir die Eigenarten ihrer Sprechweise mit der Zeit vertraut wurden und ich etwa wußte, daß „reaktionäre Männer haben keinen Sinn für Struktur" nichts mit Politik zu tun hatte, sondern bedeutete, daß sensible Männer keine dauerhaften persönlichen Beziehungen führen konnten, sah ich doch absichtlich davon ab, mich über ein gewisses Minimum hinaus an sie anzupassen, weil ich fürchtete, in eine linguistische folie à deux verstrickt zu werden, die es ihr erschweren würde, sich durch ihre Abwehr hindurch zu ihrem unverständigen Mutterbild vorzuarbeiten. Ich bin nicht ganz sicher, ob ich mit dieser Haltung recht hatte.

Einige ihrer Neologismen waren sehr unterhaltsam, wenn auch nicht beabsichtigt. Eine Unterarchie war eine Hierarchie von oben aus gesehen – jene unter uns, die nicht an der Spitze stehen, sehen eine Hierarchie natürlich von unten. Einmal sagte sie ganz ernsthaft: „Ärgerlich? Ich war paranoid." (Der amüsante Faktor bezieht sich auf ein Wortspiel im Englischen: „Annoyed? I was paranoid." Anm. d. Übers.) Ich beschreibe hier natürlich das Frühstadium einer schizoiden Denkstörung, die aus einer regressiven Störung im symbolischen Denken und aus ihrem Versuch resultiert, die gestörten Wahrnehmungen ihres Zusammenbruchs ohne fremde Hilfe in den Griff zu bekommen. Diese Denkstörung löste sich im Laufe der Analyse völlig. Während ihrer Genesungsphase machte sie oft Scherze, die darin bestanden, daß sie Metaphern wörtlich nahm. Einige davon verwendete einer ihrer Freunde als Untertitel für einen Band mit humoristischen Zeichnungen.

Ihr Glaube an ihre völlig ungeübte kreative Kraft kam aus der gleichen Ecke wie ihr Vertrauen in die Fähigkeit, sich selbst ohne jede fremde Hilfe zu analysieren. Im Alter von zehn hatte sie beschlossen, ein weiblicher Shakespeare zu werden; zur gleichen Zeit beschloß sie auch, ein Bauchredner zu werden. Im Alter von siebzehn schrieb sie ein Gedicht, das einem Gedicht Verlaines aufs Haar glich, und eine Melodie, die einer Melodie Rachmaninoffs ebenfalls aufs Haar glich. Als sie dreißig war, sagte ihr ein Ballettlehrer, sie könne nach einigen Wochen Training das Niveau einer Ballerina erreichen. Sie behauptete auch, sie hätte telepathische Fähigkeiten. Die einzigen künstlerischen Talente, auf die sie keinen Anspruch erhob, waren Malen und Zeichnen. Es war nicht verwunderlich, daß eines ihrer Zeugnisse aus der Schauspielschule – das Schauspiel war übrigens die einzige Kunst, für die sie irgendeine formale Ausbildung hatte – sie als außergewöhnlich talentiert beschrieb, aber auch als völlig unfähig, von irgend jemandem zu lernen. Ein Traum, den sie während des ersten Jahres ihrer Analyse hatte, zeigt, wie allmächtig der Glaube an ihr Genie war.

Traum 1. Sie bewies einer Gruppe spießiger bürgerlicher Professoren, wie sie tanzen konnte, ohne den Boden zu berühren. Mit einem Finger mußte sie jedoch einen kleinen runden Tisch in der Mitte des Raumes berühren.

Ihre Entschlossenheit, jedes Bedürfnis und jede Abhängigkeit gegenüber anderen zu leugnen, zeigte sich auch in ihrer Haltung gegenüber äußeren Gefahren und Schwierigkeiten. Sie war nicht nur frei von körperlicher Angst, sondern sie schien auch keine sozialen Ängste zu kennen. Nie war sie scheu oder von jemandem eingeschüchtert, und es war ihr unmöglich, irgendwelche Protektionsangebote anzunehmen, die ihr beruflich vielleicht geholfen hätten. Sie leugnete auch, daß die wirtschaftliche Unsicherheit, in der sie normalerweise lebte, ihr auch nur die leiseste Angst einjagte. Als sie während der Zeit der Analyse einmal keinen Pfennig hatte, wies sie das Arbeitslosengeld zurück und versuchte, sich einzureden, Hunger wäre ein psychogenes Phänomen. Sie gab auch nicht zu, daß sexuelle Promiskuität irgendwelche Gefahren in sich berge.

Für sich selbst hätte sie ohnehin nicht das Wort *promiskuitiv* verwendet, es fällt aber schwer, ein anderes Wort zu finden, um die verblüffend schnelle Abfolge flüchtiger Treffen zu beschreiben, aus denen ihr Sexleben bestand. In ihren Augen war das die Suche nach einem idealen Partner, mit dem sie eine völlige sexuelle Harmonie erleben konnte, die nicht durch Liebe oder Sinnlichkeit vergiftet war. Ab und zu war ihre Suche, wie sie behauptete, erfolgreich. Da traf sie einen „reaktionären" Mann, aber dann stellte sich bedauerlicherweise immer heraus, daß er „keinen Sinn für Struktur" hatte. Die anderen erwiesen sich immer als „komatisch". Ich fand es ziemlich widersprüchlich, daß sie ihre Sexualpartner als Liebhaber bezeichnete.

Es dürfte schon klar geworden sein, daß Fräulein Y. eher kontraphobisch als phobisch war und daß ihr Wesen in vielen Zügen paranoid war. Im letzten Teil seiner Schrift über Schreber bemerkt Freud, daß die bekannten Hauptformen der Paranoia alle als der Widerspruch eines einzigen Satzes gesehen werden können, und zwar: „Ich (ein Mann) liebe ihn (einen Mann)". In der Folge zeigt Freud, daß der grundlegende Mechanismus der Paranoia nicht in der Projektion liegen kann. Obwohl Fräulein Y. den Projektionsmechanismus sicher ausführlich verwendete, schienen die Verteidigungsstrategien ihres Wesens doch eher auf dem Widerspruch zwischen ihren unbewußten Wünschen und Ängsten zu basieren als auf Verleugnung und Projektion. Ihre heterosexuelle Promiskuität stand im Widerspruch zu der darunter liegenden Bindung an ihre Mutter und zu ihrem Haß gegenüber und ihrer Angst vor Männern. Ihr angemaßtes Genie, ein Beispiel für das, was Freud die sexuelle Überschätzung des Ego nannte, widersprach ihrem unbewußten Bedürfnis nach Liebe, was noch durch ihre ideologische Zurückweisung der Liebe als infantil verstärkt wurde. Ihre eingebildete Entdeckung eines Mittels, mit Hilfe dessen der Tod überwunden werden konnte, stand im Widerspruch zu ihrem Leugnen des Todes. In ähnlicher Weise war ihre Überzeugung, daß im Grunde jeder außer ihr selbst sadistisch war, ebenso sehr ein Widerspruch zu ihrem Bedürfnis nach Liebe wie eine Projektion ihres eigenen Sadismus. Das zeigte sich in dem Umstand, daß es genau die Personengruppen waren, deren Aufgabe es war, für andere zu sorgen, und deren Fürsorge sie selbst brauchte, die sie als besonders sadistisch ansah. Sie hielt alle Ärzte, vor allem Ärztinnen und Psychiater, für sadistisch. Psychoanalytiker hielt sie grundsätzlich nicht dafür, wenngleich sie während des ersten Jahres der Analyse die meisten meiner Interpretationen für vorsätzlich sadistische Angriffe hielt. War sie in milder Stimmung, so schrieb sie meinen Sadismus der Vergiftung zu, die ich während meiner medizinischen Ausbildung erlitten hatte. Alle Mütter, auf die sie stieß, wurden genau unter die Lupe genommen, und jeder Fehler oder jede Absonderlichkeit, die sie zeigten, wurde ihrem Sadismus zugeschrieben. Wenn möglich, teilte sie ihnen das auch mit.

Ihr Bedürfnis nach Liebe und nach dem Gefühl, geliebt zu werden, hatte jedoch ein Ventil. Sie hatte Katzen, und zwar mehrere, die sie davor bewahrt hatte, ausgesetzt zu werden. Sie hing sehr an ihnen und glaubte gerne, daß sie von ihr abhängig waren. Glücklicherweise beschloß sie schon sehr früh in der Analyse, daß auch ich Katzen mochte. Daß die Katzen zu einer äußeren Realität gehörten, in der sie normale Gefühle hatte und in der ihre ansonsten allmächtigen Verteidigungsmechanismen nicht funktionierten, zeigte sich an dem Umstand, daß ihr erster offener und naiver Ausdruck von Angst in der analytischen Situation im Zusammenhang mit einer von ihnen geschah. Eines Tages schlief die Katze des Hausmeisters unter der Analysecouch und kam mitten in der Sitzung von dort hervor. Als Fräulein Y. plötzlich bemerkte, wie sie zur Tür schlich, sprang sie auf der anderen Seite von der Couch. Ich blieb sitzen. Ich bin überzeugt, daß sie nicht mit der Wimper gezuckt hätte, wäre ein Mann und nicht eine Katze hervorgekrochen.

Ein anderer Zug ihrer Persönlichkeit, der meiner Meinung nach eher manisch als paranoid war, bestand darin, daß ihre Erscheinung und ihr ganzes Verhalten sich so sehr verändern konnten, daß es schwer war, zu glauben, daß die verschiedenen Charaktere, die man da zu Gesicht bekam, Aspekte ein und derselben Person waren. In dem einen Charakter war sie hart, aggressiv, verdrossen und streitbar – und normalerweise auch schlampig gekleidet. In einem anderen war sie verklärt und strahlend – und absolut überzeugt, daß sie mit ihrem Charme jeden betören konnte, dem sie begegnete. War sie in dieser Stimmung, so starrten sie die Leute auf der Straße bewundernd an, wenn sie vorbeiging, und völlig fremde Menschen gingen auf sie zu und sprachen sie an. Es war ein wichtiger Schritt in der Analyse, als sie das mit der Art und Weise verglich, mit der Passanten auf ein Baby zugingen und auf es einredeten, und als sie das, obwohl es ihr noch immer schmeichelte, als ein Eindringen in ihre Privatsphäre empfand. Die besagten Stimmungsschwankungen passierten zuerst außerhalb der

Analyse und wurden von anderen kommentiert und nicht von mir; später tauchten sie auf, wenn die Übertragung sich veränderte.

Bei der Charakterbeschreibung von Fräulein Y. habe ich schon die Begriffe *kontraphobisch, paranoid* und *manisch* verwendet, und meiner Meinung nach stellt sich auch die Frage, ob sie psychiatrisch gesehen psychotisch war. Ganz sicher zeigte sie eine affektive Inkongruenz. Das beschrieb einer ihrer Liebhaber einmal sehr gut, als er zu ihr sagte: „Es ist deine großartige Belanglosigkeit. Du schaust die Zuckerdose haßerfüllt an und sprichst mit ekstatischem Ausdruck vom Wetter." Ich bin ziemlich sicher, daß sie am Anfang furchtbare Angst davor hatte, daß ich sie für verrückt erklären würde und daß sie mehr als erleichtert war, daß ich sie nie so behandelte.

Da Fräulein Y. sich oft so verhielt und sprach, daß man geneigt war, sie im alltäglichen Leben als anmaßend, absurd und bizarr abzutun, muß ich ausdrücklich erwähnen, daß ich mich schon sehr früh dafür entschied, daß sie ein sehr begabter, wenn auch zutiefst gestörter Mensch war, und daß sie vor allem einen unbeirrbaren Sinn für Ästhetik hatte. Es wäre schwer, für diesen Eindruck wirklich allgemein überzeugende Beispiele zu finden. Ich möchte dazu nur soviel sagen, daß sich ihre Sensibilität oft in negativer Weise zeigte. Niemand könnte Rembrandt je so leidenschaftlich hassen wie sie, ohne eine tiefe, wenn auch geleugnete Einsicht in sein Verständnis des Alterns und des Todes zu haben.

Bisher habe ich Fräulein Y.s Charakter und Gedankenwelt dargestellt, ohne mich auf die Erfahrungen ihrer Kindheit zu beziehen. Das allein ließe schon vieles verstehen. Der Grund dafür liegt darin, daß ich während ihrer Analyse zuerst lernen mußte, mit der defensiven Persönlichkeit vertraut zu werden, die sie der Welt zeigte, bevor ich die nackten Tatsachen ihrer Kindheit erfuhr, geschweige denn ein Vorstellungsvermögen dafür entwickeln konnte.

V

Fräulein Y. war das jüngste Kind der einzigen Familie, die in dem kleinen amerikanischen Dorf, in dem sie lebte, ein britisches Englisch sprach. Ihre Eltern waren beide aus England eingewandert. Sie waren zum Katholizismus konvertiert, und in kurzen Abständen wurden nacheinander fünf Kinder geboren, zuerst ein Junge und dann vier Mädchen. Das ganze Familienleben war von einer Reihe von Todesfällen überschattet, die alle passierten, bevor Fräulein Y. das Alter von zehn erreicht hatte. Ihre Mutter starb, als sie kaum älter als zwei war. Dann kam eine Tante und sorgte für die Kinder; sie starb, als Fräulein Y. viereinhalb war. Die Kinder hatten dann ein Kindermädchen, das in ein psychiatrisches Krankenhaus eingewiesen wurde, als Fräulein Y. zehn war, und bald nach ihrer Aufnahme starb. Fräulein Y. konnte sich an alle drei Todesfälle dunkel erinnern. In ihren frühen Jugendjahren heiratete ihr Vater zum zweiten Mal. Ihre Stiefmutter fand Fräulein Y. völlig unlenkbar, und beide Eltern wurden sehr streng, als sie versuchten, ihr jugendliches Interesse an Jungen zu kontrollieren. Sie reagierte darauf, indem sie immer widerspenstiger wurde. Gegen Ende ihrer Teenagerzeit steckte man sie eine Zeit lang in ein von Nonnen geführtes Erziehungsheim, und später, als sie sich in einigen Bürojobs nicht hielt, wurde sie zurück nach England verfrachtet und lebte dort mit entfernten Verwandten in einer kleinen Provinzstadt. Die dortigen Aspidistra und Sesselschoner hielt sie bald nicht mehr aus, und noch bevor sie einundzwanzig war, rannte sie davon und ging zum Zirkus. Von da an lebte sie ein unsicheres und rastloses Nomadenleben; der einzige Kontakt zu ihrer Familie bestand in gelegentlichen Briefen an ihre Schwestern und Bitten um finanzielle Hilfe an ihren Bruder. Unter diesen Umständen standen keine bestätigenden äußeren Beweismittel für ihre Kindheit zur Verfügung, während ihre eigene Beschreibung ihrer Behandlung durch Vater und Stiefmutter alle Anzeichen einer paranoiden Störung trug. Der Gedanke, den sie am Anfang ihrer Analyse hatte, nämlich daß sowohl ihr Vater als auch ihr Bruder versucht hatten, sie sexuell zu mißbrauchen, war ziemlich sicher eine Täuschung. Ich nehme an, daß ihr Vater ein launischer und schwieriger Mensch war, der oft am Ende seiner Weisheit war, wie er mit seinen fünf mutterlosen Kindern umgehen sollte. Sie gerieten außer Rand und Band und ließen den Großteil ihrer Feindseligkeit und ihres Unmuts in Raufereien und Gehässigkeiten aneinander aus, und meine Patientin bekam dabei als die Jüngste das meiste Fett ab. Außerdem glaube ich, daß sie zudem das Lieblingskind ihres Vaters war. Ihm verdankte sie ihr Interesse an der Poesie und am Schauspiel, und sie war das einzige unter den Kindern, das von seiner Leidenschaft für Shakespeare angesteckt wurde. Die Tatsache, daß er sie abschob, und zwar zuerst ins Erziehungsheim und dann nach England, ist für mich viel eher die Tat eines von seiner Lieblingstochter bitter enttäuschten Mannes als die eines rohen Zuchtmeisters. Worin ihr Fehlverhalten genau bestand, konnte ich nie herausfinden. Die anderen Kinder paßten sich alle der amerikanischen Lebensart an.

Obwohl diese Fakten über ihre Kindheit sehr dürftig sind, reichen sie doch aus, um ihre unbewußte Sehnsucht nach der Mutter, ihren bewußten Haß gegenüber dem Vater, ihre Angst vor dem Tod allesamt vorstellbar und verständlich zu machen. Für die paranoide Verzerrung ihrer Persönlichkeit und für den Umstand, daß ihre kindlichen Traumata nicht zu einer Unterdrückung und Verkümmerung des Ego und zur Symptombildung führten, sondern zur Entwicklung eines Egos, das sich seinerseits auf den aktiven Widerspruch ihrer pathologischen und unbewußten Triebe stützt, bieten sie allerdings keine ausreichende Erklärung. Eine Folge aus dem Umstand, daß sie aus ihrer Kindheit nicht mit einer Psychoneurose herauskam, sondern mit einem paranoiden, manischen Charakter, war, daß ihrem organisierten

Ego die Energie, die beim Neurotiker in der Symptombildung gebunden oder in der Unterdrückung gefangen ist, durchaus zur Verfügung stand, wenn auch um den Preis eines teilweisen Bruches mit der Realität. Darin lag das Ungestüme ihrer Persönlichkeit begründet, das einer ihrer auffallendsten Wesenszüge war.

VI

Fräulein Y.s Analyse dauerte um einiges mehr als vier Jahre. Ich möchte ihren Verlauf nicht vollständig beschreiben, sondern werde mich darauf beschränken, ein allgemeines Bild der drei Phasen zu zeichnen, in die die Analyse sich gliederte, und einige Schlüsselepisoden im Detail zu beschreiben. Fräulein Y.s Traumleben war sehr reichhaltig und ihre Träume bemerkenswert wenig verschlüsselt. Ich werde sie daher oft als erläuterndes Material verwenden, ohne über ihre eigenen Assoziationen dazu zu berichten, die oft eher verwirrend als erhellend waren.

Die drei Phasen, in die die Analyse sich gliederte, waren die folgenden:

1. Eine Widerstandsphase, in der Fräulein Y. dagegen ankämpfte, ihre allmächtigen und narzißtischen Verteidigungsstrategien aufzubrechen.
2. Eine Regressionsphase, in der sie jene Verzweiflung und Depression erneut erlebte, die die Herausbildung dieser Verteidigungsstrategien notwendig gemacht hatten.
3. Eine Gesundungsphase, in der sie Sublimierungsstrategien erwarb und ihre Verteidigungsstrategien auf einer weniger allmächtigen und narzißtischen Basis wieder aufbaute.

Da die Regressionsphase sehr schnell einsetzte und während einer meiner Urlaube sehr plötzlich zu Ende ging, stimmt diese Dreiteilung unmittelbar mit den klinischen Fakten überein und ist nicht bloß ein theoretisches Gebilde, das ausschließlich dazu dient, meine Ausführungen zu erleichtern. Die Regressionsphase warf jedoch schon während der Widerstandsphase mehr als einmal ihre Schatten voraus, und ich werde einen dieser Vorfälle etwas detaillierter beschreiben.[11]

Der obige Bericht erzählt von einem Fall therapeutischen Erfolgs, dennoch bin ich der Meinung, daß die Verbesserung hauptsächlich als Ergebnis einer allmählichen Vertrauensbildung und der heilsamen emotionalen Erfahrung auftrat, die dadurch möglich wurde, daß der Therapeut bereit war, von seiner mittellosen Patientin zuerst ein geringeres und dann gar kein Honorar zu verlangen, und nur zu einem sehr geringen Teil als Ergebnis der ausgereiften psychoanalytischen Interpretationen, die er ihr bot. In der Folge zitiere ich nur mehr Ausschnitte aus dem verbleibenden Teil von Rycrofts Bericht.

Die Widerstandsphase dauerte etwas weniger als zwei Jahre. Die vorangehenden Abschnitte dieser Schrift haben hauptsächlich Eindrücke und Informationen vermittelt, die während dieser ersten Phase gesammelt wurden. Sie zeichnete sich durch lange Phasen der Feindseligkeit mir gegenüber aus, die mit kurzen Perioden vollkommener Harmonie abwechselten. Während der feindseligen Phasen griff sie mich wegen praktisch allem und jedem an. Sie hielt mich für sadistisch, gefühllos, dumm und verständnislos und für ein legitimes Ziel ihres Hasses gegenüber allem Englischen – englischen Sitten, englischem Snobismus, englischen Ärzte, englischem Essen, englischen Kochkünsten und englischem Wetter. Alle Versuche, ihre Feindseligkeit zu interpretieren, deutete sie als Hinweis dafür, daß ich das, was sie attackierte, guthieß, und somit als weiteres Zeichen meiner Gefühllosigkeit und meiner Dummheit. Immer wieder meinte sie, ich provoziere sie absichtlich, indem ich die offensichtlich unhaltbaren Umstände, die sie Tag für Tag traumatisierten, befürwortete. Obwohl der Großteil dieser Feindseligkeit zweifelsohne aus der Übertragung herrührte, traf der Vorwurf, ich sei nicht verständnisvoll, zuweilen und in einem gewissen Ausmaß zu. Dafür gab es zwei Gründe. Der eine war unvermeidlich, der andere die Folge eines mangelnden Urteilsvermögens meinerseits.

Der unvermeidliche Grund ergab sich aus der Verwirrung, die durch ihre höchst individuellen Sprachgewohnheiten entstand. (S. 570)

Der vermeidbare Grund lag darin, daß ich nicht sensibel genug zwischen den verschiedenen Arten und Ursprüngen der Aggression unterschied. Die Anzeichen von Penisneid und oraler Frustration wurden in ihren Attacken auf Ärzte und das englische Essen und Wetter nur zu deutlich und es war richtig, daß sie mich dafür beneidete, daß ich ein Mann war und daß ihre Heimat, die ihr weder Wärme noch Essen gab, sie frustrierte. Ihre Träume legten jedoch – wie ich erst viel später erkannte, als es notwendig wurde, meine Notizen wieder zu lesen – nahe, daß ihr Neid und ihre Aggression nicht primär und triebhaft waren, sondern ein Teil ihrer Verteidigungsstrategien. Die Nichtanerkennung ihres Bedürfnisses nach Liebe und das Festhalten an inneren Objekten, aus denen sie ihre Allmachtsgefühle bezog, hielten sie in ihrer Innenwelt gefangen, und ihr Anliegen an mich war, daß ich ihr helfen sollte, das Risiko einzugehen, ihre Selbstgenügsamkeit aufzugeben und einem äußeren Objekt zu trauen. Sobald sie dieses Anliegen an mich herangetragen und mich als jemanden eingesetzt hatte, von dem sie hoffen konnte, gerettet zu werden, zwang ihre Angst sie, mich zu hassen und zu fürchten. Gerade deshalb, weil ich die Person war, die sie dazu ausersehen hatte, sie von ihren inneren Objekten zu befreien, wurde ich unvermeidlich auch zu der Person, die ihr Allmachtsgefühl zu zerstören drohte. Gerade deshalb, weil ich die Person war, der sie eine Position eingeräumt hatte, in der ich mich als vertrauenswürdig erweisen und ihr ihr Bedürfnis nach Liebe bewußt machen konnte, wurde ich auch zu der

Person, die sich als hassenswert, unsensibel und verständnislos herausstellen mußte.

    Ich habe schon erwähnt, daß die Regressionsphase in dieser ersten Phase des Widerstands mehr als einmal ihre Schatten vorauswarf. Am eindrucksvollsten zeigte sich das bei einer Gelegenheit gegen Ende des ersten Jahres der Analyse, die allerdings durch äußere Umstände heraufbeschworen wurde. Sie war – teilweise auch von mir – überzeugt worden, sich wegen ihrer Dyspareunie einem chirurgischen Eingriff zu unterziehen, und ging während einer meiner Urlaube ins Krankenhaus. Die Operation sollte drei Tage, bevor ich wieder zurückkam, stattfinden. Ich war deshalb erstaunt und auch irritiert, als sie mich anrief, um mir mitzuteilen, daß sie zur Sitzung kommen würde, obwohl sie sich erst drei Tage vorher einer Operation unterzogen hatte. Als sie kam, ging sie geradewegs zur Couch, ohne mich zu grüßen oder auch nur anzusehen. Sie legte sich hin und wurde vollkommen schlaff, ganz im Gegensatz zu ihrer sonst sehr angespannten Haltung. Sie blieb still und unheimlich reglos. Ich hatte richtig geraten, daß sie das Krankenhaus beinahe unmittelbar nach der Operation verlassen hatte, und da ich ja wußte, daß sie am Unterbauch operiert worden war, fürchtete ich, daß sie einen Blutsturz gehabt haben könnte. Auch ihre Blässe war nicht gerade vertrauenerweckend, und ich erinnere mich, daß ich für einen Moment lang dachte, sie wäre gekommen, um auf der Couch zu sterben. Deshalb war ich eher erleichtert als beunruhigt, als ich merkte, daß sie leise vor sich hin weinte. Nach einer Weile versuchte sie zu sprechen, aber es gelang ihr nicht. Ich half ihr, sich aufzurichten und in einen Stuhl zu setzen. Dann erzählte sie mir, was passiert war. Sie hatte die Operation mit viel weniger Schmerzen und Sorge überstanden, als sie angenommen hatte, und war auch mit den barbarischen Zuständen in einem englischen Spital sehr gut zurechtgekommen, bis man ein kleines Kind auf der Station aufgenommen hatte. Dieses Kind hatte die ganze Nacht geweint, und sie hatte sich über die Gleichgültigkeit des Pflegepersonals ebenso aufgeregt wie über das Weinen selbst. Am nächsten Morgen hatte sie es nicht mehr ausgehalten und nach einem Streit mit der Stationsschwester und dem Hausarzt das Krankenhaus verlassen. Ich muß wohl kaum darauf hinweisen, daß sie ihre eigene Verlassenheit nach den Todesfällen in ihrer Kindheit wiedererlebte und daß ihr Unmut zugunsten des Kindes von ihrem eigenen Bedürfnis nach Trost herrührte.

VIII

    In den Monaten nach diesem Vorfall begann sie sich zu verändern. Sie lebte nicht mehr promiskuitiv und beschäftigte sich mit ihren Erinnerungen an einen jungen Franzosen, der halb so alt war wie sie und mit dem sie eine kurze Affäre gehabt hatte. Nach einem Streit mit dem Regisseur verlor sie ihren Job, und danach sabotierte sie jedes Vorsprechen, zu dem sie ging, durch ihre unnachgiebige Haltung. Ihre Ersparnisse waren fast aufgebraucht. Sie wurde sich ihrer Abhängigkeit von mir immer mehr bewußt und hörte auf, mich ständig zu attackieren. Sie fing an, Alpträume zu haben, in denen ich in der Rolle des Wohltäters und Beschützers auftrat. (S. 573–574)

Noch schwerer ist die emotionale Atmosphäre während dieser Phase zu vermitteln, und zwar zum Teil deshalb, weil sie zwei Elemente enthielt, die logisch gesehen unvereinbar sind und doch ohne ersichtlichen Widerspruch nebeneinander bestanden. Das eine war, daß ich mich gelangweilt, müde, unwohl und gleichgültig fühlte, während sie lustlos und verzweifelt war und von einem Gefühl der Sinnlosigkeit befallen wurde; es war, als agierte sie noch einmal eine Mutter-Kind-Beziehung aus, aus der jedes Leben gewichen war. Das andere war ihr Glaube daran, daß sie mir vertrauen konnte, daß ich ihr weiterhelfen und sie unterstützen konnte, bis sie in der Lage war, auf die Quellen ihrer eigenen Lebenskraft zurückzugreifen. Es gab Zeiten, in denen die Regelmäßigkeit und Pünktlichkeit, mit denen sie zu den Sitzungen kam, das einzige Anzeichen ihrer Hoffnung war. Sie bezahlte während dieser Periode kein Honorar und lebte ausschließlich von geborgtem Geld. Wie hilflos und durch die Analyse beansprucht sie aber auch immer sein mochte, ihre Abhängigkeit von mir und ihre Auslieferung mir gegenüber wurden doch nie voll sichtbar, vermutlich vor allem deshalb, weil sie die zerstörerische Wirkung der ihr innewohnenden Phantasien fürchtete, weil sie fürchtete, sie könne mich in eine „Effigie" verwandeln. Das Ergebnis war, daß sie mich nie bat, ihr Geld zu leihen, und daß sie einen Teil ihrer Sehnsüchte auf den Franzosen umleitete, der weit genug weg lebte, um außer Reichweite ihrer Aggression zu sein und sie nicht enttäuschen zu können. (S. 575)

Ich habe nicht vor, die Gesundungsphase allzu detailliert zu beschreiben. Ein Großteil der Zeit verging damit, Material, das ich bereits dargestellt habe, noch einmal durchzuarbeiten, diesmal jedoch mit dem Unterschied, daß sie die normale Trennung innerhalb des Ego herstellen konnte, die es psychoneurotischen Patienten ermöglicht, das von ihnen dargebrachte Material zu beobachten und zu reflektieren, anstatt sich völlig darin zu verstricken. Es gab auch Phasen, in denen die Entwicklung spontan vonstatten zu gehen schien und in denen meine Aufgabe vor allem darin bestand, eine Umgebung zu schaffen, in der sich ihre Erkenntnisse vermehren konnten, und da zu sein und einzugreifen, wenn sie den Faden zu verlieren schien. Es steht für mich außer Zweifel, daß angesichts der emotionalen Unsicherheit ihrer Kindheit und der sozialen Unsicherheit ihres Erwachsenenlebens schon die bloße Kontinuität der analytischen Beziehung eine therapeutische Wirkung hatte. Ich glaube auch, daß das plötzliche Auftreten einer Sublimierung und damit auch eine sicherere Handhabung der Realität darauf hindeutet, daß eine normale, nicht-defensive Egostruktur bereits vorhanden sein mußte, als die Therapie begann, wie sehr ihre äußerst defensive „Persönlichkeit" sie auch immer überschatten mochte. Die letzte Phase ihrer Analyse war eine Phase der Gesundung, und zwar nicht nur im Sinne einer Gesundung von ihrer Regression, sondern auch in dem Sinn, daß sie Fähigkeiten und Talente wiedererlangte, die zuvor abgetrennt und damit für sie unzugänglich gewesen waren. Als letzter Ausweg basierte das auf der Gesundung ihres Glaubens daran, daß affektive Kommunikation möglich war, eines Glaubens, der durch die traumatischen Erfahrungen ihrer Kindheit erschüttert worden war. Das deutlichste Zeichen dafür, daß sie einen stärkeren Kontakt zur äußeren Realität bekam und sich in ihr mehr zu Hause fühlte, war ihre veränderte Sprechweise. Ich erinnere mich noch, wie verblüfft ich war, als ihr zum ersten Mal ein ganz normales Wort wie *Flirt* entschlüpfte. Aber natürlich hing damit noch weit mehr zusammen.

Im April 1951 erhielt Fräulein Y. ein Telegramm, in dem man ihr mitteilte, daß ihr Vater gestorben sei. Nach einigen erfolglosen Versuchen, einen Freund zu finden, der ihr beistehen konnte, rief sie mich an und bat mich, sie zu besuchen. Die Dringlichkeit klang deutlich aus ihrer Stimme heraus, und ich fuhr sofort zu ihr. Als ich ankam, war fast das erste, was sie sagte, daß ich im Grunde gar nicht hätte kommen müssen, sie hätte nur sicher sein müssen, daß ich die Dringlichkeit ihres Anrufs erkennen würde und bereit wäre zu kommen, obwohl ich dies natürlich, wie sie hinzufügte, nur dadurch beweisen konnte, daß ich tatsächlich kam. Was sie brauchte, war, daß jemand ihre Trauer anerkannte, ansonsten lief sie Gefahr, sie zu verleugnen. Fräulein Y. hatte diese Gefahr selbst erkannt, daher ihr Anruf. Nachdem wir eine Weile darüber gesprochen hatten, gab sie mir eine Tasse Tee, und ich fuhr wieder nach Hause. Der Grund, warum ich diesen Vorfall erzähle – es war übrigens das einzige Mal, daß ich aus meiner analytischen Rolle heraustrat liegt darin, daß ich ein Beispiel für die Sensibilität und das Wahrnehmungsvermögen geben wollte, die sie hinter ihren narzißtischen Verteidigungsmechanismen verbarg; ein Wahrnehmungsvermögen, das sie erkennen ließ, wie leicht es gewesen wäre, sich nur an die Kümmernisse ihre Jugendzeit zu erinnern und darauf zu bestehen, daß sie ihren Vater immer gehaßt hatte, und das sie sofort begreifen ließ, wie dringend sie einen Zeugen für ihren Schmerz benötigte. Natürlich brauchte es meinerseits kein allzu großes Vorstellungsvermögen, um zu würdigen, daß jemand, der in seiner Kindheit drei Mütter verloren hatte und es als Erwachsener nötig gehabt hatte, Theorien aufzustellen, die die Unvermeidlichkeit des Todes abstritten, einen Beistand für ihre bedrohte Einsicht benötigte, als sie mit dem Faktum des Todes ihres Vaters konfrontiert wurde. (S. 578–579)

Einige Tage später drückte sie zum ersten Mal aus, daß sie sich um mich sorgte. Sie sagte, sie sorge sich wegen der Aggression, die ich von meinen anderen Patienten auszuhalten hätte. Während der gleichen Sitzung sagte sie auch, sie hätte gerade erkannt, wie sehr sie immer im Mittelpunkt stehen wolle und wie schwer es ihr falle, den Gedanken zu akzeptieren, daß es unrealistisch war, von mir zu erwarten, daß ich immer sofort verstünde, worum es ihr ging.

Ihr frühere Promiskuität war insofern homosexuell, als die Idee, die Liebe aus der Sexualität herauszuhalten, eine Leugnung spezifisch männlicher und weiblicher Emotionen beinhaltete. Jetzt begann sie, ganz einfache weibliche Ängste zu äußern. Sie beklagte sich über ihren Drang zu flirten. Sie gab zu, daß sie sich fürchtete, wenn sie nachts allein durch die dunklen Straßen ging. Sie träumte, daß ein Mann ihr die Bluse aufriß und dann eine ihrer Vasen zerschlug. Als sie mit einem Mann zusammenzog, war sie entsetzt, wie sehr sie dazu neigte, an ihm herumzunörgeln. (S. 580)

Anders als bei dem chirurgischen Eingriff, dem sie sich unterzog und der ein voller Erfolg war, war ihre Analyse nur teilweise erfolgreich. Obwohl sie ein viel weicherer Mensch wurde, blieb sie doch in vielen Aspekten narzißtisch und schizoid, und ich glaube, daß ihre teilweise Gesundung auch manische Züge hatte.

Obwohl Fräulein Y.s Analyse frühzeitig endete, hatte sie doch eine ordnungsgemäße letzte Sitzung. Während der sagte sie: „Nun, jetzt verstehe ich alles. Es war weder ihre Schuld noch meine." Dann drehte sie sich zu mir um und fügte hinzu: „Aber warum, zum Teufel, haben Sie mir das nicht ganz am Anfang gesagt?" Das war halb im Spaß gemeint, aber vielleicht hatte es auch etwas für sich. (S. 581)

Den Mut haben, die Mutter abzuschütteln

Vincent: Ich möchte mit einem Traum arbeiten. Ich bin mit einigen Freunden in einem Landhaus. Ich gehe spazieren, und da gehe ich schon eine Autobahn mit vielen Autos entlang, das heißt, da ist ein Stau. Ich gehe am Straßenrand auf dem Bankett – und zwar ist da eine große, steile Böschung aus Sand. Zwischendurch sind immer wieder dunkle Stellen (ich nehme an, weil darunter Wasser fließt); dann ... springe ich über diese Flecken, bis ich zu einem komme, durch den ein kleines Bächlein fließt ... mit ein wenig Wasser darin. Ich springe darüber, aber ich erreiche das Bankett nicht. Ich rutsche auf dem Sand aus. Zuerst rapple ich mich noch hoch, um ganz hinauf zu kommen, aber ich sehe, daß ich es nicht schaffe: jedesmal wenn ich mich hochrapple, falle ich noch tiefer. Schließlich ist es mir egal, und ich falle ins Wasser. Das Wasser ist kalt, aber ich fühle mich im kalten Wasser wohl, und ich lasse mich weitertreiben. Aber dann kommt der Moment, wo ich denke, daß ich zu einem Fluß kommen werde, wenn ich mich weitertreiben lasse, und daß ich aus dem sicher nicht herauskomme, und dann ertrinke ich. Und dann wird der Fluß plötzlich zu einem Stausee. Und da ist ein Gebäude oder etwas Ähnliches – aber in dem Fluß drinnen, oder in dem Stausee. Die Wände sind mit orientalischen Fliesen ausgelegt, und man kann sehr schwer hinaufklettern. Ich muß mich sehr anstrengen, aber ich schaffe es, und drinnen ist eine Art von Becken ... mit einem großen Fisch. Möglicherweise Barben oder so etwas Ähnliches. Ich schaue sie an, aber nein ... sie sind schon zu groß, als daß man sie fangen könnte. Dahinter ist ein viel größerer Teich. Auf der einen Seite sind einige Netze. Ich schaue sie an, und da stolpere ich und falle hin.

Ah! Davor hatte ich schon das Gefühl, daß Leute in der Nähe sind ... und noch eine andere Fischart. Und dann kommt ein großer Tintenfisch ... ein Oktopus. Er kommt von hinten und drückt mir die Kehle zu. Er fängt an, mich zu zerquetschen, und ich warte nur, bis jemand kommt und mir hilft, als ob die Leute von dort oben auftauchen oder ... und dann wache ich auf.

Claudio: Nun, da sind eine ganze Menge Bilder in dieser Traumsequenz. Ich möchte Ihnen vorschlagen, daß sie die Ereignisse wiederholen, aber dieses Mal ihre Erzählung mit Körperbewegungen untermalen. Bitte kehren Sie noch einmal zu der Traumsequenz zurück: sie kommen zu den Flüssen usw. ... verwandeln sie diesen Raum hier in ihre Bühne.

V: Na gut, ich gehe aus dem Haus ... um spazieren zu gehen ... und dann gehe ich auf dem Gehsteig ... hin und wieder taucht ein dunkler Fleck auf, und ich springe darüber, weil sie klein sind, bis ich zu einem komme, in dem Wasser ist ... Ich versuche drüberzuspringen, und ich bemerke, daß ich abrutsche und ins Wasser falle ... Dann kommt ein Augenblick, wo ich ertrinke, wenn ich so weitermache ...

C: Dehnen Sie diese Situation aus, und intensivieren Sie sie, und sehen Sie sie als Metapher für Ihr Leben. Wie eine Botschaft aus dem Traum über etwas, das in Ihrer Alltagsrealität passiert. Später, wenn aus dem Fluß der andere wird, wird das noch schlimmer. Dort werden Sie wirklich ...

V: Ja, also ...

C: So ist es gut, jetzt nehmen Sie vorweg, was passiert.

V: Ich muß hier raus; wenn ich das nicht jetzt mache, schaffe ich es nicht mehr.

C: Führen Sie das weiter aus, statt mit dem Traum weiterzumachen. Sind Sie im Wasser? Oder am Rand des Wassers?

V: An der Mauer? Nein.

C: Also im Wasser?

V: Teils drinnen und teils draußen. Ich bin müde, aber glücklich. Ich hab's geschafft. Ich hab's geschafft, die Wand hochzuklettern. Jetzt treibt die Strömung mich nicht fort. Es ist eigenartig zu wissen, wo ich bin. Dieser Ort hier ist mitten in den Bergen ... im Meer ... da ist eine Menge Wasser.

C: Gehen Sie jetzt mitten im Wasser am oberen Rand der Mauer entlang?

V: Ja, sie endet in einer Art von Becken.

C: Ist das Wasser auf beiden Seiten?

V: Als ich die Mauer hinaufkletterte nicht. Aber dann schon.

C: Fließt das Wasser?

V: Ein wenig. Es ist sehr ruhig und klar.
C: Und es gibt Fische.
V: Ja. Aber ich schaue hauptsächlich auf die kleine Wasserfläche, nicht auf die große.
C: Wo schauen Sie hauptsächlich hin?
V: Auf die kleine.
C: Auf die kleine Lagune?
V: Die kleine Lagune ... und ich kann die Fische sehr gut erkennen. Ich weiß, daß in der anderen Lagune auch welche sind, aber die sehe ich nicht. Dann falle ich wieder. Ich falle weiter, und mein Kopf sinkt nach unten. Dann ...
C: Fallen Sie im Wasser oder in der Luft?
V: Nein, nein. Im Wasser. Ich bin schon unter der Oberfläche.
C: Gut, gut.
V: Dann sehe ich, daß es da Fenster gibt.
C: Und Sie fallen, und Sie sehen Fenster?
V: Das ist doch eigenartig, nicht ... ?
C: Was kommt Ihnen eigenartig vor?
V: Es ist salzig. Und dann kommt der Tintenfisch. Nein ... ich kann ... abheben ...
C: Jetzt fangen Sie an, das als Metapher für Ihr jetziges Leben zu betrachten.
V: (*murmelt*) ... Tricks ...
C: Woran erinnert Sie das?
V: Der Tintenfisch? An meine Mutter ...
C: Mutter ...
V: Mutter, Mutter, an meine Mutter, weil sie eine Witwe ist und mich erdrückt.
C: Ihre Mutter drückt Ihren Hals ...
V: Ich kann Sie nicht abschütteln.
C: Nun, sehen wir mal. Machen Sie mit dem Traum weiter. Sehen wir mal, was wir über diesen Tintenfisch herauskriegen. Anstatt aufzuwachen.
V: Ich versuche, ihn mit herauf zur Oberfläche zu bringen. Angst. Meine Kraft verläßt mich. So etwas wie ... wenn ich ihn zur Oberfläche heraufbringe, erstickt er, und ich muß loslassen. Es ist spät. Die Leute sind schon weg ...
C: Es wäre nicht Ihre Schuld, wenn er da oben stürbe ...
V: Nein.
C: Das heißt, Sie glauben, daß Sie sich erwürgen lassen müssen oder den Tintenfisch töten?
V: Ich will, daß er mich losläßt. Er soll mich loslassen. Das heißt, ich selbst will ihn nicht töten. Weder direkt noch indirekt.
C: Dann sehen wir mal, ob Ihr Wille, daß er Sie losläßt, gegen den Tintenfisch ankommt, so daß er Sie tatsächlich losläßt.
V: Nein, der wird mich nicht loslassen.
C: Es reicht nicht, daß Sie es wollen. Gut, es gibt zwei Möglichkeiten: Für welche entscheiden Sie sich? Mehr gibt es nicht. Es gibt jetzt keine dritte, wir sind in einer aristotelischen Welt. Ich würde Ihnen raten, die erste zu versuchen. Viel-

leicht ist das leichter. Der Traum kann auf beide Weisen weitergehen. Beide wären interessant auszuprobieren ...
V: Es geht weiter nach unten ...
C: Im Traum könnten Sie sogar sterben, nicht wahr? Das heißt, Sie könnten es versuchen. Im Traum läßt der Tintenfisch Sie nicht los, und da wachen Sie auf?
V: Ja, sobald er mich packt, kann ich ihn nicht mehr abschütteln.
C: Die Alternative wäre, damit Schluß zu machen. Ich glaube, Sie stehen an diesem Punkt. Und wenn Sie weitermachen, heißt das, daß Sie den Traum fortsetzen. Wählen Sie eine Variante. Entscheiden Sie sich.
V: Ich soll ihn abschütteln? Oder was soll ich tun?
C: Nein, Sie können ihn auch mit nach Hause nehmen. Nein, das war ein Scherz. Ich glaube, daß hier die beste Möglichkeit ist, diesem Punkt mehr Aufmerksamkeit zu widmen ... und auch die beste Anregung.
V: Es ist, als hätte er mir fast den Kopf abgerissen ... den Kopf und den Körper.
C: Es sieht so aus, als könnte es Ihnen in dem Augenblick, da Sie es akzeptieren, keine Angst mehr einjagen.
V: Das Sterben?
C: Ja.
V: Nicht wenn mein Körper da unten bliebe und ich woanders hingehen sollte ...
C: Ja.
V: Den Körper unten lassen.
C: Und wie erscheint Ihnen die Aussicht, den Rest Ihres Daseins in diesem Zustand zu verbringen?
V: Ich war wie ein Geist, ich konnte nichts tun, ich existierte ...
C: Ist Ihnen dieser Zustand vertraut?
V: Ja.
C: Erzählen Sie uns ein wenig mehr darüber, wie dieses geisterhafte Dasein ist.
V: Ein Gefühl der Impotenz, wie wenn ich nicht könnte, wie wenn mein Körper blockiert wäre, sich nicht bewegen könnte. Mein Verlangen wurde stärker ... meinem Körper dorthin zu folgen, wohin ich wollte, Verpflichtung.
C: Können Sie das ein wenig genauer beschreiben?
V: Ja, mein Körper ist tot, gelähmt ...
C: Verpflichtung?
V: Ja, meine Verpflichtung, mich den Leuten gegenüber zu benehmen ...
C: Das ist, wie wenn Sie einen toten Körper hätten.
V: Nicht zu können.
C: Nicht tun zu können, was Sie wollen ...
V: Ja, ich kann das nicht.
C: Sie können was nicht?
V: Meine Aggression ausdrücken und von diesem zwanghaften Lächeln wegkommen.
C: Nicht aus der Verpflichtung herauskommen, das meinen Sie.
V: Auf diese Verpflichtung nicht zu reagieren, der Körper. Und der Körper muß gehorchen.

C: Der Körper muß sich fügen, und das ...? Ah! Er soll gehorchen, aber er reagiert nicht. Impotenz ...
V: Ich habe das Gefühl, daß ich an meinem Körper ziehe, nur durch meine Willenskraft.
C: O.K. Gut, dann ist eine Möglichkeit zur Fortsetzung des Traumes, daß Sie sich weiter nicht aus dem Würgegriff befreien können, daß Sie überhaupt nichts tun können ...
V: Nein, sobald ich tot bin, hört der Würgegriff auf.
C: Das führt zu einem Zustand des Nichtstuns, des Nichtstuns ... der Körper. Es ist, als ob dieser Zustand anhielte, weil Sie den Tintenfisch nicht abschütteln können. Das ist das Ergebnis.
V: Es ist, als ob der Tintenfisch mich unten halten wollte.
C: Er will Sie unten halten. Gut, gehen wir jetzt auf die andere Seite. Wir nehmen den Tintenfisch von Ihnen herunter und schauen, ob das nicht eine glücklichere Lösung ist.
V: Wieder Luft zu bekommen und nach oben zu kommen, und das völlig mühelos ... einfach den Tintenfisch von mir herunternehmen, das Gewicht herunternehmen.
C: Die Spannung ist aus Ihrem Gesicht gewichen. Verstärken Sie das.
V: Wenigstens kommt jetzt Luft herein.
C: Richten Sie mehr Aufmerksamkeit darauf, und entwickeln Sie diesen Zustand. Sind Sie jetzt Herr über sich selbst?
V: Es ist eher, als wäre ich lebendig, oder stark, oder frei.
C: Bewegen Sie sich von da aus, und drücken Sie das aus, damit Sie diese Erfahrung verstärken können, die so ...
V: Ich bewege mich ... Wegen des Tintenfisches fühle ich mich trotzdem schuldig.
C: Die Schuld nimmt Ihnen immer noch etwas von Ihrer Freiheit.
V: Ich hätte eine Lösung finden sollen, mit der wir beide hätten leben können.
C: Sie *hätten sollen* ... Der arme Tintenfisch, Sie hätten das wirklich so einrichten sollen. Ich schlage vor, Sie schütteln diese Schuld von Ihrem Rücken ab und schütteln Sie auch von sich selbst ab. Stellen Sie sich vor, daß ...
V: Es ist, als ob ein Teil von ihm sich an mir festsaugen würde ...
C: Ja, ja. Welches Gefühl haben Sie da ... zu diesem Teil, der sich festsaugt? Beschreiben Sie das genauer. Sie machen das. Stellen Sie sich vor, daß Sie Ihre Mutter von Ihrem Rücken abschütteln. Schauen Sie, was passiert. Und bringen Sie es mit dem zusammen, was vorher passiert ist, bringen Sie das Bild mit der Idee zusammen, daß Sie ... Ihre Freiheit zurückerobern, daß Sie sie von Ihrem Rücken abschütteln.
V: Das ist so unbequem auf meinem Rücken! Ich kann mich nicht bewegen. Du bist so schwer.
C: Da kommen ja nur Klagen. Wollen Sie sich weiter beklagen? Kommen Sie mit Klagen unter ihr heraus?
V: Nein! Da bleibt sie nur noch mehr an mir kleben.

C: Hm?
V: Sie bleibt noch mehr an mir kleben.
C: Machen Sie noch mehr eine Forderung daraus. Bis jetzt ist das nur eine einfache wissenschaftliche Feststellung.
V: Der Liebe.
C: Sie ist klebrig, aber sie ist nützlich.
V: Klebrig ...
C: Ich würde sagen, Sie schmeißen sie aus sich raus.
V: *Laß mich in ruhe!*
C: Aus dem Gefühl heraus, das da hochkommt.
V: *Scheiße!*
C: Was geht jetzt vor sich?
V: Ich liebe dich, Mama.
C: Gut, aber bleiben Sie noch bei dem Zorn. Das „Ich liebe dich, Mama" heben wir für später auf. Ja, Sie fürchtet sich, weil Ihre Freiheit winzige Explosionen erzeugt. Sie befreien sich von ihr. Kleine Explosionen, aber Sie kommen schnell voran.
V: Jetzt kommt nichts mehr aus mir heraus.
C: Machen Sie weiter, bleiben Sie konsequenter bei diesem Abschütteln. Kraftvoll. „Geh weg! Geh weg!" Oder was auch immer aus Ihnen herauskommt. „Laß mich in Ruhe! Häng' dich nicht an mich an!" Was auch immer in Ihrem wirklichen Leben Sinn macht.
V: Ich habe es satt! Ich will dich nicht mehr!
C: Sieht so aus, als würden Sie es jetzt tief drinnen spüren, ohne daß Sie dieser Schlußfolgerung ausweichen oder sie negieren. Sie müssen sie töten.
Teilnehmer: Sie werden ziemlich lange für Ihre Mutter leben müssen ...
C: Naja, das lassen wir jetzt mal, diesen Teil, der die Bremsen ziehen will. „Eine lange Zeit leben", um die Bremsen zu ziehen. Kommen Sie, setzen Sie sich ein, machen Sie mehr Druck. Meinen Sie, daß Sie diesen Teil reden lassen können, der will, daß das aufhört, der nicht will, daß Sie Ihre Mutter mißhandeln, daß ...?
V: Sie ist kein schlechter Mensch.
C: Sie ist kein schlechter Mensch, und Sie sind ein guter Junge, wie steht es damit?
V: „Tu mir das nicht an, wie kannst du das sagen ..."
C: Wer sagt das?
V: Meine Mutter.
C: Ihre Mutter sagt zu Ihnen: „Wie kannst du mir das antun?"
V: „Deine Mutter, die sich um dich gekümmert hat. Ich habe soviel für dich getan."
C: Klar! Wie nehmen Sie das auf?
V: Du erstickst mich. Ich bekomme keine Luft.
C: Jetzt versetzen Sie sich in ihre Rolle, und übertreiben Sie diese erstickende Manipulation ... mit Schuld und ...

V: „Ich liebe dich sehr, und du weißt genau, daß ich mein ganzes Leben lang zu Hause war und für euch alle gesorgt habe."
C: Was fühlt sie, wenn sie Ihnen das erzählt? Was fühlt sie tief in sich drinnen?
V: Verlassenheit. „Ich verstehe dich."
C: „Ich verstehe dich", sagt sie.
V: „Verlaß mich nicht. Du kannst tun, was du willst ..."
C: „Du kannst tun, was du willst. Laß mich dich nur ersticken ... Tu es für mich."
V: „Unterdrücke deine Aggression."
C: Sagen Sie zu sich selbst ... ich weiß nicht. Was sagen Sie zu sich selbst?
V: Ertrag' es, nicht das.
C: Sagen Sie zu sich selbst: „Sei still."?
V: Reg' dich nicht auf.
C: „Reg' dich nicht auf." Kennen Sie das?
V: Beherrsche dich.
C: Beherrsche dich, sei nicht wütend auf deine Mutter ...
V: Ja.
C: Kennen Sie das als psychologisches Problem?
V: Ich weiß es nicht.
C: Wenn Sie es nicht wissen, habe ich auch keine Meinung. Sie wissen nicht, ob Sie daran arbeiten wollen, Ihre Aggression zu befreien ... und Ihre Fähigkeit, sich gegen Ihre Mutter zu wehren. Dann ist es besser, wenn ich eine Entscheidung treffe ...
V: Ich will lieber arbeiten.
C: Hm, wollen Sie das wirklich?
V: Es macht mir Angst.
C: Wer könnte uns da helfen, um etwas herauszubringen ... Ich glaube, mit Hilfe eines Kissens und eines Handtuchs wäre die nächste Phase sehr vielversprechend. Möchten Sie das? Haben Sie je mit Pedro gearbeitet? Ich glaube, das würde ich Ihnen wirklich empfehlen. Was meinen Sie? Folgen Sie doch etwas seinen Anweisungen.
V: Für wen ist das Kissen?
Pedro: Ich bin nicht Ihre Mutter. Das Kissen ist Ihre Mutter. Das ist Mami, hm? Wie steht's? Wollen Sie Mami einen Küßchen geben? Sieh mal, Mami ... Geben Sie Mami einen kleinen Kuß, ein Küßchen für Mami. Kommen Sie, schnell, los. Sie hat soviel für Sie getan. Du willst mir etwas Schlimmes antun? Was wollen Sie Ihrer Mama antun? Los, kommen Sie. Was ist los? Was? Was wollen Sie Ihrer Mama antun? Geben Sie Ihr ein Küßchen, los, schnell, kommen Sie schon. Was wollen Sie mit Ihr machen? Was wollen Sie hier und jetzt mit Ihrer Mama machen? Sagen Sie es. Was wollen Sie tun? Los.
V: Ich halte es unter Kontrolle.
P: Na gut, los, beherrschen Sie sich weiter. Tun Sie's, tun Sie's, tun Sie's, nein nicht mir, tun Sie's mit Ihrer Mama.
V: Es ist mir egal.

P: Kommen Sie schon, es geht um Ihre Mami, nicht um mich, verdammt!
V: Das ist ein Kissen.
P: Das ist ein Kissen, das ist ein Kissen ... das ist ein Mama-Kissen. Es ist schön weich, damit Sie Ihren kleinen Kopf hierher legen können. Kommen Sie. Kuscheln Sie sich her. Ist ihre Mami rundlich?
V: Nein.
P: Wie ist sie denn?
V: Dünn, Sie fühlt sich sehr schwach, man darf ihr nichts tun.
P: Könnten Sie das denn? Na gut, kommen Sie, nehmen Sie sie in den Arm und streicheln Sie sie. Schnell, kommen Sie, streicheln Sie Mami ein wenig. So, Mamas kleiner Junge, kommen Sie, sagen Sie ihr, wie sehr Sie sie lieben für all das, was sie Ihnen angetan hat, wie sie Ihren Rücken zugerichtet hat, kommen Sie schon, Mann, gehen Sie's an. Wie? Haben Sie sie gern?
V: Ja.
C: Man kann wirklich nicht sagen, daß Sie die Absicht haben, Ihre Aggression herauszulassen.
P: Was? Fühlen Sie sich hier sehr wohl? Los.
C: Sie erinnern sich gar nicht mehr an Ihre Absicht.
P: Los, kommen Sie schon, es ist nur ein Kissen, verdammt. Los, riskieren Sie's! Eben weil es nur ein Kissen ist. Los, kommen Sie, lassen Sie's an dem Kissen aus!
V: (*schreit*)
P: Weiter so, stärker, los!
V: (*schreit*)
P: Los, wagen Sie's doch, verdammt! Kommen Sie, schneiden Sie es nicht ab. Atmen Sie da hinein. Los, kommen Sie, kräftig.
V: (*schreit*)
P: Los, weiter!
V: (*schreit weiter*)
P: Los, los. Weiter, weiter, weiter! Kommen Sie, lassen Sie's raus, raus, einfach raus!
V: (*schreit*)
P: Was passiert jetzt? Ist das Mama, oder ist das ein Kissen? Wo sind wir? Jetzt fassen Sie das Kissen hier an der Ecke, die andere Hand an die andere Ecke, kommen Sie. Und zerfetzen Sie es. Das ist die Scheiße, die Sie von Mama hier drinnen haben. Sie tun Mama nichts an, Sie schütteln nur die ganze Scheiße ab, die Sie von ihr abgekriegt haben, und lassen Sie hinter sich.
V: (*schreit*)
P: Genau so, los.
V: (*schreit*)
P: Genau so, schütteln Sie alles ab, was sie Ihnen angetan hat.
V: (*schreit*)
P: Los, weiter.
V: (*schreit*)

P: Noch weiter. Gehen Sie in die Knie, und lassen Sie es von hier heraus, von hier.
V: (*schreit lauter und in einem fort*)
P: Los, so stark Sie können!
V: (*schreit*)
P: Kommen Sie, bis alles draußen ist.
V: (*wird langsamer*)
P: Lassen Sie sich nicht von Ihrer Schwäche unterkriegen.
V: (*schreit wieder*)
P: Kommen Sie schon, weiter, lauter und stärker, schneller, schneller, weiter, weiter! Los, lassen Sie alles raus, was da drinnen ist. Los, so stark Sie können.
V: (*Er schreit und beruhigt sich allmählich.*)
C: Es scheint, als könnten Sie jetzt etwas Neues ins Auge fassen.
V: Als hätte ich etwas ausgetrieben.
C: Als wäre es Ihnen gelungen, Sie abzuschütteln.
V: Ja, aber ich zweifle noch, ob es alles war oder nur ein Teil, viel oder wenig.
C: O.K., um das zu festigen, wäre es gut, wenn sie sich vorstellen, daß sie vor Ihnen steht und Sie etwas zu ihr sagen, aus dieser neuen Freiheit heraus, aus dieser Fähigkeit, direkt zu sein und Ihre Aggression nicht zu unterdrücken. Einen Satz.
V: Es ist ein Gefühl. Es ist, als würde ich Sie sehr klar sehen, aber ohne Worte.
C: Sagen Sie aus diesem Gefühl heraus etwas zu ihr.
V: Mama, ich liebe dich. Jetzt kommen Bilder ... sie ... hinter mir ... jetzt kann ich ...
C: Gut ...

* * *

Ich bin überzeugt, daß der Wendepunkt dieser Sitzung nicht in der Hilfe durch das Gruppenmitglied lag, dem ich es übertragen hatte, ihn zu begleiten (und der einerseits seine Sanftheit karikierte und ihn andererseits durch beleidigende Worte und eine laute Stimme aus der Reserve holte). Der Auslöser war – und da bin ich mir sicher, weil ich mich an seinen Gesichtsausdruck erinnere, – daß ich ihn an seine Absicht und an sein Motiv erinnerte: seinem Verständnis gemäß zu handeln, daß er sich nämlich das Recht erringen mußte, auf seine Mutter wütend zu sein, wenn er geheilt werden wollte.

Die Mitschrift kann kaum vermitteln, wie eindrucksvoll seine Veränderung war, denn der deutlichste Hinweis war sein Verhalten, das sich im Vergleich zum Beginn der Sitzung völlig veränderte: Es sah aus, als wäre er plötzlich gereift, wie ein Mensch, der nicht fragt, ob er sein darf; wie einer, dessen symbolische Mutprobe für ihn zu einem Wendepunkt in seinem Leben wird. Als er während der Sitzungen anderer Teilnehmer wieder in der Gruppe saß, blieb sein ernster und gelassener Ausdruck bestehen, und er strahlte aus, daß er „da war".

Kapitel 7

Enneatyp 7

Kein Typus ist unter den Pilgern von Canterbury besser vertreten als E7 (das gilt auch für Boccaccios *Decamerone* und für das Genre des Schelmenromans ganz allgemein). Hier nun das Bild, das Chaucer vom Bettelmönch zeichnet:

> Auch ein Bettelmönch war mit von der Partie, ein lustiger, lüsterner Geselle. In den vier Orden gab es keinen, der sich wie er aufs Schmeicheln und Tratschen verstand. Auf eigene Kosten hatte er schon eine stattliche Zahl junger Mädchen unter die Haube bringen müssen, aber dennoch galt er als Stütze seines Ordens. Beliebt und bekannt war er bei den reichen Gutsherren auf dem Lande wie bei den reichen Damen in der Stadt, denn er war Lizentiat seines Ordens und hatte (wie er selbst sagte) Vollmacht, jene Beichten anzuhören, die man ob der Schwere der Vergehen dem Vikar der Gemeinde nicht anvertrauen konnte.
>
> Freundlich hörte er sich die Beichte an und erteilte dann gnädig Absolution, und sofern die Spenden reichlich flossen, verlangte er keine allzu schwere Buße. Denn wenn jemand großzügig einem armen Orden spendet, dann ist das wohl ein Zeichen tätiger Reue. Sobald der Pönitent erst einmal die Börse gezückt hatte, durfte der Bruder guten Gewissens verkünden, er zeige nun Reue, denn wie man weiß, ist manches Menschen Herz so verhärtet, daß er auch im größten Schmerz nicht weinen kann, und deshalb darf man, statt zu beten und Tränen zu vergießen, bettelnden Brüdern ebensogut ein paar Münzen geben.
>
> Seine Kapuze war stets vollgestopft mit Messerchen und Haarnadeln, die er den jungen Frauen brachte. Überdies hatte er eine angenehme Stimme; er konnte singen, verstand die Bettlerleier zu drehen, und er war ein Meister des Bänkelsangs. Sein Hals war lilienweiß, aber dessen ungeachtet war er stark wie ein Ochse. In jeder Stadt kannte er die Kneipen, die Wirte und die Bedienerinnen besser als die Armen und Aussätzigen, denn einem Mann von seinem Rang und seinen Fähigkeiten geziemte es schwerlich, sich mit dem elenden Volk abzugeben. Es schickt sich nicht und führt zu nichts, wenn man sich mit diesem Pack gemein macht; die Kaufleute und die Reichen sind da schon lohnender. Und so bot er mit höflicher Bescheidenheit überall da seine Dienste an, wo Profit winkte.
>
> So tüchtig wie er war keiner: Er war der beste Bettler der ganzen Bruderschaft! Er zahlte einen festen Preis für das Revier, in dem er wirkte, und so war er sicher, daß keiner seiner Mitbrüder ihm ins Gehege kam.

„Lassen Sie mich noch hinzufügen, daß ich Martin heiße. Und die Hummer, die Sie gewählt haben, sind wohlgemerkt Jerry und Agathe."

Selbst einer armen Witwe, die keine Schuhe mehr an den Füßen hatte, brauchte er nur mit milder Stimme sein „In principio" herzusagen, und schon hatte er sie um den letzten Pfennig gebracht. So hatte er ein schönes Einkommen.

An den Versöhnungstagen, wenn er als Schiedsmann auftrat, pflegte er wie ein junger Hund umherzutollen, und dann erschien er nicht etwa in der schäbigen Kutte der Scholaren, nein, dann sah er aus wie ein Domherr, ja wie der Papst selbst.[1] (S. 14–16)

Ichazo nannte E7 „Ego-Plan" und bezog sich damit auf dessen exzessive Neigung, die eigentliche Handlung durch Pläne und Projekte zu ersetzen beziehungsweise eher zu denken als zu tun. Kann man Menschen vom Typus E7 zuweilen auch mit Recht als Träumer bezeichnen, so ist das sicher nicht immer der Fall, und selbst wenn, so wäre dies eine nur unvollständige Beschreibung.

So ist etwa Chaucers Bettelmönch viel eher ein Charmeur als ein Träumer – er sucht die Annehmlichkeit und bietet sie auch –, zuweilen ist er sogar ein charmierter Charmeur. Das Bild vom Träumer scheint im Vergleich zu einem anderen Wesenszug zweitrangig – und zwar zum Streben nach Vergnügen und Behaglichkeit.

Das Wesen von E7 entspricht oft dem eines Ränkeschmieds, d. h. eines Menschen, der sich mit Hilfe seiner Intelligenz verteidigt. So wie E6 seine Intelligenz braucht, um zu wissen, was zu tun ist, gewissermaßen als Gegendosis gegen die Angst und als Mittel, um den Zweifel zu zerstreuen, so gebrauchen Menschen vom Typus E7 ihre Intelligenz, um zu erklären und zu manipulieren, Bewunderung hervorzurufen und Menschen dazu zu bringen, sie zu lieben. Sie haben eine bemerkenswerte Fähigkeit, andere zu überzeugen, denn sie erklären nicht nur, sondern sie überreden auch. Auch Chaucer stellt diesen Zug auf humoristische Weise dar, als er den Bettelmönch sagen läßt, es sei für die, die nicht weinen können, am besten, „bettelnden Brüdern ein paar Münzen zu geben".

Verwendete Ichazo in den Vereinigten Staaten ebenfalls den Ausdruck „Ego-Plan", so benutzte er, als er die Protoanalyse zum ersten Mal in Chile vorstellte, das Wort „Scharlatan". Zuerst verstand ich nicht, warum er diesen Begriff wählte … und auch nicht, was die Völlerei mit Scharlatanerie zu tun haben sollte. Mit der Zeit fand ich aber, daß es ein sehr treffendes Wort war. Der Scharlatan verwendet seinerseits ja auch viele Worte, und schon Karl Abraham sagt über die oral-rezeptive Persönlichkeit:

> Wir finden daher neben dem ständigen Verlangen, alles zu bekommen, einen dauernden Drang, sich den anderen Menschen auf oralem Wege mitzuteilen. Daraus geht ein hartnäckiger Rededrang hervor. Mit ihm verbindet sich in den meisten Fällen ein Gefühl des Überströmens; derartige Personen stehen unter dem Eindruck, unerschöpflich an Gedanken zu sein, und schreiben ihren sprachlichen Äußerungen einen besonderen Einfluß oder sonstigen außergewöhnlichen Wert zu. (S. 212)[2]

E7 fällt es aber nicht nur leicht, sich verbal auszudrücken, noch passender scheint der Umstand, daß das Wort „Scharlatan" den Beigeschmack der Betrügerei in sich trägt. Und Chaucer gibt uns ja auf subtile Weise zu verstehen, daß sein Bettelmönch ein kleiner Betrüger ist, dem es einst gelang, als „noble Stütze seines Ordens" zu gelten, obwohl sein eigentliches Interesse weit weniger nobel war: er behauptete („wie er selbst sagte"), vom Papst eine besondere Lizenz zum Abnehmen der Beichte zu haben, und machte so die Reue der Leute zu seinem Geschäft („Denn wenn jemand großzügig einem armen Orden spendet, dann ist das wohl ein Zeichen tätiger Reue."). Sogar die Messerchen und Haarnadeln, die er für hübsche Mädchen bereithielt, lassen die Verführungskünste des Betrügers erkennen – selbst wenn er nett anzusehen war und eine angenehme Stimme hatte.

Es ist für den Scharlatan typisch, daß er von Dingen redet, von denen er nichts versteht. Zuweilen gaukelt er sogar sich selbst vor, etwas zu wissen, was er gar nicht weiß. Man assoziiert die Scharlatanerie mit der Art von Quacksalberei, die auf Messen feilgeboten wird, wie etwa alte ägyptische Schlangensalben gegen verschiedene Krankheiten. Flaubert hinterließ uns in *Madame Bovary* in der Figur des Monsieur Hommes eine eindrückliche Beschreibung von E7. Monsieur Hommes ist ein Apotheker, der den allzu unsicheren und entgegenkommenden Dr. Bovary (E9) überredet, einen armen Dienstboten zu operieren – und zwar mit äußerst tragischen Folgen.

> Ach, Sie werden zahlreiche Vorurteile zu bekämpfen haben, Monsieur Bovary; viel Dickköpfigkeit, mit der alle Bemühungen Ihrer Wissenschaft zusammenstoßen; noch immer wird Hilfe bei neuntägigen Andachten, bei den Reliquien und beim Pfarrer gesucht, anstatt, wie es angebrachter wäre, zum Arzt oder zum Apotheker zu gehen. Dabei ist das Klima tatsächlich nicht schlecht, und wir haben in der Gemeinde sogar ein paar Neunzigjährige. Das Thermometer (ich habe Beobachtungen angestellt) fällt im Winter höchstens auf vier Grad, und im Hochsommer kommen wir allerhöchstens auf fünfundzwanzig bis dreißig Grad, was vierundzwanzig nach Réaumur oder vierundfünfzig Grad Fahrenheit (nach englischer Rechnung) ergibt, nicht mehr! – wir sind nämlich nach der einen Seite hin vor den Nordwinden durch den Forst von Argueil geschützt, und nach der anderen Seite hin vor den Westwinden durch die Höhe von Saint-Jean; und jene Wärme, die ihre Ursache in dem Wasserdampf hat, der sich aus dem Bach löst, und in zahlreich vorhandenen Viehherden auf dem Weidegelände, die, wie sie ja wissen, viel Ammoniak ausschwitzen, also Stickstoff, Wasserstoff und Sauerstoff (nein, bloß Stickstoff und Wasserstoff), jene Wärme also, die den Humus des Bodens auspumpt und all diese verschiedenen Emanationen vermischt, sie sozusagen zu einem Bündel zusammenfaßt und sich selber mit der in der Atmosphäre verteilten Elektrizität verbindet, sofern welche vorhanden ist, könnte auf die Dauer, wie in den tropischen Ländern, gesundheitliche Miasmen erzeugen; – die Wärme, sage ich, wird gerade auf der Seite, wo sie herkommt, oder vielmehr, wo sie herkommen

könnte, das heißt auf der Südseite, durch die Südostwinde abgekühlt, und da nun diese aber an sich schon beim Übergang über die Seine kalt geworden sind, kommen sie manchmal urplötzlich über uns wie russische Brisen!" (S. 89–90)[3]

Flauberts Scharlatan interessiert sich sehr für Erfindungen und Entdeckungen. Was das Wissen anbelangt, so möchte er immer an vorderster Front stehen. Das zeigt sich darin, daß Menschen vom Typus E7 dazu neigen, sich zu bizarren Intellektuellen zu entwickeln, die auf ganz übertriebene Weise immer etwas Neues erfinden und entdecken müssen – und zwar von durchaus vernünftigen Vorrichtungen zur Nutzung der Meeresenergie bis zu ganz unmöglichen Dingen wie dem Perpetuum mobile. Ich denke dabei etwa an Menschen, die einen riesigen Aufwand treiben, um ungewöhnliche Patente zu erhalten. Eine solche charakterliche Übertreibung ist wiederum sinnbildlich für den weitreichenden Gebrauch der Intelligenz, um außergewöhnlich zu sein, bemerkenswerte Dinge zu schaffen und somit etwas zu bieten zu haben. Da das Streben nach Ruhm aber oft die Fähigkeit, die Vorhaben auch einzuhalten, übersteigt, kommen oft Maschinen heraus, die nicht funktionieren, oder auch Salben, die nicht heilen. Das Vorgeben von großem Wissen ist natürlich ein Ausdruck eines Wunsches nach und einer Vorgabe von intellektueller Größe. Präziser gesprochen, gibt es jedoch innerhalb der Psyche einen Gegensatz (oder sogar einen Bruch) zwischen klein und groß. Nach außen hin sind diese Menschen freundlich und überhaupt nicht arrogant, im Gegenteil, sie sind sogar eher bescheiden. Man spürt aber, daß ihre „Demut" im Grunde nur dazu dient, andere ihre Größe erkennen zu lassen – das gleiche gilt auch für ihre besondere Tugend der Bescheidenheit. Sie nehmen für sich keinen Ruhm in Anspruch, aber sie wollen, daß ihre Ideen Erfolg haben.

Der Quacksalber, der mit seinen Heilmitteln hausieren geht, verdeutlicht eine weitere generelle Tendenz von E7: er schlüpft gerne in die Rolle des Helfers und sorgt sich sehr um die Linderung von Schmerzen. Bringt man all diese Wesenszüge zusammen, so finden diese ihren Ausdruck zuweilen in einer medizinischen Laufbahn. Und das vor allem beim sozialen Subtyp mit seiner starken Neigung, dienstbar zu sein. E7 ist oft großzügig und gastfreundlich – die Art Mensch, die sagt: „Ich stehe zu Ihrer Verfügung." „Wenden Sie sich an mich, wann immer Sie wollen." „Da ist meine Telefonnummer." Dabei kann es sich sowohl um eine unbewußte Verführung handeln als auch um den bewußten Gedanken an ein Tauschgeschäft: Dahinter verbirgt sich jedenfalls die opportunistische Erwartung, daß ich auf Gegenseitigkeit zählen kann, wenn ich jemanden in meine Schuld setze.

Bei Chaucers Bettelmönch ist es weder die Vermeidung alles Konkreten noch die Hilfsbereitschaft, die als wesentlichster Zug ins Auge stechen, sondern vielmehr eine Mischung aus Vergnügungssucht und Eigeninteresse, die für den selbsterhaltenden Subtyp charakteristisch ist. Wenngleich sich jeder Mensch vom Typus E7 mit allen drei Subtypen identifizieren kann (weil sie in seiner Psyche als Teilpersönlichkeiten vorhanden sind), sind diese in gewisser Weise doch sehr gegensätzlich. Auffallend ist vor allem der Gegensatz zwischen Idealismus und Mangel an eben demselben, zwischen Leichtgläubigkeit und zynischem Mißtrauen, zwischen allzu großer Verträumtheit und allzu großem Materialismus.

Es folgt nun die Beschreibung einer sinnlichen, erdgebundenen und überhaupt nicht idealistischen Variante von E7 aus dem ersten Abschnitt einer Detektivgeschichte – und zwar „McNallys Geheimnis" von Lawrence Sanders.

>Ich goß ein paar Tropfen eines 87er Mondavi Chardonnay in ihren Nabel und beugte mich über sie, um ihn auszuschlürfen. Jennifer schloß ihre Augen und schnurrte. „Gefällt dir das?" hauchte sie.
>
>„Klar", sagte ich. „Der 87er war ein ausgezeichneter Jahrgang."
>
>Sie riß die Augen auf. „Scheißkerl", sagte sie. „Kannst du denn nie ernst sein?"
>
>„Nein", sagte ich. „Kann ich nicht."
>
>Wenigstens das stimmte. Mit meinen 37 Jahren hatte ich schon schreckliche Warnungen vor Atomkatastrophen, globaler Erwärmung, dem Ozonloch, der völligen Ausrottung der Menschheit durch das Cholesterin und der Invasion der Killerbienen erlebt. Nach einer Weile wurde mir klar, daß all die kreischenden Vorhersagen Armageddons mich langweilten. Bis jetzt war ja noch nichts passiert, oder etwa doch? Die alte Erde trudelte dahin, und mir reichte es, mit ihr mitzutrudeln. Ich bin ein liebenswerter, sonniger Bursche (und irgendwie auch ein Arschloch, würde mein Vater jetzt sicher hinzufügen), und für mich gibt es absolut keinen Grund, mir den Kopf über Katastrophen zu zerbrechen, die vielleicht nie passieren.
>
>Ich hätte Jennifer das alles erklären können, aber ich tat es nicht. Vielleicht hätte sie dann gedacht, es sei mir ernst damit, und ich nahm ja nicht einmal mein Nicht-ernst-Sein ernst … Sie wissen schon, was ich meine.[4]

Hier zeigen sich jene weitverbreiteten Züge, die das Wesen eines hedonistischen Playboys mit seiner Heiterkeit und seiner Liebenswürdigkeit ausmachen. Über die Anspielung auf den leichtfertigen Mangel an Ernsthaftigkeit hinaus spiegelt sich darin auch der schizoide Unterbau (E5) des Genießers (E7). Er sucht nicht nur das Vergnügen und vermeidet schwere Gedanken, sondern er ist auch von seinen Gefühlen abgeschnitten. Unsere Romanfigur bestätigt das auf der übernächsten Seite mit den Worten: „Daß ich mich der Trivialität als Lebensart hingab, half mir, starke Gefühle zu vermeiden." (S. 9)

Ein Hauptmerkmal von E7 ist seine Toleranz bzw. seine Nachgiebigkeit, die für mich das Wesen der Völlerei ausmacht. Und da es unmöglich ist, sich selbst gegenüber nachgiebig zu sein und sich gleichzeitig von seinem Über-Ich antreiben zu lassen beziehungsweise sich Autoritäten zu unterwerfen, ist dieser Typus rebellisch – wenn auch oft auf eine liebenswürdige und diplomatische Weise. Menschen vom Typus E7 sind anscheinend liebenswürdige, nette, freundliche und entgegenkommende Leute, Autoritäten schenken sie aber nicht sehr viel Aufmerksamkeit, weil sie unterschwellig davon ausgehen, daß Autoritäten schlecht sind. Sie kämpfen gegen Autoritäten aber nicht etwa an wie E6 oder E8, sondern sie beachten sie einfach nicht, sie brauchen sie nicht, ganz so, als hätten sie ihren Glauben an die

Autorität verloren. Deshalb glauben sie auch nicht, daß man sein Verlangen einschränken sollte, und sie nehmen sich jede Menge Freiheiten heraus, die sie übrigens auch anderen zugestehen. Ihr Motto lautet „leben und leben lassen".

Ein weiterer Zug ist ebenso wichtig, nämlich ihr rebellischer Geist. Dieser ist nicht kämpferisch und offen, sondern schlau und zeigt sich typischerweise in einem Widerstand gegen alles Konventionelle. Dieser rebellische Geist verbindet sich natürlich unmittelbar mit einer nachgiebigen Haltung gegenüber dem Verlangen; die Völlerei könnte ja ohne gesellschaftliche Zwänge, die ihren Interessen entgegenstehen, gar nicht leben. Der rebellische Geist bringt auch die Suche nach utopischen und fernen Alternativen zum Konventionellen und Gewöhnlichen mit sich; und was noch wichtiger erscheint – diese unbewußte Rebellion verhindert, daß Menschen vom Typus E7 das Gewöhnliche genießen können. Sie sind statt dessen verdammt, im Namen der Freiheit ständig nach dem Ungewöhnlichen streben zu müssen.

In meinem Buch *Enneatype Structures* charakterisierte ich die Haltung von E7 als „idealistischen Opportunismus". Die bodenständigere Variante dieses Typs könnte man aber wohl besser als „*pseudo*-idealistisch" beschreiben. Ob nun jedoch der opportunistische oder der idealistische Aspekt im Vordergrund steht, das Eigeninteresse, das sich hinter so manchem Gefühl für die Mitmenschen verbirgt, erinnert an eine Reaktionsbildung, wie wir sie bei Molières *Tartuffe* vorfinden, der unter dem Mantel des Heiligen einen Parasiten versteckt.[5] Die folgende Karikatur zeigt eine ähnliche Haltung.

Was ist nun an diesem Scherz so witzig? Bloß die Übertreibung, Hummern einen Namen zu geben? Ich meine nicht. Es geht vielmehr darum, daß die freundliche Gleichmacherei, die in der vertrauten Anrede steckt (und die hier sogar auf Hummer ausgedehnt wird), nur im Interesse der Geschäftspolitik steht und dazu dient, Kunden anzuziehen.

In seinem Buch *Die Begrünung Amerikas (The Greening of America)*, das die Siebzigerjahre beschreibt, nennt Charles Reich drei aufeinanderfolgende Formen des amerikanischen Bewußtseins. Es ist leicht, in seinen ersten beiden Beschreibungen einerseits die Vorherrschaft des frühen puritanischen Stils in Neuengland und andererseits das leistungsorientierte Wesen von E3 zu erkennen. Während Reich den kulturellen Wandel der Sechzigerjahre nur unter einem evolutionären Blickwinkel sieht, läßt sich für jeden, der mit den Charaktertypen vertraut ist, leicht erkennen, daß das „New Age" vom Geist des E7 getragen wurde und auch weiterhin dessen Züge trägt.

Führen Sie sich einmal den folgenden Abschnitt zu Gemüte, den ich aus einem unveröffentlichten italienischen Text zitiere:

> Diese New-Age-Musiker sind doch niemals wütend! Sie sind auch nie deprimiert. Wie anders waren da doch die leidenschaftlichen Impulse Beethovens oder die morbide Traurigkeit von Mozart – vom gequälten Chopin erst gar nicht zu reden! Dagegen ist der Musiker des New Age ein Meer des Friedens, der kosmischen Heiterkeit und des strahlenden Lichts in

seinem Herzen und in seinem kreativen Geist. Aber es hat ja überhaupt keinen Sinn, über jemanden zu sprechen, der sich nur auf der erhabenen Ebene des Geistes fassen läßt: Nehmen wir doch etwa das berühmte „Ozeanische Licht der leuchtenden Seele".

Ich glaube, ich muß die Wunder des New Age gar nicht weiter darstellen. Man muß sie einfach selbst erfahren und nicht darüber reden. Denken Sie doch bloß an die unbeschreibliche Wirkung der „Energie", die man mit Hilfe von Visualisierungen spürt, die in den Workshops des New Age immer vorgeschlagen werden. Fellini und Visconti sind Dilettanten im Vergleich zu diesem Shop-Work des New Age. Ich muß doch bloß daran denken, wie mein Freund Ernestino, nachdem er das Drama seiner Geburt wiedererlebt hatte, in einer violetten Nabelschnur einen wahren Sprühregen aus grünen Sternen sah, die sich alle in ein leuchtendes Orange verwandelten – ein eindeutiges Symbol für die Harmonisierung seines Herz- und seines Sexualchakras …

Zweifelsohne birgt die kulturelle Verschiebung weg vom autoritären Geist und hin zum Wiedererwachen des psychospirituellen Geistes in der jüngsten Vergangenheit ein Versprechen in sich. Die vielen Witze über den neuen spirituellen Markt und den neuen Narzißmus nähren sich jedoch aus einer neuen gesellschaftlichen Pathologie, in der das Persönlichkeitsmuster des einzelnen Scharlatans … Träumers … Opportunisten nachklingt.

Als biographische Darstellung möchte ich auf Kolumbus verweisen, der von dem für diesen Typus charakteristischen Entdeckergeist durchdrungen war. Er war der erste, der tatsächlich nach den Sternen navigierte. Obwohl er nicht über den Wolken schwebte, sondern eher ein Mann der Tat war als ein Denker, hatte Kolumbus einen Traum. Die Interpretation seines eigenen Tuns ist dennoch phantastisch – nicht nur glaubte er, an der Küste Asiens gelandet zu sein; nein, es bereitete ihm auch überhaupt kein Problem, die Indianer zu versklaven, weil er sie wirklich und ernsthaft zu Christen machen wollte.

Nicht nur in den *Erzählungen von Canterbury*, sondern auch in den Witzen über Nasruddin wird E7 besser dargestellt als jeder andere Persönlichkeitstypus. Und in Witzen überhaupt: Entweder sind E7 einfach witziger, oder sie reizen mehr dazu, Witze über sie zu machen. Deshalb möchte ich diesen Abschnitt auch mit einem Witz beenden. Ich hörte ihn in Rio de Janeiro, wo die vorherrschende Wesensart genau der von E7 entspricht. Das Wesentliche an dem Witz ist der Zug von E7, daß er „keine Probleme macht" und „alles in Ordnung ist" – eine sehr bequeme Haltung, die sich aus der Vermeidung psychologischen Schmerzes herleitet.

Eine Frau geht rasend vor Zorn zu ihrem Mann und erzählt ihm, daß sie gerade herausgefunden hat, daß ihr Dienstmädchen schwanger ist. Der Mann sagt: „Das ist *ihr* Problem." Die Frau beharrt: „Aber *du* bist doch derjenige, der sie geschwängert hat!" Der Mann erwidert: „Das ist *mein* Problem!" Da fragt die Frau: „Ja glaubst du denn, daß mir das völlig egal ist? Was soll ich mit meinen Gefühlen machen?" Da antwortet der Mann ganz ruhig: „Das ist *dein* Problem!"

Wirklich eine überaus bequeme Haltung! Menschen vom Typus E7 sind sehr freundlich und hilfsbereit, sie vermeiden es aber, Verbindlichkeiten einzugehen und wollen nicht mit Unannehmlichkeiten belästigt werden.

Paco Penarrubia über seinen psychospirituellen Prozeß

Da ich keinen Bericht finden konnte, der E7 gut genug dargestellt hätte, bat ich einen der besten Gestalttherapeuten Europas einen für mich zu verfassen. Und es freut mich, sagen zu können, daß er seine „Schulaufgaben" wirklich gemacht hat. Der Bericht beweist eine Menge an Selbsteinsicht, die Gestalttherapeuten ja weit mehr zu schätzen gelernt haben als Theorie und Technik.

Penarrubias Aufzeichnungen enthalten auch eine Menge Beobachtungen und tiefe persönliche Bekenntnisse. Was den Prozeß seiner Wandlung anbelangt, so ist es interessant zu sehen, wie er den „Wendepunkt" darstellt, an den Menschen zuweilen in ihrem Leben gelangen, wenn die Verzweiflung darüber, wie unerträglich sie sich selbst geworden sind, sie zu einem Tor der Selbstannahme führt.

Im Vergleich zu den anderen Berichten in diesem Buch zeigen die Aufzeichnungen Penarrubias weniger eine psychoanalytische Fallstudie oder ein Beispiel für die existenziell-humanistische Therapie, sondern vielmehr die Erfahrungen eines Mannes, dem vor allem durch meine Intervention geholfen wurde. Dazu gehörte insbesondere auch die Entwicklung von Ichazos Programm der Protoanalyse, die Entwicklung der Tugenden und die Kontemplation über die heiligen Ideen.

1. An einem Ort in La Mancha

Ich wurde in einer Stadt in der Mancha in eine Familie von Bauern (auf seiten meines Vaters) und Kaufleuten (auf seiten meiner Mutter) geboren. Bei mir zu Hause drehte sich alles um den Handel mit Waren aus Übersee (da wurde von allem etwas verkauft – Essen, Kleider, Werkzeug, Parfums ...). Den Handel führten meine Eltern, wenn auch meine Mutter die einzige war, die wirklich das Heft in der Hand hielt. Sie war ein sozialer E3 und war schon seit ihrer Kindheit zusammen mit ihren Brüdern bei ihrem Vater im Geschäft aufgewachsen. Sie identifizierte sich völlig mit dem Familiengeschäft, das sie später auch erbte, und sah die Welt mit ausgesprochen merkantilen Augen („kaufe gut und verkaufe besser"). Sie und das, was sie verkaufte, waren eins.

Mein Vater ist ein sexueller E7, zärtlich und charmant. Er bereicherte das Geschäft mit seinen Verführungskünsten und betrachtete es im übrigen nie ganz als sein eigenes. Er ist ein schwacher Mann und verschrieb sich mit Leib und Seele meiner Mutter, die er im übrigen auch so sehr idealisierte, daß er andere Frauen brauchte, um sich gegen seine Göttin aufzulehnen.

Ich war nach drei Mädchen der Jüngste (die zweite war allerdings tot zur Welt gekommen). Meine Geburt war schwierig; meine Mutter wäre dabei fast gestorben, und ich war schon fast erstickt und reagierte nur langsam, als man mich abwechselnd in kaltes und warmes Wasser tauchte.

Über meine Ankunft in dieser Welt wurde mir immer ein recht zwiespältiger Eindruck vermittelt: Einerseits wußte ich, daß ich erwünscht war, vor allem deshalb, weil ich ein Junge war, andererseits bekam ich versteckte Anschuldigungen zu hören: „Nach der letzten Geburt war ich nie wieder die Alte", sagte meine Mutter immer. „Wir hätten noch mehr Kinder gehabt, wäre die letzte Geburt nicht so gefährlich gewesen", sagte mein Vater. Als ich etwa sieben war, wurde meine Mutter krank und mußte operiert werden. Sie sagten mir nie, was ihr tatsächlich fehlte, aber ich erinnere mich noch an die Bestürzung meines Vaters und auch an einige Bemerkungen, daß es um die Narben von meiner Geburt ging.

Ich erinnere mich, daß ich eine glückliche Kindheit hatte. Ich wurde von einem Mädchen großgezogen (von meinem Kindermädchen Josephine), die in meinen frühesten Erinnerungen öfter auftaucht als meine Mutter. Ich war nie krank, wuchs gesund und zufrieden auf, war mehr zu Hause als draußen und spielte mit meinen älteren Schwestern und meinen Cousins. An das Leben draußen kann ich mich erst seit der Schulzeit erinnern, als es mir gelang, dem Zuhause zu entwischen, um mit meinen Freunden zu spielen. In der Zeit davor bestand die Welt für mich aus zwei Bereichen: einem sicheren Bereich zu Hause – die Veranden und Dachböden meines Heims und der Häuser meiner Großeltern, Tanten und Onkel; und dem anderen, dem öffentlichen Bereich, dem Geschäft meiner Eltern, wo man nicht spielen konnte, sondern wo alles immer eher ernst und problematisch war (Konflikte kamen immer aus dieser Richtung). Dennoch war es ein faszinierend ergiebiger Ort: Dort gab es alles … es war wie in der Höhle Ali Babas, und noch heute kann ich meine Augen schließen und die Gerüche der Gewürze, des gepökelten Fisches, der Schuhe und der Säcke mit Hülsenfrüchten und Salz augenblicklich wieder wachrufen …

Es war nur so, daß dieses Füllhorn uns unserer Eltern beraubte, und deshalb entwickelten meine Geschwister und ich auch eine Art von Aversion gegen das Geschäft und gegen alles, was damit zusammenhing. Das Geschäft stand zu Hause immer an erster Stelle und ließ für uns nicht viel Aufmerksamkeit übrig. Dafür genossen wir eine viel größere Freiheit (im Grunde tat ich, was ich wollte), und alle unsere übrigen Bedürfnisse wurden befriedigt.

Ich glaube, wenn ich schon kein verwöhntes Kind war, so wurde ich doch zumindest verhätschelt, weil ich der Jüngste war und der einzige Junge in einer Familie von lauter Frauen. Was meinen Vater betrifft, so erinnere ich mich an seine Wutausbrüche (er hält Enttäuschungen schwer aus) und an einige furchterregende Schläge, die meine älteste Schwester abbekam, als sie anfing, mit Jungs auszugehen. Ich sah zu, daß ich ein braves und folgsames Kind wurde, begierig, die Erwartungen meiner Mutter zu erfüllen, aber auch unfähig, auf meine eigenen Sehnsüchte und Vorlieben zu verzichten, genauso wie mein Vater. Auch die Regeln des Verhandelns lernte ich sehr schnell kennen: Sei liebenswürdig, die Kunden haben immer recht, sie müssen das Geschäft zufrieden verlassen und doch gekauft haben, was du ihnen verkaufen wolltest, und niemand sollte gehen, ohne etwas gekauft zu haben (denn wenn du nicht hast, wonach sie suchen, dann verkaufe ihnen etwas anderes) usw. Meine Mutter brachte mir schon sehr früh alles über diese opportunistische Art, mit Beziehungen umzugehen, bei.

Mit elf Jahren steckten sie mich in ein Priesterseminar. Bis heute weiß ich nicht, wieviel davon wirklich meine eigene religiöse Berufung war und wie sehr ich bloß dem Wunsch meiner Mutter entsprach. Meine ganze Jugendzeit war von dieser Umgebung geprägt. Im Alter von fünfzehn bis achtzehn durchlief ich sogar das Noviziat und legte Armuts-, Keuschheits- und Gehorsamsgelübde ab, bis ich mit zwanzig in die Universität eintrat und Philosophie studierte. Dort gab ich die religiösen Ideale allmählich auf und legte mir statt dessen politische und gesellschaftliche Ideale zu. Ich verließ den Orden (eine französische Kongregation paulistischer Priester) und ging nach Madrid, um Psychologie zu studieren.

Aus meiner Zeit als Priesteranwärter blieb mir vor allem eine ausgezeichnete humanistische Bildung, Gruppensportarten, in denen ich meine Angst vor physischer Gewalt verlor. Ich entwickelte auch gewisse Führungsqualitäten und eine Vorliebe für griechische und lateinische Klassiker, das Studium der Bibel, ein Gespür für Musik und für die Schönheit der Liturgie, die Gewissenserforschung und das Eindringen in die Texte der spanischen Mystiker der Gegenreformation.

Das Armutsgelübde fiel mir nicht schwer (uns selbst gehörte gar nichts), auch das der Keuschheit nicht (mit den Jahren überwand ich meine zwanghafte Masturbation), aber mit dem Gehorsam hatte ich so meine Schwierigkeiten: Um alles um Erlaubnis zu bitten, war für mich unerträglich und wurde in der Folge immer wieder zum Stein des Anstoßes für meine spirituellen Führer.

Meine Jahre an der Universität waren düster: die Unterrichtsgegenstände interessierten mich nicht, und die politische Lage war bedrückend. Ich reiste während der Ferienmonate durch Europa und suchte mir irgendwelche Jobs, um meine Winter zu finanzieren. England ... Frankreich ... Schweden ... wurden für mich zu Synonymen für frische Luft und sexuelle Freiheit. Madrid erschien mir zwischendurch wie ein Exil.

Ich war an dem Punkt angelangt, daß ich mein Psychologie-Studium gar nicht mehr abschließen wollte. Während des letzten Semesters, in dem ich sehr deprimiert war, traf ich Ignacio Martin Poyo, der Encounter-Gruppen leitete und humanistische Techniken anwandte. Ich begann, mit ihm zu arbeiten. Auf diese Weise lernte ich die Gestalttherapie kennen, und mein Leben veränderte sich. Zur gleichen Zeit verliebte ich mich und beschloß, mit der Frau zusammenzuleben, die heute meine Ehefrau und meine Gefährtin ist.

Es folgten Jahre des persönlichen und beruflichen Reifens. Ich wurde ein guter Gestalttherapeut und erlangte sogar einen gewissen materiellen Wohlstand. Im Alter von dreißig leitete ich ein psychotherapeutisches Zentrum, ich hatte ein gutes Kollegenteam und wurde allmählich als Trainer für Gestalttherapeuten anerkannt. Alles schien mir zuzulächeln.

Zu dieser Zeit erlitt meine Frau eine Fehlgeburt, wir hatten uns entschlossen, ein Kind zu bekommen. Am Tag ihrer Fehlgeburt traf ich Claudio Naranjo. Das Zusammentreffen dieses Verlustes und dieser Neuentdeckung stach mir ins Auge. Es war wie der Anfang eines neuen Lebenszyklus', der mich durch viele Höllen und durch viele Himmel führen sollte. Vor allem würde er mich dabei unterstützen, mein Gefühlsleben mit meiner Spiritualität in Einklang zu bringen, die von Anfang an der Antrieb für meine Suche gewesen war, wenngleich ich auf diesem Weg oftmals säumte und irrte.

2. Die beste Form der Aggression: brav sein

Als ich klein war, wollte ich ein Heiliger werden. Es fällt mir schwer, diese Ideale bei einem Kind vom Land zu verstehen, zumal die Werte dort eindeutig anders lagen (meine Freunde wollten alle Krieger, Stierkämpfer und Abenteurer werden). Es sei denn, es hätte sich dabei um eine Spielart des Ruhms gehandelt. Denn Ruhm, Glanz und Berühmtheit waren immer der Köder gewesen, hinter dem ich hergerannt war: meine Mutter.

Mein ganzes Leben lang hatte ich nach der Liebe meiner Mutter gestrebt, und ich mußte früh gelernt haben, daß Brav-Sein mir bei diesem Unterfangen am besten dienen würde.

Meine nächstältere Schwester war bei uns zu Hause immer die „Schlimme", die Ungezogene, die große Dicke, diejenige, die immer Schwierigkeiten machte und Ärgernisse verursachte. Ich schlüpfte in die entgegengesetzte Rolle: gehorsam, angepaßt, liebenswürdig und gefügig; kurz, all die weiblichen Werte, von denen ich meinte, sie würden meiner Mutter gefallen. Indem ich dachte, daß sie mich so mögen würde, verdrängte ich die Doppelbotschaft, derzufolge sie, wie ich später herausfand, Missetäter durchaus mochte – so zum Beispiel ihren Bruder, meinen Onkel, der, glaube ich, ein sexueller E8 war und für mich auch eine Vaterfigur, bis er eines Tages das Land verließ (oder möglicherweise auch flüchtete). Diese Art Mann faszinierte sie und jagte ihr gleichzeitig Angst ein. So schaffte sie es immer, mich zum Bravsein zu verleiten. Gleichzeitig spürte ich unterschwellig aber auch einen Mangel an Liebe oder sogar Feindseligkeit, weil sie mich dafür verachtete, daß ich so weich war. Sie attackierte mich mit ihrem Wunsch, daß ich ein Heiliger sein sollte, und ich schlug zurück, indem ich brav war.

In der Therapie wurden mir diese komplexen Zusammenhänge erst bewußt, als ich bei Claudio den Fischer-Hoffman-Process machte. Das war eine der Arbeiten, die mich am grundlegendsten heilte und mir half, meine Beziehungskonflikte zu bereinigen. Mir war überhaupt nicht klar gewesen, in welchem Ausmaß ich meine Mutter „geschluckt" hatte. Ich hatte ein paradoxes Wesen entwickelt: Nach außen hin war ich folgsam, im Inneren aber rebellisch; zwar liebenswürdig und problemlos, aber auch zutiefst nachtragend. Aus dieser Schizophrenie rettete ich mich vor allem durch intellektuelle Pirouetten: Meine Intelligenz half mir, mir alles zu erklären und meine Erfahrungen so zu gestalten, daß sie mich nicht verletzten. Ich bin ein Experte, wenn es darum geht, die ärgerlichen und unerfreulichen Erfahrungen des Lebens zu verdrehen und meine Aggression hinter Toleranz und Unterwürfigkeit zu verstecken. Dahinter steckt ein Terrorist, der fragt: „Warum bekomme ich nicht, was du mir versprochen hast, wo ich doch so brav war? Wenn ich meinen Teil der Abmachung erfüllt habe, warum bekomme ich dann nicht die Portion Liebe, die ich verdiene?" Und zu all dem habe ich auch noch das Gefühl, daß niemand mir je die Liebe geben können würde, die mich sättigen würde. Es ist nie genug, weil es mir innerlich schwerfällt, sie überhaupt anzunehmen. Ich weiß nur, wie man die Dinge hinunterschlingt und dann Verdauungsprobleme hat.

Dieses Hungergefühl ist das Unerträglichste, das ich überhaupt kenne, und je mehr ich es bewußt wahrnehme, desto unerträglicher wird es. Ich kann es aber auch besser akzeptieren. Der Titel von Fritz Perls erstem Buch *Ego, Hunger und Aggression* ist mir immer schon ins Auge gesprungen, weil diese einfache Formulierung auch für mich galt.

Während einer meiner ersten Sitzungen mit Claudio nuckelte ich an meinem Daumen, ich wollte mich aber eigentlich beißen. Ich ging zu ihm und erzählte ihm von meiner Befürchtung, daß ich mich selbst verstümmeln würde. Und Claudio sagte zu mir: „Was mußt du für einen Hunger haben!" Da begann ich, mein Leben zu durchschauen.

3. Die beste Rache: glücklich sein

Über die negativen Seiten des Lebens fühlte ich mich immer erhaben; ich negierte sie auf mannigfaltige Weise. Es gab aber einen gemeinsamen Nenner: Wenn die Dinge gut liefen, ich glücklich war, mir das Leben Spaß macht und ich zu meinem Vergnügen kam … so bedeutete das, daß ich nicht mein Bestes gab. Oder daß meine Strategie nicht fehlschlug. Oder daß ich nicht enttäuscht wurde.

Habe ich ein gutes Projekt laufen, so fühle ich mich in meiner Routine und meiner Langeweile sicher. Wenn ich die Dinge schnell verstehe und sie mir sofort erklären kann, kann ich sicher sein, daß sie mich nicht überrollen, mich nicht verletzen, mich nicht von hinten überfallen. In meinem Kopf kann ich einen schützenden Raum schaffen, in dem mein „sensibles" Herz nicht verletzt wird. Erst später fand ich heraus, daß ich gar kein Herz hatte, weil meine Schmerzmuskeln so verkümmert waren.

Ich hatte den Großteil meines Lebens mit dieser Illusion vom Glück und vom Vergnügen verbracht. Tief drinnen hatte ich mich vollkommen entmenschlicht, auch wenn ich genau das Gegenteil vorgab. Später fiel all das weg, und zwar so gründlich, daß sich auch meine Rebellion auflöste.

Gegen wen oder was lehne ich mich auf? In sehr starkem Maß reagierte ich auf die konventionelle Haltung meiner Mutter, auf ihre Rigidität, ihre Kontrolle und ihre unnachgiebige Lebensart. Am meisten lehnte ich mich aber sicherlich gegen die Mittelmäßigkeit meines Vaters auf, der so wie ich ein E7 war. Seine Autorität erschien mir immer als schwach und angesichts der Stärke meiner Mutter fast zur Impotenz herabgewürdigt. Und ihre Autorität hatte für mich immer einen falschen Beigeschmack. Daß die Dinge gar nicht so sehr gut oder schlecht waren, sondern vielmehr angebracht, und daß sie nicht von denen abhingen, die es betraf, sondern davon, was die Leute dazu sagten. Es war, als hätte ich schon sehr früh erkannt, daß die Welt der Erwachsenen ein Kompromiß war, eine Bühne, die gar nicht sehr solide gebaut war, und daß es wichtig war, die Sprache zu lernen; es war nicht notwendig, seinen Überzeugungen zu folgen. Es war daher am besten, die Dinge nicht so ernst zu nehmen, sich nur der Möglichkeit des Glücks zu verschreiben, und wenn die Dinge schiefliefen, schnell die Szenerie zu wechseln (und zwar entweder tatsächlich oder auch nur in der Vorstellung). Denn schließlich tut der, der die Bühne schlecht aufbaut, dies nur, weil die anderen es nicht anders wollen. Ich wußte nicht, daß das eine Rebellion war. Ich dachte, es sei Optimismus, Idealismus, ein positives Wesen … Meinen Enthusiasmus und meinen Frohsinn hätte ich ohne die Arbeit mit dem Enneagramm nie in Frage gestellt (denn sie waren meine blinden Flecken). Dieses wurde zusammen mit der Gestalttherapie eindeutig zum mächtigsten Werkzeug bei meinem inneren Prozeß.

Noch bevor ich wußte, daß ich dem völlernden Typus angehörte, ließ mich Claudio schon von diesem Blickwinkel aus arbeiten. In der ersten Gruppe, die ich bei ihm besuchte, diskutierte ich während des Essens einmal mit einem Kollegen und verteidigte dabei meine hedonistische Haltung gegenüber seiner apollinischen Position. Ich bat Claudio um seine Meinung, und er antwortete mit einem Sprichwort aus seiner Heimat: „In Chile sagen wir, daß ein allzu wohlwollender Chirurg die Wunden verfaulen läßt." Ich verstand den Sinn damals nicht, aber seine Aussage traf mich doch tief – eine dieser Wirkungen, die man nicht vergißt, die im Bewußtsein alles umdrehen und die man im Laufe der Zeit immer tiefer versteht.

Als ich meine Sünde schließlich herausfand, verstand ich, daß die Völlerei nichts anderes war als meine ständige Angst und daß meine Sicht der Welt aus einer endlosen Reihe von Rationalisierungen und sich selbst erklärenden Rechtfertigungen bestand, letztlich also aus einer bloßen Scharlatanerie.

Das alles brauchte seine Zeit, und das vordringlichste Gefühl war, daß ich mich selbst und die Welt zum ersten Mal sah. Erschwerend kam hinzu, daß ich das, was ich sah, überhaupt nicht mochte.

Denn jetzt stellte sich heraus, daß hinter diesem frechen Enthusiasmus ein Pessimist steckte, der weder an Autoritäten noch an die Liebe und auch an sonst nichts glaubte ... vielmehr war da eine rachsüchtige Skepsis, die ich mit meinem kleinen Glück verwechselt hatte: Ich hatte mich ins Vergnügen gerettet und dabei die Welt, für die ich mich angeblich „so sehr geopfert hatte", völlig außer acht gelassen.

Und ich stieß auch auf die Schuld, jene alte Krankheit, die ich schon überwunden geglaubt hatte.

4. Das beste Fegefeuer: bewußtes Leid

Während der letzten zehn Jahre gestaltete sich meine Arbeit mit Claudio als Fixpunkt zu einem ständigen Kommen und Gehen meiner schwächsten und heiligsten Seiten. Ich hatte gedacht, daß der Gesundungsprozeß linear verlaufen würde, daß man auf seinem Weg innere Schwierigkeiten überwinden und sich immer besser fühlen würde. Rückfälle und eine Verschlimmerung meines Zustands hatte ich nicht einkalkuliert. Das war ein großer Irrtum, denn Erschöpfung und Entmutigung wurden zu meinen Lehrmeistern.

Schon bei der Gestaltarbeit hatte ich einen Blick auf meine Konfliktscheu und mein Leugnen von Schmerz geworfen: Es gelang mir, die Verlassenheitsgefühle aus meiner Jugendzeit nachzuempfinden (den Zerfall meiner Familie, daß ich ins Internat geschickt wurde, meine Panik vor der Disziplin ...) und die Tränen zu weinen, die ich nicht mehr geweint hatte, seit ich vierzehn war.

Durch die Arbeit mit dem Enneagramm veränderte sich meine Perspektive radikal: ich selbst war mein schlimmster Feind, und das war schwer zu verkraften. Zuerst kamen die Widerstände (vergessen, vereinfachen, zum Schein verstehen), dann das Mißtrauen und der Bürgerkrieg (ich verfolgte mich selbst, war übertrieben wachsam ... mich ekelte vor mir selbst, und ich war verzweifelt, weil ich keinen Ausweg sah; es schien mir unmöglich, die Maschine zu stoppen). Dann kam das bewußte Leid, das wirklich die Alchimie war, die mich tief drinnen veränderte. Doch sehen wir uns das Ganze Schritt für Schritt an.

Der ganze Prozeß ist nicht von meiner Erfahrung mit SAT* zu trennen, der sich über vier Jahre erstreckte. Dazu gehört das zehntägige Retreat und die allmähliche Synthese der therapeutischen Werkzeuge, die Claudio im Lauf der Jahre entwickelt hat: Meditation, Selbstbeobachtung, Gruppenprozesse etc.

Ich glaube nicht, daß ich ohne das Bombardement von den verschiedensten Seiten hinuntertauchen und den Grund hätte berühren können. Denn etwas, das ich auch über mich herausfand, war, daß ich wie ein Korken war, der immer wieder an die Oberfläche schwamm. Mit SAT wurde das anders: denn ekstatischste Erfahrungen bereiteten mich da nur darauf vor, noch ein klein wenig tiefer in die Hölle hinunterzufallen.

Eine der ersten Höllen war das Erkennen meiner Grenzen: Ich war „grüner" hinter den Ohren, als ich gedacht hatte; ich hatte den Prozeß eher geträumt, als daß ich ihn tatsächlich durchlebt hatte. Ich fand heraus, daß es wenig gab, auf das ich zurückgreifen konnte, daß ich mich als Mann sehr unsicher fühlte, daß ich viel unsensibler war, als ich mir eingestehen wollte, und daß ich als Therapeut sehr oberflächlich war.

Auszug aus meinem Tagebuch: *Während der Sitzung erzähle ich Claudio, wie sehr ich an all der Liebe zweifle, die ich spür und die eher zu einer Mutter zu passen scheint als zu einem Mann. Ich stelle eine Verbindung zur Angst her, zur „passiv-femininen" Seite, die er in Bilbao im Zusammenhang mit meinem Typus erklärte. Ich frage ihn: „Was bin ich für ein Mann, wenn ich all das wie eine Frau empfinde?" Claudio meint: „Ich glaube nicht, daß das Ihre sexuelle Orientierung in Frage stellt (ich glaube, daß es im Grunde das war, wovor ich mich wirklich fürchtete, auch wenn ich es nicht sagte). Es geht eher darum, daß jeder von uns diese beiden Seiten, das Maskuline und das Feminine, in sich trägt." Das war für mich wie eine Offenbarung; ich hatte es meinen Gestalt-Schülern über Jahre hinweg beigebracht, und jetzt verstand ich es zum ersten Mal.* (November 1985)

Die nächste Hölle war meine Schuld. Ich war ein Schwindler, und mein ganzes Leben war ein Betrug: ich wollte Liebe, doch das einzige, das mich wirklich interessierte, war Anerkennung; ich glaubte, daß ich mich hingab, doch in Wahrheit war das nichts als eine Strategie, damit meine Partnerin sich änderte und mir keine Schwierigkeiten bereitete; ich anerkannte Claudios Autorität, doch unterschwellig hoffte ich auf den Ruhm, an seiner Seite selbst zum Guru zu werden. In meinem Beruf entdeckte ich, wie sehr ich mit Verführung arbeitete, wie ich vom Fortschritt meiner Patienten „träumte", ohne mich wirklich mit ihren tiefsten Konflikten zu beschäftigen … Und durch all das fühlte ich mich sehr unwürdig und wie ein Lügner.

Auszug aus meinem Tagebuch: *Ein früher Riß in meinem Selbstwertgefühl noch vor der Falschheit, eine Maske zu zeigen, die gar nicht echt ist, oder besser gesagt, mein Gesicht überhaupt nicht mehr zu zeigen und lieber zu entwischen, so daß meine Feigheit nicht zu sehen war, aber doch mit dem inneren Wissen um diese Lüge, die mich nicht täuschen konnte. Dieser*

Zweifel ist der gleiche wie der Riß, von dem ich schon gesprochen habe: Ich fürchte das Nachdenken über mich selbst ebenso sehr wie die Selbstgefälligkeit, und die Verwirrung, die das in mir schafft, hat in mir immer einen inneren Krieg ausgelöst und mir den inneren Frieden geraubt. (Oktober 1985)

Dann folgte eine Glaubenskrise, ganz ähnlich der, die mich dazu veranlaßt hatte, mein Priesterstudium aufzugeben. Ich glaubte nicht an Gott. Für mich war er mehr wie ein Kollege, wie ein Familienmitglied, das mich schützen sollte, aber ich hatte kein Vertrauen, daß er das auch wirklich tun würde – wie mein Vater.

Im SAT sprach Claudio darüber, wie unsere irdischen Eltern Tore zur Ewigkeit sind, und ich hatte dieses Erlebnis tatsächlich gehabt: Als ich in Claudios Armen ruhte, spürte ich, wie ich in eine andere Welt aus Licht gebracht wurde, zu einem tiefen Erleben des Göttlichen. Ich war aber immer noch sehr rebellisch, und es fiel mir schwer, mich hinzugeben.

Auszug aus meinem Tagebuch: *Claudio zitierte aus dem Buch der Könige – Jahwe sagt da zu Elias: ‚Sei still und wisse, daß ich Gott bin.' Halte still und öffne dich dem göttlichen Erleben. Ich wünsche mir sehr, daß das passieren könnte. Es fällt mir so schwer, mir selbst zu begegnen.* (August 1988)

Ich konnte Gott nicht als meinen Vater sehen, weil ich nicht das Gefühl hatte, daß ich ein Sohn Gottes war; nicht einmal ein Sohn (der sich hingibt), geschweige denn würdig oder gut.

Das Wichtigste, das in dieser Zeit passierte, war, daß Claudio mit mir über bewußtes Leiden sprach. Ich weiß nicht mehr in welchem Zusammenhang, aber ich glaube in bezug auf die Verzweiflung, die all das in mir auslöste. Er erklärte mir diese Formulierung Gurdjeffs[6] und auch, wie Fritz Perls in der gleichen Weise mit dem Schmerz arbeitete. Für mich war das eine große Offenbarung. Ich hatte es mir nie erlaubt zu leiden, ohne dagegen anzukämpfen, diese legitimen Gefühle einfach ohne Ausflucht zu respektieren. Ich nenne das das Fegefeuer, weil ich es tatsächlich so erlebt habe: Ich lernte mein innerstes Wesen kennen und läuterte mich wie eine Schnecke, die ihr eigenes Gehäuse zupfropft und überlebt, indem sie sich von ihrem eigenen Schleim ernährt. Ich glaube, diese Erfahrung hat mich am ehesten zum Menschen gemacht. Sie lehrte mich das Mitgefühl. Sie gab mir eine Menge Kraft, um ungesunde Verbindungen zu lösen (vor allem mit Arbeitskollegen) und ohne Furcht zu arbeiten. Beim SAT '91 fühlte ich mich immer noch wie ein räudiger Hund, dem die Götter eine ekstatische Vision geschenkt hatten, weil sie nicht widerstehen konnten. Claudio brachte es für mich auf den Punkt: „Du kamst hierher wie ein räudiger Hund, und du gehst als geweihter räudiger Hund."

Ich möchte gerne mein Erlebnis während des Retreats schildern, weil es für alles, was ich hier sage, von Bedeutung ist.

Er fand im Sommer 1990 statt, und ich empfand ihn als Herausforderung: zehn Tage alleine überleben, nichts rauchen, dafür meditieren ... Während der ersten Tage war ich deprimiert wie noch nie. Noch dazu fehlten mir die üblichen Krücken, mit denen ich mir sonst die Zeit vertrieb: etwas anderes tun, träumen, Pläne schmieden ...

Am meisten entmutigte mich, daß ich das Gefühl hatte, Gott höre mir überhaupt nicht zu. Dann wurde mir klar, daß die Stille Gottes in einem direkten Verhältnis zu dem Lärm stand, den ich machte. In mir waren eine subtile Schuld und ein zäher Narzißmus, die mich nicht zu ihm flehen, ihn ohne Stolz fragen und ohne Scham bitten ließen.

„Beten bedeutet, „Raum zu schaffen", „Stille zu erzeugen", so daß Gott mich hören und zu mir sprechen kann. Ich war viel zu beschäftigt damit, Dinge zu entdecken, die Zusammenhänge in meinem Leben zu verstehen, als daß ich Gott hätte hören können: ich hatte ihn verdrängt, und das bedeutet, ‚sich an Gott schuldig zu machen'. Claudio riß mich da heraus, er gab mir die Mittagsgebete." (1990)

Zu beten, um Gnade zu bitten, für meine Sünden um Vergebung zu flehen, „auch für die, derer ich mir nicht bewußt war". Da wurde alles leicht, und ein alter Glaube kehrte spürbar zurück. Ich wußte, daß ich diese Verbindung während meiner Jugend unterbrochen hatte. Ich konnte ihm nicht verzeihen, daß ich von zu Hause fortgeschickt wurde, und ich konnte ihm auch nicht verzeihen, daß ich mir mit fünfzehn den Arm brach und danach nicht mehr Basketball spielen konnte, weil er nie wieder ganz heil wurde. Und ich hatte Gott doch so sehr gebeten, daß er meinen Arm wiederherstellen möge!

Nach und nach spürte ich eine innere Freude, die ganz anders war als meine Euphorien, und ich verstand die eigentliche Bedeutung einiger christlicher Maximen, die mich immer berührt hatten: „Die Wahrheit macht dich frei." ... „In deine Hände lege ich meinen Geist." ... „Forme mich nach deinem Willen." ...

5. Schlußfolgerung (vorläufig und endgültig zugleich)

Ich weiß, daß bei dieser Arbeit jede Schlußfolgerung immer nur vorläufig ist, bevor man zum nächsten Tagesmarsch aufbricht. Dennoch habe ich nichts dagegen, die bisherige Reiseroute anzugeben.

Ich bin diese ganze Zeit über reifer geworden, und ich fühle mich mehr und mehr wie ein Mensch. Oder um ein Bild aus dem Tierreich zu verwenden, ich spiele nicht mehr den Affen; ich laufe nicht mehr von hier nach dort und vergnüge mich mit oberflächlichen Imitationen. Einmal nahm ich Verbindung zu dem Frosch auf, der in meinem Bauch saß, aus meinen Gedärmen heraus quakte und fest mit meinem Schwerpunkt verwurzelt war.* Aus diesem Blickwinkel sieht man das Leben anders.

Meine Arbeitsweise hat sich sehr verändert: ich bin nüchterner, weniger überschwenglich, ich höre besser zu, und meine Intuition ist feiner. Ich bin auch kämpferischer und konfrontiere mich eher. Mein Beruf ist wirklich der Leitfaden für meine innere Arbeit, deshalb bin ich ihr auch so dankbar, denn als Therapeut zu arbeiten ist *die* Gelegenheit, an mir selbst zu arbeiten.

Während des letzten SAT (1992) fand ich alle Anweisungen über das Nicht-Tun sehr aufschlußreich. Und tatsächlich tue ich jeden Tag weniger (im Sinn von Aktivität) und bin doch mehr. Ich sagte dort, ich hätte das Gefühl, daß ich „ein Übermittler bin, wie ein Fernrohr; und mein einziges Ziel ist, das Glas rein zu halten, damit die Sache zu anderen hinüberkommt. Damit andere arbeiten können. Ich muß aber darauf achten, daß das Glas tatsächlich rein bleibt und nicht trüb wird."

Ich habe jetzt auch mehr Geduld und mehr Humor. Ich schließe mit einigen Gedanken, die ich nach der Arbeit des letzten Sommers niederschrieb:

Manchmal fühle ich mich emporgehoben, manchmal spüre ich ein schweres Gewicht in meiner Mitte: die reinste Erde, keine Chance zu fliegen. Ich versuche, das Unten und das Oben zusammenzubringen: ich gehe zu meinem Herzen. Da spüre ich fast gar nichts: ich entspanne mich. Ich bin ein Kind, das am Eingang zum Herzen sitzt. Ich warte geduldig und ohne Angst. Es kann sich jeden Augenblick öffnen. Ich weiß, daß Gott von Zeit zu Zeit bei mir vorbeischaut.

Ich warte ruhig, falls er kommt. (August 1992)

* * *

Schlußbemerkung

Ich hoffe, daß der Leser an dieser Stelle bereits zu schätzen weiß, was ich damit meinte, als ich sagte, dieser Bericht sei reich an Beobachtungen. So ist etwa Penarrubias Erkenntnis, daß Enthusiasmus und Freude auch ein Ausdruck von

Blindheit sein können, so sorgfältig in seiner eigenen Einsicht verankert, daß sie sicherlich auch anderen Menschen mit einer hypomanischen Veranlagung die Augen öffnen kann. Das Verständnis von Vergnügen als Rebellion und Rache halte ich für eine besonders wertvolle psychodynamische Beobachtung, die ich nirgends sonst auf diese Weise formuliert fand.

Alles in allem spiegelt sich in diesem Bericht eine ziemlich heroische Leistung wider, zumal der Autor sich dermaßen bereit zeigte, sein Selbstbild zu unterminieren; und typischerweise gehörte zu seinem Reifungsprozeß auch die nüchterne Disziplin, mit jener Schuld und jenen Unannehmlichkeiten in Kontakt zu kommen, die der völlernde Typus sonst meidet.

Der charmierte Charmeur

Die folgende Sitzung zeigt einen sexuellen E7, wobei das vorherrschende Thema der Gegensatz zwischen einer tiefsitzenden Rebellion und einem oberflächlichen Charme ist. Üblicherweise sind Menschen mit diesem Charakter nicht in Verbindung mit ihrem Zorn und verlegen ihre Rebellion von der Ursprungssituation (im Zusammenhang mit ihren Eltern) auf ein abstraktes Thema in der Welt. Behält man das im Auge, so ist die vorliegende Sitzung ziemlich außergewöhnlich. Danny wußte von Beginn an, daß es ihm schwerfiel, auf seinen Vater wütend zu sein, weil dieser sehr charmant war. Trotzdem folgt er meinen Anweisungen sehr wirkungsvoll, und der symbolische Akt, seinem Vater den Kopf abzuschlagen und damit einen frühen Traum in Szene zu setzen, scheint ihn in seinem Befreiungsprozeß einen guten Schritt weitergebracht zu haben. Er hat nach der Sitzung die gegenwärtige Situation besser im Griff und sagt, daß er seinen Vater jetzt realistischer wahrnimmt.

Danny: Mein Thema ist anscheinend ein ganz allgemeines, vielleicht auch eines ohne großes Drama.

Claudio: Das werden wir berücksichtigen.

D: Es hat mit meinem Vater zu tun; und eigentlich mit mehr als bloß meinem Vater ... mit dem Vatersein überhaupt, mit meiner Beziehung zu ihm und mit meiner Beziehung zur Vaterschaft. Dieses Thema hat mich über die Jahre hinweg nie wirklich interessiert, aber seit ich sechsunddreißig bin, hat es sich in mein Leben geschlichen.

C: Und wie alt sind Sie?

D: Neununddreißig. Mit sechsunddreißig wurde ich selbst Vater. Ich bekam Zwillinge, und das war ein Schock für mich. Ich hatte mich immer dagegen gesträubt, Kinder zu haben, und plötzlich tauchte in mir eine große Liebe und Besessenheit auf. Manchmal bin ich mit ihnen und ihren Plänen sogar etwas streng.

C: Welches von diesen beiden Problemen scheint Ihnen da als Ausgangspunkt am interessantesten? Daß Sie der Sohn Ihres Vaters bzw. des Vaters sind oder daß Sie der Vater des Kindes sind?

D: Mit drei oder vier Jahren hatte ich einen Traum, an den ich mich immer erinnerte. Doch seit heuer beginne ich, mich darüber zu wundern …

C: Sie hatten diesen Traum, als Sie drei oder vier Jahre alt waren?

D: Ja, es ging darum, daß jemand meinem Vater den Kopf abschlug und mein Großvater das Meer mit einem Schlauch goß. Ich stand auf, ging zum Bett meines Vaters und griff nach seinem Hals, weil ich Angst hatte, daß man ihm den Kopf abgeschlagen hatte.

C: So etwas passiert schon mal mit Eltern.

D: Mir scheint, als könnte ich diesen Traum erst jetzt aufnehmen. Daß ich akzeptiert habe, daß ich irgendwie der Norm entkommen bin oder dem, wie uns unser Vater gerne haben wollte, vielleicht spüre ich … Zum Beispiel spüre ich, daß ich in der Familie nicht Vater genug bin, obwohl ich meine Töchter sehr liebe; aber ich spüre, daß es mir an Tiefe fehlt.

C: Und könnte das deshalb sein, weil Sie noch zu sehr Sohn sind?

D: Ich war immer sehr der Sohn, jetzt weiß ich nicht mehr.

C: Vielleicht nicht mehr so sehr … Aber könnte es da einen Zusammenhang geben? Daß Sie nicht genug Vater sind, weil Sie noch zu sehr Sohn sind?

D: Ja. Außerdem hat meine Frau auch Schwierigkeiten. Sie haßt ihren Vater. Ich spüre, daß zu Hause plötzlich der Vater fehlt und …

C: Ich glaube, wir wissen schon, worum es geht. Schauen wir, daß wir irgendwie in das Thema hineinkommen. Ich nehme an, daß Sie in Ihrer Gestalttherapie den Kopf Ihres Vaters klar und deutlich und mit all der dazugehörigen Emotion abgeschlagen haben, oder nicht?

D: Ich weiß nicht, ich glaube nicht.

C: Dann bleibt uns noch Arbeit zu tun.

D: Es ist ein schwebendes Verfahren. Vielleicht habe ich mehr mit der Mutter gearbeitet. Ich glaube, daß ich in der Therapie damit gearbeitet habe, vor zwei Jahren vielleicht.

C: Von dem, was Sie da erzählen, glaube ich, daß das ein sehr guter Ausgangspunkt für unsere Arbeit wäre, in den Teil hineinzuschlüpfen, als der Sie den Kopf Ihres Vaters abschlagen. Das heißt, gehen Sie in das Erleben dieses Traumes hinein, der schon so lange her ist, und trotzdem noch so lebendig, und den Sie jetzt zu erkennen beginnen. Es scheint, als wäre er in der Struktur jener Zeit sehr stark gewesen … Der kleine Junge, dieser Junge, versuchen Sie, dieser Junge zu sein, der träumt, daß er den Kopf seines Vaters abschlägt. Denn wir verstehen ja schon genug von der Psychologie, um zu wissen, daß es der Junge selbst ist, der den Kopf abschlägt. Er erschafft diesen Traum, es ist seine Projektion. Sehen Sie mal, ob Sie feststellen können, was der kleine Junge da erlebt, auch wenn es nur in der Vorstellung ist. Was ist mit ihm los? Warum ist er auf seinen Vater so wütend? Warum will er sogar, daß er tot ist? Welchen Zorn gibt es da?

D: Na, an diesem Punkt muß ich etwas sagen. Mein Problem ist, daß mein Vater sehr verführerisch ist.

C: Das ist wirklich ein großes Problem: den Kopf eines charmanten Vaters abzuschlagen.

D: Dieses Thema hat mir immer Schuldgefühle bereitet.

C: Deshalb haben Sie nicht genug daran gearbeitet.

D: Zu denken, daß mein Vater mich liebt, und doch ist es, als würde ich immer genau das Gegenteil tun. Wir wohnen schon seit Jahren nicht mehr zusammen, deshalb ist es nicht so schwierig. Ich hatte immer das Gefühl, daß ich gegen den Strom schwimme, obwohl … Und das war letztlich eines meiner größten Probleme.

C: Natürlich, der schuldbeladene Vatermord ist ein Problem. Es geht um das Verlangen, dem liebenden Vater den Kopf abzuschlagen; einem Vater, von dem Sie mehr oder weniger annehmen, daß er Sie liebt; deshalb ist es das Schlimmste, was Sie je in Ihrem Leben tun können.

D: Ich bin sicher, daß ich nicht die gleiche Reue empfände, wenn ich den Kopf meiner Mutter abschlagen müßte. So gesehen, fiel es mir immer sehr schwer, auf meinen Vater wütend zu sein. Statt dessen war ich immer sehr, sehr wütend auf die Lehrer.

C: Sicher, das ist ein Ausweichventil.

D: Ich war gegen alles, das mit Regeln zu tun hatte. Ich habe mir ein Leben eingerichtet, in dem mir niemand auch nur irgend etwas anschaffen konnte.

C: Sie haben ja gehört, daß Menschen vom Typus E7 dieses Vaterthema haben. … Sie drücken es durch Ihren Haß auf die patriarchalische Kultur und Zivilisation aus. Und durch Ihre Sehnsucht nach der Utopie von einer besseren Welt.

D: Ich hatte schon das Gefühl, daß es um so etwas gehen würde. Irgend etwas daran war eigenartig. Ich glaube, daß das mein Problem ist – ein Hauptproblem.

C: Ich glaube, das Problem, daß Sie sich selbst nicht erlauben, in dieses Gefühl hineinzugehen, ist noch größer. Sie reden nur darüber und liefern eine Menge interessanter Fakten, die viel versprechen – vielleicht auch, daß Sie der Sache eines Tages sogar auf den Grund gehen werden.

D: Kann ich sagen, daß ich wütend bin?

C: Sogar wenn es in Ihrer Vorstellung passiert. Aber die Wut dieses Jungen, der seinem Vater schon damals, im Alter von drei oder vier Jahren, den Kopf abschlug … dafür kann es eine Menge Gründe geben. Unter welchem Druck stehen Sie? Was tut Ihnen weh? Was macht Sie so wütend, daß dabei dieser Traum herauskommt?

D: Er versucht, eine Art von Perfektion zu vermitteln, die mich quält. Ich sage es jetzt einfach: „Diese Perfektion, Reinheit und Ausgeglichenheit, die du mir da zu vermitteln versuchst, quält mich, weil ich mich nicht perfekt und ausgeglichen fühle, sondern ich fühle mich schmutzig."

C: Durch ihn fühlen Sie sich wie ein Stück Dreck. Sein Perfektionismus stellt Sie in eine sehr schmutzige Position, sehr unwürdig.

D: Ja, ich habe das Gefühl, daß er Gott ist, und ich bin die Hölle, oder so ähnlich.

C: Und wie wäre es, wenn Sie das „oder so ähnlich" wegließen?

D: Na ja, die Hölle.

C: Ich schlage vor, daß Sie das gleiche jetzt eher in den Worten eines Kindes ausdrücken. Daß Sie Ihrem Vater sagen, wie es Ihnen mit seinen Anforderungen geht, die so ...

D: Ich weiß nicht. Ich würde sagen ... „Es ist schwer ... Du treibst mich zur Raserei!"

C: Du treibst mich zur Raserei? Das ist schon ein eher erwachsener Ausdruck.

D: Er macht mich wütend. Als ich klein war, hatte ich immer Wutanfälle.

C: Versetzen Sie sich in die Stimmung eines solchen Wutanfalls.

D: Und mein Vater steckte mich immer unter die kalte Dusche, damit meine Wutanfälle vergingen.

C: Stellen Sie sich das vor. Sie sind unter der kalten Dusche, und Sie sagen ihm das.

D: „Geh doch zum Teufel, Mann! Laß mich in Ruhe! Laß mir doch meinen Wutanfall! Laß mich meine Aggression ausdrücken, mein Gefühl ist total im Arsch."

C: Es scheint, als müßten Sie diese Wutanfälle respektieren, sie integrieren. So als ob alles perfekt wäre, wenn Sie eine Mischung aus Ihrer Alltagspersönlichkeit und Ihren Wutanfällen zustande brächten. Macht dieser Vorschlag für Sie Sinn? Könnten Sie die beiden zusammenbringen, dann hätten Sie kein Problem mehr mit ihrem Vater. Aber machen wir weiter mit dem Anfall. Sprechen Sie aus dieser Haltung heraus mit ihm. Sprechen Sie mit ihm aus einem Gefühl der emotionalen Freiheit und der Beschwerde heraus.

D: „Gut, laß mich in Ruhe. Warum soll ich meine Wut nicht zeigen? Warum kann ich meine Aggression nicht zeigen?"

C: Sie sind schon wieder in den Erwachsenen gerutscht: „Warum kann ich nicht ..." anstatt „Laß mich in Ruhe." Werfen Sie ihn in den Dreck. Seien Sie über konkrete Dinge wütend.

D: „Geh doch zum Teufel, Mann! Du bist auch dreckig, du bist auch finster und unausgeglichen, und komm mir doch nicht mit dieser Geschichte, wie du angeblich bist ... Als ob da gar nichts wäre."

C: Sehen Sie mal, er ist überhaupt nicht so rein, wie er tut, und auch nicht so perfekt. Er ist kein Gott, er führt sich nur auf wie Gott. Er tut, als sei er perfekt.

D: Wahrscheinlich führt er sich wirklich auf wie Gott.

C: Ist er scheinheilig mit seiner Perfektion?

D: Ja, teilweise ist er sogar ein Rassist.

C: Mir scheint, als hätte in dem, was Sie als Kind sagten, ein Gefühl von Ungerechtigkeit gelegen. Als ob er Sie mit dieser Perfektion irgendwie austrickste.

D: Ja, er wollte, daß die Dinge so seien, wie sie im Grunde nicht waren. Als Kind lebte ich ... ich sah mir den Perfektionismus meines Vaters aus der Ferne an bzw. diese ganze Sache, vor anderen Leuten gut dazustehen. Und aus dem Nichts sagte dann immer wieder jemand: „Und du bist also Dancourts Sohn? Nun, das wirkt aber gar nicht so." Und dann gab es in meiner Kinderwelt und in der meiner Nachbarsfreunde plötzlich einen dunklen Punkt, über den nie gesprochen wurde

... als ich nämlich plötzlich herausfand, daß mein Nachbarsfreund gar nicht der Sohn seines Vaters war, sondern der Sohn des Dienstmädchens.

C: Er sah also aus einer besonders erhabenen und scheinheiligen Haltung von oben auf Sie herab.

D: Das war so ein Bild, eine Vorstellung, daß alles rein und perfekt war, und „sag' nicht so grobe Sachen".

C: Ich glaube, Sie haben das schon als ganz kleiner Junge sehr deutlich gespürt. Und jetzt möchte ich, daß Sie diesem kleinen Jungen, der noch gar keine Worte hatte, Worte geben; damit er sie ihm ins Gesicht schleudern kann.

D: Ich würde zu ihm sagen: „Papa, ich platze vor Wut. Wahrscheinlich geht es dir genauso." Das einzige, was mir einfällt, ist: „Papa, was machst du mit Mama?"

C: Das „machen" wäre schon zuviel. Das läßt ihn so menschlich erscheinen, und er steht doch über dem Sex.

D: Ja, mein Vater spielt immer zu sehr den „Vater". Er hat immer den Vater gespielt. Aus meiner jetzigen Sicht als Erwachsener war das irgendwie verdächtig. Ich habe das aber nie so gesehen. Ich verfing mich immer in dem Gedanken, daß ich der Fehlgeleitete war. Mein Vater fragte sich immer: „Ist mein Sohn schlecht?"

C: Ich nehme an, mit dem Verstand ist Ihnen klar, daß Sie diese Wahrnehmung umdrehen müssen. Sie müssen sich selbst die Würde verleihen, die er für sich allein in Anspruch genommen hat. Und auch wenn Sie sehen, daß Sie fehlgeleitet waren, müssen Sie sich doch von dieser Täuschung lösen und ihm mehr ins Gesicht schleudern. Sehen wir mal, wie könnte das gehen? Wenden Sie sich an den Vater Ihrer Kindheit oder an seine allzu väterliche Rolle ...

D: „Das Vater-Prinzip", die Vaterschaft.

C: Setzen Sie sich wirklich mit diesem „Vater-Prinzip" auseinander. Schlagen Sie diesem „Vater des Vaterlandes" den Kopf ab.

D: Den Kopf des „Vater-Prinzips" abschlagen? ... „So erhaben bist du gar nicht. Du bist nicht im Himmel bzw. der Himmel ist nicht ... Die Erde ist. Du bist gar nicht so weit weg. Du kannst gar nicht so weit weg sein."

C: Na kommen Sie schon, werden Sie ein bißchen heftiger, lehnen Sie sich doch ein wenig mehr auf. Sie müssen sich davon befreien.

D: „Nun, du bist gar nicht so weit weg, weil du eines Tages stürzen kannst, und dann fliegt dein ganzer Schwindel auf."

C: Das scheint nicht sehr viel in Gang zu bringen, wenn Sie mit dem „Vater-Prinzip" reden, obwohl Sie doch gesagt haben, es sei ein wichtiger Punkt ... Aber einfach so auf einmal mit ihm zu reden, funktioniert nicht. Könnte der andere besser funktionieren, der aus Ihrer Kindheit? Einfach der Spur des Traumes zu folgen?

D: Ja.

C: Ich glaube auch, weil es für Sie verlockend ist, dem Vater über das „Vater-Prinzip" auszuweichen.

D: Das „Vater-Prinzip" hilft mir einfach nicht weiter.

C: Ja, darum geht es nicht.

D: Ich sage „Väterlichkeit", naja, weil ...

C: Um Ihrem Vater auszuweichen. Na gut, sehen wir mal. Der kleine Junge, der Sie damals waren, träumte, daß der Kopf Ihres Vaters abgeschlagen wurde. Was hat den Kopf Ihres Vaters abgeschlagen? Sie träumten ja, daß Sie den Kopf Ihres Vaters abschlugen.

D: Einmal erzählte ich diesen Traum einer Freundin, und sie sagte: „Mit so wenig Kopf hast du also gelebt." Als hätte ich auch meinen eigenen Kopf abgeschlagen.

C: Sicher, Sie haben Ihr eigenes Leitprinzip verloren; mir scheint, Sie haben Ihr Schiff ohne Steuer zurückgelassen. Und ich nehme an deshalb, weil es Ihnen mit Ihrem Vater sehr viel Schmerz und Zorn bereitet hat. Als wäre Ihnen nichts anderes übriggeblieben, als seinen Kopf abzuschlagen. Es war wie die Macht eines Ausbruchs. Sie müssen sich da emotional hineinversetzen, ich weiß nicht wie. Vielleicht stellen Sie sich vor, wie Sie selbst in dem Traum sind; seien Sie der, der in Ihrem Traum den Kopf Ihres Vaters abschlägt, und fühlen Sie, was er im Augenblick dieses Abschlagens fühlte.

D: Mann, jetzt taucht ein wenig das Bild von Theseus (der Überlieferung nach war es allerdings Perseus) auf, wie er Gorgos Kopf abschlägt, und da kommen Monster und andere Sachen heraus. Aber was sagten Sie gerade? Ich soll in das Bild hineingehen, wo ich seinen Kopf abschlage?

C: Ja, insofern als wir zu dem Schluß kamen, daß Sie derjenige sind, der in der Schuld steht, und daß Sie diese Projektion wieder integrieren sollten, daß Sie dieser Junge aus Ihrem eigenen Traum sein sollten, ein Junge von drei Jahren, der seinem Vater den Kopf abschlägt.

D: Ich glaube, das würde mir eine Menge Angst machen.

C: Ein Menge Angst, ja, aber auch eine Menge Lust, ihm den Kopf abzuschlagen. Lassen Sie sich von der Erinnerung an den Wutanfall inspirieren. Erinnern Sie sich daran, wie Sie in der Energie dieses Anfalls waren. Welche Art von Zorn ist da? Der Zorn, daß Sie genau in diesem Augenblick dort sind. Den Kopf von welchem Vater schlagen Sie da ab? Den des Perfekten, dessen, der soviel Druck macht, dessen, bei dem Sie sich wie Dreck fühlen.

D: Ich fühle mich frei.

C: Jetzt haben Sie es sich mit Freude vorgestellt.

D: Es hat eine Last von mir genommen.

C: Ich ersuche Sie, die Sache noch einmal zu durchleben, aber jetzt mit der entsprechenden Geste, mit der Bewegung des Kopf-Abschlagens.

D: (*macht die Bewegung*) Ah!

C: Wie fühlen Sie sich jetzt?

D: Halb gut, halb trostlos.

C: Er hat Sie so sehr geliebt!

D: Er liebt mich.

C: Liebt er Sie auch mit einem abgeschlagenen Kopf oder mit einem halb abgeschlagenen Kopf?

D: (*nachdenklich*)

C: Was spüren Sie? Das Sie es trotzdem tun müssen, auch wenn Sie dann allein sind, oder daß Sie das Gefühl zurückhalten müssen, damit Sie die Verbindung mit ihm aufrechterhalten können?

D: Ich glaube, es passiert schon, auch wenn ich dann allein bin. Und letztlich war ich ja auch allein. Es stimmt für mich nicht, wenn ich sage, ich schlage den Kopf nicht ab. Eigentlich habe ich ihn zehn Jahre lang nicht gesehen. Ich habe mich von ihm distanziert, naja, und ich würde ihm lieber den Kopf abschlagen. Ich weiß nicht, vielleicht fahre ich auch nach Hause und fühle mich zutiefst befreit.

C: Aber jetzt spüren Sie jedenfalls das Vertrauen, daß Sie das Richtige getan haben, als Sie seinen Kopf abschlugen; daß es schon Zeit war, daß Sie seinen Kopf abschlugen, daß Sie die Verantwortung übernehmen.

D: Ich spüre, daß all die Wut, all der Kampf und all die Aggression, die ich heutzutage empfinde, mit ihm zu tun haben.

C: Jetzt stellen wir uns vor, daß es da immer noch jemanden gibt, der Angst hat, das Falsche getan zu haben. „Sehen wir doch, daß wir dieses Kopf-Abschlagen ungeschehen machen können, daß wir das alles vergessen können." Gibt es so etwas? Die Versuchung, den Vater wieder zu erwecken? Ihn zurückkehren zu lassen?

D: Die Versuchung wäre, eine bedingungslose Unterstützung zu bekommen, aber es ist nicht …

C: Sie scheinen ja deutlich zu spüren, daß es dort nicht hingeht – den Preis dafür zu zahlen, daß Sie einem Trugbild folgen, etwas, das nicht authentisch ist, und Sie neurotisch macht.

D: Ich will ihm nicht zu nahe sein. Es gab eine Zeit, als ich begann, Bilder von Vätern zu zeichnen, und da rief mein Vater plötzlich an. Mein Vater lebt jetzt in Venezuela.

C: Sie haben da einen größeren Akt der Trennung eingeleitet, der scheinbar sehr real war. Jetzt muß das aber noch mehr Gestalt annehmen. Ihr Vater lebt jetzt in Venezuela. Was müßten Sie jetzt zu ihm sagen, um mit ihm auf den neuesten Stand zu kommen? Aus dieser Position des Sohnes heraus, der schon über ihn triumphiert hat, indem er ihm, ödipal gesehen, den Kopf abschlug?

D: Was ich zu ihm sagen würde? „Nun ja, ich hätte gerne mehr über dich gewußt; mehr reale Sachen. Ich hätte gerne dein wirkliches Leben gekannt."

C: Laufen Sie sich nicht selbst davon; sagen Sie ihm, daß Sie seinen Kopf abgeschlagen haben. Fangen Sie damit an: „Ich habe meinem Idealbild von dir den Kopf abgeschlagen, und das ist ein wenig so, als würde ich dir Lebewohl sagen."

D: „Ich habe meinem Idealbild von dir den Kopf abgeschlagen, und jetzt kann ich viel direkter mit dir reden."

C: Genau! Da stehen einige Dinge an …

D: „Oh, was für eine Scheiße! …"

C: Es läuft gut, die Melodie lief jetzt sehr gut.

D: „Warum, zum Teufel, ist da so eine strenge Hierarchie in der Beziehung zu mir und meinen Geschwistern? Warum, zum Teufel, darf mein älterer Bruder Auto fahren, und mich läßt du nie mit deinem Auto fahren? Warum kommst du nie nach Spanien und besuchst mich, wenn du jetzt sagst, daß ich dein Lieblingssohn bin?"

C: Sie sagen das auf so eine nette Art.

D: „Warum, zum Teufel, bist du nie nach Spanien gekommen und hast mich besucht, anstatt andauernd nach Peru zu reisen?"

C: Sehen wir mal ... werden Sie doch etwas stolzer, ein gelassener Mensch, der von sich selbst eingenommen ist.

D: „Warum, zum Teufel, hast du mich nicht besucht?"

C: Versuchen Sie zu sagen: „Es hat mir weh getan ..."

D: „Es hat mir weh getan, daß du mich nie besucht hast, seit ich da bin (fünfzehn oder sechzehn Jahre), und meinen älteren Bruder hast du immer besucht."

C: „Das entfernt mich von dir."

D: „Das entfernt mich von dir, und es entfernt mich auch von allen anderen. Wo mein Bruder dir doch nicht einen einzigen verdammten Brief schreibt, dich nicht einmal anruft; und ich rufe dich jeden Monat an und schreibe dir und überlege, was ich dir geben könnte, das dir Freude macht."

C: Würden Sie sagen, daß Sie sich von ihm verabschieden, daß Sie ihn aus ihrem Innenleben verbannen wie ein kleiner Junge, der ihn dort als den Vater in kindlicher Weise verschlossen hält?

D: Das ist mein Wunsch.

C: Sie nehmen ihm die Autorität weg; was seine Autorität über Sie anbelangt, schlagen Sie ihm den Kopf ab.

D: Ja, jetzt scheint mir, daß er gar nicht so ein guter Vater war. „Warum ... ich verstehe nicht mal, warum mein Zwillingsbruder immer noch bei dir lebt."

C: Gehen Sie da tiefer hinein, in das „Du warst kein guter Vater."

D: „Du warst kein guter Vater. Du wolltest immer ein guter Vater sein; du hast das Bild von einem guten Vater gegeben."

C: Seien Sie ernst.

D: „Du warst ein dummer Vater."

C: Mich verblüfft ihr lakonischer Ton, wie wenig Sie darüber sagen, was für ein schlechter Vater er war.

D: Tief in meinem Herzen trage ich das Bild von dem, was mich abgeschnitten hat: zuerst einmal dachte ich, ich sei kein guter Sohn, und wenn ich schlecht wäre ... als ob das Schlechte schlecht wäre. „Als ich schließlich ein Jugendlicher war und du zu mir sagtest, ich sei ein kaltherziger Junge, wollte ich nicht mehr zu Hause sein ..." Nicht einmal mehr bei meiner Familie. Nun, das wundert mich nicht.

C: Mich würde interessieren, wo Sie Ihrer Meinung nach jetzt stehen – nach dem, was wir bis jetzt gemacht haben. Ist in der Situation in bezug auf die „Väterlichkeit" und Ihren Vater etwas Reales passiert?

D: Ja, nun, ich erlaube mir jetzt, ihn realistischer zu sehen, das ist real ... ich nehme ihn realistischer wahr und spüre ihn realistischer ... ohne mich schuldig zu fühlen. Ich habe keine Schuldgefühle mehr, und ich befreie mich von einer Lüge, von einem Trugbild.

C: Erzählen Sie uns alles über dieses Trugbild, von dem Sie sich befreit haben.
D: Daß mein Vater ein Gott war, oder daß er perfekt war oder daß er gut war.
C: Die Illusion von Ihrem Vater, die Sie so sehr brauchen, haben Sie aber aufrechterhalten.
D: Ja, wahrscheinlich, obwohl er herzlich war. Ich spüre das, aber ich spüre auch, daß er ein herzlicher Vater war.
C: Also herzlich und ein schlechter Vater.
D: Ja, herzlich aber ... Und ein schlechter Vater? Ah, ja!
C: Und Sie haben das durcheinandergebracht, daß, wenn er herzlich war, er auch ein guter Vater sein mußte.
D: Im körperlichen Umgang fühle ich mich gut mit meinem Vater, wenn ich ihn umarme.
C: Vielleicht war Ihr Vater ja ein verführerischer Vater, einer, der Sie durch seinen Ausdruck der Herzlichkeit spüren ließ, daß er ein guter Vater war. Er hat Sie ausgetrickst. Er war ein schlechter Vater, der Sie durch seinen Ausdruck eingewickelt hat ...
D: Mache ich möglicherweise das gleiche mit meinen Töchtern?
C: Gute Frage. Das wäre eine andere Fragestellung. Sehen wir mal, was glauben Sie?
D: Mann! Ich bin sehr herzlich zu ihnen.
C: Wie wird aus dieser Frage eine Aussage?
D: Ich mache das auch mit meinen Töchtern, denn ich bin herzlich, aber unterschwellig fühle ich mich nicht sicher. Ich stelle mir vor, daß Sie sich nicht um mich kümmern werden.
C: Und das wollen Sie wettmachen, indem Sie für sich werben?
D: Andererseits ist meine Frau direkter und aggressiver, dramatischer und sturer. Meine Frau taucht auf, und sie sind sofort hinter ihr her. Mich ignorieren sie vollkommen; und ich stehe da und versuche, die schöne Welt zu erschaffen, die mein Vater schuf.
C: Sie geben Ihren Kindern die Welt der väterlichen Herzlichkeit weiter. Sehen wir mal ... ich wollte ... sogar wenn wir da nicht ganz hineingehen, daß Sie sich selbst ein wenig als schlechten Vater anklagen. Wenn Sie sie verführen, dann deshalb, weil Sie sich unsicher fühlen, daß Sie Ihre Sache höchstwahrscheinlich nicht gut machen. Verleihen Sie ihren Wahrnehmungen doch eine Stimme.
D: Nun, wahrscheinlich ... Nein, nicht wahrscheinlich. Ich spüre, daß ich mit der Herzlichkeit, die ich meinen Töchtern schenke, etwas überdecke. Mann! Wie ich diese Herzlichkeit spüre! Aber ...
C: Na kommen Sie, gehen Sie tiefer in dieses „etwas" hinein. „Ich überdecke ..." auf andere Weise.
D: Ich überdecke die Unsicherheit. Mann! Bis zum Alter von sechsunddreißig hatte ich praktisch überhaupt keine größere Verantwortung gegenüber Menschen, und plötzlich sah ich mich da zwei kleinen Mädchen gegenüber, und angesichts dieses Problems reagierte ich, glaube ich, mit Verführung.

C: Aus Angst, daß Sie nicht genug zu geben haben und deshalb verführen müssen?

D: Ich habe kein Vaterbild. Ich war überrascht, als ich meinen Vater einmal über seinen Vater fragte, und er mir sagte, daß der ein Mensch gewesen sei, der von Gesellschaft zu Gesellschaft ging: „Ein Zecher." Der Vater meines Vaters war ein Gesellschaftstiger. Es tat mir sehr leid für ihn, daß er mir sagen mußte „ein Zecher", weil ich angesichts eines solchen Vaters angenommen hätte, daß sich dahinter etwas ganz Wunderbares verstecken mußte. Es stellte sich heraus, daß dem nicht so war; es war meine Mutter und nicht mein Vater.

C: Und Sie? Wie sind Sie plötzlich auf Ihren Großvater gekommen? Sie haben von sich selbst gesprochen, und wie Sie sich Ihren Töchtern gegenüber verhalten.

D: Nun weil ... Und ich? Nun ... Und ich in Beziehung zu meinen Töchtern?

C: Nun, wir haben zuerst mit Ihren Töchtern begonnen, daß Sie vielleicht kein so guter Vater waren, wenn man bedenkt, daß Sie sie verführen mußten. Und dann sind wir schließlich irgendwie bei ihrem zechenden Großvater angelangt. Ich frage mich, ob es da etwas zu bedenken gibt – nämlich insofern, als Sie sich angesichts Ihrer Töchter nicht gut genug sind ...?

D: Ich habe dieses Gefühl nicht ... ich fühle mich nicht wie ein solider Mensch.

C: Ist da sonst noch etwas? Sie sagten zuvor, daß Sie sich bei Ihrem Vater schmutzig fühlten.

D: Ja, ich denke: „Igitt, wenn meine Töchter mich so sehen!"

C: Ein schmutziger Vater.

D: Ich bin kein Mann, der sich fortpflanzt. Ich bin kein beispielgebender Mann.

C: Sie sind nicht der gleiche Mann wie Ihr Vater. Erklären Sie Ihren Töchtern, daß Sie nicht der gleiche Mann wie Ihr Vater sind.

D: „Nun, meine Töchter ..." (*die Leute lachen*)

C: Was ist los?

D: Nun ... (*Stille*) „Ich bin schlampig. Ich kann euch keine Ordnung beibringen."

C: Sehen Sie mal, wie es klingt, wenn Sie sagen: „Weil ich schlampig bin, kann ich euch keine Ordnung beibringen, ich fühle mich unzulänglich, und ich verführe euch; ich werde dann besonders herzlich."

D: „Ich liebe euch, meine Töchter, aber vielleicht bin ich ein wenig schwach. Manchmal fühle ich mich wie ein Nichts. Ich fühle mich schlecht, weil ich mir mein Leben nur nach meinem Maßstab und meiner Bequemlichkeit eingerichtet habe. Wie soll ich euch Willenskraft, Stärke und Ordnung beibringen, wenn ich es mir immer nur gut gehen lassen und es mir leicht machen will? Wie kann ich von euch erwarten, daß ihr gute Noten bekommt, wenn ich eine Katastrophe war?"

C: „Weil ich mich so unzulänglich fühle, behandle ich euch besonders herzlich, um das wettzumachen."

D: „Weil ich mich in meinem Bild absolut unzulänglich fühle ... Weil ich kein Gespür für meinen Vater habe, naja, deshalb versuche ich, es wettzumachen. Ich versuche mir selbst einen Vater zu erfinden."

C: Oder vielleicht ihnen einen Vater zu erfinden.

D: Einen Vater für sie erfinden und mich erfinden – ich bin ein Vater, und ich habe das auch.

C: Im Gegenteil, ich erkenne jetzt, wie diese beiden Dinge zusammenhängen: Wie Sie sich vor ihrem Vater klein fühlen, diese Erschwernis, die Sie mit dem gleichen Mythos über Ihren Vater ausfüllen müssen. Aber das wäre ein anderes Kapitel.

D: Es ist sehr klar.

C: Noch was? Sind Sie zufrieden?

D: Ja.

* * *

Oft hilft das Bewußtsein über die Persönlichkeit ihrer Eltern den Menschen, ihre eigene Persönlichkeit zu verstehen; in diesem Fall könnte man jedoch sagen, daß das Gegenteil zutrifft: D.s Motivation, die Beziehung zu seinem Vater, wurde durch den Umstand geweckt, daß er selbst Vater zweier Töchter wurde.

Kapitel 8

Enneatyp 8

Wenngleich in den *Canterbury-Erzählungen* eine ganze Reihe von Charakteren vom Typus E8 vorkommen, möchte ich diesmal doch mit einer Figur aus Canettis *Der Ohrenzeuge: Fünfzig Charaktere* beginnen, und zwar mit der „Granitpflegerin".

Die Granitpflegerin gibt nichts auf Ausreden. Auch Mörder versuchen sich herauszureden und reden so lange, bis die Leute vergessen, daß ein Ermordeter da ist. Wenn der reden könnte, sähe die Sache anders aus. Nicht, daß sie für Ermordete Mitleid hat, denn wie ist es möglich, daß ein Mensch sich ermorden läßt. Aber es ist doch wieder gut, daß es Ermordete gibt, damit die Mörder bestraft werden.

Die Granitpflegerin sagt ihren Kindern als Nachtgebet vor: „Jeder ist sich selbst der Nächste!" Wenn sie streiten, spornt sie sie an, bis sie die Sache untereinander mit Gewalt austragen. Am liebsten sieht sie's, wenn sie boxen; für harmlosen Sport hat sie wenig übrig. Gewiß, sie hat nichts dagegen, wenn die Buben schwimmen. Aber wichtiger ist es, sie lernen boxen.

Sie sollen reich werden und wissen, wie sie zur Million kommen. Nur kein Mitleid mit den Dummen, die sich betrügen lassen. Es gibt zwei Sorten von Menschen: Betrogene und Betrüger, Schwache und Starke. Die Starken sind wie Granit, aus denen kriegt keiner etwas heraus, da kann man lange pressen. Das Beste ist, nie etwas hergeben. Die Granitpflegerin wäre reich geworden, aber da waren die Kinder. Jetzt sollen es die Kinder werden. Arbeit macht dumm, sagt sie ihnen täglich. Wer Verstand hat, läßt andere für sich arbeiten. Die Granitpflegerin schläft gut, weil sie weiß, daß sie nichts hergibt.

Ihre Türe bleibt geschlossen. Ihr kommt kein Mann über die Schwelle. Die hängen einem Kinder an und vergessen dann zu zahlen. Tüchtig sind sie auch nicht, sonst würden sie's nicht immer wieder probieren. Wenn einer käme, der es wirklich zu etwas gebracht hat, den würde sie schon erkennen. Aber so einer hat keine Zeit und kommt drum nicht. Die Tagediebe, die möchten kommen.

Die Granitpflegerin hat nie geweint. Als ihr Mann unter die Räder kam, hat sie's ihm sehr übelgenommen. Sie grollt ihm seit acht Jahren dafür, und wenn die Kinder nach ihm fragen, sagt sie: „Der Vater war dumm. So ein Dummkopf kommt unter die Räder." Die Granitpflegerin betrachtet sich nicht als Witwe. Ihr Mann, der so dumm war, zählt für sie nicht, drum ist sie auch keine Witwe. Überhaupt sind Männer zu gar nichts nutz. Sie haben

„Wo, zum Teufel, ist dieser Bengel jetzt geblieben?"

Mitleid und lassen sich übers Ohr hauen. Sie gibt nichts her, ihr nimmt keiner etwas weg, von ihr könnten Männer etwas lernen.

Die Granitpflegerin mag nicht lesen, doch hat sie harte Sprüche. Wenn ihr etwas Hartes gesagt wird, das hört sie gleich und legt es unter die harten Sprüche.[1]

Ichazo bezeichnete diesen Typus als Ego-Venge (von englisch *revenge* = Rache; Anmerkung des Übersetzers) – um seine Rachsucht zu unterstreichen. Das verlangt nach einer Erklärung, weil viele Menschen vom Typus E8 sehr schnell antworten, der Ausdruck „Rache" erscheine ihnen deplaziert. Man assoziiert Rache nämlich mit einer verspäteten Reaktion, und in dem Ausmaß, wie das stimmt, könnte man die unmittelbare Rache derer, die alles besonders schnell heimzahlen wollen, wohl besser mit einem Drang zur Bestrafung oder einfach mit Gewalt beschreiben. Menschen vom Typus E8 schleppen ihren Groll nicht lange mit sich herum, und andere Typen – vor allem E4 und E6 – können viel rachsüchtiger sein, weil sie an ihrem Groll festhalten und sich daher ständig getrieben fühlen, erlittenes Unrecht zurückzuzahlen.

Dennoch ist E8 in einem ganz bestimmten Sinn rachsüchtig, und zwar deutlich genug, um die Assoziation dieses Ausdrucks mit dem Typus zu rechtfertigen: es macht die Persönlichkeit von E8 aus, daß sie es aufgrund ihrer schmerzlichen Erfahrungen in der Kindheit der ganzen Welt „heimzahlen" wollen. Menschen dieses Typus agieren heute typisch in einer Art und Weise, die jene Hilflosigkeit kompensiert, die sich auf das in der Kindheit erlittene Unrecht zurückführen läßt. Man könnte sagen, daß sie die Gerechtigkeit selbst in die Hand nehmen müssen; und auch die Macht – im Namen der Gerechtigkeit. Paradoxerweise stellt dies den Kernpunkt dessen dar, was man heute als „anti-soziale Persönlichkeitsstörung" bezeichnet. So wie sie *damals* verletzt wurden, machen sie sich *jetzt* daran, andere zu verletzen. So wie sie sich *damals* ohnmächtig fühlten, entschlossen sie sich (sehr früh und stillschweigend), Schwäche um jeden Preis zu vermeiden und selbst die Kontrolle zu übernehmen. Weil die Welt sie im Stich ließ und sie sich allein fühlten, beschlossen sie, ihren Weg auch allein zu gehen, sich nur auf sich selbst zu verlassen und stark zu sein.

Das Problem von E8 liegt darin, daß ihre Aggression in dem Maß zu stark ausgebildet ist, wie ihre Weichheit zu schwach ausgebildet ist und sie ihr Bedürfnis nach Zuneigung unterdrücken. Menschen vom Typus E8 müssen daher ihre Weichheit und ihre sensible Seite entwickeln. Ein schwerer Fall von E8 ist ein ausgesprochen grober Mensch – es liegt etwas Animalisches in ihm, das zu einer übertrieben aggressiven Art führt, etwa wie beim Freudschen Konzept des es-zentrierten Charakters, wenn auch nicht ganz. Es geht hier eher um ein Ego, das sich auf die Seite des Instinkts schlägt, und nicht um eines, das sich selbst regulieren kann. Die Situation läßt sich mit der eines Menschen vergleichen, der nichts unterdrückt, sondern statt dessen zum Feind des Unterdrückers wird. Die feindliche Haltung gegenüber den unterdrückenden Seiten des Geistes ist allerdings nicht spontan. Ich bezeichne das als Gegenunterdrückung oder Kontrarepression, denn sie, ungeachtet der Ablehnung aller Zwänge, trägt doch zur Starrheit dieses Persönlichkeitstyps bei.

Anstatt gehemmt zu sein, anstatt der Erfüllung ihres Verlangens im Weg zu stehen, anstatt zu spüren, daß sie sich ihre Sexualität verbieten, anstatt die Dinge zu unterdrücken, machen Menschen vom Typus E8 genau das Gegenteil: sie stehen zu ihrem Verlangen und verteidigen es. Nicht nur, daß sie von ihrem Es getrieben sind, sie lehnen sich auch noch gegen ihr Über-Ich, den inneren Zensor und Vertreter der Gesellschaft, auf. Hinter dieser Haltung, sich nämlich gegen sein Über-Ich zu stellen, steckt jedoch nicht die Spontaneität eines Tieres, sondern ein auf den Kopf gestelltes Über-Ich. Und das führt nicht zu Natürlichkeit, sondern zu einer defensiven und reaktiven Grobheit.

E8 ist von allen Typen der rebellischste – er gehört zu der Art Mensch, die nicht an Autoritäten glaubt und sehr früh gelernt hat, sich von Autoritäten unabhängig zu machen. Man kann sagen, daß sie aus Trotz nach der Macht streben. Sie haben gelernt, sich der Macht etablierter Autoritäten mit Hilfe ihres ungestümen Wesens, ihrer einschüchternden Art und einer großen Autonomie entgegenzustellen. Seelisch gesehen steht ihre Unabhängigkeit im Dienste ihrer Kampfbereitschaft und des Wunsches, stark und furchtlos zu sein. Um im Existenzkampf zu bestehen, hat dieser Typus Mensch gelernt, der Einschüchterung anderer zu trotzen und der Gefahr ins Auge zu blicken. Menschen, die Angst haben, gehen keine Risiken ein; E8 unterdrückt die Angst, und das Risiko ist daher ganz nach seinem Geschmack.

Die Strategie von E8 liegt darin, von anderen überhaupt nichts zu erwarten. Sie nehmen sich einfach, was sie brauchen. So weit, so gut. Wenn sie von anderen aber tatsächlich etwas bekommen sollten, so können sie es bei weitem nicht so sehr genießen, wie wenn sie es sich selbst genommen hätten. E8 hat ein ausbeutendes Wesen, das immer den eigenen Vorteil sucht. Ist E7 ein Fuchs, so ist E8 ein Hai.

Aus einem anderen Blickwinkel kann man seine psychologische Situation auch als Vergewaltigung verstehen. Ein Vergewaltiger mag es nicht, wenn man ihm Liebe schenkt; das macht ihn schwach. Er nimmt auch die Zuneigung des anderen als Schwäche wahr. Ein Vergewaltiger neigt viel eher dazu, sich die Dinge zu nehmen, sie zu erobern. Geht etwas leicht, so interessiert es ihn nicht so sehr. Es bereitet ihm mehr Vergnügen, etwas gewaltsam zu bekommen. Da kann er seine eigene Macht spüren. (Ich verwende den Ausdruck Vergewaltigung hier als Metapher, so wie ich Kosmetik als Metapher für E3 benutzt habe. Es geht hier nicht darum, daß E8 in der buchstäblichen Bedeutung des Wortes vergewaltigen. Eine gewisse Anzahl von Vergewaltigern gehören wohl schon zum Typus 8, vielleicht sogar die Mehrheit, aber sicher nicht alle. Da die Herausforderung sie antreibt, sind sie selbst auch am herausforderndsten.)

E8 kann ausgesprochen sadistisch sein. Als Antwort auf seine frühe Enttäuschung hat E8 gelernt, sich Dinge auch dann anzueignen, wenn es auf Kosten des Leides anderer Menschen geht. Das gilt vor allem für die verspätete Rache. Sie gewöhnen sich an die Enttäuschung anderer, die sie durch ihre eigene Befriedigung verursachen, und beziehen aus diesem Schmerz letztlich sogar ein sadistisches Vergnügen. Zuerst mußten sie noch angreifen, um ihre Befriedigung zu erhalten, aber mit der Zeit ist der psychologische Raub selbst zum Vergnügen geworden. Ein Teil ihres Vergnügens besteht darin, den Schmerz des anderen zu fühlen, wodurch E8 ihre eigene Macht spüren, sich selbst bestätigen und einen Liebesersatz erhalten (beweise mir deine Liebe, indem du unter mir leidest).

Sie sind auch sehr schlau. Sowohl E7 als auch E8 sind schlau, aber bei E8 verbindet sich die Schlauheit mit Gewalt. Weil sie selbst so schlau sind, glauben sie, daß auch alle anderen schlau sind: sie betrachten die Welt mit einem sehr zynischen Blick.

Wilhelm Reich war der erste Wissenschaftler, der diese Persönlichkeit tiefgehend beschrieb und sie als „phallisch-narzißtisch" bezeichnete. Bei Männern trägt E8 die Züge eines übertrieben männlichen Machos; bei Frauen ist dieser Typus seltener und wirkt oft männlich oder einfach nur stark, direkt und sexuell. E8 sind lüsterne Menschen, weil ihr „ich will" sich bezeichnenderweise in der Sexualität ausdrückt, weil sie mit ihrem Verlangen in Berührung sind, konventionelle Begrenzungen nicht akzeptieren und die Stimme konventioneller Autoritäten heruntermachen. Sie sind von einem revolutionären Geist beseelt. Soziale Bewegungen stützen sich sehr auf den Typus 8, der sich aus rebellischen, aktiven und mutigen Menschen zusammensetzt. In ihrer Ausdrucksweise sind Menschen vom Typus E8 sehr direkt. Sie sagen, was sie denken. Sie mögen vielleicht gesünder wirken als die übrigen Typen, der Schein trügt jedoch, denn ihre Neurose ist nur die Kehrseite des weiter verbreiteten Musters von Hemmungen und Schuldgefühlen in bezug auf Sexualität und Aggression. Tatsächlich sind sie weder besser noch schlechter, sondern einfach anders. Sie scheinen überhaupt nichts zu vermeiden und sich vor nichts zu drücken, und das beeindruckt uns als Stärke. Ihre Schwäche liegt jedoch darin, daß sie Unzufriedenheit nicht aushalten. Sie müssen um jeden Preis befriedigt sein, daher ihre Leidenschaft für Intensität: sie wollen immer mehr und mehr und mehr. Sie sind voller Tatendrang und können nicht stillhalten. Sie sind das genaue Gegenteil des passiven Charakters: Sie sind abenteuerlustig, und sie genießen es, herumzukommen und sich selbst zu beweisen, daß sie stärker sind als die Gefahren, denen sie ins Auge blicken. Ihre „feminine" Seite und ihre Abhängigkeit unterdrücken sie zumeist, und gegenüber ihrem Über-Ich stellen sie sich taub - auf diese Weise unterdrücken sie Gefühle von Schuld und Unzulänglichkeit und andere Formen psychologischen Schmerzes.

In der heutigen Terminologie entspricht das Muster von E8 dem einer antisozialen Persönlichkeit. Aus einem bestimmten Blickwinkel sind sie die „Übeltäter", tatsächlich sind sie aber nicht schlimmer als andere. Wie auch immer der äußere Schein sich darstellen mag, unter dem Strich sind alle Formen der Neurose gleich.

In dem Titel, den ich in meinem Buch *Enneatyp-Strukturen* für E8 wählte, hob ich den Wesenszug des „starken Auftretens" hervor, d.h. andere zu überwältigen und zu erdrücken.[2] Quino hat diesen Wesenszug auf sehr komische Art in einer Karikatur von zwei Männern illustriert, die in einer Bahnstation sitzen, während der Zug heranrollt. Der größere von beiden entfernt ruhig und ganz selbstverständlich ein Schuhband vom Schuh seines schwach und schüchtern wirkenden Gefährten. Der Große, der bis dahin gelesen hat, legt das Schuhband in sein Buch, um die Stelle zu markieren, bis zu der er gelesen hat, steht dann auf und geht.

Betrachten Sie in der Karikatur von Gahan Wilson (S. 314), wie sich das „starke Auftreten" noch äußern kann:

* * *

Unter den Berühmten dieser Welt zeigt Stalin wohl die sadistischste Form von E8. Man sagt den Bewohnern von Tiflis nach, daß sie Spaß mochten und brutal waren, und ein Biograph Stalins merkt an, daß dieser schon als Kind den „Zynismus des Pöbels"[3] in sich aufsog. Stalin war kein guter Student; er streifte lieber herum. Dann wurde er ein Kinto („ein Herr der Tavernen und Bazare, halb Dichter und halb Dieb"). Zu dieser Zeit erwarb er seine physische Stärke, seine skrupellose Persönlichkeit und die Bereitschaft, „das Leben ebenso zu verspotten wie den Tod". Am Ende schrieb Lenin in seinem Testament, daß Stalin „zu brutal und zu grob war, um die kommunistische Partei zu führen". (S.19)

Offensichtlich gesellte sich Stalins brutale Dominanz zu dem großen Ausmaß an Macht, das er schon errungen hatte, und sein Ruhm als Revolutionär erlaubte es ihm, nach Lenins Tod nach der Führungsposition zu greifen. Diese Dominanz hatte sich in der Zeit herausgebildet, als sein Vater ihn ins Seminar steckte, wo er den anti-zaristischen Ideen religiöser Sozialisten begegnete. Er wurde bald zu einem Aufwiegler der Arbeiterschaft, obwohl er seine Nächte auch damit verbrachte, marxistische Bücher zu lesen.

Schon in seinen revolutionären Anfängen betrog Stalin die Sache, für die er so enthusiastisch eintrat: Als er von den Behörden entdeckt wurde, nannte er die Namen all der Gleichgesinnten, die an anti-zaristischen Treffen teilgenommen hatten. Später erklärte er das so: Er hätte sie auf diese Weise vor der Bourgeoisie retten und der Partei zu einem Haufen guter Revolutionäre verhelfen wollen.

Ich möchte hier nicht näher auf Stalins Leben eingehen, sondern nur darauf hinweisen, daß sich sein angenommener Name darin durchaus widerspiegelte – der „eiserne Mann". Die Identifikation mit dem Klassenkampf und dem Krieg gegen die Intellektuellen äußerte sich bei ihm auf so gewaltsame Weise, daß viele Menschen, die ihm nahestanden, dies nicht länger aushielten ... und dafür mit ihrem Leben bezahlten. Nicht einmal Stalins Tochter konnte, sobald sie ihren Vater ent-idealisiert hatte und seine Exekutionen als monströse Akte erkannte, weiterhin still dulden, was sie da sah. Sie beschloß, sich selbst das Leben zu nehmen, anstatt sich ohnmächtig gegen ihn zu stellen und ihr Leben auf die gleiche Weise zu verlieren, wie andere es vor ihr verloren hatten.

Wie sehr es auch immer stimmen mag, daß Revolutionär zu sein in gewisser Weise ein Symptom für eine ausgesprochen rebellische Persönlichkeit ist, so stimmt es doch ebenso, daß die Revolution immer auch ein Gegenmittel gegen den zerstörerischen *Status quo* sozialer Einstellungen und Institutionen ist und daß Revolutionäre wie Garibaldi und Marx eher von Liebe als von Haß getrieben sind.

Hier nun ein Porträt von der Persönlichkeit Marx', gezeichnet von Paul Annenkow:

> … er selbst stellte den Typus eines Menschen dar, der aus Energie, Willenskraft und unbeugsamer Überzeugung zusammengesetzt ist … Er hatte das Aussehen eines Mannes, der das Recht und die Macht hat, Achtung zu fordern, wenn sein Aussehen und sein Tun auch seltsam genug erscheinen mochte. Seine Bewegungen waren eckig, aber kühn und selbstgewiß; seine Manieren liefen geradezu allen gesellschaftlichen Umgangsformen zuwider. Aber sie waren stolz mit einem Anflug von Verachtung, und seine scharfe Stimme, die wie Metall klang, stimmte merkwürdig überein mit den radikalen Urteilen über Menschen und Dinge, die er fällte. Er sprach nicht anders als in imperativen, keinen Widerstand duldenden Worten, die übrigens durch einen mich fast schmerzlich berührenden Ton, welcher alles, was er sprach, durchdrang, verschärft wurden. Dieser Ton drückte die feste Überzeugung von seiner Mission aus, die Geister zu beherrschen und ihnen Gesetze vorzuschreiben. Vor mir stand die Verkörperung eines demokratischen Diktators, wie sie für Momente der Phantasie vorschweben mochte." (S. 72–73)[4]

Während seiner Studentenzeit gehörte Marx einer verbotenen Studenten-Organisation an und wurde zu einem ihrer Vorsitzenden. Einmal kam er wegen Trunkenheit und Aufruhr hinter Gitter, er wurde angeklagt, weil er Waffen bei sich trug, und mehr als einmal wurde er verurteilt, weil er seine Schulden nicht bezahlte. Wie anti-sozial sich das auch immer anhören mag und wie sehr es auch immer stimmen mag, daß er den Ausdruck von Gefühlen als „sentimental" verachtete – Marx war doch in vieler Hinsicht ein sehr liebevoller Mensch.

Tanja Rosal schreibt in ihrem Buch über Marx' Liebesleben, daß er als junger Mann nach einer gleichwertigen Beziehung strebte, die auf gegenseitiger Achtung basieren sollte.[5] In seinem Buch *Die Heilige Familie und die Kritik der kritischen Kritik* spricht Marx über diese Gemeinschaft von Mann und Frau durch das gemeinsame Entdecken ihres Seins durch die Liebe. Für seine Frau Jenny empfand er eine ebenso tiefe Liebe wie für seine Kinder.

> … Marx liebte seine Kinder zutiefst. Er war nicht nur zärtlich und konnte für Stunden selbst zum Kind werden, wenn er mit ihnen zusammen war, er fühlte sich auch zu anderen Kindern magisch hingezogen, vor allem zu den Armen und Verlassenen, die ihm über den Weg liefen … (Rosal, S. 61)

Als ich gemeinsam mit einem Freund, der ein E8 ist, als Psychotherapeut arbeitete, begriff ich etwas, das mir im weniger engen Kontakt mit diesen Menschen nie klar geworden war: hinter der invasiven Haltung des Nach-vorne-Preschens und Zupackens steckt die Schwierigkeit, etwas annehmen zu können. Der zynische Blick auf andere verstärkt diesen Zug bei E8 ebenso wie das Unterdrücken seiner eigenen Bedürftigkeit und das Gefühl, ein böser Mensch zu sein. Von einem konventionellen Blickwinkel aus würde man diese Menschen auch tatsächlich als böse bezeichnen, aber von konventionellen Werten halten sie ohnehin nichts. Deshalb legen sie sich ein anderes Wertsystem zu: Gute Menschen sind scheinheilig, und die Bösen sind die, die in Wahrheit recht haben. Das ist jedoch ein sehr oberflächliches Konstrukt, hinter dem sich eine sehr armselige Selbsteinschätzung verbirgt, das Selbstbild eines unwürdigen Menschen. Wie sehr sie auch vorpreschen und sich nehmen, was sie wollen, die Liebe kann man sich nicht einfach nehmen; Liebe kann man nur empfangen. Deshalb setzen sie greifbarere Dinge an die Stelle des Ungreifbaren, das nicht zu fassen ist. Wenn man jemanden jedoch auch durchaus besitzen kann und ihn sogar dazu bringen kann, alles zu tun, was man will, so ist es tief drinnen doch nicht erfüllend, weil man genau weiß, daß man manipuliert ... und erzwingt. Deshalb sind Menschen vom Typus E8 in gewisser Weise auch dazu verdammt, unzufrieden zu sein, und das Verlangen nach Lust entfacht sich durch diese unterschwellige Unzufriedenheit immer neu. Wie sehr sie auch immer danach streben, sich selbst Erfüllung zu verschaffen, sie füllen sich doch nie mit dem, was sie wirklich brauchen. Ihre Beziehung zu sich selbst ist sado-masochistisch, und sie bestrafen sich selbst. Zudem haben sie einen unerbittlichen Sinn für Gerechtigkeit.

Das Bild Heinrichs VIII. erscheint mir als Karikatur für den Ausdruck „die Gerechtigkeit in die eigene Hand nehmen" so gut, wie eine wörtliche Beschreibung nur sein kann. Ich kann mir auch keinen eindeutigeren Fall von aggressiver Gerechtigkeit vorstellen als diesen lüsternen König, der seine Macht dazu benutzte, seine Frauen ins Grab zu bringen. In einer Hinsicht war Heinrich VIII. jedoch atypisch: Im Gegensatz zum allgemeinen Bild von E8 war er ein Theologe, während die meisten phallisch-narzißtischen Typen (und das ist in der vorhandenen psychologischen Terminologie mein Lieblingsausdruck) zynische Skeptiker sind, wenn nicht Bilderstürmer.

Das äußere Bild von E8 entspricht nicht so sehr dem eleganten König, sondern eher dem mexikanischen „Macho" – hart und dominant, animalisch, sexuell stürmisch, gewaltsam und grob. Die mexikanische Kultur trägt ein starkes Element von E8 in sich. Sie hat ihr Wesen gleichzeitig von den harten *Conquistadores* und von den kämpferischen Indianern. Daß E8 eher grobschlächtig ist als kultiviert, bestätigt auch Theophrast, der eine seiner Figuren den „Freund des Pöbels" nennt. Und auch Chaucer unterstreicht in seiner Beschreibung des Müllers in den *Canterbury-Erzählungen* das Ordinäre und Unehrliche.

> Der Müller war ein grobknochiger Kerl mit starken Muskeln, die er recht nutzbringend einzusetzen wußte, denn in jedem Ringkampf blieb er Sieger und bekam den Hammel als Preis. Stämmig und untersetzt, wie er war, konnte keine Tür ihm lange widerstehen: Entweder hob er sie aus den Angeln, oder er rannte sie einfach mit dem Schädel ein. Sein Bart, fuchsrot wie der eines Schweines, war unten breit wie ein Spaten abgeschnitten, und auf der Nasenspitze saß ihm eine Warze mit einem Haarbüschel, das aussah wie Borsten im Ohr einer Sau. Seine Nasenlöcher waren riesengroß und schwarz, und breit wie eine Ofentür war sein Mund. Er trug ein Schwert

und einen Schild, und wenn er das Maul auftat, dann kamen Unflat und Zoten heraus. Ein Schwadronierer war er und Possenreißer, der alle üblen Schliche seines Handwerks kannte, der wohl wußte, wie man Korn unbemerkt beiseite schafft, wie man mit sicherer Hand den Wert des Korns bemißt und dann die Metzen dreimal nimmt. Zu seinem weißen Rock trug er eine blaue Kappe, und unter dem Gedudel und Geächze seiner Sackpfeife führte er uns zur Stadt hinaus.[6] (S. 25–26)

Auch Chaucers Büttel, der „heiß und wollüstig wie ein Spatz" ist, beschreibt einen lüsternen E8.

Für Zwiebel, Lauch und Knobel hatte er eine Vorliebe, und ein feuriger Burgunder ließ ihn brüllen und schwatzen wie einen Verrückten. (S. 28)

In diesem Fall liegt die Betonung auf dem auf Ausbeutung und Eigeninteresse:

Für ein Quart Wein gewährte er jedem Schelm die Konkubine und den Dispens dazu, und ungestört konnte er dann selbst im trüben fischen. Wenn er einen Burschen bei einem Mädchen ertappte, dann sagte er nur, der Fluch des Erzdiakons sei nicht zu fürchten, denn da man ja die Seele in der Börse tragen könne, müsse man sie an diesem Ort auch strafen; und so hieß es denn bei ihm: „Die Börse ist des Kirchenrichters Hölle." Doch das ist eine himmelschreiende Lüge, denn ein jeder Sünder fürchtet den Fluch, der die Seele tötet, wie die Absolution sie erlöst! Alle jungen Leute der Diözese standen unter seiner Fuchtel, denn er kannte all ihre Geheimnisse und war ihr einziger Berater. (S. 29)

In *Charakter und Neurose* erläutere ich, daß die charakteristischste Verteidigungsstrategie von E8 eine Art von Verneinung ist, die den psychologischen und physischen Schmerz nur bedingt wahrnehmen läßt – das Wesen stumpft zugunsten von Herrschaft und Aggression ab. Diese Abstumpfung erlaubt es E8, Angst in Aufregung zu verwandeln, und zwar in einem solchen Ausmaß, daß ein Leben ohne Risiko zu langweilig erscheint. Ich habe ja schon darauf hingewiesen, wie das Bedürfnis nach Zuneigung unterdrückt wird und wie Gefühle von Schuld und Scham und ein allgemeines Unbehagen, das die Reibung zwischen Impulsen und sozialem Gewissen mit sich brächte, mehr oder weniger betäubt werden.

Ein gutes Beispiel für die Fähigkeit harter mexikanischer Burschen, die ihre Schmerzschwelle nach oben treiben können, ist der Witz über einen Mann, der erstochen wurde und nun in seinem eigenen Blut liegt, während das Messer immer noch in seiner Brust steckt. Im Morgengrauen kommt jemand vorbei, sieht ihn dort unter einer Straßenlaterne liegen und fragt sehr besorgt: „Tut es dir sehr weh, Bruder?" Die Antwort lautet: „Nein, nur wenn ich lache."

Ein möglicher Wesenszug von E8 liegt auch darin, Betrüger zu bestrafen, d. h. den Verräter zu verraten, den Unwürdigen zu bestehlen – ganz so wie der Held der kleinen Leute, Robin Hood. Menschen vom Typus E8 hegen eine große Verachtung für die Schwachen und Naiven – aber Geringschätzung gehört auch unabhängig vom Inhalt zu ihrem Wesen. Intensität habe ich schon erwähnt. Die intensivsten Persönlichkeiten sind E8 und E4, die Sadisten und die Masochisten. Ein weiterer Zug (der auch in Reichs Bezeichnung „phallisch-narzißtisch„ anklingt) ist ihre Arroganz. Das gilt auch für den Müller in Chaucers Erzählung des Gemeindevorstehers:

> In Trumpington, nicht weit von Cambridge, führt eine Brücke über einen Bach, und an diesem Bach steht eine Mühle, in der einst ein Müller lebte. Stolz und eitel war er wie ein Pfau, und er konnte fischen und Netze flicken, schießen und ringen, und obendrein spielte er noch die Sackpfeife. Am Gürtel trug er links ein kurzes Messer, rechts ein langes Schwert, in einem Beutel einen Dolch und in seinem Strumpf ein Sheffieldmesser. Mit seinem runden Gesicht, seiner stumpfen Nase und seinem affenkahlen Schädel war er der größte Raufbold in der ganzen Gegend. Niemand wagte, Hand an ihn zu legen, und wer es dennoch tat, der mußte lebensmüde sein. Er war ein übler Geselle und ein rechter Dieb dazu, wenn es um Korn oder Mehl ging. Überall nannte man ihn den groben Simkin. (S. 102–103)

Zu den Wesenszügen des schlauen Müllers gehört auch, daß er etwas gegen Intellektuelle hat – ein typisches Zeichen für E8.

> Die glauben wohl, sie wären sehr gescheit, aber nicht umsonst bin ich Müller. Ich werde sie übers Ohr hauen, da nützt ihnen ihre ganze Philosophie nichts. Je schlauer sie sich dünken, desto sicherer werde ich sie hereinlegen. (S. 106)

* * *

Ich wollte diesen Abschnitt eigentlich mit einigen Seiten über die vertraute Figur des Rhett Butler aus *Vom Winde verweht* beschließen. Seine Persönlichkeit ist in dem wohlbekannten Film weicher gezeichnet. Der Roman zeigt ihn jedoch als einen zynischen Menschen, der sich nicht um die Meinung anderer Leute kümmert – oder, besser gesagt, als einen trotzigen und materialistischen Charakter. Da die Verleger mir nicht die Erlaubnis erteilten, aus dem Buch zu zitieren, stelle ich diesen Typus statt dessen mit Hilfe von zwei Ausschnitten über die Figur des Vautrin in Balzacs *Vater Goriot* dar.

> Er war einer von diesen Typen, von denen das Volk zu sagen pflegt: Das ist ja ein famoser Kerl! Seine Schultern waren breit, die Brust wölbte sich, die Muskeln waren kräftig, die Hände dick, vierkantig, an den Fingergelenken mit brandroten Haarbüscheln bewachsen. Das frühzeitig gefurchte Gesicht hatte einen Ausdruck von Härte, der zu seinem liebenswürdigen und verbindlichen Wesen nicht recht passen wollte. Seine Stimme war tief, aber nicht unsympathisch; sie paßte gut zu seiner lauten Fröhlichkeit. Er war zuvorkommend und lachte gern. Wenn irgendein Schloß nicht schließen wollte, hatte er es im Nu abgenommen, geölt, gefeilt und wieder ange-

schraubt, wobei er sagte: „Damit weiß ich doch Bescheid." Er verstand sich wirklich auf alles, kannte Schiffe, Meere, Frankreich, das Ausland, Geschäfte, Menschen, Geschehnisse, Gesetze und die Gefängnisse. Wenn jemand zu sehr klagte, bot er ihm gleich seine Dienste an. (S. 378)[7]

Offensichtlich ist er ein praktischer Mensch mit guten Kontakten zur Außenwelt, mit einem scharfen Blick für alles und jedes und mit Informationen, die - ohne daß sie schon an Gelehrsamkeit grenzen - doch auf das Wissen eines Mannes verweisen, der nach Meisterschaft strebt. Obwohl er dem Besitzer der Pension und anderen Bewohnern Geld geborgt hatte, zahlten es ihm diese immer prompt zurück, denn „seine Schuldner wären lieber gestorben, als daß sie es ihm nicht wiedergegeben hätten, so schauderte man bei seinem tiefen und zum Äußersten entschlossenen Blick." (S. 378)

Man spürt, daß er jemand ist, der andere gerne in seiner Schuld stehen hat, und daß seine Großzügigkeit weit von einer aufopfernden und einfühlsamen Veranlagung entfernt ist. „Die Art, wie er spuckte, ließ eine unerschütterliche Kaltblütigkeit erkennen, die ihn als einen Mann auswies, der nicht vor einem Verbrechen zurückschrecken würde, könnte er sich dadurch aus einer mißlichen Lage befreien." Das entschlossene und kaltblütige Naturell, das seine Art zu spucken erahnen läßt, verrät gewissermaßen eine fehlende Furcht und eine fehlende Sorge um die Gefühle anderer: er ist zu allem bereit und von gesellschaftlichen Erwartungen unabhängig. „Sein Auge schien wie ein strenger Richter allen Fragen, allen Gewissensangelegenheiten, allen Gefühlen bis auf den Grund kommen zu wollen." (S. 378)

Lindners „Komm' rüber, roter Wanderer"

Den Bericht über seinen Patienten Mac in seinem Buch *Die Fünfzig-Minuten-Stunde (The Fifty Minute Hour)* beginnt Robert Lindner völlig zu Recht mit der ersten Begegnung, die nicht in seiner Praxis stattfand, sondern während einer Versammlung über die Köpfe des Publikums hinweg.[8] Bevor er über dieses Erlebnis berichtet, erfahren wir von Lindner jedoch, daß er selbst politisch engagiert ist:

> Ich war über viele Jahre hinweg immer ein wenig politisch aktiv, weil ich überzeugt bin, daß die Psychoanalytiker in die Welt hinein und unter die Menschen gehören und daß sie am Leben ihrer Gemeinde teilnehmen sollten. Ich hatte immer das Gefühl, daß wir eine Verantwortung tragen, von der uns das Einsiedlerdasein, das die meisten Psychoanalytiker führen, nicht entbindet. Die beschränken ihr Blickfeld auf die schummrigen Höhlen, in denen sie ihre Kunst wie ein Orakel praktizieren und sich mit mystischen Kraftsymbolen umgeben. Aus dieser Überzeugung heraus trat ich von Zeit zu Zeit fortschrittlichen Bewegungen und Vereinigungen bei

und stellte meinen Namen – was auch immer er wert sein mag – in den Dienst von Zwecken, die ich für wertvoll hielt. (S. 48)

Lindner teilt uns auch mit, daß er in seiner Einstellung radikal ist und nichts dagegen hat, auch mit Kommunisten zusammenzuarbeiten, wenn übereinstimmende Ziele dies wünschenswert erscheinen lassen. Der kommunistischen Partei und den Motiven einiger Leute, die sich als Kommunisten bezeichnen, steht er jedoch kritisch gegenüber. Weil ihm daran liegt, den Kommunismus als neurotisches Symptom zu entlarven, akzeptierte er Mac, wie er später erklärt, in einer Zeit übertriebenen Engagements für ein ungewöhnlich niedriges Honorar. Ich zitiere weiter aus seinem Buch:

> Ich erzähle das alles, um meine Anwesenheit bei einer öffentlichen Versammlung zu erklären, bei der sich auch einige Kommunisten im Publikum befanden, darunter auch Mac. Und es ist nicht verwunderlich, daß ich für mein Abschweifen einige Bemerkungen zur Rassentrennung verantwortlich mache, denn das ist das Thema, über das wir bei unserem ersten Treffen aneinander gerieten. Zu jener Zeit war von der Organisation, deren nomineller Vorsitzender ich war, eine Debatte zum Thema des sozialen Gesundheitswesens geplant, und das Thema, das wir gerade diskutierten, bezog sich auf die Wahl von Mitgliedern für eine Plattform, die nach der Präsentation die Punkte diskutieren sollte, die die Debattierenden zuvor eingebracht hatten. Ich erinnere mich, daß mich eine zornige Stimme aus dem hinteren Teil des Raumes unterbrach, als ich gerade eine Liste der vorgeschlagenen Plattformmitglieder vorlas. Jemand rief: „Sind auf der Liste auch irgendwelche Neger?"
>
> Ich antwortete, daß ich das nicht wüßte, und fragte den Sekretär, der verneinend den Kopf schüttelte. Als ich mich wieder dem Publikum zuwandte, rief die gleiche Stimme: „Ich verlange, daß man mir sagt, warum Neger absichtlich von der Plattform ausgeschlossen wurden!"
>
> Ich antwortete, daß sicherlich niemand mit Absicht ausgeschlossen worden war, sondern daß die Liste sich aus Namen zusammensetzte, die dem Komitee vorgelegt worden waren, und daß die Wahl letztlich ausschließlich danach getroffen wurde, inwieweit jeder einzelne qualifiziert war, ein solches Thema zu diskutieren. Ich glaubte dem, der da unterbrochen hatte, eine zufriedenstellende Antwort gegeben zu haben, und fuhr mit den anstehenden Angelegenheiten fort. Kaum hatte ich aber damit begonnen, erhob sich die Stimme schon wieder.
>
> „Diese Antwort genügt uns nicht", rief sie. „Wir verlangen, daß die Neger in dieser Plattform vertreten sind!"
>
> Der kämpferische Unterton in der Stimme und die Verwendung des „Wir" stellten eine Herausforderung dar. Ich bat den Sprecher, sich zu erheben und uns mitzuteilen, wer er war. Im hinteren Teil des Raumes entstand eine Unruhe, und dann löste sich eine groß gewachsene Figur aus der Gruppe und stand auf. Es war Mac: beinahe einsneunzig groß, ein pocken-

narbiges Gesicht, ein sandfarbener Schopf, ein Sportmantel, ein Rollkragenpullover und eine G.I.-Hose.

„Mein Name ist hier überhaupt nicht von Belang", sagte er mit ruhigerer Stimme, und ein leichtes Zittern darin verriet, daß er sich stehend weniger sicher fühlte als sitzend unter den anderen. „Es geht darum, daß in dieser Plattform ein Neger sein sollte."

„Das Komitee wird gerne alle Namen in Betracht ziehen, wenn Sie sich die Mühe machen, ihm welche vorzulegen", sagte ich. „Wenn Sie jemanden vorschlagen wollen, der qualifiziert ist, an der Plattform teilzunehmen, wird niemand nach seiner Hautfarbe fragen."

Mac wetzte unruhig hin und her. Er sagte schroff: „Das genügt nicht. Es muß ein Neger in die Plattform."

„Warum?" fragte ich.

„Weil in der Plattform jeder Versammlung, die von einer demokratischen Organisation unterstützt wird, ein Neger sein sollte – und das wird diese ja, wie mir scheint."

„Warum?" fragt ich.

„Um die Interessen der Neger dieser Gemeinde zu vertreten," antwortete er.

„Vertrauen Sie den anderen Mitgliedern der Plattform nicht, daß sie diese Interessen vertreten werden?"

„Es geht nicht darum, ob ich ihnen vertraue oder nicht. Es geht einfach darum, daß da oben ein Neger sitzen sollte, und um sonst nichts!"

„Aber stellen Sie sich mal vor, wir finden niemanden, der die Qualifikation hat, in dieser Plattform zu sitzen. Ist es nicht besser, wenn die Interessen aller Menschen gut vertreten werden, als wenn eine bestimmte Gruppe schlecht vertreten wird?" fragte ich.

„Diesen Punkt diskutiere ich nicht", sagte er. „Ich finde einfach nur, daß ein Neger in der Plattform sitzen sollte."

„Etwa als Herzeige-Objekt?" fragte ich.

Jetzt wurde Mac wütend. „Auch wenn er bloß dasitzt und seinen Mund nicht aufmacht, dann zeigt es doch immer noch, wie wir zur Negerfrage stehen", sagte er.

„Wenn Sie irgend jemand in die Plattform setzen, einfach nur, um ihn zu zeigen", sagte ich, „so geben Sie ihn doch der Lächerlichkeit preis, wie mir scheint. Ehrlich gesagt, ich stelle ihre Motive in Frage."

Mac wurde durch das ermutigende Geflüster seiner Nachbarn angespornt und schüttelte den Kopf. „Sie können in Frage stellen, was immer Sie wollen", sagte er. „Jedenfalls sind Sie nicht das einzige Mitglied dieser Organisation. Ich stelle meine Frage in Form eines Antrags an das Komitee, einen Neger in die Plattform zu setzen." Er nahm Platz, und aus verschiedenen Seiten des Raumes ertönten Rufe „Einen zweiten!". Es gab eine kurze Diskussion, die Frage wurde gestellt, eine Abstimmung abgehalten und dem Antrag wurde stattgegeben.

Ich gestand ihm sofort, daß ich seinen Namen vergessen hatte – möglicherweise als Vergeltung für meine Niederlage in der Abstimmung bei unserer Versammlung an jenem Abend - und daß ich ihn deshalb am Telefon nicht erkannt hatte. Er nahm meine Entschuldigung mit einer Handbewegung zur Kenntnis und sank in den Stuhl neben meinem Schreibtisch, wobei seine Statur in sich zusammensank, als ob sie gleich an allen Ecken und Enden auseinanderbrechen würde. Er schloß einen Moment lang müde die Augen, öffnete sie dann wieder und sah sich um - nach den Büchern, der Couch, der eingerahmten Gravur von Freud, an seinem Schreibtisch sitzend, den Skulpturen aus Afrika und Neuguinea in dem Raum.

„Das ist ein netter Ort", sagte er. „So ruhig. Und weg von der Welt."

Er griff nach den Zigaretten auf dem Tisch, zündete sich eine an, sog den Rauch ein und starrte dann auf das glühende Ende, während er sprach.

„So ein großer Kerl wie ich. Ich war schon überall und habe alles gemacht. Und jetzt muß ich hierher kommen und mich auf die Couch legen und Ihnen etwas vorjammern." Er schüttelte den Kopf und verzog sein Gesicht zu einer angewiderten Grimasse. „Aber ich schaffe es alleine nicht mehr. Je mehr ich es versuche, desto schlimmer wird alles.

Wenn die Partei wüßte, daß ich hier bin, ginge es mir schlecht", fuhr er fort. „Sie mögen die Psychoanalyse nicht – und Psychoanalytiker auch nicht. Und ganz besonders Typen wie Sie. Die nennen Sie einen Sozialdemokraten. Ist Ihnen das klar?" Zum ersten Mal sah er mir direkt ins Gesicht.

„Ich weiß", sagte ich. „Die Psychoanalyse ist eine bourgeoise Wissenschaft: die Psychoanalytiker sind die Lakaien der kapitalistischen Klasse. Ich bin ein wankelmütiger Sozialdemokrat. Was machen Sie also hier?"

„Die Haltung der Partei zur Psychoanalyse ...", begann Mac. Aber ich unterbrach ihn. „Diesen Vortrag kenne ich", sagte ich. „Deswegen sind Sie doch nicht hier."

Mac drückte die Zigarette mit seinem fleckigen Daumen aus. „Nein, deswegen bin ich nicht hier", sagte er – dann lächelte er. „Ich versuche nur, es ein wenig vor mir herzuschieben."

„Das machen wir alle", sagte ich. „Worum geht's?"

Ich erwähnte ja schon bei Enneatyp 4, daß ich den Eindruck hatte, Lindner sei ein E8. Der obige Abschnitt zeigt nun seine Fähigkeit und seine Bereitschaft, einen Herausforderer herauszufordern. Das gleiche gilt für sein erstes Gespräch mit Mac, das in der Kaffeepause unmittelbar nach der Versammlung stattfand, und in dem Lindner einmal mehr bewies, daß er sich nicht leicht einschüchtern läßt.

Als die Versammlung vorbei war und sich die Menge in kleinere Gruppen auflöste, wurde Kaffee serviert. Als ich mir später eine zweite Tasse holte, bemerkte ich, daß ich in der Schlange direkt hinter Mac stand. Nachdem man ihm nachgeschenkt hatte, wartete er auf mich, und wir nahmen unsere Tassen in eine stille Ecke des Raumes mit. Einige Minuten lang tranken wir schweigend. Ich spürte, wie sein Blick auf mir ruhte, und schlüpfte in die klinische Haltung relativen inneren Abstands, die - wie die vielen Jahre psychoanalytischer Erfahrung mir beigebracht hatten - ein notwendiger Schutz gegen das persönliche Unbehagen war, wenn man wegen seiner eigenen Schwächen angegriffen wurde. Ich ließ ihm Zeit, mich zu prüfen. Als er fertig war, bot ich ihm eine Zigarette an. Er zündete sie mit einem Feuerzeug an, in das ein Text eingraviert war, der durch seine große Hand teilweise verdeckt war.

„Sie sind also ein Matrose", sagte ich, „ein ehemaliger G.I., Sie waren bei der Landung in Salerno dabei, Sie sind verheiratet, und Sie sind Parteimitglied. Wie heißen Sie?"

„Ich heiße Mac", sagte er. „Aber sonst stimmt beinahe überhaupt nichts. Ich war bei der Handelsmarine, ich arbeite in einer Konservenfabrik, das Feuerzeug habe ich von einem Freund, der in Salerno war, ich habe früher mal einen Ehering getragen, aber meine Frau ließ sich scheiden."

„Und die KP?" fragte ich.

„Da haben Sie recht, Mr. Holmes", sagte er.

Wir lachten, und dann spürte ich seinen Blick wieder suchend auf mir ruhen. (S. 49–51).

Monate später rief Mac bei Lindner an, um einen Termin zu vereinbaren. Ich gehe jetzt zu dem Abschnitt, der das erste professionelle Treffen der beiden beschreibt.

„Ich bin's", sagte Mac. „Es mußte wohl so kommen. Alles geht zum Teufel. Ich habe überhaupt kein Gespür mehr für irgendwas. Ich habe das Gefühl, daß das, was mir passiert, irgendwie gar nicht wirklich passiert – als ob ich ein Beobachter wäre. Manchmal denke ich sogar, ich bin ein Wissenschaftler oder irgend so was und schaue auf einen Käfer hinunter, der auf einem Objektträger unter einem Mikroskop strampelt. Man pufft ihn, und er bewegt sich. Man tropft etwas Säure auf ihn, und er zappelt. Und ich bin gleichzeitig der Käfer und der Wissenschaftler.

Meine Frau hat mich vor drei Monaten verlassen", fuhr er fort. „Sie drohte mir schon früher damit, aber sie hat es nie getan. Aber jetzt ist sie weg, und sie hat es getan. Sie hat die Scheidung eingereicht, und ich mache mir nicht einmal etwas daraus. Es ist einfach nur so eine Sache, die passiert ist. Früher wäre ich innerlich zerbrochen, wenn so etwas passiert wäre. Jetzt ist sie mit den beiden Kindern irgendwo fort, und es ist, als würde es mich einen Dreck scheren … Und so geht es mir mit allem. Früher dachte ich mal, ich könnte es in der Partei zu etwas bringen. Es war mir wichtig, was vor sich ging. Ich war ein guter Arbeiter. Jetzt ist alles wie in einem Traum. Der läuft einfach weiter wie alles andere. Aber er ist nicht wichtig. Ich gehe auf Versammlungen, verteile Flugblätter, tue, was man mir sagt - wie eine Maschine, weil es das einzige ist, wo ich weiß, wie es geht."

„Aber es ist Ihnen doch wichtig genug, daß Sie zu mir kommen", sagte ich, „und gerade jetzt sind Sie sicher nicht sehr ruhig und losgelöst."

„Jetzt ist das anders", antwortete Mac. „Aber normalerweise bin ich wie tot, innerlich verwüstet, ich zerfalle, ich dörre aus wie eine Frucht, die man in der Küche liegen läßt."

„Erzählen Sie mir mehr darüber, wie Ihre Frau Sie verließ", sagte ich. „Warum hat Sie das getan?"

„Das ist der Teil, der weh tut", antwortete Mac und griff wieder nach den Zigaretten. „Ich war zu nichts mehr zu gebrauchen. Schon lange nicht mehr. Sie wissen schon, was ich meine. Sogar mein Schwanz war tot." Er beugte sich zu dem Feuer, das ich ihm gab, und sog den Rauch tief ein. „Ich bin schon seit ungefähr zwei Jahren kein Mann mehr. Sie hat alles versucht und ich auch. Sogar andere Frauen. Aber es half nichts. Manchmal kommt ein wenig Gefühl auf, und ich denke, es wird klappen. Vor etwa zwei Monaten war da auf einer Party einmal so ein Weibsbild, die's auf mich abgesehen hatte. Ich habe sie gepackt und sie dann so schnell wie möglich in ein Hotel geschleppt…" Hier lachte Mac gekünstelt.

„Sogar für mich klingt das komisch", fuhr er fort. „Aber es war eine schreckliche Nacht. Ich hab's probiert, bis ich dachte, meine Gedärme hingen mir schon heraus. Nur damit ich wenigstens einen halb Steifen zusammenbrächte und wir doch noch schnell punkten könnten. Aber da rührte sich gar nichts."

„Und trotzdem", fuhr er nach einer kurzen Pause fort, „ist irgend etwas daran merkwürdig. Weil es mir jedesmal kommt."

„Sie meinen, Sie ejakulieren, ohne daß Sie eine Erektion haben?" fragte ich.

„Ja. Ich bin nicht erregt, verstehen Sie, und ich spüre auch nichts. Aber an einem bestimmten Punkt schießt der Samen heraus, als ginge es wirklich zur Sache."

Er nahm meine nächste Frage vorweg, als er fortfuhr: „Nachdem das einige Male passiert war, ging ich zum Arzt, und der schickte mich zu einem Urologen. Aber der Urologe konnte nichts finden. Er sagte, es sei psychisch, und ich solle zu einem Psychiater gehen."

„Und haben Sie das getan?" fragte ich.

Mac schüttelte den Kopf. „Nein", sagte er. „Ich wußte, daß das nur ein kleiner Teil des Problems war, und ich wollte nicht, daß jemand in meinem Kopf herumdoktert."

„Zu mir sind Sie aber doch gekommen."

„Ich bin aus zwei Gründen zu Ihnen gekommen", sagte Mac und drückt die Zigarettenkippe aus. „Erstens ist die Sache so schlimm geworden, daß ich Hilfe brauche. Zweitens sind Sie in dieser Stadt der einzige, dem ich vertrauen kann."

„Weiß ……, daß Sie gekommen sind?" fragte ich und nannte den Namen des führenden örtlichen Parteifunktionärs.

„Um Himmels willen, nein!" rief Mac beinahe. „Der würde gleich zehn Anfälle hintereinander kriegen, wenn er das herausfände. Jedesmal wenn er Ihren Namen hört, kriegt er ohnehin kaum noch Luft. Außerdem gibt es so eine Art ungeschriebenes Parteigesetz, daß man nicht zum Psychoanalytiker geht."

„Das scheint keine große Wirkung zu haben", sagte ich. „Ich habe schon zwei Leute aus Ihrer ‚Zelle' analysiert und noch ein paar weitere außerhalb Baltimores."

„Das weiß ich", sagte Mac. „Einer der Burschen, die Sie analysiert haben, hat die Partei verlassen, und der andere wird auch nicht mehr allzu lange bleiben, wie mir scheint. Wissen Sie, das ist ja einer der Hauptmakel von euch Burschen. Die Leute, die eine Analyse machen, scheinen nicht bei der Partei zu bleiben. Und wenn doch, dann kann man nicht mehr auf sie zählen."

„Wie auf sie zählen?" fragte ich.

„Darauf zählen, daß sie der Parteidisziplin folgen", antwortete Mac. „Und das ist wichtig. Jedenfalls für mich."

„Warum?"

„Weil ich in der Partei bleiben will, egal, was passiert", sagte Mac bewußt und mit Nachdruck. „Ich muß!"

„Warum?"

„Weil die Partei mein Leben ist", antwortete Mac. „Weil die Partei recht hat. Weil die Partei die einzige Möglichkeit ist, eine neue Welt aufzubauen."

„Sind Sie da so sicher?"

„Ja, ich bin sicher. Das ist das einzige, dessen ich mir sicher bin", sagte Mac. „Schauen Sie mal, Doktor. Ich war schon überall auf dieser Welt. Ich habe soviel Elend gesehen, daß keiner es mir glauben würde. Nur die Partei kennt den Weg aus diesem Elend heraus. Ich bin schon seit Jahren Kommunist. Und bevor ich einer wurde, habe ich schon die ganze Literatur gelesen. Bei mir ist das nicht so, wie ihr Burschen immer sagt – weil ich meinen Alten gehaßt habe oder meine Schwester mich herumgeschubst hat oder irgend so was Verrücktes. Ich bin ein Kommunist aus Überzeugung, aus wirklicher Überzeugung, und zwar vom Hals aufwärts, obwohl ich es auch in meinem Bauch spüre."

„Es gibt also doch etwas, das Sie fühlen", bemerkte ich.

„Ich laufe immer noch heiß, wenn ich sehe, was um mich herum so alles passiert", sagte Mac. „Nicht so wie früher, denn sonst würde ich mich für das prügeln, woran ich glaube. Jetzt mache ich nur mehr …"

Hier unterbrach ich Mac. „Was heißt das also?" fragte ich.

„Das heißt, daß die Analyse nichts für mich ist, wenn das bedeutet, daß ich die Partei verlassen muß."

„Sie wären also lieber weiterhin in allem, was Sie tun, so abgehoben, impotent, unglücklich und – wie ich annehme – wirkungslos?" fragte ich.

„Wenn es sein muß", sagte Mac, „dann ja. Ich bin in der Partei, um dort zu bleiben. Sehen Sie." Er streckte mir seine Hände entgegen. „Wenn ich das Gefühl hätte, daß es uns den Sozialismus auch nur eine Minute schneller bringen würde, als er ohnehin kommt, würde ich diese Hände selbst ans Kreuz nageln!"

„Interessant, daß Sie ausgerechnet dieses Bild verwenden", bemerkte ich. „Aber ist es nicht so, daß Sie durch Ihr bloßes Kommen auch schon die Parteidisziplin brechen?"

„Die würden mir ganz schön den Arsch aufreißen, wenn es irgend jemand wüßte", stimmte mir Mac zu. „Aber ich mache das, weil ich glaube, daß ich ein besserer Kommunist sein kann, wenn ich meine persönlichen Probleme löse."

„Und warum haben Sie mich dafür ausgewählt?"

„Weil ich glaube, daß ich Ihnen vertrauen kann, daß Sie mich nicht gegen die Partei beeinflussen. Stimmt das?"

Ich zuckte die Schultern. „Ein Psychoanalytiker *beeinflußt* nicht für oder gegen etwas", sagte ich. „Aber der Patient, der zu Analysierende, muß bereit sein, alle seine Überzeugungen einer Analyse zu unterziehen. Sind Sie das?"

„Ich glaube schon", sagte Mac. „Ich möchte etwas in Bewegung bringen. Ich möchte mich wieder wie ein Mensch fühlen." Jetzt lag in seiner Stimme etwas Flehendes.

„Aber nicht auf Kosten der Partei."

„Richtig." Seine Stimme war wieder scharf. „Nicht, wenn es bedeutet, die Partei aufzugeben. Aber muß das so sein? Das will ich eben wissen."

„Darauf kann ich keine Antwort geben", sagte ich. „Ich würde Sie anlügen, wenn ich das eine oder das andere behauptete. Ich kenne Analytiker, die Ihnen erzählen würden, daß Sie nach der Analyse ein besserer Katholik, Zeuge Jehovas oder Kommunist sein werden. Aber ich weiß es einfach nicht. Ich habe, wie gesagt, schon Kommunisten analysiert, und, wie Sie ja selbst sagten, einige bleiben bei der Partei und andere gehen weg. Ich kann nicht vorhersagen, was mit Ihnen passieren wird."

Mac dachte eine Weile nach. Dann sagte er, als hätte er eine Entscheidung getroffen: „Ich fühle mich in meinen Überzeugungen der Partei gegenüber sicher genug, daß ich mir keine Sorgen zu machen brauche. Ich glaube, daß meine Ansichten jeder Überprüfung standhalten werden."

„Es ist wie ein Spiel", meinte ich dazu.

„Für mich ist es das nicht", entgegnete Mac schnell. Und dann: „Nun, was meinen Sie? Nehmen Sie mich?"

Ich überlegte schnell. Mein Terminkalender war schon übervoll. Ich hatte mir selbst versprochen, meine Stunden eher zu kürzen, als sie aufzustocken. Wenn ich Mac als Patient annahm, würde es eine lange und zähe Analyse werden. Nicht nur waren seine Symptome am schwersten zu behandeln – wie ich schon zuvor aus meinen bitteren Erfahrungen mit Impotenz und Entpersönlichung gelernt hatte, sondern Mac hatte auch eine rigide Persönlichkeit und eine kompromißlose mentale Struktur, die meinen Bemühungen und seinen besten Absichten im Wege stehen würden. Und was seine kommunistischen Überzeugungen anbelangte, so wußte ich auch da, was ich zu erwarten hatte: In dem Augenblick, wo eine seiner hoch geschätzten Formeln auf dem Spiel stand, würde der Preis verdammt hoch sein: die Analyse wäre viele Stunden lang auf Eis gelegt, während er mit seinem marxistischen Gewissen rang: Dinge, die normalerweise in einer Analyse nur wenig oder gar keinen Platz hatten, würden zur Sprache kommen: Er würde seine Sitzungen aufschieben oder absagen. Außerdem wußte ich, ohne daß Mac es mir erst sagen mußte, daß er sich mein Honorar nicht würde leisten können. Und bereits mehr als die Hälfte meiner Patienten zahlten niedrigere Honorare, während ich mich innerlich damit beschwichtigte, daß ich sie behandelte, weil sie „interessante" Fälle waren.

Aber die Chance, einen weiteren Kommunisten zu behandeln! Die Chance, noch einmal meine Gedanken über die Art Mensch zu überprüfen, die zu militanten Sozialisten wurde! Als ich in einem Bundesgefängnis arbeitete, hatte ich schon einmal einen hohen Parteifunktionär analysiert, und ein Gewerkschaftsfunktionär war auch Kommunist gewesen. Dann hatte ich einen Sozialarbeiter, einen Ingenieur, einen Studenten und einen Lehrer behandelt, die auch alle Parteimitglieder gewesen waren. Mac würde auf meiner wachsenden Liste der erste Kommunist aus der Arbeiterklasse sein, mein erster richtiger „Proletarier". Dieser Versuchung konnte ich nicht widerstehen. Ich ertappte mich dabei, wie ich im Geiste schon meinen Terminkalender umstellte und Entschuldigungen für meine Frau ersann, warum ich zu einem so niedrigen Honorar noch einen Patienten für weitere drei oder vier Wochenstunden annahm. (S. 53–57)

Nachdem er zugesagt hat, will Lindner immer noch wissen: „Werden Sie denen in der Parteizentrale erzählen, daß Sie zu mir kommen?"

Was Mac vorwegnahm, erwies sich jedoch nicht als richtig – denn noch vor dem Ende seiner Analyse verließ er die Partei.

Nachdem er anmerkt, daß er während der ersten Monate der Analyse selten einen enthusiastischeren Patienten hatte als Mac, macht Lindner uns in der Folge in groben Zügen mit Macs Geschichte vertraut:

Mac war vierunddreißig Jahre, bevor wir einander trafen, geboren worden. Seine Geburtsort war ein Bauernhof in Ohio, wo seine Eltern bei der Familie seines Vaters lebten. Das Modell eines Conestoga-Wagens auf einem Regal in meinem Büro erinnerte ihn an seine Vorfahren. Sie waren sture, unerschütterliche und entschlossene holländische Siedler, und als solche hatten sie sich mit einem der ersten Auswandererströme von der Ostküste auf den Weg nach dem Westen gemacht. Und typischerweise ließen sie sich an einem Ort nieder, der sie an ihr Zuhause in Europa erinnerte, das sie verlassen hatten. Mac's Großvater, der schon sehr alt war, als Mac geboren wurde, hatte ein großes Stück Land abgesteckt. Als seine drei Söhne großjährig wurden, teilte er es unter ihnen auf und behielt für sich und seine viel jüngere zweite Frau einige Hektar genau in der Mitte des Familienbesitzes. Mit weißem Bart und klaren, blauen Augen, die sich bis zu seinem Tod nicht trübten, groß und so stark wie eines seiner Arbeitspferde, war dieser väterliche Großvater dazu bestimmt, bei der Formung von Macs Persönlichkeit eine wesentliche Rolle zu spielen. Das gleiche galt für die Frau des Patriarchen, ein uneheliches Mischlingsmädchen, das auf dem Bauernhof als Magd alle Arbeiten erledigt hatte, bis ihre Herrin starb und sie selbstverständlich als Ehefrau nachrückte.

Der jüngste der drei Söhne war Macs Vater. Er war der Lieblingssohn des alten Mannes und glich seinem Vater wie ein Ei dem anderen. Eine unheimliche Stille umgab ihn. Tatsächlich erinnerte sich Mac nicht, von seinem Vater auch nur ein einziges Wort gehört zu haben. Aber er hatte eine freundliche Art, und seine Wortkargheit wurde durch seine tröstliche und friedvolle Gegenwart mehr als wettgemacht. Seine Frau, Macs Mutter, starb bei Macs Geburt. Eine vergilbte Daguerreotypie, deren zerbrochene Stücke auf einen Streifen Karton geklebt worden waren, war alles, was Mac je von ihr zu Gesicht bekam. An ihre Stelle trat ein Gemisch an Vorstellungen, das der Junge über die Jahre hinweg aus den Erinnerungen seines Großvaters und aus zwei Besuchen, die die Eltern seiner Mutter dem Halbwaisen abstatteten, zusammensetzte. Die beiden waren in seiner Erinnerung große Leute mit schweren Händen und riesigen Füßen. Als sie in der Küche saßen und über den Tod ihrer Tochter sprachen, verströmten sie den Geruch von Erde, und ihre leisen, rauhen Stimmen vermischten sich mit dem krachenden Holz im Feuer und dem Pfeifen des Teekessels. So setzten sie sich auf immer und ewig als Sinneseindruck in Macs Träumen fest.

Während der ersten drei Jahre seines Lebens wurde Mac von einer Amme betreut. Tatsächlich versorgte ihn diese aber nur zeitweise und überließ ihn für die übrige Zeit dem ältesten ihrer vielen Kinder, um als Köchin, Haushälterin und Milchmagd für Macs Vater und einen entfernten Cousin zu fungieren, der seinerseits angeheuert worden war. Die Amme mit ihren stattlichen Brüsten war wie ein General, der regelmäßig seine Front inspizierte. Jeden Morgen kam sie, als es noch dunkel war, in einem wackeligen Ochsenkarren. Sie nahm Mac aus seinem Bettchen, stillte ihn, wusch ihn zog ihn an und übergab ihn dann mit einer Liste für sein Wohlergehen und die Aktivitäten des Tages an ihre Tochter. Ein feuchter Schmatz auf seine Wange, und sie war auch schon wieder fort, um nach dem Abendessen mit einer Brust voll Milch wiederzukehren. Noch eine schnelle Wäsche und ein letzter Kuß, während sie ihn in die warme Decke einwickelte. Zwischen ihren kurzen Besuchen im Morgengrauen und in der Dämmerung gab es den Zuckerschnuller, den seine bodenständige Kinderärztin ihm aus einem Klumpen Honig in einem Stück Stoff bereitete, das sie in Milch eintauchte.

Den Schnuller hatte er die meiste Zeit des Tages und auch der Nacht im Mund, und als er sich im frühen Stadium seiner Analyse mehr als dreißig Jahre später daran erinnerte, verströmte er immer noch Frieden und beschwichtigte seine Angst.

Bald nach seinem dritten Geburtstag wurde Mac in das Haus seines Großvaters gesteckt. Jetzt kam er unter die Herrschaft seiner strengen Stiefgroßmutter, die er „Ma" nennen mußte. Damit zerbrach die idyllische Freiheit, in der er bis dahin aufgewachsen war. Ma war eine sauertöpfische Frau, die kleine Jungs und Schmutz nicht vertrug. Daß sie unehelich war, hatte sie fürs Leben verbittert, und sie kompensierte ihre frühen Erlebnisse als Abkömmling einer Indianerfrau und eines westwärts ziehenden Jägers, den es nach ihrem Fleisch gelüstet hatte, durch ihr ungestümes Wesen. Im Gegensatz zu der überströmenden Zuneigung seiner Amme, die den Platz seiner Mutter eingenommen hatte, war Ma in ihren Gefühlen genauso kalt wie in ihrer Leidenschaft. Dieses kleine Tier auf zwei Beinen mit all seinen Wünschen, seinen Bedürfnissen, seinem Gestank und seiner Verständnislosigkeit gegenüber ihren Erwartungen paßte nicht in ihr Schema. Zuerst nahm sie ihm den Zuckerschnuller weg und dann ein Holzpferd, das sein Vater ihm geschnitzt hatte und das unter all der Liebe seiner kleinen, heißen Hände ganz rund und klebrig geworden war. Von Ma hörte Mac zum ersten Mal die Worte „böse" und „schlimm". Sie bezogen sich auf alles, was er tat, aber vor allem auf den Inhalt seiner Hose und auf die fleischige Rute, die zwischen seinen Beinen hing und seinen Bauch in geheimem Vergnügen vibrieren ließ, wenn er sie berührte, wenn er sich in einer bestimmten Weise an der Flanke einer Kuh rieb oder wenn der Donner aus dem Himmel hervorbrach.

Pa – Großpapa – war da anders. Er war so groß wie ein Riese, und wenn er auf die Veranda trat, erzitterte das ganze Haus. Es war beinahe beängstigend, ihn anzusehen, aber unter seiner schroffen und aufbrausenden Art lag Zärtlichkeit, und wenn seine riesigen Hände die Macs hielten, fühlte er sich so sicher, als ob Gott selbst sie hielte. Großpapa sah auch aus wie Gott, dessen Bild vorne auf der Bibel abgebildet war, aus der der alte Mann jeden Abend vorlas. Und Großpapa handelte auch wie Gott und verteilte seine Gerechtigkeit geschickt auf die Tiere auf seinem Hof, auf seine Söhne, seine Knechte, seine Frau und auf Mac. Von Großpapa lernte Mac auch den Zorn und die Entrüstung, die ihn später eine Art von Welt herbeiwünschen ließen, in der Großpapas Gerechtigkeit selbstverständlich war, eine Gesellschaft, die auf der Fairneß beruhte, die Großpapa zu seinem Lebensprinzip gemacht hatte. Denn Großpapa sah die Dinge geradlinig und einfach, schwarz und weiß, und sein fundamentalistischer Glaube war ebenso unerschütterlich wie die Hügel, die das Land umsäumten, wo Mac seine Kindheit verbrachte.

Macs Vater verlor sein Leben im Ersten Weltkrieg. Er wurde vom Träger eines großen Geschützes zermalmt, der während einer Übung auf ihn fiel.

Zu jener Zeit hatte sein Tod für Mac keine große Bedeutung; erst mit den Jahren wurde die Lücke, die der ruhige Mann hinterlassen hatte, größer und trat zutage. Inzwischen gab es noch die Arbeit auf dem Hof, die Tiere, die wenigen und kurzen Schulmonate jedes Jahr, den Fluß, der sich durch die Ebene schlängelte, und die Wälder. Da gab es das Fischen mit den Onkeln, das Fischen mit Pa, das Einkochen mit Ma und all die anderen Dinge, die das Leben auf dem Land so geschäftig machen. Mit zwölf entdeckte er weitere intime und geheime Vergnügungen, deren Sündhaftigkeit ihn des Abends als stechende Schuld einholten, wenn Mac – krank vor Faszination und Furcht, entlarvt zu werden – die langsame Bewegung beobachtete, mit der Pas großer Zeigefinger sich über die Seiten bewegte, und die kehlige, sonore Stimme des alten Mannes hörte, der den Preis für all die Sünden aus dem Buch der Bücher vorlas. Und immer war da auch Ma, die hinter ihm her war, nörgelte, kritisch und scharf in ihren Worten und in ihrem Tonfall, ewig unzufrieden, verbittert und nachtragend.

Als Mac vierzehn war, stürzte der alte Mann auf dem Eis und brach sich die Hüfte. Er war damals fast neunzig, und mit diesem Sturz brach auch sein Geist in sich zusammen. Als er sich ins Bett legte, schien er zu schrumpeln und auszutrocknen, als ob seine Säfte durch einen versteckten Hahn aus seinem Körper liefen. Sechs Monate lang lag er im Bett und starb jeden Tag ein wenig mehr. Während dieser Zeit war Mac ständig bei ihm. Aus einem Rededrang heraus und vielleicht auch, um dem Jungen einen Rahmen für sein Leben mitzugeben, erzählte er seinem Enkel jene Geschichten, die sein Leben ausmachten. Bruchstückhaft und in einer Reihenfolge, die wohl nur die des alten Mannes war und einer eigenartigen inneren Logik folgte, traten da Geschichten von Armut und Verfolgung zutage; die Seereise in das neue Land, das Herzeleid in der Hafenstadt und das Schnorren um Silber, um das Nötigste für den Marsch nach Westen zu kaufen; das mühevolle Vorwärtskommen Meter um Meter durch Flüsse und über Hügel, der Kampf mit wild gewordenen Männern und der zornigen Natur, um das Land zu klären und zu erhalten, das Niederreißen und Aufbauen; die großen Freuden und die großen Sorgen von neunzig siegreichen Jahren. In Mac entstand ein Gebräu aus bittersüßen Erinnerungen; und als der alte Mann schließlich seine Augen schloß, hatte Mac aus diesen sechs Monaten, ohne es zu wissen, die Essenz von Pa herausgesogen und einen so tiefen Schluck davon genommen, daß sie für immer in seinem eigenen Blute fließen sollte.

Der Tod des alten Mannes veränderte Macs Welt. Die Ruhelosigkeit, die schon immer in ihm geschlummert hatte, jedoch zuerst durch seine Amme und dann durch Pa beruhigt war, brach durch. Er konnte Ma und ihrer Art nicht gehorchen, und der Krieg, der zwischen ihnen seit dem Tag geschwelt hatte, da Mac in ihr Haus gezogen war, brach jetzt in einem offenen Kampf aus. Und so machte sich Mac eines Abends – ganz auf die traditionelle Art – mit einem Bündel auf seiner Schulter von dannen.

Er ging nach Chicago, und dort begann die Odyssee, die auf der Couch in meinem Arbeitszimmer endete. Die Liste der Jobs, die er ausübte, ist sehr lang. Er arbeitete immer mit seinen Händen und verdiente sein Geld im Schweiße seines Angesichts. Bei keinem seiner Jobs blieb er sehr lange. Das lag vor allem an der Zeit, aber auch an seiner Ruhelosigkeit, seiner streitbaren Art und seiner Unfähigkeit, sich Anweisungen zu beugen. Er kannte die Armut, und zwar nicht nur die schleichende Armut am Rande der Existenz, sondern auch die absolute mit drohendem Verhungern und Tod, die Scham des Bettelns, die Erniedrigung, wie ein Tier Abfalleimer und Mülltonnen nach Essensresten zu durchstöbern, wobei ihm vor sich selbst ebenso ekelte wie vor dem Müll und er doch scharfen Blicks nach einem Stück schimmelnden Brotes Ausschau hielt. Und er kannte das Nichtstun; nicht das süße Nichtstun, sondern jenes, das den Verstand lähmt und den Geist benebelt; die gleichgültige, schleppende und verblödende Art, die sich in langen Schlangen durch Suppenküchen löffelt und sich gegen die Kälte der Nacht in muffigen Missionsräumen zusammendrängt, hinter deren Fenstern in grellen Leuchtbuchstaben *Jesus Rettet Dich* gegen den Himmel strahlt.

Dann stolperte Mac eines Tages, nachdem er den Bauernhof schon viele Jahre hinter sich gelassen hatte, über sein Schicksal. Er war seit zwei Wochen arbeitslos und lebte mit anderen Ausgestoßenen in einer Barackensiedlung. Da fuhr ein Auto an den wackeligen Holzzaun, den jemand um das Lager herum errichtet hatte, als wolle er die Gemeinschaft der Verdammten karikieren, und aus dem Auto heraus stieg ein Mann mit einem wohlgenährten Gesicht. Er fragte, wer Arbeit wolle. Einige der Älteren kannten ihn anscheinend und wandten ihm den Rücken zu. Aber Mac spürte den Hunger in seinem Bauch und das Jucken in seinen Muskeln, und so schlichtete er sich mit einigen anderen in den Lastwagen, der dem Auto folgte. Sie wurden zu einem großen Schuppen am Hafen gefahren, wo sie heißen Eintopf und Kaffee bekamen. Dann gab der Mann jedem von ihnen einen groben Knüppel und befahl ihnen, eine Reihe zu bilden und jeweils einem seiner Helfer zu folgen.

Sie gingen zu einem Pier, an dem Streikposten in einer schmalen Reihe patrouillierten. Als die Streikenden sie kommen sahen, schrie jemand „Streikbrecher!", und sie schlossen ihre Reihen, um anderen Platz zu machen, die hinter einem Schuppen hervorrannten. Auf einen Befehl hin griff Macs Truppe an. Nach einem kurzen Kampf gelang es den meisten, die Reihen zu durchbrechen, und sie gelangten zum Ende des Piers, wo ein Frachter vertäut war. Daneben lagen riesige Maschinencontainer und Haufen von Altmetall, die sie in den Rumpf des Schiffes zu laden begannen. Mac arbeitete voll Eifer. Er war froh, das Blut wieder durch seine Arme und Beine fließen zu spüren. In jener Nacht wurden die Streikbrecher aus der Kombüse des Schiffes verköstigt und schliefen auf Decken unter Deck. Draußen verhöhnten und verfluchten sie die Streikenden, die eine

Polizeischwadron davon abhielt, sie anzugreifen – ihr Hohn hatte jedoch keine große Wirkung, denn die Streikbrecher hungerten nach Arbeit und nach Essen.

Am dritten Tag war die Arbeit erledigt, die Streikbrecher wurden ausbezahlt, und ein Lastwagen schaffte sie zurück in die Barackensiedlung. Mac und ein Kumpel sprangen vom Lastwagen ab, als sie am Eisenbahngelände vorbeikamen. Sie sprangen auf einen Frachtzug, der Richtung Süden fuhr. Als der Zug aus der Stadt hinausrollte, sahen sie durch die Gitterstäbe des Viehwaggons, wie das Schiff, das sie gerade beladen hatten, mit der Strömung auslief.

„Das war eine ganz miese Sache, die wir da gemacht haben", sagte Macs Kumpel. „Und hätte ich nicht solchen Hunger gehabt, hätte ich es auch nicht getan."

„Was soll daran so mies gewesen sein?" fragte Mac.

Sein Kumpel sagte es ihm; und mit seinen Erklärungen kamen viele Stunden in der Bibliothek mit dicken Büchern und einem billigen Wörterbuch, kam eine Menge Zuhören und Reden, kam ein Hören mit neuen Ohren und ein Reden mit einer neuen Zunge, kam das Sitzen auf Rohrsesseln in den Gewerkschaftshallen und das mühselige Marschieren als Streikposten, kamen *Solidarität auf immer und ewig* und *Joe Hill*, kam das kleine Parteibuch mit dem Platz für die Marken darin, kamen neue Worte, neue Gedanken und neue Taten. Und in den späten Dreißigern kamen eines Nachts der Besuch in einer Arztpraxis in New York, ein Job auf einem Trampschiff nach Marseille, dann eine lange, kalte, durchwanderte und durchlaufene Nacht, atemloses Liegen im Schnee auf einem Paß in den Pyrenäen und am Morgen eine Fahrt im Lastwagen, und am Abend als milde Gabe ein grober Arbeitsanzug und eine Mütze, dann Marschieren, ein Holzgewehr und *Links, Zwei, Drei, Vier*, dann schließlich die Schützengräben und die zertrümmerten Ziegelmauern des Universitätsgebäudes außerhalb Madrids, ein echtes Gewehr und das rote Blut eines Mohren auf seinem Bajonett und der süße Geruch der verwesenden Faschistenleichen, der sich für immer in seiner Nase festsetzte.

Als der Krieg in Spanien vorüber war, kehrte Mac in die Vereinigten Staaten zurück. Er ging zur Handelsmarine und wurde von der Partei für Gewerkschaftsaktivitäten eingeteilt. Während der nächsten Jahre durchwanderte er die ganze Welt und führte die Parteiziele mit großer Effizienz und Willenskraft aus. Diese Arbeit führt ihn an merkwürdige Orte, und für einen Bauernjungen aus den westlichen Ausläufern Ohios tat er sehr merkwürdige Dinge. Die interne Parteipolitik interessierte ihn nie, und trotz ihrer Veränderungen, Umstürze und Schwankungen hielt er streng an der Parteilinie fest. Als der Krieg an Deutschland und Japan erklärt wurde, wollte er einrücken, aber man sagte ihm, daß er in den Akten der Armee der Vereinigten Staaten als Spanienkämpfer aufscheinen und der Partei so nicht sehr dienlich sein würde. So blieb er enttäuscht, aber ohne Groll bei der

Handelsmarine. Als jedoch die Sowjetunion zu den Alliierten stieß und der Untergrund sich, wie von Zauberhand berührt, überall zu regen begann, fand Mac als Kurier und Kontaktmann zwischen Widerstandsgruppen und verschiedenen Einheiten der Partei doch seinen Platz. Diese Aufgabe war aufregend und gefährlich, und das Barometer seines Lebens stand auf Leidenschaft.

Während des letzten Kriegsjahres heiratete Mac eine Genossin aus New York, die von ihm schwanger war. Es war keine schmutzige Affäre, und mit den boshaften Meldungen der Zeitungen und der Regenbogenpresse über die freie Liebe unter den Roten hatte das nichts zu tun. Im Gegenteil, das Mädchen war Jüdin, hatte einen sehr starken Begriff von Moral, und als Mac sie traf, war sie noch Jungfrau. Sie liebten einander schon seit mehr als einem Jahr, aber weil der Bruder des Mädchens in der Luftwaffe über Deutschland gefallen war und sie die Tradition ihres Volkes wahren wollte, hatten sie ihre Hochzeit verschoben. Aber im siebenten Monat ihrer Liebe, als sie zum ersten Mal miteinander schliefen, passierte bei der Verhütung eine Panne. Sobald ihr Trauerjahr vorüber war, heirateten sie. Die Zwillinge wurden im Sommer 1945 geboren, als der Krieg gerade zu Ende war.

Mit dem Beginn des Friedens war Mac für die Partei in der Handelsmarine nicht mehr wichtig. Er wurde in die Schwerindustrie überstellt, wo er verschiedene Fahrzeugarbeiter organisieren sollte. Diese Arbeit schlug in jeder Hinsicht fehl, und so versuchte man es mit ihm in einer Reihe anderer Aufgaben in New Jersey und Pennsylvania. Schließlich wies man ihn an, mit seiner Familie in einen Ort nahe von Baltimore zu ziehen und sich den dortigen Parteigenossen zur Verfügung zu halten. Die gingen seine Akte durch und befahlen ihm, in einer Konservenfabrik zu arbeiten, in der die Reinigungskräfte und Verpacker noch nicht organisiert waren. Am Sonntag trug er das *Sonntagsblatt des Arbeiters* aus. Das war Macs Arbeitssituation, als er zur Psychoanalyse kam.

Während es in der Analyse in der Anfangsphase vor allem darum ging, die Geschichte, die ich hier dargelegt habe, in groben Zügen wiederzuerzählen, erlebten Mac und ich richtige Flitterwochen. Erfahrungen und Ereignisse, die seit langem in Vergessenheit geraten waren, traten ans Tageslicht, und wir arbeiteten ein grobes Muster von Macs Grundpersönlichkeit heraus. Schon bald, nachdem er begonnen hatte, erkannte er, daß er seine familiären Wurzeln in einem sehr romantischen Licht gesehen hatte, daß die Bewunderung für seinen Großvater ihn wegen dessen Größe und starker Persönlichkeit gefesselt hatte, obwohl er ihn terrorisierte, daß er seine Stiefgroßmutter zutiefst gehaßt hatte, aber – frei nach dem oft erprobten analytischen Prinzip der Identifikation des Kindes mit dem hemmenden Elternteil ganz nach dem Verteidigungsmechanismus „wenn du sie nicht besiegen kannst, schlag' dich auf ihre Seite" – auch viele ihrer Züge angenommen und in sich aufgesogen hatte. Er erkannte auch, daß seine Amme ihn überaus abhängig gemacht hatte und daß seine lebenslange Ruhelosigkeit größtenteils einem inneren Drang entsprang, Situationen zu suchen, die sein Unbewußtes mit jenem glücklichen Zustand der völligen Hingabe an etwas oder jemanden gleichsetzen konnte. Er gelangte auch zu einigen bemerkenswerten Einsichten über sein Sexualleben: So etwa, daß die barsche Entfernung des Zuckerschnullers, den er ständig im Mund gehabt hatte, durch seine Stiefgroßmutter einer Kastration gleichkam (wobei der Honigklumpen ihn selbst und in der Erhöhung seinen Penis darstellte), und daß seine sexuellen Aktivitäten als Erwachsener immer von einer unterschwelligen und bis dahin unverständlichen Angst bestimmt waren, sein Geschlechtsorgan einer Frau anzuvertrauen. So erlaubte er weder seiner Frau noch irgendwelchen anderen Frauen, seinen Penis zu berühren oder damit herumzuspielen, und obwohl er gerne Geschlechtsverkehr hatte, war er doch immer irgendwie erleichtert, wenn er sich wieder zurückziehen konnte. In diesem Zusammenhang machte er sich auch bewußt, daß eine Gewohnheit, an die er bis dahin nicht einmal einen flüchtigen Gedanken verschwendet hatte – daß er nämlich nach dem Verkehr jedes Mal sofort ins Badezimmer ging, um zu urinieren – für ihn in Wahrheit eine Möglichkeit war, sein Organ zu inspizieren und sich zu versichern, daß es immer noch vorhanden und auch intakt und unversehrt war. Und auf einer unbewußten Ebene galt für Mac auch das Gegenteil, daß der Penis nämlich nicht nur verletzt werden konnte, sondern seinerseits auch ein Werkzeug war, mit dem man verletzen konnte. Er erinnerte sich daran, wie seine Großmutter ihn als etwas Schlechtes und Schmutziges betrachtet hatte, dessen man sich schämen mußte und vor dem man sich ekelte. In seinem tiefsten Inneren dachte er genauso; er verwendete seinen Penis aber auch, um seine Stiefgroßmutter zu bestrafen. Daß er auch mit mehr als acht immer noch regelmäßig in die Hose machte, hatte nicht nur mit der Nachsicht seiner Amme, mit der Laxheit ihrer sie vertretenden Tochter und mit einem nicht geäußerten Wunsch des Kindes nach Aufmerksamkeit zu tun, sondern diente auch dazu, die Frau, die er Ma nennen mußte, herauszufordern und seiner Aggression gegen sie Luft zu machen.

Daß so viele Erinnerungen wieder auftauchten und wir sie gemeinsam durcharbeiteten, erlaubte es Mac in der Folge mit meiner Hilfe, sich selbst und seine Motive besser zu verstehen. Er begann, sich dadurch in einem neuen Licht zu sehen. Die Masken, die er bis dahin für sich selbst und für die Welt getragen hatte, fielen eine nach der anderen weg. Hinter all den Posen, die er angenommen hatte, um sein wahres Gesicht zu verbergen, tauchte das Bild eines Erwachsenen auf, der immer noch in der Seele eines Kindes steckte, eines Mannes, der mit allen Attributen der Männlichkeit ausgestattet war, aber nach Kindernahrung hungerte. Und als er seinen abhängigen Kern und die Aggression unter seiner Haut erkannte, brach der Damm seiner inneren Wut, und zum ersten Mal nach Jahren konnte er wieder etwas fühlen.

Mac begann zu fühlen, und zwar heftig und tief. In der ersten Aufregung der wiederkehrenden Gefühle ging es ihm wie jemandem, der viele Jahre lang blind gewesen war und wie durch ein Wunder wieder sehen konnte. Er sah sich um und sah überall nur leuchtende Farben. Seine Sinne reagierten auf das Leben. Abends ging er durch die Straßen der Stadt, sog ihre Gerüche ein, bestaunte ihre Lichter und freute sich an ihren Klängen. In seiner Arbeit war er lebendig und voll Kraft. In der Analyse ließ er Tag für Tag das heraus, was er so lange unterdrückt hatte. Auf den Häuptern derer, die schon lange tot waren oder auch nur bis dahin vergessen, goß er das Vitriol der Leidenschaft aus, wobei er eine ganze Menge seines schwelenden, aber nicht gezeigten Zorns durchnahm. In der einladenden Privatsphäre meines Büros konnte er sich von den obersten Schichten seines Hasses gegen jedermann, der ihn je mißachtet, gekränkt oder verletzt hatte, befreien, angefangen mit seiner Stiefgroßmutter über seine Arbeitgeber bis zu den Stereotypen der kommunistischen Parteipropaganda, die man ihm vorgeschrieben hatte. Inzwischen beobachtete er sich selbst in seinem Alltag sorgfältig und mit neuen Augen. Er erkannte die kleinen Zeugnisse seines Strebens nach Abhängigkeit, wie er Menschen dazu brachte, ihn in eine abhängige Beziehung zu sich zu setzen, wie begierig er nach der kindlichen Sicherheit war, die er auch in den kleinsten Angelegenheiten bekam, wenn er sich der Fürsorge eines anderen anvertrauen konnte.

Nur in seinem Sexualleben blieb Mac zu dieser Zeit frustriert und verstört. Auf der Höhe seines Enthusiasmus über die bisherigen Ergebnisse der Analyse versuchte er zweimal, mit Freundinnen zu schlafen. Bei der ersten Gelegenheit berichtete er über sexuelle Regungen, aber beide Male erlebte er nicht die leiseste Spur von Potenz: beide Episoden endeten mit einem absoluten Fehlschlag. Wäre das nicht passiert, so wäre Mac mit seinen Fortschritten so zufrieden gewesen, daß er seine Therapie vorzeitig beendet hätte. Ich sah das, was da passierte, aber natürlich als eine „Übertragungsheilung" und wartete schon auf den Tag, da das fadenscheinige Gebäude, das er sich da aufbaute, kollabieren würde. Ich wußte, daß er gerade einmal an der Oberfläche seiner Neurose gekratzt hatte, daß das, was er bisher erreicht hatte, die Wirkung der Druckerleichterung war, die dadurch entstand, daß er die Dinge erörterte, winzige und oberflächliche Einsichten gewann und all die Last, die er mit sich herumschleppte, auf mich und den Prozeß der Analyse überwälzte. In mir fand er ein neues Gefäß, in das er all die Dinge und Substanzen seines Lebens hineinstopfen und hineinlegen konnte. Während dieser Phase war unsere Beziehung mehr als herzlich – zumindest was Mac anbelangte. Ich, der ich diesen Prozeß jedoch schon viele Male durchlebt hatte, konnte erkennen, was sich dahinter verbarg, und das innere Barometer meiner früheren Erfahrungen mit vielen Patienten warnte mich vor dem Sturm am Horizont.

So war es auch. Und als der Sturm kam, geschah es mit aller Gewalt. (S. 58–67)

Vielleicht ist es nicht ganz fair, wenn Dr. Lindner behauptet, daß bis hierher eine reine „Übertragungsheilung" stattgefunden hat. Die Psychotherapie gelangt – genauso wie Beziehungen im wirklichen Leben – oft zu frühen Flitterwochen, in denen man schon einen gewissen Fortschritt erzielt, und geht dann über in eine schwierigere Phase, in der die ersten Hoffnungen enttäuscht werden und die positiven Gefühle gegenüber dem Therapeuten negativen und kritischen weichen. Von einer „bloßen Übertragungsheilung" zu sprechen läßt jene Schritte außer acht, die über die Gefühle des Patienten für den Therapeuten hinausgehen und sicherlich schon mehr als bloß ein falsches und nur auf Hoffnungen basierendes Glück darstellen.

Ich zweifle nicht daran, daß Mac als jemand zur Analyse kam, der sich seiner selbst überhaupt nicht bewußt war. Aber in der freien und offenen Situation des therapeutischen Umfelds konnte er mit ein wenig Selbsterkenntnis sein Leben doch besser verstehen, und er spürte, was seine unterdrückten Gefühle gewesen waren. Nur weil er die Verbindung zu seiner Erfahrung herstellte, konnte er in seiner Umgebung leuchtendere Farben erkennen. Sein Symptom blieb jedoch bestehen. Kehren wir nun zu dem Fall zurück.

Lindner hatte uns mitgeteilt, daß er einen „Sturm am Horizont" erwartete.

> Eines Tages bemerkte Mac während einer Sitzung, er hätte einen Traum gehabt, der ihm dumm vorkomme und deshalb auch nicht erzählenswert sei.
>
> „Ich gehe die Charles Street (in Baltimore) entlang in Richtung Mount Vernon Place. Auf der Straße ist kein Verkehr, und ich bin scheinbar allein. Es ist niemand hinter mir, aber ich höre Schritte. Das macht mir Angst, und ich öffne den Mund, um zu schreien, als ich das aber tue, fällt meine Zunge heraus auf den Boden. Ich bin gar nicht weiter erstaunt: Ich hebe sie einfach auf, stecke sie in meine Tasche und gehe weiter.
>
> Vor mir sehe ich das Denkmal (das George-Washington-Monument auf dem Mount Vernon Place in Baltimore). Da merke ich, daß die Straßenseite, auf der ich gehe, in das strahlende Licht der Sonne getaucht ist, während es auf der anderen Seite stockdunkel ist, beinahe rabenschwarz. Dann sehe ich den Mann hinter mir, er ist aber auf der anderen Straßenseite, der dunklen. Er scheint mich nicht zu beachten, ich spüre aber, daß er mich in Wirklichkeit sehr genau beobachtet. Ich gehe einen kleinen Weg entlang – und werde allmählich sehr müde. Mit der Zeit kann ich meine Beine kaum noch heben, und der Mount Vernon Place scheint meilenweit entfernt. Ich mache mir Sorgen, daß ich das Denkmal nie erreiche, denn ich bin so müde. Ich versuche, den Mann um Hilfe zu bitten, aber ich habe ja keine Zunge und kann keinen Ton von mir geben. Ich greife in meine Tasche, um sie herauszuholen, aber sie ist weg. Ich suche verzweifelt nach ihr und wache erschreckt in meinem zerwühlten Bett auf."
>
> Als Mac seine Schilderung des Traumes beendet hatte, tat er ihn als unsinnig ab und fragte mich, ob ich wirklich meinte, daß er die Zeit wert

sei, ihn zu analysieren. Ich sagte gar nichts, und Mac rutschte einige Minuten lang unruhig auf der Couch herum. Dann sagte er schroff, daß der Traum für ihn gar nichts bedeute; er sei einfach nur Unsinn und ihm fiele dazu überhaupt nichts ein. Ich meinte, daß die Symbolik darin doch wenigstens teilweise sehr deutlich sei, und daß er vielleicht gut daran täte, eine Analyse ihrer Bedeutung wenigstens in Erwägung zu ziehen. Mac konterte mit einem Fluch und meinte, er sei ein Narr gewesen, daß er sich auf diesen ganzen Blödsinn überhaupt eingelassen habe. Na gut! Seine Zunge zu verlieren, hieß also, daß er nicht redete … Und wenn schon! Das Ganze war ohnehin nur ein Haufen Dreck. Warum sollte er es sich also antun? Kein Wunder, daß die Partei die Psychoanalyse verurteilte! Und überhaupt, wie sollte es irgend jemandem bloß dadurch wieder gut gehen, daß er redete? Er hatte schon monatelang geredet, geredet und wieder geredet und war von seinem Ziel doch noch genauso weit entfernt wie eh und je. Und er war die ganze Sache leid, er hatte sie einfach satt! An diesem Punkt machte ich ihn darauf aufmerksam, daß er gerade dabei war, einen Teil des Traumes wiederzugeben, und zwar den Teil, in dem er müde wurde und die Hoffnung aufgab, daß er sein Ziel je erreichen würde. Er antwortete, daß das Denkmal sicher ein geeignetes Symbol für sein analytisches Ziel sei: es hätte die Form eines eregierten Phallus, vielleicht sei der Park zu seinen Füßen in Baltimore deshalb zu einem Ort geworden, wo Homosexuelle und Prostituierte herumhingen. Er ginge daran jedesmal vorbei, wenn er zur Parteizentrale müsse, was etwa zwei bis drei Mal die Woche der Fall sei.

„Sie müssen also offensichtlich reden", sagte ich, „um zu einem eregierten Phallus bzw. zu Ihrer Potenz zu gelangen."

„Seien Sie doch nicht so ein Lackaffe", antwortete Mac. „Das war mir schon klar, bevor ich Ihnen den Traum erzählte. Im Reden steckt weit mehr, als Sie denken."

„Im Traum verloren Sie Ihre Zunge, als Sie dachten, Sie würden verfolgt", sagte ich. „Wer verfolgte Sie da?"

„Sie natürlich", schnaubte Mac. „Sie folgen ja jedem einzelnen Wort, das ich sage."

„Sie waren aber gar nicht erstaunt, als Ihre Zunge herausfiel."

„Nein, war ich nicht," seufzte Mac. „Ich wußte schon die ganze Zeit, daß ich irgendwann in dieser Analyse meine Schale würde öffnen müssen – nämlich dann, wenn es notwendig sein würde, über die Partei zu reden."

„Sie schweigen also lieber und bleiben impotent, anstatt über die Partei zu reden", bemerkte ich. „Aber warum haben Sie dann im zweiten Teil des Traumes Ihre Zunge so verzweifelt gesucht?"

Mac wurde sichtlich unruhig. Er zündete sich mit zittrigen Fingern eine Zigarette an, und auf seiner Stirn zeigten sich kleine Schweißperlen. Langsam sagte er: „Der Traum zeigt, daß meine Krankheit und die Partei miteinander verknüpft sind. Ich nehme an, ich wußte das die ganze Zeit, und ich hatte Angst davor. Aus dem, was Sie da sagen, schließe ich, daß die

Sache mit dem Herausfallen der Zunge mehr bedeutet, als daß ich nicht reden will: es bedeutet, daß ich mich selbst kastriere."

Hier unterbrach ich ihn. „Am ersten Tag, als ich mit Ihnen sprach", sagte ich, „erzählten Sie mir, daß Sie bereit wären, sich ans Kreuz schlagen zu lassen, wenn das dem Sozialismus auch nur eine Minute früher zum Sieg verhelfe. Und jetzt sagen Sie, daß Sie sich aus dem gleichen Grund kastrieren würden."

„Das würde ich tatsächlich tun."

„Sie sind es ja schon."

Mac drehte sich auf der Couch um und sah mich an. In seinen Augen konnte ich den Schmerz und die Pein sehen. „Sie sind ein harter Bursche", sagte er. Er drehte sich weg und fuhr fort: „Aber wahrscheinlich müssen Sie das sein." Er war jetzt ruhiger und faßte den Traum bis zu diesem Punkt zusammen. „Nun, sehen wir mal. In meinem Kopf sind die Partei und die Potenz miteinander verknüpft ... wie, weiß ich nicht. Aber ich nehme an, daß ich über die Partei sprechen muß, um die Probleme mit meiner Potenz zu lösen. Wenn ich nicht über die Partei spreche, kastriere ich mich – oder wähle absichtlich die Kastration, wie Sie das ausdrücken. Gut, wohin gehen wir also als nächstes?"

„Zum Denkmal", antwortete ich.

„Es wäre viel leichter, dorthin zu gehen, wenn Sie ein Kommunist wären", sagte er. „Dann könnte ich mit Ihnen reden."

„Sie meinen, wenn ich auf Ihre Seite käme?" fragte ich.

Jetzt machte der ganze Traum Sinn, und es folgte eine Flut von Assoziationen. Ich (der Analytiker, der Mann im Traum) gehe im Dunkeln. Ein gar nicht so unbewußter Grund für Macs Analyse besteht darin, mich auf seine Seite zu ziehen, d. h. mich zum Beitritt zur Partei zu bewegen. Das würde nicht nur mir etwas bringen, sondern auch ihm helfen. Und er braucht tatsächlich Hilfe, um das Denkmal (die Potenz) zu erreichen, er fürchtet aber, daß er seine Beziehung zur Partei analysieren und Parteigeheimnisse wird preisgeben müssen, um diese Hilfe zu bekommen. Wenn der Analytiker bloß das Licht sehen könnte und auf seine Seite käme, könnte er (Mac) frei sprechen und sich zu seiner Potenz verhelfen lassen. Die Aussicht auf eine anhaltende Impotenz ist beängstigend, aber selbst wenn er wollte, kann er nicht alles sagen, was ihm durch den Kopf geht. Es gibt Geheimnisse und Vertraulichkeiten, die man niemandem außerhalb der Partei anvertrauen kann. Die Zeiten sind für die Partei gefährlich. Während er so auf der Couch liegt, muß er oft einen Gedanken, eine Adresse, einen Namen oder irgend etwas anderes unterdrücken, das ihm in den Sinn kommt. Und wenn er das tut, wird die assoziative Kette unterbrochen; also wird er nie geheilt werden. Wie dumm von ihm, es überhaupt je versucht zu haben. Vielleicht sollte er seinen Penis einfach amputieren lassen und mit dem ganzen Unsinn Schluß machen. Oder vielleicht sollte er auch mit der Analyse aufhören und gar nicht mehr daran denken, daß er impotent ist. So wie die Dinge stehen, muß er immer eine Lücke fürchten, daß ihm etwas entschlüpft, was man ihm anvertraut hat. Ich (der Analytiker) bin zu gescheit. Man hat ihn ja ohnehin schon vor mir gewarnt. Ich weiß, wie man zwei und zwei zusammenzählt. Man kann mir nicht trauen. Wie soll er es wissen? – Vielleicht bin ich ja ein verdeckter F.B.I.-Agent. Er weiß ja, daß ich einmal in einem Gefängnis gearbeitet habe, noch dazu in einem Bundesgefängnis. Es gibt Gerüchte, daß in Los Angeles und New York Agenten des Bundes sich als Psychoanalytiker ausgeben und den Leuten politische Geheimnisse entlocken. Und er weiß auch, daß ich Leute hypnotisiere. Was ist, wenn ich ihn eines Tages hypnotisiere und ihn dazu bringe, all das auszuspucken, was er im Interesse der Partei zurückhalten mußte?

Nach der Analyse dieses Traumes entwickelte Mac einen großen Widerstand. Die negative Übertragung, die bisher nur latent dagewesen war, betrog sich selbst durch sein Schweigen, seinen schroffen Umgang mit mir und seine Grobheiten. Stunde um Stunde verging, während Mac seinen ewigen inneren Kampf ausfocht, ob er mir genug trauen konnte, um das zu tun, wovon er wußte, daß er es tun würde müssen, nämlich frei zu assoziieren, ohne dabei auf den Inhalt zu achten. Interpretationen nutzten ihm wenig. Als ich die Verbindung zwischen seiner jetzigen Haltung mir gegenüber und seiner früheren Haltung gegenüber seiner Stiefmutter herstellte, was das Geheimnis seiner Masturbation und seiner Sexspiele mit den Tieren auf dem Hof anbelangte, zuckte er nur mit den Schultern. Und als ich sein jetziges Schweigen mit dem Schweigen in Verbindung brachte, das sein Vater während seines kurzen Lebens praktiziert hatte, und aufzeigte, wie es mit dem Gefühl zusammenhing, daß er sich gegen seinen Großvater versündigt hatte, warf er mir vor, mir etwas zusammenzureimen.

Dann nahm sein Widerstand eine neue Wende. Anstatt zu schweigen, begann er zu reden. Einem ungeübten Beobachter wäre sein Wortschwall nun wohl wie eine freie Assoziation erschienen. Er glich in jeder Hinsicht einem ungehinderten Strom von Ideen, Gedanken und Erfahrungen. Er berichtete von Vorfällen aus seiner glanzvollen Karriere als Kurier im Untergrund, beschrieb Persönlichkeiten, auf die er gestoßen war, und auch einige seiner unheimlichen sexuellen Abenteuer. Darüber hinaus begann er, mir kommunistische Literatur zu schenken. Bei jedem Besuch brachte er mir ein Buch oder ein Flugblatt, und er begann seine Stunde immer mit einer Diskussion über einen Punkt, der in einer Broschüre oder einem Artikel besprochen wurde, den er mir in der letzten Stunde geschenkt hatte.

Wir wußten beide, daß Mac in dieser Phase jedes ihm zur Verfügung stehende Mittel benutzte, um sich vor dem Wesentlichen zu drücken. Der vorgetäuschte Prozeß der freien Assoziation diente ihm als Manöver, damit er das Verlangen nach einer Lösung seines Problems befriedigen konnte, ohne des Pudels Kern zu berühren. Seine Geschenke sollten mich zum militanten Sozialismus bekehren und mich gleichzeitig bestechen. Denn tatsächlich zielte der Versuch, seine Stunden in ein Diskussionsforum für marxistisches Gedankengut zu verwandeln, ebenso darauf ab, sich selbst von seiner eigenen Ernsthaftigkeit zu überzeugen, wie auch darauf, mir etwas Gutes zu tun. Dann kam aber schließlich doch eine Stunde, da Mac sich selbst nicht mehr zum Narren halten konnte und erkannte, daß er auch mich nie zum Narren hatte halten können.

Ich erinnere mich noch, daß draußen ein Schneesturm tobte, als Macs Analyse einem Höhepunkt zustrebte. Er war schon sehr erschöpft, als er kam, streckte sich auf der Couch aus, zündete eine Zigarette an und begann mit einer monotonen Stimme zu sprechen, die seine Aufregung kaschieren sollte.

„Sie schicken mich wieder weg", sagte er. „Ich komme gerade aus der Parteizentrale. So wie es klingt, ist es nur eine Frage der Zeit, bis ich in der Konservenfabrik ausgetauscht werde. Sie sagen, sie halten schon nach einem Platz Ausschau, wo ich besser hinpasse, wo ich mehr erreichen kann."

„Haben Sie denn wirklich versagt?" fragte ich.

Mac zuckte die Schultern. „Wahrscheinlich schon. Mit der Analyse und all dem habe ich in den Job wahrscheinlich nicht alles hineingesteckt, was notwendig gewesen wäre. Aber um Himmels willen! Ich hasse es, so herumgestoßen zu werden. Wenn es nach mir ginge, würde ich..."

„Was würde Sie?" half ich ihm nach.

Mac drückte seine Zigarette aus. „Nichts", sagte er. Und dann nach einem Augenblick des Schweigens: „Schauen Sie, Doktor. Diese Analyse bringt doch nichts, oder?"

„Warum fragen Sie das mich?"

„Weil ich daran denke, sie hinzuschmeißen und weiterzuziehen. Ich glaube, Flugblätter kann ich auch woanders verteilen; es muß ja nicht Baltimore sein."

„Warum glauben Sie, daß die Analyse nichts bringt?" fragte ich.

„Weil ich nicht weiterkomme", antwortete er. „Sehen Sie mal. Gestern abend war ich mit einem Mädchen aus, und das einzige, was sich abgespielt hat, war, daß ich sie von oben bis unten angesabbert habe. Und jetzt erzählen die mir auch noch, daß ich in der Arbeit eine Niete bin. Und ich weiß, daß ich auch hier eine Niete war. Was wollen Sie noch an Beweisen?" Er hielt seine Hand hoch. „Warten Sie", sagte er. „Ich weiß schon, was Sie jetzt gleich sagen werden. Aber ich kann das einfach nicht. Ich kann nicht frei assoziieren, und ich weiß, daß das die einzige Lösung ist."

„Und warum können Sie das nicht?" fragte ich.

„Weil ich Angst habe, daß ich etwas durchsickern lasse. Deshalb. Denn wenn ich das preisgebe, was in meinem Kopf drinnen ist, bestrafen sie mich. Deshalb. Und wie sehr ich Ihnen auch vertraue, ich vertraue Ihnen nicht genug. Ich stecke voll von Dynamit: Parteigeheimnisse, Namen, Adressen. Die durchkreuzen ständig meine Gedanken. Wenn ich einmal den Mund aufmache, dann kommt gleich alles heraus. Ich kann das einfach nicht tun ... Ich kann es nicht!"

Ich bat Mac jetzt, zum Wort „durchsickern" zu assoziieren, das in den Diskussionen über seinen Widerstand gegen die Analyse und im Zusammenhang mit der Partei öfter gefallen war als jedes andere Wort. Er tat es: und es war ein idiomatischer und vulgärer Ausdruck für urinieren; urinieren ist eine der Aufgaben des Penis; die andere Aufgabe des Penis ist es, den Samen weiterzuleiten –. Da schoß Mac von der Couch hoch und wandte sich mir voll Verwirrung und Bestürzung zu.

„Du lieber Himmel!" rief er. „Sie wollen doch nicht sagen ..."

„Unbewußt haben Sie schon die ganze Zeit Parteigeheimnisse durchsickern lassen." Ich führte den Satz für ihn zu Ende.

Er ging im Zimmer auf und ab, war aufgeregter denn je und murmelte immer wieder Worte vor sich hin, die ich als „Samen, Parteigeheimnisse, durchsickern, ansabbern ..." verstand. Dann blieb er vor meinem Stuhl stehen und sah mich mit stechendem Blick an, während ich mein Bestes tat, um trotz meiner Erheiterung über all das Wissen, das diese Stunde in seinem Kopf zutage fördern würde, ruhig zu erscheinen.

„Damit ich das richtig verstehe", sagte er. „Ich scheine da in meinem Kopf irgendwie Samen und Geheimnisse durcheinander zu bringen. Wenn ich also ein Mädchen auf den Rücken lege und sie mit meinem Samen ansabbere, bedeutet das, daß ich unbewußt Parteigeheimnisse durchsickern lasse." Ich öffnete den Mund, um ihn zu unterbrechen, aber er gebot mir mit einer Hand Einhalt und bedeckte mit der anderen seine Augen.

„Warten Sie! Warten Sie!" befahl er mir. „Ich beginne zu verstehen. In Wirklichkeit will ich diese Geheimnisse preisgeben, aber mit meinem Mund kann ich das nicht machen. Also lasse ich sie aus meinem Penis herauslaufen. Und warum aus meinem Penis? Weil der irgendwie mit der Partei zusammenhängt, so wie der Samen mit den Geheimnissen zusammenhängt. Könnte ich also diese Geheimnisse mit meinem Mund erzählen, vielleicht brächte ich dann auch eine richtige Ejakulation zustande!" Er hielt inne und war völlig perplex. „Aber warum sollte ich Parteigeheimnisse durchsickern lassen wollen? Weil sie mich zu sehr belasten? Wie paßt das zusammen? Es gibt viele Leute, die wesentlich mehr wissen als ich. Warum sollte es mich auf diese Weise beeinträchtigen?"

Dieses Mal wartete er offensichtlich auf eine Antwort.

„Um die Antwort darauf zu finden", sagte ich, „müssen wir wahrscheinlich tiefer in ihre frühe Sexualität hineingehen. Aber auf den ersten Blick würde ich meinen, daß ihr Verlangen, Parteigeheimnisse preiszugeben, bedeutete, daß sie gegenüber der Partei Aggressionen haben, und das könnte wiederum damit zu tun haben, daß Sie Partei und Großmutter gleichsetzen."

Mac ging wieder zurück zur Couch und warf sich auf sie. „Noch vor einigen Monaten", meinte er nachdenklich, „hätte ich Ihnen deshalb ins

Gesicht gelacht. Jetzt bin ich mir da nicht so sicher." Und für den Rest der Stunde passierte kaum noch mehr, als daß er sich der Verwunderung über das Vorherige hingab. Als er an diesem Abend ging, war er in einer ganz anderen Stimmung.

Als er nach zwei Tagen zu seiner nächsten Sitzung kam, berichtete Mac über seine erste erfolgreiche sexuelle Begegnung nach vielen Jahren. Er hatte eine starke Erektion gehabt und sie auch halten können, und die Ejakulation hatte er als äußerst vergnüglich empfunden. Sein Enthusiasmus kannte keine Grenzen. Er wollte seine Frau kontaktieren, sie würden ihr früheres Leben wieder aufnehmen, sie würden … Hier prüfte ich ihn.

„Glauben Sie", so fragte ich, „daß Ihre Probleme gelöst sind?"

Das brachte ihn zur Besinnung. Er seufzte. „Wahrscheinlich nicht", antwortete er. „Aber müssen wir wirklich damit weitermachen? Schließlich weiß ich doch jetzt, was dahintersteckt."

„Wissen Sie das wirklich?" sagte ich. „Mir scheint, Sie haben nicht viel mehr als eine Formel, eine Reihe von Gleichungen, die sich auf ein paar gute Vermutungen stützen. Ich würde sagen, wir haben noch einen langen Weg vor uns." Also machte Mac weiter.

In dieser Stunde und auch in den Wochen danach wurde Mac die Richtigkeit meiner Aussage klar. Denn jetzt öffnete sich vor uns das weite Panorama seiner kindlichen Sexualität und die Intensität seiner frühen Gefühle gegen seine Großmutter. Zwischen diesen und der Art und Weise, in der beide mit der Partei in Verbindung standen, bewegte sich die Analyse wie ein Weberschiffchen auf dem Webstuhl, vor und zurück, vor und zurück. Aus Mac quoll eine schier endlose Flut von Erinnerungen, die er weitgehend mit der ursprünglichen Leidenschaft eines Kindes erzählte, das bei jeder Bewegung in seinem Ausdruck gehemmt wurde und dessen Handlungen allesamt als „schlecht" galten – aber auch mit einem Verlangen nach Liebe und Akzeptanz, nach der Sicherheit eines netten Wortes oder einer Geste und nicht des bitteren Hasses, der an ihre Stelle trat. Dann kam in einer Woge der Erinnerung das hervor, was bis dahin – sogar vor Mac – verborgen geblieben war, das erste Gekräusel jener sexuellen Flut, die ihn später an den Rand der Zerstörung schwemmen sollte. Zuerst konnte er nur die übliche Geschichte vom wechselnden Geschick des sich entwickelnden Sexualtriebes berichten; bei Mac bekam das Ganze aber dadurch, daß er auf den Hof seines Großvaters abgeschoben wurde, eine pathologische Note. War er zuerst ein Instrument für das Empfangen und Vermitteln von Lust und das Hauptorgan der Fortpflanzung gewesen, so bekam sein Penis eine neue Bedeutung, als das Kind, das er damals war, merkte, wie er und sein Verhalten sich auf Ma auswirkten. Kurz gesagt, wurde er zu einer Waffe, zu einem Werkzeug der Rache; und in dem Leben, das Mac sich in seiner Phantasie erdachte, wurde er – natürlich völlig unbewußt – zu einem wahren Arsenal der Zerstörung; und mit ihm übte er an seiner Großmutter – und später an jedem, der sich ihm in den Weg stellte –, in seiner Vorstellung eine

Vergeltung, die kaum je in sein Bewußtsein drang, bevor nicht das Mikroskop der Analyse darauf gerichtet wurde. Und all das hatte eine eigenartige Wirkung: Mac begann, sich vor seinem Penis zu fürchten, und zwar vor den zerstörerischen Möglichkeiten, die er – und nur er allein – ihm gegeben hatte; und deshalb mußte er ihm, als seine Neurose im Erwachsenenleben ihren Höhepunkt erreichte, Einhalt gebieten, um sein eingebildetes schädliches Potential abzuwenden.

Aber wo paßte in all das die kommunistische Partei hinein? Ein weiterer Traum stellte die Verbindung her.

„Ich komme zu früh zu meiner Sitzung, und als ich ihr Arbeitszimmer betrete, sind Sie nicht da. Ich will mir die Zeit vertreiben, bis Sie kommen, und so gehe ich zum Bücherregal und wähle einen Band aus dem Regal links vom Fenster. Ich beginne zu lesen. Da höre ich, wie Sie eintreten. Das verwirrt mich, denn aus irgendeinem Grund will ich nicht, daß Sie wissen, daß ich Ihre Bücher lese. Ich möchte das Buch verstecken, aber es paßt in keine meiner Taschen. Da stopfe ich es plötzlich in meinen Mund, und es scheint meinen Hals hinunterzurutschen. Als ich Sie aber begrüße, fliegt das Buch aus meinem Mund und trifft sie an der Stirn. Sie fallen um, und ich habe Angst, daß ich Sie umgebracht habe."

Mit dem Buch assoziierte Mac sofort Bildung. Er stellte richtigerweise fest, daß die Partei ihm eine Bildung hatte angedeihen lassen, die er sonst nicht erhalten hätte. Als Kind dachte er immer, sein Großvater sei Gott, weil er soviel wußte; und zuweilen ertappt er sich dabei, daß er von mir das gleiche denkt. Beim zweiten Hinschauen weiß ich (der Analytiker) in Wirklichkeit aber doch nicht soviel. Mein Wissen ist sehr zerstreut. Außerhalb der Psychoanalyse gibt es für das, was ich weiß, keinen bestimmten Rahmen – keine geeignete, durchgängige, logische und korrekte Methode, mit der ich mein Denken ordnen könnte. Tatsächlich ist Mac gebildeter als ich. Zu der Zeit, als er sich noch durchs Leben schnorrte, las er in den öffentlichen Bibliotheken zwischen hier und der Westküste alles über Sozialismus und den dialektischen Materialismus, das ins Englische übersetzt war – Marx, Engels, Lenin, Stalin, ja sogar Hegel und Feuerbach. Er kennt die sozialistische Theorie besser als – oder zumindest ebenso gut wie – jeder, dem er in der Partei begegnet ist. Nein, das stimmt auch nicht ganz. Es gibt einen Typ, den Vorsitzenden der Parteifraktion in Baltimore, der wirklich was drauf hat. Er ist Doktor der Philosophie. Und er weiß über Marxismus wirklich Bescheid, er weiß darüber so Bescheid wie ich (der Analytiker) über Freud. Menschlich ist dieser Parteiphilosoph aber ein ausgemachtes Arschloch, ein verdrehter Neurotiker, falls er (Mac) je einem solchen begegnet ist ... Verheiratet ist er mit einer Dame, mit einer ehemaligen Angehörigen der oberen Zehntausend oder irgend so etwas, die genauso verrückt ist wie er. Du lieber Himmel! Wie er sie alle haßt! Kaum ein Arbeiter in dem ganzen Haufen. Wenn sie je auf die Barrikaden steigen müssen –

Hier unterbrach ich ihn. „Dann bezieht sich der Traum nicht auf mich", sagte ich. „Er bezieht sich auf Ihren Parteiphilosophen. Wie erklären Sie sich das?"

Mac berichtete über die Tagesreste, die Bausteine seines Lebens außerhalb der Analyse, aus denen sich der Traum zusammensetzte. Am Vorabend war er zu einem Treffen in der Parteizentrale gegangen, das abgehalten werden sollte, um über seine weiteren Aufgaben zu sprechen. Mac war als erster dort. Er las in einem der Bücher, die auf dem Tisch lagen, bis die anderen kamen. Als nächstes kam B, der Parteiphilosoph und örtliche Vorsitzende. Nachdem er (B) Mac begrüßt hatte, machte er einige wissende Bemerkungen über den Band, den Mac in Händen hielt.

„Ich hätte ihm das Buch am liebsten an den Schädel geworfen", sagte Mac. „Dieser höhnische Bastard prahlt immer mit seiner Bildung."

„Sie sagten, daß Sie ihn hassen."

„Ja, das tue ich auch."

„Deshalb haben Sie ihn im Traum auch umgebracht."

Jetzt trat Macs Zorn offen zutage; aber es war mehr als bloß Zorn, es war eine reine, urwüchsige Raserei.

„Ich hasse jeden einzelnen von ihnen", rief Mac. „Und noch weit mehr. Ich hasse auch die Partei und alles, wofür sie steht. Tief in mir drinnen haßte ich sie schon von dem Augenblick an, als ich angeworben wurde." Seine Stimme erhob sich fast zu einem Schreien. „Ich hasse sie! Ich hasse sie! Ich hasse Sie! Wenn ich könnte, würde ich sie alle umbringen. Ich würde ihnen diese gottverdammte Partei so weit ins Maul hineinstopfen, daß sie ihnen beim Arsch wieder herauskäme! Ich hasse sie alle, und ich hasse Sie, und ich hasse auch mich dafür, daß ich so ein blöder Hurensohn bin und hier liegen und Ihnen das alles erzählen muß!"

Nach einiger Zeit war die Raserei zu Ende, und Mac schloß die Augen. Er war von seinem Wutausbruch erschöpft. Dann sagte er mit ruhigerer Stimme: „Jetzt ist es also draußen. Jetzt, wo ich das gesagt habe, habe ich wahrscheinlich alles gesagt. Ich habe das jahrelang mit mir herumgeschleppt - wie einen Stein in meinem Bauch. Wahrscheinlich sollte ich mich freuen, daß ich es nach so langer Zeit endlich los bin. Ich schätze, jetzt bin ich wirklich am Grund des Fasses, Doktor. Was sollte da sonst noch kommen?" (S. 67–76)

Sollte Lindners schriftstellerische Begabung uns von seinen ausgezeichneten Fähigkeiten als Psychotherapeut abgelenkt haben, so führt der obige Abschnitt uns doch sicherlich seine Fähigkeiten in der Interpretation von Träumen und Sehnsüchten vor Augen. Unter seiner geschickten Anleitung – mit deren Hilfe er Mac wahrnehmen läßt, wie sein Traum im Hier und Jetzt Gestalt annahm – gelang es seinem Patienten, eine weitere Schicht seines Widerstandes zu durchbrechen und sein Leben aus einem anderen Blickwinkel zu betrachten. Seine Ergebenheit gegenüber der Partei, die ihm zuerst als Retter erschien, kommt ihm jetzt wie eine

Zwangsjacke vor; und sich ihr unterzuordnen, erscheint ihm jetzt wie das Gegenteil seiner natürlichen Freiheit.

Mac gelangte nicht nur zu Einsichten und zu einer Bewußtheit des Fühlens, sondern zum ersten Mal drückte sich das Maß seiner Befreiung von der Partei nach der Doppeldeutigkeit des Wortes „durchsickern" (das sich auf zurückgehaltene Kommunikation, auf das Urinieren und in der Erweiterung auch auf die Ejakulation anwenden läßt) auch in sexueller Befriedigung aus. Dieser Prozeß wird sich noch vertiefen, wenn die Partei in seinem Geist ent-idealisiert ist und er zuläßt, daß er angesichts dieser kollektiven Projektion schlechter elterlicher Autorität seine Männlichkeit wiedergewinnt.

Als nächstes kam (nach dem Entdecken der Wut in der Katharsis) das intellektuelle Verstehen, warum er trotz seines Hasses auf die Partei so viele Jahre dabeigeblieben war.

Die nächsten Wochen verbrachten wir damit, die Frage zu beantworten, die ich an jenem Abend gestellt hatte. Kurz gesagt, lautet die Antwort so:

Mit sechzehn war Mac von zu Hause fortgelaufen, als sein Großvater seine durchdringenden Augen endlich im Tod geschlossen hatte. Zwischen der Zeit, als der alte Mann starb, und der Nacht, in der er fortrannte, lebte der Junge mit der Angst vor seiner eigenen Aggression. Die Feindseligkeit gegenüber seiner Großmutter war nicht nur ein gewöhnlicher Unmut, sondern ein lebendiger Haß, der sie beide in eine Tragödie hineinzuziehen drohte. Unbewußt war Mac klar, daß er die Frau umbringen würde, wenn er bliebe; und so lief er aus ihrer Gegenwart davon, um sie beide zu schützen. Seine Erfahrungen draußen in der Welt verstärkten seinen Haß und seine Aggression jedoch nur und lieferten ihm neue Ziele, denn als ungelernter Bauerngehilfe war er dem Gutdünken jeder x-beliebigen wirtschaftlichen Schwankung ausgesetzt, er war unerwünscht und fand keinen Platz. Während der Jahre der Wanderschaft kannte seine Bitterkeit keine Grenzen. Als ihn das Schicksal in Gestalt eines Kumpels auf einem Viehwaggon in Richtung Süden und am Ort eines Streikgeschehens ereilte, war er reif dafür, es anzunehmen.

Es stimmt, daß die Partei Mac auf der Ebene der Vernunft ansprach, daß er sich von ihrer Doktrin intellektuell angezogen fühlte, und auch als Ergebnis dessen, was er gelesen und von der Welt gesehen hatte. Verstärkt wurde das Ganze noch dadurch, daß die Partei ihm Antworten lieferte – und zwar in einer einfachen und leicht verdaulichen Form, Antworten auf Fragen, die er sich selbst und anderen während der Jahre seiner Entwicklung gestellt hatte, und zwar vor allem dann, wenn er sich mit der paradoxen Situation der amerikanischen Gesellschaft in den Zwanziger- und frühen Dreißigerjahren konfrontiert sah. Es läßt sich auch nicht leugnen, daß die simple Bildung, die er zuerst auf seinem eigenen Weg und dann innerhalb der Partei genoß, wesentlich zu seiner Ergebenheit beitrug. Er kompensierte damit die Minderwertigkeit, die er als ungelernter Bauernjunge empfand. Tatsächlich konnte er sich dadurch sogar – von Einstein bis zu seinem Analytiker – jedem anderen, der nicht wie er im Besitz seiner allzeit anwendbaren Formeln und des Leitfadens einiger einfacher Maximen war, mit der sich jede Situation und jedes Problem lösen ließ, überlegen fühlen. Darunter lieferte die Partei Mac jedoch eine Möglichkeit zum Ausgleich. Und die war von einer so fundamentalen Bedeutung, daß im Grunde nur sie allein zählte. Innerhalb der Partei konte Mac seinem Haß und seiner Aggression, die sich ursprünglich gegen Ma und dann gegen die Welt gerichtet hatten, beinahe vollkommen freien Lauf lassen. Sie erlaubte es ihm nicht nur, diese Gefühle auszudrücken, sondern richtete sie auch auf eine breite Gesellschaftsschicht, kanalisierte sie auf eine Vielzahl von Objekten und verlieh ihm die Worte und sogar die Techniken, um sie umzusetzen. Darüber hinaus half sie ihm, indem sie seinen Haß und seine Aggression akzeptabel machte, auch dabei, beide im Zaum zu halten. Deshalb gab die Partei Mac einerseits die Erlaubnis, sich seiner Aggression hinzugeben, gleichzeitig achtete sie aber auch darauf, daß diese Aggression ausreichend kontrolliert wurde, so daß er nicht fürchten mußte, daß sie ihm aus der Hand geriet, wie es einst fast bei seiner Großmutter geschehen wäre. Im Wesentlichen gab die Partei Mac also die Möglichkeit, einen Ausgleich zu schaffen, Kompromisse einzugehen und eine negative Rebellion im Zaum zu halten, die ihn vielleicht zerstört hätte, hätte er nicht den Weg in die Partei gefunden. In den Rängen der Partei fand er eine Lösung für sein Problem, wie er feindselig sein konnte, ohne unter den Auswirkungen der Feindseligkeit zu leiden, wie er seine Aggressivität akzeptabel machen und an ihr festhalten konnte, ohne für verrückt gehalten und dafür zerstört zu werden. Die Partei war damals Macs Neurose – und zwar eine neurotische Lösung, die er gegenüber dem Wahnsinn, in den sein Haß ihn führte, als das geringere Übel freiwillig wählte. (S. 76–77)

In diesem Punkt beleuchten die Ergebnisse der Analyse dieses Patienten den Fall vieler anderer Menschen vom Typus E8, die wie Mac in revolutionären Aktivitäten ein gesellschaftlich anerkanntes Ventil für ihre Aggression und ihren Hunger nach Gerechtigkeit fanden. Obwohl sich sein Selbstbild verbesserte und es ihn befriedigte, daß er seiner aggressiven Lust auf eine nicht destruktive Weise nachgeben konnte, wurde aus Mac dadurch jedoch noch kein ganzer Mensch.

Aber wie alle Lösungen, die Menschen sich unter dem Druck eines notwendigen Ausgleichs für ihre Verwirrung und ihre Konflikte zurechtlegen, funktionierte das mit der Partei nicht. Sie gab keine wirklichen Antworten; sie konnte sie nicht geben, weil sie bloß ein Symptom für Macs Schwierigkeiten war, ein „Ausgleich" aus der Not heraus, der schon von Beginn an zum Scheitern verurteilt war, wie es jeder solche „Ausgleich" ist.

Der Preis, den Mac der Partei für das, was sie für ihn tat, zahlen mußte, waren Disziplin und ein ungeheures Maß an menschlicher Nichtigkeit. Die Disziplin, die die kommunistische Partei einfordert, ist für Menschen, die sie nicht aus erster Hand erlebt haben, nahezu unvorstellbar. Sie ist absolut, rigoros und kompromißlos. Sie zieht jedes Mitglied für die geringste seiner Handlungen zur Rechenschaft, sie erlaubt nicht die kleinste Abweichung oder Übertretung. Sie ruft zur ständigen Kritik der Gedanken und des Verhaltens durch einen selbst und durch andere auf, und wie die Parteipolitik dreht und wendet sich auch die Disziplin mit den vorherrschenden Strömungen der Zeit. Ihre Unbeständigkeit in allem außer in der Behauptung, daß die Partei unter allen Umständen recht hat, verlangt von denen, die es betrifft, ein ungewöhnliches Maß an Formbarkeit. Eine Zeitlang konnte Mac ihr folgen und sich von ihr ohne Anstrengung leiten lassen – so lange wohlgemerkt, wie seine neurotischen Bedürfnisse durch den weiten Rahmen, den die Partei für seine Aggression und Feindseligkeit bot, befriedigt wurden. Deshalb fügte er sich der Parteidisziplin in den Jahren der industriellen Kämpfe und des Krieges. Später aber – als es in glücklicheren Tagen einmal niemanden zu hassen und nichts zu bekämpfen gab – begann er, sich daran zu reiben. Sie wurde mühsam und lästig und ähnelte dem Regiment seiner Großmutter. Also zeigte er sich auf unbewußte Weise offen und versuchte, sie zu besiegen. In Anlehnung an seine Kindheit verriet er symbolisch gesehen ihre Geheimnisse. Auf andere und viel geringfügigere Arten, die zu zahlreich sind, um sie hier anzuführen, versuchte er auch, sie zu unterminieren; und mit fortschreitender Analyse war Mac verblüfft, als er erkennen mußte, wie umfassend er gegen diese Disziplin gearbeitet hatte, die er an der Oberfläche so viele Jahre lang als gegeben hingenommen und der er entsprochen hatte.

Die Reduktion auf ein Nichts, auf ein bloßes Rädchen im großen Rad der Parteiambitionen akzeptierte Mac zunächst auch ohne Protest, ja sogar mit einer gewissen Erleichterung. Erinnern wir uns daran, daß er tief drinnen doch ein vollkommen abhängiger Mensch war, dessen vorherrschendes Verlangen es war, für immer und ewig eine Art von Säugling zu bleiben, wie er es einst bei seiner Amme gewesen war. Nach den Jahren, die er ohne Heim und Freunde draußen in der Welt verbracht hatte, kuschelte er sich dankbar an den Busen, den die Partei ihm bei der Rekrutierung darbot, so wie er es vor langer Zeit an der Brust seiner Amme getan hatte. Er hatte ihre Fülle und ihren Reichtum jedoch überschätzt, und schon nach kurzer Zeit hatte er sie ausgesaugt. Solange die Politik von ihm Haß, Aggression und Feindseligkeit verlangte und diesen auch einen Spielraum gab, wurde sogar Macs unersättlicher Appetit befriedigt; als sich Mitte der Vierzigerjahre die Wetterfahne jedoch drehte, begann für Mac der Busen, von dem er gehofft hatte, daß er den ersetzen würde, den er verloren hatte, die Brust, die er für eine Quelle gehalten hatte, die nie versiegen würde, in seinem Mund zu schrumpfen. Da wandte er sich voll Zorn und Enttäuschung gegen sie und war bereit, sie mit den Zähnen seines tiefen Hasses zu zerfleischen.

Das ist also die Geschichte von Macs Analyse. Sie erzählt, wie und warum Mac ein Mitglied der kommunistischen Partei der Vereinigten Staaten wurde. Er trat ihr bei, weil er die Gegensätze und Konflikte, die ihn innerlich zerstörten und wahrscheinlich auch andere zerstört hätten, ausgleichen wollte. Er trat ihr nicht in erster Linie deshalb bei, weil er an die Ziele und Richtlinien der Partei glaubte und von ihnen überzeugt war, und auch nicht als ein Missionar der Menschheit, ja nicht einmal als Kämpfer gegen die Ungerechtigkeit: er trat ihr so bei, wie jemand, der freiwillig ins Gefängnis geht, um auf diese Weise seine Verbrechen vorwegzunehmen, sich davor zu schützen, ein Verbrecher zu werden, und weil er durch den Beitritt ein abhängiges Kind bleiben konnte – oder wenigstens glaubte, es zu können.

Im Lauf der Analyse erkannte Mac, daß die Partei seine Neurose war. Als er seine Analyse abschloß, fiel sie genauso weg wie seine Symptome. Etwa sechs Monate, bevor wir aufhörten, verließ Mac die Partei. Er brauchte sie nicht mehr ... (S. 77–78)

Ein tantrischer Tagtraum*

Tristan: Ich hatte den folgenden Traum: Ich gehe mit einer Gruppe einen Berg hinauf, und plötzlich tauchen einige Legionäre mit Waffen auf, und ich spüre, daß sie mich umbringen werden. Sie werden die ganze Gruppe umbringen. Wir laufen alle davon, und mir wird klar, daß sie mich umbringen werden, wenn ich bei den anderen bleibe, daß sie die ganze Gruppe umbringen werden, wenn wir zusammen bleiben. Ich wende mich in eine andere Richtung, und plötzlich spüre ich, daß sie mich verfolgen, und ich bin ganz aufgeregt, etwa so wie ... „Verdammt! Die bringen mich um!" Ich spüre weiter diese Aufregung, und es bereitet mir Vergnügen, so zwischen Leben und Tod zu stehen.

Sie verfolgen mich weiter und mir wird klar, daß ich alleine bin und daß zwei von ihnen mir folgen, aber ich weiß nicht, ob es die zwei sind, die bewaffnet sind. Plötzlich schaue ich zurück und bin blind. Ich kann hinter mir nichts sehen. Ich merke, daß ich nur fühlen kann, und mit meinem Gefühl vertraue ich ihnen, mein Kopf sagt aber: „Paß auf!" Und ich sage: „Na gut, auch wenn sie mich töten, gehe ich mit ihnen, weil ich auf mein Gefühl vertraue."

Ich gehe weiter, mit diesen beiden Leuten im Rücken, und ich gehe in die nächste Stadt. Und in der Stadt fällt mir auf, daß man uns schon wieder ablehnt, und zwar die ganze Bevölkerung. Und ich fange an, mich zu fragen: „Was zum Teufel passiert hier, daß man mich so ablehnt? Warum lehnt man mich ab, wo es doch gar keinen Grund gibt? Ich laufe einfach fort!"

Ich bin in einem Labyrinth. Es gibt zwei Ausgänge. Beim einen Ausgang steht der Typ mit der Waffe, und ich kann ihn nicht angreifen, denn sobald ich ihm nahekomme, tötet er mich mit dieser Waffe. Wenn ich nur irgend etwas zur Hand hätte, würde ich mich auf ihn stürzen. Auf der einen Seite steht eine Art Militärkommandant, aber er ist nicht bewaffnet, und ich sage: „Mit dem werde ich fertig, weil er keine Waffe hat."

Ich laufe in diese Richtung und mir fällt ein, daß alle Städte eine Kirche haben. Ich laufe hinaus und springe über den Kirchenzaun und erscheine dort automatisch zusammen mit meiner Gefährtin und gehe in die Kirche hinein. Als ich über den Zaun springe, spüre ich automatisch eine Erleichterung, eine Harmonie, die sich sehr von dem unterscheidet, was ich vorher gefühlt habe.

Jemand kommt auf mich zu und sagt zu mir: „Kommen Sie, Sie müssen die Papiere ausfüllen, bevor Sie hineingehen." Ich sage zu ihm: „Fahren Sie doch zur Hölle! Lassen Sie mich in Ruhe; ich brauche hier keine ‚Papiere'. Ich komme hierher, weil ... ich werde verfolgt, und jetzt gehe ich da hinein."

Ich gehe dann also in die Kirche hinein, und dort herrscht eine Art von Halbdunkel ... und es ist sehr still. Und da ist auch so eine Art von Priester. Ich verstehe nicht, was er sagt, er macht einfach so Geräusche: *Eo ... Oh ... Eh ...* (eine Art von religiösem Gesang). Plötzlich sitze ich mit Nikaro, meiner Gefährtin, auf einem Stuhl, und da steht auf einmal jemand neben uns, und ich schaue und sage: „Das muß eine Nonne sein, denn an einem solchen Ort kann es nur eine Nonne sein." Und ich schaue sie genauer an, aber nein, sie ist eine Priesterin. Ich sehe sie von oben bis unten an und sage: „Verdammt! Sie sieht aus wie Fenicia." Ich schaue auf ihre rechte Hand, und ich sehe einen Ring, der einen Kreis mit einer Schlange bildet, die sich fast in ihren eigenen Schwanz beißt. Dort endet der Traum.

Claudio: Hat Ihnen das Ende gefallen? War es gut?

T: Ja, es hat mir gefallen, besser, als daß die Arschlöcher mich verfolgen.

C: Obwohl das andere Ihnen auch irgendwie Vergnügen bereitet hat. Das Vergnügen einer 8 im Angesicht des Todes.

T: Ja.

C: Die Kirche scheint Ihnen gut zu tun.

T: Ja, die Kirche war gut für mich.

C: Versetzen Sie sich in die Kirche. Und gehen wir von diesem Punkt aus etwas weiter in den Traum hinein – in die Geschichte mit der Rettung. Stellen Sie sich vor, wie Sie dort in der Kirche sitzen, neben dieser Priesterin, und gehen Sie da ein wenig tiefer hinein, was auch immer das für Sie bedeutet. Wie ist das für Sie, dort neben ihr zu sitzen?

T: Sie hat etwas mit Sexualität zu tun. Mir fallen zwei Dinge ein. Das eine liegt weiter zurück, das war früher. Ich habe die freie Liebe schon ausprobiert und mich von meinem Instinkten leiten lassen, wo sie auch immer hinwollten. Dann kam aber der Zeitpunkt, wo ich damit aufhörte (vor zwölf Monaten), und ich sagte mir: „Jetzt werde ich mal etwas anderes probieren und beobachten, was passiert. Und es mit Hilfe des Sex irgendwie auf eine andere Ebene heben." Das fällt mir dazu ein.

C: In der Monogamie läßt sich der Sex besser als Entwicklungsmöglichkeit nützen.

T: Ich fühle mich friedlicher. Ich empfinde mich in diesem friedlichen Raum, aber auch, als ob da etwas fehlte, um die Sache ganz zu machen.

C: Was könnte das sein?

T: Mir fällt ein, daß ich mit meiner Partnerin bzw. meiner Gefährtin mehr tantrischen Sex machen könnte. Ich habe zwölf Monate lang keine sexuellen Beziehungen gehabt, und es sieht so aus, als müßte jetzt etwas anderes beginnen.

C: Das ist nicht leicht in die Tat umzusetzen, aber wenn Sie in den Traum hineingehen ... wie Sie dort neben der Priesterin sitzen. Fehlt da etwas?

T: Da fehlt tatsächlich etwas. Als ob die Priesterin dazwischen wäre, zwischen meiner Frau und mir.

C: Dazwischen oder wie eine Brücke?

T: Ja, sie ist wie eine Art von Brücke, aber wie eine, die nicht benutzt wird.

C: Sie ist wie ein Symbol für eine Möglichkeit.

T: Ja.

C: Wie wäre es, wenn Sie sich das vorstellten? Wie wäre diese tantrische Vereinigung mit N.? Die Ekstase einer sexualisierten spirituellen Verbindung?

T: Ich habe das Gefühl, als ob meine Wirbelsäule anfinge, sich zu strecken, und als würde mein Brustkasten explodieren. Im Nacken und vor meiner Stirn spüre ich eine Art von Sonne ... Und am Scheitel ... und an den Seiten ... und auch an meinen Händen (*seine Hände bewegen sich kreisförmig*). Als ob jetzt mein ganzer Körper vibrierte. Als ob er aufstiege.

C: Fahren Sie damit fort ... der Schein des Lichts ... das Gefühl vor Ihrer Stirn ... Ihr Nacken ... das Zittern ...

T: Hitze, es steckt eine Menge Hitze dahinter. Ich spüre den Schein des Lichts von unten bis oben (*er zeigt auf sein Rückgrat und bewegt sich*) und etwas, das von noch viel weiter oben kommt ... Ein Licht. Es ist, als stünde ich vor einem Geheimnis, und das macht mir ein wenig Angst. Ich zittere, und jetzt zittere ich irgendwie innen drin.

C: Was ist denn das, was da von ganz oben kommt?

T: Es ist wie ein Lichtstrahl, er kommt vor mir herunter.

C: Und wo führt er hin?

T: Er führt dahin und dahin (*er zeigt auf die Stelle zwischen seinen Augenbrauen und auf sein Herz*).

C: Erlauben Sie dem Lichtstrahl, in Sie einzudringen.

T: (*Er öffnet die Arme und die Hände. Er beginnt, schwer zu atmen, zu zittern, seine Brust und seine Arme zu öffnen ... er bewegt sich. Er führt seine Hände über seine Beine, seine Brust, sein Gesicht, als ob er sich reinigte.*)

C: Was passiert da?

T: Ich fühle mich, als ob alle meine Wunden gewaschen oder geheilt würden. Als ob all das Gift, das ich hier in meinem Bauch trage, gereinigt würde.

C: Ich frage jetzt nicht weiter. Fahren Sie mit dem Prozeß fort.

T: (*Er bedeckt seine Augen und sein Gesicht und atmet tief.*)

C: Erlauben Sie sich, in diese Erfahrung einzutauchen.

T: (*Er vollführt verschiedene Bewegungen, von oben nach unten, aber auch andere, er öffnet sich, schließt sich. Es scheint wie ein Gebet aus Bewegungen, wie ein Ritual ...*): DU BIST GOTT. Du bist Gott.

C: Worüber sprechen Sie da? Was ist da in Sie hineingekommen?

T: (*mit Tränen in den Augen und einer sehr sanften Stimme*): Jetzt spüre ich ein großes Mitgefühl. Es ist, als würde ich mit den Augen eines Kindes sehen. Ich spüre, daß nur das mich von meinem Schmerz, meinem Leid, der Trennung heilt.
C: Einfach nur, indem Sie das tun? Werden Sie sich erinnern, wie Sie es wiederholen können?
T: Ja.
C: Ist Ihnen das schon früher einmal passiert?
T: Manchmal. Aber nicht so stark wie jetzt ... Manchmal.
C: Sie scheinen da in einen Prozeß hineingeraten zu sein, von dem das nur der Anfang ist, aber wenn Sie sich ihm hingeben, können Sie noch tiefer hineingehen.
T: Ich sagte mir selbst: „Gut, so weit gehe ich."
C: Großartig!
T: Das ist mein Weg, meine Suche. Auch als ich heute morgen aufstand und eine Tarotkarte zog (*er hat Tränen in den Augen*), war es der Stern. Es ging um die Suche, die Frage. Als ich heute aufstand, sagte ich: „Heute ist es Zeit, sich zu zeigen." Und es war die Geschichte von Tagore, die Suche nach Gott. Und es scheint, als zöge er sich jedesmal zurück, wenn ich ihm nahekomme. Wenn ich die Tür gefunden habe und ihn rufe und wenn er mir öffnet, ist alles vorbei. Wie eine Art von Selbstmord.
C: Aber jetzt haben Sie die Tür zu ihm aufgemacht, und es sah nicht wie ein Selbstmord aus. Es sah aus wie der Aufbruch zu einer Reise auf eine andere Ebene. Wie eine geführte Reise. Was wollen Sie heute noch mehr!
T: (*lacht*) Ich ... wenn ich in diesem Zustand bin ... Aber wenn ich dort sitze, in meinem normalen Zustand, suche ich nach etwas Schrecklichem. Ich suche nach etwas Schmerzlichem.
C: Sie vergessen, wonach Sie suchen.
T: Ich lasse nicht zu, daß es geschieht.
C: Früher sagten Sie, Sie seien sehr wütend; da waren Sie im Reich des Verfolgers und des Verfolgten. Die Alternative liegt aber, wie mir scheint, sehr nah.

Man kann die Wirkung dieser Sitzung, in der Tristan in seiner Vorstellung einen tantrischen Sexualakt auslebt, mit der Art und Weise vergleichen, wie sich das Nachdenken über das archetypische Material der Jungschen Traumanalyse spirituell gesehen auf das Leben von Menschen auswirkt. So wie Tristan spontan *Mudras* formt und auf naive Weise das Phänomen der Aktivierung seiner Chakren beschreibt, aber auch aus dem Inhalt selbst, hege ich nicht den geringsten Zweifel, daß die archetypische Erfahrung des rituell geheiligten *Eros* ihm den Vorgeschmack eines Bewußtseins brachte, das über dem des gejagten Jägers (aus seinem Traum) stand, wie wir es beim Lustsyndrom finden.

So wie ich einmal einen E8 kannte, dessen Leben sich dramatisch verbesserte, als er seine kriegerische Aggression in einer Kampfkunst kanalisierte, fand in diesem Fall Tristan Unterstützung, indem er seiner Intuition über das Praktizieren von zeremoniellem Sex nachgab und sie weiter verfolgte. (Die Heilung wirkt dabei dem Blickwinkel von E8 entgegen, daß Sex verboten ist, und verbietet es ihm auch, sich rücksichtslos über Grenzen hinwegzusetzen.) Ich kann nicht umhin zu denken, daß die Verurteilung der Sexualität, die dem lüsternen Sex ja innewohnt, im Visualisieren und Heraufbeschwören geheiligter tantrischer Zeremonien ein besonders geeignetes Heilmittel findet. Dort wird der Trieb einem Gleichgewicht zwischen Ausdruck und Zurückhaltung unterworfen. Ich kann auch nicht umhin, an Rasputin (einen besonders bekannten E8) zu denken, dem seine spirituelle Verwirklichung widerfuhr, nachdem er einer christlichen Sekte beigetreten war, in der sexuelle Freizügigkeit als spirituell hilfreiche Arbeit angesehen wurde.

Kapitel 9

Enneatyp 9

In der bemerkenswerten Parade an Charakteren, aus denen sich Chaucers *Canterbury-Erzählungen* zusammensetzen, finden wir unseren E9 im Wirt dargestellt:

> Der Wirt nahm uns mit offenen Armen auf und wies uns Plätze an zum Abendbrot. Die feinsten Speisen kamen auf den Tisch. Der Wein war stark, doch nicht zu stark für unsere Laune. Unser Wirt war ein auffallender Geselle, der als Zeremonienmeister jedem Hause zur Ehre gereicht hätte. Ein stattlicher Mann mit blitzenden Augen; so sprach er keck, doch gesittet und gewandt. Kurz: Er war ein höchst männlicher Mann. Zudem war er noch sehr vergnügt.[1] (S. 32)

Die Rolle des Wirts scheint sich mit dessen Wesen zu decken, und Chaucers Bemerkung, daß „jedem sein Platz zugewiesen wurde", scheint darauf abzuzielen, den Eindruck von der Großzügigkeit des Wirts noch zu verstärken. Auch die Art und Weise, wie er das Essen betont (Abendbrot, Lebensmittel und Wein), beeindruckt uns eher als Teil einer indirekten und bildhaften Charakterbeschreibung denn als bloßer Zug des Handlungsverlaufs. Dies wird auch durch seine „stattliche" Erscheinung bestätigt. Durch die Ansicht des Erzählers, er sei „gesittet und gewandt", vermittelt Chaucer darüber hinaus, daß der Wirt in seinem Wesen Wohlbeleibtheit, einen guten Appetit, Geselligkeit, Taktgefühl, Geradlinigkeit in seiner Rede und Fröhlichkeit in einer Art und Weise verbindet, die von seinem gesellschaftlichen Umfeld geschätzt wird.

Die gesellschaftliche Bedeutung, die man der Großzügigkeit und der sozialen Anpassungsfähigkeit von E9 beimißt, lassen den pathologischen Aspekt dieses Charakters weniger in den Vordergrund treten als bei anderen Typen. Menschen vom Typus E9 wirken gesünder als andere, weil sie ihrem Leid gegenüber verhältnismäßig taub geworden sind und den Menschen in ihrer Umgebung keine Schwierigkeiten bereiten. Sie haben gelernt, das Leben nicht mit Hilfe von Verführung und Aggression zu meistern, sondern durch Resignation und Anpassung. Mit ihrem Leid kommen sie zurecht, indem sie ihr Innenleben und ihre wirklichen Sehnsüchte ignorieren und sich nur allzu bereitwillig der Befriedigung der Bedürfnisse anderer zuwenden.

So wie man E2 und E7 als oral-rezeptiv, E4 und E8 als oral-aggressiv, E1 und E5 als anal und E3 und E6 als phallisch bezeichnen kann, habe ich vorgeschlagen, E9 „pseudo-genital" zu nennen: Im Wortgebrauch der Psychoanalyse bedeutet Genitalität nämlich wirkliche Reife. E9 ist dagegen jemand, der nur künstlich gereift ist – und zwar durch eine übertriebene Anpassung, die eher von außen nach innen

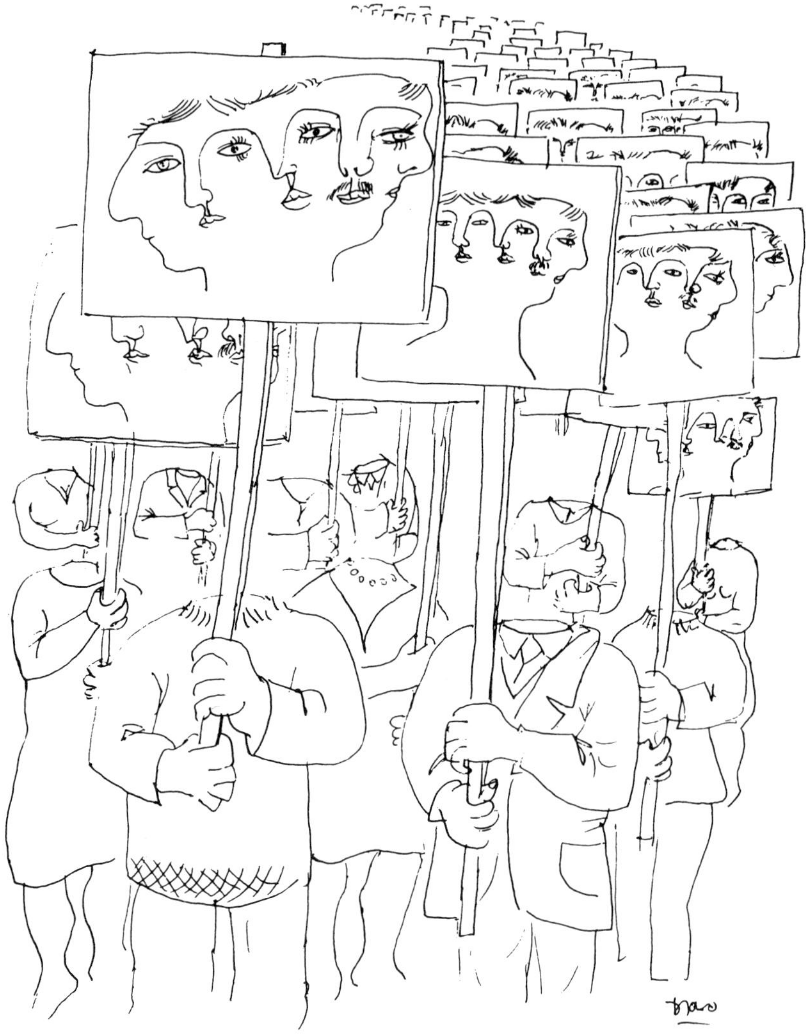

stattgefunden hat als von innen nach außen, wie dies bei einer organischen Entwicklung der Fall ist.

Die meisten Menschen scheinen sich selbst mehr zu lieben als ihren Nächsten. Von E9 läßt sich jedoch sagen, daß sie ihren Nächsten mehr „lieben" als sich selbst. Sie geben anderen zu sehr nach. Daß sie die Verbindung zu sich selbst verloren haben, was ihre übertriebene Anpassung noch kompliziert, ist ihnen undeutlich bewußt, und zwar in Form eines Wesensverlusts, der irgendwie ausgeglichen werden muß. Daraus ergibt sich ein Gegensatz zwischen einem spartanischen Verzicht und einer Sehnsucht nach Gesellschaft und Unterhaltung – eine stoische Haltung und die Liebe zu Bequemlichkeit und Essen.

Erscheinen diese beiden Züge möglicherweise auch unvereinbar, so muß man nur an einen Menschen wie George Washington denken, den reichsten Mann von Virginia, der die schrecklichen Entbehrungen von Valley Forge auf sich nahm.

Es könnte so wirken, als ähnle E9 in seiner Leidenschaft für psychologische Bequemlichkeit dem Typus E7. E7 gibt seinem Verlangen und der Freude an der positiven Seite der Dinge jedoch nur allzu gerne nach, und das tut E9 nicht. Die Bequemlichkeit wird hier eher durch eine innere Abtötung erreicht. Die übertriebene Anpassung bzw. die Gleichförmigkeit dient der Leidenschaft, nur ja an nichts zu rütteln. Der Preis dafür ist Langeweile. Es gibt keinen besseren Begriff für den künstlichen Frieden von E9 als den Ausdruck, den Gurdjeff prägte: ein „sich selbst beruhigender Teufel".

Unter den traditionellen Todsünden paßt auf E9 die Trägheit. Es lohnt sich jedoch, darauf hinzuweisen, daß sich die Bedeutung der „Trägheit" im Lauf der Religionsgeschichte von der ursprünglichen inneren bzw. psychologischen Unbeweglichkeit hin zur körperlichen Faulheit gewandelt hat – und das muß nicht unbedingt ein Kennzeichen von E9 sein. Wesentlich typischer sind da schon der phlegmatische Zug in ihrem Wesen und eine übertriebene Stabilität, die sich in konservativen Tendenzen und einem Widerstand gegen Veränderungen zeigt. Ist Trägheit oder *acedia*, um das lateinische Wort der Kirchenväter zu gebrauchen, die vorherrschende Leidenschaft (eine Leidenschaft, die übrigens um nichts weniger „leidenschaftlich" ist als der Geiz) und zwanghafte Selbstlosigkeit das deutlichste Verhaltensmerkmal, so fällt auf der kognitiven Ebene der Verlust des psychologischen Elements am meisten auf. Das führt zu einer Verarmung des Erlebens, einer zwanghaften Ausrichtung nach außen und zu einem übertriebenen Hang zu allem Konkreten.

Da für E9 Selbstsucht tabu ist und die Psychotherapie als selbstsüchtiger Akt gilt, haben Menschen vom Typus E9 das Gefühl, sie kümmerten sich dabei zu sehr um sich selbst. Während auch E8 wenig nach innen schaut, weil er nach äußeren Dingen wie Sex, Essen und Macht strebt, und E1 eher dazu neigt, etwas Gutes in der Welt zu tun, als sich um psychologische Fragen zu kümmern, erhält dieses Thema bei E9 den eigenartigen Anstrich einer Ablehnung komplexer Zusammenhänge. Und ganz abgesehen davon, daß Therapie ein selbstsüchtiger Akt ist, macht sie die Dinge auch noch *komplizierter*. E9 vereinfachen das Leben sehr stark und verlieren dabei die Fähigkeit, Konflikte überhaupt wahrzunehmen. Es ist ihnen fast noch wichtiger, ihren inneren Frieden aufrechtzuerhalten, als in ihrer menschlichen Umgebung als Friedensstifter zu fungieren. E9 mag keine Konflikte, er hält sie nicht aus und reagiert darauf mit einer übertriebenen Vereinfachung des Lebens.

Menschen vom Typus E9 *idealisieren* die Einfachheit. Sie sagen: „Aber das Leben ist doch so einfach. Warum müssen die Leute immer alles komplizieren? Warum haben die Leute immer so viele Probleme, wo doch alles so einfach ist?" Es handelt sich dabei jedoch um eine Einfachheit, die aus einer Verarmung entspringt und der das Wissen um verschiedene Aspekte des Innenlebens verlorengeht. Wenn Menschen vom Typus E9 allmählich reifen, sind die Dinge nicht mehr so einfach. Ich erinnere mich an eine Frau, die in der Therapie einen großen Schritt weitergekommen war und die es als teuflisch empfand, daß plötzlich alles zwei Seiten hatte. Alles war ja bloß ein Ding ... und trotzdem schien es gleichzeitig auch das Gegenteil zu sein. Es ist normal, die Dinge mindestens aus zwei verschiedenen Blickwinkeln zu betrachten. Sie war daran aber nicht gewöhnt, und deshalb erschien es ihr unmöglich. Sie befand sich in einer Übergangsphase zu einer größeren Komplexität.

Es gibt komplexere und weniger komplexe Typen. E4 und E7 zählen zu den komplexesten – sie haben viele Dinge gleichzeitig im Kopf. Typ 9 ist dagegen sehr einfach. Ein Beispiel dafür ist Sancho Panza. Wie E9 im allgemeinen ist er sehr praktisch und hat immer einen Spruch auf den Lippen, d. h., er neigt sehr dazu, Sprichwörter zu zitieren. Er ist ein Gefolgsmann – nicht daß er Don Quijote etwa anbetet, aber er erscheint zu unschuldig, zu vertrauensvoll. Und jemand, der einfach ist, stellt nicht zu viele Fragen.

* * *

Als ich mich daranmachte, Witze über die verschiedenen Charaktere zu sammeln, konnte ich bei weitem nicht so viele Scherze finden, die E9 zum Ziel hatten, wie ich Karikaturen von Rigidität, Schlauheit, Größenwahn usw. fand. Ich schloß daraus, daß sich Züge wie Verzicht und Vertrauen leichter idealisieren ließen, als daß man über sie lachen konnte – bis ich auf eine wohlbekannte Kategorie von Witzen stieß, die besonders gut zum Muster von E9 paßt, und zwar die Witze über *Dumme* und „*Narren*". Natürlich sind wir alle irgendwie dumm, und es ist äußerst weise, das anzuerkennen; und dann gibt es ja auch noch die angeborene Idiotie und Menschen mit seniler Demenz. Ich glaube aber nicht, daß sie es sind, die Witze über Narren inspiriert haben, sondern daß es dabei eher um das übertrieben einfache Gemüt, das wortwörtliche Verstehen von Dingen oder das mangelnde Bewußtsein von E9 geht. Wie etwa der Witz über einen Mann, der aus dem zweiten Stock fällt. Ein Passant läuft zu ihm hin, um ihm zu helfen. Er will feststellen, ob der Mann noch lebt, und fragt ihn daher: „Ist mit Ihnen alles in Ordnung?" Die Antwort lautet: „Ich weiß nicht, ich bin gerade erst angekommen."

Wenn Ichazo meint, E9 seien Nonkonformisten, so stimme ich dem nicht zu – auf einige von ihnen mag das natürlich zutreffen, aber andere sind es nicht, halten sich aber dafür. Er meinte auch, es gehöre zu den Fallen von E9, zuviel zu suchen. Ich glaube dagegen, daß es gerade eine sehr typische Neigung von E9 ist, eben nicht genug zu suchen. Es geht hier um das Wesen von Menschen, die sich allzu leicht mit etwas zufriedengeben. Beginnen Menschen vom Typus E9 zu suchen, so geschieht das, weil sie allmählich aufwachen. Fühlen sie sich leer, so deshalb, weil sie sich nicht mehr so sehr in Anpassung und Selbstvergessenheit verlieren. Typ 9 ist üblicherweise fröhlich, großzügig und nicht allzu bedürftig; und die, die am tiefsten in ihrer Neurose stecken, sind am allerzufriedensten, während die, die allmählich spüren, daß ihnen etwas fehlt, und eine wirkliche spirituelle Sehnsucht entwickeln, schon auf dem Weg zur Reife sind.

In der klinischen Welt beschrieb Kretschmer die Pathologie von E9 als „Zyklothymie" – mit einem Hang zur Depression und zur „Hypomanie" – eine Fröhlichkeit, die nur dazu dient, sich die eigene Traurigkeit nicht eingestehen zu müssen. Seit Kurt Schneider wurde sie in der europäischen Psychiatrie als „abulische Psychopathie" anerkannt. Es geht dabei um einen Charakter, dem es an Antriebskraft mangelt und der zu stark äußeren Einflüssen zugänglich ist. Ich meine, daß man heutzutage die problematischeren Fälle des Typus E9 (wie auch einige Fälle der Typen E6 und E4) als „abhängig" klassifiziert. Keine dieser Bezeichnungen trifft allerdings den dynamischen Kern dieses Charakters. Zuweilen können andere Wesenszüge stärker in den Vordergrund treten. Unter den Charakteren, die Theophrast beschreibt, ist zum Beispiel der „Einfaltspinsel", dessen auffälligste Eigenschaft sein einfaches Gemüt ist. Unter diesem Menschenschlag findet man wiederum den Bauerntölpel (ein Wort, das Bedeutungslosigkeit nahelegt), bei dem sein starrsinniges Wesen ins Auge stickt – ein Zug, den viele Menschen vom Typus E9 teilen. Auch die Beobachtung von Samuel Butler, daß sie ihrem Wesen nach nämlich „nur auf dem eigenen Grund und Boden zu Hause sind und an allen anderen Orten Fremde", ist für die hier besprochene Persönlichkeit von Bedeutung. Er spielt damit auf den Provinzialismus von E9 an.

In der klassischen Literatur ist eine der tragischsten Figuren Balzacs Vater Goriot, der sich von seinen geliebten Töchtern bis zum Tode ausbeuten läßt. Er verzichtet für sie auf alles, und er lebt durch sie kraft einer psychologischen Symbiose ein Leben aus zweiter Hand.

> Ich warte am Wege auf sie, das Herz klopft ungestüm, wenn ihre Wagen heranrollen, ich bewundere sie in ihrer schönen Toilette, im Vorbeifahren lächeln sie mir ein wenig zu, ach, dann ist die Natur so golden für mich, wie wenn ein heller Sonnenstrahl sie getroffen hätte. Und ich bleibe, denn sie müssen ja zurückkommen … Jeder liebt auf seine Weise, meine tut niemandem etwas zuleide, warum läßt mich die Welt nicht in Ruhe? Ich bin glücklich auf meine Art.[2] (S. 483)

Als ihn jemand fragt: „Wie können Sie in einem solchen Loch wohnen, wenn Ihre Töchter doch so prachtvolle Häuser haben?", erklärt er, daß er sein Leben durch seine beiden Mädchen lebt.

> Wenn sie ihr Vergnügen haben, glücklich und zufrieden sind, auf weichen Teppichen wandeln – was schadet es dann, lieber Herr, wie ich angezogen bin und wie es dort aussieht, wo ich mich schlafen lege? Ich habe es nicht kalt, wenn sie es warm haben, ich langweile mich nie, wenn sie lachen. Ich habe keinen Kummer als nur den ihren. (S. 497)

Dennoch scheint es, als würde Balzac E9 sowohl hier als auch in der Beschreibung vieler Frauen vom Typus E9 idealisieren. Die bekannteste davon ist wohl Eugénie Grandet.[3]

Weitere Eindrücke von den Beschränkungen und der Pathologie von E9 finden sich in Sinclair Lewis' Babbitt, wo sich unter dem Deckmantel des Pompösen vor allem Anpassung, Abhängigkeit von Gruppen und Bedeutungslosigkeit verbergen;[4] und in Pollyanna, wo es um zwanghafte Genügsamkeit geht.[5] Es ist interessant festzustellen, daß die Namen dieser beiden literarischen Geschöpfe zu einem Teil unseres Wortschatzes geworden sind. Wir können nicht nur sagen, jemand sei ein Babbitt (ein Spießbürger), sondern das Wort findet sich – ebenso wie „pollyannaisch" (übertrieben genügsam) – sogar in englischen Wörterbüchern. Ich bringe hier ein Zitat aus Eleanor Porters Klassiker, und zwar einen Ausschnitt, in dem das verwaiste Kind erklärt:

> „Es scheint dir überhaupt nicht schwer zu fallen, über alles froh zu sein", entgegnete Nancy und dachte daran, wie tapfer Polyanna versucht hatte, die kleine kahle Mansarde nett zu finden.
> Polyanna lachte leise.
> „Ja, weißt du, das macht das 'Spiel'."
> „Das Spiel?"
> „Ja, das Spiel – eben 'froh zu sein'."
> „Wovon redest du denn da?"
> „Es ist ein Spiel, das Vater mir beibrachte", sagte Pollyanna. „Wir haben es immer gespielt, seit ich ein ganz kleines Mädchen war. Wir fingen es an, als ein Paar Krücken in einer Missionskiste ankamen."
> „Krücken?"
> „Ja, sieh – ich wollte gerade eine Puppe, und Vater hatte es ihnen auch geschrieben. Als die Kiste ankam, schrieb die Dame, es wären zwar keine Puppen angekommen, aber ein Paar Krücken, und sie schicke sie mit, weil sie vielleicht einmal für irgendein Kind brauchbar sein könnten. Da fingen wir das Spiel an."
> „Na, ich muß gestehen, ich sehe kein Spiel darin", erklärte Nancy fast ärgerlich.
> „O ja, das Spiel bestand darin, daß man irgend etwas fand, worüber man sich freuen konnte, ganz gleich was", antwortete Pollyanna ernst. „Und wir fingen gleich mit den Krücken an."
> „Nein, so was! Wie kann man sich freuen, wenn man ein Paar Krücken bekommt und sich eine Puppe gewünscht hat."
> Pollyanna klatschte in die Hände.

„Doch, doch", triumphierte sie. „Ich konnte es zuerst auch nicht einsehen", fügte sie rasch und ehrlich hinzu. „Vater mußte es mir erklären."
„Na, dann erkläre du es mir", sagte Nancy beinahe spöttisch.
„Man denkt: Sei froh, daß du sie nicht brauchst!" frohlockte Pollyanna. (S. 37)

* * *

Betrachtet man die Leben berühmter Menschen, so findet sich E9 vor allem unter den Staatsmännern und zuweilen auch unter den Militärs. Sicherlich trägt die Bereitschaft, zu dienen und sich aufzuopfern, wie auch die Bereitschaft, Befehle zu empfangen, dazu bei, daß sich jemand für das Militär eignet. Außerdem sind solche Menschen (es sei denn, sie seien fettleibig) auch aufgrund der sensorisch-motorischen Veranlagung von E9 als Soldaten und Athleten geeignet. Die Ausrichtung nach den konkreten Dingen des Lebens bringt oft ein gutes Gespür für wirtschaftliche Belange mit sich, und das trägt möglicherweise wiederum zu ihrem Erfolg als Politiker, Verwaltungsbeamte und Bankiers bei. Aufrichtigkeit, Aufmerksamkeit und die Bereitschaft, sich um die Angelegenheit anderer Leute zu kümmern, sind sicherlich Faktoren, die die Vorherrschaft von E9 unter Staatsmännern erklären, denn oft liegt es auf der Hand, daß Menschen sich von ihrer Selbstlosigkeit und ihrem Mangel an Arglist angezogen fühlen.

Es steht für mich außer Zweifel, daß E9 einen wesentlichen Anteil an jeder Bürokratie hat, und es ist nicht schwer, den Zusammenhang zwischen der Wesensart von E9 und dem „Phänomen der Bürokratie" mit ihrer charakteristischen Unbeweglichkeit zu erkennen. Tatsächlich ist E9 „passiv-aggressiv", d.h., er drückt seine Wut indirekt durch mangelnde Achtsamkeit, Vergeßlichkeit, Verzögerungen oder einen unbewußt motivierten Hang zu Unfällen aus. Und verständlicherweise macht sich die allgemeine passive Aggression im öffentlichen Dienst als unbewußte Rebellion gegen übertriebene Hierarchien und Sinnlosigkeit bemerkbar. Der *Organisationen-Mensch (The Organization Man)*, der schon in den fünfziger Jahren beschrieben wurde, erforscht die Übereinstimmung zwischen einem bestimmten Persönlichkeitstypus (in dem wir den von E9 erkennen) und den Bedürfnissen von Körperschaften.[6] Ein soziologischer Hinweis auf E9 findet sich auch in David Riesmans „auf Traditionen hin ausgerichteter" Persönlichkeit in *Die einsame Masse (The Lonely Crowd)*.[7] Der Tradition mehr Beachtung zu schenken als gegenwärtigen Ansichten und Prinzipien schließt natürlich eine konservative Haltung mit ein. Und so wie E9 oft konservativ sind, wird das konservative Element seinerseits in einem wesentlichen Ausmaß eben durch Menschen vom Typus E9 aufrechterhalten. Noch grundlegender erscheint jedoch der Zusammenhang zwischen der E9-Pathologie einer psycho-spirituellen Unbeweglichkeit und der gesellschaftlichen Pathologie eines übertriebenen Konformismus: eines entfremdeten Konformismus, der einen Verlust an Individualität mit sich bringt.

Mit der kritischen Gefahr, die die institutionelle Starre und ein allgemein bewahrter Status quo (angesichts sich rapide verändernder Bedingungen) aufwerfen, verlangt eine Pathologie, die auf der Ebene des einzelnen beinahe *unbemerkt* bleibt, auf der Ebene der Gesellschaft durchaus ihren Preis. Dies geschieht dadurch, daß die weitverbreitete übertriebene Anpassung des Individuums es der Gesellschaft ihrerseits unmöglich macht, sich anzupassen und weiterzuentwickeln.

Yaloms „Auf der Suche nach dem Träumer"

Obwohl Menschen vom Typus E9 sich selbst abtöten und so wenig Gespür für ihre subtilen psychologischen Wahrnehmungen haben, daß man schon fast von Blindheit sprechen kann, können sie doch Träume mit einem reichen Potential an Einsichten haben, wie das folgende Beispiel zeigt, in dem die mangelnde Einsicht eines Patienten mit der entfremdeten Sprache seines halb bewußten Nachtlebens übereinstimmt.

Der Titel, den Yalom für seinen Bericht wählt, könnte nicht passender sein: er legt nämlich nahe, daß es im therapeutischen Prozeß in diesem Fall darum geht, dem abgespaltenen Träumer Beachtung zu schenken, ihn als Teil des Selbst anzuerkennen und sich mit ihm allmählich auch wieder zu identifizieren.

In der Folge zitiere ich die ersten achtzehn Seiten von Irvin Yaloms Meisterwerk – „Auf der Suche nach dem Träumer" („In Search of the Dreamer") –, die das zehnte und letzte Kapitel von *Die Liebe und ihre Henker & andere Geschichten aus der Psychotherapie (Love's Executioner & Other Tales of Psychotherapy)* darstellen.[8]

„Alle Probleme haben ihre Wurzel in der Sexualität. Das ist es doch, was ihr Jungs immer sagt, oder? Also in meinem Fall könntet ihr wirklich recht haben. Sehen Sie sich das hier an. Da gibt es ein paar interessante Verbindungen zwischen meiner Migräne und meinem Sexualleben."

Marvin zog eine dicke Papierrolle aus seiner Aktentasche, bat mich, das eine Ende zu halten, und entrollte eine etwa einen Meter lange graphische Darstellung, die genaue Auskunft über seine Migräneanfälle und sein Sexualleben während der letzten vier Monate gab. Ein Blick offenbarte die ganze Komplexität des Diagramms. Jeder seiner Migräneanfälle, ihre Intensität, Dauer und Behandlung war in Blau eingezeichnet. Jeder Geschlechtsverkehr in Rot, wobei eine Fünf-Punkte-Skala Marvins sexuelle Leistung widerspiegelte: vorzeitige Ejakulation wie Impotenz waren extra gekennzeichnet – mit einer Unterscheidung zwischen nicht anhaltender und völlig ausbleibender Erektion.

Es war zuviel, um alles mit einem Blick zu erfassen. „Ein schönes Stück Arbeit", sagte ich. „Da haben Sie bestimmt tagelang dran gesessen."

„Hat mir Spaß gemacht. Da hab' ich ein Händchen für. Die meisten Leute können sich gar nicht vorstellen, daß wir Steuerberater auch zeichnerisches Talent haben, weil wir das in unserer Arbeit leider nie nutzen. Hier, sehen Sie sich den Monat Juli an: vier Migräneanfälle und jedesmal nach sexuellem Versagen oder schwachen Leistungen."

Ich beobachtete, wie Marvin mit dem Finger über die Migräne- und Impotenzkurve fuhr. Er hatte recht: Der Zusammenhang schien eindeutig zu sein, aber ich wurde zunehmend gereizt. Mein Zeitplan war bereits jetzt durcheinandergeraten. Wir hatten gerade mit der ersten Sitzung begonnen, und es gab eine Menge Dinge, die ich wissen wollte, bevor ich bereit wäre, mir Marvins Diagramm anzusehen. Aber er drängte es mir mit einer solchen Beharrlichkeit auf, daß mir nichts anderes übrigblieb, als zuzusehen, wie er mit seinen Wurstfingern auf die Liebesausfälle im Monat Juli deutete.

Marvin war vor sechs Monaten, im Alter von vierundsechzig Jahren, zum erstenmal in seinem Leben von einer schweren Migräne heimgesucht worden. Er hatte darauf einen Neurologen konsultiert, der ihm nicht helfen konnte und ihn dann an mich überwies.

Ich hatte Marvin vor wenigen Minuten zum erstenmal gesehen, als ich ins Wartezimmer ging, um ihn hereinzubitten. Er saß geduldig auf seinem Stuhl – ein kleiner, rundlicher Mann mit kahlem, glänzendem Schädel und Eulenaugen, die mich unbeweglich durch eine große, funkelnde Nickelbrille anstarrten.

Ich sollte bald erfahren, daß Marvin ein besonderes Interesse an Brillen hatte. Nachdem wir uns begrüßt hatten, machte er mir schon auf dem Weg ins Behandlungszimmer Komplimente wegen meiner Brille und fragte mich nach der Marke. Ich glaube, ich fiel zum erstenmal in Ungnade, als ich gestand, daß ich den Namen des Herstellers nicht kannte. Noch peinlicher wurde das Ganze, als ich die Brille abnahm, um zu sehen, ob irgendwo der Name des Fabrikats stand, um dann festzustellen, daß ich ohne Brille nichts sehen konnte. Da ich meine zweite Brille zu Hause hatte, konnte ich Marvin diese triviale Auskunft nicht geben und hielt ihm deshalb meine Brille hin mit der Aufforderung, selbst nachzusehen, um welche Marke es sich handelte. Dummerweise war auch er kurzsichtig, und so ging noch mehr kostbare Zeit verloren, bis er seine Lesebrille gefunden und aufgesetzt hatte.

Und jetzt, wenige Minuten später, sah ich mich mit Marvins sorgfältig ausgearbeitetem, rot-blauem Diagramm konfrontiert, ohne daß ich ihm die üblichen einleitenden Fragen hätte stellen können. Nein, das war kein guter Start. Hinzu kam noch, daß ich gerade aus einer hochinteressanten, aber sehr anstrengenden Sitzung mit einer älteren, verzweifelten Witwe kam, der man kurz zuvor die Handtasche gestohlen hatte. Ein Teil meiner Gedanken war noch bei ihr, und es fiel mir nicht leicht, mich auf Marvin zu konzentrieren.

Da ich von dem Neurologen nur eine kurze Notiz zur Überweisung erhalten hatte, wußte ich praktisch nichts über Marvin und begann die Stunde, nachdem wir das Eröffnungsritual in Sachen Brille hinter uns gebracht hatten, mit der Frage: „Wo tut's weh?" Das war der Augenblick, wo er mit seinem „Ihr Jungs sagt doch immer, daß alle Probleme ihre Wurzel in der Sexualität haben" einsetzte.

Ich rollte das Diagramm zusammen, sagte Marvin, daß ich es mir später genauer ansehen werde, und versuchte die Sitzung wieder unter Kontrolle zu bekommen, indem ich ihn bat, die Geschichte seiner Krankheit von Anfang an zu erzählen.

Er berichtete, daß er vor etwa sechs Monaten zum erstenmal in seinem Leben unter Kopfschmerzen gelitten hatte. Die Symptome waren die einer klassischen Migräne: Beeinträchtigung des Sehvermögens (durch Flimmern vor den Augen) und halbseitig auftretende, unerträgliche Kopfschmerzen, die ihn stundenlang außer Gefecht setzten und häufig Bettruhe in einem verdunkelten Raum erforderten.

„Und Sie sagen, daß alles darauf hindeutet, daß Ihre Migräneanfälle durch mangelnde sexuelle Leistung ausgelöst werden?"

„Vielleicht kommt Ihnen das etwas seltsam vor – bei einem Mann in meinem Alter und meiner Position, aber die Tatsachen lassen sich nun mal nicht bestreiten. Das ist der Beweis!" Er zeigte auf das aufgerollte Diagramm, das jetzt unberührt auf meinem Schreibtisch lag.

„In den letzten vier Monaten folgte auf jedes sexuelle Versagen innerhalb von vierundzwanzig Stunden ein Migräneanfall."

Marvin wählte seine Worte mit Bedacht. Offenbar hatte er diese Sätze vorher einstudiert.

„Seit einem Jahr leide ich unter extremen Stimmungsschwankungen. Von einem Augenblick zum anderen habe ich das Gefühl, daß der Untergang der Welt bevorsteht. Aber ziehen Sie jetzt bitte keine vorschnellen Schlüsse." Mit erhobenem Zeigefinger verlieh er seinen Worten Nachdruck. „Wenn ich sage, daß es mir gutgeht, meine ich *nicht*, daß ich manisch bin – das habe ich den Neurologen immer klarzumachen versucht, als sie mir wegen manisch-depressivem Irresein eine Lithiumbehandlung, verordnen wollten. Alles, was sie erreichten, war, daß meine Nieren danach ruiniert waren. Ich verstehe schon, warum Ärzte andauernd verklagt werden. Haben Sie schon mal gehört, daß jemand mit vierundsechzig noch manisch-depressiv wird? Glauben Sie, daß es richtig war, mir Lithium zu geben?"

Seine Fragen beunruhigten mich. Sie brachten uns vom Thema ab, und ich wußte nicht, wie ich sie beantworten sollte. War es möglich, daß er seinen Neurologen verklagt hatte? Ich wollte damit nichts zu tun haben. Das war einfach zuviel auf einmal. Ich forderte ihn auf, beim Thema zu bleiben.

„Ich komme später gerne auf diese Fragen zurück, aber ich glaube, daß wir unsere Zeit heute am besten nutzen, wenn wir uns erst einmal Ihre Krankengeschichte bis zum Ende anhören."

„Sie haben vollkommen recht! Bleiben wir bei der Sache. Also, wie ich schon sagte, habe ich diese extremen Stimmungsschwankungen. Mal geht es mir gut, mal bin ich ängstlich und depressiv – beides zusammen, und die Kopfschmerzen treten *immer* in den depressiven Phasen auf. Aber erst seit sechs Monaten, vorher kannte ich solche Beschwerden überhaupt nicht."

„Und der Zusammenhang zwischen Ihrem Sexualleben und den Depressionen?"

„Darauf wollte ich gerade kommen …"

Vorsicht, dachte ich. Meine Ungeduld bricht schon wieder durch. Es ist klar, daß er die Geschichte auf seine Weise erzählen will, nicht auf meine. Hör um Gottes willen auf, ihn zu drängen!

„Also, so unglaublich das für Sie klingen mag, aber in den letzten zwölf Monaten waren meine Stimmungen völlig abhängig von meinem Sexualleben. Wenn es mit meiner Frau klappte, war die Welt in Ordnung. Wenn nicht, zack! Depressionen und Kopfschmerzen!"

„Erzählen Sie mir über Ihre Depressionen. Wie sehen die aus?"

„Wie ganz normale Depressionen. Mir geht's einfach dreckig."

„Wie genau?"

„Ja, was soll ich sagen? Ich sehe alles schwarz."

„Woran denken Sie, wenn Sie Depressionen haben?"

„An nichts. Das ist ja das Problem. Ist das nicht immer so bei Depressionen?"

„Manchen Leuten gehen bei Depressionen immer wieder dieselben Gedanken durch den Kopf."

„Na ja, irgendwie quäle ich mich ständig selber."

„Inwiefern?"

„Zuerst habe ich das Gefühl, daß ich von nun an immer beim Sex versage, daß mein Leben als Mann endgültig vorbei ist. Wenn die Depressionen erst einmal da sind, habe ich mit Sicherheit innerhalb von vierundzwanzig Stunden einen Migräneanfall. Einige Ärzte haben gesagt, daß ich in einem Teufelskreis stecke. Warten Sie mal, wie war das gleich? Wenn ich Depressionen habe, werde ich impotent, und weil ich impotent bin, werden meine Depressionen noch stärker. Aber dieses Wissen hilft mir nicht, den Teufelskreis zu durchbrechen."

„Was könnte Ihnen helfen?"

„Sie glauben wahrscheinlich, daß man das nach sechs Monaten langsam wissen müßte. Ich bin ein ziemlich guter Beobachter, war ich schon immer. Dafür werden gute Steuerberater schließlich bezahlt. Aber in dem Fall tappe ich völlig im dunkeln. Einmal klappt's dann im Bett, und die Welt ist wieder in Ordnung. Warum gerade an dem Tag und nicht an einem anderen? Ich habe nicht die leiseste Ahnung."

Und so verging die Stunde. Marvins Schilderung war knapp und präzise, etwas schroff und voller Klischees, Fragen und Zitate anderer Ärzte. Er blieb erstaunlich sachlich. Obwohl er Einzelheiten aus seinem Sexualleben erwähnte, zeigte er weder Verlegenheit, Unsicherheit noch irgendwelche anderen tieferen Gefühle.

An einem Punkt versuchte ich seine aufgesetzte Jovialität zu durchbrechen.

„Marvin, es ist sicher nicht leicht für Sie, über so intime Aspekte Ihres Lebens mit einem Fremden zu reden. Sie erwähnten, daß Sie vorher noch nie mit einem Psychiater darüber gesprochen haben."

„Das hat weniger damit zu tun, daß man über intime Dinge reden muß, sondern mehr mit der Psychiatrie selbst – ich glaube nämlich nicht an Psychiater."

„Sie glauben nicht an die Existenz von Psychiatern?" Ein dummer Scherz, aber Marvin schien meine Ironie nicht zu bemerken.

„Nein, das ist es nicht. Ich habe einfach kein Vertrauen zu ihnen. Phyllis, meine Frau, übrigens auch nicht. Wir kannten einmal zwei Paare, die beide wegen ihrer Eheprobleme zum Psychiater gegangen sind, und am Ende landeten sie vor dem Scheidungsrichter. Sie können mir wohl kaum verdenken, daß ich da auf der Hut bin, oder?"

Am Ende der Stunde war ich noch nicht imstande, einen Behandlungsvorschlag zu machen, und vereinbarte deshalb einen weiteren Termin. Wir gaben uns zum Abschied die Hand, und als Marvin meine Praxis verließ, merkte ich, wie erleichtert ich war. Ich bedauerte, daß es kein endgültiger Abschied war.

Marvin war mir auf die Nerven gegangen. Aber warum? War es seine Oberflächlichkeit, seine Sticheleien, die penetrante Art, wie er mit dem Finger vor meiner Nase herumtanzte, sein plump vertrauliches „Ihr Jungs"? Waren es seine versteckten Anspielungen, daß er möglicherweise seinen Neurologen verklagen werde – und mich da reinziehen wollte? War es, weil er versucht hatte, die Kontrolle über die Stunde an sich zu reißen? Zuerst mit dieser dämlichen Geschichte um meine Brille und dann, als er mir gegen meinen Willen dieses Diagramm in die Hand drückte. Ich stellte mir vor, wie ich das Diagramm in Stücke riß und jeden Augenblick dieser Aktion genoß.

Aber so viele Aggressionen? Na gut, Marvin hatte mein Konzept durcheinandergebracht. Und wenn schon. Er war offen und erzählte mir, so gut er konnte, alles, was ihn bedrückte. Seiner Vorstellung von Psychiatrie entsprechend hatte er sich wirklich Mühe gegeben. Und sein Diagramm war schließlich auch nützlich. Wenn es meine Idee gewesen wäre, hätte ich mich bestimmt darüber gefreut. Vielleicht war das mehr mein Problem als seins. War ich so schwerfällig, so alt geworden? War ich so rigide und dogmatisch, daß ich wütend wurde und mit den Füßen stampfte, wenn die erste Stunde nicht genauso verlief, wie ich es mir gewünscht hätte?

Auf der Heimfahrt an diesem Abend dachte ich weiter über ihn nach, oder genauer, über die beiden Marvins – den Menschen Marvin und den Fall Marvin. Es war der Marvin aus Fleisch und Blut, den ich so irritierend und uninteressant fand. Der Fall Marvin dagegen war hochinteressant und außergewöhnlich: Zum erstenmal in seinem Leben reagiert ein bis dahin ausgeglichener, eher nüchterner, gesunder, vierundsechzigjähriger Mann, der einundvierzig Jahre immer mit derselben Frau geschlafen hat, plötzlich äußerst sensibel auf seine sexuelle Leistungsfähigkeit. Sein ganzes Wohlbefinden wird bald zum Sklaven seines sexuellen Funktionierens. Dieser Wandel ist *besorgniserregend* (seine Migräneanfälle setzen ihn vollkommen außer Gefecht); er kommt völlig *unerwartet* (er hatte früher nie besondere sexuelle Probleme); und er setzt *unvermittelt* ein (er trat vor genau sechs Monaten zum erstenmal auf).

Vor sechs Monaten! Da lag offenbar der Schlüssel, und ich begann in der zweiten Sitzung, die Ereignisse in Augenschein zu nehmen. Welche Veränderungen hatte es damals in seinem Leben gegeben?

„Nichts von Bedeutung", sagte Marvin.

„Unmöglich", entgegnete ich und stellte ihm dieselbe Frage immer wieder auf verschiedene Weise. Schließlich erfuhr ich, daß er vor sechs Monaten den Entschluß gefaßt hatte, sich zur Ruhe zu setzen und seine Steuerberatungsfirma zu verkaufen. Es war nicht leicht, diese Information aus ihm herauszuholen, nicht etwa, weil er darüber nicht sprechen wollte, sondern weil er dem Ereignis kaum Bedeutung beimaß.

Ich war anderer Meinung. Lebenseinschnitte sind immer bedeutsam, und der Eintritt in den Ruhestand besonders. Es ist unvorstellbar, daß der Eintritt in den Ruhestand nicht zu einem intensiven Nachdenken über die Vergänglichkeit des Lebens und die Bedeutung der eigenen Lebensgestaltung führt. Für diejenigen, die nach innen schauen, ist der Ruhestand eine Zeit der Rückbesinnung, eine Zeit, in der es Bilanz zu ziehen gilt, eine Zeit, in der die Endlichkeit des Seins deutlicher als je zuvor ins Bewußtsein rückt.

Nicht so für Marvin.

„Probleme mit dem Ruhestand? Ich glaube, Sie machen Scherze. Ich habe nur darauf hingearbeitet, daß ich mich eines Tages endlich zur Ruhe setzen kann."

„Und Sie glauben, daß es nichts gibt, was Sie an Ihrer Arbeit vermissen werden?"

„Nur die Kopfschmerzen. Und ich glaube, man kann sagen, daß es mir gelungen ist, die mitzunehmen, wenn ich an meine Migräne denke." Marvin grinste, offenbar zufrieden, daß er über einen Scherz gestolpert war. „Nein, im Ernst, seit Jahren empfinde ich bei meiner Arbeit nur noch Überdruß und Langeweile. Was sollte ich da vermissen – die neuen Steuerformulare?"

„Gerade weil der Ruhestand ein so tiefer Einschnitt im Leben ist, bringt er manchmal wichtige Gefühle an die Oberfläche. Er erinnert uns daran, daß das Leben aus vielen Phasen besteht. Wie lange haben Sie gearbeitet? Fünfundvierzig Jahre? Und jetzt hören Sie plötzlich auf, ein neuer Abschnitt beginnt. Wenn ich mich zur Ruhe setze, wird mir das deutlicher als alles andere zum Bewußtsein bringen, daß das Leben einen Anfang und ein Ende hat, daß ich langsam von einem Punkt zum anderen gelangt bin und daß ich mich jetzt dem Ende nähere."

„Bei meiner Arbeit hat sich alles ums Geld gedreht, Geld hieß das ganze Spiel. Für mich bedeutet Ruhestand, daß ich soviel Geld verdient habe, daß ich nicht mehr schuften muß. Warum sollte ich weiter arbeiten? Ich kann bequem von den Zinsen leben."

„Aber Marvin, was *bedeutet* es für Sie, daß Sie nicht mehr arbeiten? Sie haben Ihr ganzes Leben gearbeitet. Sie müssen doch irgendeinen Sinn darin gesehen haben. Ich kann mir einfach nicht vorstellen, daß man so ohne weiteres von heute auf morgen seine Arbeit aufgibt."

„Aber wieso nicht? Schauen Sie, ich brauche nur an einige meiner Partner zu denken: Die bringen sich um, nur um soviel Geld zusammenzuscheffeln, daß sie von den *Zinseszinsen* leben können. Das nenne ich verrückt – denen sollte man raten, zum Psychiater zu gehen."

So redeten wir ständig aneinander vorbei. Immer wieder forderte ich Marvin auf, in sich hineinzuhorchen und sich wenigstens für einen Augenblick eine umfassende Sichtweise zu eigen zu machen, sich mit den Grundfragen der Existenz, mit seinen Gefühlen über die Endlichkeit des Lebens, über Alter und Verfall, mit seinen Todesängsten und der Frage nach dem Sinn des Lebens auseinanderzusetzen. Aber wir redeten weiter aneinander vorbei. Er ignorierte mich oder verstand nicht, was ich sagen wollte. Er schien an der Oberfläche der Dinge zu kleben.

Nachdem ich es leid war, allein diese kleinen Ausflüge ins Unbewußte zu unternehmen, beschloß ich, mich mehr an Marvins unmittelbare Probleme zu halten. Wir sprachen über Arbeit und Beruf. Ich erfuhr, daß seine Eltern und seine Lehrer ihn für ein mathematisches Wunderkind gehalten hatten; im Alter von acht Jahren hatte er an einer Vorentscheidung für eine Kinderquizsendung im Radio teilgenommen, war aber gescheitert. Er konnte die in ihn gesetzten Hoffnungen nie erfüllen.

Ich glaubte, ihn seufzen zu hören, als er das erzählte, und sagte: „Das muß ein schwerer Schlag für Sie gewesen sein. Wie sind Sie darüber hinweggekommen?"

Er meinte, daß ich wahrscheinlich zu jung sei, um zu wissen, wie viele achtjährige Jungen sich damals vergeblich bemüht hatten, an dieser Quizsendung teilzunehmen.

„Gefühle folgen nicht immer rationalen Gesetzen. Sie tun es sogar höchst selten."

„Wenn ich jedesmal, wenn ich verletzt wurde, meinen Gefühlen nachgegeben hätte, hätte ich es nie zu etwas gebracht."

„Mir fällt auf, daß es Ihnen schwerfällt, über Verletzungen zu sprechen."

„Aber ich war einer von Hunderten. Das war wirklich nichts Besonderes."

„Und mir fällt auch auf, daß Sie mich jedesmal, wenn ich versuche, Ihnen näherzukommen, wissen lassen, daß Sie nichts brauchen."

„Ich bin hier, weil ich Hilfe brauche. Ich werde alle Ihre Fragen beantworten."

Mir war klar, daß ein direkter Appell nichts nützen würde. Marvin würde noch lange brauchen, bis er sich zu seiner Verletzbarkeit bekannte. Ich kehrte zurück zu den Fakten. Marvin wuchs als einziges Kind armer jüdischer Einwanderer der ersten Generation in New York auf. Er studierte an einem kleinen städtischen College Mathematik im Hauptfach und dachte nach dem ersten Examen eine Zeitlang daran weiterzustudieren. Aber er wollte unbedingt heiraten, er war mit Phyllis seit seinem fünfzehnten Lebensjahr befreundet, und da er kein Geld hatte, entschloß er sich, Lehrer an einer High School zu werden.

Nach sechs Jahren Trigonometrieunterricht hatte er das Gefühl, daß es so nicht weitergehen konnte. Er kam zu der Überzeugung, daß es im Leben nur ein Ziel geben könne, nämlich reich zu werden. Die Vorstellung, sich noch fünfunddreißig Jahre mit einem mageren Lehrergehalt zufriedengeben zu müssen, war unerträglich. Er war sicher, daß seine Entscheidung, Lehrer zu werden, ein schwerer Fehler gewesen war, und entschloß sich mit dreißig, ihn zu korrigieren. Nachdem er einen Schnellkurs in Steuerwesen absolviert hatte, verabschiedete er sich von seinen Schülern und Kollegen und ließ sich als Steuerberater nieder, eine Tätigkeit, die sich als äußerst lukrativ erwies. Kluge Investitionen in kalifornische Immobilien hatten ihn zu einem reichen Mann gemacht.

„Und das bringt uns dahin, wo Sie heute stehen, Marvin. Wie geht es jetzt weiter mit Ihrem Leben?"

„Na ja, wie ich schon sagte, es ist sinnlos, noch mehr Geld anzuhäufen. Ich habe keine Kinder" – hier wurde seine Stimme traurig, „keine armen Verwandten und kein Bedürfnis, mein Geld für mildtätige Zwecke zu spenden."

„Das klang ein bißchen traurig, als Sie sagten, daß Sie keine Kinder haben."

„Das ist Vergangenheit. Damals war ich enttäuscht, aber das ist lange her, fünfunddreißig Jahre. Heute bin ich voller Pläne. Ich will reisen. Ich will mich um meine Sammlungen kümmern – vielleicht sind die ein Ersatz für Kinder, um meine Briefmarken, meine Polit-Buttons, meine Baseball-Uniformen und meine *Reader's Digest*-Hefte."

Dann wandten wir uns Marvins Beziehung zu seiner Frau zu, von der er behauptete, daß sie äußerst harmonisch sei. „Nach einundvierzig Jahren habe ich immer noch das Gefühl, daß Phyllis eine großartige Frau ist. Ich bin nicht gerne von zu Hause fort, nicht einmal für eine Nacht. Wenn ich sie am Ende des Tages sehe, wird mir warm ums Herz. In ihrer Gegenwart fällt der ganze Streß des Tages von mir ab. Sie ist so eine Art Valium für mich."

Ihre sexuelle Beziehung, sagte Marvin, sei bis vor sechs Monaten immer ausgezeichnet gewesen: Trotz der einundvierzig Jahre schien sie nichts von ihrem Glanz und ihrer Leidenschaft verloren zu haben. Als Marvins

Potenzprobleme begannen, hatte Phyllis zunächst großes Verständnis und viel Geduld gezeigt, war aber in den letzten Monaten zunehmend reizbar geworden. Erst vor wenigen Wochen hatte sie sich beschwert, daß sie es leid sei, „zum Narren gehalten" zu werden – das heißt, sexuell erregt zu werden, ohne zum Orgasmus zu kommen.

Marvin nahm Phyllis' Gefühle sehr ernst und war jedesmal zutiefst deprimiert, wenn er glaubte, sie nicht befriedigt zu haben. Dann brütete er tagelang vor sich hin, und es hing ausschließlich von Phyllis ab, ob er sein Gleichgewicht wiederfand oder nicht: Manchmal genügte die einfache Versicherung, daß sie ihn immer noch sehr männlich fand, aber meistens bedurfte es irgendeiner körperlichen Zuwendung. Sie seifte ihn beim Duschen ein, rasierte ihn, gab ihm Massagen, nahm seinen schlaffen Penis zärtlich in den Mund und behielt ihn dort so lange, bis er sich wieder regte.

Was mich in der ersten wie in der zweiten Sitzung mit Marvin erstaunte, war sein mangelndes Interesse an seiner eigenen Geschichte. War er denn gar nicht neugierig zu erfahren, warum sich sein Leben so dramatisch verändert hatte und warum seine Orientierung, sein Glück und sogar sein Lebenswille jetzt völlig davon abhingen, ob sein Penis steif blieb oder nicht?

Mittlerweile war es an der Zeit, mit Marvin über die weitere Behandlung zu sprechen. Meiner Ansicht nach eignete er sich nicht für eine tiefschürfende Therapie, die vor allem darauf abzielte, unbewußte Vorgänge aufzudecken. Es gab mehrere Gründe, die dagegen sprachen. Ich fand es schon immer schwierig, Patienten zu behandeln, die so wenig Neugier zeigten. Obwohl es möglich ist, diese Neugier im Verlauf der Therapie zu wecken, wäre ein solch subtiler und langwieriger Prozeß nicht im Sinne von Marvin gewesen, der sich eine kurze, wirkungsvolle Behandlung gewünscht hatte. Außerdem hatte er sich in den beiden Sitzungen jedesmal, wenn ich ihn dazu aufforderte, geweigert, seine Gefühle genauer zu erforschen. Er schien nicht zu verstehen, worum es ging, wir redeten aneinander vorbei, er hatte kein Interesse an der tieferen Bedeutung von Ereignissen. Er widerstand auch all meinen Versuchen, ihn persönlicher und direkter anzusprechen, zum Beispiel, als ich ihn fragte, wie er mit seiner Enttäuschung über den Mißerfolg bei dem Kinderquiz fertiggeworden sei, oder als ich ihn darauf hinwies, daß er sich ständig weigere, Hilfe von mir anzunehmen.

Ich wollte ihm gerade eine Verhaltenstherapie vorschlagen (eine Methode, die darin besteht, konkrete Verhaltensweisen zu ändern, vor allem im Bereich der Kommunikation und des Sexualverhaltens zwischen Ehepartnern), als Marvin beiläufig erwähnte, daß er in der vergangenen Woche mehrere Träume gehabt habe.

Ich hatte ihn schon in der ersten Stunde nach seinen Träumen gefragt; und wie viele andere Patienten antwortete er, daß er zwar jede Nacht träume, sich aber an keinen einzigen Traum erinnern könne. Ich hatte ihm vorgeschlagen, einen Notizblock neben sein Bett zu legen und die Träume aufzuschreiben, aber er schien so wenig nach innen zu hören, daß ich nicht glaubte, er würde meinem Rat folgen. So hatte ich ihn in der zweiten Sitzung erst gar nicht danach gefragt.

Jetzt nahm er seinen Notizblock und las mir eine Reihe von Träumen vor:

Phyllis machte sich Vorwürfe, weil sie mich schlecht behandelt hatte. Sie brach auf, um nach Hause zu gehen. Doch als ich dort ankam, war sie weg. Ich hatte Angst, daß ich sie in dieser großen, auf einem hohen Berg gelegenen Burg tot auffinden würde. Als nächstes versuchte ich durch ein Fenster in einen Raum zu gelangen, wo ich ihre Leiche vermutete. Ich stand auf einem hohen, engen Sims. Ich konnte nicht mehr weitergehen, konnte mich aber, weil der Sims so eng war, auch nicht mehr umdrehen und zurückkehren. Zuerst hatte ich Angst, daß ich in die Tiefe stürzen könnte, und dann, daß ich hinunterspringen und Selbstmord begehen würde.

Phyllis und ich zogen uns aus, um miteinander zu schlafen. Wentworth, einer meiner Partner, der zweihundertfünfzig Pfund wog, war ebenfalls im Zimmer. Seine Mutter war draußen. Wir mußten ihm die Augen verbinden, damit wir weitermachen konnten. Als ich das Zimmer verließ, wußte ich nicht, wie ich seiner Mutter erklären sollte, warum wir ihm die Augen verbunden hatten.

Im Empfangsraum meines Büros bauten Zigeuner ein Lager auf. Alle waren fürchterlich schmutzig – ihre Hände, ihre Kleider und ihre Tragesäcke. Ich hörte, wie die Männer verschwörerisch und bedrohlich miteinander flüsterten. Ich fragte mich, warum die Behörden ihnen erlaubten, an jedem x-beliebigen Ort ihr Lager aufzuschlagen.

Der Grund unter meinem Haus löste sich auf. Ich hatte einen riesigen Bohrer und wußte, daß ich bis auf fünfundsechzig Fuß Tiefe bohren mußte, um das Haus zu retten. Ich stieß auf eine harte Felsschicht und wurde von den Vibrationen wach.

Bemerkenswerte Träume! Woher kamen sie? War es tatsächlich Marvin, der sie geträumt hatte? Ich sah auf, fast mit der Erwartung, jemand anderen vor mir zu finden. Aber er saß immer noch da, starrte ausdruckslos durch seine funkelnde Nickelbrille und wartete geduldig auf meine nächste Frage.

Uns blieben nur noch wenige Minuten. Ich fragte Marvin, ob ihm zu irgendeinem Aspekt dieser Träume bestimmte Assoziationen einfielen. Er reagierte bloß mit einem Achselzucken. Die Träume waren für ihn ein Mysterium. Ich hatte ihn nach seinen Träumen gefragt, und er hatte sie mir geliefert. Aber das war's dann auch.

Ungeachtet der Träume empfahl ich ihm eine Partnertherapie mit etwa acht bis zwölf Sitzungen. Ich schlug mehrere Möglichkeiten vor: Ich konnte die beiden selbst therapieren; ich konnte sie an jemand anderen überweisen; oder ich konnte Phyllis für ein paar Sitzungen an eine Therapeutin überweisen und im Anschluß daran noch einige gemeinsame Sitzungen zu viert – Marvin, Phyllis, ihre Therapeutin und ich – durchführen.

Marvin hörte mir aufmerksam zu, aber sein Gesichtsausdruck war so erstarrt, daß ich nicht die geringste Ahnung hatte, was er dachte. Als ich ihn nach seiner Meinung fragte, wurde er ungewöhnlich förmlich und sagte: „Ich werde Ihre Vorschläge überdenken und Ihnen dann meine Entscheidung mitteilen."

War er enttäuscht? Fühlte er sich zurückgewiesen? Ich war mir nicht sicher. Damals schien mir, daß mein Behandlungsvorschlag richtig war. Ich hielt eine kurze, kognitiv orientierte verhaltenstherapeutische Behandlung für das geeignetste Mittel gegen seine akuten Funktionsstörungen. Außerdem war ich überzeugt, daß ihn eine Einzeltherapie nicht weiterbringen würde. Alles sprach dagegen: Er leistete zuviel Widerstand; oder, wie man in der Zunft sagt, ihm fehlte es einfach an der „Empfänglichkeit für psychische Vorgänge".

Trotzdem bedauerte ich, daß ich die Gelegenheit, in tiefere Bereiche vorzustoßen, nicht wahrnehmen konnte: Die Dynamik seiner Situation faszinierte mich. Ich war sicher, daß mein erster Eindruck richtig war: Daß der Gedanke an den bevorstehenden Ruhestand fundamentale Ängste vor Alter und Tod ausgelöst hatte und daß er versuchte, durch sexuelle Leistung mit diesen Ängsten fertig zu werden. Der Geschlechtsakt erlangte für ihn so große Bedeutung, daß er sich überforderte und schließlich sexuell versagte.

Ich glaubte, daß Marvin unrecht hatte, als er sagte, daß die Wurzeln seiner Probleme im sexuellen Bereich lägen; im Gegenteil, Sex war nur ein erfolgloser Versuch, Ängste zu kanalisieren, deren Ursachen viel tiefer lagen. Manchmal werden, wie Freud zeigte, sexuell motivierte Ängste auf ganz andere, höchst unterschiedliche Bereiche verschoben. Doch der umgekehrte Fall tritt wahrscheinlich genauso häufig ein: *Andere Ängste maskieren sich als sexuelle Ängste.* Der Traum von dem riesigen Bohrer hätte nicht eindeutiger sein können: Der Grund unter Marvins Füßen löste sich auf (ein anschauliches Bild für den Verlust der Fundamente seines Lebens), und er versuchte, dagegen anzukämpfen, indem er mit seinem Penis fünfundsechzig Fuß (ein Symbol für seine fünfundsechzig Jahre) in die Erde bohrte!

Die anderen Träume machten deutlich, welche Brutalität sich hinter Marvins gefälliger Erscheinung verbarg: Tod, Mord, Selbstmord, Haß gegen Phyllis und die Angst vor widerlichen, bösen Phantomen, die aus ihm selbst hervorbrechen. Der Mann mit den verbundenen Augen in dem Zimmer, in dem er und Phyllis miteinander schlafen wollten, war besonders bezeichnend. Wenn man mit sexuellen Problemen zu tun hat, ist es immer wichtig zu fragen, ob beim Geschlechtsverkehr mehr als zwei Personen anwesend sind. Die Gegenwart von anderen – Phantomen von Eltern, Rivalen, anderen Liebhabern – stellt für den sexuellen Akt eine erhebliche Belastung dar.

Nein, eine Verhaltenstherapie war die geeignetste Methode. Die Tür zu dieser Unterwelt hielt man am besten geschlossen. Je mehr ich darüber nachdachte, desto glücklicher war ich, daß ich meine Neugier gezügelt und selbstlos und konsequent im Interesse des Patienten gehandelt hatte.

Aber Rationalität und Gewissenhaftigkeit in der Psychotherapie werden selten belohnt. Einige Tage später rief Marvin an und bat mich um einen weiteren Termin. Ich hatte erwartet, daß Phyllis ihn begleiten würde, aber er kam allein und sah bekümmert und abgespannt aus. Er verzichtete auf jegliches Eröffnungsritual und kam sofort zur Sache.

„Heute ist ein schlimmer Tag. Ich fühle mich miserabel. Aber zuerst möchte ich Ihnen sagen, daß ich Ihren Vorschlag von letzter Woche gut finde. Um ehrlich zu sein, ich hatte erwartet, daß Sie mir zu drei bis vier Sitzungen pro Woche für die nächsten drei bis vier Jahre raten würden. Man hatte mich gewarnt, daß ihr Psychiater das meistens macht, ganz gleich, um welches Problem es sich handelt. Nicht, daß ich das nicht verstehen könnte – schließlich macht ihr Jungs einen Job wie jeder andere und müßt sehen, daß was reinkommt.

Diese Partnertherapie, von der Sie sprachen, erscheint mir sehr sinnvoll. Phyllis und ich haben nämlich mehr Beziehungsprobleme, als ich letztes Mal erzählt habe. Ich habe die ganze Geschichte etwas verharmlost. Ich hatte in den letzten zwanzig Jahren auch schon gewisse sexuelle Schwierigkeiten – wenn auch nicht so schlimm wie jetzt – und auch diese Stimmungsschwankungen. Deshalb habe ich mich entschlossen, Ihrem Rat zu folgen, aber Phyllis will nicht mitmachen. Sie weigert sich kategorisch, einen Psychiater, Ehetherapeuten oder Sexualtherapeuten aufzusuchen. Ich bat sie, wenigstens heute einmal mitzukommen und mit Ihnen zu sprechen, aber sie blieb eisern."

„Und wieso?"

„Darauf komme ich noch. Zuerst möchte ich noch über zwei andere Sachen sprechen." Marvin hielt inne. Zunächst dachte ich, er wollte nur Luft holen, weil er seine Sätze ohne Pause heruntergerasselt hatte. Aber er rang offenbar um Fassung. Er wandte sich ab, schneuzte sich und wischte sich verstohlen die Augen.

Dann fuhr er fort. „Mir geht's ziemlich dreckig. Ich hatte diese Woche eine Migräne, die schlimmer war als jede andere zuvor, und mußte vorletzte Nacht zum Notarzt, um mir eine Spritze geben zu lassen."

„Sie sehen wirklich sehr mitgenommen aus."

„Die Kopfschmerzen bringen mich um. Und was die Sache noch schlimmer macht, ist, daß ich nicht schlafen kann. Letzte Nacht hatte ich einen Alptraum, der mich um zwei Uhr morgens aufwachen ließ, und dann lief er den Rest der Nacht immer wieder vor meinen Augen ab. Er geht mir immer noch nicht aus dem Kopf."

„Und was haben Sie geträumt?"

Marvin begann den Traum so mechanisch herunterzulesen, daß ich ihn unterbrach und ihn in Anlehnung an einen Rat von Fritz Perls aufforderte, noch einmal von vorne zu beginnen und den Traum im Präsens zu erzählen, so, als ob er ihn in diesem Augenblick durchlebte. Marvin legte seinen Notizblock zur Seite und erzählte aus dem Gedächtnis:

Die beiden Männer sind groß, bleich und hager. Sie schreiten schweigend über eine dunkle Wiese. Sie sind ganz in Schwarz gekleidet. Mit ihren hohen, schwarzen Zylinderhüten, ihren Fräcken, ihren schwarzen Gamaschen und Schuhen sehen sie aus wie viktorianische Leichenbestatter oder Temperenzler. Plötzlich stoßen sie auf einen pechschwarzen Kinderwagen, in dem ein in einen schwarzen Schleier gewickeltes Baby liegt, ein Mädchen. Wortlos beginnt einer der Männer den Wagen zu schieben. Nach einem kurzen Stück hält er an, läuft um den Wagen zur Vorderseite und lehnt sich mit seinem schwarzen Spazierstock, der jetzt eine weißglühende Spitze hat, vor, öffnet den Schleier und führt die weiße Spitze mit rhythmischen Bewegungen in die Vagina des Babys ein.

Ich war von dem Traum wie gelähmt. Die kruden Bilder nahmen in meiner Vorstellung sofort Gestalt an. Ich sah erstaunt zu Marvin auf, der keine Regung zeigte und keinen Sinn für die Kraft seiner eigenen Schöpfung zu haben schien, und sagte mir, daß das nicht sein Traum war, nicht sein Traum sein konnte. Ein Traum wie dieser konnte nicht sein Werk sein: Er war nur das Medium, durch dessen Lippen er zum Ausdruck kam. Wie konnte ich, so fragte ich mich, den Träumer finden?

Und Marvin bestärkte mich noch in diesem Eindruck. Er hatte keine Beziehung zu seinem Traum und schilderte ihn so, als ob es sich um einen fremden Text handelte. Trotzdem schien er Angst zu haben, denn er schüttelte beim Erzählen immer wieder den Kopf, als wolle er den schlechten Geschmack loswerden, den der Traum in seinem Mund hinterlassen hatte.

Ich konzentrierte mich auf die Angst. „Warum war der Traum ein Alptraum? Was war das Schreckliche daran?"

„Wenn ich jetzt darüber nachdenke, muß ich sagen, daß der letzte Teil – der Spazierstock in der Vagina des Babys – das Schrecklichste ist. Aber *nicht, als ich den Traum hatte*. Da waren es all die anderen Dinge, die mir Angst machten: die geräuschlosen Schritte, die schwarze Kleidung, die bedrohliche Atmosphäre. Der ganze Traum war voller Angst."

„Was haben Sie während des Traums empfunden, als der Stock in die Vagina des Babys eingeführt wurde?"

„Das war das einzige, was irgendwie besänftigend wirkte, was den Schrecken des Traums irgendwie milderte – zumindest war es ein Versuch. Aber es nützte nichts. Für mich ergibt das alles keinen Sinn. Ich habe sowieso nie an Träume geglaubt."

Ich mußte mich von dem Traum losreißen, weil andere Dinge im Augenblick wichtiger waren. Die Tatsache, daß Phyllis nicht bereit war, mit mir auch nur ein einziges Mal zu sprechen, um ihrem Mann zu helfen, der jetzt *in extremis* war, paßte nicht zu Marvins Schilderung einer idyllischen, harmonischen Ehe. Ich mußte hier sehr behutsam vorgehen, um nicht seiner Befürchtung (die Phyllis offenbar teilte) Vorschub zu leisten, daß Therapeuten in Eheproblemen herumschnüffeln und sie auf die Spitze treiben, aber ich mußte mich vergewissern, ob sie eine Partnertherapie wirklich, das heißt kategorisch, ablehnte. Letzte Woche hatte ich mich gefragt, ob Marvin sich nicht von mir zurückgewiesen fühlte. Vielleicht wollte er mich nur manipulieren, um doch noch eine Einzeltherapie zu bekommen. Wieviel hatte Marvin wirklich unternommen, um Phyllis von der Notwendigkeit einer gemeinsamen Behandlung zu überzeugen?

Marvin sagte, daß Phyllis immer äußerst konsequent an ihren Überzeugungen festhalte.

„Ich habe Ihnen ja schon erzählt, daß sie nichts von Psychiatrie hält, aber das ist noch lange nicht alles. Sie geht auch zu keinem anderen Arzt, seit fünfzehn Jahren war sie kein einziges Mal mehr bei einem Gynäkologen. Und zum Zahnarzt bringe ich sie erst, wenn sie es vor Schmerzen nicht mehr aushält."

Dann, als ich nach weiteren Beispielen für Phyllis' Hartnäckigkeit fragte, kamen ein paar unerwartete Dinge zum Vorschein.

„Also gut, wenn wir schon dabei sind, kann ich Ihnen auch die Wahrheit sagen. Es hat ja keinen Zweck, Geld auszugeben, nur damit ich hier rumsitze und Sie anlüge. Phyllis hat nämlich auch so ihre Probleme. Das größte ist, daß sie Angst hat, das Haus zu verlassen. Dafür gibt es einen Ausdruck, den ich vergessen habe."

„Agoraphobie?"

„Genau. Das hat sie schon seit Jahren. Es gibt kaum einen Grund, weshalb sie aus dem Haus gehen würde, es sei denn" – hier senkte Marvins Stimme sich zu einem verschwörerischen Flüstern –, „um einer anderen Angst zu entgehen."

„Was für einer anderen Angst?"

„Der Angst vor Besuchern."

Er erklärte, daß sie schon seit Jahren – oder besser, seit Jahrzehnten – keine Menschenseele mehr zu Hause empfangen hätten. Wenn es nicht anders ginge – zum Beispiel wenn Verwandte von auswärts kamen, wich Phyllis auf Restaurants aus, „natürlich nur billige Restaurants, denn Phyllis haßt es, Geld auszugeben." Das Geld sei ein weiterer Grund, fügte Marvin hinzu, weshalb sie gegen eine Psychotherapie sei.

Auch Marvin durfte zu Hause niemanden empfangen. Vor einigen Wochen zum Beispiel hatten einige Gäste von auswärts telefonisch angefragt, ob sie sich seine Polit-Buttons ansehen könnten. Er sagte, daß er Phyllis erst gar nicht gefragt habe: Er wußte, daß sie ihm die Hölle heiß gemacht hätte. Wenn er insistiert hätte, sagte er, wären die Sonntage eines Monats vergangen, bis sie ihn wieder „rangelassen" hätte. Folglich hatte er wie schon so oft zuvor einen halben Tag lang seine ganze Sammlung zusammengepackt, um sie in seinem Büro zu präsentieren.

Durch diese neue Information wurde noch unübersehbarer, daß Marvin und Phyllis dringend eine Partnertherapie benötigten. Aber jetzt kam noch ein anderer Aspekt hinzu. Marvins erste Träume waren so überfrachtet mit primitiver Ikonographie, daß ich die Woche zuvor gefürchtet hatte, eine Einzeltherapie könnte das Siegel seines brodelnden Unterbewußtseins aufbrechen lassen, und dachte, eine Partnertherapie sei ungefährlicher. Jetzt aber, da sich gezeigt hatte, wie stark auch ihre Beziehung gestört war, fragte ich mich, ob die Partnertherapie nicht ebenso viele Dämonen entfesseln würde.

Ich wiederholte, daß ich alles in allem eine verhaltensorientierte Partnertherapie immer noch für das beste hielt. Aber für eine Partnertherapie braucht man ein Paar, und wenn Phyllis sich dazu noch nicht entschließen könne (was er sofort wieder behauptete), wäre ich bereit, versuchsweise mit einer Einzeltherapie zu beginnen.

„Aber eins sage ich Ihnen gleich: Eine Einzeltherapie dauert wahrscheinlich Monate, wenn nicht Jahre, und sie ist kein Zuckerschlecken. Es ist möglich, daß Sie mit äußerst schmerzlichen Gedanken oder Erinnerungen konfrontiert werden und sich zeitweise noch elender fühlen als jetzt."

Marvin antwortete, daß er in den letzten Tagen gründlich darüber nachgedacht habe und sofort beginnen wolle. Wir vereinbarten zwei Stunden pro Woche.

Es war offensichtlich, daß er wie auch ich Bedenken hatte. Marvin stand einer Psychotherapie nach wie vor skeptisch gegenüber und zeigte wenig Interesse an einer Reise in sein Inneres. Er war nur deshalb mit der Therapie einverstanden, weil seine Migräne ihn in die Knie gezwungen hatte und weil er keine andere Lösung mehr sah. Ich für meinen Teil hatte Bedenken, weil ich im Hinblick auf die Behandlung sehr pessimistisch war: Ich war nur deshalb bereit, mit ihm zu arbeiten, weil ich keine andere therapeutische Möglichkeit sah.

Ich hätte ihn natürlich auch an jemand anders überweisen können. Doch es gab noch einen anderen Grund – diese Stimme, die Stimme jenes Wesens, das diese erstaunlichen Träume hervorgebracht hatte. Irgendwo verbarg sich hinter Marvins Mauern ein Träumer, der mit einer wichtigen existentiellen Botschaft nach außen zu dringen versuchte. Ich kehrte zurück in die Landschaft des Traums, zurück in die geräuschlose, dunkle Welt der beiden hageren Männer, die schwarze Wiese und das in einen schwarzen Schleier gehüllte Baby. Ich dachte an die weißglühende Spitze des Spazierstocks und den sexuellen Akt, der eigentlich nichts mit Sex zu tun hatte, sondern nur einen vergeblichen Versuch darstellte, die Angst zu durchbrechen.

Ich fragte mich, was der Träumer sagen würde, wenn er ganz offen – ohne Maske und ohne Tricks – mit mir sprechen könnte.

„Ich bin alt. Ich bin am Ende meines Lebenswerks angelangt. Ich habe keine Kinder und gehe voller Angst dem Tod entgegen. Ich ersticke an der Dunkelheit. Ich ersticke an der tödlichen Stille. Ich glaube, ich weiß einen Ausweg. Ich versuche, das Dunkel mit meinem sexuellen Talisman zu durchstoßen. Aber es ist nicht genug."

Aber das waren meine Gedanken, nicht Marvins. Ich bat ihn, über den Traum nachzudenken, frei zu assoziieren und alles zu erzählen, was ihm in den Sinn kam. Nichts. Er schüttelte nur mit dem Kopf.

„Sie schütteln sofort mit dem Kopf. Versuchen Sie es doch einmal. Geben Sie sich eine Chance. Nehmen Sie irgendeinen Teil des Traums, und lassen Sie Ihre Gedanken schweifen."

Absolut nichts.

„Wie erklären Sie sich den Spazierstock mit der weißen Spitze?"

Marvin grinste: „Ich habe mich schon die ganze Zeit gefragt, wann Sie endlich darauf kommen! Habe ich nicht gleich am Anfang gesagt, daß ihr Jungs immer behauptet, Sex sei die Ursache aller Probleme?"

Sein Vorwurf schien besonders absurd, denn das einzige, was ich sicher wußte, war die Tatsache, daß Sex eben *nicht* die Ursache seiner Probleme war.

„Aber es ist Ihr Traum, Marvin. Und Ihr Spazierstock. Das alles entspringt Ihrer Phantasie, was machen Sie also damit? Was machen Sie mit all den Todessymbolen – Leichenbestatter, Stille, Dunkelheit, diese ganze Atmosphäre von Angst und drohendem Unheil?"

Vor die Wahl gestellt, den sexuellen oder den Todesaspekt des Traums zu diskutieren, entschied sich Marvin schnell für ersteres.

„Nun, vielleicht interessiert es Sie, was mir gestern nachmittags, also ungefähr zehn Stunden vor dem Traum, passiert ist. Ich lag im Bett und hatte mich immer noch nicht ganz von meiner Migräne erholt. Dann kam Phyllis zu mir und massierte mir Kopf und Nacken. Anschließend massierte sie meinen Rücken, meine Beine und dann meinen Penis. Sie zog mich aus und legte dann selbst ihre Kleidung ab."

Das mußte ein außergewöhnliches Ereignis gewesen sein: Marvin hatte mir erzählt, daß die Initiative fast immer von ihm ausging. Ich vermutete, daß Phyllis ihre Weigerung, an der Partnertherapie teilzunehmen, wiedergutmachen wollte.

„Zunächst reagierte ich nicht."

„Wieso nicht?"

„Um ehrlich zu sein, ich hatte Angst. Ich hatte gerade meinen schlimmsten Migräneanfall hinter mir und fürchtete, gleich wieder einen zu bekommen, wenn ich versagen würde. Aber Phyllis begann, meinen Schwanz zu lecken, bis er hart wurde. Ich habe sie noch nie so ausdauernd erlebt. Schließlich sagte ich: ‚Also los, eine gute Nummer ist vielleicht genau das Richtige, um den Streß loszuwerden.'"

Marvin hielt inne.

„Warum reden Sie nicht weiter?"

„Ich versuche mich an ihre genauen Worte zu erinnern. Na ja, jedenfalls fingen wir an, uns zu lieben. Bei mir klappte alles ziemlich gut, aber kurz bevor ich kam, sagte Phyllis: ‚Es gibt auch noch andere Gründe, sich zu lieben, als den Streß loszuwerden.' Und das war's dann! Von da an ging nichts mehr."

„Marvin, haben Sie Phyllis erzählt, wie Sie sich danach fühlten?"

„Der Zeitpunkt war mehr als schlecht gewählt – wie immer. Aber ich war zu aufgebracht, um zu reden. Ich hatte Angst, daß ich etwas Falsches sagen könnte. Sie hätte mir das Leben zur Hölle gemacht und mich womöglich überhaupt nicht mehr rangelassen."

„Sie hatten Angst, etwas Falsches zu sagen?"

„Ja. Ich hatte Angst vor meinen Impulsen – meinen mörderischen und sexuellen Impulsen."

„Was meinen Sie damit?"

„Erinnern Sie sich an die Geschichte, die vor Jahren durch alle Zeitungen ging, in der ein Mann seine Frau mit Säure übergoß? Grauenhaft! Trotzdem mußte ich oft an dieses Verbrechen denken. Ich kann gut verstehen, daß die Wut auf eine Frau sich in einem solchen Verbrechen entlädt."

Um Gottes willen! Marvins Unterbewußtsein lag näher an der Oberfläche, als ich dachte. Eingedenk meines Vorsatzes, die Tür zu solch primitiven Gefühlen nicht aufzubrechen – zumindest nicht in einer so frühen Behandlungsphase, wechselte ich schnell vom Thema Mord zum Thema Sex.

„Marvin, Sie sagten, daß Sie auch Angst vor Ihren sexuellen Impulsen hätten. Was meinen Sie damit?"

„Mein Geschlechtstrieb war schon immer sehr stark ausgeprägt. Ich habe gehört, daß das bei vielen Männern mit Glatze der Fall ist. Ein Zeichen für zu viele männliche Hormone. Stimmt das?"

Ich wollte mich nicht vom Thema abbringen lassen und ging mit einem Achselzucken über die Frage hinweg. „Erzählen Sie weiter."

„Na ja, ich mußte mein ganzes Leben dagegen ankämpfen, weil Phyllis sehr rigide Vorstellungen hat, wie oft man miteinander schlafen soll. Und da läßt sich überhaupt nichts machen – zweimal pro Woche, an Geburtstagen und Feiertagen wird schon mal eine Ausnahme gemacht."

„Und das ärgert Sie?"

„Manchmal schon. Aber dann denke ich wieder, daß diese Einschränkungen auch ihr Gutes haben. Sonst wäre ich wahrscheinlich völlig zügellos."

Seltsame Ausdrucksweise, dachte ich. „Was bedeutet ‚zügellos'? Meinen Sie außereheliche Affären?"

Meine Frage schockierte Marvin: „Ich habe Phyllis noch nie betrogen! Und ich werde sie auch nie betrügen!"

„Also gut, aber was meinen Sie dann mit ‚zügellos'?"

Er sah ratlos aus. Ich hatte das Gefühl, daß er über Dinge sprach, über die er nie zuvor gesprochen hatte, und konnte mir vorstellen, wie ihm zumute war. Wir hatten schon ein verdammtes Stück Arbeit hinter uns. Ich wollte, daß er fortfuhr, und wartete einfach.

„Ich weiß selbst nicht *genau*, was ich damit meine, aber manchmal habe ich mich gefragt, wie es wäre, wenn ich eine Frau geheiratet hätte, die genauso ein starkes Bedürfnis nach Sex hat wie ich, eine Frau, die genauso oft will und die genauso viel Spaß daran hat."

„Glauben Sie, daß Ihr Leben dann anders verlaufen wäre?"

„Lassen Sie mich mal kurz nachdenken. Ich glaube, ich hätte eben nicht das Wort Spaß benutzen sollen. Phyllis hat auch Spaß an Sex. Es ist nur so, daß sie ihn nie will, sondern sie schenkt mir gnädig ihre Gunst, wenn ich brav bin. In solchen Augenblicken fühle ich mich betrogen und werde richtig wütend."

Marvin hielt inne. Er lockerte seinen Kragen, rieb sich den Nacken und drehte den Kopf herum. Er versuchte sich zu entspannen, aber ich hatte den Eindruck, daß er sich auch im Zimmer umsah, um sicherzugehen, daß niemand zuhörte.

„Sie sehen nicht sehr glücklich aus. Was bedrückt Sie?"

„Ich habe das Gefühl, daß ich Phyllis betrüge, wenn ich solche Dinge hinter ihrem Rücken äußere, und daß sie es irgendwie herausfinden könnte."

„Sie gestehen ihr offenbar große Macht über Ihr Leben zu. Früher oder später werden wir uns damit intensiv befassen müssen."

Marvin legte auch in den Sitzungen der nächsten Woche eine erfrischende Offenheit an den Tag. Alles in allem war er ein weitaus besserer Patient, als ich erwartet hatte. Er war kooperativ; er baute seine rigiden Vorurteile gegenüber der Psychiatrie ab; er machte seine Hausaufgaben, kam immer gut vorbereitet zu den Sitzungen und war entschlossen, wie er es ausdrückte, seine Investition nutzbringend anzulegen. Sein Vertrauen in die Therapie wurde durch eine unerwartet frühe Dividende gestärkt: Seine Migräneanfälle verschwanden sofort mit dem Beginn der Behandlung auf wundersame Weise (obwohl die extremen Stimmungsschwankungen in Abhängigkeit von seinem Geschlechtsleben anhielten).

In dieser frühen Therapiephase konzentrierten wir uns auf zwei Themen: seine Ehe und (soweit das bei seinem Widerstand möglich war) die Auswirkungen seines Eintritts in den Ruhestand. Aber ich ging bei allem sehr behutsam vor. Ich fühlte mich wie ein Chirurg, der eine Operation vorbereitet, ohne tiefe Einschnitte vorzunehmen. Ich wollte brutale Konfrontationen vermeiden, um nicht das prekäre Gleichgewicht seiner Ehe zu gefährden (was ihn sofort zum Abbruch der Therapie veranlaßt hätte) und um keine weiteren Todesängste hervorzurufen (was zu weiteren Migräneanfällen geführt hätte).

Neben dieser sanften, etwas oberflächlichen Therapie mit Marvin führte ich gleichzeitig ein faszinierendes Gespräch mit dem Träumer, jenem erleuchteten Homunkulus, der in Marvin steckte, oder besser, in ihm eingesperrt war, einem Marvin, der entweder nichts von der Existenz des Träumers wußte oder ihm aus wohlwollender Gleichgültigkeit erlaubte, mit mir zu kommunizieren. Während Marvin und ich an der Oberfläche dahinplätscherten und beiläufig miteinander sprachen, hörte ich, wie der Träumer mir aus der Tiefe einen nie abreißenden Strom von Botschaften entgegentrommelte. (S. 283–306)

Welche Spielart von E9 ist Marvin nun? Klar ist, daß ihm nichts wichtiger ist als sexuelle Beziehungen, die er als eine Art von Seins-Transfusion durch die Sexualität erlebt – wenngleich der Friede, den sie ihm bringt, seinem bewußten Verstand eher wie ein Beruhigungsmittel als wie eine Sinn-Injektion vorkommen mag:

„Ich bin nicht gerne von zu Hause fort, nicht einmal für eine Nacht. Wenn ich sie am Ende des Tages sehe, wird mir warm ums Herz. In ihrer Gegenwart fällt der Streß des Tages von mir ab. Sie ist eine Art Valium für mich", sagt er.

Marvins auffallendste Leidenschaft ist die für die Einheit; seinen therapeutischen Fortschritt kann man daher als Übergang von einem Zusammenfluß zu einer wirklichen Beziehung sehen.

Ein pathologisches Merkmal, das mehr als alle anderen ins Auge sticht, wenn wir Yaloms Darstellung seines ersten Treffens mit Marvin durchlesen, ist etwas, das ich als invasive Zerstreuung bezeichnen würde. Die Sorge ums Detail ist dabei nur ein Aspekt; ein weiterer ist, wie diese dazu dient, seine Blindheit aufrechtzuerhalten; und noch ein weiterer ist der, daß die Aufmerksamkeit vom „Kern der Dinge" zum Rand hin abgelenkt wird. Außerdem *drängt* Marvin sein triviales Anliegen dem Therapeuten regelrecht *auf* – wie dies in der lustigen Episode so herrlich dargestellt wird (dabei wird die kostbare Zeit der ersten Therapiesitzung erfolgreich auf einen weit weniger erfolgreichen Versuch verwendet, die Brillenmarke des Therapeuten herauszufinden). Oder denken Sie doch an die Szene, in der Marvin sein Diagramm so stark gegen Yalom drückt, daß dieser einen äußerst lebhaften Eindruck von den Wurstfingern seines Patienten behält, der versucht, „die Spuren der Liebe vom letzten Juli ausfindig zu machen". In der Art und Weise, wie Marvin seine Blindheit durch die Aufmerksamkeit für das Detail überdeckt, liegt etwas, das einer Reaktionsbildung sehr nahe kommt. Mit Sicherheit handelt es sich dabei jedenfalls um eine Verlagerung psychischer Energie. Dieser Wesenszug ist ein Aspekt eines überlegten und pedantischen Charakters und erinnert irgendwie an Dickens Porträt des Mr. Micawber in *David Copperfield*.

Sowohl bei Marvin als auch bei Mr. Micawber scheint die Überschwenglichkeit auf dem Leugnen von Bedeutungslosigkeit und Depression zu beruhen – und bei Marvin ist dieses Leugnen so erfolgreich, daß nur sein Körper und seine Träume ein Problem anzeigen. Er leidet an einer verdeckten vorgezogenen Pensionierungsneurose, die von der gleichen Art ist wie die zeitweilige Sonntagsneurose, die das Schweizer Bürgertum so häufig befällt.

Im einen Fall (der vorgezogene Pensionierungsneurose) tritt ebenso wie im anderen (der Schweizer Sonntagsneurose) die Sinnlosigkeit des Lebens zutage. Sie ist jedoch deshalb kritisch, weil sie nicht anerkannt wird als das, was sie ist. Wenn die Ablenkung durch die Arbeit nicht mehr gegeben ist, kommt man nicht darum herum, sich mit der inneren Abtötung zu konfrontieren, weil man sie dann nämlich nicht mehr aushält. (Ich glaube nicht, daß das Problem darin liegt, daß die Pensionierung Marvin signalisiert, daß von seinem Leben nicht mehr allzu viel Zeit übrigbleibt; das wäre wohl egal, wenn Marvins restliches Leben tatsächlich ein *Leben* wäre!)

Marvin zeigte so wenig Interesse an der inneren Bedeutung von Ereignissen und kaum welches an einer inneren Reise, er hatte so wenig Neugier für sein eigenes Leben und zeigte überhaupt kein Erstaunen über seine eigene Geschichte. So trifft Yalom den Nagel wohl auf den Kopf, wenn er all das in der Aussage zusammenfaßt: „Er hatte einfach keine Empfänglichkeit für psychische Vorgänge," und „Er schien an der Oberfläche der Dinge festzukleben."

Dadurch, daß der Patient von seinem Erleben dermaßen abgeschnitten ist, ist er eindeutig auch resigniert: „Wenn ich meinen Gefühlen jedesmal nachgäbe, wenn ich verletzt bin, hätte ich es nie zu etwas gebracht", meint er. Und als Antwort auf „Mir ist schon aufgefallen, daß es sehr schwer für Sie ist, über Ihre Wunden zu sprechen," sagt er: „Ich war einer von Hunderten. Das war keine große Sache."

Die Resignation zeigt sich auch in Yaloms Feedback: „Wann immer ich versuche, näher an Sie heranzukommen, sagen Sie mir, daß Sie nichts brauchen."

Marvins Pläne am Beginn der Therapie, nämlich Reisen, das Sammeln von Polit-Buttons, alten Baseball-Uniformen und *Reader's Digest*-Heften, sind sehr symptomatisch, vor allem deshalb, weil sie – wie das Gespräch nahelegt – seinen früheren Wunsch nach Kindern zu verlagern scheinen (und so das Leugnen seiner Enttäuschung unterstützen).

Dr. Yalom konzentrierte sich im bisherigen Verlauf der Therapie vor allem auf zwei Themen: die Ehe und die Auswirkungen von Marvins Pensionierung. Die Träume gaben dabei weiterhin einen größeren Aufschluß als das Wachbewußtsein des Patienten. Zuweilen spiegelten sie Vorkommnisse in der Therapie wider oder warfen deren Schatten voraus. Sie griffen auch das Thema der ontologischen Angst auf. Als die Therapie aber begann, sich wirklich zu den tieferen Schichten von Marvins Psyche durchzubohren, spiegelten die Träume auch das neue Leben wider, das mit diesem Erwachen einherging. In einem weiteren Traum trifft er eine Frau, die ihm erzählt, sie sei eine lange vergessene Tochter, von der er nicht einmal wisse, daß er sie habe. Die beiden kommen überein, einander zu schreiben. Yalom versteht dies als Zeichen einer Kommunikation mit einer sensibleren Seite seines Selbst. In einem dritten Traum wurden gerade zwei kleine Kätzchen geboren – eine noch eindeutigere Aussage über Geburt und neues Leben.

Dann stoßen wir auf einen Traum, in dem Yalom einen Übertragungsinhalt entdeckt. Es geht um eine Herztransplantation und um die Erkenntnis, daß man den Chirurgen bezichtigt, er kümmere sich nur um seinen Job und es interessiere ihn überhaupt nicht „unter welch unsauberen Umständen er das Herz von seinem Spender bekommen habe". Yalom sieht in der Herztransplantation eine Metapher für die Psychotherapie und versteht dies als Botschaft an ihn selbst – daß er sich nämlich nicht genug für die Bildung von Marvins Charakter in der frühen Phase seines Lebens interessiert hat.

Für mich ist einer der interessantesten Aspekte des Berichts, wie sehr der Therapeut sich von den Träumen seines Patienten leiten läßt und sie als Rat und Supervision in Anspruch nimmt. Das führt Yalom schließlich auch dazu, die zwischenmenschlichen Umstände in Marvins Kindheit und die jetzige innere Dynamik seiner Psyche aufzudecken. Yalom erzählt uns auch über eines der interessantesten Details, die er dabei entdeckte: Als Marvin sieben oder acht war, „überschattete ein verheerendes Geheimnis seine Familie, das dazu führte, daß seine Mutter seinen Vater für immer aus dem gemeinsamen Schlafzimmer verbannte". Wir erkennen also, daß Marvin in seiner gegenwärtigen Lage jene Situation nachlebt, die er einst mit soviel Anteilnahme beobachtet hat.

> Nach der Verbannung seines Vaters machte seine Mutter ihn, den jüngsten Sohn, zu ihrem ständigen Gefährten: Seine Aufgabe war es, sie bei allen gesellschaftlichen Verpflichtungen zu begleiten. Jahrelang mußte er den Spott seiner Kameraden über sich ergehen lassen, weil er anstatt mit Mädchen immer nur mit seiner Mutter ausging. (S. 309–310)

Hier Yaloms kurze Zusammenfassung dieser Erkenntnisse:

> Offenbar war damals bereits der Grundstein für erhebliche ödipale Probleme in Marvins Verhältnis zu Frauen gelegt. Die exklusive, außergewöhnlich enge und lang anhaltende Mutterbindung hatte katastrophale Auswirkungen auf sein Verhältnis zu Männern; so war er auch überzeugt, daß er wesentlich zum Verschwinden seines Vaters beigetragen hatte. Es überraschte deshalb kaum, daß Marvin dem Vergleich mit anderen Männern immer aus dem Weg ging und sich Frauen gegenüber außergewöhnlich schüchtern verhielt. Sein erstes richtiges Rendezvous hatte er mit Phyllis, und es war gleichzeitig auch das letzte Mal, daß er ein erstes Rendezvous erlebte: Die beiden blieben zusammen, bis sie schließlich heirateten. Sie war sechs Jahre jünger und ebenso scheu und sexuell unerfahren wie er. (S. 310)

Danach wurde Marvin bewußt, wie sehr er „einen Teil der elterlichen Muster in seiner eigenen Ehe erneut geschaffen hatte – seine Frau versuchte, ebenso wie einst die Frau seines Vaters, Kontrolle auszuüben, indem sie ihm ihre sexuelle Gunst verweigerte".

Bald darauf „verlor er jedoch das Interesse an den früheren Ursprüngen seiner jetzigen Lebensmuster". Das Bewußtsein um seine Abtötung und die Angst, die darauf folgte, traten in den Vordergrund. So hatte er etwa Träume – von Toten und auch von einem Totenschädel; und als er sie genauer ansah, meinte er, „er hätte sich zurückgehalten, zu sehr zurückgehalten. Ihm sei schon seit einigen Jahren klar, daß er sich selbst abgetötet habe."

Einmal regte ein Artikel, den er bei einem Zahnarztbesuch in „Psychologie heute" las, Marvin dazu an, wie er es dort gelesen hatte, in seiner Vorstellung mit den wichtigsten bereits verstorbenen Menschen in seinem Leben zu reden.

> Eines Tages, als er allein war, versuchte er es. Er sprach mit seinem Vater und erzählte ihm, wie sehr er ihn vermißt hatte und wie gerne er ihn besser kennengelernt hätte. Sein Vater antwortete nicht. Er stellte sich vor, wie er seiner Mutter, die ihm gegenüber in ihrem geliebten Schaukelstuhl aus Bugholz saß, ein letztes Lebewohl sagte. Er sprach die Worte, aber ohne etwas dabei zu empfinden. Er biß die Zähne zusammen und versuchte, irgendwelche Gefühle aus sich herauszupressen. Vergeblich. Er konzentrierte sich auf die Bedeutung von *niemals* – daß er sie niemals, *niemals* wiedersehen würde. Er erinnerte sich, daß er mit der Faust auf den Tisch schlug und sich zwang, an die Szene zu denken, wie er die kalte Stirn seiner im Sarg liegenden Mutter küßte. Vergeblich. Er schrie: „Ich werde dich nie wiedersehen!" Immer noch nichts. Das war der Augenblick, wo er erkannte, daß er sich selbst abgetötet hatte. (S. 314)

Yalom berichtet, daß Marvin an jenem Tag im Therapiezimmer um all das weinte, was er während der Jahre seiner Abtötung versäumt hatte. Das war eindeutig die Trauer von jemandem, der begann, sich lebendig zu fühlen. Aber natürlich löste Marvins Empfinden, daß er zu diesem tieferen Erleben und zu einem neuen Sinn erwacht war, nicht wirklich die Lage, in der er sich befand – daß ihm nämlich nur mehr wenig Zeit übrigblieb, um aus seinem Leben etwas Sinnvolles zu machen. Hier ein sehr aufschlußreicher Traum darüber:

> *Ich steige einen Bergpfad hoch. Ich sehe, wie ein paar Leute in der Nacht versuchen, ein Haus wiederaufzubauen. Ich weiß, daß das unmöglich ist, und versuche es ihnen zu sagen. Doch sie können mich nicht hören. Dann höre ich jemanden von hinten meinen Namen rufen. Es ist meine Mutter, die mich versucht einzuholen. Sie sagte, daß sie eine Nachricht für mich habe. Jemand soll im Sterben liegen. Ich weiß, daß ich es bin, und wache schweißgebadet auf.* (S. 317)

Wie Yalom erzählt, fand Marvin heraus, „daß sich tief im Inneren eine reiche Welt befindet, die schreckliche Ängste zutage fördert, wenn man sich mit ihr konfrontiert, in der es aber auch eine Lösung gibt, wenn man sie beleuchtet." Es scheint auch bemerkenswert, daß er das Interesse an seiner Briefmarkensammlung und den *Reader's Digest* verlor, sobald er sich mit der Unvermeidbarkeit des Todes auseinandersetzte. Ich zitiere wiederum seinen Therapeuten:

> So waren Marvin und ich an jenen kritischen Punkt gelangt, zu dem Selbsterkenntnis zwangsläufig führt. Es ist der Augenblick, wo man vor dem Abgrund steht und sich entscheiden muß, wie man den unerbittlichen Grundtatsachen des Lebens gegenübertritt: dem Tod, der Isolation, der Willkür und der Sinnlosigkeit. Natürlich gibt es dafür keine Lösung. Man hat nur die Wahl zwischen verschiedenen Haltungen: Man kann sich „resolut" oder „engagiert" verhalten, mutig allem trotzen oder stoisch alles hinnehmen, oder man kann auf Rationalität verzichten und sich in Ehrfurcht dem Mysterium der göttlichen Vorsehung anvertrauen. (S. 319)

Yalom zitiert seinen Patienten, der meinte, „er habe in den letzten fünf Monaten mehr gelernt als während der vorangegangenen vierundsechzig Jahre seines Lebens". Infolge seines Lernens wurde auch seine Beziehung zu Phyllis aufrichtiger, und ihre Gespräche wurden tiefer. Ich habe den Eindruck, daß sie eine E5 ist, für die das Gespräch mit Marvin eine heilsame Anregung war, und daß auch sie anfing zu gesunden. Als Folge ihres eigenen größeren Bewußtseins und ihres Interesses an weiteren Selbsterkenntnissen kam auch sie eine Zeitlang zur Therapie. Ich zitiere jetzt sie:

> Aber schon Marvins Veränderung in den letzten Wochen hat mich tief beeindruckt. Es mag Ihnen vielleicht nicht bewußt sein, aber die bloße Tatsache, daß ich heute hier in der Praxis eines Psychiaters sitze und über mich spreche, ist an sich schon ein ganz, ganz großer Schritt. (S. 325–326)

Daß sie an Marvins therapeutischem Prozeß teilnahm, half beiden insofern, als eine neue Situation zutage trat: Marvins Pensionierung bedeutete, daß er zu Hause blieb. Davor fürchtete sie sich aber, weil er dann sähe, wie wenig sie tatsächlich machte, und sie deshalb nicht mehr respektieren würde. Seine Angst vor der Pensionierung hing auch mit der befürchteten Alternative zusammen, hatte im Grunde aber noch einen weit tieferen Sinn, nämlich den, eine innere Verpflichtung herauszukristallisieren – die Beziehung selbst zu bearbeiten und zu einem liebevolleren Miteinander zu gelangen.

Nachdem Yalom beide noch einige Male zusammen sah, waren alle mit der Arbeit zufrieden und hatten das Gefühl, daß Marvins Veränderung eine Spirale der Anpassung in Gang gesetzt hatte. Seine Migräne kam nie wieder, und er hatte auch keine Alpträume mehr. „Phyllis setzte ihre Einzeltherapie während des nächsten Jahres mit einem anderen Therapeuten fort und festigte ihre Fortschritte."

Yalom merkt an: „Marvin und der Träumer waren eins geworden, und ich sprach mit ihnen jetzt wie mit einer einzigen Person."

Nach einem Jahr trafen Patient und Therapeut einander wieder. Marvin hörte sich zehn Minuten einer Aufnahme seines Erstgespräches an und meinte lächelnd: „Wer ist denn dieser Kerl überhaupt?"

Wenn Einsicht die Medizin ist, die E9 am nötigsten hat, dann war dieser Fall erfolgreich: der Patient erkannte seine Blindheit und spürte die Gefühle des

Traum-Selbstes. Jetzt brauchte er seine körperlichen Symptome, die ihn gezwungen hatten, auf seine innere Wahrheit zu hören, nicht mehr.

Die Notwendigkeit, sich zu entscheiden: eine kommentierte Traumsitzung

Meine erste Wahl für die Dokumentation einer auf den Charakter ausgerichteten Gestaltsitzung eines E9 fiel auf die Abschrift einer Therapie, für die ich seitens des Patienten keine Zustimmung zur Veröffentlichung erhielt, wie dies bei den früheren Beispielen in dieser Reihe der Fall gewesen war. Meine nächste Wahl fiel daher auf ein geeignetes Beispiel einer Traumarbeit aus den Achtzigerjahren. Ich hatte darüber bereits auf Einladung der Zeitschrift *The Gestalt Journal* geschrieben, bevor mir das Dick Price*-Protokoll in die Hände fiel, das ich angesichts seiner Relevanz schließlich für den ihm gewidmeten Jahresband vorlegte.[9] Ich nahm mir dann vor, dieses Beispiel einer Traumarbeit als Anhang an das Kapitel über Gestalt und Protoanalyse in meinem Buch *Gestalttherapie – Haltung und Praxis eines atheoretischen Empirismus (Gestalt Therapy: The Attitude and Practice of an Atheoretical Experientialism)* beizufügen, als mir bewußt wurde, daß das Buch ohnehin schon zu umfangreich war.[10] Nun, da es glücklicherweise dem spezifischeren Zweck dient, im vorliegenden Band das Wesen von E9 zu beleuchten, möchte ich nur anmerken, daß die Abschrift nicht wie in anderen Fällen im Rahmen einer Gestalttherapie-Gruppe entstand, sondern in einem Traumseminar. Aus diesem Grund und auch wegen der damit vorgegebenen didaktischen Situation schlug ich der Patientin zuweilen vor, frei zu assoziieren, und war auch einmal nahe daran, zu unterbrechen und zur Gruppenarbeit zurückzukehren.

Ich wende mich jetzt der Abschrift zu, die mit der Erzählung des Traumes beginnt:

Placida: Ich fahre mit meinem Auto, und ich sehe es sehr lebendig und in leuchtenden Farben. Ich fahre so dahin, und in meiner Nähe ist noch ein Auto, in dem Leute sitzen. Ich kenne sie nicht, aber wir fahren alle gemeinsam dahin. Wir fahren rasch eine Straße entlang, und es scheint, als würde ich ihnen folgen. Ich komme an eine Ecke, wo eine Ampel ist und viel Verkehr und viele Leute. Als ich an die Ecke komme, zweifle ich einen Augenblick lang. Ich weiß nicht, in welche Richtung ich fahren soll. Dann verliere ich das andere Auto aus den Augen. Ich habe zwei Möglichkeiten: wie zwei Straßen. Ich schaue zur Seite und sehe meinen Mann auf einem Fahrrad und in Tenniskleidung. Er ist sehr fröhlicher Stimmung und freut sich, und das bringt mich zum Lachen. Ich hupe, und er sieht mich. Inzwischen muß ich mich entscheiden, wo ich hin will. Ich bin dort, und weiter weiß ich nicht, weil ich nur bis dorthin komme. Dann ist der Traum aus.

Sie fährt also irgendwo hin, und sie wird von einem anderen Auto getrennt, sie verliert die Orientierung. Sie fährt irgendwo hin, und es scheint, als würde sie hinterdrein fahren. Es scheint, als würde sie auch in ihrer Persönlichkeit in eine bestimmte Richtung gehen und jemandem folgen; sie geht in die Richtung, in die auch andere gehen; sie geht nicht alleine, sondern mit einer Gruppe von Leuten, und zwar mit einer etwas unklaren Gruppe von Leuten. Das dachte ich, als ich sie ansah, und ich hatte den Eindruck, daß ich da einen Menschen vom Typus E9 vor mir hatte: „Könnte es ein besseres Symbol für die Lebensart eines E9 geben, von dem ich ja bereits sagte, daß er ‚mit dem Strom schwimmt'?" Sie weiß nicht genau, wo sie hinfährt, und sie hat Angst, die Verbindung zu den anderen, die ihr die Richtung anzeigen, zu verlieren. Und dann findet sie sich plötzlich unter einer Menge von Leuten wieder, mitten im Verkehr und im Chaos, und sie merkt, daß sie nicht weiß, in welche Richtung sie fahren soll. Man spürt die organische Entwicklung von dem Zeitpunkt, als sie das andere Auto aus den Augen verliert, bis zu dem Moment, als sie sich im Verkehr wiederfindet und eine Entscheidung treffen muß. Und in dieser Situation (als eine Entscheidung getroffen werden muß) sieht sie plötzlich ihren Mann … in einer so guten Stimmung … auf dem Weg zum Tennisspiel. Sie ruft ihn und möchte eine Verbindung zu ihm herstellen. Und natürlich macht es Sinn, daß sie mit ihm Kontakt aufnehmen will, um herauszufinden, in welche Richtung sie fahren soll. Es scheint, als würde die normale Reaktion, daß sie nämlich um Hilfe bittet, durch eine leichter verfügbare Variante ausgelöscht. Man würde annehmen, daß ihr Gefühlszustand an diesem Punkt auf jeden Fall in Alarmbereitschaft ist. Nicht zu wissen, in welche Richtung man fahren soll, ist ein unangenehmes Gefühl, und man würde annehmen, daß einen die Kontaktaufnahme mit einem anderen Menschen vor dieser Unannehmlichkeit schützt, zumal dieser Mensch auch noch ihr eigener Mann ist. Ich bin allerdings erstaunt, daß ihre Reaktion im Traum so phlegmatisch ist: „Ich hupe, damit er zu mir herüber sieht …" Sie will jemanden; sie als Träumende hat ihren Mann dort auftauchen lassen und will als träumendes Selbst mit ihm in Kontakt treten … und dann kommt das Gegenteil von einem Höhepunkt. Der Traum endet nämlich am spannendsten Punkt, und sie weiß weiterhin nicht, wohin sie fahren soll.

Sie fährt fort:

P: Gut. Das Gefühl ist: „Ich weiß nicht, wo ich hin soll." Einerseits will ich, daß mein Mann mich sieht, und andererseits muß ich eine Entscheidung treffen, in welche Richtung ich fahre.

Sie hat den Konflikt, einerseits eine Entscheidung zu treffen und andererseits im Kontakt mit einem geliebten Menschen Zuflucht zu suchen und sich dabei auch seine gute Stimmung anzuzeigen. Wenngleich ich das spanische Wort „*entretenido*" mit „*fröhlicher Stimmung*" übersetzt habe, so bedeutet es wörtlich genommen doch amüsiert oder unterhalten.

„Und worüber lachen Sie?" frage ich.

P: Ich hatte diesen Traum in der vorletzten Nacht. Ich sagte mir: „Ich muß einen Traum für dieses Seminar haben." Und ich sehe, daß dieser Traum nur allzu eindeutig ist. Ich lache darüber, wie eindeutig er mir vorkommt. Ich weiß nicht, ob er für die anderen auch so eindeutig ist, aber für mich ist er nur allzu eindeutig.

Zu dem Zeitpunkt konnte ich keine Bedeutung erkennen, die sie so offensichtlich fand, und mir schien, daß ich diese Bedeutung – wenn sie ihr schon so offensichtlich war – besser verstehen sollte, bevor ich den Traum durch seine

Darstellung „Gestalt" annehmen ließ. Ich begann also, sie nach ihrer eigenen Interpretation zu fragen.

Claudio: Fangen wir also damit an, daß Sie uns erzählen, was Sie in dem Traum erkennen, und dann werden wir sehen, ob Ihre Assoziationen noch etwas anderes verraten. Wie verstehen Sie diesen Traum? Und wie kommen Sie da wieder heraus aus dieser Unklarheit, in welche Richtung Sie fahren sollen?

P: Klar ist … zumindest verstehe ich es so, daß ich nicht weiß, in welche Richtung ich fahren soll. Und daß ich eine Menge Aufmerksamkeit darauf verwende, wem ich folgen soll, und daß ich mich mehr danach ausrichte, jemandem zu folgen, als zu wissen, wo ich hin will.

Dann fing sie an zu weinen, und ich hatte das Gefühl, daß sie haargenau wußte, daß sie da eine sehr grundlegende Eigenschaft von sich selbst beschrieb. Ich erinnere mich daran, daß sie eine 9 war und daß es mich besonders interessierte, daß sie sich dessen bewußt war, daß sie nicht wußte, in welche Richtung sie gehen sollte, daß sie eher jemand war, der anderen folgte, als selbst eine innere Richtung zu haben. Die Formulierungen, die sie verwendet – „Ich sehe nicht", „Mir ist nicht klar" – passen zur Blindheit von E9 und zur Taubheit gegenüber ihrer inneren Stimme … zu ihrer Verwirrung.

P: Mir kommt auch in den Sinn, daß ich mich im Auto so sehe, als ob ich es eilig hätte. Etwas zu tun … ich weiß zwar nicht, was … weil ich ja gar nicht weiß, wohin ich fahre. Und dann ist da mein Mann, der weiß, wo er hinfährt, und der auf seinem Rad sitzt und dem es gutgeht. Es geht ihm gut … mit ihm ist alles in Ordnung. Mit anderen Worten, aus dem Auto heraus habe ich den Eindruck, daß er weiß, wohin er fährt, und daß diesbezüglich mit ihm alles in Ordnung ist.

Hier wird sehr schön der Gegensatz zwischen der gesunden Haltung, die sich aus ihrem Ideal über sich selbst ableitet, und ihrem pathologischen Selbst deutlich.

P: Was mir an dem Traum auffällt, ist, daß er mich zum Lachen brachte. Ich bin nicht wütend, und es tut mir auch nicht leid. Ich lache darüber, daß er so vertieft in das ist, was er tut, und daß er so fröhlich dabei ist.

Hier finden wir eine weitere Anspielung darauf, daß sie nicht weiß, wohin sie geht, wobei die positive Eigenschaft mit ihrem Mangel korrespondiert. „Zu sehen, wie sehr er in das vertieft ist, was er tut." „So sehr er selbst." Man kann wohl sagen: im Gegensatz zu ihrer eigenen Zerstreutheit oder Ablenkung.

Es scheint ihr bemerkenswert, daß es sie zum Lachen bringt, wenn sie ihn fröhlich sieht. „Denn im wirklichen Leben tut mir das manchmal leid … daß er sich seines Weges so sicher ist und ich von meinem so weit entfernt bin." Und wieder weint sie. Ich habe das Gefühl, daß sie jetzt nicht nur darüber weint, daß sie so weit weg ist von diesem Ort, wo alles in Ordnung ist, sondern auch darüber, daß sie einfach darüber hinweg lacht … über den Teil, der von der Situation wegschaut, der über ihren Kummer hinweggeht, der sie auslacht – jener Zug von E9, der die Dinge auf die leichte Schulter nimmt.

Sie ist immer mehr zu ihren Gefühlen gekommen und wird sich ihrer selbst immer mehr bewußt (während sie meine Fragen beantwortet). Und jetzt faßt sie zusammen:

P: Das verstehe ich an dem Traum.

C: Und wie fühlen Sie sich dabei, jetzt in diesem Augenblick? (*Sie muß wohl gerade da gelacht haben, deshalb fragte ich: „Wie fühlen Sie sich dabei, während Sie über Ihren Traum lachen und ihn verstehen?"*)

P: Im Traum ist mir zum Lachen zumute. Es ist lustig. Wie wenn Sie jemanden, den Sie kennen, an einer Kreuzung treffen, und Sie winken ihm zu und grüßen ihn. Und das läßt mich eben aufhorchen – daß meine Reaktion bei dieser Begegnung humorvoll ist.

Sie hat also geweint und die fehlende eigene Richtung erkannt. Und als ich sie frage: „Wie fühlen Sie sich *jetzt*?", versteht sie darunter „im Traum" – das heißt, sie versteht mich nicht oder mißversteht mich und kann so in ihr oberflächliches Selbst zurückfallen.

Jetzt ist ihr im Traum nicht wirklich zum Lachen zumute. Jetzt ist die Szene im Traum bloß so, daß sie jemandem zuwinkt und ihn grüßt. „Ich winke ihm zu, als wollte ich ihn grüßen", sagt sie, und ich bemerke dazu (im Geiste einer Kollaboration mit ihrem Unbewußten), falls sie den Gedanken vielleicht aufnimmt: „Das macht mich jetzt aber stutzig. Mir scheint doch, daß Sie das auch davon ablenkt, darüber nachzudenken, wohin sie eigentlich fahren wollen."

Ich weise damit natürlich auf einen Mechanismus der Selbstablenkung hin und stelle die Vermutung auf, daß sie sich gerade dadurch ein Problem schafft, daß sie sich nach außen richtet. Ich gehe jetzt wieder zur Abschrift:

P: Natürlich. Und gerade jetzt habe ich schreckliche Zweifel, wo ich hingehe. Nicht nur, daß ich nicht weiß, in welche Richtung ich gehe, ich weiß nicht einmal, *wofür* ich das überhaupt tue.

C: Nun, das lenkt Sie davon ab, wohin Sie gehen, das ist ... (*Ich sage ihr, was sie im Traum erlebt hat. Natürlich kann ich mich irren, denn es handelt sich dabei um etwas, das nicht sie erzählt hat, sondern um etwas, das ich gefolgert habe. Sie bestätigt es, wenn auch nicht sehr direkt. „Nun ja", sagt sie. „Natürlich. Und jetzt plagen mich schreckliche Zweifel." Was bestätigt, daß die Situation jetzt schlimmer ist.*)

Da dies zu einem Traumseminar gehörte, in dem ich verschiedene Möglichkeiten aufzeigen wollte, schlug ich ihr jetzt vor, frei zu assoziieren.

C: Assoziieren Sie doch weiter frei zu dieser Kreuzung, an der Sie sich befinden, und zu der Richtung, in die Sie bei der Ampel fahren sollen.

P: Unentschlossenheit ... ich weiß nicht, wo ich hin soll. Ich sehe zwei Straßen. Und ich weiß nicht, welche das andere Auto genommen hat ...

C: Wie ist das, daß Sie das andere Auto aus den Augen verloren haben? Was ist das für ein Gefühl? Mit welcher Erfahrung hängt das zusammen? Wo ist da die Verbindung?

Sie sind da, und das andere Auto hat Sie zurückgelassen. Sie sind jetzt von dem Auto, dem Sie gefolgt sind, getrennt, auch von den Leuten, denen Sie gefolgt sind. Kommt Ihnen das bekannt vor, daß Sie einem Auto folgen und dann plötzlich verloren sind – im Traum, wie auch im wirklichen Leben? Alles läuft gut, sie fahren mit Automatik. Dann sind Sie amüsiert, und Sie werden angehalten, während das andere Auto davonfährt?

Wie *fühlen* Sie sich jetzt in diesem Augenblick?

Vielleicht läßt sich das Ausmaß, in dem ich ihr weiterhelfe, dadurch erklären, daß ich es hier nicht gerade mit einem leichten Menschen zu tun habe. Und obwohl sie wertvolles Material geliefert hat, muß man sie doch immer wieder anregen und anspornen.

P: Es ist wie ... traurig ... ich weiß nicht ... frustriert. Ich weiß nicht, wo ich hin soll. Die anderen sind schneller als ich. Die anderen haben nicht gezögert, sie wußten, wo sie hin sollten, und ich wurde abgelenkt.

C: Ja, Sie wurden abgelenkt. (*Ich wiederhole nur, was sie wieder auf das Thema der Ablenkung zurückbringt, das für E9 so bezeichnend ist.*)

P: Und die Ampel schaltete auf rot, und ich weiß, daß sie bemerkt haben, daß ich nicht wußte, wohin ich fahren soll.

C: Haben Sie das Gefühl, daß Ihnen die Ampel dazwischen gekommen ist? Da ist eine Sperre. Fällt Ihnen dazu irgend etwas ein, daß Sie aufgehalten werden?

P: Ja, als ob ich ... lahmgelegt wäre. Die anderen haben nicht gezögert, und ich wurde abgelenkt. Das Grundgefühl ist, daß ich in Wahrheit nie den Weg gewußt habe. Mir war nie klar, wo es lang ging.

Jetzt stellt sie die Verbindung zum Traum her – daß sie sich nie auskannte, daß sie sich immer auf andere verließ und ihnen folgte. Es folgte eine lange Stille, eine schwangere Stille, die von einem Strom von Erlebnissen überquoll und die ich nicht zu unterbrechen brauchte. Dann sagte sie:

P: Als nächstes kommt mir, daß ich keine Lösung sehe: ich weiß, daß die Lösung in mir selbst liegt. Es liegt an mir, mich zu entscheiden, wo mein Weg liegt.

C: Fahren Sie damit fort. Wiederholen Sie es, und gehen Sie tiefer da hinein: „Ich muß mich entscheiden, wo mein Weg liegt." Oder einfach: „Ich muß mich entscheiden."

P: Meine erste Reaktion ist, daß es leichter ist, jemandem zu folgen. Das ist genau das, was mir passiert, wenn ich nicht weiß, wohin ich gehen soll ... (*sie weint*) ... ich fühle mich sehr verloren.

Jetzt beginnt sie zu verstehen, daß es emotional kein „guter Deal" ist, nicht zu wissen, daß daraus sehr viel Unglück entsteht, daß sie besser dran ist, wenn sie weiß und Entscheidungen trifft. An diesem Punkt wird ihr klar, daß es nicht reicht, jemanden im Blickwinkel zu haben, der eigenständig ist – denn ihr Mann weiß nur, wo er hingeht.

P: Ich weiß nie, wo ich hin soll. Und jetzt habe ich das Gefühl, daß ich es wissen muß. Und das braucht Mut. (*Wieder weint sie.*)

Die Therapie, die bis hierher stattgefunden hat, besteht darin, daß sie ihren therapeutischen Impuls anerkannt hat und ihre Motivation ausgedrückt hat, die ja ursprünglich fehlte und ein „Loch" in ihrem Puzzle bildete. Gehen wir noch einmal zurück.

Zuerst zeigt sich ein Gegensatz – einerseits genießt sie, daß es jemand anderem gutgeht, und sie lacht leichten Herzens darüber, andererseits stimmt es sie traurig, daß sie sich nicht auskennt. Als sie sich dann genauer ansieht, wie sie die Dinge auf die leichte Schulter nimmt, lernt sie den Konflikt schätzen, der darin liegt, nicht zu wissen, wohin sie fahren soll, und sich auf jemand anderen zu verlassen. Dann entscheidet sie sich schließlich und spürt, daß sie wissen muß, wohin sie fährt. Sie schlägt sich auf die Seite des gesunden Selbst.

Jetzt schlage ich vor: „Wiederholen Sie das, und gehen Sie tiefer hinein: ‚Ich muß mich entscheiden, was mein Weg ist.'" Ich möchte so ihre gewohnheitsmäßige Passivität auf den Kopf stellen, damit sie wieder mit ihrer verleugneten therapeutischen Absicht (d. h. „Ich muß mich entscheiden") in Berührung kommt.

Ihre erste Reaktion ist die, daß es für sie „leichter ist, jemandem zu folgen" (als sich zu entscheiden), und dann fügt sie noch hinzu: „Ach, aber ich fühle mich so verloren!"

„Aha, sehr verloren?"

„Natürlich. Aber ich weiß ja nie, in welche Richtung ich gehen soll. Und hinter all dem spüre ich, daß ich es wissen muß." Dann weint sie.

„Ich muß wissen, was mein Weg ist ... und das verbindet sich in mir mit Mut und Tapferkeit." Sie weiß also, daß es Arbeit bedeutet, diesen Schritt zu unternehmen, und daß sie dafür einen Preis zahlen muß. Der Preis ist Mut. Schon die Tatsache, daß sie *muß*, zeigt, daß sie bereit ist, Leid auf sich zu nehmen und sich aus der automatischen Anpassung herauszubegeben.

C: Was bedeutet Ihr Weinen? Warum weinen Sie, wenn Sie sagen: „Ich muß meinen Weg finden. Ich muß mich entscheiden?"

P: Ich fühle mich traurig. Ich weiß das nicht sehr genau.

Ich weiß nicht, ob sie damit meint, sie sei bezüglich ihres Wissen, wohin sie gehen soll, pessimistisch, oder ob sie damit meint, sie wisse nicht genau, worum es hier überhaupt gehe. Jetzt, wo sie es aber zuletzt sagt, liegt ein leichtes Zögern in ihrer Stimme. Ich sage: „Kommt die Traurigkeit daher, daß Sie anerkennen, es nicht zu wissen?" Vom heutigen Standpunkt aus frage ich mich, ob es richtig war, von Anerkennen zu sprechen, das bei dem, was sie sagte, ja schon von Anfang an da war. Vielleicht wäre es gut gewesen zu sagen: „Eine Traurigkeit, weil Sie Angst haben, Ihren Weg nicht zu finden? ... Vielleicht auch Hoffnungslosigkeit? Ein Nicht-klar-Kommen, das vielleicht von dieser Hoffnungslosigkeit kommt?"

Nach einer Pause fahre ich fort:

C: Weil Sie den Mut nicht haben, lenken Sie sich ab. Es ist leichter für Sie zu lachen, und als Sie nach Ihrem Mann hupen, ist das eine Ausflucht. Sie gehen ins Oberflächliche.

Ich mutmaße: „Sind Sie vielleicht traurig, weil Ihnen aufgefallen ist, wie Sie ins Oberflächliche flüchteten?" Jetzt ahne ich etwas: Ich glaube, daß ich durch meine Vermutung, ihre Traurigkeit könne mit dem Wahrnehmen ihrer eigenen Oberflächlichkeit zu tun haben (... die Dinge auf die leichte Schulter nehmen ...), auch wenn diese Traurigkeit jetzt da war (was ich auch von der Wahrnehmung dachte), tatsächlich nahelegte: „Das wäre es *wert*, darüber traurig zu sein", so wie: „Da *ist* etwas, worüber man schon traurig sein kann." ... So hat sich da eine Art von Konfrontation eingeschlichen. Eine sehr eigenartige Traurigkeit.

C: Ich glaube, es geht dabei um das Erleben der Trennung. Als ich zu Ihnen sagte: „Was assoziieren Sie damit?", war ich erstaunt, daß das nicht auftauchte – wobei das Erleben der Trennung vom anderen Auto für eine ganz frühe Trennung steht. Sie hängen sehr an den anderen, aber doch aus einer gewissen Distanz heraus. Als ob Sie an einer sehr langen Nabelschnur hängen, die jeden Augenblick durchtrennt werden kann.

P: Ja, aus einer großen Distanz heraus ...

C: Das nächst Mal sollten Sie sich von dieser Ampel nicht aufhalten lassen. Sie sollten dem anderen Auto besser um jeden Preis folgen. Weil ich glaube, daß Sie diesem Auto folgen wollen.

P: Was mich noch mehr aufhält als die Ampel, ist, daß ich in eine andere Richtung schaue. (*Sie meint damit, daß sie durch ihren Mann abgelenkt wird.*)

C: Gut, machen Sie mit dieser anderen Richtung weiter ...

P: Das erste, das mir dazu in den Sinn kommt, ist: Ich fahre mit dem Auto, und ich sehe Eugenio auf seinem Rad, und ich finde es so lustig, daß er dort in seiner Tenniskleidung ist ... mitten in all dem Verkehr und noch dazu so ganz bei sich. Das finde ich so lustig.

Man könnte sagen, daß das für sie in einem Freudschen Sinn lustig war, d.h gemäß der Freudschen Interpretation des Humors: Daß man nämlich den Spaß benutzt, um den Ausdruck dessen, was unterdrückt ist, auf die leichte Schulter zu nehmen. Sie ist ebenso abgelenkt, wie er völlig bei sich ist, und so wie sie zu stark von ihrer Umgebung beeinflußt wird, passen sein langsames Tempo und seine Tenniskleidung überhaupt nicht zu dem Verkehr um ihn herum.

P: Das finde ich so lustig. Ich bin in Eile. Und so entsteht ein Konflikt ... einerseits meine Heiterkeit und Leichtigkeit darüber, daß er da mit seinem Rad und in Tenniskleidern fast bis zur Avenida Providencia fährt, und andererseits bin ich in Eile.

Wir wissen ja, daß ein Teil des Wesens von E9 darin besteht, daß sie eine Leidenschaft für Bequemlichkeit, Entspannung und Leichtigkeit haben – und wie ihre übertriebene Entspannung die Anspannung wettmacht, eine Anspannung, die sie überhaupt nicht aushalten. Diese Pseudo-Leichtigkeit von E9, die nichts mit einer wirklich tiefen Spontaneität zu tun hat, ist mit der Fröhlichkeit verwandt, die ihre Traurigkeit kaschiert.

C: Sie scheinen von diesem Dahinfahren nicht sehr begeistert zu sein, und diese Szene, wo es jede Menge Zeit gibt, scheint sie zu unterhalten.

P: Keine Zeit, das stimmt. Da gibt es keine Zeit. Das ist wie so eine Zeitlosigkeit oder ein fehlendes Achten auf die Zeit. Ja, ich bin in der Zeit drinnen, ich bewege mich in der Zeit. Eugenio ist dagegen nicht in der Zeit. Aber mich drängt es vorwärts.

C: Jetzt möchte ich Sie bitten, ihr Mann zu *sein*, wie er da auf seinem Fahrrad dahinfährt.

P (als Eugenio): Ah, das ist herrlich, das macht soviel Spaß, in Tenniskleidern auf einem Fahrrad dahinzufahren. Mir geht es prächtig auf diesem Rad. Ich bin überhaupt nicht in Eile. Für mich gibt es überhaupt keine Zeit.
C: Was bedeutet Spaß für Sie? (*„Entretenido wird im Spanischen oft für Spaß verwendet, bedeutet wörtlich aber „unterhaltsam".*)
P: Es ist so wie amüsant.
(*Es ist interessant, daß im Spanischen „divertido" von „diversión" kommt, d. h. die Aufmerksamkeit von etwas abzuziehen oder Ablenkung. Die Verteidigungshaltung des Amüsements ist hier also indirekt vorhanden.*)
Amüsant bedeutet, nichts zu tun zu haben. Es bedeutet, alle Zeit der Welt zu haben, um mit dem Rad zu fahren. (Wie steht es da mit der verteidigenden Faulheit? Man könnte sagen, daß sie in gewisser Weise Zuflucht in einer Gesundheit sucht, die ungesund ist – nicht nur weil sie aus zweiter Hand kommt, sondern weil sie sich so davon ablenkt, daß sie unter Druck steht.)
P: Es ist, als hätte man alle Zeit der Welt, um mit dem Rad zu fahren.
Ich schlage ihr vor: „Sie sind frei. Stellen Sie sich vor, daß Sie sich frei von allen Zwängen fühlen, frei von irgendeinem Oberen, der Ihnen sagt: ‚Beeil' dich.'"
P: Ja, das ist wunderbar!
C: Danach scheinen Sie sich zu sehnen. Das scheint für Sie ein Ideal zu sein, das Gegenteil von diesem Dahineilen ... noch dazu, wo Sie doch gar nicht wissen, wohin. Sie beziehen sich aber auf dieses Ideal, indem Sie sich ablenken.
P: Ja, als ob ich weder wirklich beim Rad noch wirklich bei der anderen Situation bin.
C: Jetzt versuchen wir, den Traum fortzusetzen. Der Traum hat ja dort aufgehört, er ist ja über die Ampel nicht hinausgegangen. Was passiert aber, wenn Sie weiterträumen?
P: Ich mache einfach so weiter, wie ich es mir vorstelle ... Was nun passiert, ist, daß die Ampel auf grün schaltet und daß ich weiterfahren muß. Ich bin im Auto, und er hat mich nicht gesehen. Gut. Und es ist so, als würde ich sagen: „Nun ja, das nächste Mal." Und ich fahre nach links. Ich habe keine Bilder, nur Empfindungen. Es ist, als wäre diese Straße genau das Gegenteil von der anderen zuvor. Da ist weniger Verkehr. Wie im Umland der Stadt. Und die Empfindung ist so wie Dürre, und nicht wie ...
C: Mir scheint, Ihnen ist kalt, jetzt, wo Sie sich das vorstellen.
P: Kalt?
C: Ist Ihnen nicht kalt? Sie zittern ja.
P: Ja, aber mir ist nicht kalt.
C: Aha, Sie zittern also nur?
P: Ja.
C: Und Sie fahren durch diese dürre Landschaft.
P: Der Weg ist sehr lang, und ich spüre, daß das Land sehr weit ist, und trotzdem fahre ich, und ich weiß nicht, wohin ich fahre.
C: Und wie fühlen Sie sich dabei, daß Sie nicht wissen, wohin Sie fahren?

P: Ich spüre, daß ich es *herausfinden werde*. Ich spüre, daß ich es *wissen werde*. Das ist neu.

Sie begreift jetzt, daß sie leben kann, ohne zu wissen – daß sie nicht zuerst wissen muß, um fahren zu können. Daß sie, um zu fahren, einfach *fahren* muß, und daß sie Entscheidungen nicht auf der Basis jenes Wissens fällen muß, das ihr gefehlt hat. Da sie dem Nichtwissen nicht ausweichen kann, hat sie sich jetzt den Raum für dieses Nichtwissen gegeben. Sie hat es sich erlaubt zu *handeln*, ohne zu wissen.

C: Sehen wir doch mal, was noch auftaucht, was da noch kommt.

Da sie still bleibt, frage ich: „Wohin wollen Sie denn fahren?"

P: Ich möchte gerne zum Strand fahren.

C: Zum Strand?

P: Ja. (*Dann bleibt sie wieder still.*)

C: Und was passiert dort?

P: Ich habe wieder eher nur Empfindungen als Bilder. Es *läuft*, es *läuft* einfach. Sonst sehe ich nichts.

C: Vielleicht ist es gut, daß Sie nichts sehen und sich keine Sorgen machen, denn es sieht so aus, als hätten Sie immer eher darauf gewartet, daß die Dinge von außen auf Sie zukommen, daß etwas auftaucht und Sie antreibt, als daß Sie die Zügel selbst in die Hand nehmen und sagen: „Ich gehe dorthin, wo ich will. Ich schaffe mir meine Bilder selbst." Was Ihnen fehlt, ist, daß Sie die Verantwortung für Ihr Leben selbst übernehmen, daß Sie sich Ihre Macht für sich in Anspruch nehmen.

P: Ja, es eine Frage der Macht. Es hat mit Entscheidung und mit Macht zu tun.

C: Vielleicht kommt diese Dürre aus Ihrem Gefühl der Machtlosigkeit.

P: Ich spüre, daß ich jetzt Alternativen vor Augen habe – zwischen dem, daß ich demütig etwas von anderen bekomme oder daß ich meine Einsamkeit umarme (ihr ins Gesicht schaue und für mich selbst suche) oder zu jemand anderen ins Auto steige und den Mut habe, einfach zu fahren, auch wenn ich nicht weiß, wohin.

C: Oder Sie fahren zum Strand. Sie sind dort nie angelangt. Vielleicht deshalb, weil Sie das Gefühl hatten, daß, wenn Sie sich nicht entscheiden, von außen etwas Besseres auf Sie zukommt. Daß Ihre Entscheidung nicht gut genug ist, wenn Sie einfach nur Ihrem Wunsch folgen.

P: Ja. (*Sie weint.*)

C: Wir haben jetzt verschiedene Varianten dessen durchgespielt, was Sie schon am Anfang erkannt haben: daß Sie sich entscheiden müssen. Ich hoffe, daß die Aufmerksamkeit, die wir diesem Punkt gewidmet haben, Ihnen einige Anregungen für Ihr Leben bringt.

Nachwort

Mein Ziel war es, die Psychologie der Enneatypen mit Hilfe von Beobachtungen aus der vertraulichen Situation der Psychotherapie zu dokumentieren, und zwar sowohl durch „makroskopische" bzw. „Längs"-Darstellungen des therapeutischen Prozesses, wie man sie in der Literatur nachlesen kann, als auch durch wortwörtliche „mikroskopische" bzw. „horizontale" Darstellungen meiner eigenen Arbeit aus dem Bereich der sogenannten protoanalytischen Gestalttherapie.

Über die reine Darstellung hinaus wollte ich eher zu Wahrnehmungen einladen, als a priori Fragen aufzuwerfen. Ganz sicher war es nicht meine Absicht, mit Hilfe einer so begrenzten Reihe von Fällen zu irgendwelchen Schlüssen über das Wesen der Therapie oder die Gesetzmäßigkeiten des Persönlichkeitswandels zu gelangen.

Als ich das Projekt vorerst einmal abschloß und auf das zurückblickte, was ich geschrieben hatte (ich wollte herauslesen, was sich, abgesehen von dem, was ich ohnehin hatte sagen wollen, vielleicht noch darin verbarg), entdeckte ich eine Lücke in dem Buch: vier der Fallberichte (E1, E2[1], E5 und E6) waren wohl als therapeutische Fehlschläge zu bezeichnen. Ich war nun mit meinem einseitigen Interesse am Charakter nicht mehr zufrieden und wollte, daß meine Auswahl an Fallbeispielen auch eine Wandlung zeigte. Wie diese Lücke gefüllt wurde, habe ich bereits in den jeweiligen Kapiteln erzählt, und wie glücklich ich darüber bin, erwähnte ich schon im Vorwort.

Ich neige in meinen Büchern wie auch in anderen Vorhaben dazu, die Wirklichkeit nicht in Frage zu stellen, sondern ich nähere mich ihr vielmehr aus dem Blickwinkel offener Neugier. Denn was ich auch immer aus meinen Unternehmungen (und vom Leben überhaupt) gelernt haben mag, konnte ich erst *nach* den Fakten erkennen.

Was mir im Verlauf des Schreibens bezüglich des klinischen Materials, das ich zitiere, auffiel, ist wiederum eine andere Geschichte. Ich erwähnte das ja bereits in den jeweiligen Kapiteln oder drückte es indirekt durch die Anordnung des Mosaiks der einzelnen Fallberichte aus. Wenn ich die Reihe von Fallbeispielen jetzt noch einmal Revue passieren lasse, so sticht mir jedoch eine neue „Lücke" ins Auge – eine, die schon immer da war, in letzter Zeit beim Durchgehen der Literatur jedoch offensichtlicher wurde. Ich spreche davon, daß es keinen veröffentlichten Fall von E7 gibt, der wirklich Substanz hätte. Karl Abraham, der als erster auf das oral-optimistische Syndrom hinwies, hat uns keine solche Geschichte hinterlassen. Und bei den Fällen, die die Behandlung „narzißtischer Persönlichkeitsstörungen" in Büchern und Zeitschriften darstellen, findet man zwischen E3 und E8 alles *außer* E7 (was ich meinerseits zuallererst erwartet hätte). Es stimmt, daß die allgemeine Beschreibung im DSM-III (die ich zur Hand hatte, als ich *Character and Neurosis* schrieb) aus dem ganzen Repertoire am ehesten auf E7 zutrifft. Ein neuerer Bericht[2], der meint, diagnostizierte „Narzißten" schnitten beim Faktor des angenehmen Wesens[3] (nach dem Modell der fünf großen Faktoren der Persönlichkeit) eher schwach ab, teilt uns mit, daß in der gegenwärtigen Praxis eher E8 und nicht so sehr E7 diese Diagnose erhält.[4] Wenngleich ich sicher bin, daß auch einige E7 als „narzißtisch" diagnostiziert werden, findet sich kein signifikanter Bericht, den ich zitieren könnte. Vermutlich deshalb, weil E7 – ebenso wie E3 – nicht als sehr problematisch gilt, da sich die Leute um ein manisches Wesen weniger Sorgen machen als um depressive Stimmungen. Zudem stellen sie wohl ein Empfinden der Abgehobenheit weniger in Frage als das Gefühl, daß alles falsch ist. E7 scheint im DSM-IV jedenfalls nicht auf.

So wie in diesem Buch zunächst ein Fallbeispiel für E7 fehlte und später durch Pennarubias sachliche Darstellung geliefert wurde, war das Fallbeispiel für E1 viel länger als alle anderen, und ich war nahe daran, es zu kürzen. Schließlich tat ich es aber doch nicht, weil ich dachte, daß der Fall von Anna O. diesen Stellenwert verdiente und den Leser die Details dieses Falles vermutlich mehr interessierten, als daß das Buch den richtigen Umfang hätte.

Ich hoffe, daß meine gleichermaßen unsystematischen Kommentare über die Relevanz der Persönlichkeit eines Therapeuten, um einen Menschen in seinem Wissen über sich selbst und seiner Wandlung zu unterstützen, einiges Interesse für diese Frage wecken konnte. Nachdem ich viele Jahre lang Therapeuten mit Hilfe einer Methode ausgebildet habe, bei der in einem Trainingslabor therapeutische Übungen praktiziert werden, erhalte ich den Eindruck, daß die Übereinstimmung oder auch die mangelnde Übereinstimmung der Persönlichkeiten in einer therapeutischen Situation eine Variable ist, die (zusammen mit der geistigen Gesundheit des Therapeuten) stärker ist als jede Ausbildung. Ich bin froh, daß dieser Frage (wie auch der der Inter-Subjektivität) allmählich jene Aufmerksamkeit gewidmet wird, die ihr zusteht.[5] Zweifelsohne wird ein Zugang, der sich der Enneatypen bewußt ist, auf diesem Gebiet eine Menge Klarheit schaffen.

Die Abschrift meiner Gestaltsitzungen, in denen die Enneatypen immer auf der Hand lagen, zielte natürlich von Anfang an darauf ab, sowohl den Charakter selbst als auch die Wandlung des Charakters darzustellen. Ich freue mich, daß diese Komponente des Buches wohl auch dazu beitragen wird, die Aufmerksamkeit auf eine wertvolle Zugangsweise zu lenken.

Die Gestalttherapie ist heutzutage in den USA vergleichsweise in Vergessenheit geraten. Für jene unter uns, die von der Psychoanalyse kommen und das Privileg hatten, die frühe Arbeit Fritz Perls' am Esalen-Institut zu sehen, steht es jedoch außer Zweifel, daß sie da etwas miterlebten, das weit über alles hinausging, was sie bis dahin gesehen oder auch nur gehört hatten. Als so tief wurden die gewonnenen Einsichten empfunden, und so sehr veränderte sich die Haltung der Menschen durch die angeleiteten Abenteuer, die dieser Meister der Therapie zu bieten hatte, daß die Gestalttherapie bald als mindestens ebenso wichtig angesehen wurde wie die Psychoanalyse selbst. Ihre Anhänger waren mit Perls einer Meinung, daß sie die Grenzen der Psychotherapie jener Zeit überschreiten konnte. Wenngleich die therapeutische Kraft der Gestalttherapie den Weg zu den humanistischen Vorgangsweisen ebnete und ihr Geist sowohl Existentialisten und

Eklektiker als auch Gruppentherapeuten im allgemeinen inspirierte, scheint die Tatsache, daß diese Methode sehr an Attraktivität, wenn nicht gar an Lebendigkeit eingebüßt hat, dieses einstige Versprechen nicht zu halten. Wie ich bezüglich dieser Angelegenheit in „Gestalt nach Fritz", dem letzten Kapitel in *Gestalttherapie: Haltung und Praxis eines atheoretischen Empirismus (Gestalt Therapy: Attitude and Practice of an Atheoretical Experientialism.* Gateways, Nevada City, CA, 1990) anmerkte, trug dazu ein Prozeß der Verknöcherung bei, der aus einer kontra-revolutionären Bewegung in der Geschichte der Gestalttherapie resultierte. Dazu kam noch, daß man eine nur unzureichend gesicherte theoretische Ausrichtung mehr als nötig hervorhob und sich auf dogmatische Ideen stützte.

Ich glaube jedoch, daß die Theorie über Neurose und Charakter, die uns die Psychologie der Enneatypen zur Verfügung stellt, der Praxis der Gestalttherapie jenen theoretischen Hintergrund bieten kann, der Außenstehenden an ihr bisher abging und von dem Insider irrtümlich annahmen, sie hätten ihn ohnehin. Im Hinblick darauf und angesichts eines verschärften Blicks auf den Charakter, den die Psychologie der Enneatypen erlaubt, bin ich sicher, daß es zu einer verstärkten therapeutischen Wirkung beiträgt, wenn man die Protoanalyse empirisch kennenlernt. Bereits als ich in meinem Buch *Gestalttherapie* das Kapitel über die Protoanalyse schrieb, wurde mir klar, wie sehr dieses Wissensgebäude den Therapeuten geholfen hatte. Zehn Jahre später habe ich nach einer reichlichen Erfahrung in der Ausbildung von Therapeuten in Spanien und Italien Grund zu der Hoffnung, daß diese Neuformulierung – inspiriert durch eine alte Weisheit – diese wertvolle Methode vor einem weiteren Verfall schützen wird.

Zu Enneatyp 1

1 Naranjo, Claudio. Erkenne dich selbst im Enneagramm. Kösel Verlag, München, 1994.
2 Theophrast. Charaktere. Reclam TB, Leipzig 1972.
3 Chaucer, Geoffrey. Canterbury-Erzählungen. Manesse Verlag, Zürich, 1971.
4 Butler, Samuel. Characters. The Press of Case Western Reserve University, Cleveland, 1961.
5 Naranjo, Claudio. „On Puritan Character." American Journal of Psychoanalysis. Agathon Press, Band XLII, Nr. 2, New York, 1982.
6 Naranjo, Claudio. Eneagrama de la Sociedad/Males del Mundo. Males del Alma. Temas de Hoy, Madrid, 1995.
7 Dostojewski, Fjodor. Die Brüder Karamasoff. Winkler Verlag, München, 1958.
8 Weber, Max. Die protestantische Ethik und der Geist des Kapitalismus. Beltz-Athenäum, Weinheim, 1993.
9 Anerkennung erhielt Bertha Pappenheim nicht nur durch Lucy Freeman, sondern in jüngerer Vergangenheit auch durch Bertha Pappenheim/Freuds Anna O. von Dora Edlinger. Congregation Solex, Illinois, 1968.
10 Freeman, Lucy. Die Geschichte der Anna O. Kindler, München, 1973.
11 Breuer, Josef/Freud, Sigmund. Studien über Hysterie. Fischer TB, Frankfurt/M., 1990.
12 Freud zitierte diesen Satz (nicht ganz wörtlich) in einer Fußnote der ersten Ausgabe seiner Drei Aufsätze über die Theorie der Sexualität (1905), Standard-Ausgabe, 7, und im Kapitel 11 seiner Autobiographie (1925).
13 der französische Ausdruck
14 im englischen Original
15 im englischen Original
16 im englischen Original
17 Freud, Sigmund. Vorlesungen zur Einführung in die Psychoanalyse. Fischer, Frankfurt/M., 1990.
18 Freeman, Lucy. Die Geschichte der Anna O. Kindler, München, 1973.
19 Seit ich dies 1971 vorschlug, wird klugerweise anerkannt, daß der Charakter eines Menschen sich in Streßsituationen verlagern kann, so daß sich auch Züge jenes Charakters zeigen, der dem „inneren Fluß" des Enneagramms folgt.
20 Berg, Charles. The Case Book of a Medical Psychologist. W.W.Norton & Company, New York, 1948.
21 Ein Scherz, der sich auf ein spanisches Sprichwort bezieht und bedeutet, daß man die Ursache für etwas gefunden hat. In diesem Fall ist die „Mutter des Lammes" tatsächlich die Mutter der Patientin.

Zu Enneatyp 2

1 Butler Samuel. Characters. The Press of Case Western Reserve University, Cleveland, 1970.
2 Austen, Jane. Pride and Prejudice. Penguin Books, New York, 1979.
3 Ibsen, Henrik. Ein Puppenheim. Insel TB, Frankfurt/M., 1978
4 Ludwig Emil. Obras Completas de Emil Ludwig, Biografias. Editorial Juventud, Barcelona, 1979, S. 39.
5 Dickens, Charles. David Copperfield. Büchergilde Gutenberg, Frankfurt/M., 1961.
6 Fromm, Erich. Der moderne Mensch und seine Zukunft. Eine sozialpsychologische Untersuchung. Europäische Verlagsanstalt, Frankfurt/M., 1971.
7 Campbell, Colin. The Romantic Ethic and the Spirit of Consumerism. Basil Blackwell, Oxford und New York, 1987.
8 Peck, M. Scott. People of the Lie. Simon & Schuster, New York, 1985.
9 Easser, Barbara R. und Lesser Stanley R. „Hysterical Personality: A Reevaluation." In: Manfred F.R. Kets de Vries und Sidney Perzow (Hrsg.). Handbook of Character Studies. International University Press, Madison, 1991.
10 Andrews, John D.W. „Psychotherapy with the Hysterical Personality." Psychiatry. Band 47, August 1984, S. 228-230.

11 Kramer, Peter. Moments of Engagement: Intimate Psychotherapy in a Technological Age. W.W. Norton & Co., New York, 1989.
12 Akeret, Robert U. Tales from a Travelling Couch. W.W. Norton & Co., New York, 1995.

Zu Enneatyp 3

1 de la Bruyere, Jean. The „Characters". John C. Nimmo, London, 1885.
2 Mansfield, Katherine. Das Gartenfest und andere Erzählungen. Zürich, Die Arche, 1953.
3 Thackerey, William M. Vanity Fair. J.M.Dent & Sons LTD., London, 1976.
4 Mailer, Norman. Marilyn. A Biography. Warner Books, New York, 1975, S.17.
5 MacCann, Graham. Marilyn Monroe. El Cuerpo del Delito. Espasa Calpe, Madrid, 1992, S.49.
6 Lowen, Alexander. Narzißmus. Die Verleugnung des wahren Selbst. Goldmann TB, München, 1992.
7 Lowen: „Bei der bioenergetischen Analyse wird anstatt der Couch ein Bett verwendet, weil die Ausdrucks-Übungen wie das Einschlagen auf das Bett oder das Mit-den-Füßen-Stoßen auf der Couch nicht möglich sind."
8 Lowen: „Ich glaube, daß die ödipale Situation in unserer Kultur mehr oder weniger allgemein verbreitet ist, aber das macht sie noch nicht natürlich. Wie ich in meinem früheren Buch ‚Die Angst vor dem Leben' erklärt habe, rührt sie von den Machtkämpfen in den Familien her. Es ist natürlich, daß jedes Kind sexuelle Gefühle für den Elternteil des entgegengesetzten Geschlechts hat, aber diese Gefühle führen nach meiner Meinung nicht zu einer Wettbewerbssituation mit dem Elternteil gleichen Geschlechts. Diese Situation entsteht durch die Eifersucht wegen der Aufmerksamkeit, die der andere, sich verführerisch verhaltende Elternteil dem Kind schenkt. Sobald eine Verführung stattfindet, ist das Kind in eine Wettbewerbsstellung mit dem gleichgeschlechtlichen Elternteil gebracht."
9 O'Neill, Cherry Boone. Starving for Attention. A Young Woman's Struggle and Triumph Over Anorexia Nervosa. Hazelden, Center City, MN, 1992.
10 Sie gehörte zur Zeit des Nazi-Regimes einer jüdischen Familie an.
11 Im Alter von sieben Jahren bekam sie eine Puppe.
12 Sie verließ den Bereich der Mathematik – einen Beruf, den sie mit ihrem ersten Partner gemein hatte – und wechselte ins Feld der Arbeit mit Menschen, wo sie ihren zweiten Mann begleiten und an seiner Arbeit teilnehmen konnte.

Zu Enneatyp 4

1 Attar, Farid Du-Din. The Conference of Birds. Samuel Weiser, Inc., New York, 1969.
2 Flaubert, Gustave. Madame Bovary. Rütten & Loening, Berlin, 1994.
3 Miller, Milton L. Nostalgia. A Psychoanalytic Study of Marcel Proust. Port Washington, New York, und Kennikat Press, London, 1969, S.6.
4 Buenaventura, Ramón. Rimbaud. Ed. Hieperión, Madrid, 1985, S.75.
5 Graves, Richard P. Lawrence of Arabia and His World. Thames and Hudson, London, 1976.
6 Lindner, Robert. The Fifty Minute Hour. Bantam Books, New York, 1979, S.79.

Zu Enneatyp 5

1 Attar, Fariddudin. The Conference of Birds. Samuel Weiser Inc., New York, 1969.
2 Chaucer, Geoffrey. Canterbury-Erzählungen. Manesse Verlag, Zürich, 1971.
3 Leites, Nathan. „Trends in Affectlessness." In: Kluckhohn, Clyde und Murray, Henry A. (Hrsg.). Personality in Nature, Society and Culture. Alfred A. Knopf Inc., New York, 1964.
4 Melville, Herman. Redburn, Israel Potter und sämtliche Erzählungen. Winkler Verlag, München, 1967.
5 Bergman, Ingmar. Four Screenplays of Ingmar Bergman. Simon und Schuster, New York, 1966.

6 Sheldon, William. The Varieties of Human Temperament. Harper Brothers, New York, 1942.
7 Canetti, Elias. Der Ohrenzeuge.Fünfzig Charaktere. Fischer TB, Frankfurt, 1993.
8 Strachey, Lytton. Biographical Essays. Harcourt, Brace and World Inc., New York, 1949, S.43.
9 Moreno, Alfonso M. Martin Lutero. Ed.Mensojero, Bilbao, 1985, S.137–139.
10 Zweig, Stefan. Triumph und Tragik des Erasmus von Rotterdam. S.Fischer Verlag, Frankfurt, 1958.
11 Kovel, Joel. The Age of Desire: Case Histories of a Radical Psychoanalyst. Pantheon Books, New York, 1981, S.86–97.
12 Naranjo, Claudio. Character and Neurosis: An Integrative. Gateways, Nevada City, CA, 1994.

Zu Enneatyp 6

1 Naranjo, Claudio. Character and Neurosis: An Integrative View. Gateways, Nevada City, CA, 1994.
2 Naranjo, Claudio. Enneatype Structures. Gateways, Nevada City, CA, 1991.
3 Dostojewski, Fjodor. Crime and Punishment. Bantam Books, New York, 1971.
4 Carr, E.H. Dostoevsky 1821-1881. Unwin Books, London, 1962.
5 Kytle, Calvin. Gandhi, Soldier of Nonviolence. Seven Locks Press, Washington D.C., 1983.
6 Gandhi, Mohandas K. The Story of My Experiments with Truth, an Autobiography. Beacon Press, Boston, 1957.
7 Berg, Charles. Deep Analysis: The Clinical Study of an Individual Case. W.W. Norton and Co., Inc., New York, 1947.
8 Wallerstein, Robert S. Forty-Two Lives in Treatment: A Study of Psychoanalysis and Psychotherapy. Guilford Press, New York, 1986.
9 De Vries, Manfred F. Kets/Perzow, Sidney. Handbook of Character Studies. International Universities Press, Madison, CT, 1991.
10 Diese Kapitel erschien ursprünglich im International Journal of Psychoanalysis. 41: S. 59–69, 1960 und in Chatto und Windus, Psychoanalysts and Beyond. University of Chicago Press, Chicago, London. Mit Erlaubnis des Autors und der Verleger abgedruckt in de Vries und Perzow.
11 In: de Vries und Perzow, S.557–569.

Zu Enneatyp 7

1 Chaucer, Geoffrey. Canterbury-Erzählungen. Manesse Verlag, Zürich, 1971.
2 Abraham, Karl. Psychoanalytische Studien zur Charakterbildung. Beiträge der Oralerotik zur Charakterbildung (1924). S. Fischer Verlag, Frankfurt/Main, 1969.
3 Flaubert, Gustave. Madame Bovary. Rütten & Loening, Berlin, 1994.
4 Sanders, Lawrence. „McNally's Secret." In: Book Digest. Time-Life, Time Warner Inc., New York, 1992, S.7. Mit Erlaubnis zitiert.
5 Molière, Jean Baptiste, Tartuffe oder der Betrüger. DTB/Diogenes, Zürich, 1981.
6 Gurdjeffs Begriff vom Leid, das man bewußt als Teil der eigenen Entwicklung annimmt.

Zu Enneatyp 8

1 Canetti, Elias. Der Ohrenzeuge. Fünfzig Charaktere. Fischer TB, Frankfurt/Main, 1993.
2 Naranjo, Claudio. Enneatype Structures. Gateways, Nevada City, CA, 1990.
3 Bey, Essad. Stalin, la carrera de un fanatico. Ediciones Extra, Empresa Letras, Santiago de Chile, 1932, S. 19–20.
4 Zitiert in: Blumenberg, Werner. Karl Marx. Rowohlt TB, Hamburg, 1962.

5 Rosal, Tania. Los Amores de Carlos Marx. Los Caballos de Aquiles, Mexiko, 1982.
6 Chaucer, Geoffrey. Canterbury-Erzählungen. Manesse Verlag, Zürich, 1971.
7 Balzac, Honoré de. Vater Goriot. Winkler Jubiläumsbibliothek, München, 1976.
8 Lindner, Robert. The Fifty Minute Hour. Bantam Books, New York, 1979.

Zu Enneatyp 9

1 Chaucer, Geoffrey. Canterbury-Erzählungen. Manesse Verlag, Zürich, 1971.
2 Balzac, Honoré de. Vater Goriot. Winkler Jubiläumsbibliothek, München, 1976.
3 Balzac, Honoré de. Eugénie Grandet. Insel TB, Frankfurt/M., 1988.
4 Lewis, Sinclair. Babbitt. Rowohlt TB, Hamburg, 1988.
5 Porter, Eleanor. Polyanna. Goldmann, München, 1982.
6 White, William Hollingsworth. The Organization Man. Simon and Shuster, New York, 1956.
7 Riesman, David. The Lonely Crowd. Yale University Press, New Haven und London, 1961.
8 Yalom, Irvin D. Die Liebe und ihre Henker und andere Geschichten aus der Psychotherapie. Albrecht Knaus Verlag, München, 1990.
9 Dick Price: A Memorial Baptism. Claudio Naranjo (Hrsg.). The Gestalt Journal, Band X, Nr. 1, 1987.
10 Naranjo, Claudio. Gestalt Therapy: The Attitude and Practice of an Atheoretical Experientialism. Gateways; Nevada City, CA; 1990.

Nachwort

1 Ursprünglich ein Bericht über Scott Peck's „Charlene, ein Lehrbeispiel" aus seinem Buch The People of the Lie (Menschen der Lüge). Simon & Schuster, New York, 1985.
2 Corbitt, Elizabeth M. „Narcissism from the Perspective of the Five Factor Model" („Der Narzismus aus der Sicht des Fünf-Faktoren-Modells") In: Personality Disorder and the Five Factor Model of Personality (Persönlichkeitsstörung und das Fünf Faktoren-Modell der Persönlichkeitsstörung). Hrsg.: Costa, Paul T. Jr. und Widiger, Thomas A., American Psychological Association, Washington D.C., 1994.
3 Widinger, Thomas A.; Trull, Timothy J.; Clarkin, John F.; Sanderson, Cynthia und Costa, Paul T. Jr. „A Description of the DSM-IV Personality Disorders with the Five-Factor Model of Personality" („Eine Beschreibung der Persönlichkeitsstörungen aus dem DSM-IV mit Hilfe des Fünf Faktoren-Modells der Persönlichkeit"). In: Personality Disorders and the Five-Factor Model of Personality (Persönlichkeitsstörungen und das Fünf-Faktoren-Modell der Persönlichkeit). Hrsg: Costa, Paul T. Jr. und Widiger, Thomas A., American Psychological Association, Washington D.C., 1994.
4 Nachdem ich Obiges geschrieben hatte, fand ich in der überarbeiteten Ausgabe von Disorders of Personality: DSM-IV and Beyond (Persönlichkeitsstörungen: DSM IV und darüber hinaus), Hrsg.: Theodore Millon in Zusammenarbeit mit Roger Davis; John Wiley & Söhne, Inc., New York, 1996, die Formulierung „nazistische Persönlichkeitsstörung". Diese paßt haargenau zum sozialen Subtyp von E8 (wogegen die pathologischen Extreme des sexuellen und des selbsterhaltenden Subtyps sich in den Formulierungen des sadistischen und des anti-sozialen Syndroms widerspiegeln).
5 Einen Überblick zu diesem Thema findet man in: Berzins, Juris I. „Therapist-Patient Matching" („Die Abstimmung zwischen Therapeut und Patient"). In: Effective Psycho therapy: A Handbook of Research (Erfolgreiche Therapie: Ein Forschungshandbuch). Hrsg.: Gurman, Alan S. und Razin, Andrew M., Pergamon Press, New York, 1977.

Glossar

Chakren – Energiezentren im Körper, die in den tantrischen Lehren beschrieben werden.

Fixierung – verzerrte Sichtweisen, die in Ichazos Protoanalyse dem niederen intellektuellen Zentrum zugerechnet werden.

Gurdjeff, George – ein Weisheitslehrer, der in Rußland, Frankreich und in den USA Selbsterinnerung, Selbsterkenntnis und die Entwicklung von Aufmerksamkeit unterrichtete.

Heilige Idee – Aspekte der Realität, die im Enneagramm der höheren intellektuellen Zentren aufgezeichnet sind und die man als Objekte für die Meditation verwendet, um falschen Annahmen entgegenzuwirken, die sich aus den Fixierungen ergeben.

Hysterische Persönlichkeit – ein Begriff, der heutzutage meist nicht mehr verwendet wird, sondern den man unter „hystrionische Persönlichkeitsstörung" einreiht. Die wesentlichen Merkmale der „hysterischen (oder hystrionischen) Persönlichkeit" sind „Plastizität" (die Fähigkeit, eine Rolle zu spielen), emotionale Ausdruckskraft, die Qualitäten eines Verführers und der Hang zur Einbildung.

Mudra – rituelle Handgesten

Murschid – Sufilehrer

Nasruddin oder Mulla Nasr Eddin – legendärer Sufi, dem man viele Scherze zuschreibt, die als esoterische Lehrstücke verwendet werden.

Perls, Fritz – Begründer der Gestalttherapie, der einen starken Einfluß auf die humanistische Psychologie und den Geist der 60er-Jahre hatte.

Price, Richard – Vizepräsident des Esalen-Instituts und Schüler von Perls.

Protoanalyse – Bezeichnung, unter der Oscar Ichazo ein theoretisches psychologisches Gebäude veröffentlichte, das seinen Ursprung in der Bruderschaft der Sarmuni gehabt haben soll. Die Silbe „proto" hat in diesem Zusammenhang eine doppelte Bedeutung: 1) ein wesentlicher Persönlichkeitsanteil, der durch das Hinterfragen des Selbst erkannt werden muß, und 2) daß eine solche Analyse den Grundstein oder die erste Stufe einer weiterführenden Arbeit bildet, die einem von ihm vorgeschlagenen System zur Entwicklung des Selbst folgt. Die Protoanalyse beinhaltet als theoretisches System die Anwendung des Enneagramms als Landkarte der Leidenschaften, kognitiver Verzerrungen oder Fixierungen und von Mustern instinkthafter Konditionierungen – wie ich teilweise in *Charakter und Neurose: eine integrative Sicht (Character and Neurosis: An Integrative View)* weiter ausführte.

Protoanalytische Gestalt – die Praxis der Gestalttherapie im Lichte eines protoanalytischen Verständnisses; oder, mit anderen Worten, eine Gestalttherapie, die mit einem praktischen Verständnis der Psychologie des Enneagramms ausgeübt wird.

Retroflexion – ein Begriff, den Perls einführte und der gegenwärtig in der Gestalttherapie ein Verhalten beschreibt, bei dem man sich selbst zufügt, was man ursprünglich gerne jemand anderem zugefügt hätte. Unter Retroflexion versteht man üblicherweise, daß man den Zorn auf sein ursprüngliches Ziel in der Außenwelt zurücklenkt.

SAT – eine psycho-spirituelle Schule, die in den USA in den 70er-Jahren aktiv war und den Ursprung der SAT-Programme darstellt, die heute in verschiedenen Ländern abgehalten werden.

Subtyp – nach Ichazos ursprünglicher Formulierung der Persönlichkeitsstruktur im Lichte des Enneagramms beinhaltet jeder Grundtyp des Ego (der sich durch jeweils eine Leidenschaft und eine Fixierung kennzeichnet) je nach der Vorherrschaft des sexuellen, des selbsterhaltenden oder des sozialen Triebes drei Varianten.

Tantra/tantrisch – spirituelle Schulen im Buddhismus und im Hinduismus, denen allen eine Synthese aus Yoga und Kontemplation, eine Betonung des feinstofflichen Körpers und des Phänomens der Kundalini zugrunde liegt.

Todsünden – Abweichungen vom spirituellen Bewußtsein, die zum Verlust der Tugend und zur Zerstörung führen. Seit Gregor dem Großen werden Stolz, Neid, Zorn, Trägheit, Geiz, Völlerei und Wollust als Todsünden angeführt.

Totemisch – spielt auf einen Totem-Pfahl an und ist hier eine Metapher für das mehr als und doch auch wieder weniger als menschliche Ideal des sozialen Subtyps von E5.

Überlegener (engl. Topdog) – Perls umgangssprachlicher Ausdruck für das Über-Ich wurde zu einem Terminus technicus in der Gestalttherapie.

Unterlegener (engl. Underdog) – Perls Bezeichnung für jenen Teil des Geistes, auf den die Anschuldigungen und Forderungen des Topdog abzielen.

Literaturverzeichnis

Abraham, Karl. *Psychoanalytische Studien zur Charakterbildung.* „Beiträge der Oralerotik zur Charakterbildung" (1924). S. Fischer Verlag, Frankfurt am Main, 1969.

Akeret, Robert U. *Tales from a Traveling Couch.* W.W. Norton & Company, New York, 1995.

Andrews, John D.W. „Psychiatry with the Hysterical Personality:" *Psychiatry*, Band 47, August 1984, S. 228–230.

Attar Fariduddin. *The Conference of the Birds.* Samuel Weiser, New York, 1969.

Austen, Jane. *Stolz und Vorurteil.* Manesse Verlag, Zürich, 1976.

Balzac, Honoré de. *Vater Goriot.* Winkler Jubiläumsbibliothek, München, 1976.

Balzac, Honoré de. *Eugénie Grandet.* Insel TB, Frankfurt am Main, 1988.

Berg, Charles. *Deep Analysis: The Clinical Study of an Individual Case.* W.W. Norton & Company, New York, 1947.

Berg, Charles. *The Case Book of a Medical Psychologist.* W.W. Norton & Company, New York, 1948.

Bergman, Ingmar. *Four Screenplays of Ingmar Bergman.* Simon & Schuster, New York, 1966.

Berzins, Juris I. „Therapist-Patient Matching" In: *Effective Psychotherapy: A Handbook of Research.* (Gurman, Alan S. und Razin, Andrew M., Hrsg.), Pergamon Press, New York, 1977.

Bey, Essad. *Stalin, la carrera de un fanatico.* Ediciones Extra, Empresa Letras; Santiago de Chile, 1932.

Breuer, Josef und Freud, Sigmund. *Studien über Hysterie.* Fischer TB, Frankfurt am Main, 1990.

Buenaventura, Ramón. *Rimbaud.* Edición Hiperión, Madrid, 1985.

Butler, Samuel. *Characters.* The Press of Case Western Reserve University; Cleveland; OH; 1970.

Campbell, Colin. *The Romantic Ethic and Spirit of Modern Consumerism.* Basil Blackwell, Oxford, GB und New York, 1987.

Canetti, Elias. *Der Ohrenzeuge. Fünfzig Charaktere.* Fischer TB, Frankfurt am Main, 1993.

Carr, E.H. *Dostoevsky 1821–1881.* Unwin Books, London, 1962.

Chaucer, Geoffrey. *Canterbury-Erzählungen.* Manesse Verlag, Zürich, 1971.

Costa, Paul T. Jr. und Widinger, Thomas A., Hrsg. „A Description of the DMS-IV Personality Disorders and the Five Factor Model of Personality", von Widinger, Trull, Clarkin, Sanderson und Costa. In: *Personality Disorders and the Five Factor Model of Personality.* American Psychological Association; Washington D.C., 1994.

Corbitt, Eliabeth M. „Narcissism from the Perspective of the Five Factor Model." In: *Personality Disorders and the Five Factor Model of Personality.* (Costa, Paul T. Jr. und Widinger, Thomas A., Hrsg.) American Psychological Association; Washington D.C., 1994.

de la Bruyère, Jean. *The Characters.* John C. Nimmo, London, 1885.

de Vries, Manfred F. Kets und Perzow, Sidney. *Handbook of Character Studies.* International University Press, Madison/CT, 1991.

Dickens, Charles. *David Copperfield.* Büchergilde Gutenberg, Frankfurt am Main, 1961.

Dostojewski, Fjodor Michailowitsch. *Schuld und Sühne.* Goldmann, München 1991.

Dostojewski, Fjodor Michailowitsch. *Die Brüder Karamasoff.* Winkler Verlag, München, 1971.

Easser, Barbara R. und Lesser, Stanley R. „Hysterical Personality: A Reevaluation." In: de Vries, Manfred F. Kets und Perzow, Sidney (Hrsg.). *Handbook of Character Studies.* International University Press, Madison/CT, 1991.

Flaubert, Gustave. *Madame Bovary.* Rütten & Loening, Berlin, 1994.

Freeman, Lucy. *The Story of Anna O.* Walker & Company, New York, 1971.
Freud Sigmund. *Vorlesungen zur Einführung in die Psychoanalyse.* Fischer, Frankfurt am Main, 1990, Band 11.
Fromm, Erich. *Der moderne Mensch und seine Zukunft. Eine sozialpsychologische Untersuchung.* Europäische Verlagsanstalt, Frankfurt am Main, 1971.
Gandhi, Mohandas K. *Eine Autobiographie oder Die Geschichte meiner Experimente mit der Wahrheit.* Hinder und Deelmann, Gladenbach, 1991.
Graves, Richard P. *Lawrence of Arabia and His World.* Thames and Hudson, London, 1976.
Ibsen, Henrik. *Ein Puppenheim.* Insel TB, Frankfurt am Main, 1978.
Kluckhohn, Clyde, und Murray, Henry A. (Hrsg.). *Personality and Nature, Society and Culture.* Alfred A. Knopf, Inc., New York, 1964.
Kovel, Joel. *The Age of Desire: Case Histories of a Radical Psychoanalyst.* Pantheon Books, New York, 1981.
Kramer, Peter. *Moments of Engagement: Intimate Psychotherapy in a Technical Age.* W.W. Norton & Company & Company, New York, 1989.
Kytle, Calvin. *Gandhi, Soldier of Nonviolence.* Seven Locks Press, Washington D.C., 1983.
Leites, Nathan. „Trends in Affectlessness." In: Kluckhohn, Clyde, und Murray, Henry A. (Hrsg.). *Personality and Nature, Society and Culture.* Alfred A. Knopf, Inc., New York, 1964.
Lewis, Sinclair. *Babbitt.* RoRoRo/Rowohlt TB, Hamburg, 1988.
Lindner, Robert. *The Fifty Minute Hour.* Bantam Books, New York, 1979.
Lowen, Alexander. *Narzismus. Die Verleugnung des wahren Selbst.* Goldmann TB, München, 1992.
Ludwig, Emil. „Cleopatra." In: *Obras Completas de Emil Ludwig*, Biografias. Editorial Juventud, Barcelona, 1957.
MacCann, Graham M. *Marilyn Monroe. El Cuerpo del Delito.* Espasa Calpe, Madrid, 1992.
Mailer, Norman. *Marilyn Monroe.* Knaur TB, München, 1976.
Mansfield, Katherine. *Das Gartenfest und andere Erzählungen.* Die Arche, Zürich, 1953.
Melville, Herman. *Redburn, Israel Potter und sämtliche Erzählungen.* Winkler Verlag, München, 1967.
Millen, Theodore und Davis, Roger. *Disorders of Personality: DSM-IV and Beyond.* John Wiley & Söhne, Inc. New York, 1996.
Miller, Milton L. Nostalgia: *A Psychoanalytic Study of Marcel Proust.* Kennikat Press, Port Washington, N.Y. und London, 1969.
Molière, Jean Baptist. *Tartuffe oder Der Betrüger.* DTB/Diogenes, Zürich, 1971.
Moreno, Alfonso M. *Martin Lutero.* Edición Mensojero, Bilbao, 1985.
Naranjo, Claudio. „On Puritanical Character." *American Journal of Psychoanalysis.* Agathon Press, Band XLII, Nummer 2, New York, 1982.
Naranjo, Claudio (Hrsg.). „Dick Price. A Memorial Baptism." *The Gestalt Journal.* Band X, Nummer 1, 1987.
Naranjo, Claudio. *Das Enneagramm der Gesellschaft*, Via Nova, Petersberg, 1998.
Naranjo, Claudio. *Erkenne dich selbst im Enneagramm*, Kösel, München 1994.
O'Neill, Cherry Boone. *Starving for Attention: A Young Woman's Struggle and Triumph Over Anorexia Nervosa.* Hazelden, Center City, MN, 1992.
Peck, M. Scott. *People of the Lie.* Simon & Schuster, Inc., New York, 1985.
Porter, Eleanor. *Pollyanna.* Goldmann, München, 1982.
Riesman, David. *The Lonely Crowd.* Yale University Press, New Haven und London, 1961.
Rosal, Tania. *Los Amores de Carlos Marx. Los Caballos de Aquiles*, Mexiko, 1982.
Rycroft, Charles. „The Analysis of Paranoid Personality." In: *The Handbook of Character Studies.* (de Vries, Manfred F. Kets und Perzow, Sidney, Hrsg.), International University Press, Madison/CT, 1991.
Sanders, Lawrence. *McNally's Geheimnis.* Goldmann, München, 1994.

Sheldon, William. *The Varieties of Human Temperament*. Harper Brothers, New York, 1942.

Strachey, Lytton. *Biographical Essays*. Harcourt, Brace und World, Inc., New York, 1949.

Thackerey, William M. *Jahrmarkt der Eitelkeit*. Insel TB, Frankfurt am Main, 1980.

Theophrast. *Charaktere*. Reclam TB, Leipzig, 1964.

Wallerstein, Robert S. *Forty-Two Lives in Treatment: A Study of Psychoanalysis and Psychotherapy*. Guilford Press, New York, 1986.

Weber, Max. *Die protestantische Ethik und der Geist des Kapitalismus*. Beltz-Athenäum, Weinheim, 1993.

White, William Hollingsworth. *The Organization Man*. Simon & Schuster, New York, 1956.

Yalom, Irvin D. *Die Liebe und ihre Henker & andere Geschichten aus der Psychotherapie*. Albrecht Knaus Verlag, München, 1990.

Zweig, Stefan. *Triumph und Tragik des Erasmus von Rotterdam*. S. Fischer Verlag, Frankfurt am Main, 1958.

Verzeichnis der Eigennamen
und literarischer bzw. nichtfachlicher Arbeiten

Abraham, Karl, 47, 256, 285, 397
Adler, Alfred, 47
Akeret, Robert U.: *Geschichten von einer reisenden Couch*; „Die Geschichte von Naomi", 91–102
Alexander der Große, 86
Aljoscha, ... *siehe auch:* Dostojewski, *Die Brüder Karamasoff*
Andrews, John, 90
Anna O., ... 20–22, 24, 26, 30, 45–47, 64, 77, 89, 134
siehe auch: Pappenheim
Annenkow, Paul, 319
Arabische Nächte, 235
Aristoteles, 13, 201
Attar, Fariduddin: *Die Konferenz der Vögel*, 161, 201
Austen, Jane: *Stolz und Vorurteil*, 81 f.

Babbit (Lewis), 362
Balzac, Honoré: *Vater Goriot*, 322, 361 f.
Eugénie Grandet, 362
Barbarella, 121
Barbie, 121
Bartleby, der Schreiber (Melville), 206 f., 216
Baron von Charlus, 167, *siehe auch*: Proust
Berg, Dr. Charles, 47, 48, 64, 255
Bergmann, Ingmar: *„Wilde Erdbeeren"*; *Vier Stücke von Ingmar Bergman*, 207–209
Bhagavad Gita, 211
Boccaccio: *Decamerone*, 283
Boone, Cherry, 134
Breuer, Josef, 21, 22, 26, 30–47, 64
Brüder Karamasoff, Die (Dostojewski), 250
Butler, Samuel: *Charaktere*, 15, 16, 78, 81

Caesar, Julius, 86
Campbell, Colin, 88
Camus, Albert: *Der Fremde*, 203, 204
Carmen, 87
Canetti, Elias: *Der Ohrenzeuge. Fünfzig Charaktere*, 210
„Die Geruchschmale", 210
„Die Granitpflegerin", 313–315
Canterbury-Erzählungen, 15, 290, 313, 320, 356
siehe auch: Chaucer
Carr, E.H., 254
Cervantes, Miguel: *Don Quijote*, 249 ff., 360
Charaktere (Butler), 15

Charaktere, Die (La Bruyère), 111
Charlus, Baron de, 167
siehe auch: Proust
Chaucer, Geoffrey, 15, 19, 161, 201, 285, 286, 287, 320–322, 357
Canterbury-Erzählungen, 15, 290, 313, 320, 356
„Charlene" (Peck), 89, 134
Chopin, Frederic, 211
Cleopatra, 86
Cortez, Isabella, 98, 103–105
siehe auch: Naomi,
Cuvier, 31

„Danny" (Naranjo, Typ 7: „Der charmierte Charmeur"), 302–312
Darcy, Mr. (Austen), 81
Darwin, 212
David Copperfield (Dickens), 19, 85, 87, 166, 382
Decamerone (Boccaccio), 283
de la Bruyère, Jean: *Die Charaktere*, 111
Dickens, Charles, 16, 19, 85, 87, 166, 382
David Copperfield, 19, 85, 87, 166, 382
Dimitri, 19, 20
siehe auch: Dostojewski,
Die Brüder Karamasoff, 250
Don Quijote (Cervantes), 249 ff., 360
Dora, 87, 88
siehe auch: Dickens, *David Copperfield*
Dostojewski, Fjodor, 19, 20, 114, 250–254
Verbrechen und Strafe, 251
Die Brüder Karamasoff, 19
„Dr. Strangelove" (Kazan), 245
Dulcinea, 253
siehe auch: Don Quijote

Easser und Lesser, 89
„Englische Professor, Der" (Wallerstein), 256
Erasmus von Rotterdam, 212
Erikson, Eric, 20
Erikson, Milton, 200

Faust, Dr., 85
Feiffer, Jules, 111, 169, 245
Fenichel, Otto, 257
Flaubert, Gustave: *Madame Bovary*, 113, 163, 286, 287
Forel, Auguste, 22

„Fräulein Y." (Rycroft), 257–273
Freeman, Lucy: *Die Geschichte der Anna O.,* 22–25, 31, 45, 47, 218
Freud, Sigmund, 21–23, 26, 30, 39, 47, 50, 64, 73, 89–91, 134, 166, 247, 250, 254–256, 264, 374, 393
Fromm, Erich, 88, 118

Gandhi, Mohandas, 165, 254, 255
Garibaldi, Giuseppe, 318
Geizige, Der (Molière), 203
„Geruchschmale, Die" (Canetti), 210
Geschichte der Anna O., Die (Freeman), 22
Gogh, Vincent van, 168
„Granitpflegerin, Die" (Canetti), 313–315
Grumble, Mrs. (Dickens), 166
Gurdjeff, Georg I., 296, 359

Heinrich VIII., 320
Hesse, Hermann: *Siddharta,* 203
Horney, Karen, 16, 47, 168, 171
Hume, David, 212
Huxley, Aldous: *Schöne neue Welt,* 88

Ibsen, Henrik: *Ein Puppenheim,* 83
Ichazo, Oscar, 5, 9, 12, 17, 111, 201, 245, 285, 291, 315, 360
Isak (Bergman), 207–209

Jahrmarkt der Eitelkeit (Thackeray), 113, 118
Jones, Ernest, 22
Jung, C. G., 355

Kafka, Franz, 203
Katherina, 19
  siehe auch: Dostojewski,
  Die Brüder Karamasoff
Kernberg, Otto, 122, 214, 256
Klein Dora, 87, 88
  siehe auch: Dickens,
  David Copperfield,
Kohut, Heinz, 122
Kolumbus, Christoph, 290
Konferenz der Vögel, Die, (Attar) 161, 201
Konfuzius, 20
Kovel, Joel, 214–236
Kramer, Peter, 90 f.
Kretschmer, Ernst, 361

La Bruyère, Jean, 111, 121
  Die Charaktere: „Menippe", 111
  „Narziß", 111,
Laing, Ronald, 213
Laura (Lindner), 169–187
Lawrence von Arabien (Pseud. Für T. E. Shaw), 168 f.
Leites, Nathan, 203
Lenin, W. I., 318
Lewis, Sinclair, 362
„Linda, Der Fall von" (Lowen), 126–133
„Linda" (Naranjo, Typ 3: „Sein schönes Bild durchbrechen"), 148–158
Lindner, Robert, 169–188, 323–352
  Rebell ohne Grund, 169
  Die Fünfzig Minuten-Stunde, 169, 188, 323 ff.
  „Solitaire" (Lindner), 169–187
Lowen, 122–133
Ludwig, Emil, 86
Luther, Martin, 212

Madame Bovary (Flaubert), 113, 163, 286
Mac (Lindner), 323–352
Macbeth (Shakespeare), 247, 250
MacCann, Graham, 120
Mansfield, Katherine, 113
Mailer, Norman, 119 f.
Marianne (Bergman), 207–209
Marvin (Yalom), 364–386
Marx, Karl, 235, 318 f., 347
„Mary, Der Fall von" (Lowen), 24, 122–125
Maturana, Draco, Illustrationen, 6, 18
„McNally's Geheimnis" (Sanders), 288
Melville, Herman, *Bartleby,* 206 f., 216
„Menippe" (La Bruyère), 111
Mersault (Camus, *Der Fremde),* 201
Micawber, Mr. (Dickens, *David Copperfield*), 382
Misanthrop, Der (Molière), 203
Mitchell, Margaret, *Vom Winde verweht,* 83, 322
„Modesto" (Naranjo, Typ 4: „Die Vergangenheit zu dem machen, was sie wirklich war"), 188–206
Molière, 203, 289
Monroe, Marilyn, 119 f.
„Mrs. White" (Naranjo, Typ 1: „Die versteckten Zähne des Chaos"), 64–79
Murray und Kluckholm, 203

Nana (Zola), 86
Naomi (Akeret), 91–105
Napoleon, 86
Naranjo, Claudio, 9, 12, 145, 274 ff., 294–300, 302 ff.

Narzißmus (Lowen), 118, 127, 131, 226, 231, 234, 290, 300
Nasruddin, Mulla, 290
Newton, 212
Nora (Ibsen), 83
„Ödipus" (Pasolini),167
Ohrenzeuge, Der. Fünfzig Charaktere (*siehe:* Canetti)
„Oligarch" (Theophrast), 13, 15, 16
Olivier, Lawrence, 120

Pappenheim, Bertha, 22–25, 46
  siehe auch: Anna O.
Parlament der Vögel (Chaucer), 161
Passos, Dr. Alaor, 11
Peck, M.Scott, 89, 134
Perls, Fritz, 163, 299, 398
Penarrubia, Paco, 6, 291, 398
„Pepita" (Naranjo, Typ 5: „Einen heimlichen Pakt mit dem Teufel überdenken"), 236–244
„Placida" (Naranjo, Typ 9: „Die Notwendigkeit, sich zu entscheiden"), 387, 395
Pollyanna (Porter), 362 ff.
Porter, Eleanor: *Pollyanna,* 362 ff.
Price, Dick, 387
Proust, Marcel, 166–168
Puppenheim, Ein (Ibsen), 83

Quino, 18, 20, 247, 317

Raschkolnikoff (Dostojewski), 251–255
Rasputin, Gregorij, 356
Reagan, Ronald, 119
Reich, Charles, 289
Reich, Wilhelm, 47, 256, 317
Rhett (Butler) (Mitchell), 322
Richard III. (Shakespeare), 166
Riesman, David, 121, 363
Rimbaud, Arthure, 167
Robin Hood, 321
Rosal, Tanja, 319
Rothenberg, Mira, 227
Rumi, Jellaluddin, 158
Rycroft, Charles, 255–273

Sancho Panza (Cervantes), 360
Sanders, Lawrence, 288
Sarah (Kovel), 214–236
Scarlett O'Hara (Mitchell), 83, 85, 87
Schneider, Kurt, 361
Schöne neue Welt (Huxley), 88
Schutz, Will, 10, 66
Shakespeare, William, 29, 166, 203, 263, 267
  Richard III., 166

Macbeth, 247, 250
Sharp, Becky (Thackeray), 113, 118
Shaw, T. E., *siehe:* Lawrence von Arabien 168 f.
Sheldon, William, 209
Shylock (Shakespeare), 203
Siddharta (Hesse), 203
„Sonny" (Naranjo, Typ 2: „Zeit, erwachsen zu werden und ernst zu sein"), 105–109
Steerforth (Dickens), 85
Steig, William, 169
Stalin, Josef, 318, 347
Stolz und Vorurteil (Austen), 81 f.
Stroke, Suzanna, 7
„Suzy" („Vom Glänzen-Wollen zur Weiblichkeit"), 6, 134–147

Tante Betsy, … siehe auch: Dickens, David Copperfield, 19
Tartuffe (Tartufo: Don Juan) (Molière), 289
Taylor, Elizabeth, 86
Thackeray, William M.: *Jahrmarkt der Eitelkeit,* 113, 118
Theophrast: „Oligarch", 13, 15, 16, 320, 361
Tolstoij, Leon, 168
Trilling, Diana, 120
„Tristan" (Naranjo, Typ 8: „Ein tantrischer Tagtraum"), 352–356

Vater Goriot (Balzac), 322, 361 f.
Verbrechen und Strafe (Dostojewski), 251
„Vincent" (Naranjo, Typ 6: „Den Mut haben, die Mutter abzuschütteln"), 273–281
Vom Winde verweht (Mitchell), 83, 322

Wallerstein, Robert S., 256
Washington, George, 359
Weber, Max, 20, 21, 88
„Wilde Erdbeeren" (Bergman), 207
Wilson, Gahan, 245, 318
Wollstonecraft, Mary, 24

Yalom, Irvin D., 364, 382–386

Zola, Emile: *Nana,* 86
Zweig, Stefan, 31, 212 f.

Erlaubnis für das Copyright

Es wurden alle erdenklichen Anstrengungen unternommen, um die Inhaber des Copyright des in diesem Buch veröffentlichten Materials herauszufinden. Sollte irgendein Werk ohne Erlaubnis verwendet worden sein, so bittet der Verleger um Entschuldigung und würde sich freuen, von jedem zu erfahren, der nicht ersucht wurde.

Eine Auswahl aus: *The Story of Anna O.: The Woman Who Led Freud to Psychoanalysis* von Lucy Freeman. © 1972, 1994 durch Lucy Freeman. Abgedruckt mit Erlaubnis des Verlegers Jason Aronson, Inc.

Eine Auswahl aus: „*Fräulein Anna O.*" aus *Studies On Hysteria* von Josef Breuer und Sigmund Freud. In den Vereinigten Staaten von Amerika herausgebracht von Basic Books, Inc. In Vereinbarung mit The Hogarth Press, Ltd. Abgedruckt mit Erlaubnis von Basic Books, einer Abteilung von Harper Collins Publishers, Inc.

Eine Auswahl aus: *Tales from A Travelling Couch: A Psychotherapist Revisits His Most Memorable Patients* von Robert U. Akeret. © 1955 durch Robert U. Akeret. Abgedruckt mit Erlaubnis von W.W. Norton & Company, Inc.

Auszüge aus den Fällen IX und XIII in: *The Case Book of a Medical Psychologist* von Charles Berg. © 1948 durch W.W. Norton & Company, Inc. Abgedruckt mit Erlaubnis von W.W. Norton & Company, Inc.

„Miss Y." abgedruckt aus: „The Analysis of a Paranoid Personality" von Charles Rycroft, in: *Handbook of Character Studies* von M. Kets de Vries. © 1991. Verwendet mit Erlaubnis von International University Press, Inc.

Auszüge aus: *Four Screenplays of Ingmar Bergman* von Ingmar Bergman, aus dem Schwedischen übersetzt durch Lars Malmström und David Kushner. Verwendet mit Erlaubnis von Simon & Schuster. © 1960 durch Simon & Schuster.

Auszüge aus: „In Search of the Dreamer" (S. 230–270) aus *Love's Executioner and Other Tales of Psychotherapy* von Irvin D. Yalom. © 1989 durch Irvin D. Yalom. Abgedruckt mit Erlaubnis von Basic Books, einer Abteilung von Harper Collins Publishers, Inc.

Eine Auswahl aus „Rich Girl" und „The Mending of Sarah" aus: *The Age of Desire* von Joel Kovel. © 1981 durch Joel Kovel. Abgedruckt mit Erlaubnis von Pantheon Books, einer Abteilung von Random House, Inc.

Eine Auswahl aus *Madame Bovary* von Gustave Flaubert, herausgegeben von Francis Steegmüller. © 1957 durch Francis Steegmüller. Abgedruckt mit Erlaubnis der Modern Library.

Zwei Karikaturen von Feiffer: *Jules Feiffer's America: From Eisenhower to Reagan* von Jules Feiffer, herausgegeben von Steven Heller. © 1982 durch Jules Feiffer. Abgedruckt mit Erlaubnis von Alfred A. Knopf, Inc.

„Come Over Red Rover" und „Solitaire" aus: *Fifty Minute Hour* von Robert M. Lindner. Abgedruckt mit Erlaubnis von Harold Ober Associates Inc. © 1954 durch Robert M. Lindner, 1982 erneuert.

„A Cup of Tea" aus: *The Short Stories of Katherine Mansfield* von Katherine Mansfield. © 1937, 1965 erneuert durch Alfred A. Knopf, Inc. Abgedruckt mit Erlaubnis des Verlegers.

Eine Auswahl aus „The Case of Mary" und „The Case of Linda" aus: Narcissism: *Denial of the True Self* von Alexander Lowen. © 1983 durch Alexander Lowen. Abgedruckt mit Erlaubnis von Simon & Schuster.

Auszüge aus „Narrow-smeller" und „Granite-cultivator" aus: *Earwitness/Fifty Characters* von Elias Canetti. Englische Übersetzung © 1979 durch Seabury Press. Abgedruckt mit Erlaubnis von The Continuum Publishing Company.

Zeichnung von Ed Fisher. © 1987. Erlaubnis zum Abdruck gewährt durch The New Yorker Magazine, Inc.

Eine Auswahl aus „McNally's Geheimnis" von Lawrence Sanders. Abgedruckt mit Erlaubnis von The Putnam Publishing Group. © 1992 durch Lawrence A. Sanders Enterprises, Inc.

Zwei Karikaturen aus: „*... and then we'll get him!*" von Gahan Wilson. © 1978 durch Gahan Wilson. Verwendet mit Erlaubnis des Verlegers Richard Marek.

Karikaturen von Draco Maturana, verwendet mit Erlaubnis. Los Octuras 2993, Providencia, Santiago, Chile. E:mail, dracomatachilepac.net.

Weitere Bücher aus dem Verlag Via Nova:

Das Enneagramm der Gesellschaft
Die Übel der Welt, das Übel der Seele.
Claudio Naranjo
152 Seiten, gebunden, 10 Zeichnungen – ISBN 3-928632-37-X

Das Wissen um die Tiefenstrukturen der Seele mit Hilfe des Enneagramms führt zur Erkenntnis des eigenen Charakters mit seinen Stärken, Schwächen und verborgenen Potentialen. In diesem Buch weist Claudio Naranjo – Arzt, Psychiater, weltbekannter Bewußtseinsforscher und Therapeut – nach, daß die Mißstände der Welt in den Übeln unserer Seele begründet liegen.

Es werden dabei folgende Themen behandelt:
- Das Enneagramm als Landkarte der Übel, Sünden und grundlegenden Leidenschaften in der individuellen Psyche sowie die Beziehungen zwischen diesen Übeln und den Krankheiten der Seele.
- Eine detaillierte Beschreibung der Störungen der Persönlichkeit oder Charakterneurosen, die sich aus jeder einzelnen dieser Übel oder krankhaften Zuständen ableiten lassen.
- Eine Diskussion der Verwirrungen der Liebe, die jedem einzelnen dieser menschlichen Charaktere des Enneagramms zu eigen sind.
- Eine Betrachtung eines möglichen „Enneagramms der Gesellschaft" als eine kurze sozialkritische Abhandlung aus der Perspektive der psychischen Krankheiten des individuellen Charakters.

Der Weg durch den Sturm
Weltarbeit im Konfliktfeld der Zeitgeister
Arnold Mindell
248 Seiten, gebunden – ISBN 3-928632-29-9

Wie sollen wir Menschen an der Schwelle zum dritten Jahrtausend unsere gigantischen Probleme lösen? Ausgehend von seinen Erfahrungen in der psychotherapeutischen und supervisorischen Arbeit mit Einzelnen und Gruppen in vielen Teilen der Welt hat Mindell Ansätze für eine Methode entwickelt, welche Lösungen nicht von außen überstülpt, sondern Gruppen und Großgruppen dabei unterstützt, sich selbst kennenzulernen und bisher unterdrückte oder übersehene Teile als Ressourcen für den Umgang mit ihren Schwierigkeiten und zur Entwicklung von Gemeinschaft zu nutzen.
Wie können Betroffene dabei unterstützt werden, aus ihrem Prozeß und ihrem jeweiligen Feld heraus Zugang zu den eigenen Potentialen von Führungskraft und Weisheit zu finden? Dieses Buch schildert Schritte auf dem steinigen Weg der Suche nach einer neuen „Weltarbeit", welche Erkenntnisse aus der Psychologie, den modernen Naturwissenschaften und den alten spirituellen und schamanistischen Traditionen zusammenbringt, um den Herausforderungen unserer Zeit zu begegnen.

Das Pferd rückwärts reiten
Prozeßarbeit in Theorie und Praxis
Arnold und Amy Mindell
264 Seiten, gebunden, 50 Zeichnungen – ISBN 3-928632-25-6

Dieses Buch richtet sich an Menschen, die an ihrer persönlichen Entwicklung interessiert sind, und an all diejenigen, die es sich zur Aufgabe machen, anderen im Prozeß ihres persönlichen Wachstums behilflich zu sein. Es wird auch all denen nützlich sein, die sich für Tanz, Kunst, Gruppenarbeit und Transpersonale Psychologie interessieren. Es berichtet vom Entstehen der Philosophie, den Methoden und den Anwendungen der Prozeßorientierten Psychologie anhand von wortgetreuen Aufzeichnungen und Berichten über Prozeßarbeit „in Aktion". Mit diesem neuen Paradigma können alle gewinnen.

Suche nach der Wahrheit
Wege – Hoffnungen – Lösungen
Willigis Jäger
232 Seiten, gebunden – ISBN 3-928632-41-8
Spirituelle Weisungen aus der Sicht des Mystikers
Wer bin ich? Woher komme ich? Warum bin ich? Welcher Weg führt zur Wahrheit? Welches Leben eröffnet Sinn? Nur in der Tiefe unseres Seins gibt es eine wahre Antwort auf diese bohrenden Fragen. Um sich dieser Wahrheit zu nähern, wurde dieses Buch geschrieben. Der Verfasser begleitet den Leser auf der Suche nach der Wahrheit. Alle wichtigen Themen des spirituellen Lebens werden behandelt und zur christlichen Mystik, zu den Erkenntnissen der Naturwissenschaften und der Transpersonalen Psychologie in Bezug gesetzt. Ein spiritueller Meister unserer Zeit hat den Mut, grundlegende Glaubensinhalte des Christentums aus der Sicht des Mystikers neu zu interpretieren. Er will die Erkenntnis vermitteln, daß allein die religiöse Erfahrung zu den Quellen der Religion führen und so mithelfen kann, daß das kommende „Jahrhundert der Metaphysik" für alle Religionen eine Zeit der Regenation wird.

Die verborgene Blüte
Über die psychologischen Hintergründe der Spiritualität
Han F. de Wit

288 Seiten, gebunden
ISBN 3-928632-42-6

Warum strahlen manche Menschen Lebensfreude aus, andere aber Lebensangst? Warum wachsen die einen an ihren Leiden, während andere an ihnen zerbrechen? Wie kann ich ein glücklicher Mensch werden, zu mir selbst finden? Welche Hilfen bietet die Psychologie? Die Antworten darauf stehen im Zentrum der *kontemplati en Psychologie*. Sie beziehen sich auf eine verborgene Blüte, die sich tief im Kern unseres Wesens entfaltet. Ihre Früchte – Lebensmut, Lebensfreude, Erbarmen und Klarheit des Geistes - sind in diesem Buch gegenwärtig mit all unserem Handeln, im Umgang mit uns selbst.

Gott, Mensch und Welt
Die Drei-Einheit der Wirklichkeit
Raimon Panikkar
Herausgegeben von Roland R. Ropers
224 Seiten, gebunden – ISBN 3-928632-40-X

Einer der großen Wegweiser der Menschheit in das neue Jahrtausend ist Raimon Panikkar. R. Ropers würdigt in diesem Buch das Werk des universalen Gelehrten, des hochangesehenen Philosophen und spirituellen Meisters und bringt dem Leser die bahnbrechende Theologie und Spiritualität für ein neues Verstehen der *einen* Wirklichkeit nahe, die sich in Zeit und Ewigkeit, in Diesseits und Jenseits manifestiert. Der in drei Fächern promovierte Wissenschaftler, Gastprofessor an über hundert Universitäten, hat mehr als 40 Bücher in sechs Sprachen geschrieben. In diesem Buch kommt in den hochaktuellen Beiträgen und Ausschnitten aus dem Lehrwerk Panikkars die genialintegrative Dialogfähigkeit zum Audruck, die östliche und westliche Spiritualität miteinander verbindet.
Die bedeutende Grundidee des genialen Wissenschaftlers und spirituellen Lehrers Raimon Panikkar sind eine Hilfe und geistige Wegbegleitung für die Herausforderungen des Menschen im kommenden Jahrhundert und des Christentums im dritten Jahrtausend.

Spirituelle Erziehung

Hilfreiche Ratschläge – Praktische Weisheit
Lee Lozowick

312 Seiten, gebunden – ISBN 3-928632-51-5

Praktischer Ratgeber für Eltern und Erzieher, die im Umgang mit Kindern ein größeres Maß an Bewußtheit, Freundlichkeit und Mitgefühl sowie mehr Ehrlichkeit im Verhältnis zu sich selbst in die Erziehung einbringen wollen. Das Buch will Eltern in ihrer wichtigen Erziehungsarbeit helfen und Kindern einen optimalen Start verschaffen.
Dieses Buch richtet sich an all jene, die für die Erziehung Weisung aus einer höheren Ebene empfangen wollen. Spirituelle und bewußte Erziehung könnte man zusammenfassen: Liebe und Zuneigung entwickeln, lebensbejahende Grenzen für unsere Kinder aufzeigen und Ehrlichkeit uns selbst und unseren Kindern gegenüber aufbringen.
Hauptelement jeder Kindererziehung ist das Vorbild der Eltern. Da wir unseren Kindern nicht geben können, was wir selbst nicht besitzen, fordert der Autor Eltern und Erzieher dazu auf, die das eigene Leben beherrschende Ichbezogenheit, Ignoranz und mangelnde Bewußtheit genau unter die Lupe zu nehmen, weil sie das Glück und Wohlbefinden unserer Kinder gefährden.

Psychologie

Eine umfassende Darstellung aus ganzheitlicher Sicht
Grundlagen – Persönlichkeit – Bedürfnisse – Entwicklung – Band 1

Stefan Schmitz

Paperback, 240 Seiten – ISBN 3-928632-56-6

„Psychologie", eine umfassende Darstellung aus ganzheitlicher Sicht, ist ein auf drei Bände angelegtes Werk. Es gibt eine allgemeinverständliche Einführung in das Grundwissen von Tiefenpsychologie, Körpertherapie und Spiritualität. Dieses Wissen wird aus einer umfassenden Perspektive dargestellt, die alle wichtigen Schulen der Psychotherapie übergreift.
Band 1 erläutert die Grundlagen des menschlichen Seelenlebens, das Wechselgeschehen zwischen Psyche und Körper, die Funktionsweise der Archetypen, den Aufbau der Persönlichkeit, die Vielfalt der menschlichen Bedürfnisse und die Entwicklung des Menschen in Kindheit und Jugend. Außerdem handelt dieser Band von der Sozialisation des Menschen, von den unterschiedlichen Arten des Lernens, von der Trotzmacht des Geistes und nicht zuletzt von der inneren Ausrichtung des Menschen auf Selbstverwirklichung und Identitätsfindung.

Finde deine Ganzheit wieder

Mind Bridging – die Dynamik Holographischer Psychologie

Maria de Rocha Chevalley

ca. 376 Seiten, gebunden – ISBN 3-928632-58-2

Wir können unsere Ganzheit wiedererlangen, indem wir Teilstücke unseres Geist-Körpers wieder miteinander verbinden. Das geschieht durch den kreativen Umgang mit unseren Geist-Hologrammen, unseren Bewußtseins-Brücken. So stellen wir die Verbindung zu Unschuld, Spontaneität, Liebesfähigkeit, Mut und echter Lebensfreude wieder her. So entsteht wahrer Frieden in unserem Geist!
Indem die Verfasserin aus ihrer therapeutischen Arbeit heraus die Tiefe des holographisch-analytischen Geist-Körpers mit Hilfe ihrer intensiven persönlichen Erfahrungen durch zahlreiche praktische Übungen und hilfreiche Erklärungen auslotet, erklärt sie auf verständliche Art und Weise, was *Holographische Psychologie* und *Mind-Bridging-Dynamik* bedeuten. So ist dies nicht nur ein Buch für Psychologen, sondern für alle, die auf dem Weg zu sich selbst sind.

Transpersonale Psychologie und Psychotherapie

104 Seiten, zwei Ausgaben: Frühjahr und Herbst

Transpersonale Psychologie und Psychotherapie ist eine unabhängige Zeitschrift. Sie verbindet das Wissen spiritueller Wege und der Philosophia perennis mit moderner Psychologie und Psychotherapie, leistet Beiträge zur wissenschaftlichen Fundierung des Transpersonalen.

Transpersonale Psychologie und Psychotherapie ist eine Zeitschrift, die sich an Fachleute und Laien wendet mit einem Interesse an transpersonalen Themen. Aus einem schulen-, kultur- und religionsübergreifenden Verständnis heraus bietet sie ein Forum der Verbindung von Psychologie und Psychotherapie und deren theoretischen Grundlagen mit spirituellen und transpersonalen Phänomenen, Erfahrungen und Wegen, Welt- und Menschenbildern. Sie dient dem Dialog der verschiedenen Richtungen, fördert integrative Bemühungen und leistet Beiträge zur Forschung und Theoriebildung. Sie bietet Überblick, Orientierung und ein Diskussionsforum auf wissenschaftlichem Niveau.

Wenn es verletzt, ist es keine Liebe
Wege zu erfüllenden Beziehungen
Chuck Spezzano
416 Seiten, gebunden , **3. Auflage** – ISBN 3-928632-20-5

Dieses Buch verändert Ihr Leben. Ein Wissender zeigt den Weg, wie Sie ein Leben führen können, das erfüllt ist von Liebe und Verstehen, von Freude und Glück. Sie erfahren in 366 Kapiteln wichtige Lebensgrundsätze, die Ihre zwischenmenschlichen Beziehungen auf eine höhere Ebene heben.
Die Weisheit der Liebe, die der Verfasser in jahrzehntelanger Forschungsarbeit als Psychotherapeut, als weltweit bekannter Seminarleiter, als visionärer Lebenslehrer entdeckt und in klare Weisungen umgesetzt hat, verwandelt Sie und berührt Ihr wahres Wesen, das Liebe ist.
Durch die angebotenen Übungen, die das theoretisch Erkannte auch in den praktischen Alltag umsetzen, wird das Buch zu einem Wegbegleiter und Ratgeber in bedrängenden Beziehungsnöten. Sie reifen in Ihrer Selbsterkenntnis, können Ihre Beziehungen in Partnerschaft und Freundschaft neu ordnen, vertiefen und intensivieren.

Identität und Befreiung in Gestalttherapie, Zen und christlicher Spiritualität
Ludwig Frambach
424 Seiten, gebunden, 45 Zeichnungen und Fotos
ISBN 3-928632-10-8

Aus dem Vergleich von Gestalttherapie, Zen und kontemplativer christlicher Spiritualität entwickelt der Autor ein grundlegendes Prozeßmodell, das Psychotherapie und Spiritualität verbindet.
Die Darstellung der Gestalttherapie konzentriert sich auf authentische Aussagen von Fritz *Perls*. Sie weist jene Struktur auf, die als Entsprechung im Befreiungsprozeß des *Zen* und *christlicher Kontemplation* nachzuweisen ist. Das Buch kann Menschen, die auf dem Weg sind, helfen, die Phasen und Stadien, die sie durchleben, besser zu verstehen und zu akzeptieren. Es will ermutigen, sich auf eine befreiende Transformation der Identität einzulassen und sich für die notwendigen psychischen und spirituellen Prozesse zu öffnen.